ADMINISTRAÇÃO DE
RECURSOS HUMANOS
EM HOSPITALIDADE

CB032394

Administração de Recursos Humanos em Hospitalidade,
© 2004, 2014 Cengage Learning.
Todos os direitos reservados.

Direitos desta edição reservados ao Serviço
Nacional de Aprendizagem Comercial –
Administração Regional do Rio de Janeiro.

Vedada, nos termos da lei, a reprodução
total ou parcial deste livro.

SISTEMA FECOMÉRCIO-RJ
SENAC RIO DE JANEIRO

Presidente do Conselho Regional
Orlando Diniz
Diretor-Geral do Senac Rio de Janeiro
Eduardo Diniz
Conselho Editorial
Eduardo Diniz, Ana Paula Alfredo,
Marcelo Loureiro, Wilma Freitas, Manuel Vieira
e Karine Fajardo

Editora Senac Rio de Janeiro
Rua Pompeu Loureiro, 45/11º andar
Copacabana – Rio de Janeiro
CEP: 22061-000 – RJ
comercial.editora@rj.senac.br
editora@rj.senac.br
www.rj.senac.br/editora

Publisher
Manuel Vieira
Editora
Karine Fajardo
Produção editorial
Camila Simas, Cláudia Amorim,
Jacqueline Gutierrez e Roberta Santiago
Revisão
Denise Scofano

2ª edição revista e atualizada: dezembro de 2013

Dados Internacionais de Catalogação na Publicação (CIP)
(Câmara Brasileira do Livro, SP, Brasil)

Tanke, Mary L.
    Administração de recursos humanos em hospitalidade/
Mary L. Tanke; tradução Roberto Galman. 2. ed. rev. e
atual. -- São Paulo: Cengage Learning; Rio de Janeiro:
Editora Senac
Rio de Janeiro, 2013.

    Título original: Human resources management for
the hospitality industry.
    Tradução da 2. ed. norte-americana.
    Bibliografia.
    ISBN 978-85-221-1609-6

    1. Administração de pessoal 2. Empregados -
Treinamento 3. Hospedarias - Administração 4. Pessoal -
Motivação 5. Recursos humanos I. Título.

13-09781   CDD-658.3124

Índices para catálogo sistemático:

1. Pessoal: Treinamento aplicado à hotelaria: Administração de
    empresas 658.3124
2. Recursos humanos aplicado à hotelaria: Desenvolvimento:
    Administração de empresas 658.3124

ADMINISTRAÇÃO DE

RECURSOS

HUMANOS

EM HOSPITALIDADE

2ª edição revista e atualizada

Mary L. Tanke, Ph.D.
Florida International University

Tradução
Roberto Galman

Revisão técnica
Celia Maria de Moraes Dias
Doutora, com tese em Turismo Rural, e mestre, com dissertação de mestrado em Hotelaria, na área de Ciências da Comunicação, pela Escola de Comunicações e Artes da Universidade de São Paulo (ECA-USP). Docente do Curso de Graduação em Turismo da Escola de Comunicações e Artes da Universidade de São Paulo, desde 1981.

Atualização do texto e das contextualizações
"E no Brasil?" da 2ª edição revista e atualizada
Simone Sansiviero
Bacharel em Turismo e mestre em Hospitalidade pela Universidade Anhembi Morumbi. Pós-graduada em Gestão de Negócios Executivos pela Fundação Getulio Vargas (FGV). Possui relevante experiência profissional nas áreas comercial, operacional e de implantação de rede hoteleira. Atua no mercado de treinamentos, consultoria, *real estate* e pesquisa de temas relacionados às áreas de Hospitalidade e Acessibilidade. Professora em cursos de pós-graduação nas áreas de Hospitalidade e Turismo.

CENGAGE
Learning

Administração de Recursos Humanos em Hospitalidade,
2ª edição revista e atualizada
Tradução da 2ª edição norte-americana
Mary L. Tanke

Gerente Editorial: Patricia La Rosa

Supervisora Editorial: Noelma Brocanelli

Editora de Desenvolvimento: Marileide Gomes

Título original: Human Resources Management for the Hospitality Industry – 2nd edition
ISBN: 0-8273-7321-X

Tradução: Roberto Galman

Revisão técnica: Celia Maria de Moraes Dias

Atualização do texto e das contextualizações "E no Brasil?" da 2ª edição revista e atualizada:
Simone Sansiviero

Copidesque: Mônica de Aguiar Rocha

Revisão: Solange Aparecida Visconti

Projeto gráfico: Megaart Design

Diagramação: Alfredo Carracedo Castillo

Capa: Sérgio Bergocce

Editora de direitos de aquisição e iconografia: Vivian Rosa

Analista de conteúdo e pesquisa iconográfica: Javier Muniain

© 2001, 2005, 2014 Cengage Learning Edições Ltda.

Todos os direitos reservados. Nenhuma parte deste livro poderá ser reproduzida, sejam quais forem os meios empregados, sem a permissão, por escrito, das editoras. Aos infratores aplicam-se as sanções previstas nos artigos 102, 104, 106 e 107 da Lei nº 9.610, de 19 de fevereiro de 1998.

Estas editoras empenharam-se em contatar os responsáveis pelos direitos autorais de todas as imagens e de outros materiais utilizados neste livro. Se porventura for constatada a omissão involuntária na identificação de algum deles, dispomo-nos a efetuar, futuramente, os possíveis acertos.

As editoras não se responsabilizam pelo funcionamento dos links contidos neste livro que podem estar suspensos.

Para informações sobre nossos produtos, entre em contato pelo telefone **0800 11 19 39**

Para permissão de uso de material desta obra, envie seu pedido para **direitosautorais@cengage.com**

© 2014 Cengage Learning. Todos os direitos reservados.

ISBN-13: 978-85-221-1609-6

Cengage Learning
Condomínio E-Business Park
Rua Werner Siemens, 111 – Prédio 20 – Espaço 04
Lapa de Baixo – CEP 05069-900 – São Paulo – SP
Tel.: (11) 3665-9900 – Fax: (11) 3665-9901
SAC: 0800 11 19 39

Para suas soluções de curso e aprendizado, visite
www.cengage.com.br

Impresso no Brasil.
Printed in Brazil.
1 2 3 4 5   16 15 14 13

*Com amor, para Andrew e Michele,
por me lembrarem do que realmente
importa na vida.*

SUMÁRIO

Prefácio à 2ª edição*
revista e atualizada

Quando aceitei o convite para trabalhar na atualização desta obra que eu já conhecia por ter utilizado em sala de aula, não imaginei que o envolvimento e a contribuição para meu próprio desenvolvimento seriam tão intensos.

Caros leitores, acreditem, o trabalho de revisão técnica de uma obra traduzida é completamente diferente da tarefa que executei neste livro. Atualizar é quase reescrever com muitas mãos. Minha contribuição nesta edição foi realizar um intenso trabalho de pesquisa e incorporar as mais recentes informações sobre o tema Administração de Recursos Humanos voltado ao setor de Hospitalidade. Nesse sentido, conversar constantemente e resolver detalhes com a editora responsável pela obra foi muito gratificante.

Para tornar o livro interessante e integrá-lo à realidade brasileira, recorri não só a minha experiência e memórias e aos textos da 1ª edição, mas também aos sempre amigos e colegas de profissão que muito ajudaram a tornar os textos "E no Brasil?" condizentes com o capítulo.

A Gestão de Recursos Humanos é uma área que merece a atenção de todo profissional que deseja assumir um cargo de liderança. Este livro é, assim, uma referência de estudo para profissionais atuantes nos setores que envolvem a indústria da Hospitalidade e ao mesmo tempo posiciona o leitor quanto aos novos desafios da atualidade.

Vale lembrar que, ao falarmos em empresas de Hospitalidade, não estamos nos restringindo aos hotéis, mas, sim, empreendimentos que trabalham com serviços de modo geral. Pessoas servindo pessoas. Pessoas gerindo pessoas.

Enfim, o livro está atualizado e, em breve, contribuirá para a formação de novos gestores.

Agradeço a oportunidade e a contribuição de muitos colegas.

Simone Sansiviero
Dezembro de 2013

---

*N.E.: Brasileira.

Prefácio à 1ª edição

A Administração de Recursos Humanos teve grande impacto sobre o sucesso das organizações de Hospitalidade na década passada. À medida que o setor de serviços cresce, as equipes de trabalho tradicionais diminuem e alteram-se as expectativas a respeito do trabalho, são necessárias novas habilidades e práticas de Recursos Humanos. A Administração de Recursos Humanos no setor não se encontra mais limitada às funções tradicionais de prestação de serviços como recrutamento e seleção. Os gerentes responsáveis, para serem competitivos, precisam adotar o desenvolvimento de uma equipe de trabalho cada vez mais diversificada, especializada nas novas tecnologias. Novas atitudes no trabalho, direitos do empregado e outros temas relativos à força de trabalho precisam ser administrados com cuidado e sensibilidade. O conhecimento de técnicas de orientação e de relações interpessoais e de alterações importantes na legislação é cada vez mais importante para o gerente de Hospitalidade bem-sucedido.

Embora, historicamente, marketing, operações e finanças tenham dominado as posições executivas de alto nível, a especialização em Recursos Humanos equiparou-se em estatura organizacional durante a década de 1990. Compreender a teoria e a prática de Recursos Humanos bem fundamentadas será uma exigência dos gerentes de Hospitalidade que atuam na linha de frente, independentemente da área que escolham ou do cargo para o qual são contratados. As práticas e os princípios de Recursos Humanos precisam ser parte integrante de um plano estratégico que os gerentes de linha podem adotar em suas interações diárias com os funcionários. São essas pessoas que buscam cumprir as metas da organização de Hospitalidade por meio da força de trabalho que executa de fato o serviço. O maior ativo de sua companhia é representado por seu pessoal!

Administração de Recursos Humanos em Hospitalidade foi escrito há dez anos para preencher uma lacuna e atender à necessidade de uma obra que tratasse especificamente de temas relativos a Recursos Humanos no contexto do ambiente de trabalho da Hospitalidade. Quando fui solicitada a dar aulas em um curso de Administração de Recursos Humanos em meados da década de 1980, constatei que não existia material didático específico sobre a área de Hospitalidade! Durante os anos em que lecionei, sempre constatei que os alunos de Hospitalidade têm maior dificuldade para assimilar a matéria que não se relaciona especificamente a essa área. Embora existam literalmente dezenas de livros didáticos genéricos sobre Administração de Pessoal e de Recursos Humanos, poucos tratam de modo específico de temas de importância para o setor da Hospitalidade.

A Hospitalidade e outras áreas relacionadas à prestação de serviços **são** especiais e realmente fazem jus a um livro que se dedique a todo o espectro das atividades de Recursos Humanos, sob a perspectiva do setor de serviços. A própria natureza da Hospitalidade e da prestação de serviços reside em pessoas, pessoas, pessoas! A qualidade do serviço que nossos hóspedes recebem é o modo como nossas operações são julgadas. Nossos empregados representam o elo crítico entre a operação de Hospitalidade e o hóspede. É a prestação de serviço a responsável pelo retorno dos hóspedes. Cuide de seu **pessoal**, e eles cuidarão dos hóspedes e tudo o mais dará certo.

Há uma concorrência cada vez maior por profissionais, à medida que os setores de prestação de serviços continuam a crescer. Os restaurantes e hotéis não só concorrem entre si para o preenchimento de vagas, mas também com os supermercados e as lojas locais. Tal fato se deve à redução do grupo etário de 16 a 24 anos, no qual historicamente a área de Hospitalidade tem obtido uma grande parte de sua equipe de trabalho. Como deparamos com grande falta de mão de obra, direcionamos uma ênfase renovada para a função de recrutamento. Atualmente é mais importante do que nunca que as pessoas **certas** sejam admitidas em sua organização de Hospitalidade.

A administração de nossos empregados afeta a vida, os sonhos, as metas e as ambições das pessoas que empregamos e de suas famílias. Após o recrutamento e a contratação de pessoas qualificadas, as funções de treinamento, desenvolvimento, aconselhamento, disciplina e avaliação do desempenho passam para primeiro plano. Essas funções giram em torno da retenção e tornam a retenção das pessoas certas tão importante quanto a contratação delas. Os assuntos relativos aos funcionários são tão importantes hoje como a competição para o gerente responsável pelos Recursos Humanos. Adaptar-se a uma equipe de trabalho diversificada, ser sensível às necessidades dos empregados fora do local de trabalho e ajustar-se a novas atitudes relativas ao trabalho são aptidões importantes de RH.

Cada capítulo deste livro focaliza processos e procedimentos de Recursos Humanos apresentados como um quadro integrado que auxiliará o leitor a atrair e reter uma equipe de trabalho de Hospitalidade qualificada. Foram incluídos métodos inovadores, direcionados a funções de Recursos Humanos, como desenvolvimento, aconselhamento, formação de equipes, orientação, ações corretivas, remuneração, benefícios e técnicas motivacionais no setor de Hospitalidade. O capítulo sobre programas de auxílio ao funcionário contém uma seção detalhada sobre Aids, para familiarizar o leitor a respeito deste tema crítico que preocupa o gerenciamento em geral.

A mudança nas condições demográficas criou um encargo para o gerente de Hospitalidade responsável por Recursos Humanos no "próximo capítulo". "O Próximo Capítulo" será um ponto de referência em todo o conteúdo do livro, escrito para alertá-lo sobre os desafios de Recursos Humanos com os quais você se defronta no novo século. Sempre que você vir a expressão "próximo capítulo" é sinal de que se trata de uma ideia ou um conceito que merece atenção cuidadosa.

Sugiro que, à medida que ler este livro, você faça uma lista dessas ideias, desafios e tendências. Ao terminar a leitura, você terá uma lista cobrindo todas as facetas da Administração de Recursos Humanos que exigirão sua atenção cuidadosa no decorrer do novo século.

❙ O que há de novo nesta edição?

De acordo com sugestões de leitores e críticos, a organização do texto foi ligeiramente modificada para facilitar a leitura e o fluxo do conteúdo. O material e as informações no Capítulo 4 sobre mercado de trabalho e recrutamento foram quase totalmente reescritos pelo grande impacto dessas informações sobre as práticas atuais de Administração de Recursos Humanos.

As múltiplas alterações de ordem legal desde a 1ª edição foram acrescentadas e incluem a Lei de Direitos Civis de 1991, a Lei de Licença Médica, a Lei de Proteção aos Norte-Americanos com Deficiência e a retenção negligente. Temas atuais e fundamentais para a Administração de Recursos Humanos, como alfabetização, iniciativas relacionadas com a obtenção de emprego para os que dependem da Previdência Social e inserção de estudantes no mercado de trabalho, sistemas de treinamento com base na Internet, educação a distância, avaliações de desempenho a 360º, resolução alternativa de conflitos, violência no local de trabalho, ação corretiva e trabalho-família, foram acrescentados nos devidos capítulos.

O capítulo sobre aplicativos de informática foi bastante ampliado para incluir a Intranet, a Internet, a Extranet e o RH virtual. As referências e os endereços da Internet, incluindo uma seção sobre sites recomendados ao final de cada capítulo, encontram-se em todo o texto. Essas referências direcionam os alunos aos mais recentes recursos on-line disponíveis. *Ressaltamos que os recursos da Internet variam com o tempo e os sites e endereços podem muitas vezes ser modificados ou descontinuados.*

❙ Contribuições da área

Os anos em que atuei como professora ministrando programas de Administração de Hospitalidade foram precedidos de 12 anos de trabalho em operações, principalmente no setor de serviços de alimentação e, embora eu faça um esforço consciente para manter-me atualizada sobre o que está ocorrendo na área, não sou tão ingênua a ponto de acreditar que o mundo da Administração da Hospitalidade não sofreu alterações desde que o ensino se tornou minha principal ocupação. Jamais tive ideia de escrever um texto obscuro e altamente teórico que tivesse pouca finalidade além de ser utilizado como livro para leitura, discussões em classe e provas. Para mim, a crítica mais séria que os alunos podem fazer a um texto é que não tem aplicação ou valor no mundo real fora da sala de aula. Para assegurar que isso não fosse um problema em *Administração de Recursos Humanos em Hospitalidade*, dirigi-me a profissionais da Hospitalidade para obter auxílio.

I Características do texto

Para ajudar o leitor a conhecer a Administração de Recursos Humanos, cada capítulo apresenta uma introdução do assunto a ser abordado, seguida de uma lista de objetivos a ser cumprido com a leitura deste. Ao final do capítulo, também foram incluídos *casos*, para que o leitor possa aplicar os conceitos de cada segmento do livro a situações hipotéticas no setor, além de uma lista de *palavras-chave*.

Em cada capítulo, há também uma lista de *leituras recomendadas* e de *sites recomendados*, para aqueles que desejam ampliar o conhecimento das áreas de Administração de Recursos Humanos focalizadas neste livro. Ao final, há uma série de *questões* para testar a compreensão do conteúdo do capítulo.

I Agradecimentos

Este livro não poderia ser finalizado sem a amizade, o apoio e o auxílio de várias pessoas. Em primeiro lugar, minha enorme gratidão ao dr. Lendal Kotschevar, cuja paciência durante a 1ª edição respondeu a um grande número de dúvidas relacionadas à redação e à preparação do manuscrito do livro. Uma autora do primeiro livro não poderia ter melhor mentor, amigo e colega.

Sou especialmente grata pelo apoio e auxílio de meus assessores, que não apenas tornaram a redação deste livro uma experiência agradável, mas igualmente educacional. Sei que vocês se dedicaram a ler rascunhos de capítulos no intervalo de reuniões, bem cedo pela manhã e tarde da noite, enquanto iam e vinham do trabalho e viajavam, entre inaugurações de novos restaurantes e em casa nos fins de semana, ocasião em que seguramente tinham tarefas mais agradáveis. Tenho uma dívida de gratidão pela bondade e disposição em ajudar-me na preparação de uma ferramenta útil para os atuais e futuros gerentes de Hospitalidade.

Finalmente, agradeço a todos os meus alunos as palavras de estímulo, a preocupação genuína em relação ao progresso que conseguia e os bilhetes de apoio colocados sob a porta de minha sala: obrigada, vocês me ajudaram a tornar realidade o que se segue.

Bem-vindo à *Administração de Recursos Humanos em Hospitalidade*!

Mary L. Tanke
Miami, Flórida
Março de 2000

Nota à edição brasileira

Para esta edição foram elaborados textos "E no Brasil?", que contextualizam a realidade brasileira em relação ao assunto abordado em cada capítulo. Há também o anexo "Os sindicatos e as leis trabalhistas no Brasil", que faz um retrospecto da sindicalização dos trabalhadores e das leis trabalhistas no país.

Também nesta edição, contamos com a contribuição da professora Simone Sansiviero, que realizou um intenso trabalho de pesquisa, incorporando as mais recentes informações sobre o tema Administração de Recursos Humanos dentro do setor de Hospitalidade. Seu trabalho de atualização envolveu a colaboração de profissionais de áreas como Direitos Trabalhistas, Gestão de Hotelaria, entre outras. Toda a ação foi fundamentada em fontes atuais e reconhecidas no setor, com o objetivo de conservar a abordagem tradicional da obra, que faz dela referência de estudo, e, ao mesmo tempo, situar o leitor no que se refere aos novos desafios da atualidade.

Os editores

Planejamento e organização de Recursos Humanos

Introdução à Administração de Recursos Humanos na atualidade

A madeira boa não surge facilmente; quanto mais forte o vento, mais robustas as árvores.
J. Willard Marriott

Se você trabalha em uma empresa que não seja entusiasmada, plena de energia, criativa, esperta, curiosa e simplesmente agradável, você enfrenta problemas, problemas sérios.
Tom Peters

▋ INTRODUÇÃO

De que modo você faz com que seus **empregados**, seu pessoal, seus **recursos humanos** sejam os melhores possíveis? O melhor lavador de pratos, o melhor recepcionista, o melhor barman, o melhor mensageiro, o melhor cozinheiro, a melhor governanta? A aptidão dos Recursos Humanos sempre foi importante para a área da Hospitalidade; desde o fim dos anos 1980, os Recursos Humanos têm sido o mais importante conjunto de aptidões que um gerente deve apresentar – e continuará a ser muito além do século XXI, como podemos ver. Você terá de possuir essas aptidões para manter-se competitivo e sobreviver. É disso que trata este livro: superar os enormes novos desafios do atual ambiente de trabalho, de modo que você e sua organização de Hospitalidade possam manter-se competitivos e ser bem-sucedidos. Isso significa que as aptidões de seu pessoal precisam ser muito superiores às das pessoas que concorrem com você e certamente melhores do que aquelas dos anos 1970, 1980 e 1990.*

Qual o grau de importância da Administração dos Recursos Humanos para você ao se graduar e participar como gerente da equipe de trabalho da Hospitalidade?

---

*N.R.T.: O século XXI tem como um dos grandes marcos nos apresentar um mundo no qual a tecnologia está presente em todos os momentos de nossas vidas. A hotelaria como indústria de serviços percebe cada vez mais que a inovação tecnológica substitui, com perfeição e vantagens na padronização, procedimentos operacionais antes realizados por vários funcionários. Dessa forma, a diferenciação das marcas hoteleiras acontece no atendimento, ou seja, quando envolve o fator humano. Desenvolver e capacitar funcionários cada vez mais envolvidos com a cultura da marca é tarefa que exige, cada vez mais, a participação do Gestor de Recursos Humanos no dia a dia do empreendimento.

Você administrará pessoas todos os dias úteis. Independentemente do segmento de Hospitalidade que você escolher, a empresa na qual você planeja trabalhar, ou que pretende iniciar, o cargo que lhe for designado ou a dimensão da operação em que você trabalhará, os recursos humanos o afetarão e serão afetados por suas ações. Estamos felizes por mostrar, por meio de nossa experiência pessoal no setor da Hospitalidade, o modo de você ser reconhecido como um excelente gerente de pessoas, entusiasmado e inteligente, e criar um ambiente de trabalho muito agradável!

Ao finalizar este capítulo, você será capaz de:

1. Descrever as influências históricas importantes que conduziram à ênfase na dimensão de Recursos Humanos da Administração do modo como a conhecemos atualmente.
2. Definir Administração de Recursos Humanos e as funções associadas às suas ações.
3. Distinguir entre aptidões do pessoal e aptidões dos Recursos Humanos.
4. Discutir a importância do papel do gerente responsável por Recursos Humanos no setor da Hospitalidade.
5. Explicar os desafios enfrentados pelos gerentes de Recursos Humanos no atual local de trabalho da Hospitalidade.
6. Explicar como determinada terminologia será empregada no restante deste texto.

■ DEFINIÇÃO DE ADMINISTRAÇÃO DE RECURSOS HUMANOS

No setor da Hospitalidade, todos os gerentes são gerentes de Recursos Humanos, ou, mais apropriadamente, todos os gerentes têm responsabilidades que incluem seu pessoal. Nossa função consiste basicamente em lidar com as pessoas, sejam elas nossos empregados, sejam os hóspedes que cruzam a porta de entrada. Ao prestarmos serviços a nossos hóspedes, nosso recurso principal é representado por nosso pessoal, nossos trabalhadores, nossos empregados. Por ser uma área tão intensiva em mão de obra, você poderia pensar que é difícil negligenciar esses recursos valiosos, porém, muitas vezes é o que ocorre.

Gerentes de Hospitalidade bem-sucedidos precisam ter a habilidade de trabalhar com pessoas. Precisamos desenvolver uma orientação às pessoas em nosso modo de administrar. Este livro não é sobre administração em si, mas, sim, sobre uma aptidão dos dirigentes singularmente importante: Administração de Recursos Humanos. Você poderia perguntar: Qual é a diferença? Um gerente responsável pelos Recursos Humanos é acima de tudo um gerente de pessoas, e como tal, seu foco reside nessas pessoas e na maneira como suas necessidades, carências e desejos se encaixam nas necessidades e nos desejos (ou ainda nas metas e nos objetivos organizacionais) da empresa de Hospitalidade. Não estamos nos referindo a seu estilo gerencial ou ao modo específico como você administra seu pessoal, mas ao conhecimento e às aptidões necessários para trabalhar de modo eficaz com seu pessoal, desenvolvê-lo, utilizá-lo e coordená-lo. É por meio das aptidões de gerenciamento de Recursos Humanos eficaz que sua organização de Hospitalidade pode obter uma vantagem competitiva no mercado atual. Obter essa vantagem é muito desafiador. Trata-se realmente do desafio que VOCÊ enfrenta como gerente responsável pelos Recursos Humanos no atual setor da Hospitalidade.

Definimos **Administração de Recursos Humanos** como a implantação de estratégias, planos e programas necessários para atrair, motivar, desenvolver, remunerar e reter as melhores pessoas, a fim de cumprir as metas organizacionais e os objetivos operacionais da empresa de Hospitalidade.

As atividades ou **funções** exigidas pela Administração de Recursos Humanos são aquelas que determinam as obrigações do gerente responsável pelos Recursos Humanos. Essas funções visam auxiliar a organização de Hospitalidade a melhorar seu lucro, bem como se adaptar ao local de trabalho em mudança.

Antes de prosseguir a leitura, pegue um lápis e uma folha de papel e faça uma lista daquilo que você acredita serem as obrigações de um gerente de Hospitalidade responsável por Recursos Humanos. Em outras palavras, precisamente o que um(a) gerente responsável por Recursos Humanos faz no decorrer de seu dia de trabalho? Qual é o conteúdo de sua lista? Ela inclui a contratação? Entrevistas? Colocação? E as avaliações de desempenho, disciplina, demissão, desenvolvimento, orientação e treinamento? Se esses são alguns dos itens em sua lista, você já possui uma boa ideia das obrigações que, sendo um gerente responsável pelos Recursos Humanos, precisará ser capaz de cumprir. O Quadro 1.1 relaciona as inúmeras funções da Administração de Recursos Humanos. A melhor maneira de visualizar as **funções de Recursos Humanos** é saber quais são as obrigações do gerente responsável pelos Recursos Humanos.

Quadro 1.1 Funções da Administração de Recursos Humanos

- Planejamento
- Análise
- Recrutamento
- Seleção
- Contratação
- Colocação
- Orientação
- Treinamento
- Desenvolvimento
- *Coaching*
- Formação de equipes
- Avaliação de desempenho
- Melhoria de desempenho
- Administração salarial
- Planejamento e administração de benefícios
- Disciplina
- Aconselhamento
- Demissão
- Relações com os empregados
- Diversidade dos dirigentes
- Retenção
- Sistemas de informação
- Leis trabalhistas
- Melhoria dos ambientes de trabalho

Fonte: Elaborado pela autora.

Você deve ter observado que a relação no Quadro 1.1 apresenta muitos itens contidos no Sumário deste livro. Não é por acaso. Este livro foi cuidadosamente planejado, com a ajuda de diversos especialistas do setor, para oferecer-lhe uma visão de conjunto abrangente dos tipos de atividades e programas que formam o campo da Administração de Recursos Humanos na área da Hospitalidade. Você terá oportunidade de realmente assumir, por meio de uma simulação, a função de um gerente responsável por Recursos Humanos à medida que ler as páginas seguintes.

O departamento de Recursos Humanos (caso exista formalmente ou não) desempenha um papel importante e com envolvimento cada vez maior na ajuda à organização de Hospitalidade, para que cumpra suas metas e seus objetivos. Sem a presença, o envolvimento e a cooperação de um departamento de Recursos Humanos (mesmo em uma estrutura informal), as metas e os objetivos da organização de Hospitalidade estão se tornando cada vez mais difíceis de serem cumpridas.

Cada capítulo aborda uma ou mais funções de Recursos Humanos em que você conhecerá as obrigações específicas do gerente responsável pelos Recursos Humanos na implantação dessa função. "As orientações" e as formas utilizadas atualmente no setor foram gentilmente oferecidas por alguns especialistas. Esperamos que este livro não seja apenas útil durante seus trabalhos na faculdade, mas sirva também de guia quando você fizer parte de uma equipe de Hospitalidade.

A Administração de Recursos Humanos é uma expressão para aquilo que historicamente era chamado de gerenciamento de pessoal ou **Administração de Pessoal**. Na realidade atual, os gerentes de Recursos Humanos algumas vezes são denominados "gerentes de pessoas", e os empregados são chamados de "nossos colaboradores". Vamos rever as principais contribuições históricas para a Administração de Recursos Humanos que nos conduziram a essas importantes alterações na terminologia.

MUDANÇAS HISTÓRICAS NA ADMINISTRAÇÃO DE RECURSOS HUMANOS

Os gerentes de Recursos Humanos da atualidade conquistaram um lugar de respeito por sua contribuição à eficácia organizacional. O papel contemporâneo desses gerentes é importante para toda organização de Hospitalidade. A maioria das pessoas emprega no trabalho mais de um terço das horas que passam acordadas; como gerente de Recursos Humanos, você tomará decisões que afetam e influenciam a vida, os sonhos e as ambições desses indivíduos e de suas famílias. Se observarmos o desenvolvimento histórico da profissão de Recursos Humanos, veremos que nem sempre foi assim.

Primeiras relações empregador-empregado

Práticas relacionadas à Administração de Recursos Humanos remontam ao Código de Hamurábi babilônico, em torno de 1800 a.C., o qual previa um tipo de remuneração baseada em incentivo, bem como um salário mínimo. Você se recorda das aulas de História referentes à escravidão, uma das mais antigas formas de emprego estruturado. Quando você ler o capítulo sobre disciplina e tomar conhecimento sobre as "ações corretivas", poderá lembrar-se de que uma das razões para o fracasso da escravidão foi o preceito da punição como motivador. Os escravos não tinham incentivo para esforçar-se mais e sua maior realização era evitar o chicote.

A servidão veio após a escravidão. Ainda era uma forma opressora de trabalho, pois os servos eram forçados a trabalhar para os proprietários de terras; no entanto, eles tinham uma condição melhor que a dos escravos, pois seu rendimento estava vinculado à produtividade, o que representou uma das primeiras formas de incentivo.

O sistema de corporações, composto de aprendizes, trabalhadores qualificados e mestres-artesãos, ainda é empregado, em parte, no setor da Hospitalidade na Europa e, em menor escala, nos Estados Unidos, e formou a base para os primeiros sistemas de treinamento e desenvolvimento. Em virtude de o sistema de corporações também ter exigido uma seleção cuidadosa dos aprendizes com um sistema de remuneração baseado na retenção, seria possível afirmar que esse era o verdadeiro início da Administração de Recursos Humanos.

As primeiras contribuições

Embora não tenham se preocupado especificamente com a administração de pessoas no local de trabalho, alguns dos primeiros filósofos, como Maquiavel, demonstraram de fato uma boa compreensão da maneira como as pessoas deveriam ser tratadas. Foi na obra *O príncipe* que Maquiavel enfatizou que um líder não pode obrigar as pessoas a idolatrá-lo, mas pode fazer com que elas o respeitem. A conclusão, portanto, era de que os líderes deveriam concentrar-se naqueles aspectos do comportamento humano sobre os quais possuíam controle e fazer com que seu povo os respeitassem.

Em meados dos anos 1850, os Estados Unidos passavam por sua **revolução industrial**, que já havia ocorrido na Europa. Robert Owen, um empresário britânico, provavelmente foi o primeiro indivíduo a estudar os efeitos do ambiente de trabalho sobre a produtividade. Ele implantou suas ideias em vilas-modelo localizadas nas imediações de suas fiações de algodão na Escócia. Em algumas de suas ideias, estavam a instalação de sanitários em suas fábricas, redução do dia de trabalho para dez horas e, por fim, a erradicação do trabalho infantil em todas as suas fábricas. As ideias do Sr. Owen eram bem revolucionárias para sua época!

Administração científica

Próximo ao fim do século XIX, **Frederick W. Taylor** iniciou seus experimentos que conduziram ao início da **administração científica**. Taylor acreditava que os trabalhadores poderiam receber salários elevados e que os dirigentes poderiam manter reduzidos os custos de mão de obra, melhorando a produtividade.[1] Seus argumentos orientados ao tratamento justo dos empregados resultaram na eliminação da dispensa sem justa causa e na instituição da "justa causa" como modelo para a demissão.

Embora os estudiosos ainda não tenham certeza sobre a motivação de Taylor, os princípios de administração científica levaram em consideração o bem-estar do trabalhador.[2]

É importante que você tenha em mente que as condições de trabalho eram muito ruins durante a Revolução Industrial. Não havia proteção da parte dos empregadores, que esperavam que seus empregados vivessem e trabalhassem em condições insalubres, suportassem longas horas de trabalho, desempenhassem suas funções em ambientes inseguros e suportassem grande cansaço físico.

Um grande número de pessoas aproveitou os ensinamentos de Taylor, e o estudo da produtividade do empregado tornou-se conhecido. Frank e Lillian Gilbreth, Henry Gantt, Carl Barth e outros devotaram a vida estudando como maximizar a produção e, ao mesmo tempo, minimizar os insumos. Esse foi o período dos especialistas em eficiência, que estudaram as técnicas de divisão do trabalho e conduziram estudos de tempos e movimentos para reduzir o dispêndio de toda energia desnecessária ao se realizar um trabalho. O empenho desses indivíduos resultou em melhores métodos de treinamento, no desenvolvimento de um sistema salarial mais apropriado e ressaltou a importância de procedimentos de seleção adequados. Esses estudos também orientaram os dirigentes a uma visão mais humanística da administração. A ideia de tornar a função mais fácil para o trabalhador foi instituída por estar vinculada diretamente à maior produtividade e lucratividade.

Foi durante essa época, antes da Primeira Guerra Mundial, que as pessoas começaram a se especializar em administração de pessoal. Em 1900, por exemplo, a B. F. Goodrich Company criou um departamento de emprego.[3] Contrataram-se assistentes sociais para tratar de assuntos relacionados a alojamento, salários, assistência médica e recreação. A The National Cash Register Company, em 1902, criou um departamento de mão de obra que cuidava da administração de salários, das queixas dos empregados, das condições de trabalho (uma das primeiras empresas a instituir uma função de segurança na Administração de Recursos Humanos) e da manutenção de registros.[4]

▎ Primeira Guerra Mundial

Em 1913 foram publicados dois livros, o primeiro por Hugo Munsterberg e o segundo por Lillian Gilbreth, que tratavam especificamente do comportamento administrativo.[5, 6] O trabalho de Munsterberg sobre redução de acidentes conduziu ao desenvolvimento dos primeiros testes de seleção de candidatos a emprego. Foi de Munsterberg a ideia de que algumas pessoas estão mais capacitadas para determinados cargos do que outras – uma ideia que ainda hoje é usada para melhorar a qualidade das decisões de seleção e colocação. Lillian Gilbreth continuou o trabalho de seu falecido esposo, o qual discutia a importância dos fatores humanos no ambiente de trabalho. O cuidado de colocar as pessoas certas nas funções certas levou a uma grande melhoria da satisfação e do desempenho no emprego e corroborou a ideia de que um ambiente de trabalho mais humano para os empregados poderia ser um conceito benéfico para toda organização.

A necessidade de melhorar as decisões de seleção e colocação durante a Primeira Guerra Mundial levou a novas pesquisas e ao desenvolvimento de testes. Grande parte desse trabalho foi conduzida pelo Exército dos EUA sob a liderança de Robert Yerkes. O comitê que ele chefiou desenvolveu um teste de inteligência para recrutas conhecido como Exército Alfa. Posteriormente foi desenvolvido o Exército Beta, para aplicar testes em recrutas analfabetos. O Exército Beta tornou-se até mais útil após a guerra na aplicação de testes psicológicos aos imigrantes que não sabiam falar inglês.

Durante os anos 1920, as empresas continuaram a agregar departamentos de pessoal, e diversas faculdades e universidades começaram a oferecer cursos de administração de pessoal. As áreas de especialização naquela época enfatizavam a seleção, as necessidades de treinamento e o bem-estar do empregado. Dava-se atenção especial à saúde e à segurança do empregado. Até hoje os cuidados com saúde e segurança continuam sob a responsabilidade do departamento de Recursos Humanos.

▌ Os experimentos de Hawthorne

A intenção original dos estudos de Hawthorne era examinar o efeito da iluminação e da ventilação sobre a produtividade. Os resultados desses experimentos históricos indicaram, contudo, que os fatores que mais afetavam os níveis de produtividade eram a preocupação e o interesse da gerência por seus trabalhadores.[7] Essas constatações tornaram-se a base para o movimento de relações humanas. Reconheceu-se, por fim, que cada trabalhador era realmente importante e precisava ser tratado com certa consideração.

Após a Primeira Guerra Mundial, os Estados Unidos tiveram um período de grande prosperidade durante os extraordinários anos 1920. As políticas e os departamentos de pessoal que foram estabelecidos durante a guerra continuaram a se expandir, embora a administração de pessoal ainda não fosse totalmente aceita por todos os gerentes.

Os anos 1930 conduziram à Grande Depressão. As condições favoráveis dos anos 1920 se reverteram. Foi durante esse período que a administração Roosevelt aprovou diversas leis para regulamentar as práticas de administração de pessoal. Nos Estados Unidos, a **Lei de Previdência Social de 1935** concedeu o direito à aposentadoria, seguro-saúde e seguro-desemprego. A **Lei de Práticas Trabalhistas Justas de 1938** estabeleceu uma política de salário mínimo e uma duração máxima para a semana de trabalho. Atualmente, os gerentes responsáveis por Recursos Humanos em organizações de Hospitalidade continuam a usar essa legislação. Consideravam-se os departamentos de pessoal, durante esse período, como um custo operacional desnecessário, e a função de Administração de Recursos Humanos sofreu um retrocesso.

▌Segunda Guerra Mundial

O retrocesso ocorrido durante a Depressão logo iria se alterar com a grave falta de mão de obra resultante da Segunda Guerra Mundial. É lamentável, porém historicamente verdadeiro, que os maiores avanços na Administração de Recursos Humanos tenham ocorrido nos Estados Unidos durante os períodos de guerra.

O maior influxo de mão de obra no local de trabalho foi o de mulheres, à medida que os homens eram convocados para servir nas Forças Armadas. Tecnologias novas e mais avançadas geraram a necessidade de programas de treinamento especializado e de melhores métodos para utilizar a equipe de trabalho limitada disponível. Os princípios de engenharia humana foram aplicados para projetar espaços e equipamentos de trabalho. Meios mais eficazes para ensinar um considerável número de pessoas sem aptidão a usar os novos equipamentos conduziram a grandes progressos em treinamento e desenvolvimento, e uma estrutura salarial imposta pelo governo levou ao desenvolvimento de benefícios adicionais, a fim de atrair pessoas para o local de trabalho.

Programas de treinamento para gerentes nas faculdades e universidades norte-americanas foram incentivados pelo governo. Pela primeira vez foram oferecidos cursos de administração de pessoal e de gerenciamento de escritórios. Ao fim da guerra, era comum o treinamento em todos os níveis de aptidão e responsabilidade. O desenvolvimento inicial do computador no local de trabalho também ocorreu durante esse período.

▌Os anos 1940 e 1950

Após a guerra, o grande número de nascimentos iniciou o que conduziria à abundância de trabalhadores nos anos 1960, especialmente para o setor de Hospitalidade, em crescimento rápido. Novas tecnologias e profissões haviam sido criadas por causa da guerra. O governo exigiu que as empresas contratassem veteranos de guerra, uma prática que ainda é regulamentada na atualidade. O papel das escolas de administração nas universidades expandiu-se, e alguns centros de pesquisa foram criados especificamente para estudar problemas relacionados aos trabalhadores. O sistema rodoviário interestadual foi construído, o que, aliado ao crescimento do setor automobilístico, contribuiu para a rápida expansão das empresas de Hospitalidade em todos os Estados Unidos.

Mike Hurst ressalta que um aumento do tempo livre e mais renda disponível conduzem a uma demanda maior por alimentação fora de casa sem a existência de uma oferta correspondente. Esse foi um período de expansão para os restaurantes de fast-food e os com cardápio limitado.

▌Os anos 1960 e 1970

O gerente de pessoal amadureceu durante os anos 1960 e 1970. Nos Estados Unidos, o governo promulgou um conjunto de leis que continuam a afetar até hoje a Administração de Recursos Humanos, dentre as quais se incluem a Lei de Direitos Civis de 1960, a Lei de Número de Horas de Trabalho de 1962, a Lei de Remuneração Equânime de 1963, a seção VI da Lei de Direitos Civis de 1964, a Lei de Discriminação por Idade de 1967, a Lei de Higiene e Segurança do Trabalho de 1970 e a Lei de Oportunidades Iguais de Emprego (também foi criada uma comissão para cuidar desse tema).

As **ciências do comportamento** influenciaram o treinamento e desenvolvimento com a introdução do treinamento da sensibilidade e do aprendizado programado. A evolução do computador auxiliou o gerente de pessoal, que passou a ter uma variedade crescente de tarefas. A tecnologia permitiu que os gerentes passassem a gerentes de informação, em oposição a manuseadores de papéis, como eram muitas vezes considerados. Com sua habilidade crescente para ajudar os empregados em um grande número de áreas diferentes no ambiente de trabalho, começou a elevar-se o status dos gerentes de pessoal no âmbito das organizações de Hospitalidade.

As funções de pessoal durante os anos 1960 geralmente consistiam na ocupação de cargos, treinamento e desenvolvimento, administração salarial, relações sindicais e dissídios coletivos e prestação de serviços. Uma situação similar existia no setor da Hospitalidade.

O departamento de pessoal era visto como uma função de *staff* que apoiava outros departamentos sempre que estes precisassem. A área de pessoal era considerada como uma consultora. Os gerentes de pessoal poderiam fazer sugestões e recomendações, mas não detinham a autoridade ou o poder para implantar suas ideias.

> O diretor de pessoal do hotel comumente é responsável por recrutar e selecionar novos empregados, verificar a qualificação para o seguro-desemprego e executar uma variedade de tarefas que simplesmente não parecem se enquadrar no campo de ação de qualquer outro departamento. Consequentemente ele tende a possuir um status burocrático em vez do posicionamento profissional de que desfrutam seus pares em outros setores.[8]

Os anos 1970 expandiram a função de pessoal, a fim de incluir técnicas motivacionais, desenvolvimento organizacional e desenvolvimento de políticas. Os temas legais tinham como centro a igualdade de oportunidades e a ação afirmativa. Pela primeira vez, percebeu-se que o papel dos gerentes de pessoal afeta os resultados da organização de forma global, em particular com um impacto sobre o lucro. A administração de pessoal passava então a ser denominada Administração de Recursos Humanos, o que refletia a perspectiva em expansão dessa área.

Os anos 1980

Foi durante os ano 1980 que as disparidades entre os gerentes de linha e os gerentes de Recursos Humanos desapareceram, quando ambos compreenderam que partilhavam um propósito comum. O departamento de Recursos Humanos era mais do que apenas um local aonde os empregados se dirigiam para serem admitidos ou demitidos. O departamento passou a conhecer as necessidades de sua equipe de trabalho e a ter consciência de que a satisfação dessas necessidades era uma função importante do departamento. As responsabilidades relativas a Recursos Humanos eram consideradas uma obrigação de todos os gerentes de linha.

As necessidades da organização de Hospitalidade também se fizeram sentir. Era importante selecionar Recursos Humanos que se enquadrassem na cultura corporativa de uma organização. Gerentes responsáveis pelos Recursos Humanos também reconheceram que lhes competia assegurar que as pessoas por eles selecionadas possuíssem todas as ferramentas e os conhecimentos necessários a um bom desempenho de suas posições. Acreditava-se então que os empregados precisavam realizar um trabalho que considerassem desafiador e compatível com suas aptidões e habilidades. O desenvolvimento da carreira não era apenas um caminho para a gerência, mas um forte instrumento de retenção igualmente para os empregados horistas. Programas que enriqueciam a atuação foram introduzidos no ambiente de trabalho da Hospitalidade.

▌ Os anos 1990

Os gerentes de Recursos Humanos começaram a considerar as pessoas na equipe de trabalho verdadeiramente como Recursos Humanos, e não como meros empregados. Um empregado é, afinal de contas, um ser humano antes de tudo!

Essa atitude também refletiu o reconhecimento pela companhia de que seus empregados eram de fato ativos da corporação – e valiosos para ela. Embora isso pareça óbvio e banal para muitos de vocês que estão lendo este livro, durante o fim dos anos 1980 e o início dos anos 1990 essa ideia era considerada totalmente revolucionária! Como os empregados passaram a ser reconhecidos como recursos (ativos), foram considerados valiosos para a organização.

O mercado de trabalho ficava mais competitivo à medida que os anos 1990 avançavam. Em março de 1999, o índice de desemprego nos EUA atingia o valor impressionante de 4,2%, seu nível mais baixo em 29 anos. No intervalo de dez anos, as empresas passaram de 200 candidatos por vaga a uma dúzia de oportunidades de emprego para cada candidato. Tornou-se impossível às empresas de Hospitalidade identificar as pessoas certas para preencher suas vagas. Reter as pessoas valiosas que tinham passou a ser uma prioridade, e "retenção" era a palavra da moda no fim dos anos 1990. Ofereceram-se aos empregados mais benefícios do que em qualquer ocasião anterior, em uma tentativa de recrutá-los e retê-los: de opções de compra de ações a creches, de trabalho partilhado a férias mais longas. Gratificações, algumas chegando a US$ 500, eram a norma em alguns mercados de trabalho para garçons.

A Lei de Proteção aos Americanos com Deficiência de 1990 exige que o local de trabalho "acomode adequadamente" as pessoas com deficiências, sejam clientes, sejam empregados. O movimento de incentivo ao trabalho, iniciado por uma medida de reforma do sistema de bem-estar em 1996, deslocou um grande número de antigos beneficiários da Previdência Social para o mercado de trabalho. Terminava a tendência existente durante muito tempo. Aumentos salariais, pela primeira vez desde os anos

1970, foram concedidos a todos os níveis de renda. A tendência de aproveitar segmentos subutilizados da população não era diferente do período de emprego durante a Segunda Guerra Mundial. Quando as empresas não tinham homens em número suficiente para preencher as vagas, contratavam mulheres. Da mesma forma, os anos 1990 representaram um período de falta de mão de obra e, portanto, as empresas procuraram admitir um maior número de pessoas de minorias étnicas, trabalhadores mais idosos, deficientes e antigos beneficiários da Previdência Social.

Os anos 1990 também foram um período de globalização e de expansão da tecnologia como nunca se viu. À medida que a composição do local de trabalho se alterava, também mudavam as necessidades e demandas. Temas relacionados ao trabalho e à família tornaram-se prioritários, e os benefícios eram considerados um modo de consolidar a lealdade do empregado. Os empregadores se defrontavam com a necessidade de serem flexíveis e com ajustes nos locais de trabalho. "Transformação" foi a palavra dessa década.*

E no Brasil?

A indústria da Hospitalidade e serviços vem passando por transformações tanto na estrutura empresarial quanto na concepção de negócios. Cada vez mais no Brasil e no mundo, o funcionário vem sendo valorizado, e os hotéis, passando a ter uma visão mais moderna e focada na real valorização dos colaboradores, mudam suas políticas para melhor atendê-lo.

No Brasil também se nota uma mudança de cultura em relação a recursos humanos nessa área. Muito disso devemos às empresas hoteleiras e de fast-food multinacionais que já entraram em nosso mercado com a cultura de um departamento de Recursos Humanos forte, participativo, inovador e decisivo nas estratégias da empresa. Contudo, nos restaurantes, bares e hotéis de menor porte, ainda se nota a falta de um verdadeiro departamento de Recursos Humanos, o que se constitui um desafio aos donos de negócios e a todos os profissionais que visam a seu desenvolvimento.

Hoje está claro para qualquer gestor de rede multinacional que mesmo atuando em uma área operacional, ele deve se envolver nos processos de entrevista, como a decisão na contratação, a motivação, a avaliação de

continua

---

*N. R. T.: A década seguinte, após a virada do século e da boa decepção com o tão esperado Bug do milênio – problema previsto para acontecer na virada do milênio (1999 para 2000) e que faria com que os computadores parassem, criando uma verdadeira pane mundial –, passou completamente despercebida. Foi uma década em que "Transformação" continuou sendo a palavra de ordem. Desta vez, a "Transformação" veio com a roupagem do novo século, aliada a novas tecnologias, novos sistemas, talvez até influência das precauções com o Bug. A autora não fala da década que se seguiu, pois, este livro foi originalmente publicado em inglês, no início dos anos 2000, e não foi atualizado até a época da 2ª edição brasileira. Para acesso a informações sobre mudanças em assuntos referentes à hotelaria nos Estados Unidos, consulte as publicações da Universidade de Cornell em www.hotelschool.cornell.edu e as da American Hotel & Lodging Educational Institute em www.ahlei.org.

E no Brasil?

desempenho e outras atividades relacionadas à definição do quadro de funcionários do seu departamento. É certo que avaliações específicas sobre dinâmicas de grupo e outras atividades relativas ao processo de contratação são funções específicas do RH.

O envolvimento com os recursos humanos é importante porque trabalhamos com pessoas que servem pessoas, afinal, o setor de Hospitalidade é um setor de serviços. Segundo Maquiavel, um líder não pode fazer com que as pessoas o amem, mas pode fazer com que o respeitem.

O Brasil é um país muito grande e com muitas diferenças culturais. No Nordeste, por exemplo, onde a história dos coronéis ainda tem grande influência nos dias de hoje, os funcionários mais humildes aceitam mandos e desmandos desumanos de seus chefes, pois veem neles os antigos coronéis, cuja cultura foi passada de geração a

geração. As primeiras empresas hoteleiras que implantaram seus hotéis com a cultura do respeito enfrentaram dificuldades, pois as pessoas não acreditavam que essa forma de trabalho pudesse funcionar. Outra barreira enfrentada no Nordeste foi conseguir respeito de funcionários homens comandados por gerente mulher.

Hoje essas empresas são conhecidas e respeitadas na região, pois trouxeram riqueza para as cidades. A história nos fala dos primeiros hotéis no Brasil: cassinos luxuosos, em Poços de Caldas; Copacabana Palace, no Rio de Janeiro; Maksoud Plaza e Hilton, em São Paulo. Eles fazem parte do marco da hotelaria e ajudaram a criar uma geração de profissionais que mais tarde aprendeu a atuar como responsável de recursos humanos em seus departamentos. Hoje, nas escolas de hotelaria, a disciplina de Recursos Humanos está sempre presente!

Revisão e adaptação de Simone Sansiviero.

■ O PAPEL DO GERENTE DE RECURSOS HUMANOS

O gerente responsável pelos Recursos Humanos na atual organização de Hospitalidade participa de sessões de planejamento estratégico, compreende documentos financeiros e consegue fazer uma relação entre o cargo e o lucro. Em muitas organizações de Hospitalidade, o gerente de Recursos Humanos faz parte da equipe de dirigentes seniores. A posição reativa de resolver crises tem sido substituída por uma atitude proativa de previsão das necessidades futuras da organização de Hospitalidade.

Há um reconhecimento de que o papel do profissional de Recursos Humanos também é de aspecto social. As novas necessidades de nossas equipes de trabalho vêm exigindo novas respostas. O perfil demográfico em mudança de nossa sociedade tem criado a necessidade de novos programas, como horário flexível, trabalho partilhado, creches, benefícios flexíveis e aconselhamento para os empregados. Os efeitos da relocalização estão sendo considerados mais cuidadosamente do que no passado. A enorme pressão que a relocalização exerce sobre a família às vezes não vale os benefícios para o empregado ou para a organização de Hospitalidade.

O papel do gerente de Recursos Humanos é mais complexo e mais importante do que nunca no setor da Hospitalidade. Compete a ele manter os dirigentes informados do que seu pessoal precisa e deseja para ser feliz, produtivo e fiel. Em um estudo sobre fidelidade dos empregados conduzido em 1999, constatou-se que as pessoas eram muito fiéis a seus empregadores. Os participantes ressaltaram o que as companhias poderiam fazer para mantê-los fiéis:

- ♦ o reconhecimento pelos dirigentes da importância de encontrar um equilíbrio entre o trabalho e a vida pessoal;
- ♦ a oportunidade de crescer dentro da organização;
- ♦ uma melhor explicação dos benefícios concedidos aos empregados;
- ♦ a sensação de que seus colegas de trabalho possuem as aptidões necessárias para executar suas funções;
- ♦ a sensação de que os clientes da empresa estão satisfeitos.[9]

Essa relação certamente é um bom princípio para os gerentes de Recursos Humanos iniciarem suas tentativas de melhorar a fidelidade dos empregados.

Outro tópico importante para os gerentes de Recursos Humanos é a redução da rotatividade e aumento dos índices de retenção. Conforme você verá no Capítulo 4, pode-se começar pelo recrutamento e posterior contratação das pessoas certas para os cargos identificados como necessários. O custo para substituir um trabalhador é, em média, 1,5 vez o valor dos salários e benefícios dessa pessoa. As empresas estão usando todos os tipos de ferramentas inovadoras para ajudá-las no processo de seleção. A tendência nos anos 1990 era mudar de emprego constantemente. Em um estudo conduzido em 1998, uma pesquisa de campo estimou que aproximadamente metade de todos os trabalhadores estava em seu atual emprego havia menos de dois anos![10] Dados federais sobre o trabalho indicaram que em 1999 as pessoas na faixa de 25 a 34 anos de idade estavam em seus atuais empregos em média havia 2,7 anos, ao passo que em 1983 a média era de três anos. Com um mercado de trabalho tão competitivo, muitas pessoas pensam que, se um emprego não der certo, elas vão encontrar outro – e provavelmente vão conseguir.

Outro desafio para os gerentes de Recursos Humanos no século XXI é o tema de alfabetização no local de trabalho. A Aliança Nacional de Empresas e o Instituto Nacional de Alfabetização estimam que a falta de aptidões básicas dos empregados custa para as companhias americanas US$ 60 bilhões anualmente no que se refere a produtividade perdida. As pessoas que não sabem ler instruções operacionais podem danificar um equipamento caro ou, pior ainda, ferir-se seriamente ou causar acidentes no local de trabalho. Apesar desse valor assombroso, em uma pesquisa feita em 1994 pelo Bureau of Labor Statistics, somente 2,2% dos empregadores nos EUA ofereceram treinamento em aptidões básicas.[11] Neste século não existe desculpa para uma equipe de trabalho sem instrução.

■ OBRIGAÇÕES DO GERENTE RESPONSÁVEL PELOS RECURSOS HUMANOS

Os líderes que atuam na área de Hospitalidade, tanto da área acadêmica quanto do mercado de trabalho no século XXI, se defrontam com inúmeros desafios e oportunidades no campo da Administração de Recursos Humanos. No contexto deste livro, à medida que examinarmos esses temas, coloque-se na posição de um gerente responsável pelos Recursos Humanos. Não importa que segmento da indústria da Hospitalidade você selecione, a dimensão da operação ou sua localização. Imagine-se onde você gostaria de estar quando se formar, seja trabalhando em uma importante empresa de Hospitalidade, seja de volta à sua cidade natal na empresa de Hospitalidade de sua família.

Vamos nos referir a você, o gerente responsável pelos Recursos Humanos, em um contexto aplicado. Reconhecemos que a maioria dos leitores na realidade não obterá o título de gerente de Recursos Humanos quando se formar. A realidade é que a maioria de vocês, em toda a sua carreira de Hospitalidade, não terá esse título. Todavia, conforme afirmamos anteriormente, sendo um gerente responsável pelos Recursos Humanos, a administração desse setor terá de ser parte de sua base de aptidões e conhecimento. O gerente de Recursos Humanos está subordinado a todos os departamentos.

Como coordenador-assistente de alimentos e bebidas, talvez a única função de Recursos Humanos que você desempenhe seja a de treinamento. Ou, como gerente da recepção, selecione, contrate, treine, avalie e seja responsável por iniciar ações disciplinares (corretivas). Como recrutador para uma importante empresa de Hospitalidade, sua função de Recursos Humanos poderá estar limitada ao recrutamento e talvez à seleção, com outra pessoa em sua organização realizando as funções efetivas de contratação e colocação. Se você retornar para trabalhar na empresa de sua família ou preferir trabalhar para outra empresa familiar, então suas funções provavelmente incluirão todas as tarefas de Recursos Humanos que discutimos neste texto, além das funções de contador, diretor de marketing, projetista, criador de cardápios e comprador, apenas para mencionar algumas. Portanto, mesmo que as obrigações e as responsabilidades do gerente de Recursos Humanos sejam uma parte de seu trabalho ou representem a totalidade dele, é importante que você comece a pensar como um gerente responsável pelos Recursos Humanos, e não apenas como um gerente de Recursos Humanos.

O papel do gerente responsável pelos Recursos Humanos no setor da Hospitalidade não é mais simplesmente o de examinar papéis e assegurar-se de que o coordenador de alimentos e bebidas possui uma lavadora de pratos para o turno da noite. O mundo do atual gerente de Hospitalidade está repleto de complexidades, em grande parte por causa do padrão demográfico em alteração e de limitações legais cada vez mais numerosas. Esses fatores lhe serão apontados ao longo deste texto.

■ CONCLUSÃO

Pelo Sumário, você deve ter observado que o Capítulo 16, o último deste livro, é intitulado "O Próximo Capítulo". Nele há algumas previsões de especialistas do setor de como a Administração de Recursos Humanos estará no futuro. Há também conselhos dos especialistas para o desenvolvimento de sua carreira, com base nos anos de experiência que eles possuem no setor.

No desenvolvimento dos capítulos que seguem, torna-se cada vez mais evidente que o "próximo capítulo" da Administração de Recursos Humanos precisa ser planejado para a atualidade (mais daquela posição proativa mencionada anteriormente). Portanto, você notará que essas áreas serão enfatizadas. Muito embora a direção específica ainda seja desconhecida, já está claro que a preparação para o "próximo capítulo" precisa acontecer agora.

As funções de Recursos Humanos como recrutamento, contratação, treinamento e desenvolvimento costumavam ser consideradas unicamente como custos que, de algum modo, teriam de ser incorridos. Esses programas muitas vezes eram julgados como despesas desnecessárias em tempos de aperto financeiro. Um número menor de empregados do que o necessário, demissões e treinamento mínimo eram comuns. Embora poupassem recursos para a operação de Hospitalidade em curto prazo, essas práticas destruíam o moral e a motivação. Não se ouvia falar em desenvolvimento da carreira.

Nossa atitude em relação a nossos recursos humanos tem se alterado. No século XXI não consideramos mais os programas para os empregados como despesas desnecessárias. Em vez disso, vemos esses programas, tais como treinamento e desenvolvimento, como uma necessidade de atrair e reter os ativos mais onerosos e valiosos do empreendimento de Hospitalidade.

Os empregados agregam um valor único a nossas organizações de Hospitalidade porque são seres *humanos.* Nossa Administração de Recursos Humanos estava voltada para essas pessoas. A mudança de terminologia de *pessoal* para *Recursos Humanos* é mais do que mera semântica. Trata-se de uma tentativa significativa para reconhecer as necessidades humanas e sua importância na estrutura organizacional do empreendimento de Hospitalidade. É com esse foco que a Hospitalidade pode suplantar a crise trabalhista nos Estados Unidos.

> *Os jovens que entram nas organizações empresariais possuem muitas aptidões para realizar o trabalho, porém fracassam por não saber se relacionar com o público.*
>
> John B. Watson[12]

Caso 1.1

Você acaba de ser admitido por uma organização de hospitalidade no cargo de gerente responsável pelos Recursos Humanos. Como deseja causar uma boa impressão ao iniciar seu novo trabalho, você decidiu que seria uma boa ideia preparar uma lista das obrigações e responsabilidades que possa ter de assumir em sua nova posição.

Para tornar mais real a situação com a qual se defrontará, *você* decide em qual segmento do setor de Hospitalidade (restaurante ou hotel) se encontra sua nova posição. Uma sugestão seria assumir o cargo "ideal" de gerente de Hospitalidade – no qual você se vê no futuro.

Descreva em um ou dois parágrafos a operação na qual você se empregará. Forneça uma descrição suficientemente completa para que o leitor compreenda o tipo de operação na qual você se vê. Em seguida, continue a preparar-se para sua nova posição, identificando as funções pelas quais poderá ser responsável. (Durante o processo de entrevistas por ocasião da seleção, essa informação ficou vaga e não foi detalhada especificamente.) Agora você pode preparar a lista de obrigações e responsabilidades do cargo.

Identifique a seguir quatro ou cinco desafios que você terá de enfrentar em seu cargo. Quais desses desafios você considera pessoalmente que serão os maiores? Defenda sua posição. Quais das obrigações e responsabilidades que você identificou mais lhe agradam? E menos? Com quais dessas obrigações e responsabilidades você está mais familiarizado atualmente?

Fonte: Elaborado pela autora.

▮ Termos-chave

- administração científica
- administração de pessoas
- Administração de Recursos Humanos
- ciências do comportamento
- empregados
- experimentos de Hawthorne
- funções de Recursos Humanos
- gerenciamento de pessoal

- Lei de Práticas Trabalhistas Justas de 1938
- Lei de Previdência Social de 1935
- recursos humanos
- revolução industrial
- Taylor, Frederick W.

▮ Leituras recomendadas

AVERY, M. J. "Rising salaries: reflect HR's new role". *HR Magazine*, 1997. Disponível em: www.shrm.org/hrmagazine/articles/1197sal.htm. Acesso em 14 outubro 2013.
BRANCH, S., BORDEN, M. e TARPLEY, N. "The 100 best companies to work for in America". *Fortune*, 11 de janeiro de 1999, p.118.
DINGMAN, B. "Four and five-star hotel GM survey". *Lodging Magazine*, 1999. Disponível em: www.lodgingmagazine.com/9902/human.htm. Acesso em 14 outubro 2013.
EPSTEIN, M. Z. e EPSTEIN, D. G. "Hiring veterans: a cost-effective staffing solution". *HR Magazine*, 1998. Disponível em: www.shrm.org/hrmagazine/articles/1198epstein.htm. Acesso em 14 outubro 2013.

HALCROW, A. "We've listened and learned". *Workforce Magazine*, 1998.
Disponível em: www.workforcemag.com/workforce/listen/index.html. Acesso em 19 agosto 2013.
_____. "Survey shows HR in transition". *Workforce Magazine*, v. 77, nº 6, p. 73-80, 1998.
HAYES, J. "Labor retention panel: workers growing clout altering personnel strategies". *National Restaurant News*, v. 32, nº 40, p. 76, 1998.
JOINSON, C. "Moving at the speed of dell". *HR Magazine*, 1999.
Disponível em: www.shrm.org/hrmagazine/articles/0499dell.htm. Acesso em 19 agosto 2013.
JUDY, R. W. e D'AMICO, C. *Workforce 2020.* Indianapolis, Hudson Institute, 1997.
LINNELL, L. P. "What's the price tag?". *The Richmond Times*, 1999.
MILLER, A. "The millennial mind set". *American Demographics*, 1999.
Disponível em: www.demographics.com/publications/ad/99_ad_9901_ad/ad990102a.htm. Acesso em 19 agosto 2013.
NATIONAL RESTAURANT ASSOCIATION. "Restaurant industry: Pocket Factbook". 1999. Disponível em: www.restaurant.org/research/pocket/index.htm. Acesso em 19 agosto 2013.
PETERS, L. H., YOUNGBLOOD, S. A. e GREER, C. R. (orgs). *Human Resources management.* Blackwell Publishers, Malden, MA, 1997.
PREZIOSO LINNELL, L. "What's the price tag?: cost of good employees varies from job to job, industry to industry". *The Richmond Times Dispatch*, 1999.
Disponível em: www.lexis-nexis.com/more/shrm/19214/4568463/3. Acesso em 19 agosto 2013.
SHERIDAN, M. "Top 400: difficult labor". *Restaurant and Institutions*, 15 julho 1998.

▌Sites recomendados

1. American Hotel & Lodging Educational Institute: www.ahlei.org
2. Educational Foundation: www.edfound.org/home.asp
3. Educational Institute: www.ei-ahma.org
4. *Cornell Hotel & Restaurant Administration Quarterly:* www.hotelschool.cornell.edu/publications/hraq
5. *Restaurant Business:* www.restaurant-hospitality.com; www.restaurant.org; www.food-management.com; www.restaurantreport.com
6. *Restaurants & Institutions:* www.rbmag.co.za; www.qsrmagazine.com; www.restaurantmagazine.com
7. Restaurants USAA: www.restaurant.org
8. Employment Management Association: www.shrm.org/ema
9. Families and Work Institute: www.familiesandwork.org
10. *Nation's Restaurant News*: www.nrn.com
11. National Organization on Disability: www.nod.org
12. National Restaurant Association: www.restaurant.org
13. U.S. POPClock Projection: www.census.gov/cgi-bin/popclock
14. Work & Family Connection: www.workfamily.com
15. The International Association for Human Resource Management: www.ihrim.org
16. Associations of HR Management: www.ahrm.org

▌Notas

1. Frederick W. Taylor. *The principles of scientific management.* Nova York: Harper and Brothers, 1911.
2. Sudhir Kakar. *Frederick Taylor: a study in personality and innovation.* Cambridge, MA: The MIT Press, 1970.

3. Henry Eilbirt. "The development of personnel management in the United States". *Business History Review*, v. 33 (outono de 1959), p. 345-364.

4. Ibid.

5. Hugo Munsterberg. *Psychology and industrial efficiency.* Boston: Houghton Mifflin Co., 1913.

6. Lillian Gilbreth. *The psychology of management.* Reimpressão de 1913, Easton, PA: Hive Publishing Company, 1973.

7. Daniel A. Wren. *The evolution of management thought.* Nova York: The Ronald Press Company, 1972.

8. Gerald W. Lattin. *Modern hotel management.* San Francisco: W. H. Freeman and Company, 1966, p. 98-99.

9. Timothy Burn. "Most U. S. workers are loyal to their employers – up to a point". *The Washington Times*, 1999. Disponível em: web.lexis-nexis.com/more/shrm/19216/4531537/3. Acesso em 19 agosto 2013.

10. Ilana Debare. "Keeping a packed bag at work; employees today are more apt to job hop than ever before". *The San Francisco Chronicle*, 30 de abril de 1999. web.lexis-nexis.com/more/shrm/19213/4562928/2. Acesso em 19 agosto 2013.

11. Scott Hays. "The ABCs of workplace literacy". *Workforce*, v. 78 (abril de 1999), p. 70-74.

12. John B. Watson (1878-1958), psicólogo e expoente do behaviorismo.

▌ Questões

1. Ao longo do último século, inúmeros fatores sociais, políticos e econômicos mudaram o gerenciamento de *pessoal* para *Administração de Recursos Humanos.* Indique essas mudanças desde a Revolução Industrial até a década de 1990.

2. Identifique as principais funções da Administração de Recursos Humanos. Essas funções são comuns a todas as organizações de Hospitalidade, independentemente do tamanho? Explique.

3. Compare as funções da Administração de Recursos Humanos no início do século XXI às dos modelos tradicionais de gerenciamento de pessoal.

4. De que maneira o papel do gerente de Recursos Humanos se altera em relação ao tamanho da organização de Hospitalidade? Em relação ao segmento do setor da Hospitalidade no qual você poderia trabalhar (hotéis ou restaurantes)?

5. Descreva os desafios com os quais você se defronta como gerente responsável pelos Recursos Humanos no setor da Hospitalidade.

Planejamento de Recursos Humanos

Tudo isso não estará terminado nos primeiros cem dias.
Nem estará terminado nos primeiros mil dias, nem durante esta administração,
nem talvez durante nossa vida neste planeta. Todavia, vamos começar.
John F. Kennedy

Não existe nada mais difícil de assumir, mais perigoso para conduzir ou de sucesso
mais incerto do que tomar a iniciativa de introduzir uma nova ordem das coisas.
Nicolau Maquiavel

▌ INTRODUÇÃO

O planejamento é uma disciplina estudada sob várias perspectivas nos programas de administração da Hospitalidade. Apesar disso, o tema do planejamento e de sua relação com a Administração de Recursos Humanos frequentemente não recebe a devida atenção. Como isso pode acontecer? Conforme você logo verá, é o processo de planejamento que proporciona o arcabouço para todas as funções no campo dos Recursos Humanos. A finalidade deste capítulo é auxiliá-lo, como gerente responsável pelos Recursos Humanos, a integrar os vários componentes de planejamento e gerenciamento com os quais já possui familiaridade em uma estrutura lógica. A sequência do conteúdo deste capítulo foi planejada cuidadosamente para conduzi--lo pelos estágios de planejamento necessários a uma Administração de Recursos Humanos eficaz. As atividades aparecem na ordem em que você as executaria, caso estivesse trabalhando hoje na área de Hospitalidade.

Ao finalizar este capítulo, você será capaz de:
1. Apresentar uma estrutura conceitual que coloca em sequência os estágios do processo de planejamento de Recursos Humanos.
2. Definir planejamento no contexto da Administração de Recursos Humanos e do ambiente em transformação.
3. Descrever por que o planejamento é necessário para uma administração de recursos eficaz.

4. Inter-relacionar os vários componentes que constituem o processo de planejamento de Recursos Humanos.
5. Desenvolver um método sistemático de planejamento e implementação de Recursos Humanos que possa ser aplicado ao setor da Hospitalidade.
6. Distinguir entre planejamento, previsão e determinação de objetivos.
7. Discutir o papel da previsão no processo de planejamento de Recursos Humanos.
8. Determinar objetivos operacionais para a Administração de Recursos Humanos.

■ POR QUE PLANEJAR?

Imagine que este seja seu primeiro dia como gerente responsável pelos Recursos Humanos no setor da Hospitalidade. Talvez a operação em que você se encontre seja em um restaurante fast-food ou um restaurante com atendimento personalizado com um valor médio elevado por refeição servida. Talvez a operação na qual você esteja trabalhando seja parte do setor hoteleiro, um empreendimento de propriedade e administração de uma companhia hoteleira multinacional ou uma operação de propriedade de sua família. A operação da qual você agora faz parte pode servir mil refeições por dia ou cem, pode ter mil apartamentos ou cem. O tamanho da operação e a variedade dos serviços oferecidos são limitados apenas por sua imaginação.

Não importa o tamanho ou a variedade; você é responsável pelas funções de Recursos Humanos dessa operação. Se a designação de seu cargo for de gerente ou de diretor de Recursos Humanos, todo o seu trabalho depende das pessoas que estão no negócio. Se a designação de seu cargo for um pouco mais genérica, por exemplo, gerente-assistente, sócio ou proprietário, então seu cargo envolve as áreas de produção e pessoal do negócio.

Já que você é responsável pelas pessoas de sua operação de Hospitalidade, por onde deve começar? Qual é o ponto de partida na Administração de Recursos Humanos? Já discutimos as várias funções da Administração de Recursos Humanos. Qual você escolheria para iniciar? O que você faz em primeiro lugar? Se você for como muitos gerentes que responderam a essa questão, dirá "contratação". Afinal, há muito pouco que você possa fazer em relação à orientação, ao treinamento, desenvolvimento e remuneração até que tenha contratado! Certo? Errado!

Se a primeira coisa que você faz como gerente de Recursos Humanos é contratar, você é igual ao gerente de produção da cozinha que inicia com o projeto e a construção da cozinha e, então, determina o cardápio. Não tardará para que o fluxo de trabalho na cozinha e os tipos de equipamento que ela contém passem a ditar o que o gerente de produção da cozinha pode incluir no cardápio. Cursos de gerenciamento da produção lhe ensinam que o ponto de partida é o cardápio. O que é um cardápio? É um *plano* que fornece diretrizes para a tomada de decisões relativas ao fluxo de trabalho e às necessidades de equipamento.

Assim como um bom gerente de produção da cozinha inicia com um plano, o mesmo deveria fazer um bom gerente responsável pelos Recursos Humanos da operação. O modo como se realiza o planejamento é determinado geralmente pelo modo como uma organização está estruturada. Os tipos de planejamento exigidos dependem primordialmente da situação em que essa organização se encontra e de suas necessidades específicas. A necessidade de planejamento, por exemplo, se altera e pode ser afetada pelo tempo de existência da operação. Uma nova operação pode exigir mais flexibilidade e centralização de planejamento, enquanto uma operação mais consolidada pode ser mais formalmente estruturada e ter uma tendência a ser cada vez mais descentralizada. À medida que a operação se desenvolve, o planejamento evolui. Embora o planejamento precise ser conduzido sempre em vista da situação em que será utilizado, existem razões muito importantes pelas quais você deveria iniciar a Administração de Recursos Humanos pelo planejamento.

▎A importância do planejamento

Antes de tudo, o planejamento aumenta a eficácia e a eficiência. **Eficácia** refere-se à habilidade de uma operação, por meio de seus Recursos Humanos, de cumprir suas metas e seus objetivos. **Eficiência** refere-se à habilidade dos sistemas instalados em conseguir o máximo de resultado com o mínimo de insumos. O planejamento ajuda a manter uma operação no controle e avançando. Sem algo para orientar-nos, como sabemos para onde estamos nos dirigindo ou se vamos chegar? Você se lembra de perguntar a seus pais, quando criança, e nas longas viagens de carro: "Quando chegaremos lá?" Uma resposta frequente era: "Quando chegarmos lá!" Sem planejamento, os gerentes são como crianças em um carro: nunca sabem com certeza quando do chegarão lá. Um plano força o gerente responsável pelos Recursos Humanos a pensar no destino de sua operação de Hospitalidade e em como cumprirá essa meta.

O planejamento ou, mais especificamente, os resultados do planejamento – planos – orientam as ações de todos na operação. Do lavador de pratos ao supervisor, dos mensageiros e maître ao recepcionista, os planos definem tanto as expectativas dos empregados quanto do empregador. Imagine o caos que seria se os empregados, ao se apresentarem ao trabalho diariamente, não soubessem o que se espera deles! Um plano torna-se um roteiro para você e todos os seus Recursos Humanos seguirem, à medida que sua organização se desenvolve e cresce. O planejamento pode melhorar a produtividade e aumentar a satisfação das pessoas.

O moral dos empregados também é influenciado pelo planejamento. O moral é extremamente importante em um ambiente onde as pessoas trabalham muito próximas entre si em equipe. Pela natureza do trabalho no setor da Hospitalidade, os empregados trabalham juntos em grupos de trabalho descentralizados e informais. Os lavadores de pratos partilham um elo comum, como ocorre com os mensageiros, o pessoal de limpeza e as governantas, o pessoal de atendimento no restaurante, e assim por diante. Ser um membro desses grupos informais significa que as pessoas compartilham ideias e preocupações a respeito da operação em que trabalham e dos gerentes para os quais trabalham. Você em alguma ocasião trabalhou para um gerente que parecia desorganizado, que estava constantemente se deslocando pela empresa "apagando incêndios"? Os grupos de trabalho informais em uma operação rapidamente se juntam a um gerente em que confiam, e com a mesma rapidez se sentem desiludidos e desmotivados quando se perguntam: "Como ele chegou a gerente? Eu posso fazer melhor." O planejamento conduz a uma compreensão maior comum dos objetivos operacionais, o que leva a maior cooperação entre grupos de trabalho departamentais. Mesmo os gerentes trabalham melhor juntos quando sabem o que esperar.

O planejamento provoca um impacto em toda e qualquer função da Administração de Recursos Humanos. Por exemplo, o planejamento conduz à fixação de metas, sem a qual as avaliações de desempenho não são eficazes. De que modo os gerentes podem avaliar a forma como seu pessoal contribui para o crescimento da organização? Como você sabe quem ou quantas pessoas contratar? Quais devem ser os níveis de aptidão? Qual a remuneração que você deve oferecer?

O planejamento é o fator *mais* importante para o sucesso contínuo de toda operação de Hospitalidade. Todas as áreas da administração – finanças, marketing, vendas, produção – são planejadas. O planejamento é uma função administrativa; e, para ser um bom gerente de Recursos Humanos, você precisa saber como planejar para prestar contas nessa área.

▮ Planejamento de Recursos Humanos para empreendimentos de Hospitalidade

A Hospitalidade tem sido um dos segmentos de crescimento mais rápido na economia global. Em todo o mundo, há um consumo cada vez maior, anualmente, de serviços de alimentos, bebidas e acomodação fora de casa. Nos Estados Unidos, a Hospitalidade é o maior setor de consumo. Formada originalmente por pequenas redes e operadores independentes, a Hospitalidade cresceu para se tornar um setor de conglomerados multinacionais de múltiplas unidades e múltiplos conceitos.

Com um crescimento tão rápido, pode-se perguntar: "Como posso me dar ao luxo de *não* planejar?" Você está absolutamente correto em sua conclusão: você *não* pode se dar ao luxo de não planejar. Infelizmente, muitos de vocês provavelmente podem pensar em empresas onde trabalharam nas quais os dirigentes não planejaram. Quais eram os denominadores comuns dessas operações? Gerentes que exigiam muito de seus bons empregados porque sabiam que poderiam depender deles em uma emergência. Os gerentes sempre pareciam estar operando em situação de crise: com excesso ou com falta de empregados, nunca tendo tempo para treinar e avaliar seu desempenho. Caso houvesse aumentos de salário, era porque o gerente sabia quem você era. É isso o que acontece em uma operação não planejada, quando se opta por simplesmente reagir aos acontecimentos à medida que surgem. Gerentes que parecem avessos ao planejamento optam por depender da intuição, da experiência e do acaso para que possam lidar com os desafios operacionais do dia a dia.

O plano de Recursos Humanos deveria ser baseado no plano de negócios estratégico da organização de Hospitalidade. Em algumas organizações, o plano de Recursos Humanos será realizado separadamente; em outras, é um componente do plano de negócios. Como as organizações de Hospitalidade trabalham por meio de pessoas e para as pessoas, cada objetivo do plano de negócios contém um elemento humano. O **planejamento de Recursos Humanos** é responsável por determinar as contribuições de Recursos Humanos bem como os processos e as atividades exigidas para cumprir as metas e os objetivos do plano de negócios. Avaliar as atuais políticas e práticas de Recursos Humanos, de acordo com as metas empresariais, e determinar que novas iniciativas de Recursos Humanos são necessárias constituem parte do processo de planejamento de Recursos Humanos. No Capítulo 16, um dos mais importantes aspectos do planejamento de Recursos Humanos será determinar e controlar as exigências legais para todas as políticas e práticas de Recursos Humanos.

A administração eficiente e eficaz dos Recursos Humanos requer planejamento. A coordenação dos Recursos Humanos em um empreendimento de Hospitalidade não é tarefa fácil. No entanto, como gerente, seu sucesso depende de sua habilidade em atingir resultados por meio de seu pessoal. Para que seu planejamento de Recursos Humanos seja eficaz, ele precisa atender às necessidades das pessoas que você contrata, dos grupos aos quais elas passam a fazer parte e das necessidades da organização formal. Qual dessas três necessidades é *mais* importante? Abrir mão de qualquer uma dessas três necessidades significa abrir mão de todas as três.

Considere outro aspecto do setor da Hospitalidade. Na prestação de serviços, como a Hospitalidade, o relacionamento estabelecido entre empregados e clientes (seus hóspedes) é de enorme importância. Mais de 50% das pessoas que você contrata terão contato *direto* com seus clientes! Esses empregados sabem o que esperar do desempenho de suas funções? Sem planejamento, provavelmente não.

O processo de planejamento de Recursos Humanos orienta o que todo o seu pessoal realiza. Você precisa conhecer que posições devem ser preenchidas. Caso não possa identificar indivíduos com as aptidões necessárias, terá de treinar para desenvolver as aptidões de que precisa em sua equipe. Sem planejamento em longo prazo, você não saberia de quem necessitaria nem quais aptidões estariam disponíveis. Viveria o dia a dia, "combatendo incêndios", trabalhando muitas horas extras e ficando muito frustrado.

Planejar o comportamento humano é uma aptidão que cada um de nós precisa dominar para ser bem-sucedido como gerente. O lado operacional da administração da Hospitalidade certamente é mais fácil de planejar do que as atitudes, o temperamento e os caprichos de nossos Recursos Humanos. Isso, porém não significa que o planejamento não tenha função naquilo que diz respeito às pessoas no contexto da administração. A Figura 2.1 apresenta um esquema dessa visão do **empreendimento de Hospitalidade**.

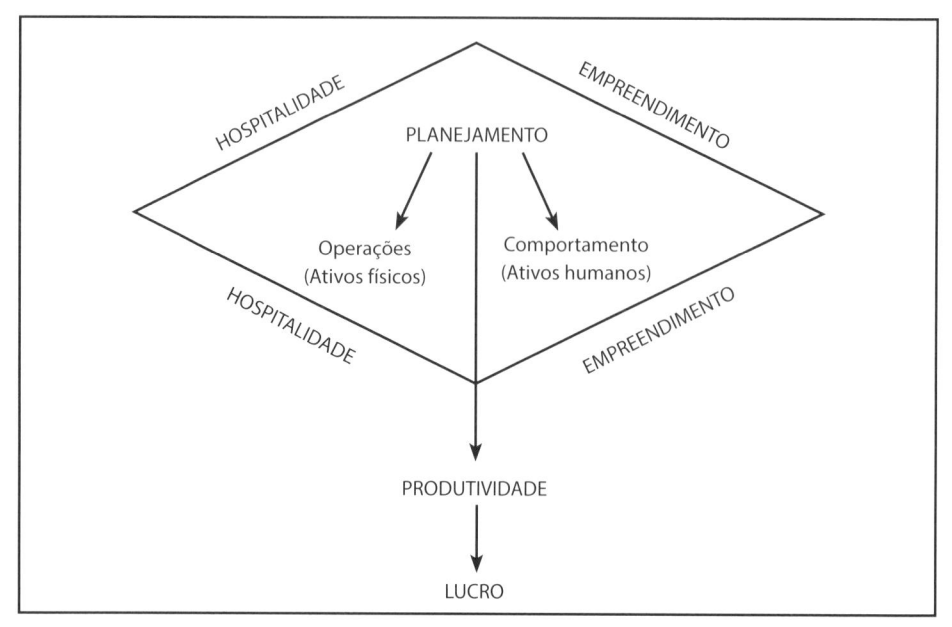

Figura 2.1 Diagrama conceitual de um empreendimento de Hospitalidade. *Fonte:* Elaborada pela autora.

O **planejamento orientado às operações**, conforme indicado no lado esquerdo na Figura 2.1, determina os ativos físicos. Na operação de um restaurante, esses ativos abrangeriam os itens do cardápio a serem servidos – mas certamente sem se limitar a eles –, as necessidades de capital, a disposição física das instalações, os pratos, os utensílios de mesa, os copos e as toalhas a serem utilizados, bem como os fornecedores que entregam os produtos, cuja necessidade é determinada por seus planos.

O **planejamento orientado ao comportamento**, conforme indicado no lado direito da ilustração, determina os ativos ou Recursos Humanos, o que inclui influenciar o que as pessoas fazem, que aptidões elas precisam ter, por quanto tempo colocarão em prática essas aptidões, por qual critério seu desempenho será avaliado e como serão remuneradas pelo desempenho quanto a salário e benefícios.

O planejamento eficaz de Recursos Humanos é um processo que pode proporcionar à sua operação vantagem competitiva em relação a outra operação.

O planejamento aproveita uma boa ideia (visão) e a transforma em um processo com resultados previsíveis. Sem produtividade de nossos ativos humanos, os ativos físicos têm pouca possibilidade de obter lucratividade. À medida que diminui o número de trabalhadores disponíveis, os dirigentes precisam planejar aumento no número de empregados, pois outras operações no setor da Hospitalidade concorrem pelas mesmas pessoas. O planejamento de Recursos Humanos oferece a estrutura para realizar tudo isso e, conforme você verá, muito mais!

■ O QUE É PLANEJAMENTO?

Como gerente responsável por Recursos Humanos, você já pode perceber muitas razões para se tornar mais competente no planejamento. Pelo planejamento, podemos direcionar o futuro em vez de permitir que o futuro nos direcione. Antes de fazermos o planejamento dos Recursos Humanos, vamos defini-lo de modo mais claro.

O planejamento tem recebido várias definições. D. W. Ewing oferece sua definição:

> *Um método para orientar gerentes, de modo que suas decisões e ações afetem o futuro da organização de uma forma constante e racional, conforme o desejo do alto escalão.*[1]

J. E. Miller e M. Porter simplesmente afirmam que:

> *Planejamento significa vislumbrar o futuro para traçar as melhores alternativas de ação futura.*[2]

Essas definições indicam que o planejamento é, acima de tudo, um processo ou uma série de ações ou comportamentos. Ações, tais como a previsão e a tomada de decisões, exigem que o planejamento seja um processo contínuo, porque a mudança ocorre continuamente. Comportamentos como comunicação e motivação são necessários para produzir os resultados desejados.

Durante os anos 1990, o termo "planejamento", de uma perspectiva de Recursos Humanos, assumiu um significado diferente e mais relevante. Não era mais suficiente pensar em planejamento meramente como um processo para igualar a oferta à demanda. A oferta de mão de obra estava diminuindo, e a demanda das empresas estava crescendo em muitos mercados. No passado, foram desenvolvidos e realizados planos que garantissem que o número certo de pessoas estaria disponível em número suficiente na ocasião certa. As necessidades das empresas eram razoavelmente previsíveis, com base em dados históricos. Portanto, se havia um aumento de 14% durante a alta estação, deveria ser planejado um aumento de 14% para a equipe de trabalho.

O ambiente de mudança drástica nos anos 1990 tornou o processo de planejamento muito mais dinâmico do que em décadas passadas. O setor de Hospitalidade passa por aquisições, fusões, um número crescente de novos dispositivos legais trabalhistas, diversidade, reestruturações e outras injunções. Observe a seguir alguns dados sobre a força de trabalho nos Estados Unidos.

♦ Em 2005, 23 milhões de pessoas saíram da força de trabalho e 39 milhões de novos empregados foram contratados.

♦ Em 2005, a média de idade da força de trabalho era de quase 40 anos.

♦ O grupo de trabalho com crescimento mais rápido foi o dos trabalhadores asiáticos, seguido pelo dos hispânicos, graças em grande parte à imigração e a um aumento do índice de natalidade desses dois grupos.

♦ Em 2005, as mulheres representaram aproximadamente 48% da força de trabalho.

- A prestação de serviços foi uma das ocupações com maior crescimento.
- Dois e meio milhões de americanos com baixa escolaridade passaram a fazer parte da força de trabalho a cada ano.[3]

Para este livro continuamos a definir **planejamento** como um processo de obtenção de informações que permite aos gerentes de Hospitalidade formular objetivos e determinar que ações são mais apropriadas para cumpri-los. Essa definição considera o planejamento como um processo. Ela permite flexibilidade aos gerentes de Recursos Humanos, uma necessidade em um ambiente em transformação. O resultado do planejamento, o plano em si, é um produto do processo. A estrutura para o planejamento de Recursos Humanos que agora iniciamos a formar responde às seguintes perguntas:

- De quantas pessoas você precisa?
- De que tipo de pessoas, quanto a aptidões e habilidades, você precisa?
- Onde você encontrará o tipo de pessoas de que precisa?
- De que maneira você reterá as pessoas de que necessita e evitará que sejam atraídas por outras empresas?

Gerentes de Hospitalidade normalmente possuem competência técnica; porém, os gerentes excepcionais que desejam progredir no que se refere a habilidade e resultados têm aptidões de planejamento. Você não terá mais de operar por palpites e intuição. Para planejar, você precisa dar um passo atrás, conhecer os principais aspectos empresariais de sua companhia, compreender o impacto do ambiente externo em transformação em que você está, considerar as implicações de Recursos Humanos em curto e longo prazo no âmbito de sua organização, prever o futuro e os resultados desejados e determinar como eles devem ser alcançados.

No início deste capítulo, perguntamos a você sobre a operação de Hospitalidade na qual gostaria de trabalhar como gerente responsável pelos Recursos Humanos. Dissemos que o tamanho e a amplitude da operação não importavam, porque os princípios de planejamento abordados são aplicáveis a todas as situações em que você se imaginar. Não existe um sistema ideal que se aplique a todas as situações. As operações de Hospitalidade diferem em objetivos, complexidades, tipo e quantidade de serviços oferecidos, quanto aos ambientes externo e interno nos quais operam e aos recursos de que dispõem para utilização. Portanto, o grau em que você pode cumprir os métodos e as técnicas abordados precisa ser avaliado quanto à situação em que você está operando. Existe, contudo, um *processo sistemático* de planejamento de Recursos Humanos apropriado a todas as situações no setor da Hospitalidade. Se você compreender o processo pelo qual um sistema de Recursos Humanos é desenvolvido, poderá então desenvolver o sistema para adequar-se à sua situação particular.

Esse processo sistemático inicia-se com a previsão apresentada a seguir.

Devemos sempre lembrar que esses passos estão simplificados e são normalmente utilizados para abertura de um hotel. Seja nos Estados Unidos ou no Brasil, podem ser boas dicas. O planejamento após a abertura envolve outros assuntos de

Recursos Humanos. O que vale ressaltar é que um bom planejamento em Recursos Humanos afeta o moral e a motivação dos funcionários, mantendo-os na empresa.

Quanto mais organizado e planejado você e seu departamento estiverem, mais tempo terão para criar novas estratégias, analisar seu público, atender a imprevistos (muito comum no setor de Hospitalidade) e descansar!

E no Brasil?

A hotelaria no Brasil até a década de 1990 era gerida de forma completamente diferente da que vemos hoje. Um dos fatores que contribuíram muito para a grande mudança nos padrões de gestão e profissionalização da indústria hoteleira em si foi a implantação no Brasil, pela francesa Accor, da academia corporativa, que desenvolveu uma série de programas de treinamentos estratégicos.

Participar desse processo de integração e conhecimento da então desconhecida no Brasil Accor, ser treinada na academia corporativa e crescer junto com a empresa são partes da minha trajetória na hotelaria.

Nessa história, um dos grandes desafios e também uma grande oportunidade é a implantação de um hotel; neste sentido, é fundamental conhecer diferentes aspectos que envolvem a gestão do departamento.

Como sabemos que Recursos Humanos são muito importantes, mas também que salário é um custo fixo e receita de hospedagem é variável, é essencial planejar e controlar mensalmente o orçamento do hotel. Saber definir o número de funcionários, bem como gerir sua escala de folgas, são também desafios a serem controlados dia a dia.

Um bom exemplo da definição de um planejamento é o "plano" que foi apresentado por Rosana Kiyomi Okamoto na 1ª edição brasileira de *Administração de Recursos Humanos em Hospitalidade*:

1. Elaborar um orçamento com a quantidade de funcionários de cada área, analisando a previsão de ocupação para o empreendimento e a rentabilidade que se deseja atingir. Exemplo: seis mensageiros para carregar bagagens – dois no turno da manhã, dois no turno da tarde, um no turno da madrugada e um turnante.*

2. Definir o salário mensal e os benefícios de cada cargo. Para tanto, é necessário pesquisar o mercado e oferecer salários e benefícios competitivos para atrair bons candidatos/profissionais, porém de acordo com a estimativa de custos do empreendimento.

3. Descrever a função de cada cargo com os responsáveis de cada área. Essa é uma parte muito importante, pois é nela que podemos verificar a possibilidade da criação de cargos multifuncionais, diminuindo assim a quantidade de pessoas a serem contratadas.

4. A definição de quantidade, salário e descrição de função compõe uma estratégia de contratação que pode ser montada pelo responsável da área de Recursos Humanos e aprovada pelo responsável do empreendimento como um todo, normalmente, o gerente-geral ou diretor-geral.

5. Criar um plano de retenção desses talentos.

Revisão e adaptação de Simone Sansiviero.

---

*N.R.T.: Termo usado na hotelaria para o funcionário que é contratado para cobrir as folgas dos demais funcionários de um departamento. Folguista.

■ PREVISÃO

O planejamento não é previsão; no entanto, previsão é uma das atividades que formam o processo de planejamento. Conforme Ewing ressalta:

> *Igualar os dois provavelmente seja a armadilha mais antiga*
> *em que os gerentes e professores do campo da administração*
> *[...] caíram.*[4]

É possível que o planejamento ocorra sem estar envolvido na previsão. No planejamento de Recursos Humanos, o processo se inicia pela previsão. É importante que você reconheça a distinção entre os termos *planejamento* e *previsão*.

■ O que é previsão?

A previsão envolve uma análise do ambiente para determinar quais serão as necessidades futuras e que oportunidades ocorrerão para que possamos atendê-las. A previsão faz suposições sobre o futuro com base em estimativas. Previsões sobre o ambiente futuro o capacitam, como gerente responsável pelos Recursos Humanos, a criar suposições que proporcionam diretrizes para todas as suas atividades de planejamento. A previsão se preocupa com os eventos que ocorrem em um mundo em transformação. Não importa qual seja o tamanho de sua operação de Hospitalidade, porque a previsão continuará a desempenhar um papel importante na eficácia da tomada de decisões e na habilidade de concretizá-las por parte dos dirigentes. A área de Hospitalidade é um empreendimento volátil e, como tal, precisamos aprender a realizar previsões e a utilizá-las em nosso processo de planejamento.

A **previsão** é definida como a tarefa de fazer suposições orientadas sobre o futuro da área de Hospitalidade formuladas com base em dados e estimativas que melhor nos capacitem para atuar em um ambiente empresarial em transformação.

A amplitude de suas previsões varia de acordo com sua posição hierárquica na companhia. Por exemplo, o principal executivo (CEO) de uma corporação pode ter uma missão para essa empresa. Essa missão pode ser a de se tornar a principal corporação de Hospitalidade na América do Norte, com um retorno dos acionistas anualizado de $x\%$ e uma taxa de crescimento anualizada de $x\%$. O vice-presidente de uma divisão operacional pode ter a meta de ser o líder de mercado em seu ramo com um crescimento de vendas de $x\%$ e um lucro operacional de $y\%$. Os colaboradores que trabalham para esse vice-presidente preparam os planos funcionais para apoiar a missão e as metas organizacionais. Se você fosse um diretor de Recursos Humanos, suas previsões se concentrariam nas necessidades dos dirigentes e dos horistas e nos suprimentos para operações específicas e/ou locais geográficos. Se, no entanto, você fosse gerente de uma operação ou de um departamento específico, se concentraria na previsão para determinar quais seriam suas necessidades de Recursos Humanos para a unidade e, então, trabalharia para atender a essas necessidades.

Serviços Empresariais* ANÁLISE DE NECESSIDADES 1º de abril de 1997 Região:_____									
	A	**B**	**C**	**D**	**E**	**F**	**G**		**H**
Necessidade de gerentes	Número de gerentes necessários	Número atual de gerentes	Número de candidatos à promoção	Número de gerentes na reserva	Número projetado de demissões/promoções	Número de gerentes disponíveis (B+C+D-E)	Necessidade nos próximos 6 meses (A-F)		Necessidade nos próximos 18 meses (B-F)
	Fim de 1998	Fim de 1999			(1) Atualmente – fim do exercício de 1998 / (2) Atualmente – fim do exercício de 1998	(1) Atualmente – fim do exercício de 1998 / (2) Atualmente – fim do exercício de 1999			
2 Gerentes/ Equipe funcional das multiunidades A E 11-14						0	0	0	0
3 Gerentes da linha de frente A E 9-11						0	0	0	0
4 Gerentes da linha de frente A E 7-8						0	0	0	0
5 Gerentes- -assistentes da linha de frente A E 6 e abaixo			0			0	0	0	0
TOTAIS	0	0	0	0	0	0	0	0	0

Figura 2.2 Análise de necessidades para serviços empresariais. *Fonte:* Cortesia de Aramark Corporation.

*N. R. T.: Toda a gestão de um hotel é fundamentada na previsão de ocupação. Ou seja, se essa previsão não se realiza, todas as outras também serão afetadas. O equilíbrio exato entre a ocupação e o bom atendimento é o grande desafio a ser atingido a cada dia. Atualmente os hotéis trabalham com sistemas informatizados que ajudam os gestores a comparar e prever a ocupação e receita, dia a dia, e assim maximizar sua receita; são os chamados sistemas de RM. Este assunto será tratado no Capítulo 16, "O Próximo Capítulo".

Quadro 2.1 Considerações sobre a previsão

- Concorrência
- Mudanças demográficas (que atingem o cliente e a equipe de trabalho)
- Ambiente econômico
- Política e regulamentação oficial
- Avanços e mudanças tecnológicas
- Análise de tendências
- Diferenças culturais e na sociedade

- Demanda de produtos e serviços
- Recursos financeiros
- Índice de rotatividade
- Filosofia gerencial/cultura corporativa
- Nível educacional da equipe de trabalho
- Índice de desemprego

Fonte: Elaborado pela autora.

Não existe um modo único por meio do qual a previsão seja aplicada. O método selecionado deve ser o que melhor atenda às suas necessidades e suposições a respeito do ambiente no qual sua unidade precisa operar. Em outras palavras, concentre-se nas áreas de maior importância, perguntando-se: "Que áreas influenciarão nosso sucesso futuro neste mercado?". O Quadro 2.1 traz uma lista de alguns pontos que você precisa levar em conta ao fazer a previsão. Conforme veremos em seguida, a previsão implica as previsões da demanda e da oferta de Recursos Humanos.

▪ Determinação da necessidade de Recursos Humanos

As previsões de Recursos Humanos originam-se dos planos operacionais de finanças, vendas, marketing e produção. A previsão do número de empregados que você precisará recrutar, contratar, treinar, desenvolver, transferir e promover tem por base os objetivos operacionais. Essas previsões são feitas para um período específico, geralmente, anual. Se você estiver prevendo o número de gerentes ou de empregados horistas, a metodologia para determinar suas necessidades de Recursos Humanos dependerá de cada caso.

A demanda por empregados baseia-se em uma combinação de variáveis comuns a todas as operações. Essas variáveis abrangem os níveis esperados de produtividade, o fator de demanda para seus produtos e serviços, o índice de rotatividade projetado e as taxas de crescimento projetadas. Os objetivos de desempenho financeiro de sua organização estão ligados a essas variáveis. No setor de Hospitalidade, o processo torna-se mais complicado pelo fato de que as variáveis diferem por categoria de cargo. Os índices de rotatividade, por exemplo, alteram-se dependendo de você estar prevendo o número de gerentes ou de empregados horistas. E entre os horistas, o índice de rotatividade pode variar ainda mais entre lavadores de pratos e garçons, entre mensageiros e o pessoal da recepção ou entre quaisquer outras duas categorias que você queira comparar.

A previsão na área de Hospitalidade normalmente tem sido tratada de maneira qualitativa ou intuitiva, em base não estatística. Esse é o caso predominante quando se prevê a necessidade de pessoal horista. Para quantificar esse método, você precisa identificar o número de empregados por tipo de cargo para um período específico. O Quadro 2.2 mostra um exemplo simplificado desse método de previsão feito anualmente. Para esse exemplo, supõe-se que a operação tenha atualmente o número de empregados necessários.

Quadro 2.2 Previsão das necessidades de empregados horistas

Categoria de cargo	Ano atual Número de empregados	Porcentagem da equipe de trabalho	Ano projetado Número de empregados
Garçons	48	40%	64
Recepcionistas	6	5%	8
Auxiliares de garçom	12	10%	16
Caixas	6	5%	8
Lavadores de pratos	12	10%	16
Cozinheiros	20	17%	27
Produção	16	13%	21
TOTAL	120	100%	160

Fonte: Elaborado pela autora.

Após a identificação do número de empregados por tipo de cargo (por meio da relação de Recursos Humanos), calcula-se a porcentagem da equipe de trabalho horista por categoria. As previsões feitas para o ano seguinte se valeriam dos mesmos percentuais como proporção dos recursos humanos necessários por tipo de cargo. Desse modo, se as vendas forem projetadas para aumentar, a proporção de auxiliares de garçom necessários ainda representaria 10% do total da equipe de trabalho. *Atenção*: você precisa estar ciente de que esses aumentos nem sempre seguem uma progressão geométrica simples baseada no volume. Em muitas empresas, existem limiares com um intervalo absoluto no qual um número fixo de empregados pode atender a um número determinado de clientes (por exemplo, se o número mínimo de garçons for dois, eles podem atender de zero a 40 clientes, em vez de um número absoluto).

As necessidades de gerentes também podem ser previstas em bases qualitativa e quantitativa. Qualitativamente você poderia estimar sua necessidade de gerentes como uma medida do volume de vendas e das metas da companhia. Por exemplo, com base naquilo que os dirigentes corporativos julgam poder ser realizado quanto à qualidade de serviço, eles desejam aumentar o número de gerentes por unidade operacional de dois para três. Então, do ponto de vista quantitativo, com uma meta de três gerentes por unidade, é fácil calcular a necessidade de gerentes projetada para os próximos anos. Levando em consideração o crescimento planejado, a duração dos programas de treinamento e os índices de rotatividade, você sabe exatamente quantos gerentes trainees contratar e quando contratá-los.

Os métodos usados na previsão tornaram-se mais sofisticados na década passada no que diz respeito à objetividade e à confiabilidade. As técnicas quantitativas disponíveis ajudam efetivamente a aumentar a precisão e a confiabilidade da previsão da necessidade de Recursos Humanos.

▌Variáveis de previsão

A previsão trata de um conjunto comum de variáveis que seguem as linhas operacionais no âmbito de uma organização. As variáveis de planejamento de pessoal a serem previstas, especificamente para a Administração de Recursos Humanos, são:

- ◆ mudança nas demandas dos clientes;
- ◆ demanda pelo produto;
- ◆ tendência do custo da mão de obra;
- ◆ disponibilidade de mão de obra (índice de desemprego);
- ◆ número de empregados necessários por tipo de cargo;
- ◆ necessidade de treinamento adicional;
- ◆ regulamentação oficial sobre:
  - – custo da mão de obra
  - – alteração nas horas de trabalho
  - – alteração na idade de aposentadoria
  - – benefícios da Previdência Social
- ◆ exigências legais para o emprego;
- ◆ sindicatos;

Cada uma dessas **variáveis de previsão** precisa ser considerada e analisada para o ambiente específico no qual você está operando, a fim de identificar as aptidões e as pessoas necessárias tanto para horistas quanto para gerentes. A previsão deve ser vista como um instrumento de aperfeiçoamento da tomada de decisões, envolvendo a necessidade de Recursos Humanos, e como a chave para cumprir os objetivos organizacionais em um empreendimento de Hospitalidade bem planejado. Uma boa tomada de decisões necessita do maior número de informações possível, a fim de fazer previsões sobre o futuro da organização.

▌A função de previsão

As técnicas abordadas aqui são muito necessárias em vista da competitividade cada vez maior no âmbito do setor de Hospitalidade e da falta de empregados. Independentemente do tamanho da operação, as previsões desempenham um papel cada vez mais importante na eficácia da tomada de decisões e na habilidade de desempenho por parte dos gerentes.

A incerteza faz parte da previsão. Suas previsões são da mesma qualidade dos dados e das informações utilizados na formulação dessas previsões. Nas organizações de

Hospitalidade, os dados históricos constituem normalmente a base para a previsão. Quando não se tem acesso a dados históricos, como no caso de um novo negócio, as previsões precisam apoiar-se mais em dados qualitativos do que em quantitativos. Dados qualitativos implicam o julgamento dos dirigentes e o bom senso, ou o que chamamos de estimativas subjetivas. De acordo com Ed Evans: "O segredo ou o truque aqui consiste em NÃO ficar limitado a seu paradigma. Segundo Einstein, 'NÃO há problema que se solucione no mesmo nível de compreensão em que foi criado'. Isso certamente se aplica ao paradigma de planejamento de RH."

Consideramos as perguntas a seguir importantes para a previsão de Recursos Humanos. Todavia, lembre-se: as perguntas que *você* precisa fazer são determinadas pelas áreas cruciais a seu sucesso. Que informações você precisa decididamente ter a fim de dar continuidade ao processo de planejamento? A resposta a essa pergunta o levará a desenvolver as perguntas apropriadas à sua situação específica.

Eis aqui algumas sugestões para você iniciar:

- ◆ Qual é o salário atual por hora em seu mercado?
- ◆ Qual é o índice de desemprego? Em outras palavras, qual seu grau de escolha?
- ◆ Você terá de treinar empregados para atingir os níveis de aptidão de que precisa ou contratará empregados de outras organizações?
- ◆ Qual tem sido a natureza de seu grupo de trabalho até o momento?
- ◆ Que influências causarão mudanças no grupo de trabalho?
- ◆ Quais serão no futuro os níveis de aptidão do grupo de trabalho?
- ◆ Você tem sido bem-sucedido em atrair os níveis de aptidão de que necessita?
- ◆ Que efeito a nova concorrência exercerá sobre a disponibilidade de mão de obra em sua área de mercado?

Previsões podem servir como uma valiosa ferramenta de administração quando orientadas para se enquadrar nas necessidades específicas de sua operação de Hospitalidade. Repito, não existe um método correto único para prever as necessidades de Recursos Humanos. Os métodos diferem de empresa para empresa, do mesmo modo que dados demográficos variam amplamente de local para local.

De um modo geral, a previsão de Recursos Humanos na área de Hospitalidade é igualmente **qualitativa** e **quantitativa**. Muitas organizações conduzem estudos de produtividade da mão de obra e existem inúmeros modelos quantitativos, já submetidos a testes, disponíveis para ajudá-lo a prever as necessidades de Recursos Humanos. Exemplos de procedimentos estatísticos utilizados incluem a análise de séries temporais, técnicas de regressão e correlação. O fato de esses modelos quantitativos não serem usados frequentemente não significa que não sejam valiosos para você; eles são. O domínio das técnicas de previsão quantitativa o tornará mais bem preparado para enfrentar o planejamento de Recursos Humanos. À medida que o setor de Hospitalidade cresce em sofisticação e a tecnologia da informação pode ser vista mesmo nas menores empresas familiares, aumenta a utilização desses métodos quantitativos. O manuseio de grandes quantidades de dados históricos é tão fácil como ligar um computador. Os gerentes de Hospitalidade no "próximo capítulo" precisam sentir-se à vontade com a análise, do mesmo modo que os gerentes de hoje se sentem com a intuição.

■ O PROCESSO DE RECURSOS HUMANOS

O planejamento eficaz de Recursos Humanos refere-se à identificação e à seleção da pessoa certa para o cargo certo, na ocasião certa. A pessoa certa relaciona-se às qualificações apropriadas quanto a aptidões e experiência. O cargo certo implica que uma análise cuidadosa foi feita para determinar as exigências do trabalho no que se refere à energia física e mental. A ocasião certa indicaria o conhecimento das necessidades projetadas.

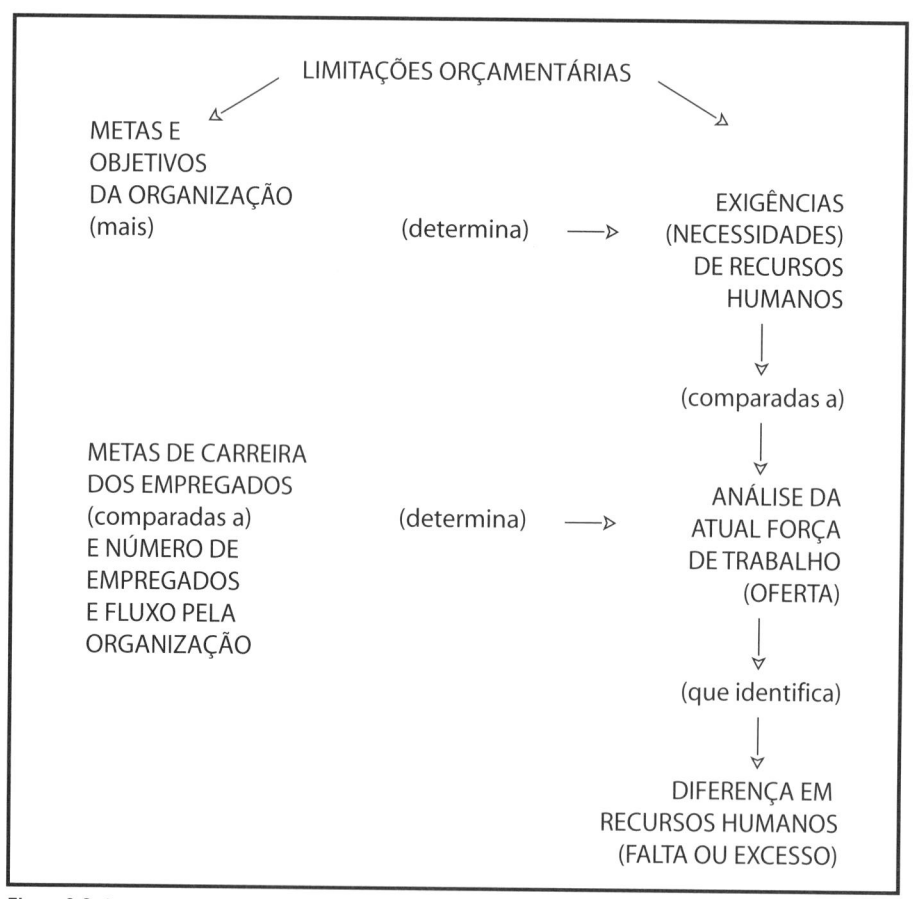

Figura 2.3 O processo de Recursos Humanos: análise das necessidades *versus* oferta. *Fonte:* Elaborada pela autora.

A Figura 2.3 apresenta uma visão de conjunto da análise de necessidade *versus* oferta, por meio da qual se desenvolve o processo de Recursos Humanos, que se inicia com as metas e os objetivos organizacionais e os agrega aos dados coletados em suas previsões de tendência. Isso determina a necessidade de Recursos Humanos para a sua operação. Em seguida, você precisa identificar o status de sua equipe de trabalho atual, levando ao mesmo tempo em consideração as metas de carreira de seus empregados e compará-las com o registro do número e das aptidões atuais de seus Recursos Humanos. Essa comparação fornece uma análise de sua oferta de Recursos Humanos. Uma diferença entre suas necessidades e a oferta, seja uma falta, seja um excesso, indica que uma ação corretiva precisa ser iniciada pelos dirigentes. Como em todas as atividades de planejamento de Recursos Humanos, todo o processo é governado por análises orçamentárias.

Muitas das funções no planejamento de Recursos Humanos ocorrem simultaneamente. Quando você assume a responsabilidade pelos Recursos Humanos em uma operação existente, o processo de planejamento deve ocorrer enquanto produtos e serviços estão sendo oferecidos a seus clientes. Você não terá a vantagem de ter seu sistema planejado e instalado antes que as portas se abram ao público. A rapidez com que você será capaz de desenvolver seu plano dependerá em grande parte da quantidade de informações históricas sobre os empregados.

A parte restante deste capítulo é dedicada à determinação de metas e objetivos. O Capítulo 3 estuda a análise e a descrição de cargos, juntamente com a relação de Recursos Humanos para identificar as diferenças entre a necessidade geral (demanda) por categoria de cargo e a atual oferta. Os planos desenvolvidos para eliminar essas diferenças tornam-se a base de tomada de decisões para o recrutamento, a colocação, o treinamento e o desenvolvimento de Recursos Humanos.

▌Metas e objetivos

O planejamento origina-se de metas de longo prazo (possibilidades de diversificação de produtos e serviços) e de curto prazo (por exemplo: quantas refeições somos capazes de servir hoje à noite?). Metas de longo prazo possibilitam crescimento, viabilidade e desenvolvimento; metas de curto prazo mantêm a operação em atividade no dia a dia.

Quais serão as necessidades detectadas de nossos clientes? Essa é uma das primeiras perguntas que devemos formular. Podemos, então, com base nessas necessidades, tomar decisões que determinarão de que modo podemos proporcionar maior satisfação ao cliente ou, melhor ainda, superar as expectativas. E é por esse motivo que estamos no ramo de serviços: obter um lucro pela satisfação das necessidades que identificamos em nossos clientes.

De início, você precisa ter em mente que a adequação de todo objetivo depende da situação particular em que ele deve ser usado. De forma simplificada, os objetivos especificam o desejo almejado pela organização ou operação. Há vários livros dedicados ao tema de metas e objetivos, e cada autor apresenta como definir as metas e os objetivos, de acordo com sua interpretação. Para nossa finalidade

Figura 2.4 Estabelecimento de metas e objetivos. *Fonte:* Elaborada pela autora.

neste texto, os **objetivos operacionais** originam-se de **metas organizacionais**, as quais são determinadas pela **missão corporativa** (Figura 2.4). Além disso, na Administração de Recursos Humanos nos preocupamos principalmente com os objetivos operacionais de nossa área específica. Como citado, em virtude de os gerentes responsáveis pelos Recursos Humanos não operarem no vazio, todos os demais objetivos operacionais igualmente afetam e são afetados por aquilo que fazem.

A missão da corporação é fundamental para o plano de negócios. A declaração da missão fixa a direção geral que a corporação deve seguir. Algumas empresas, como a Aramark, desenvolvem a declaração de visão. As metas da organização originam-se, então, diretamente da declaração da missão. Em geral, as metas são desenvolvidas para cada uma das áreas da empresa, como vendas e marketing, desenvolvimento e planta industrial. A Aramark utiliza *Princípios Orientadores* que cada empregado deve conhecer e seguir. As corporações estão cada vez mais integrando suas estratégias de Recursos Humanos em suas estratégias empresariais globais. Portanto, no "próximo capítulo", as metas de Recursos Humanos encontram-se unidas horizontalmente às metas empresariais de toda a organização. Isso vincula intimamente o plano de Recursos Humanos com o restante do plano empresarial da organização. Quais são as metas organizacionais e como os gerentes de Recursos Humanos se enquadram nessas metas? Isso determina, portanto, as metas organizacionais para os Recursos Humanos.

Lembre-se de que, quanto mais baixa sua posição na estrutura organizacional, mais estreitos e focalizados (micro) são seus objetivos. Quanto mais alta sua posição na organização, mais amplos são seus objetivos (macro). Cada nível na organização precisa levar em conta os objetivos de seus superiores ao desenvolver objetivos para uma unidade. Embora a incorporação da missão corporativa siga uma trajetória do escalão superior para o escalão inferior, geralmente os objetivos de Recursos Humanos precisam seguir uma trajetória do escalão inferior para o escalão superior no planejamento, a fim de apoiar eficazmente a declaração da missão.

Você primeiro prevê ou determina objetivos? Eles são relacionados. Afirmar que um deve seguir o outro não deveria implicar maior importância para um em detrimento do outro. O sucesso da operação depende do bom desempenho de cada função no processo de planejamento, mas é recomendável primeiro fixar seus objetivos operacionais e de recursos humanos, a fim de prever com eficácia as necessidades de recursos humanos.

▌Determinação de objetivos

Os objetivos são indicados no que se refere a ações ou atividades. Observe os constantes no início de cada capítulo deste livro. A maneira como eles estão redigidos sempre indica uma ação que ocorrerá como resultado de sua participação no material de leitura.

Uma segunda característica dos objetivos operacionais é o fato de eles serem específicos, o que significa que podem ajudar o gerente de Hospitalidade em seu processo de tomada de decisões. Os objetivos também deveriam indicar um cronograma no qual eles teriam de ser cumpridos. Sem um cronograma, compete ao gerente de Hospitalidade responsável pelo objetivo determinar se ele será cumprido dentro de uma semana, um mês, um ano, ou talvez cinco anos. Em outras palavras, trata-se de um objetivo de curto prazo ou longo prazo?

Os objetivos também precisam ser coerentes entre si, bem como com as metas organizacionais. Essa coerência é de especial importância na área da Hospitalidade, em que existem diversos departamentos descentralizados, todos operando com metas organizacionais comuns. Os objetivos operacionais do departamento de governança precisam complementar os da recepção; os objetivos operacionais do departamento de alimentos e bebidas precisam complementar os do departamento de vendas e assim por diante.

Mesmo no âmbito das unidades departamentais, os objetivos precisam ser coerentes e complementares. Se um objetivo para o departamento de alimentos e bebidas consiste em aumentar a qualidade do serviço e outro consiste em diminuir os custos de mão de obra, eles podem estar em conflito. É possível aumentar a qualidade e, ao mesmo tempo, diminuir custos? O gerente pode cumprir somente um desses objetivos em detrimento do outro? Se os objetivos não apoiam uma meta comum, mas criam conflito e frustração, independentemente do objetivo escolhido pelo gerente, este está condenado ao fracasso.

■ Objetivos para a Administração de Recursos Humanos

Objetivos, para gerentes responsáveis pelos Recursos Humanos, indicam resultados desejados que oferecem orientação para a atração de pessoal dentro de um cronograma específico. Os objetivos podem ser considerados como expectativas relativas à avaliação não apenas do desempenho operacional, mas também do desempenho humano (produtividade). Os objetivos para gerentes de Recursos Humanos são adotados para definir um desempenho aceitável, determinar que tipos de atividades de recrutamento são necessários, reduzir o índice de rotatividade (satisfação do empregado) e criar planos de desenvolvimento individuais, tanto para os empregados horistas quanto para os gerentes.

Você se recorda do exemplo anterior sobre planejamento do cardápio? O cardápio deveria determinar tudo o que fosse necessário para a parte operacional do empreendimento de Hospitalidade. Ele determina? Nem sempre. Ele deveria determinar? Sim. A mesma analogia pode ser empregada ao se pensar nos objetivos de Recursos Humanos. Os objetivos que desenvolvemos deveriam determinar nossas necessidades de pessoal. O número de pessoas atualmente na folha de pagamento não deveria formar a base para determinar nossas necessidades de Recursos Humanos?

■ MANUAIS DO EMPREGADO

O **manual do empregado** é uma publicação que contém informações úteis para o empregado, que pode incluir informações históricas sobre a companhia, a missão corporativa, as metas organizacionais e o compromisso com o atendimento ao cliente, além de regras, procedimentos e políticas de trabalho que o empregado precisa acatar. A finalidade do manual consiste em comunicar informações que sejam importantes e relevantes para os empregados e, ao mesmo tempo, educá-los a respeito da organização de Hospitalidade. Algumas companhias desse setor têm uma filosofia corporativa muito arraigada sobre determinadas políticas:

- ♦ Oferecemos oportunidades iguais.
- ♦ Exigimos um ambiente de trabalho em que não se consumam drogas.
- ♦ Promovemos internamente quando e onde for possível.
- ♦ Proporcionamos a nossos clientes o melhor atendimento possível.

A finalidade de um manual consiste em veicular informações valiosas a seus empregados. Você pode identificar suas expectativas em relação a eles, bem como as que eles têm de você. A identificação de sua política e filosofia de atendimento é um componente importante de um manual do empregado para uma organização de Hospitalidade. Comunique a seus empregados seu posicionamento no setor de Hospitalidade, bem como na comunidade local. Diga-lhes o que torna sua operação um local bom para se trabalhar. Quando analisados desse ponto de vista, os manuais podem ser uma ferramenta positiva de ajuda para seus recursos humanos valiosos, uma fonte de informações apresentada de um modo coerente para todos que trabalham em sua organização de Hospitalidade.

No entanto, os manuais do empregado também representam certas obrigações e riscos. Existe o perigo de que você tenha instituído um contrato de trabalho por meio de seu manual que poderia dificultar o término do contrato de empregados. E se você deseja alterar qualquer regra do local de trabalho ou benefício oferecido, pode ser considerado responsável perante seus empregados. Com o aumento do número de processos trabalhistas, alguns empregadores acabaram sendo condenados nos tribunais com base no conteúdo do manual do empregado. Em outras ocasiões, os empregadores constataram que seu manual do empregado os *livrou* de processos judiciais. Em virtude de a maioria dos manuais do empregado ter como única finalidade ser uma fonte útil de informações, muitas vezes as ressalvas fazem parte do conteúdo. Assegure-se, no mínimo, de encaminhar o manual a seu advogado, para que ele o revise antes de entregá-lo a seus empregados. Nem todas as situações podem ser previstas; portanto, esteja preparado para alterar e revisar seu manual quando necessário.

Os manuais devem ser redigidos de maneira cordial e positiva, com redação clara e organização. Ao mesmo tempo, alguma linguagem jurídica será necessária em nossa sociedade litigiosa. Ressalvas precisam ser indicadas claramente, para que sejam eficazes. Na melhor das hipóteses, o manual do empregado pode e deve ser uma ferramenta de comunicação valiosa entre empregador e empregado. Ele pode servir como um excelente guia para a orientação (Capítulo 6) de seus empregados. Se não houver o cuidado de enviar o manual para a revisão cautelosa de um advogado, ele poderá ser usado contra você. Lembre-se de revê-lo periodicamente e de fazer atualizações conforme necessário.

❚ CONCLUSÃO

Os objetivos da Administração de Recursos Humanos identificam os resultados contínuos que precisam ser obtidos para cumprir as metas de Recursos Humanos de sua organização. Os objetivos são aquilo que você cumprirá por meio de uma utilização eficaz dos Recursos Humanos. Lembre-se de que esses objetivos baseiam-se em parte nas informações que você reuniu na previsão, relativas a custos e disponibilidade de mão de obra na área geográfica em que você operará. Uma vez estabelecidas as metas e os objetivos, serão desenvolvidos planos de ação para identificar as ações e as atividades que devem ser concretizadas para cumprir seus objetivos. O planejamento de Recursos Humanos estabelece metas e objetivos baseados na missão corporativa. O processo de planejamento detalha, então, os procedimentos e atribui responsabilidades, a fim de alcançar os resultados desejados.

O planejamento de Recursos Humanos tem se confirmado como um dos mais importantes determinantes para o sucesso de uma organização, e está vinculado integralmente ao plano de negócios. Se as coisas não acontecem do modo que você espera, é hora de rever suas primeiras hipóteses e, se necessário, revisar o plano.

Todas as funções de Recursos Humanos desenvolvem-se do planejamento, o qual não deve, portanto, ser considerado um exercício isolado para analisar as necessidades de pessoal, mas como um processo contínuo. As pessoas constituem o principal elemento em todo empreendimento de Hospitalidade. São fundamentais as iniciativas de planejamento para melhor aproveitar os Recursos Humanos da operação. Tal planejamento exige que os objetivos operacionais e da área de pessoal sejam combinados para cumprir as metas da organização. Embora as funções de Recursos Humanos normalmente não incluam o desenvolvimento de objetivos operacionais, essa é uma das várias ocasiões em que a área de Recursos Humanos interage diretamente com outros departamentos da organização; portanto, essa área não pode e não age independentemente do restante de uma organização bem-sucedida.

À medida que o número de pessoas disponíveis torna-se cada vez mais limitado, precisamos nos tornar planejadores melhores, comprometidos com a utilização eficiente dos Recursos Humanos de que dispomos. Os objetivos estabelecidos, desenvolvidos por meio de nossas previsões, tornam-se o foco do planejamento de todas as demais funções dessa área. É importante, dessa forma, que os objetivos indiquem claramente os resultados que precisamos alcançar. Os resultados nos permitem determinar os cargos necessários para cumprir os objetivos. Portanto, os objetivos tornam-se a base de nossa **análise de cargos** e determinam as categorias de cargos necessárias para realizar as atividades de nossa organização.

Caso 2.1

Bem-vindo a seu novo cargo como gerente responsável pelos Recursos Humanos no La Cesta Resort. Esse magnífico empreendimento localiza-se na costa oeste do Estado da Flórida, ladeado pelo golfo e pela baía. Trata-se de um resort com todas as áreas de lazer e que recebe predominantemente famílias de classe média alta. Já estamos há dois anos e meio em um plano de renovação com duração de cinco anos para modernizar os apartamentos. Os dois restaurantes (um informal ao ar livre e outro para refeições refinadas) já foram reformados, bem como o bar/a boate.

O La Cesta Resort desfruta de um bom conceito no Estado da Flórida. Ele proporciona excelente lazer para seus hóspedes. O problema? Outros empreendimentos similares estão indo muito bem (no que diz respeito a receitas e lucros) e este resort **não** vai bem! Você foi contratado especialmente por sua especialização na área de planejamento de Recursos Humanos. Desenvolva um plano de RH para analisar e equacionar o problema.

A gerente-geral do La Cesta Resort solicitou-lhe um esboço detalhado de três páginas de seu plano inicial na próxima terça-feira. Além de fornecer

continua

Caso 2.1

quaisquer outras informações que julgue necessárias (baseadas em seus conhecimentos especializados de planejamento de RH), ela lhe pediu especificamente para:

- desenvolver uma declaração de missão para esse empreendimento;
- incluir um mínimo de duas metas organizacionais específicas da Administração de Recursos Humanos;
- preparar um objetivo operacional para cada meta;
- apresentar uma lista de seis pontos observados sobre o empreendimento, com base em sua análise

inicial da situação; e

- preparar uma declaração com dois parágrafos, defendendo como seu plano de Recursos Humanos equacionará especificamente os problemas relativos à receita e à lucratividade.

Apenas um lembrete: sua tarefa consiste em desenvolver um plano de RH para analisar e explicar os motivos pelos quais o La Cesta Resort não está indo tão bem como outros resorts similares. Inclua em seu relatório inicial de três páginas toda informação adicional que julgue apropriada.

Fonte: Elaborado pela autora.

Caso 2.2

Você decidiu tornar-se um empreendedor no setor de Hospitalidade e abrir seu próprio restaurante ou hotel. Use a operação de hospitalidade que descreveu no Caso 2.1 para esboçar um plano de Recursos Humanos resumido de três páginas.

Comece decidindo que itens devem ser incluídos na estrutura de seu plano. De que modo você planejará o tipo de serviço? Como planejará o nível de serviço? Quais as três principais variáveis da Administração de Recursos Humanos que deve considerar? De quantas pessoas você precisa? De que tipo de pessoas, no que se refere a aptidões e habilidades, precisa? Onde encontrará o tipo de pessoas de que precisa? Inclua respostas a todas as outras perguntas que julgar apropriadas como parte desse plano resumido de RH.

Fonte: Elaborado pela autora.

Caso 2.3

A você coube, como herança, a responsabilidade pelos Recursos Humanos em um restaurante familiar com 200 lugares em Nova Orleans. Não existe um manual do empregado. Você providenciaria um. Por quê? Desenvolva um esboço de três páginas para as seções desse manual. Quem você envolveria no desenvolvimento desse manual? Que revisões faria?

Fonte: Elaborado pela autora.

■ Termos-chave

- análise do cargo
- eficácia
- eficiência
- empreendimento de hospitalidade
- manual do empregado
- metas organizacionais
- missão corporativa
- objetivos operacionais

- planejamento
- planejamento de Recursos Humanos
- planejamento orientado ao comportamento
- planejamento orientado às operações
- previsão
- previsão qualitativa
- previsão quantitativa
- variáveis de previsão

■ Leituras recomendadas

"Population Demographics", 1998. Disponível em: http://www.usa.org/demographics/. Acesso em 13 setembro 2013.

BAILEY, A. D. "The quick way to produce an employee manual". *Restaurant USA*, v. 12, nº 8, p. 16-18, 1992.

The Conference Board. *HR Executive Review – HR Challenges in Mergers & Acquisitions.* Nova York: The Conference Board, 1996.

DE GEUS, A. *The living company: habits for survival in a turbulent business environment.* Boston: Harvard Business School Publishing, 1994.

GALPIN, T. *Making strategy work.* San Francisco, Jossey-Bass Publishers, 1993.

HARKINS, P. J., BROWN, S. M. e SULLIVAN, R. *Outsourcing and human resources: trends, models, and guidelines.* Lexington, LER Press, 1995.

INMAN, C. e ENZ, C. "Shattering the myths of the part-time worker". *The Cornell Quarterly* v. 36, nº 5, p. 46-54, 1996.

SMITH, B. J., BOROSKI, J. W. e DAVIS, G. E. "Human Resource Planning". *Human Resource Management* (primavera/verão), p.81-93, 1992.

TULGAN, B. "Common misconceptions about generation X". *The Cornell Quarterly*, v. 37, nº 5, p. 46-54, 1996.

WALKER, J. W. "Integrating the Human Resource function with business". *Human Resource Planning*, v. 14 nº 2, p. 59-77, 1996.

WALKUP, C. "Companies vie for workers as labor pool evaporates". *Nation's Restaurant News*, v. 29, nº 8, p.1 e 4, 1995.

■ Sites recomendados

1. Auxílio jurídico pela TV: Modelo do manual do empregado on-line: www.courttv.com/legalhelp/business/forms/936.html
2. Estratégias e táticas de RH: http://www.explorehr.org/category/HR
3. Ferramentas de RH: www.knowledgepoint.com/hr/tool-home.html
4. Manuais de políticas na web: www.shrm.org/hrlinks/policy.html
5. Oportunidades Iguais de Emprego/Política de Ação Afirmativa: www.usm.maine.edu/~hrs/policy/1221.html
6. Manual de políticas de RH: http://extension.missouri.edu/

7. Manual do empregado da Emory University:
   http://cci.emory.edu/cms/index.html
8. Política e procedimentos sobre assédio sexual da Loyola University:
   www.luc.edu/infotech/sae/sexual.html
9. Manuais HRM on-line:
   http://www.ntu.ac.uk/nbs/

▌ Notas

1. D. W. Ewing. *The practice of planning*. Nova York: Harper and Row, 1968, p. 17-18.
2. J. E. Miller e M. Porter. *Supervision in the Hospitality industry.* Nova York: John Wiley & Sons, 1985, p. 301.
3. "Charting the projections: 1992-2005". *Occupational Outlook Quarterly* (outono de 1995), p. 1-27.
4. Ewing, *The practice of planning*, p.16.

▌ Questões

1. Onde se inicia o processo de Recursos Humanos? Por quê?
2. Descreva a importância do planejamento e o ambiente em transformação no contexto da Administração de Recursos Humanos.
3. Por que não fazemos um melhor planejamento de Recursos Humanos no setor de Hospitalidade?
4. O planejamento de Recursos Humanos controla o que todas as pessoas fazem em sua operação. Comente essa afirmativa.
5. O que é previsão? Como ela difere do planejamento?
6. As necessidades de empregados horistas e de gerentes são previstas do mesmo modo? Explique.
7. Identifique sete pontos que você deve levar em conta ao fazer a previsão.
8. A previsão no setor de Hospitalidade baseia-se em grande parte nos dados históricos mantidos pelo empreendimento ou pela operação. Em que consistem esses dados históricos?
9. Descreva a análise da necessidade *versus* oferta no processo de Recursos Humanos.
10. Discuta os métodos do escalão superior para o escalão inferior e do escalão inferior para o escalão superior na determinação dos objetivos.
11. Explique por que os objetivos operacionais precisam ser coerentes entre si.
12. Descreva a importância das metas e dos objetivos no processo de planejamento de Recursos Humanos.

Análise do local de trabalho

*A diferença entre a palavra certa e a palavra similar
é a diferença entre lume e vaga-lume.*
Mark Twain

*Ao fazer concessões às imperfeições humanas, considero realmente
que nos Estados Unidos o aspecto mais valioso da vida é possível;
o desenvolvimento do indivíduo e de seus poderes criativos.*
Albert Einstein

❚ INTRODUÇÃO

O planejamento, a previsão e a determinação de objetivos podem ser considerados atividades de Recursos Humanos amplas ou gerais. Ao iniciarmos nossa discussão sobre análise de cargos, começamos a focalizar as funções de Recursos Humanos mais específicas. Nossos objetivos neste capítulo voltam-se agora para a natureza dos cargos de que precisamos para o sucesso da administração de nossas operações de Hospitalidade. Uma análise cuidadosa desses cargos é essencial neste estágio do processo de planejamento de Recursos Humanos. Todas as demais funções dessa área, que vamos examinar no futuro, dependem de uma definição eficaz dos cargos. Você consegue imaginar a seleção, as avaliações de desempenho, as promoções, o treinamento ou mesmo as demissões sem levar em consideração as funções que esperamos que nossos empregados desempenhem?

As atividades de análise que discutimos neste capítulo também o auxiliarão, como gerente responsável pelos Recursos Humanos, a usar seu conhecimento de metas organizacionais, objetivos operacionais e previsão para preencher o hiato criado por um desequilíbrio entre a necessidade e a oferta de recursos humanos. Este capítulo visa auxiliá-lo a compreender os procedimentos envolvidos na análise das necessidades e da oferta de Recursos Humanos de acordo com o tipo de cargo.

Ao finalizar este capítulo, você será capaz de:

1. Distinguir entre análise de cargos, descrição de cargos e especificações do cargo.
2. Usar o método de avaliação de cargos para determinar as respectivas tarefas.
3. Identificar como são usados os resultados do processo de análise de cargos.
4. Determinar as informações específicas necessárias para a realização de uma análise de cargos.
5. Preparar uma descrição e uma especificação do cargo.
6. Compreender o impacto da Lei de Proteção aos Americanos com Deficiência sobre o desenvolvimento das descrições de cargo.
7. Identificar a utilidade de uma descrição de cargo.
8. Descrever a importância da redefinição de cargos para os gerentes de Recursos Humanos.
9. Conduzir uma avaliação das aptidões existentes.
10. Definir o planejamento da sucessão e explicar sua importância para o processo de planejamento estratégico de Recursos Humanos.

■ TERMINOLOGIA RELACIONADA AO CARGO

Quando abordamos o planejamento no Capítulo 2, nós o identificamos como um processo. De modo análogo, examinamos agora o processo de análise de cargos que nos auxiliará a transformar os objetivos operacionais que desenvolvemos em ações humanas específicas. São essas ações que precisam ser efetivadas por nossos empregados, a fim de satisfazer as necessidades e os desejos de nossos clientes. Mesmo os processos mais criativos de planejamento e análise não têm valor algum se as necessidades e os desejos de nossos clientes não forem satisfeitos. O pensamento administrativo contemporâneo indica que a única razão para a existência de uma empresa é a *satisfação das necessidades dos clientes*. Alguns afirmam que é para obter lucro; porém, você não pode obtê-lo a não ser que esteja atendendo às necessidades dos clientes. Eficácia e eficiência não são avaliadas quanto à criatividade, mas no que se refere à satisfação dos hóspedes/clientes. Antes de começarmos a examinar os processos envolvidos na análise de cargos, precisamos ter uma compreensão comum do que é o trabalho.

O **trabalho** é o gasto de energia física e mental para a obtenção de resultados. O termo (em inglês, *work*) deriva da palavra grega *ergon.** É importante observar que nem toda energia traz resultados que contribuem para as metas da organização de Hospitalidade. Para nossos propósitos, somente o trabalho conduzindo a resultados que contribuem para as metas de nossa organização de

---

*N.R.T.: Atenção para a diferente etimologia das duas línguas. Enquanto a palavra inglesa *work* vem do grego *ergon* (trabalho), a mesma palavra em português vem do latim *tripalium*, nome de um instrumento de tortura. Inicialmente o "trabalhador" seria o "carrasco", e não a "vítima" de hoje em dia. No século XII, a palavra entrou para a língua românica e, no renascimento, adquiriu o sentido de labuta, atividade, exercício profissional.

Hospitalidade é considerado neste capítulo. O que nos interessa é o trabalho relacionado ao desempenho. As pessoas no local de trabalho podem obter resultados por meio de seus próprios esforços (pessoal horista) ou por meio dos esforços de outros (supervisores ou dirigentes). O estudo do trabalho humano envolve uma melhor compreensão de como realizar o trabalho de modo eficaz e eficiente. Dessa forma, o trabalho humano constitui em si uma área legítima de estudo e tem feito inúmeras contribuições que levam a melhores soluções para lidar com os problemas humanos na Administração de Recursos Humanos.

Os cargos no setor de Hospitalidade são criados com a finalidade de gerar produtos ou criar serviços para atender às necessidades e aos desejos de nossos clientes. Na terminologia do trabalho humano, um **cargo** é um grupo de posições que têm tarefas e responsabilidades comuns. Um cargo gira em torno de um tipo de trabalho que precisa ser realizado para cumprir os objetivos operacionais. Uma posição é o lugar que será ocupado por um indivíduo. Uma **posição** existe vaga ou ocupada e, desse modo, determina as necessidades ou a oferta de seus Recursos Humanos. Por exemplo, na maioria das operações envolvendo alimentos, um cargo que tem tarefas e responsabilidades comuns é o de lavador de pratos. No entanto, o número de posições necessárias de lavadores de pratos dependerá do tamanho da operação, do tipo de serviço prestado, da quantidade de louça usada e de outros fatores relacionados. Embora cada lavador de pratos, uma vez admitido, desempenhe o mesmo cargo, cada um deles ocupará uma posição diferente dentro de seu empreendimento de Hospitalidade.

Seus lavadores de pratos terão **funções** e **tarefas** no desempenho do trabalho. Uma função refere-se a uma atividade ou ação importante exigida pelo cargo, que pode ser composta de muitas tarefas. Uma tarefa pode ser considerada como um subconjunto de uma função ou mais especificamente como uma parte do trabalho que a função requer. Uma função que seus lavadores de pratos poderiam ter seria limpar a lavadora de pratos ao término de cada turno. Uma tarefa que estivesse envolvida na finalização dessa função seria escoar a água da máquina; outra tarefa seria retirar todas as partículas de alimentos dos drenos da máquina. Quando analisamos as tarefas, podemos desmembrar as atividades de trabalho em **elementos**, que são os movimentos exigidos para se completar a tarefa. Ao escoar a água da lavadora, o empregado precisa curvar-se para abrir o dreno. O movimento de curvar-se seria um elemento, o movimento de girar a válvula de drenagem seria um segundo elemento, e ficar novamente em posição ereta seria o terceiro elemento exigido apenas nessa tarefa.

Para que a terminologia do trabalho fique clara, a Figura 3.1 mostra esquematicamente essas relações. Os elementos combinados juntos formam tarefas; séries de tarefas constituem uma função; uma posição envolve todas as tarefas e obrigações exigidas de uma pessoa. Um cargo inclui todas as posições que desempenham atividades de trabalho similares. A **ocupação** à qual seus lavadores de pratos e todos os demais empregados pertencem é a de trabalhadores no setor de serviços de alimentação.

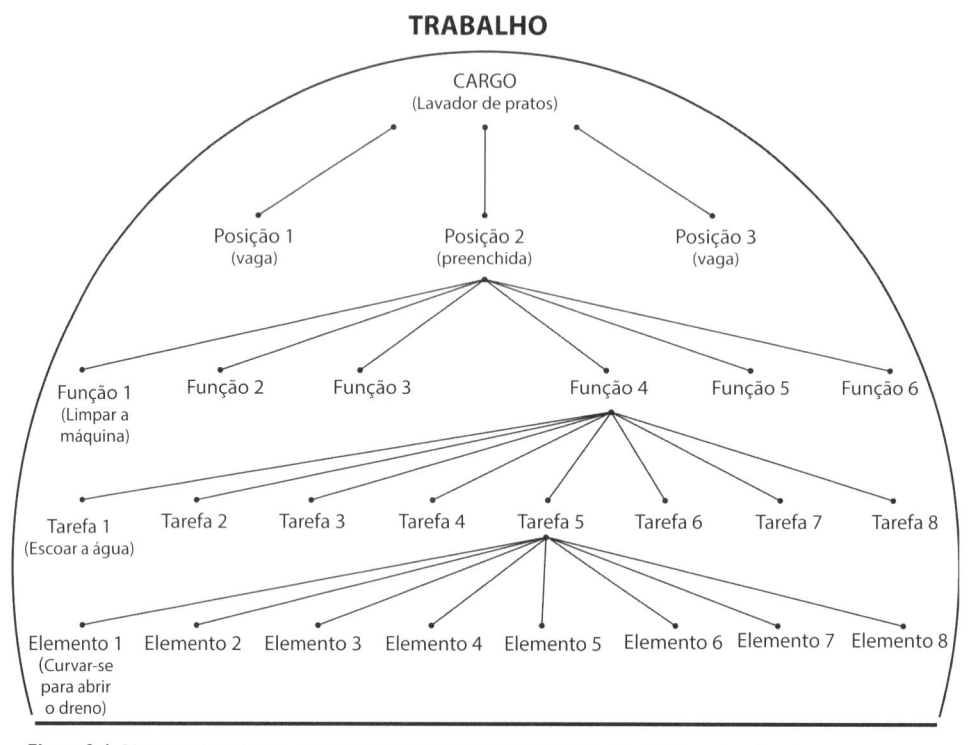

Figura 3.1 Diagrama das relações entre a terminologia relacionada ao cargo. *Fonte:* Elaborada pela autora.

▌ Por que é necessário descrever cargos

Antes de desenvolver uma descrição e especificação do cargo por meio do processo de análise de cargos, é importante determinar como você usará as informações. Isso determina que informações você precisa incluir no documento e, portanto, os dados que precisa reunir durante a análise do cargo. As descrições e especificações do cargo podem ser utilizadas para muitas finalidades em uma operação de hospitalidade. Algumas dessas finalidades:

- ♦ recrutamento
- ♦ seleção
- ♦ comunicação de expectativas
- ♦ realização de avaliações de desempenho
- ♦ identificação de necessidades de treinamento
- ♦ tomada de decisões de promoção
- ♦ identificação de necessidades de desenvolvimento
- ♦ determinação de remuneração
- ♦ planejamento de Recursos Humanos

A Figura 3.2 indica como é o processo de análise.

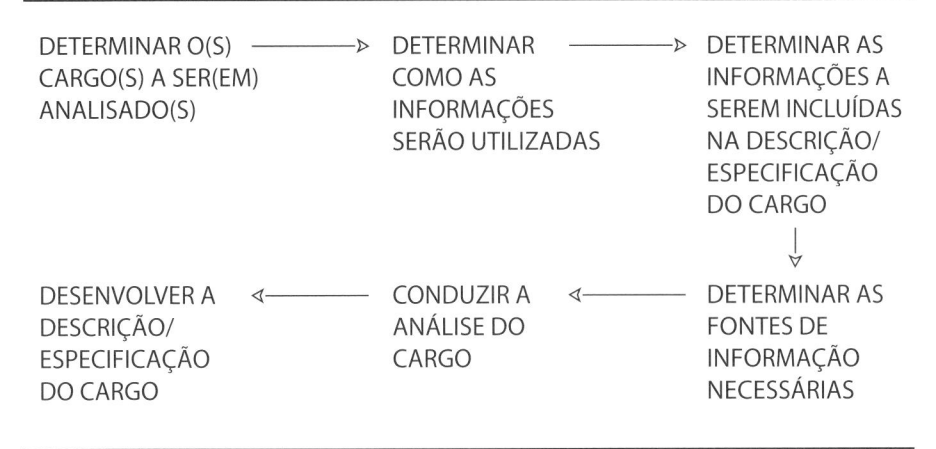

Figura 3.2 Processo de análise do cargo. *Fonte:* Cortesia de Aramark Corporation.

■ A ANÁLISE DE CARGOS

A **análise de cargos** prevê ou indica as atividades do cargo das pessoas que serão contratadas para cumprir os objetivos operacionais do empreendimento de Hospitalidade. Existem dois métodos diferentes para conduzir uma análise de cargos. O uso dos métodos dependerá de você ser responsável pelos empregados em uma posição existente ou de estar trabalhando em uma operação ainda em fase conceitual ou pré-operacional.

O **método do escalão inferior para o escalão superior** é utilizado mais frequentemente quando a organização existe, e a base para sua análise passa a ser o comportamento dos empregados e as atividades funcionais exercidas por eles. Esse método também pode ser usado para uma nova organização pela análise de cargos similares em outras organizações. O **método do escalão superior para o escalão inferior** é adotado se você estiver analisando cargos novos e futuros. Em virtude de não ter empregados para estudar e observar, você precisa analisar a declaração da missão corporativa, as metas organizacionais e os objetivos operacionais a fim de determinar que tarefas precisam ser desempenhadas para cumprir os objetivos planejados. Algumas vezes você pode adotar o método do escalão superior para o escalão inferior mesmo quando houver empregados admitidos. Isso ajudará a assegurar que as pessoas estão executando as tarefas apropriadas e que você dispõe de uma organização e empregados adequados, sem que para isso tenha de fazer suposições. O método que parte do ponto inicial – o equivalente em Recursos Humanos ao orçamento de base zero – é usado com frequência quando estiver em análise a reestruturação da organização.

De que ponto o processo de análise do cargo se inicia? Antes da contratação dos empregados e antes da criação dos próprios cargos. Quando a análise do cargo for usada antes de a operação abrir suas portas ao primeiro hóspede/cliente, o detalhamento do cargo é feito para maximizar seu benefício, não apenas para o empreendimento de Hospitalidade, mas também para o futuro empregado.

Quando havia um grande número de empregados nos anos 1970 e 1980, muito poucos proprietários e operadores de organizações de Hospitalidade dedicavam-se a pensar no impacto ou no efeito que o cargo provocaria nos empregados que estivessem contratando. Por exemplo, era comum existirem restaurantes que fechavam após o almoço e só abriam na hora do jantar. Esperava-se que os garçons saíssem durante esse intervalo de tempo, fossem para casa e retornassem ao trabalho com antecedência suficiente para estarem prontos a atender os clientes da noite. Embora o detalhamento de um cargo que inclua a ideia de um turno com intervalo maximize o benefício para a operação de Hospitalidade, você há de concordar que isso não reflete normalmente os melhores objetivos de seus empregados. Em algumas situações e em alguns locais operacionais, essa prática pode ser altamente aceitável para a operação e para o empregado. Todavia, no " próximo capítulo", você continuará a enfrentar uma grande falta de pessoal horista em muitas localizações. Nas situações em que é difícil identificar pessoas, os cargos terão de ser detalhados de modo a levar em conta as necessidades de seus futuros empregados. É nesse ponto que você usará as informações que reuniu previamente em sua previsão.

A análise de cargos determina o conteúdo de cada cargo necessário para cumprir os objetivos operacionais. A análise de cargos pelo método do escalão superior para o escalão inferior define a natureza das atividades relacionadas ao trabalho pela determinação das tarefas apropriadas exigidas pelo cargo, em vez de pelas atividades desempenhadas pelos ocupantes do cargo. A análise indaga que tarefas devem ser realizadas a fim de cumprir os objetivos. Ela não examina qual o trabalho que o **titular do cargo** é (ou não é) capaz de executar.

A análise de cargos, além de determinar as tarefas, também define as aptidões necessárias para realizar o trabalho e identifica o tempo em que as funções precisam ser executadas. O Quadro 3.1 relaciona as tarefas essenciais do cargo, identificadas por meio de uma análise de cargos. Conhecendo o trabalho a ser feito, as aptidões necessárias e o tempo exigido, você pode especificar o número de empregados de que precisará para o futuro empreendimento de hospitalidade. O programa de recrutamento pode, então, ser desenvolvido com base em um conhecimento bem fundamentado de quantas pessoas são necessárias, quais terão de ser os níveis de aptidões e uma boa indicação das necessidades de treinamento. Nesse ponto, você terá identificado o número e os tipos de cargos necessários.

A análise de cargos pode ser realizada para qualquer cargo ocupado por empregado horista ou por gerente. O método do escalão superior para o escalão inferior de análise de cargos usa os objetivos e as metas da operação de hospitalidade para determinar antecipadamente os cargos que são necessários. Após a definição dos cargos, são definidas suas funções inerentes (com os padrões de desempenho

Quadro 3.1 Tarefas essenciais identificadas em uma análise de cargo

BRINKER INTERNATIONAL
6820 LBJ Freeway
Dallas, TX 75240

Chili's

Produtos fabricados ou serviços prestados: Chili's é um restaurante que prepara e serve pratos tradicionais da cozinha norte-americana e da região sudoeste dos EUA. O serviço de mesa é feito por garçom.

ANÁLISE DO CARGO

Título do cargo:	Garçom
Nº de referência:	906.688 – 010
Pessoa contatada:	Debbie Shuey
Cargo:	Gerente
Preparada por:	General Rehabilitation Services, Inc.
Data:	Agosto de 1998

Objetivo e natureza do cargo: O objetivo principal da posição de garçom é receber de modo cortês o pedido de alimentos e bebidas e servir a refeição de forma conveniente. Ele também deve observar os clientes para assegurar satisfação com a refeição e o atendimento, perceber e reagir prontamente às solicitações destes. Ele fecha a conta do cliente e processa o pagamento corretamente. Cuida da área em que serve e coordena esforços com outros empregados para assegurar uma experiência agradável e eficiente para os clientes.

Descrição das tarefas realizadas:

Tarefas essenciais do cargo:
1. Cumprimentar os clientes de modo cortês e informar sobre as atuais promoções e pratos especiais, responder a perguntas e fazer sugestões referentes aos alimentos.
2. Anotar o pedido de refeições e bebidas de modo preciso (usando as abreviaturas aprendidas no treinamento) e levá-lo imediatamente ao cozinheiro. Usar o sistema de computação para registrar os pedidos de alimentos e bebidas.
3. Retirar os pedidos prontos da cozinha e colocá-los sobre uma bandeja. Colocar a bandeja no "carrinho" e levar os pratos até o cliente de forma conveniente.
4. Avaliar precisamente a necessidade de ajuda ao cliente.
5. Examinar visualmente todos os produtos, a fim de assegurar que todos os itens decorativos tenham sido acrescentados como previsto e todos os alimentos tenham apelo visual.
6. Retirar os pratos usados à medida que cada parte da refeição (entrada, prato principal, sobremesa) for servida e, no fim, conduzi-los até a área de lavagem de pratos.
7. Utilizar auxiliares conforme necessário para acelerar a entrega dos pedidos.
8. Receber corretamente o pagamento da conta de alimentos e bebidas, assegurando que os valores cobrados sejam dos itens solicitados e os cálculos estejam corretos. Manusear corretamente o aparelho para débito do cartão de crédito, colocando o cartão do cliente na posição adequada e emitindo o

continua

Quadro 3.1 Tarefas essenciais identificadas em uma análise de cargo

comprovante de débito. Calcular corretamente o troco devido ao cliente e entregá-lo de modo apropriado.

9. Comunicar ao gerente todas as queixas referentes aos alimentos e ao serviço.
10. Preparar sua área de atendimento para receber os clientes previstos, dispondo os cardápios, os talheres e os protetores de copos nas mesas que servirá.
11. Completar o trabalho adicional diário conforme indicado pelo gerente e especificado na programação diária. As tarefas incluem:
    a. limpar as áreas específicas do balcão no restaurante, acessórios para servir refeições e itens específicos de mobiliário;
    b. manter disponíveis pratos, baldes de gelo pequenos, alimentos/itens decorativos, condimentos e diversos formulários;
    c. retirar diversos alimentos e pratos da área de estocagem apropriada.
12. Identificar as mesas vazias e informar prontamente à recepcionista (*hostess*).
13. Incorporar todos os aspectos do programa de treinamento quando atender os clientes.
14. Desempenhar funções adicionais conforme sejam necessárias ou solicitadas por outros empregados.

A REESTRUTURAÇÃO DO CARGO OU OUTRO AJUSTE OPORTUNO, A FIM DE EXECUTAR AS FUNÇÕES ESSENCIAIS DO CARGO, OCORRERÁ CASO A CASO MEDIANTE A APROVAÇÃO DA GERÊNCIA.

Tarefas não essenciais do cargo: Nenhuma.

Descrever máquinas, instrumentos e utensílios que auxiliam o trabalho: talão de pedidos, cardápios, máquinas de refrigerantes, recipiente de chá gelado, cafeteira, recipientes metálicos, utensílios para servir sopa, forno de micro-ondas, garrafas plásticas, bules de café, caneta, calculadora com dez teclas, dispositivo para débito de cartões de crédito, prensa para tacos, máquinas para preparo de *shakes* e sistema informatizado no ponto de venda.

Descrever materiais e/ou produtos manuseados: alimentos, copos, pratos, talheres, bandejas redondas de 90 cm e 60 cm de diâmetro, pequenos recipientes plásticos para alimentos.

Fonte: Cortesia de Chili's Grill & Bar, Brinker International.

aceitáveis), as respectivas tarefas e a sequência em que as atividades do cargo devem ser finalizadas.

Agora, após termos discutido o que é análise de cargos e como o processo opera quando aplicado a uma nova operação de hospitalidade, podemos apresentar com mais clareza uma definição. Análise de cargo é o processo pelo qual as respectivas informações são obtidas, de modo que as funções e tarefas do cargo possam ser determinadas. São essas funções e tarefas que passam a definir as habilidades, o conhecimento, as aptidões e as responsabilidades exigidas para um desempenho bem-sucedido no cargo.

Podemos aplicar essa definição a nosso exemplo anterior do lavador de pratos. Uma análise de cargo para a função "lavador de pratos" indica-nos que uma das funções desse cargo consiste em limpar a máquina de lavar. Além disso, a análise de cargo nos diz que para a função de "limpar a máquina de lavar pratos" uma das tarefas consiste em fazer escoar a água. O próximo passo é pensar nas habilidades, nos conhecimentos, nas aptidões que uma pessoa precisa ter para "limpar a máquina de lavar pratos", a função, e "escoar a água", a tarefa. Você provavelmente já pode ver como essas informações sobre o cargo são úteis para suas descrições e especificações.

▋ Método da avaliação de cargos

O método da **avaliação de cargos** destina-se à análise de cargos em organizações de Hospitalidade já em operação. Como você dispõe de pessoas ocupando a maioria ou todas as posições, uma avaliação ou auditoria de todas as tarefas que fazem parte de suas funções pode ser realizada e organizada. Esse seria um exemplo do método do escalão inferior para o escalão superior de análise de cargo. As avaliações de cargos são conduzidas no local, oferecendo um conhecimento em primeira mão das tarefas, dos conhecimentos e das aptidões exigidos para o desempenho e o tempo de duração de cada tarefa, bem como uma identificação de como os conhecimentos e as aptidões foram obtidos. O titular do cargo teve treinamento ou instrução especializada? O treinamento foi conduzido no desempenho das funções ou em um ambiente de sala de aula? Qual o tipo e o nível de educação que o titular do cargo possui? Uma área de preocupação específica para gerentes responsáveis pelos Recursos Humanos no setor de Hospitalidade é a exigência de experiência anterior dos ocupantes dos cargos. Para a maioria dos horistas na área de Hospitalidade, é a experiência, mais do que a formação educacional, que os qualifica e os torna aptos para o cargo.

O método de avaliação do cargo é conhecido por muitas designações diferentes, incluindo análise e avaliação de tarefas, identificação de tarefas e análise de tarefas e aptidões. Geralmente esses termos são sinônimos na literatura de análise de cargos, porém, sempre é bom comparar definições apenas para assegurar-se de que o autor está usando os termos de um modo coerente com a maneira como você deseja empregá-los em suas próprias operações. Definimos avaliação de cargo como um método para obter **exigências relacionadas ao cargo**, por meio de uma auditoria das tarefas desempenhadas pelos titulares dos cargos.

O método de avaliação do cargo focaliza as exigências de desempenho específicas relacionadas às tarefas relevantes. É preciso ter cuidado para não observar unicamente os nomes dos cargos, que muitas vezes podem levar a interpretações equivocadas. Embora o conteúdo de um cargo seja um componente importante de toda análise de cargo, sua avaliação oferece informações objetivas detalhadas a respeito de um cargo ou de conjunto de cargos por meio de um estudo de cargos e funções. No Quadro 3.2, você terá informações normalmente levantadas por essa avaliação, e para utilizá-la ao máximo deve-se alterar esse quadro de modo que

Quadro 3.2 Informações levantadas pelo método de avaliação do cargo

O método de avaliação do cargo permite uma auditoria de:
- Conteúdo Essencial do Cargo para recrutamento, treinamento e desenvolvimento.
- Qualificações Educacionais Básicas para seleção, colocação e desenvolvimento.
- Exigência de Experiência para seleção, colocação, treinamento e desenvolvimento.
- Treinamento Necessário para o conteúdo e a duração do treinamento.
- Padrões de Desenvolvimento para planos de carreira e desenvolvimento individual.

Fonte: Elaborado pela autora.

contenha as necessidades específicas de sua operação. Você consegue pensar em quaisquer outras informações de trabalho, com base em sua experiência anterior, que deveríamos ter incluído?

∎ Obtenção da descrição de tarefas

Não existe um número fixo de tarefas para uma avaliação de cargo; esse número depende totalmente do cargo ou do conjunto de cargos que estão sob análise. O primeiro passo para conduzir tal avaliação consiste em determinar as tarefas. Uma **descrição de tarefas** envolvendo as exigências específicas (o que precisa ser feito) determina o trabalho que é executado em cargos específicos.

Qual é a fonte da descrição de tarefas? Para criar uma descrição de tarefas, você precisa de uma base de informações que pode ser obtida de diversas maneiras ou por meio da combinação de diferentes métodos. Um método consiste em o titular do cargo, o supervisor ou ambos, identificarem o que consideram relevante para completar o cargo sendo analisado. Outro método de obter descrições de tarefas pode ser pela análise do conteúdo de documentos escritos específicos, como descrições de cargo, guias de contratação, fluxogramas de trabalho, manuais de políticas etc. Muitas vezes, um analista de cargo será admitido como consultor para realizar observações dos ocupantes e supervisores do cargo enquanto estiverem trabalhando. As informações obtidas por observação são, então, frequentemente complementadas com dados recolhidos em entrevistas individuais e em grupo.

Na Figura 3.3, temos um formulário para acompanhamento das tarefas usado para colher informações sobre o cargo por meio do método da observação. O analista de cargos iniciaria o registro da primeira tarefa na coluna da esquerda, a segunda seria registrada na mesma linha na coluna da direita, a terceira, na segunda linha na coluna da esquerda, a quarta, na segunda na coluna da direita e assim por diante. Em alguns cargos, as tarefas podem ter uma sequência específica, tais como limpar um cortador; em outros cargos, a sequência pode ser irrelevante. Esse formulário proporciona ao analista um fluxo detalhado das tarefas à medida que o ocupante do cargo passa de uma tarefa a outra. Lembre que uma tarefa é uma unidade específica de trabalho com começo e fim. O analista pode indicar quando uma obrigação estiver completa, traçando uma linha grossa ao fim da última tarefa, conforme indicado pelo exemplo mostrado na Figura 3.3. O tempo necessário para completar cada tarefa também pode ser indicado pelo analista do cargo. Os formulários de observação do trabalho podem ser alterados e incluir informações adicionais que você, como gerente responsável pelos recursos humanos, julgue importantes para fins de sua análise de cargo específica. Quanto aos métodos de observação: deve-se tomar cuidado para analisar não as características do ocupante do cargo, mas, sim, as exigências do cargo em si.

Cargo do responsável_____ Data _____ Nome do cargo _____ Nome do observador _____ Departamento _____ Página nº _____			
TAREFA	**TEMPO GASTO**	**TAREFA**	**TEMPO GASTO**
Alinhar a cama e o colchão		Centralizar a base da cama para que fique alinhada com o colchão	
Colocar o lençol sobre a cama		Prender o lençol na parte superior da cama	
Ajustar os cantos (parte superior)		Colocar o lençol de cobrir sobre a cama	
Alisar o lençol		Colocar o cobertor sobre a cama	
Dobrar a parte superior do lençol e recobrir a parte superior do cobertor		Dirigir-se ao lado oposto da cama	
Endireitar o lençol para cobrir o cobertor		Ajustar os cantos de baixo	
Prender os lençóis e o cobertor juntos		Colocar a colcha na cama	
Dobrar a parte superior da colcha pelo lençol de cobrir		Bater nos travesseiros	
Colocar os travesseiros na cama		Colocar as fronhas nos travesseiros	
Colocar a colcha		Colocar os travesseiros debaixo da colcha	
Verificar novamente a cama para que fique bem arrumada		Verificar o telefone	
Tirar o pó		Verificar o bloco de anotações e as instruções de discagem	

Figura 3.3 Formulário de observação do trabalho. *Fonte:* Elaborada pela autora.

As informações que você coletou sobre o cargo são utilizadas para desenvolver uma lista de tarefas. Estas listas* são importantes porque as descrições dos cargos que se originam delas refletem diretamente sua precisão e perfeição. A tarefa deve ser descrita de modo claro e sem ambiguidade, de forma breve e direta. No Quadro 3.3, há um exemplo de um conjunto de tarefas de governança (função noturna).

Quadro 3.3 Conjunto de tarefas da governança (*evening turndown*): abertura de cama

- Bater à porta e identificar-se.
- Abrir a porta.
- Acender a luz.
- Posicionar o carrinho em frente à porta.
- Tirar os pratos e os cinzeiros sujos.
- Remover toda sujeira existente.
- Arrumar os jornais.
- Substituir a caixa de fósforos usada.
- Deslocar-se para o banheiro.
- Colocar os lençóis usados no saco de lençóis.
- Limpar a pia, os espelhos e a banheira.
- Substituir o sabonete usado.
- Substituir os lençóis usados por lençóis limpos.
- Tirar a colcha e dobrar o lençol da cama.
- Colocar uma menta e um cartão sobre o travesseiro.
- Fechar as cortinas.
- Acender o abajur ao lado da cama.
- Desligar a luz do apartamento e fechar a porta.

Fonte: Elaborado pela autora.

❚ Questionário de avaliação do cargo

A lista de tarefas que você identificou para cada cargo ou conjunto de cargos é então disposta na forma de um questionário similar ao apresentado na Figura 3.4. O ocupante do cargo classifica cada tarefa quanto à importância, em relação às demais tarefas que precisam ser desempenhadas. O tempo gasto para completar a tarefa também é fornecido.

Pode-se também incluir uma variedade de respostas com base em julgamento no questionário de avaliação para auxiliar a elaboração de descrições de cargo. Essas respostas poderiam incluir as aptidões exigidas, como o ocupante do cargo adquiriu as aptidões (treinamento nas funções, experiência anterior, escola técnica etc.), o nível de dificuldade da tarefa ou se supervisão ou todos os elementos são exigidos. As respostas são codificadas de modo a serem analisadas manualmente ou por

---

*N.R.T.: Vale ressaltar que quando pensamos em padronizar procedimentos, todos os detalhes são importantes, pois o tempo usado para realizá-lo é contabilizado. O treinamento do funcionário será realizado com base no tempo projetado para a execução do conjunto de tarefas que incluem o procedimento. Um exemplo simples para comparação: a arrumação de um apartamento em um hotel categoria Luxo envolve mais detalhes e gasta-se mais tempo do que a arrumação em hotel de categoria Econômica, pois além da diferença no tamanho dos apartamentos, o produto Luxo exige maior riqueza de detalhes e personalização no atendimento.

(1)	(2)	(3)	(4)		(5)	(6)
Lista de tarefas	Tarefa executada?	Tempo gasto	Importante para a função?	Aptidões exigidas	Nível de dificuldade	Requer supervisão?

(1) Lista de tarefas – o que é feito no que se refere à orientação às funções
(2) Se a tarefa é executada
(3) 5 = Intervalo de tempo grande; 4 = Acima da média; 3 = Em torno da média;
    2 = Abaixo da média; 1 = Intervalo de tempo pequeno
(4) 5 = Aspecto mais importante; 4 = Maior parte; 3 = Parte substancial; 2 = Menor parte;
    1 = Nenhuma parte da função
(5) 3 = Difícil; 2 = Médio; 1 = Fácil
(6) S = Sim; N = Não

Figura 3.4 Questionário de avaliação do cargo. *Fonte:* Elaborada pela autora.

computador. Talvez seja necessária uma entrevista, a fim de obter essas informações para os ocupantes de cargos no escalão inferior.

O método da avaliação de cargo baseia-se na ideia de que a fonte principal de informações sobre o cargo encontra-se nas tarefas que são executadas.

O questionário muitas vezes é usado como um modo de validar o que o analista de cargos constatou nas entrevistas ou por meio de observações. O método de análise de cargos é utilizado principalmente para analisar os cargos existentes, porém também pode ser aplicado a cargos futuros com o uso de uma operação similar à sua, contando com consultores ou suas próprias experiências para guiá-lo. Para ajudá-lo nesse processo, uma lista de informações específicas que poderia ser de interesse para sua operação de hospitalidade é apresentada no Quadro 3.4. As avaliações de cargos conforme os discutimos são limitadas a atividades manuais. Tarefas executadas por atividades mentais e processos de raciocínio são muito mais difíceis de identificar. Como gerente responsável pelos recursos humanos, você verá que o método de avaliação de análise do cargo é eficaz em obter informações relevantes fornecidas pelos ocupantes do cargo.

Quadro 3.4 Informações relacionadas ao cargo

A análise de cargos deve adaptar-se às necessidades de sua operação. As informações aqui relacionadas são identificadas para ajudá-lo a focalizar sua análise à área ou áreas que mais o auxiliarão.

- Atividades de trabalho (processo e atividades).
- Aptidões envolvidas.
- Atividades orientadas ao trabalhador (comportamento humano).
- Exigências do cargo.
- Condições do trabalho.
- Equipamentos, instrumentos e itens que auxiliam o trabalho.
- Padrões de desempenho do trabalho (quantidade de erros e tempo por tarefa).
- Materiais utilizados.
- Serviços prestados.
- Produtos fabricados.
- Programação do trabalho.
- Responsabilidade.
- Atributos pessoais (personalidade).
- Necessidades de formação educacional e/ou treinamento.
- Experiência de trabalho anterior.

Após ter decidido que informações são mais úteis, os itens são colocados juntos no formulário de análise do cargo.

Fonte: Elaborado pela autora.

▌Outros métodos de análise do cargo

Existem muitas variações dos métodos de análise de cargos específicos descritos até agora neste capítulo. Implicações relativas a segurança, em níveis de satisfação no cargo, fatores demográficos ou todas essas variáveis podem ser incluídas no questionário de avaliação, dependendo das necessidades específicas de sua operação, intensificando, desse modo, o volume de informações obtidas pelo tempo despendido. Todo método de análise do cargo leva tempo; no entanto, o valor das informações e mesmo o processo em si valem o investimento.

Embora variem os formulários e procedimentos de análise de cargos, o processo em si é idêntico em todos os métodos de análise. A **técnica da ocorrência crítica** é um método de análise que identifica comportamentos de ocupantes pelo exame de tipos de comportamento bem-sucedidos (eficazes) ou malsucedidos (ineficazes). Esse exame pode ser feito por meio de entrevista ou observações. O registro da ocorrência pode ser realizado por observadores, supervisores ou pelos próprios empregados. Uma das maiores vantagens do método da ocorrência crítica é ser uma ferramenta de avaliação do desempenho. Para descrição do cargo, esse método oferece informações valiosas sobre as qualidades humanas necessárias para o desempenho bem-sucedido de um cargo específico.

Outras fontes de informação para essa análise incluem:

- observações do ocupante;
- entrevistas estruturadas ou de ocorrência do cargo (ocupantes, superviso-res, aqueles que interagem com a função, aqueles que já ocupam o cargo);
- documentos relacionados ao trabalho;
- planos estratégicos e de negócios, declaração de missão;
- indivíduos em cargos similares em outras empresas;
- questionários preenchidos pelos especialistas em análise de cargos e pe-los ocupantes do cargo.

As informações que apresentamos sobre análise de cargos oferecem um método sistemático para o processo de coleta e de análise dos respectivos dados. Para aproveitar essa análise ao máximo, isto é, para que seja aplicável ao seu caso, a primeira determinação refere-se aos tipos de informações específicas de que se precisa, a fim de cumprir os objetivos da operação. Pode-se, então, selecionar o melhor método para coletar as informações necessárias para o ambiente de trabalho específico.

A análise de cargos envolve obter e interpretar dados relevantes ao cargo. Embora o estudo e a análise do trabalho humano tenham se tornado mais sistemáticos e cien-tíficos do que no passado, os resultados básicos dessa análise foram e são a **descrição do cargo** e a **especificação do cargo**. No entanto, as vantagens da simplificação do trabalho podem ser parte dos benefícios adicionais de uma análise de cargo completa.

Tal análise não é um procedimento complicado, porém, detalhado, e que exige tempo. A importância dessa análise justifica o tempo empregado, e ela pode ser usada para criar novos cargos ou redefinir os existentes considerados por meio da avaliação de cargos como menos eficientes do que o desejado pelos dirigentes, ou quando se constatar que as tarefas coincidem em cargos distintos, criando conflito no am-biente de trabalho. Prevemos que no "próximo capítulo" seu papel como gerente responsável pelos Recursos Humanos dependerá em grande parte das informações obtidas em uma análise de cargos precisa. Especialmente com a falta de mão de obra, é preciso tornar os cargos mais eficientes e simplificá-los, de modo que pos-sam ser desempenhados por trabalhadores menos aptos ou com deficiência.

■ DESCRIÇÕES DE CARGOS

Os resultados da análise de cargos são utilizados para desenvolver as respectivas descrições que, por sua vez, são adotadas como base para a preparação de avaliações do cargo, procedimentos de recrutamento, necessidades de treinamento e avaliações de desempenho. A análise de cargos fornece aos dirigentes informações sobre o tra-balho que precisa ser realizado para cumprir objetivos operacionais. As descrições de cargos informam ao empregado que funções precisam ser desempenhadas para assegurar o desenvolvimento individual progressivo dentro da organização de Hospitalidade. É a descrição de cargo que, num estágio final, torna-se a base para o plano de treinamento, pois as necessidades de treinamento são uma das consequências. As descrições de cargo também são denominadas **descrições de posição**.

Para se compor uma boa descrição de cargo, são necessárias as respectivas informações quantitativas e qualitativas. É nesse ponto que são analisados os dados sobre tarefas coletados pelas avaliações. As avaliações de tarefas indicam quantos ocupantes do cargo na mesma posição desempenham diversas tarefas e quanto tempo consomem nas tarefas. A qualidade da descrição de cargo que você elabora é, em grande parte, um reflexo diário da qualidade da análise de cargos executada.

■ O preparo de descrições de cargos

É realmente difícil administrar uma operação eficiente e lucrativa, a menos que cada empregado conheça como é seu cargo. Para isso, os gerentes precisam determinar inicialmente em que consiste o cargo de cada empregado. Isso parece óbvio, mas pense em alguns dos cargos que você deve ter ocupado na área de Hospitalidade em que foi admitido, recebendo um título da função (como mensageiro, garçom ou barman) e sendo solicitado a trabalhar de imediato sem explicações. Como você provavelmente aprendeu em uma situação dessas, os títulos das funções raramente são explicações suficientes para os papéis e as tarefas que você e outros empregados de fato desempenharam. Em alguns casos, o título das funções pode até ser enganador – por exemplo, um lavador de pratos cujo título da função é "engenheiro sanitário".

Após ter coletado informações completas e precisas, você estará pronto para redigir a descrição do cargo, o que incluirá um resumo do cargo, funções detalhadas e exigências específicas (aptidões, exigências físicas e intelectuais, responsabilidades e condições). É de grande importância que esses sejam claros e detalhados, a fim de comunicar eficazmente os padrões para o bom desempenho. Um pré-requisito para o desempenho satisfatório é uma compreensão clara pelos empregados daquilo que eles deveriam fazer, como e quando deveriam fazê-lo e os resultados esperados deles. A área de Hospitalidade abrange um grande número de pessoas – nossos recursos humanos – que desejam obter resultados para elas mesmas e para as organizações das quais fazem parte. Descrições de cargos as qualificam melhor para cumprir esses objetivos.

Podemos agora definir uma descrição de cargo como uma indicação precisa e completa das funções e responsabilidades exigidas para um cargo específico. Em um sentido muito real, uma descrição de cargo representa um contrato escrito entre o empregador e o empregado. Os empregados desejam e têm o direito de conhecer o que se espera deles quando se apresentam ao trabalho a cada dia, e os empregadores têm a necessidade e o direito de conhecer quais tarefas eles têm a expectativa de ver desempenhadas. Um acordo de expectativas por escrito tem probabilidade de conduzir a uma compreensão maior e a um melhor relacionamento entre gerentes e empregados.

Nesse ponto, você já sabe que as descrições de cargo originam-se das informações obtidas e analisadas no processo de análise. Você também sabe que essas descrições são redigidas para o ocupante do cargo, bem como para uso pelos dirigentes. Mais exemplos de como os dirigentes usam as descrições de cargo serão apresentados posteriormente neste capítulo.

Ao identificar "o que", "como" e "por que" de cada cargo, no âmbito da composição de cada descrição, você terá certeza de incluir todas as informações relevantes relacionadas ao cargo. "O que" significa as atividades físicas e intelectuais exigidas para executar as funções. As tarefas físicas em uma operação de Hospitalidade poderiam incluir atividades como transportar material, cortar, limpar, entregar, amassar, preparar porções, dobrar, enxugar, desinfetar e medir. As atividades mentais poderiam incluir planejamento, julgamento, direção e organização. "O que" pode ser obtido pela avaliação do cargo, embora seja necessário que as tarefas sejam reescritas para que a descrição seja clara e fluente. O Quadro 3.5 identifica exemplos de perguntas que o auxiliarão a preparar descrições de cargo para sua própria operação.

Quadro 3.5 Perguntas a serem feitas na elaboração de descrições de cargo

O QUE o empregado faz:
- Quais são as tarefas desempenhadas pelo ocupante do cargo?
- Com que frequência as tarefas são desempenhadas?
- Qual é a dificuldade da tarefa em comparação a todas as tarefas executadas?
- Que tarefas existentes não foram identificadas?

COMO o empregado desempenha as funções:
- Que utensílios e equipamentos são necessários para executar as funções?
- De que materiais o ocupante do cargo precisará?
- Que processos e procedimentos são necessários?

POR QUE o empregado desempenha as funções:
- Por que existe esse cargo?

Fonte: Elaborado pela autora.

O "como" inclui todos os procedimentos, processos e métodos usados para executar "o que" e também pode ser dividido em ações físicas e intelectuais. Operar maquinário, seguir procedimentos padronizados de receitas e usar métodos de simplificação do trabalho em atividades rotineiras que são físicas por natureza; ao passo que uma ação mental seria realizar cálculos para aumentar ou diminuir as quantidades previstas na receita. O "por que" é simplesmente a finalidade básica do cargo. Ele pode ser identificado no resumo do cargo, algumas vezes indicado na forma de um objetivo do cargo.

A descrição efetiva do cargo pode ser muito detalhada ou muito resumida, dependendo do tamanho ou das necessidades da organização na qual é usada. Deve usar um estilo direto e conciso, sem palavras desnecessárias, e verbos no presente do indicativo. Normalmente, a linguagem é de fácil compreensão. A lista de funções do cargo baseia-se no comportamento a ser adotado, e cada sentença deve ser iniciada com um verbo de ação. A apresentação das descrições de cargo não é inteiramente rígida. Uma ordem cronológica pode ser usada com os cargos relativamente simples. Para um cargo como o de auxiliar de garçom ou de mensageiro, a descrição pode ser apresentada de acordo com a ordem geral na qual as tarefas são executadas. Descrições de cargo preparadas para empregados em cargo de supervisão ou gerência requerem mais planejamento e generalização, com menos itens específicos e mecânica operacional.

Seja qual for o formato a ser usado, existem certos itens essenciais para uma boa descrição de cargo. Para iniciar, deve haver um título adequado, que descreva o trabalho. O título do supervisor imediato está incluído com um resumo do cargo, o qual é uma descrição breve que indica sua finalidade. A seguir vem uma lista que inclui não somente as funções, mas também as responsabilidades do cargo. Essas podem ser determinadas pela referência à análise da relação do cargo. Muitas vezes é aconselhável, ao término das obrigações e responsabilidades, declarar: "pode ser solicitado ocasionalmente a desempenhar outras tarefas relacionadas não incluídas especificamente nesta descrição". Relacionamentos adequados com outras pessoas na organização representam um componente importante, de tal modo que o ocupante do cargo compreenda a posição que seu cargo desempenha para o sucesso das operações diárias. O Quadro 3.6 constitui um exemplo de uma descrição de posição usada pela Left At Albuquerque.

▌Considerações de ordem legal

A Lei de Proteção aos Americanos com Deficiência, no Título I, protege igualmente candidatos a emprego e empregados que apresentem deficiência, desde que sejam capazes de desempenhar as funções essenciais do cargo com ou sem adaptação oportuna. Discutimos essa lei detalhadamente no Capítulo 4, porém, aqui, precisamos conhecer seus efeitos sobre o processo de análise do cargo, bem como na redação das suas descrições e especificações.

A Lei de Proteção aos Americanos com Deficiência não exige análises nem descrições de cargo formais. No entanto, para que uma organização de Hospitalidade cumpra os preceitos legais, é importante que defina, de modo preciso, as funções essenciais de cada posição. Se você tem acompanhado as diretrizes e o processo que abordamos até agora neste capítulo, já identificou as funções essenciais de cada cargo durante sua análise. Suas descrições de cargo por escrito também podem servir como prova, de acordo com o exigido pela Comissão de Oportunidades Iguais de Emprego, que especifica: "Se houver descrições de cargo por escrito, preparadas antes da divulgação de uma vaga ou das entrevistas dos candidatos, essas serão consideradas como prova, embora não necessariamente conclusiva, das funções essenciais do cargo."

Isso significa que, como gerente responsável pelos recursos humanos, será muito útil manter descrições de cargo atualizadas que identifiquem claramente as

Quadro 3.6 Descrição de cargo na Left At Albuquerque: cozinheiro (grill)

I. Relações de subordinação
Reporta a: *Chef* executivo e *subchefs*
Subordinados: Nenhum

II. Função básica
Produzir alimentos preparados no grill que mantenham os padrões de qualidade da Left At Albuquerque.

III. Funções essenciais	IV. Medidas de eficácia
1. Preparar, de acordo com o padrão, os ingredientes de todos os pratos de assados contidos no cardápio.	1. Antes de iniciar o trabalho, o local do grill é preparado e estocado, de acordo com os padrões estabelecidos nos programas de treinamento e nos padrões determinados pelo *chef* executivo.
2. Preparar no grill os itens correspondentes do cardápio, com higiene e eficiência, de modo correto e no tempo determinado.	2. Todos os itens do cardápio preparados no grill são produzidos com higiene e eficiência, de modo correto e no tempo determinado, de acordo com o previsto nos programas de treinamento.
3. Comunicar-se com o controlador de pedidos e a copa antes de preparar um item, a fim de coordenar igualmente os pratos quentes e frios.	3. Os itens do cardápio preparados no grill são colocados no balcão ao mesmo tempo que os itens frios e estão na temperatura ideal.
4. Colocar em estoque e manter disponíveis todos os ingredientes.	4. O local do grill não fica sem ingredientes ou itens de apoio durante o turno.
5. O cozinheiro do grill durante o almoço é responsável por preparar ingredientes para os turnos de almoço e jantar.	5. O local do grill não fica sem ingredientes para preparo nos turnos de almoço e jantar.
6. O cozinheiro da noite é responsável por verificar e estocar itens de apoio para o turno do jantar.	6. O local do grill não fica sem itens de apoio durante o turno do jantar.
7. O cozinheiro da noite é responsável por colocar os ingredientes restantes em vasilhames pequenos, transferi-los para recipientes metálicos e guardá-los cuidadosamente na despensa ou geladeira.	7. Todos os ingredientes são colocados em vasilhames pequenos e transferidos para recipientes metálicos antes de serem convenientemente guardados na despensa, ou geladeira, ao fim do turno do jantar.
8. O cozinheiro da noite é responsável pela estocagem adequada na despensa de todas as carnes, aves, peixes e frutos do mar.	8. Ao fim do turno do jantar, carnes, aves, peixes e frutos do mar são guardados na geladeira, conforme explicado nos programas de treinamento.

continua

Quadro 3.6 Descrição de cargo na Left At Albuquerque: cozinheiro (grill)

9. O cozinheiro do grill é responsável pela limpeza do grill e da área circundante.	9. Ao fim do turno do jantar, o grill e a área circundante são limpos de acordo com os padrões estabelecidos no programa de treinamento.
10. Toda função adicional ou projetos especiais relacionados à operação geral da cozinha ou do restaurante, conforme solicitado pelo gerente.	10. Um senso de importância e de acompanhamento é demonstrado pelo adequado cumprimento de cada função, tarefa ou projeto especial designados pelo gerente.

V. Qualificações
Conhecimento
1. Conhecimento do manuseio adequado da faca
2. Métodos básicos de cozinha
3. Capacidade de determinar pelo toque a temperatura de um item pronto
4. Conhecimento básico de procedimentos de higiene
5. Conhecimento operacional básico

Aptidões
1. Aptidão para comunicação oral interpessoal
2. Aptidão para comunicação escrita interpessoal
3. Demonstração de um alto nível de energia
4. Capacidade de tomar iniciativa
5. Sentido de urgência e importância muito desenvolvido
6. Atenção cuidadosa aos detalhes
7. Aptidões organizacionais fortemente desenvolvidas
8. Capacidade para trabalhar cooperativamente em um ambiente de equipe
9. Capacidade para trabalhar de modo calmo e eficaz sob pressão
10. Automotivação
11. Bom senso e bom julgamento
12. Capacidade de atuar simultaneamente em múltiplas tarefas

Condições de trabalho
1. Precisa ter condições de apresentar-se ao trabalho quando programado e trabalhar durante todo o turno designado.
2. Chegar ao trabalho vestindo uniforme limpo e impecável, que esteja de acordo com os padrões estabelecidos pela empresa.
3. Esta posição requer que o empregado fique de pé 100% do tempo.
4. É necessário um contato frequente com outros empregados e com a gerência.
5. Precisa ser flexível e ter maturidade para reagir positivamente a mudança.
6. Precisa ser capaz de transportar regularmente um peso de até 25 quilos e ocasionalmente de até 50 quilos.
7. Precisa ser capaz de comunicar-se em inglês.
8. Precisa ser capaz de ouvir com correção e 100% de precisão.
9. Precisa possuir acuidade visual.

Nível
1. O indivíduo trabalhará sob um grau de moderada a elevada supervisão.
2. Esse indivíduo precisa colocar em prática um alto grau de bom senso.

Fonte: Cortesia de Left At Albuquerque, Palo Alto, CA.

funções essenciais de cada cargo. A função de um cargo é considerada essencial caso ela constitua a principal razão para sua existência, tal como na descrição de cargo de um garçom que atende os apartamentos. Por exemplo, levar bandejas ou conduzir carrinhos seria considerado a principal razão para a existência do cargo. Se a função de um cargo for tão altamente especializada, de modo que os empregados sejam contratados basicamente por seus conhecimentos em executá-la, a função também pode ser considerada essencial.

De acordo com decisões judiciais recentes, é importante que suas descrições de cargo sejam baseadas na realidade. Elas devem identificar e descrever claramente as exigências físicas e intelectuais com base em uma análise de cargos que tenha conduzido entrevistas com ocupantes anteriores do cargo.[1] Essas exigências podem então ser utilizadas para formular perguntas na entrevista e ser usadas no processo de seleção para determinar se os candidatos ao cargo são capazes de desempenhar suas funções essenciais. Uma abordagem mais aprofundada das exigências desses aspectos da Lei de Proteção aos Americanos com Deficiência encontra-se no Capítulo 4.

▌ Usos das descrições de cargo

A importância da descrição de cargo para o setor de Hospitalidade muitas vezes é subestimada (Quadro 3.7). As informações são úteis para toda a área de relacionamentos supervisor-subordinado, pois mantém um grupo de trabalho mais bem organizado, segundo obrigações e responsabilidades específicas. Descrições de cargo que identificam as exigências para exercê-lo são usadas para auxiliar o entrevistador

Quadro 3.7 O que incluir em uma descrição/especificação de cargo

Finalidade	Informações necessárias
Recrutamento	Qualificações Formação escolar/Experiência Condições de trabalho
Seleção	Qualificações Formação escolar/Experiência Condições de trabalho Tarefas/Comportamentos
Expectativas de comunicação	Resultados Tarefas/Comportamentos Relacionamentos de subordinação Indivíduos/Grupos com os quais o cargo interage Instrumentos/Materiais/Instalações de trabalho Condições de trabalho

continua

Quadro 3.7 O que incluir em uma descrição/especificação de cargo	
Finalidade	Informações necessárias
Avaliação de desempenho	Resultados Tarefas/Comportamentos
Identificar necessidades de treinamento & desenvolvimento	Tarefas/Comportamentos Qualificações Formação escolar/Experiência Indivíduos/Grupos com os quais os cargos interagem
Tomar decisões de promoção	Qualificações Formação escolar/Experiência Condições de trabalho Tarefas/Comportamentos
Determinar a remuneração	Resultados Qualificações Formação escolar/Experiência Indivíduos/Grupos com os quais o cargo interage Condições de trabalho Tarefas/Comportamentos Grau de autonomia Responsabilidade gerencial por outros empregados Consequência dos erros
Determinar a defasagem de RH	Qualificações Formação escolar/Experiência

Fonte: Cortesia de Aramark Corporation.

no processo de seleção. O treinamento pode ser mais eficaz quando se conhecem as qualificações e aptidões necessárias ao desempenho do cargo.

Além disso, descrições de cargo podem ser usadas como base para a administração salarial, bem como para a criação de programas de desenvolvimento, transferência e promoção. Controle pelo supervisor, avaliações de desempenho, atividades de colocação, avaliações da carga de trabalho e planejamento de programas de incentivo: a descrição de cargo oferece uma fonte de informações básicas que podem auxiliar cada uma dessas funções de recursos humanos. Descrições de cargo podem até ajudar a estabelecer organogramas na identificação de quem se reporta a quem. Usar descrições de cargo para determinar padrões e atribuir responsabilidades pode ajudar a eliminar a atitude de "não é minha função". Esses são fatores básicos. Você e sua organização têm a liberdade de usar descrições de cargo o quanto quiserem, dependendo de suas necessidades específicas.

▎Redefinição de cargos

Um último aspecto das descrições de cargo é a possibilidade de serem modificadas para a contratação de deficiente físico ou mental, idosos ou membros da comunidade de novos imigrantes. À medida que fica mais difícil a contratação de empregados, a ideia de redefinir cargos para atender às necessidades das pessoas torna-se uma possibilidade bastante real. Em alguns mercados de trabalho, o conhecimento da oferta de mão de obra (previsão) pode influenciar como um cargo é estruturado.

As exigências para exercer um cargo tendem a ser reduzidas quando os empregados são difíceis de se identificar e, então, aumentam durante períodos de desemprego. A teoria subjacente à redefinição de cargos é de que os lucros não serão sacrificados e o desempenho no cargo não será afetado caso você seja seletivo na alteração do conteúdo do cargo. O gerente responsável pelos recursos humanos desempenha um papel importante nesse processo, à medida que tenta localizar as pessoas mais qualificadas disponíveis para serem contratadas. Reduzir as exigências dos cargos significa que estes são redefinidos para adequar-se às habilidades das pessoas disponíveis para preenchê-los. Capacidade para ler, escrever e fazer contas pode ter de ser eliminada da descrição de cargo. Em muitos casos não se pode esperar que tarefas complexas sejam completadas e, portanto, as partes complexas dos cargos precisam ser eliminadas, reorganizando-se as tarefas de alguns deles, para que sejam mais simples e mais rotineiras, a fim de se obter um desempenho satisfatório.

Desse modo, nem todo cargo em organizações pode ser redefinido de tal maneira (Quadro 3.8). No entanto, uma porcentagem relativamente elevada dos cargos no setor de Hospitalidade poderia ser alterada para se tornar menos exigente e menos psicologicamente frustrante para os grupos de trabalho não tradicionais disponíveis em determinados mercados. Alguma redefinição até pode ser benéfica para a operação. Realizar o trabalho de modo mais eficiente sempre traz em si a possibilidade de maiores lucros para a organização.

Quadro 3.8 Atitudes para a redefinição do cargo

Redefinição de cargos para atender às necessidades das pessoas
- Flexibilidade no gerenciamento.
- Empregados nem sempre precisam fazer a adaptação.
- Seja criativo em sua abordagem dos relacionamentos empregado-cargo.
- Os empregados em potencial podem desenvolver as qualificações enquanto ocupam o cargo?
- Oriente-se pelas metas e não pelas tarefas.

Fonte: Elaborado pela autora.

■ ESPECIFICAÇÕES DO CARGO

As descrições de cargo concentram-se naquilo que consiste o cargo em si, ao passo que as especificações do cargo se preocupam com as qualificações necessárias para desempenhar o cargo. As especificações abrangem aspectos como formação educacional, características físicas, experiência, treinamento, personalidade, aptidões e o grau em que o empregado deve ter cada um desses atributos para cada cargo. Podemos definir as especificações como as exigências e qualificações humanas que um ocupante do cargo deve ter. As exigências se traduzem no que se requer do empregado. Especificações do cargo oferecem diretrizes para contratação, formando frequentemente a base para as perguntas durante a entrevista. Abordamos essa questão em mais detalhes no capítulo sobre recrutamento e seleção.

É preciso ter cautela para que as exigências feitas ao empregado não se tornem exageradamente específicas ou requeiram muita formação. Além das consequências legais, que podem ser muito onerosas, as exigências desnecessárias (por exemplo, na experiência de trabalho acumulada) podem inflacionar os salários que sua organização precisa pagar. Além disso, grandes exigências podem dar ao empregado expectativas irrealistas daquilo que o cargo realmente oferece, causando frustração e, no fim, a rotatividade dos empregados.

Lembre-se também de que muitos dos cargos na área de Hospitalidade exigem contato direto com os hóspedes/clientes. Obviamente, em nosso setor, os traços de personalidade e capacidade de comunicação tornam-se extremamente importantes para a satisfação dos clientes com nossos produtos e serviços e para a satisfação do empregado. E quase todos os cargos nas operações de hospitalidade exigem que nosso pessoal trabalhe junto e eficazmente com seus colegas. Nesse ponto, boas relações interpessoais são igualmente importantes.

Conforme vimos, o conceito de redigir e usar descrições de cargo é de fácil compreensão; essas descrições precisam ser suficientemente flexíveis para incentivar o crescimento e a mudança, e o fato de elas estarem prontas não significa que permanecerão estáveis para sempre. Organizações na área de Hospitalidade estão em constante transformação e revisão. Por essa razão, as descrições e as especificações do cargo devem ser revistas pelo menos uma vez, se não duas vezes por ano, para serem atualizadas. Deve-se lembrar também de que as descrições de cargo são usadas como ferramentas positivas, e como tal deveriam incentivar maiores contribuições para a operação pelo empregado. Elas não devem ser usadas como instrumentos para ações disciplinares, ou perderão rapidamente sua utilidade.

Em resumo, lembre-se de que seu objetivo básico, ao preparar descrições e especificações do cargo, constitui em relacionar, de modo específico, simples, claro e compreensível para o empregado do que se trata o cargo e quais as qualificações necessárias para exercê-lo eficazmente.

Para que tenham valor, as descrições devem ser precisas, completas, atualizadas e adotadas. A área de Hospitalidade reúne muitos empregados, do lavador de pratos ao gerente, que desejam alcançar resultados para si próprios e para a organização para a qual trabalham. Essas ferramentas de Recursos Humanos os qualificam melhor para que sejam bem-sucedidos.

E no Brasil?

A preparação de uma descrição de cargo nos Estados Unidos é levada muito a sério e obedece a vários critérios, como apresentado neste capítulo. A seriedade se deve ao fato de os norte-americanos seguirem à risca as descrições de cargo e se negarem a fazer as tarefas que não estejam descritas. Nos Estados Unidos, entende-se que todas as tarefas para os cargos devam estar contempladas na descrição e que ninguém seja obrigado a executar algo que não esteja nela descrito.

Já no Brasil, nota-se maior flexibilidade, que acaba acarretando a falta de um bom documento na *descrição de cargo* ou *perfil ocupacional* em Recursos Humanos das empresas em geral. Os trabalhadores brasileiros, por sua vez, não estão acostumados a solicitar a descrição, para conhecer as funções do cargo a que estão se candidatando ou lhes está sendo oferecido.

Acredita-se que a flexibilidade existente nos brasileiros não seja só parte da cultura e/ou do jeitinho brasileiro, mas também o medo implícito do desemprego, que ameaça vários pais e mães de família. Esse medo acaba tornando todos mais capazes de se submeterem a novidades diárias, que muitas vezes os deixam mais preparados, com mais conhecimentos para o futuro, mas por outras os deixam com a sensação de estar trabalhando mais do que exige sua função.

A realidade brasileira é diferente da dos países desenvolvidos, como os Estados Unidos e os países europeus.

Para os trabalhadores da indústria hoteleira, essa realidade vem sendo pensada de maneira diferente desde a chegada das redes internacionais no país. No pacote de vantagens corporativas, pode-se dizer que trazem em sua *bagagem* padronização na capacitação da mão de obra, seguindo modelos de qualidade de serviço internacionais. Outro aspecto interessante que ocorre no atual mundo globalizado e também nos hotéis é o intercâmbio de executivos. Ou seja, influências culturais referentes a questões que envolvem responsabilidade social, sustentabilidade, ecologia e reciclagem são amplamente trabalhadas nos hotéis.

Fórum de Operadores Hoteleiros do Brasil (Fohb) – Um marco na hotelaria no Brasil

Um passo importante na hotelaria brasileira foi dado em 2002, quando 12 empresas se reuniram com o objetivo de criar um fórum que representasse o segmento das grandes redes hoteleiras do país. O Fórum de Operadores Hoteleiros do Brasil é uma entidade associativa sem fins lucrativos, que hoje representa importantes redes hoteleiras, nacionais e internacionais, com atuação no país.

Arrisco-me a dizer que foi a partir desse momento que os hoteleiros independentes passaram a ver o negócio hotel de forma diferente e iniciou-se um movimento forte de profissionalização da hotelaria no Brasil como um todo. Entenda-se aqui profissionalização como troca de informações com o objetivo de crescimento de todos.

continua

E no Brasil?

"Após 10 anos de atuação, o Fohb consolidou-se como entidade representativa da hotelaria nacional, composta atualmente por 27 redes hoteleiras nacionais e internacionais, atuantes no país. Juntas, as operadoras integrantes do fórum são responsáveis pela operação de mais de 540 hotéis."

"Os hotéis afiliados ao Fohb disponibilizam ampla, diversificada e qualificada oferta hoteleira. Estamos presentes em mais de 110 cidades, 23 Estados e no Distrito Federal. Juntos, geramos 150 mil empregos diretos e indiretos e movimentamos cerca de R$ 4,4 bilhões em diárias vendidas (dados de 2012)."

Atualmente, o Fohb tem nove grupos de Trabalho, sendo um deles destinado à área de Recursos Humanos e Responsabilidade Socioambiental. Esse grupo se subdivide em quatro comitês, que atuam em áreas específicas e buscam interagir com o mercado de diferentes formas. São eles: Atração, Retenção e Remuneração; Capacitação e Qualificação Profissional; Relações Trabalhistas; e Responsabilidade Socioambiental.

Revisão e adaptação de Simone Sansiviero.

Fonte: Fórum de Operadores Hoteleiros do Brasil (Fohb). Disponível em: http://www.fohb.com.br/.; http://www.fohb.com.br/quem_somos.php; http://www.fohb.com.br/comite.php. Acesso em 20 setembro 2013.

■ AVALIAÇÃO DE RECURSOS HUMANOS

Quando o setor de Hospitalidade era constituído principalmente por empresas de propriedade e operação familiares, atribuía-se pouca importância a quem eram seus empregados. Geralmente, supunha-se que membros da família ajudariam sempre que os negócios fossem melhores do que em ocasiões normais. A área de Hospitalidade cresceu e foi formada por empresas que dispunham de numerosas operações ou companhias, com diversos indivíduos que haviam escolhido o negócio de hospitalidade como investimento e, na verdade, nada conheciam sobre o ramo. Atualmente, embora as operações familiares ainda existam ao lado de muitos empreendedores e redes pequenas que consideram a hospitalidade igualmente estimulante e desafiadora, as corporações multinacionais mudaram o tamanho e a abrangência do negócio de hospitalidade. O tamanho e a diversidade de locais tornam difícil para o gerente responsável pelos Recursos Humanos, sentado em sua sala na sede da corporação, conhecer que talentos e aptidões seus empregados possuem. Sem esse conhecimento, fica difícil para esse dirigente substituir os empregados quando eles se aposentam, demitem-se ou são dispensados.

Avaliações de aptidões ou de recursos humanos, informatizadas quando o tamanho da empresa o exige, relacionam todos os empregados por nome, com as respectivas aptidões, treinamento e formação educacional, oferecendo dados necessários quando ocorrerem mudanças na organização de Hospitalidade. Essas avaliações, conforme analisaremos, podem, e provavelmente deveriam, ser criadas para os empregados horistas e mensalistas.

Além de permitir um exame de seus atuais empregados, em relação à abrangência e à distribuição das aptidões, essas avaliações também podem ser usadas como indicadores de taxas de rotatividade, níveis de produtividade e escalas salariais. Elas lhe fornecem uma ideia de como as pessoas atualmente estão progredindo, em relação a toda a sua organização. Quadros de substituição e de sucessão e tabelas de mão de obra originam-se todos dos dados constantes da avaliação de aptidões.

▌ Análise da oferta de recursos humanos

A fim de planejar para o presente e o futuro, como gerente responsável pelos recursos humanos, você precisa analisar as habilidades, as aptidões, os talentos e o potencial de crescimento das pessoas em sua operação e organização. Para isso, são necessárias uma relação da oferta interna de mão de obra e uma previsão da oferta externa de mão de obra, que apresentamos no Capítulo 2.

Definimos **avaliação de aptidões** como um sistema de dados que descreve os empregados que trabalham para a organização de Hospitalidade por nome, aptidões e características importantes. A avaliação de aptidões é uma ferramenta gerencial empregada para avaliar a oferta e a disponibilidade de aptidões de seus empregados. Trata-se de um sistema contínuo, o que significa que lhe proporcionará um procedimento para controlar as qualificações e os níveis de desempenho de sua equipe de trabalho. Em virtude de a avaliação de aptidões permitir um meio útil de registro de dados quando se dispõe de um grande volume de dados, ela se torna uma verdadeira ferramenta de planejamento de recursos humanos. Por meio do **planejamento sucessório**, a avaliação de aptidões permite uma estratégia e uma técnica para racionalizar o processo essencial de preenchimento de vagas. Além disso, ajuda a estruturar planos de carreira para recursos humanos atuais e futuros.

▌ Elaboração de um sistema de avaliação de aptidões

A principal e mais difícil decisão ao elaborar um sistema de avaliação de aptidões para sua situação específica consiste em determinar informações que a avaliação deveria conter. Lembre-se de que só é possível acessar as informações inseridas no sistema do modo como você desenvolveu o sistema para torná-las acessíveis. Deve-se tomar cuidado para identificar os tipos de informações *essenciais* para a operação. Isso proporciona uma lista de itens que sua avaliação de aptidões precisa conter. Em seguida, você desejará identificar as informações *úteis* para sua operação e tomar uma decisão item por item, quanto a seu valor no sistema de avaliação. Você deve elaborar seu sistema de avaliação para incluir as informações necessárias ao planejamento de recursos humanos, pois isso é um componente integral do processo geral. O Quadro 3.9 constitui uma lista de itens que poderiam ser incluídos em uma avaliação de aptidões. As informações que você decidir incluir em uma relação de aptidões em sua operação dependem das suas necessidades específicas. É por esse motivo que dois formatos de avaliações de aptidões nunca serão idênticos.

Quadro 3.9 Checklist para avaliação de aptidões

- Nome do empregado
- Data de nascimento
- Sexo
- Cargo atual
- Localização atual
- Data de admissão
- Experiência de trabalho anterior
- Histórico da experiência de trabalho na organização
- Nível salarial atual e passado; data dos aumentos
- Associação a grupos profissionais
- Resultados de testes
- Informações sobre aposentadoria
- Preferência de localização geográfica
- Formação educacional (cursos especiais, por exemplo, decoração de bolos)
- Informações sobre a saúde
- Aptidões e conhecimentos específicos
- Idiomas
- Avaliação pelo supervisor das qualificações do ocupante do cargo
- Metas de carreira informadas pelo próprio ocupante do cargo
- Potencial para promoção
- Tempo de treinamento necessário para promoção

Fonte: Elaborado pela autora.

Grande parte do conteúdo de uma avaliação é determinada pela maneira como você planeja utilizar o sistema de avaliação de aptidões. Quando esses sistemas contêm informações a respeito dos desejos e das metas de carreira dos empregados, as promoções ou transferências podem ser planejadas para satisfazer tanto o plano de desenvolvimento organizacional quanto o plano individual. Para fins de treinamento, as avaliações de aptidões são usadas não apenas para identificar as aptidões existentes, mas para indicar também aquelas que ainda não existem em sua equipe de trabalho. Para fins de recrutamento, essas avaliações identificam os pontos fortes, os pontos fracos e os desequilíbrios em sua atual equipe de trabalho (identificando empregados para promoção, transferência ou treinamento). Planejamento de recursos humanos em longo prazo (projeção das qualificações da equipe de trabalho), relatório de taxas de rotatividade (atual e projetada) e atualizações sobre oportunidades iguais de emprego são algumas das maneiras potenciais pelas quais os dados da avaliação de aptidões podem ser usados em operações e organizações de Hospitalidade. Essas avaliações também podem ser instrumento motivacional, ajudando os empregados a alcançar todo o seu potencial. Você deve saber, nesse ponto, que, para as avaliações de aptidões serem eficazes em qualquer dessas finalidades pretendidas, é essencial uma análise de cargos precisa. Se as tarefas do cargo, as exigências de carga de trabalho, os níveis de produtividade e as necessidades de aptidões não tiverem sido identificados adequadamente, são inúteis os procedimentos envolvidos na avaliação de aptidões.

As informações iniciais para um banco de dados das avaliações de aptidões são obtidas por meio de um questionário ou de uma entrevista. Embora grande parte dessas informações provavelmente esteja disponível nos arquivos sobre pessoal na maioria das organizações de Hospitalidade, é possível que não sejam de fácil e pronto acesso ou estejam desatualizadas. Após obter as informações, vem o desafio de manter e atualizar os dados. Para muitas operações, esse é o aspecto mais difícil do sistema de avaliação de aptidões. A manutenção das informações precisa fazer parte do processo de planejamento de recursos humanos, pois os dados perdem a finalidade caso estejam desatualizados ou imprecisos. A frequência com que a avaliação deve ser atualizada é uma função do tamanho e da taxa de crescimento da organização em que você trabalha. Algumas operações anexam formulários de atualização ao contracheque do salário periodicamente. Em uma operação estável, com índice de rotatividade muito baixo, uma vez por ano pode ser adequado; em uma operação dinâmica, de crescimento elevado, podem ser necessárias atualizações todos os trimestres.

Lembre-se também de que as avaliações de aptidões não podem selecionar seu pessoal. Elas proporcionam a base para uma lista de indivíduos qualificados. Em virtude de as aptidões específicas poderem ser comuns a algumas pessoas, é impossível selecionar somente por meio desse processo a única pessoa certa para a posição. Essa avaliação é apenas um instrumento que precisa ser empregado com entrevistas, avaliação e seleção adequadas. Ela não pode substituir uma boa decisão sobre recursos humanos; porém, pode complementar suas práticas bem fundamentadas.

■ AVALIAÇÃO DE GERENTES E PLANEJAMENTO SUCESSÓRIO

As avaliações de aptidões para seus empregados mensalistas geralmente são denominadas **avaliações de gerentes**. Muitas vezes é mais desejável manter informações distintas sobre os empregados mensalistas do que para os empregados horistas.

Quando as avaliações de aptidões são usadas para identificar indivíduos a serem promovidos, elas se tornam uma ferramenta básica no processo de planejamento sucessório, que é definido como um processo formal em que são desenvolvidos planos que assegurem que as substituições sejam prontamente identificadas para preencher as principais posições na organização. O planejamento sucessório (como parte do processo global de planejamento) apoia as metas estratégicas e a missão da organização e é apoiado pelos programas de treinamento e desenvolvimento. No planejamento sucessório, por meio do uso de quadros de substituição ou sucessão, pode-se prever a oferta futura de dirigentes pela análise da oferta atual em relação aos padrões de avanço em sua organização. Empregadas desse modo, as avaliações de aptidões identificam, em qualquer período, os tipos de indivíduos com aptidões específicas que estão ou estarão disponíveis.

O planejamento sucessório inicia-se com o primeiro nível de supervisão e está em contínuo funcionamento. Ele requer uma perspectiva ampla quando se observa a organização e não apenas um método envolvendo um degrau acima. Pelo acompanhamento do desenvolvimento e do preparo de candidatos potenciais aos cargos no âmbito da organização, o planejamento sucessório auxilia a assegurar a disponibilidade dos empregados necessários. Quadros de empregados, tabelas ocupacionais, guias de pessoal e quadros ocupacionais são todos formatos de apresentação de um censo dos empregados disponíveis em sua organização. Ao se determinar as necessidades de substituição, leva-se em consideração o efeito da redução do número de empregados, seja por morte, aposentadoria ou promoção. Tal análise das aptidões e do progresso dos dirigentes permite uma projeção da oferta interna futura.

O planejamento sucessório assegura que as atividades de desenvolvimento sejam constantes e relevantes para os ocupantes dos cargos, bem como proporciona dados para programas de treinamento específicos. As pessoas desejam trabalhar em uma organização conhecida por investir em seu pessoal e desenvolvê-lo. O planejamento sucessório torna óbvia a necessidade de uma seleção inicial eficaz de pessoal dirigente. No "próximo capítulo" de gerenciamento de recursos humanos, o planejamento sucessório assegura a utilização ideal de um conjunto restrito de empregados, ajudando a mostrar aos atuais funcionários que sua organização tem um interesse no desenvolvimento e crescimento planejados de sua equipe de trabalho. Um novo significado pode ser atribuído à expressão planejamento de recursos humanos: identificar indivíduos qualificados, não em uma ocasião única, mas continuamente.

■ ELIMINANDO A DEFASAGEM

No início deste capítulo, você conheceu, por meio da análise de cargos, o tipo e o número de pessoas de que precisa para seu ambiente de trabalho específico. As informações obtidas por meio de sua análise de cargos agora precisam ser comparadas com as informações obtidas por uma avaliação de aptidões dos empregados atualmente na empresa. Reveja no Capítulo 2 a análise das necessidades *versus* oferta (ver Figura 2.3), em que o processo de recursos humanos se inicia pela comparação das metas organizacionais e dos objetivos operacionais com as necessidades de Recursos Humanos detectadas em suas previsões. Uma análise da atual equipe de trabalho seria então conduzida para identificar a oferta de recursos humanos disponível. Qualquer defasagem entre as duas indicaria uma ação corretiva que você, como gerente de Recursos Humanos, teria de realizar. A Figura 3.5 mostra como dar continuidade a esse processo, a fim de eliminar a defasagem.

A defasagem, ou a diferença entre o estado futuro dos negócios e as metas organizacionais, é o que ocorrerá caso não seja realizada nenhuma ação nova. **Defasagem de Recursos Humanos** constitui um excesso ou uma falta de pessoal ou

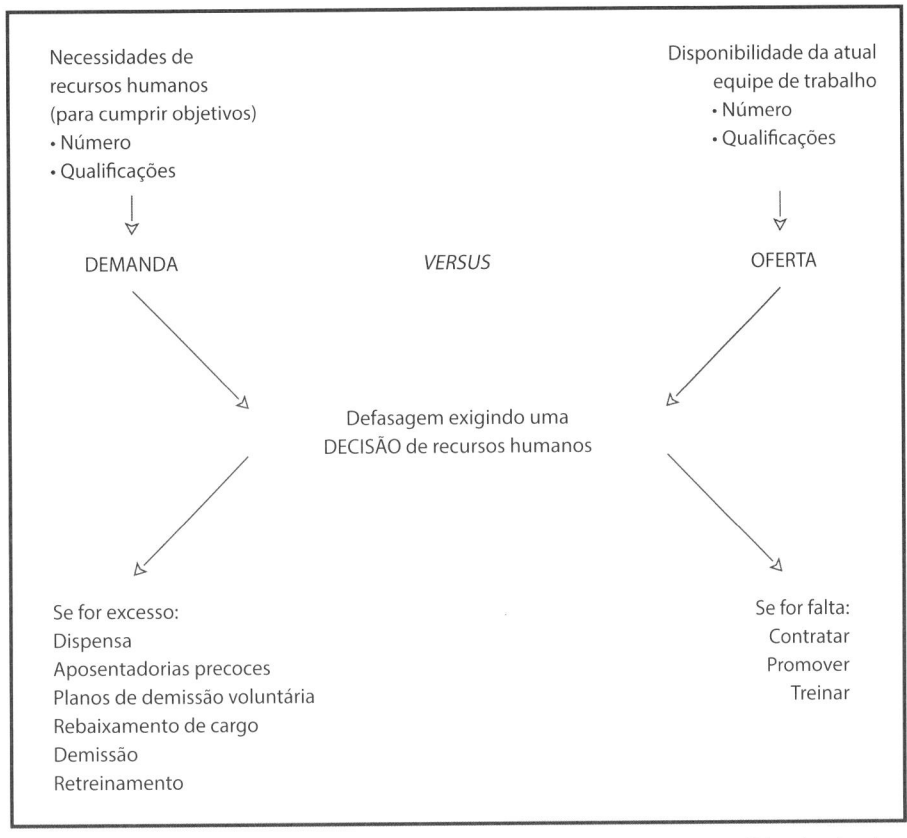

Figura 3.5 Eliminando a defasagem entre necessidades *versus* oferta de recursos humanos. *Fonte:* Elaborada pela autora.

de aptidões específicas. No setor de Hospitalidade, não é suficiente ter apenas as pessoas; nosso pessoal também precisa ter as aptidões necessárias para a operação, a fim de cumprir seus objetivos. As decisões sobre recursos humanos que você precisa tomar são todas voltadas para a ação, significando que você precisa ter um plano desenvolvido para cada decisão potencial antes de poder concretizá-lo.

Com base nas informações que você já aprendeu a obter, agora pode preparar uma estimativa das necessidades totais de recursos humanos obtidos em fontes externas. Os planos para atender a essas necessidades tornam-se a base para o recrutamento e a seleção, tema dos Capítulos 4 e 5. Você agora sabe quantos cargos precisam ser preenchidos e aprenderá a preenchê-los à medida que iniciarmos nossa discussão sobre o processo de contratação. Promoção e treinamento serão úteis quando as necessidades de recursos humanos tiverem de ser atendidas pela organização.

▮ CONCLUSÃO

Uma das consequências mais vantajosas da avaliação de aptidões é a capacidade de compatibilizar de modo eficaz as pessoas aos cargos e, dessa maneira, aumentar a produtividade e a satisfação no trabalho. Conforme ocorre com a análise, as descrições e as especificações do cargo, a avaliação de aptidões é uma das ferramentas no planejamento de recursos humanos que auxilia você e seus empregados a usar e a desenvolver ao máximo as aptidões que possuem.

A menos que cada empregado conheça qual é sua função, há grande probabilidade de que o trabalho fique incompleto, de que ocorram discussões sobre responsabilidades, indiferença e uma taxa de rotatividade elevada. Você precisa planejar suas atividades de recursos humanos, a fim de evitar esse problema. Esse planejamento, conforme o explicamos, determina as atividades a serem realizadas, o método para realizá-las, os empregados envolvidos na atividade e o período em que a atividade deve ser executada.

As ferramentas abordadas neste capítulo auxiliam a responder às perguntas a seguir:

- Que trabalho precisa ser feito?
- Que tarefas compõem o trabalho?
- Que aptidões os empregados precisam ter para desempenhar as tarefas?
- Quantos empregados serão necessários para realizar o trabalho?
- Quem realizará as tarefas?
- Quando o trabalho será executado?
- Quanto tempo e esforço são necessários para cada tarefa?
- Que níveis de aptidão seus atuais empregados têm?
- Quantos empregados estão disponíveis para realizar o trabalho?
- Há falta ou excesso de empregados para cada cargo?
- Quem estará disponível, no futuro, na organização para atender às necessidades do cargo?

A análise de cargos identificou as tarefas essenciais e quem deveria executá-las, com base nas metas organizacionais e nos objetivos operacionais. Foram estruturadas descrições de cargos para delegar as tarefas, as responsabilidades e o relacionamento de um cargo específico com todos os demais cargos. Todas as atividades no sistema de Recursos Humanos indicam que elas dependem da descrição de cargo por escrito e seriam ineficazes sem ela. A ineficácia da função de recursos humanos teria repercussões definitivas por toda a organização. O gerente ou o departamento de Recursos Humanos é responsável pelas funções de contratar, manter e reter os empregados da organização, sendo que a descrição de cargo serve como fio condutor, o qual constitui a chave de cada atividade que analisaremos nos capítulos seguintes. Aliadas à descrição de cargos encontram-se as especificações destes que indicam as qualificações necessárias para executar a função.

A avaliação de aptidões oferece informações sobre as aptidões, os conhecimentos e a formação de seus atuais empregados. A diferença entre o que você possui e o que necessita é a defasagem que precisa ser eliminada para cumprir eficazmente seus objetivos operacionais. Esse indicador de pontos fortes e fracos focaliza não somente os indivíduos em suas atuais posições, mas, igualmente, por intermédio do planejamento sucessório, suas posições futuras.

O processo de análise de cargos, conforme apresentado neste capítulo, determina grande parte do conteúdo para decisões futuras sobre recursos humanos. Conteúdo do programa de treinamento, conteúdo do desenvolvimento individual e organizacional, recrutamento, seleção, colocação e até mesmo salário e benefícios baseiam-se nos dados que você obteve até agora. Neste capítulo, tentamos enfatizar que o processo de análise de recursos humanos precisa ser elaborado para se enquadrar nas circunstâncias do ambiente em que você está trabalhando atualmente ou trabalhará no futuro. Quanto maior a organização para a qual trabalhar, mais formal cada um desses procedimentos e formatos deve ser para melhorar a eficiência. A recomendação importante para este capítulo consiste em melhorar *sua* eficácia em adequar pessoas a cargos no que diz respeito a aptidões, habilidades e níveis de desempenho, criando desse modo a eficiência organizacional em recursos humanos.

Caso 3.1

Informações básicas

Sendo um gerente com responsabilidade por recursos humanos em uma grande corporação multinacional de Hospitalidade, você está ciente de que uma de suas metas organizacionais consiste em alcançar a máxima produtividade por meio do trabalho eficiente de seus empregados. Para obter a eficiência, você precisa ter uma estrutura organizacional bem firmada para cada uma das tarefas exigidas pelo cargo, identificá-las e então atribuí-las aos cargos apropriados. A menos que cada pessoa saiba exatamente em que consiste o seu cargo, haverá trabalho incompleto, discussões sobre responsabilidades, indiferença e, por fim, uma taxa de rotatividade maior que o desejado. Desse modo, o núcleo da Administração de Recursos Humanos é o cargo.

A companhia para a qual você trabalha tem hotéis, resorts, operações independentes de fornecimento de alimentos e locais para recepções. A companhia tem sede nos Estados Unidos, onde mantém mais de 450 estabelecimentos individuais de Hospitalidade, bem como uma dúzia de hotéis na Europa.

O vice-presidente sênior para desenvolvimento indicou-lhe as seguintes metas organizacionais: "Expandir as operações de hotelaria para o mercado de hotéis econômicos no período de dois anos, com expansão para uma região de cinco Estados do Meio-Oeste no período de cinco anos após entrar no mercado."

A. O vice-presidente de desenvolvimento está sob pressão para preparar um estudo resumido para o presidente da companhia no intervalo de duas semanas. Em virtude de sua experiência anterior com procedimentos e técnicas de análise de cargos, você foi solicitado a fornecer informações, que servirão de base para um orçamento de folha de pagamento previsto. O que você precisará fazer, a fim de preparar essas

continua

Caso 3.1

informações para o vice-presidente sênior de desenvolvimento? (Sugestão: Lembre-se de que enfatizamos que os procedimentos de análise de cargos seguem uma sequência lógica.) As informações que o vice-presidente está solicitando servirão de base para os planos de longo prazo das funções de Recursos Humanos de orientação, treinamento e desenvolvimento para a recém-proposta rede de hotéis. Nessa situação particular, seria melhor adotar um método do escalão superior para o escalão inferior ou o método do escalão inferior para o escalão superior em sua análise de cargos? O método de avaliação de cargos seria adequado para a análise de cargos nessa situação específica? Justifique sua resposta.

B. Após completar sua análise de cargos, você determinou que uma das posições que precisa ser ocupada é de encarregado da lavanderia. Prepare uma especificação do cargo para essa descrição. Quais são os níveis de aptidão e a formação educacional exigidos para a posição? Esse cargo de encarregado da lavanderia poderia ser redefinido para se adequar aos níveis de aptidão e à formação educacional de algumas fontes não tradicionais de mão de obra (tais como pessoas com deficiência física ou mental)? De que forma você redefiniria esse cargo específico?

DESCRIÇÃO DE CARGO: ENCARREGADO DA LAVANDERIA

Funções do cargo:
1. Assegurar-se de que toda roupa de cama e de banho seja lavada e passada.
2. Assegurar-se de que as toalhas de mesa dos restaurantes (incluindo o clube de campo) sejam lavadas e passadas.
3. Ajudar a separar todas as peças sujas.
4. Ajudar a preparar os carrinhos de roupa, quando necessário.
5. Manter a área da lavanderia limpa e organizada.
6. Manter as máquinas limpas.
7. Informar ao supervisor da lavanderia quando existir algum problema com as máquinas.
8. Separar todas as roupas manchadas.
9. Realizar o trabalho adicional designado diariamente.

Lista de funções:
1. Comparecer ao trabalho.
2. Separar as roupas.
3. Lavar as roupas.
4. Secar as roupas.
5. Dobrar as roupas dos hóspedes dos apartamentos.
6. Colocar as toalhas do restaurante na passadeira automática.
7. Colocar roupa limpa em todos os carrinhos e reestocar a roupa limpa dos apartamentos nas prateleiras.
8. Limpar todas as máquinas.

Fonte: Elaborado pela autora.

▌Termos-chave

– análise de cargos

– avaliação de aptidões

– avaliação de cargos

– avaliação de gerentes

– cargo

– descrição da posição

– descrição da tarefa

– descrição do cargo

– "defasagem" de recursos humanos

– elemento

– especificação do cargo

– função

– informações relacionadas ao cargo

– método do escalão inferior para
     o escalão superior

– método do escalão superior para
     o escalão inferior

– ocupação

– ocupante do cargo

– planejamento sucessório

– posição

– tarefa

– técnica da ocorrência crítica

– trabalho

▌Leituras recomendadas

"Writing and managing job descriptions just got easier: top selling job description writer enhanced with internet updates and employment ad editor". *Business Wire*, 12 de outubro de 1997.

FROST, M. "HR Cyberspace". *HR Magazine*. Disponível em: www.shrm.org/hrmagazine/articles/ 0897cybr.htm. Acesso em 19 agosto 2013.

HARVEY, R. J. *The americans with disabilities act: using job analysis to meet new challenges.* Apresentação na Conferência da IPMAAC realizada em Baltimore, MD, em 1992.

NAVARATNAM, P. "Job description minus job analysis". *The New Straits Times*, 2 de setembro de 1998.

U. S. DEPARTMENT OF LABOR. *Occupational outlook handbook* (*1998-1999*). Washington, D.C.

WOODS, R. H. e M. P. Sciarini. "Diversity programs in chain restaurants". *The Cornell Quarterly* v. 35, nº 3, 1998.

▌Sites recomendados

1. Análise de cargos & pesquisa de personalidade: http://harvey.psyc.vt.edu/Documents/ WagnerHarveySIOP2003.pdf
2. Rede de Informação Ocupacional: www.doleta.gov/programs/onet
3. Empregos no setor público: http://www.govtjobs.com/
4. KnowledgePoint: www.knowledgepoint.com/
5. Descrições de cargo: www.jobdescription.com/dnppv/index.asp

▌Nota

1. Teresa C. Fariss. "Carefully draft job descriptions". *Delaware Employment Law Letter* (julho de 1998). Disponível em: web.lexis-nexis.com/more/shrm/19213/3524092/9. Acesso em 19 agosto 2013.

▮ Questões

1. Diferencie entre análise do cargo e identificação da tarefa. Por que elas são realizadas?
2. Descreva a relação entre a análise de cargos e todas as demais funções de Recursos Humanos.
3. Identifique e defina as técnicas para coletar informações relacionadas ao cargo.
4. Descreva os principais elementos de uma relação de cargos. Quais as informações obtidas?
5. Que itens normalmente estão contidos em uma descrição de cargos?
6. Discuta a importância e a utilidade de uma descrição de cargo.
7. Discuta a ideia de redefinir cargos para atender às capacidades dos empregados. Como você reage a essa ideia?
8. Defina uma especificação do cargo.
9. O que é uma avaliação de aptidões? De que modo você a usaria em uma operação de hospitalidade? Para empregados horistas? Para empregados mensalistas?
10. Qual é a maior dificuldade para se usar uma avaliação de aptidões? Identifique os diversos usos para os dados da avaliação de aptidões.
11. Descreva o planejamento do processo sucessório e sua importância para o empreendimento de Hospitalidade.
12. Quais as possíveis decisões que você tem de tomar como gerente de Recursos Humanos quando a defasagem indica excesso de empregados? E quando indica falta?

O processo de contratação

O mercado de trabalho e o recrutamento no setor de Hospitalidade*

Escolha um trabalho que você aprecie, e nunca terá de trabalhar um dia na vida.
Confúcio

Você pode sonhar, criar, projetar e construir o melhor e o mais esplêndido lugar no Planeta, porém, é preciso ter pessoas para transformar esse sonho em realidade.
Walt Disney

■ INTRODUÇÃO

No capítulo introdutório deste livro, afirmamos que um de seus maiores desafios como gerente responsável pelos recursos humanos no "próximo capítulo" será identificar pessoas excelentes para preencher os cargos vagos. Conforme você logo verá, as mudanças demográficas que ocorreram nos Estados Unidos durante as últimas décadas criaram a maior falta de mão de obra do século. Na última década, os recursos humanos tornaram-se cada vez mais escassos. E não existe indicação de que o mercado de trabalho, extremamente competitivo com que as organizações de hospitalidade se deparam atualmente em escala mundial, se torne mais maleável em um futuro próximo. De acordo com a National Restaurant Association, a maioria dos operadores apontou a identificação de empregados qualificados e motivados como seu desafio mais significativo. Assim, você deve continuar a planejar métodos criativos para o recrutamento de sua organização de hospitalidade. Com os dados sobre o censo existentes, do U.S. Bureau of Labor Statistics, sabemos exatamente quantas pessoas estarão disponíveis nos grupos de trabalho dentro de cinco anos, dez anos e vinte anos. A concorrência pelos recursos humanos limitados disponíveis continuará a ser inacreditável! Para aqueles gerentes de hospitalidade que ficam esperando, a mão de obra não estará disponível para preencher cargos em suas operações.

---

*N.R.T.: O leitor deve estar atento ao fato de que este capítulo aborda as leis norte-americanas que são diferentes das leis brasileiras. Esta é uma edição atualizada da tradução da 2ª edição norte-americana, publicada em 2005. Vale ressaltar que podem existir alterações na legislação atualmente em vigor. No fim do livro encontra-se um apêndice, no qual é possível consultar as leis trabalhistas no Brasil.

O recrutamento precisa ser inovador – das fontes de mão de obra disponível aos métodos utilizados –, para encontrar as pessoas de que necessita. Os operadores de hospitalidade não se dão mais ao luxo de ter a gaveta de sua mesa abarrotada de solicitações de emprego de candidatos ávidos por uma vaga. Jovens não passam mais por nosso estabelecimento todos os dias após as aulas para saber se existe uma possível vaga. A próxima vez que você sair para tratar de algum assunto, observe o número de anúncios com a indicação "Precisa-se de atendente" nos restaurantes de fast-food, redes de entrega de pizza e supermercados. Esses empregadores sempre contaram com um grande número de pessoas na faixa etária de 16 a 24 anos para suprir a maior parte de sua equipe de trabalho. Do ano 2000 em diante, eles simplesmente não conseguiram encontrar essas pessoas em número suficiente. Observe como esses operadores estão procedendo para recrutar recursos humanos, e você notará os métodos mais inovadores da atualidade.

Ao finalizar este capítulo, você será capaz de:
1. Relacionar as mudanças demográficas em curso a seu papel como gerente responsável pelos recursos humanos no setor da Hospitalidade.
2. Distinguir entre métodos de recrutamento interno e externo em relação a empregados horistas e mensalistas que trabalham em período integral.
3. Identificar diferentes grupos de trabalho alternativos.
4. Desenvolver um plano para incorporar o trabalhador idoso e o trabalhador deficiente em sua equipe de trabalho, com o auxílio de programas estaduais e federais.
5. Incorporar as exigências da Lei de Proteção aos Norte-Americanos com Deficiência em seu plano de recrutamento de empregados horistas e mensalistas em período integral.
6. Desenvolver um plano para utilizar as iniciativas para colocação de dependentes da Previdência Social.
7. Compreender onde o recrutamento se enquadra no processo de planejamento de recursos humanos.
8. Descrever uma variedade de métodos de recrutamento que o auxiliarão a localizar recursos humanos que preencham as necessidades e exigências de seu negócio.
9. Desenvolver uma compreensão dos diferentes tipos de métodos de recrutamento externo.
10. Obter uma compreensão básica da importância e das realizações do recrutamento on-line de alta tecnologia.
11. Discutir os temas legais em torno do recrutamento de recursos humanos;
12. Compreender a importância de ser capaz de fazer alterações nas estruturas de cargos que o capacitarão a adequar as necessidades da atual equipe de trabalho.

■ O MERCADO DE TRABALHO

Caso você esteja planejando entrar no setor hoteleiro ou de serviços de alimentação da área de hospitalidade, a falta de mão de obra tornou-se um fator predominante para o planejamento de recursos humanos. "O número de empregos nos Estados Unidos teve uma projeção de aumento de 12,7% entre 1998 e 2010,* alcançando o patamar de quase 172 milhões",[1] com o crescimento da população ligeiramente abaixo (10,2%). "O resultado seria 19,6 milhões de empregos a mais em 2010 para 27,7 milhões de novos residentes de todas as idades".[2] Em indústrias nos Estados Unidos, no Canadá e na Europa, a diminuição dos grupos de trabalhadores constitui um dos piores problemas dos dirigentes.

A **falta de mão de obra**, especialmente para posições em nível inicial, faz com que os recrutadores para o setor de Hospitalidade busquem freneticamente mão de obra suficiente para preencher os cargos novos. O Hyatt Orlando tem contratado empregados novos de outros países, tais como Bósnia e Polônia. O Hyatt, em Key West, emprega trabalhadores da Polônia e da Rússia.[3] Outros operadores, como The Carriage House Restaurant, em East Boothbay, Maine, deixou de servir almoço porque não conseguia recrutar mão de obra suficiente.[4] Para compreender por que existe essa falta de mão de obra, precisamos nos valer de informações sobre os padrões demográficos em mudança dos Estados Unidos.

■ Fatores relacionados à idade

O setor de Hospitalidade tem se apoiado tradicionalmente em recursos humanos com idades entre 15 a 24 anos, para fornecer a maior porcentagem de trabalhadores. A área de hospitalidade tem oferecido aos adolescentes vários tipos de emprego para iniciantes. Encontrar esses empregos no setor, nos anos 1960 e em meados dos anos 1970, não foi assim tão fácil. Adolescentes promissores precisavam ser persistentes, preenchendo formulários de solicitação de emprego em diversos restaurantes e/ou hotéis, se realmente desejassem trabalhar. E eles queriam trabalhar. Os cargos no setor de Hospitalidade, especialmente aqueles que recebiam gorjetas como parte da remuneração, eram considerados excelentes oportunidades para economizar dinheiro para o carro ou aparelho de som ambicionado. Com o *baby boom* (crianças nascidas entre 1946 e 1964) chegando a um pico, os operadores de hospitalidade se depararam com mais candidatos do que cargos para preencher. Que posição confortável para um gerente de recursos humanos! Eles podiam se dar ao luxo de ser muito seletivos em relação aos candidatos que escolhiam e, caso eles não dessem certo ou deixassem a desejar, podiam dispensá-los, sabendo que outros candidatos ávidos por uma oportunidade os substituiriam.

---

*N.R.T. : Como já explicado anteriormente, esta edição foi publicada nos Estados Unidos em 2001. Portanto, as informações de 1998 e 2010 constam como projeções. O leitor deve saber, entretanto, que as expectativas foram confirmadas, visto que o número de empregos nos Estados Unidos crescia de forma diferente do número de trabalhadores disponíveis para funções de nível inicial. Importar mão de obra ou diminuir o serviço foram as soluções encontradas.

Quadro 4.1 População dos Estados Unidos por faixa etária

Faixa etária	1º de julho de					
	1992	1994	1996	1998	2000#	2011*
15 a 19	17.170	17.707	18.644	19.391	19.820	20.886
20 a 24	19.085	18.451	17.562	17.643	18.257	21.525
25 a 29	20.152	19.142	18.993	18.674	17.722	21.382
30 a 34	22.237	22.141	21.328	20.241	19.511	20.202
35 a 39	21.092	21.973	22.550	22.604	22.180	19.255
40 a 44	18.806	19.714	20.809	21.800	22.479	20.587
45 a 49	15.362	16.685	18.438	18.752	10.806	21.989
50 a 54	12.059	13.199	13.931	15.768	17.224	21.965
55 a 59	10.487	10.937	11.362	12.217	13.307	19.554

projeção; números em milhares

Fonte: U.S. Bureau of the Census.
*N.R.T.: A obra original foi publicada em 2003. Para a atualização desta edição no Brasil, utilizamos os dados disponíveis na página do U.S. Bureau of the Census, em Detailed Tables by Age and Sex. Disponível em: http://www.census.gov/population/age/data/2011comp.html, Table 26. Age Distribution of the Population by Sex and Generation: 2011. Acesso em 10 de setembro 2013.

Não é mais assim. Por isso, estamos conduzindo nossas operações de modo diferente. Para o período de 12 anos, compreendido entre 1980 e 1992, houve uma queda constante do número total de adolescentes na faixa etária de 15 a 19 anos. Ocorreu um pequeno aumento desde 1993 (Quadro 4.1). As empresas de hospitalidade precisam concorrer com outras áreas prestadoras de serviços, tais como supermercados e lojas varejistas, por esse mesmo grupo de recursos humanos. Essas companhias, com muita frequência, oferecem um horário de trabalho mais conveniente do que nossa área oferece atualmente. O estilo de vida norte-americano mais afluente torna menos desejáveis os empregos em que a pessoa deve "pôr a mão na massa". Um número menor de adolescentes procura nossas operações de hospitalidade em busca de emprego. A gaveta repleta de solicitações de emprego dos adolescentes encontra-se vazia.

Que outras transformações ocorreram nos padrões das faixas etárias?* Tradicionalmente, a faixa de 20 a 24 anos tem sido a segunda maior no setor de Serviços de Alimentação. Em 1986, esse grupo trocou de lugar com a faixa de 25 a 34 anos. À medida que os baby boomers crescem, os padrões etários se modificam e refletem sua posição na sociedade. Conforme pode ser observado no Quadro 4.1,

---

*N.R.T.: Esta obra trata dos aspectos vivenciados na sociedade norte-americana. Neste tópico, em especial, fala de problemas relacionados à falta de mão de obra, por diferenças na estrutura populacional do país. O leitor pode aproveitar o momento para refletir sobre como agir no Brasil, visto que já temos estudos que mostram a trajetória da população brasileira, e devemos atentar na busca de novas alternativas. Consulte A transição da estrutura etária da população brasileira na primeira metade do século XXI em http://www.scielo.br/scielo.php?pid=S0102-311X2008000300013&script=sci_arttext. Acesso em 8 novembro 2013.

os grupos etários de 24 a 34 anos estavam projetados para diminuir drasticamente. Esses decréscimos refletem não apenas o avanço na idade dos *baby boomers*, mas também a diminuição das taxas de natalidade no fim da década de 1960 e no início da de 1970. Em 1992, as faixas de 35 a 44 anos começaram a aumentar. Em 2000, esses grupos etários foram projetados para representar o maior porcentual da força de trabalho total. Atualmente, as faixas etárias de 45 a 54 anos começaram a ser maiores. Essas faixas etárias continuaram a crescer mais rapidamente do que qualquer outra durante a década seguinte. Os *baby boomers* dos Estados Unidos estão começando a envelhecer e, à medida que o tempo passa, a faixa etária da equipe de trabalho no setor de Hospitalidade também aumenta. Esse avanço na idade acarreta novos desafios para a Administração de Recursos Humanos.

O diferencial de idade é ampliado pelo menor número de adolescentes que estarão fazendo parte das equipes de trabalho. Os *baby boomers*, ao contrário de seus pais, optaram por famílias menores (e em alguns casos, por não ter família). Isso se traduz em um menor grupo de pessoas disponíveis para as posições em nível inicial que a nossa área, historicamente, tem preenchido com o grupo de adolescentes. Também precisamos estar preparados, à medida que prosseguimos neste século, para um número crescente de recursos humanos que estarão se aproximando da idade da aposentadoria (60 anos em diante) (Figura 4.1).

∎ Etnicidade

A **composição étnica** de nossa força de trabalho tem se tornado cada vez mais diversificada. Conforme você verá no Capítulo 12, sua habilidade para gerenciar um ambiente de trabalho multicultural será um dos fatores mais importantes para seu sucesso como gerente responsável pelos recursos humanos no setor de Hospitalidade. De acordo com o Census Bureau, há uma previsão de que os Estados Unidos se torne uma nação de minorias em meados do século XXI. As projeções indicam que a força de trabalho asiática e de outras regiões aumentará mais rapidamente (41% de aumento) do que a dos negros (13,8%) ou hispânicos (36,2%) entre 1996

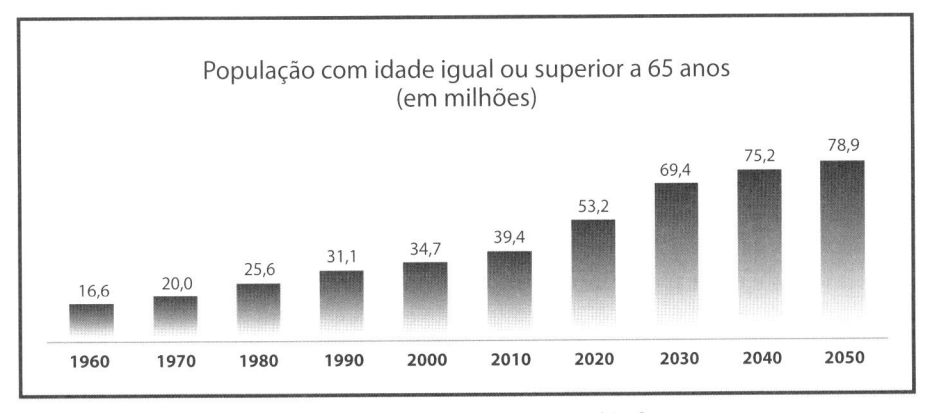

Figura 4.1 Estatísticas relacionadas ao envelhecimento. *Fonte:* U.S. Bureau of the Census.

Quadro 4.2 Projeções para 2006 da força de trabalho por grupo étnico				
Grupo étnico	Força de trabalho#			
	1986	1996	2006	2011*
Asiático e outros	3.371	5.703	8.041	68.629
Negro	12.654	15.134	17.225	14.472
Hispânico	8.076	12.774	17.401	19.372
Branco	101.801	113.108	123.581	81.875

números em milhares

Fonte: U.S Bureau of the Census of Labor of Statistics.

*N.R.T.: A obra original foi publicada em 2003. Para a atualização desta edição no Brasil, utilizamos os dados disponíveis na página do U.S. Bureau of the Census em http://www.census.gov/population/age/data/2011comp.html. Acesso em 10 setembro 2013.

e 2011. Isso se deve a um aumento da imigração líquida desses grupos e à taxa de natalidade maior que a média. A força de trabalho branca, para esse mesmo período, tem uma projeção de apenas 9,3% de variação (Quadro 4.2). Em 2006, os grupos de trabalho negro e hispânico eram praticamente iguais em tamanho, e um número maior de membros desses grupos entrou para a força de trabalho durante o período de 1996 a 2006. Espera-se que a participação minoritária étnica total da força de trabalho aumente para 28% em comparação a 18% em 1980 e 22% em 1990. Certas regiões geográficas do país serão mais intensamente afetadas do que outras, porém a diversidade étnica não se encontra mais limitada somente às grandes áreas metropolitanas. Como resultado dessas alterações demográficas, a habilidade para atrair e recrutar uma equipe de trabalho qualificada originária de uma população diversificada será importante para a sobrevivência de todas as organizações de Hospitalidade.

O efeito provocado pelas mulheres

As mulheres estão sendo responsáveis por uma participação maior na força de trabalho do que em qualquer outra ocasião no passado. No setor de Hospitalidade, isso significa que continuaremos a admitir mulheres para preencher cargos tradicionalmente ocupados por homens. Atualmente existem mais mulheres em posições diretivas de alto nível, o que exerce um impacto direto em toda a organização de hospitalidade.

De acordo com o U.S. Bureau of the Census of Labor Statistics, os índices de participação de mulheres na força de trabalho aumentariam ainda mais em praticamente todos os grupos etários. Os índices de participação de homens na força de trabalho acusam uma projeção em declínio para todos os grupos etários inferiores a 45 anos. Com a força de trabalho das mulheres crescendo agora com maior rapidez que a dos homens, a projeção da participação das mulheres na força de trabalho deve aumentar de 46% para 47%. "A taxa de emprego entre as mulheres no grupo etário de 25 a 44 anos aumentou de 71% em 1985 para 76% em 1996. A taxa de emprego para as mulheres na faixa etária de 45 a 54 anos aumentou de 55% em 1985 para 75% em 1996. O emprego para as mães desse grupo etário aumentou de

49% em 1975 para 60% em 1985 e para 76% em 1996".[5] Conforme discutiremos em capítulos posteriores, isso traz implicações diretas para o planejamento de benefícios, o qual procura ajudar as mulheres com manutenção de creches, licença para cuidar de crianças e horário de trabalho flexível. A área de Hospitalidade continua a ser bem adequada para adaptar-se às necessidades de um maior número de mulheres em nossas equipes de trabalho, fazendo com que elas se tornem um grupo de candidatas muito viável.

■ Outras observações demográficas

A taxa de desemprego nos Estados Unidos atingiu um mínimo de 5,3% em 1988 e na Nova Inglaterra a taxa caiu para surpreendentes 3,3%. Em maio de 1998, existiam 5,9 milhões de pessoas desempregadas nos Estados Unidos, sendo que a taxa de desemprego permanecia em 4,3%. Esses números são e continuam a permanecer extremamente baixos, levando-se em conta que determinado porcentual desse grupo não possui empregabilidade. E, ainda que seja uma novidade auspiciosa para a saúde financeira dos Estados Unidos, também significa que a quantidade de mão de obra disponível para cargos vagos de hospitalidade é menor do que em todos os tempos.

A área de Hospitalidade não é a única que sofre as consequências dessas mudanças demográficas. Todos os setores prestadores de serviços, a área médico-hospitalar a redes de supermercados, estão sentindo a falta de mão de obra, no caso de enfermeiras e caixas. A procura de recursos humanos no setor de hospitalidade continua a ser enorme. Em 1996, o setor hoteleiro empregou 1,1 milhão de pessoas em período integral e parcial, pagando US$17,6 bilhões em salários.[6] "Espera-se que o emprego no setor de restaurantes alcance um recorde de 12 milhões de trabalhadores em 2006, em comparação a 10,2 milhões em 1996".[7] As áreas que prestam serviços serão responsáveis por praticamente todo o crescimento no número de empregos. Espera-se que a maior taxa de crescimento de qualquer ocupação em nossa área seja a de gerentes de serviços de alimentação e de hotelaria, com um aumento de 35% entre 1996 e 2006.[8] O U.S. Bureau of Labor Statistics também indica que os cargos ocupados por empregados horistas no setor de Serviços de Alimentação terão crescimento, bem como sua taxa anual de crescimento excederá a mesma taxa de emprego em todas as demais áreas.

A concorrência não é apenas mais intensa por clientes, mas igualmente intensa por recursos humanos que atendam a nossas necessidades de formação de equipes de trabalho. E todos setores prestadores de serviços estarão competindo pelas mesmas pessoas. As maiores faltas serão sentidas nas posições ocupadas por trabalhadores não qualificados, que recebem menores salários, em especial o turno noturno em horário parcial, que tradicionalmente tem empregado nossos trabalhadores adolescentes. Frequentemente eles são os que têm o primeiro contato com nossos clientes.

O índice de rotatividade tem continuado a crescer nas posições para trabalhadores não qualificados e semiqualificados. Os empregados que exercem esses cargos não precisam mais tolerar más condições de trabalho, turnos longos, tratamento autocrático e salários baixos, que faziam parte dessas posições. Tampouco precisam aceitar posições que não ofereçam oportunidade de progresso, com gerenciamento ruim ou pouco treinamento. Por quê? Porque se você não atender às necessidades básicas desses empregados, a operação concorrente atenderá. Reduzir o índice de rotatividade é a melhor resposta para resolver as necessidades futuras de empregados.

■ A FALTA DE MÃO DE OBRA: SOLUÇÕES

Abordaremos, ao longo deste livro, como cada área funcional de Recursos Humanos pode contribuir tanto para a atração quanto para a retenção de seus recursos humanos. *Atrair* e *reter* são dois termos repetidamente vistos nestas páginas, pois como gerente responsável pelos recursos humanos no setor da Hospitalidade, sua atenção deve voltar-se para essas duas metas.

Eis a seguir apenas alguns dos métodos usados atualmente na área de Hospitalidade para atrair mais candidatos a emprego.

♦ Aumentar o salário. Com uma taxa de desemprego de 4,3%, os empregados não trabalharão pelo salário mínimo.

♦ Usar fontes alternativas de mão de obra. Um número menor de adolescentes disponíveis significa que temos de buscar **grupos de trabalho alternativos** para substituí-los.

♦ Implantar métodos inovadores de recrutamento. Um **anúncio** na seção de Procura-se do jornal diário não é mais suficiente.

♦ Obter experiência e familiaridade com o **recrutamento on-line**. Esta é uma ferramenta muito boa, porém, a eficácia e a colocação da mensagem escrita do anúncio são importantes. Candidatos a emprego que buscam ocupar cargos procurando oportunidades on-line o fazem de maneira diferente de candidatos que leem um anúncio em uma revista de negócios ou jornal local.

♦ Transportar os empregados de ônibus até o local de trabalho. Se não existir mão de obra em sua área geográfica, você precisará ter uma visão mais ampla e providenciar transporte para o trabalho (e, frequentemente, também pagar os empregados pelo tempo que gastam com o transporte).

♦ Melhorar a oferta de benefícios. Empregados em meio período nem sempre tiveram direito a um plano de saúde e a outros benefícios que nossos empregados em período integral têm recebido. Essa restrição pode ter de ser reconsiderada pela tendência da contratação de empregados em meio período.

♦ Oferecer horário flexível. De acordo com Jan Barr, diretora de recursos humanos do Chili's Grill & Bar, esse é o tema *principal*. Esse tipo de horário não só é atrativo para os adolescentes e alunos universitários de todas as idades que trabalham para a empresa como também para pais e mães solteiros e o trabalhador com mais idade.

♦ Tornar o trabalho agradável. Os melhores gerentes para os quais trabalhamos em alguma ocasião são aqueles que tornaram descontraído o ambiente de trabalho. Crie um local onde seus recursos humanos desejem estar e não que tenham obrigação de estar.

♦ Recolocar o fator "humano" em sua filosofia de gerenciamento. As pessoas desejam trabalhar em um ambiente onde os demais se preocupam e atribuem importância ao bem-estar dos empregados. Trate-os como ativos valiosos que são para seu sucesso.

♦ Aperfeiçoar os programas de orientação e treinamento. Simplesmente não podemos jogar as pessoas na equipe de trabalho e esperar que sobrevivam, muito menos, que sejam bem-sucedidas. Os empregados são considerados, com muita frequência, um custo elevado para operar o negócio. Eles devem ser considerados como recursos *humanos*, um ativo para aumentar as vendas.

♦ Oferecer oportunidades internas de progresso e responsabilidade adicional no âmbito da operação do setor de Serviços de Alimentação ou de hotelaria. Demonstre a seus recursos humanos que eles podem ter uma carreira em hospitalidade, não meramente um emprego para ajudá-los com as despesas enquanto fazem a faculdade ou até que encontrem um trabalho "de verdade".

Todas essas soluções visam atrair ou reter recursos humanos de qualidade. No atual mercado de trabalho, esses métodos para atrair candidatos excelentes não representam uma escolha. Você deve instituir essas ideias como um modo de conduzir a empresa. Você não pode empregar apenas uma seleção de alguns desses métodos. As operações de hospitalidade precisam usar *todos* os métodos para ser eficazes. Tratar seus recursos humanos como um investimento é realmente o que importa no gerenciamento desses recursos. Proteja e cuide de ativos humanos do mesmo modo que cuida de seus ativos físicos.

As **informações demográficas** que partilhamos com você têm como objetivo aumentar sua conscientização de uma situação crítica que continua a atormentar o setor de Hospitalidade. Uma melhor compreensão do mercado de trabalho o capacitará a intensificar seus esforços para a atração e retenção. Iniciamos a análise do recrutamento no "próximo capítulo".

■ RECRUTAMENTO PARA O SETOR DE HOSPITALIDADE

O **recrutamento** pode ser definido como o processo pelo qual o candidato mais bem qualificado para um cargo vago específico é identificado em consonância com todas as regulamentações federal, estadual e municipal relativas ao emprego. Vamos indicar diversos métodos para conduzir a atividade de recrutamento, que incluirá buscas internas e externas por candidatos potenciais a emprego. As leis relativas ao emprego são severas, particularmente as que se referem à contratação de pessoas que não possuem cidadania norte-americana. A responsabilidade pelo recrutamento varia, dependendo do tamanho da organização de hospitalidade. Em algumas empresas, você será responsável pelo recrutamento de todas as posições não gerenciais na unidade. Outras organizações usam seu departamento de recursos humanos para o recrutamento de todos os candidatos a emprego. Independentemente do nível em que o recrutamento for conduzido, os métodos e temas legais são os mesmos. No entanto, antes de podermos discutir como recrutar, vamos identificar inicialmente diversas fontes alternativas de mão de obra.

▮ Fontes de grupos alternativos de mão de obra

Você acaba de assumir a responsabilidade por recrutamento em sua operação de hospitalidade. Você está ciente de que a maior parte dos recursos humanos da operação está sobrecarregada por causa de falta de pessoal – uma situação perigosa que, de acordo com a consultora Jan Barr, conduz a um índice de rotatividade elevado de gerentes e empregados. Para ser bem-sucedido na nova responsabilidade, você precisa preencher esses cargos vagos o mais rápido possível, porém, ao mesmo tempo, com as pessoas certas. De que modo você pode preencher os cargos eficazmente sem incorrer na **síndrome do "primeiro que aparecer"**? Essa síndrome afeta uma operação de hospitalidade quando o gerente simplesmente contrata a primeira pessoa que entra pela porta e pode preencher uma solicitação de emprego. De acordo com Jan Barr, a "síndrome do primeiro que aparece" é um círculo vicioso que, na realidade, aumenta o índice de rotatividade fazendo com que seus bons empregados mudem de emprego. Bons empregados desejam trabalhar com outros bons empregados e não com aqueles cujo desempenho no trabalho seja inferior. Se houver um número menor de pessoas cruzando a porta de entrada, esse estilo de contratação deve, felizmente, tornar-se exceção nas práticas de admissão no setor da Hospitalidade.

O termo-chave em nossa definição anterior de recrutamento é *qualificado*. Os candidatos a emprego que buscamos no processo de recrutamento devem ser qualificados, se esperamos de fato reduzir as altas taxas de rotatividade nesse setor. Portanto, se candidatos a emprego não chegam até nossas operações, onde vamos encontrá-los? (Veja o Quadro 4.3.)

As fontes de mão de obra no Quadro 4.3 foram identificadas como "alternativas", mas isso não significa que não possuem qualificação ou tenham uma qualidade inferior à dos mercados de trabalho de que temos nos valido tradicionalmente. Faz sentido examinar as mudanças demográficas para observar onde poderemos encontrar fontes de mão de obra. Nos Estados Unidos, em vista do número crescente de idosos, o emprego de pessoas com mais idade passa a ser um recurso alternativo e mais experiente.

Quadro 4.3 Fontes alternativas de mão de obra

- Força de trabalho alternativa
  - *Freelancers*
  - Autônomos
  - Empregados de agências de trabalho
  - Empregados trabalhando meio período
  - Empregados encaminhados por agências de locação de mão de obra
  - Empregados temporários
- Deficientes
- Idosos
- Geração X
- Imigrantes/Grupos étnicos
- Estrangeiros
- Aposentados
- Programas de oportunidade de trabalho para estudantes
- Pais e mães solteiros
- Beneficiários do seguro-desemprego

Fonte: Elaborado pela autora.

▮ O trabalhador maduro

De acordo com estatísticas do trabalho, a média de idade dos trabalhadores em 1994 aumentou para 37,6 anos. Em 2005, os *baby boomers** empregados tinham de 42 a 59 anos; a idade média era de 40,6 anos. Hoje uma geração tem entre 50 e 67 anos. O número de pessoas com idade acima de 50 anos nos Estados Unidos está aumentando e continuará nesse ritmo à medida que a geração de *baby boomers* envelhecer. Enquanto alguns de nossos empregados buscam uma aposentadoria precoce, outros não seguem esse caminho e gostariam muito de permanecer ativos como membros da força de trabalho na área de Hospitalidade. Não podemos deixar de levar em consideração esse grupo valioso e instruído de trabalhadores potenciais.

Que tipo de atitudes e ajustes precisamos fazer para tornar atrativos os ambientes de trabalho para o trabalhador maduro? Algo que podemos fazer como gerentes é continuar a oferecer oportunidades de ascensão na carreira. O simples fato de nossos empregados terem mais idade não significa que perderam o incentivo, a iniciativa ou a motivação por progresso. A maioria das pessoas com a idade de 60 anos ainda dispõe de dez a quinze anos de produtividade. Você não estaria bastante

---

*N.R.T.: *Baby boom* ou *Baby boomers* (crianças nascidas entre 1946 e 1964). O leitor mais jovem está bastante acostumado com a chamada geração Y e seu comportamento. Os *baby boomers* são também uma geração. Uma grande geração pós-guerra, um verdadeiro *boom* de bebês que teve todo um comportamento diferenciado e influenciou toda a estrutura da sociedade, conforme foi crescendo e envelhecendo. Vale ressaltar que em determinado momento da história, era essa geração que trabalhava nas férias em todos os postos simples da indústria da hospitalidade norte-americana. Hoje eles envelheceram e ocupam os cargos gerenciais, tiveram menos filhos, e a consequência é a falta de mão de obra nos níveis operacionais básicos.

propenso a contratar um indivíduo, ciente de que ele permaneceria em sua organização de hospitalidade durante dez anos? Acreditamos que estaria.

Oferecer oportunidade de reduzir o número de horas de trabalho de período integral para meio período pode ser um incentivo para reter nossos recursos humanos maduros. É por esse motivo que os recrutadores devem enfatizar a remuneração total, não apenas o salário, para **candidatos a emprego** com mais idade. Com frequência, benefícios adicionais como plano de saúde, refeições gratuitas ou a preço reduzido e outras vantagens não financeiras podem ser ferramentas de recrutamento. Muitos cargos na área de Hospitalidade são altamente produtivos em meio período, oferecendo oportunidades para trabalhadores mais maduros permanecerem ou juntarem-se à equipe de trabalho de hospitalidade.

O indivíduo maduro também pode ser incentivado a continuar trabalhando, com a oferta de um plano de saúde que complemente o Medicare.* Embora possivelmente seja um benefício oneroso para oferecer, a despesa precisa ser comparada aos custos de contratação de um trabalhador inexperiente, que exigirá treinamento e ainda não será tão produtivo. O trabalhador mais maduro tem disposição para trabalhar e já conta com um conjunto de habilidades adquiridas que devem ser levadas em consideração. Isso resulta em um custo mais razoável para um benefício que, em princípio, pode parecer oneroso.

De que outra maneira podemos atrair e reter o trabalhador mais maduro como um recurso de contratação? Pela oferta de maior flexibilidade de horários, permitindo folgas nos fins de semana (quando for possível complementar suas necessidades de pessoal com trabalhadores em idade escolar) e concedendo férias prolongadas. Parte da vantagem da aposentadoria é ter tempo livre para participar de atividades de lazer que antes não podiam ser incluídas em sua programação.

Ao recrutarmos trabalhadores mais maduros, precisamos ser sensíveis às necessidades deles, cientes de que, em contrapartida, teremos uma equipe de trabalho de recursos humanos preparados e leais. Eles podem ser uma excelente fonte de contatos para recrutar outros trabalhadores maduros. Muitos indivíduos mais maduros não acompanham os anúncios de emprego na seção de classificados do jornal por se considerarem "aposentados", e não "desempregados".

Quais são, então, as vantagens de recrutar o empregado maduro? Um estudo de gerentes de serviços de alimentação feito em 1988 constatou que os trabalhadores maduros desfrutavam de alta avaliação nos aspectos de atitude, confiabilidade, maturidade emocional, relações com os clientes e qualidade do trabalho produzido.[9] Esse estudo certamente derruba alguns dos mitos sobre o recrutamento do trabalhador maduro. As vantagens estão a seguir:

♦ Um empregado com maior probabilidade de levar o trabalho a sério. Esses recursos humanos não estão usando seus cargos como degrau para alcançar

---

*N.T.: Medicare é um programa administrado pela Previdência Social dos Estados Unidos que paga aos hospitais e aos médicos os serviços prestados a pessoas com mais de 65 anos.

melhores posições. Ao contrário, eles ficam muito contentes em realizar um bom trabalho no âmbito da descrição de cargo de cada um deles.

♦ Um empregado com menor probabilidade de apresentar problemas de comportamento que possam interferir na qualidade do trabalho desempenhado. Drogas, crianças pequenas e vida noturna geralmente não fazem parte do estilo de vida do empregado maduro.

♦ Um empregado cujo padrão de faltas por motivo de saúde e ausências inexplicadas já foi determinado. Faltas desse tipo não são mais comuns entre os trabalhadores maduros, mas dependem bastante da condição de saúde de um indivíduo durante sua vida. Desse modo, embora as necessidades de benefícios possam diferir daquelas dos recursos humanos mais jovens, a retenção desses recursos não representa uma despesa maior.

♦ Impacto positivo nos colegas de trabalho.

♦ Um empregado com maiores índices de produtividade. Lembre-se de que os maduros representam um grupo experiente de recursos humanos. A experiência de vida que possuem lhes dá vantagem em relação aos trabalhadores mais jovens.

A próxima vez que você duvidar da qualidade de uma equipe de trabalho madura lembre-se da história de sucesso de nossa área. O coronel Harlan Sanders, sem recursos ao se aposentar com a idade de 65 anos, tomou a iniciativa de fundar o Kentucky Fried Chicken com sua primeira aposentadoria de US$ 105. Aos 73 anos, ele se tornou um milionário vendendo os direitos de preparação da receita!

■ As pessoas com deficiência

Existem muitas posições no setor de Hospitalidade que têm sido preenchidas de maneira satisfatória por pessoas com deficiência* ou com necessidades especiais. Embora similar à contratação de pessoas maduras, esses empregados potenciais são portadores de necessidades especiais. Os resultados da contratação das pessoas com deficiência têm sido geralmente favoráveis.

Diversas organizações de hospitalidade apresentam programas de trabalho para pessoas com deficiência e têm reconhecido a vantagem de recrutar essa fonte de trabalho alternativa.

Uma das maiores vantagens do recrutamento de pessoas com deficiência é a disponibilidade. No fim de 1994, 20,6% da população, cerca de 54 milhões de

---

*N.R.T.: Não há uma uniformidade quanto à terminologia a ser adotada quando se refere a pessoas com deficiência. A tendência atual é sempre incluir o substantivo "pessoa" antes da terminologia adotada. Várias são as expressões utilizadas e essa diferença pode ser explicada pela diversidade terminológica adotada pela legislação brasileira. Vale ressaltar que, até 1978, a palavra empregada constitucionalmente era "excepcional". Posteriormente, adotou-se a palavra "deficiente". A expressão vigente na Constituição de 1988 é "pessoas portadoras de deficiência". Atualmente está em votação o Estatuto do Portador de Deficiência e, entre as diferentes considerações, existe também a questão terminológica, que sugere a substituição da expressão "portador de deficiência" por "pessoa com deficiência".

pessoas, tinham algum grau de deficiência. Os indivíduos com alto grau de deficiência representavam 9,9% da população ou cerca de 26 milhões de pessoas. Os índices de deficiência variam por raça e etnicidade.

Com a área de Hospitalidade em alta, o desemprego no nível mais baixo já registrado e os recrutadores competindo para encontrar trabalhadores, eis aqui um grupo de mão de obra disponível que pode e deseja trabalhar. Na faixa etária de pessoas entre 21 e 64 anos, o índice de emprego era de somente 76,9% para os indivíduos com uma deficiência leve e de 26,1% para pessoas com deficiência grave. Além disso, os avanços em tratamentos médicos e tecnologia tornam cada vez mais possível que até pessoas com deficiências graves trabalhem. As pessoas com deficiência, ao obterem uma oportunidade, têm se mostrado alguns dos empregados mais dedicados, altamente motivados e produtivos. Empresas como a Brinker International, que adotam algum tipo de programa de contratação de pessoas com deficiência, têm obtido como resultado a colaboração de empregados extraordinários.

O que você deve ter em mente ao desenvolver e implantar um programa desse tipo para a organização de hospitalidade para a qual trabalha? As deficiências podem ser de natureza física ou mental. Na maioria das áreas, há nos Estados Unidos uma **agência de reabilitação** governamental ou sem fins lucrativos que possa ajudá-lo a planejar um programa específico para as necessidades de sua operação com as necessidades das pessoas com deficiência em sua área. Você terá de preparar uma lista muito detalhada das tarefas do cargo que o empregado deve executar. Essa lista auxilia a agência a encontrar o empregado adequado. A agência de desempregados de seu Estado pode encaminhá-lo a uma agência apropriada. A National Restaurant Association também auxilia os membros a localizar agências que ajudem no recrutamento e colocação de deficientes. Inicie estabelecendo um relacionamento de trabalho positivo com as agências locais e mostre-lhes seu interesse em contratar pessoas com deficiência para sua organização de hospitalidade.

O governo federal norte-americano, além de ajudar com o recrutamento, oferece reembolso de despesas aos empregadores que estabelecem programas de treinamento no trabalho para empregados com deficiência, com a finalidade de ajudar os empregadores a arcar com as despesas adicionais do treinamento de empregados com necessidades especiais. Diferentes Estados alocaram recursos financeiros especiais além daqueles proporcionados pelo governo federal. Vale a pena verificar a que reembolsos sua empresa poderia ter direito ao implantar programas de recrutamento para pessoas com deficiência. As agências enviarão frequentemente orientadores do trabalho para ajudá-lo a criar ferramentas de treinamento e áreas de trabalho para melhor atender às necessidades especiais do trabalhador com deficiência. A Arc é a maior organização voluntária dos Estados Unidos dedicada ao bem-estar de pessoas portadoras de deficiência mental. Essa entidade exerceu um papel de liderança na aprovação da Lei de Proteção aos Norte-Americanos com Deficiência e continua muito ativa em temas relacionados a essa lei e ao emprego. Outra organização com a qual você deve familiarizar-se é a Job Accommodation Network (JAN), uma organização de âmbito nacional, que conta com recursos federais, cuja missão consiste em auxiliar os empregadores no processo de admissão, retenção e promoção de pessoas deficientes por meio de adaptação ao trabalho. Muitas dessas organizações criaram sites sempre atualizados, fáceis de consultar, que contêm muitas informações úteis ao recrutamento do trabalhador deficiente. Aproveite todos os serviços das agências.

Exigências legais, como a **Lei de Reabilitação de 1973**, proíbem discriminação com base em uma deficiência por parte do governo federal, empresas contratadas pelo governo federal e beneficiários de auxílio financeiro federal. Os veteranos da Guerra do Vietnã foram protegidos pela **Lei de Auxílio à Readaptação dos Veteranos**, de 1974. Com a **Lei de Educação para Todas as Crianças Deficientes**, garantia de educação para toda criança deficiente, a população deficiente no "próximo capítulo" será mais preparada do que em qualquer outro período. O National Council on Disability (cujos membros são indicados pelo presidente dos Estados Unidos) analisa e emite recomendações sobre leis federais que afetem as pessoas com deficiência. Em 1986, esse órgão divulgou um estudo intitulado *Toward Independence*, que indicou a necessidade de uma legislação de direitos civis abrangente para definir e proteger os direitos das pessoas com deficiência na sociedade norte-americana. As tentativas de integração das pessoas com deficiência foram, na melhor das hipóteses, mínimas. Houve muitas portas, nos sentidos literal e figurado, que as pessoas com deficiência não foram capazes de abrir. Essa situação mudou significativamente em 26 de julho de 1990, quando a Lei de Proteção aos Norte-Americanos com Deficiência foi aprovada pelo presidente George Bush. De um modo direto, essa lei proíbe a discriminação no emprego com base na deficiência em programas estaduais e municipais, nos bens e serviços fornecidos e prestados por empresas privadas e em todas as instalações comerciais. Essa lei, por ser tão importante para os gerentes responsáveis pelos recursos humanos no setor de Hospitalidade, motivou-nos a dedicar-lhe uma seção inteira posteriormente neste capítulo. Tudo isso se reflete em uma maior proporção de empregados deficientes na força de trabalho. E com a falta prevista de mão de obra, esse grupo potencial está sendo usado nas organizações de hospitalidade nos Estados Unidos.

E no Brasil?

As pessoas com deficiência

No Brasil desde 1991, a Lei nº 8.213 determina que empresas com mais de 100 colaboradores devam reservar uma cota entre 2% e 5% de suas vagas para portadores de necessidades especiais. A combinação de dois fatores, multa elevada e rígida fiscalização, obriga que cada vez mais as organizações brasileiras apliquem a lei.

A temática da acessibilidade sempre me chamou a atenção. Na verdade sempre pensei que o Hotel só está preparado para receber o hóspede com cadeira de rodas. Como comentei anteriormente, em minha trajetória profissional, que abraça a hotelaria e a área acadêmica, concluí em 2004 o mestrado em Hospitalidade cuja pesquisa foi sobre Acessibilidade na Hotelaria. Com base no histórico desses 10 anos, posso afirmar que a hotelaria no

continua

E no Brasil?

Brasil caminhou bastante. Atualmente, de maneira geral, a indústria da Hospitalidade que busca contratar colaboradores com deficiência, é claro, enfrenta dificuldades neste sentido.

Se de um lado encontramos empresas e pessoas que veem dificuldade na legislação, por outro, vemos gestores experientes que visualizam aí a oportunidade de não só cumprir a legislação, mas também motivar equipe, incrementar o lazer, e fazer a diferença. É o caso do relato dado pelo gerente-geral do resort Bourbon, na cidade de Atibaia (SP).

"Primeiramente, é inadmissível nos dias atuais que não se ofereçam oportunidades para aqueles que tenham vontade de realizar alguma coisa. Fazer algo que lhe dê dignidade e satisfação, mesmo com algum grau de desabilidade, ou seja, mesmo sendo alguém especial. E esta alguma coisa pode ser trabalhar. A legislação é clara e deve-se seguir. De acordo com a Lei 8.213/91, art. 93, de 100 funcionários até 200, deve-se ter pelo menos 2% de especiais; de 201 a 500, 3%; de 501 a 1.000, 4%: e de 1.001 em diante, 5%.

No Bourbon respeitamos a lei e temos indivíduos especiais em várias funções, inclusive atuando em áreas sociais. Alguns graus de desabilidade são leves e permitem que se tenha um bom desempenho em funções como Comin, Auxiliar de Serviços Gerais, Lavanderia, Telefonia etc. Utilizamos veículos de comunicação para o recrutamento. Além disso, usamos as Apaes, Asuma, entre outras instituições. Os funcionários especiais são identificados com *botons* que remetem ao seu tipo de problema e orienta os demais colaboradores, bem como os hóspedes e clientes, para que a comunicação seja mais eficiente e sem constrangimentos. Eles participam da 'vida do resort' como qualquer outro funcionário. Também estão presentes nos treinamentos e atividades de entretenimento da empresa. Para facilitar a convivência, fazemos cursos de Libras (Linguagem Brasileira dos Sinais), para que os colegas e a pessoa responsável pelo RH possam ter uma comunicação satisfatória com estes funcionários. A eles é dada atenção especial, obviamente. A qualquer sinal de insatisfação ou dúvidas ou qualquer problema, acionamos o RH para conversa e esclarecimentos necessários.

Como aqui temos vários profissionais especiais, fica fácil falar. Não tenho nenhum caso que mereça destaque. No entanto, posso mencionar que já por dois anos consecutivos incluímos o Medalhista Paraolímpico de Natação Daniel (que mora na cidade de Bragança, aqui perto) nas nossas atividades de recreação e entretenimento de hóspedes. Tal procedimento, além de ser 'diferente', leva uma mensagem aos funcionários especiais (que percebem uma inclusão e serve de apoio e inspiração a todos).

Algumas ações são feitas com entidades de pessoas especiais, por exemplo: trazê-las para um *Day Use* no parque de piscinas e diversões da Turma da Mônica que temos aqui no resort. Elas ficam encantadas, pois algumas nunca entraram em uma piscina nem tiveram acesso a um parque de diversões. Como nossos profissionais enxergam e alguns até participam disso, a alegria e a satisfação é grande."

Texto de Simone Sansiviero

Fonte: Entrevista concedida por DA ROSA, José Ozanir Castilhos (gerente-geral – Bourbon Hotéis & Resorts). [setembro 2013]. Entrevistadora: Simone Sansiviero. São Paulo, 2013.

▌A população imigrante

Embora no Capítulo 12 deste livro seja abordada a importância de administrar a diversidade cultural, étnica e racial, é essencial não perdermos de vista esse segmento em crescimento de mão de obra potencial. Tal fato se aplica sobretudo nas organizações de hospitalidade que tornaram a Administração Multicultural parte da filosofia e cultura corporativa para toda a empresa. Os grupos étnicos não estão mais fixados apenas nas fronteiras ou nas áreas metropolitanas. Em todo o país, nas regiões rurais e urbanas, há uma diversidade de culturas e de composição étnica.

A diversidade cultural nos Estados Unidos, e no mundo, será ainda mais intensa do que se apresenta neste exato momento. A composição racial e étnica dos atuais recém-nascidos nos revela a composição de nossa força de trabalho na hospitalidade no futuro. De acordo com o U.S. Bureau of the Census, na ocasião em que as crianças nascidas no fim dos anos 1990 atingirem uma idade próxima aos 60 anos, os brancos não hispânicos não representarão mais a maioria dos norte--americanos. A maneira como encaramos o termo "minoria" já está começando a mudar, à medida que os brancos não hispânicos constituem atualmente a população minoritária em algumas de nossas principais cidades, como Miami, por exemplo. Já notamos a expressão embaraçosa "minoria da maioria" sendo empregada para descrever a miscigenação populacional em certas áreas geográficas. Em 1995, pela primeira vez na história dos Estados Unidos, o número de nascimentos de negros foi ultrapassado pelo número de nascimentos de hispânicos. Já se prevê que a proporção de nascimentos para mulheres hispânicas e asiáticas aumentará até alcançar o número de nascimentos de crianças brancas não hispânicas. Isso se deve ao fato de as mulheres da geração *baby boom* já não estarem no período de procriação e ao aumento do número de imigrantes jovens ansiosos por formarem família nos Estados Unidos (Figura 4.2).

Embora a força de trabalho do passado fosse dominada pelos brancos, a força de trabalho do fim da década de 1990 era dividida em partes iguais entre homens e mulheres e, ainda, predominantemente brancos. No entanto, nas posições de iniciantes, surgiu uma força de trabalho multicultural, multirracial e multiétnica nos Estados Unidos, à medida que se aproximava o novo milênio. Em virtude de um grande número de brancos estar se aposentando, a força de trabalho branca não hispânica teve um crescimento muito reduzido entre 2000 e 2005.

A área de Hospitalidade já está se beneficiando do talento que se encontra no âmbito de grandes segmentos populacionais de grupos étnicos nos Estados Unidos. Em 1996, sete em cada dez supervisores nos cargos referentes à preparação de alimentos e serviços aos clientes eram mulheres, 11% afro-americanos e 11% hispânicos. Do 1,4 milhão de gerentes que trabalhavam nos setores de Hotelaria e Serviços de Alimentação, 46% eram mulheres, 9% afro-americanos e 7% hispânicos. Estabelecimentos que servem refeições e bebidas são cada vez mais de propriedade de afro-americanos e mulheres.[10] Sim, o setor de Hospitalidade tem muito a oferecer aos membros de todos os grupos étnicos existentes nos Estados Unidos.

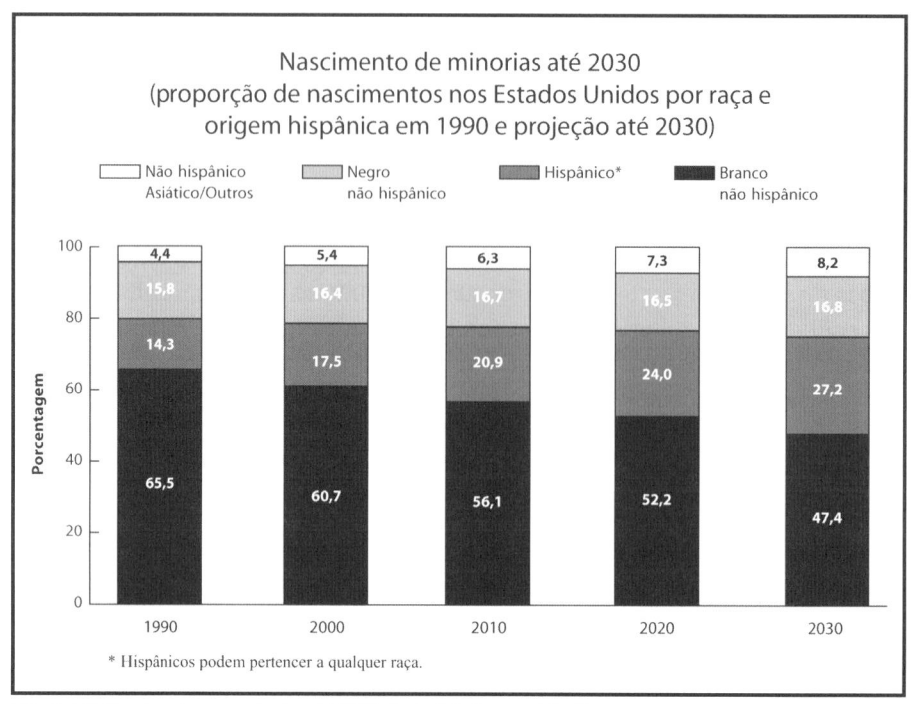

Figura 4.2 Nascimentos para minorias até 2030. *Fonte:* U.S. Bureau of the Census.

Então, de que modo essa diversidade étnica crescente provoca um impacto quando você assume responsabilidades com o recrutamento em sua organização de hospitalidade? Você precisa realizar um pequeno estudo demográfico da equipe de trabalho em sua própria organização e então comparar suas constatações com os dados demográficos já existentes em sua região geográfica. Como eles se comparam? Em seguida, compare seus dados com os fatores demográficos nas áreas geográficas nas quais você recruta. Se houver previsão de aumento de determinados grupos étnicos em suas áreas de Recrutamento, então você deve fazer um planejamento para ter uma maior porcentagem desses grupos étnicos em sua futura equipe de trabalho. É nesse ponto que os planos de previsão, apresentados no Capítulo 2, entram em ação na Administração de Recursos Humanos.

O Immigration and Naturalization Service fornece ajuda para localizar **imigrantes** legais por meio de seu **Programa do Trabalhador Legalmente Autorizado**. Esse programa surgiu em função da **Lei de Reformulação e Controle da Imigração**, que foi aprovada em 1986. Em 1990, a **Lei de Imigração** foi aprovada em uma iniciativa para rever as leis antigas, a fim de atender às empresas dos Estados Unidos. Essa lei aumentou de 54 mil para 140 mil o número de imigrantes permanentes a cada ano que tiveram seu ingresso no país solicitado por empregadores. Além disso, facilitou o processo de admissão para algumas das categorias temporárias (não imigrantes) admitidas pelas empresas. Os procedimentos de imigração, no entanto, não são simples. Ainda devem ocorrer muitos avanços na legislação sobre imigração para incentivar a entrada nos Estados Unidos de estrangeiros preparados. Existem numerosas categorias de imigrantes e não imigrantes cuja discussão vai além do escopo deste texto. Analisar as categorias de imigração com o parecer de um advogado poderá resultar em opções de recrutamento que ainda não foram exploradas por sua organização de hospitalidade.

Conforme ocorre com outras fontes de trabalho alternativas, os imigrantes que você recrutar podem precisar de ajuda especial. Uma das preocupações mais óbvias é a fluência do inglês. Existem diversas alternativas para resolver esse problema. Uma delas consiste em colocar pessoas que não falam inglês em grupos de trabalho formados por empregados bilíngues. Julgamos que essa deva ser uma solução de curto prazo para um problema de longo prazo. Um passo intermediário consiste em providenciar material de treinamento, indicações e informações em diversos idiomas diferentes. Muitas organizações de hospitalidade estão descobrindo que a melhor solução consiste em proporcionar aulas com instruções em inglês referentes ao trabalho para esses recursos humanos valiosos. A estrutura para esses programas varia. Algumas companhias oferecem as aulas sem custo e outras pagam ao empregado, com base em seu salário, para que frequentem as aulas. Algumas empresas incluem as aulas em seu turno de trabalho e outras exigem que os empregados assistam às aulas em horários que não interfiram na programação do trabalho.

Falar inglês é uma aptidão que os norte-americanos consideram natural. Se você já viajou para um país cujo idioma não falava, sabe muito bem como a experiência pode ser frustrante. Mesmo sendo inteligente, capaz ou possuindo aptidões, sem a habilidade de comunicar-se, você sente-se a pessoa mais ignorante do mundo. Se podemos ensinar aos recursos humanos como executar tarefas para as quais eles não estão aptos, então por que também não educamos nossos recursos humanos para se comunicarem eficazmente?

▌Mulheres

As mulheres passaram a ser um componente cada vez mais importante da equipe de trabalho da hospitalidade. Nos primeiros anos da década de 1970, raramente se via uma mulher trabalhando na retaguarda; esse ambiente era formado somente por homens. Hoje existem mais mulheres trabalhando na linha de frente e em áreas de apoio nas operações de hospitalidade do que no passado. Conforme citado anteriormente, existem hoje mais mulheres no escalão superior.

Os dados demográficos justificam o aumento do número de mulheres na força de trabalho. Em 1995, 77% das mulheres com idade entre 30 a 49 anos estavam na força de trabalho. A taxa de aumento não apresenta sinal de reversão ou mesmo de estabilização em um futuro próximo. Mulheres da geração *baby boom* que dedicaram tempo à carreira e à formação, com bons ganhos financeiros, muito provavelmente não deixarão seus cargos na meia-idade. O trabalho poderia tornar-se cada vez mais importante para elas, à medida que essas mulheres e seus filhos envelhecem. E como um número crescente de famílias depende da renda de duas pessoas que trabalham, à medida que as mulheres se tornam mais bem formadas e preparadas e os serviços oferecidos pelos centros infantis (creches) nos Estados Unidos melhoram, é mais fácil atrair mulheres para sua equipe de trabalho. Com a previsão de que as mulheres representariam 48% da força de trabalho em 2005, essa é uma fonte de trabalho alternativa de grande significado para sua organização de hospitalidade.

As mulheres representam a maior porcentagem de empregados em meio período na área de Hospitalidade. Compatibilizar horários parciais para mães jovens que desejam dedicar-se ao trabalho e à família é relativamente fácil por causa dos picos e quedas naturais de nosso dia de atividades. Muitas vezes nossas operações se tornam mais eficientes quanto à mão de obra quando os horários de trabalho são complementados com recursos humanos em meio período.

▌Reforma do Sistema de Bem-Estar

Em agosto de 1996, o presidente Clinton aprovou a Lei de Responsabilidade Pessoal e Reformulação do Bem-Estar, que exigia que 25% das pessoas que recebessem auxílio-desemprego estivessem trabalhando ou envolvidas em algum tipo de programa de trabalho/treinamento em setembro de 1997. A cada ano, até 30 de setembro de 2002, a porcentagem aumenta 50%. A Lei de Reforma do Sistema de Bem-Estar, como é conhecida, constitui uma tentativa para mudar significativamente o sistema de bem-estar dos Estados Unidos. De modo bem simples, ela exige trabalho em troca de bem-estar. Os líderes do setor nos Estados Unidos têm sido solicitados a fazer o que puderem para contratar pessoas que dependem do sistema de Previdência Social. O desafio para os gerentes responsáveis por recursos humanos consiste em descobrir uma maneira de aproveitar essa força de trabalho relativamente nova.

A **Lei do Equilíbrio Orçamentário de 1997** auxilia essas iniciativas autorizando o Departamento de Trabalho dos Estados Unidos a proporcionar doações que incentivem a volta ao trabalho dessas pessoas para Estados e comunidades locais, a fim de criar oportunidades de emprego para os beneficiários mais difíceis de se empregar (aqueles que recebem auxílio da Ajuda Temporária para Famílias Necessitadas). Antes de 22 de agosto de 1996, esse programa era conhecido como Ajuda às Famílias com Crianças Dependentes. Até 15 de junho de 1998, 20 Estados já haviam recebido doações.

Durante os primeiros anos da década de 1990, existia cerca de um milhão de adultos, com idade entre 18 e 64 anos, que recebiam auxílio do sistema de Previdência Social. Isso representava aproximadamente 3% da força de trabalho dos Estados Unidos. Existem muitos mitos sobre como é realmente a população que recebe esses benefícios. A realidade em muitos casos é bem diferente dos mitos. De acordo com um relatório do Urban Institute baseado em dados da AFDC Quality Control Survey, mais de 90% das pessoas beneficiadas são pais e mães solteiros. A maioria das mães que recebe benefícios está na faixa dos 20 e 30 anos, 37% são brancas, 36% afro-americanas, 20% hispânicas e 6% estão na categoria outros. Mais da metade concluiu ao menos o curso secundário, sendo que algumas cursaram faculdade. A maior parte das beneficiárias possui apenas um ou dois filhos. A maioria tem experiência de trabalho.

O Programa Trajetória para a Independência, da Marriott Corporation, é considerado um programa-modelo para outras companhias. Exigiu tempo, dedicação e recursos para se tornar bem-sucedido. Há necessidade de um compromisso sério por parte do empregador para manter no emprego uma pessoa que anteriormente recebia auxílio-desemprego. Treinamento em autoestima, ética no trabalho e preparação para o trabalho diário são apenas algumas das atividades de treinamento e orientação necessárias para tornar o programa um sucesso. Os beneficiários da Previdência Social precisam saber o que se espera deles, bem como os gerentes que os estarão supervisionando.

Transferir as pessoas da situação de beneficiários do seguro-desemprego para uma ocupação é agora uma das principais metas da política de bem-estar em nível federal dos Estados Unidos. As informações sobre as atividades relacionadas a esse programa podem ser localizadas no site www.doleta.gov. As sucursais regionais do Departamento de Trabalho dos Estados Unidos também podem oferecer informações e ajuda. Embora essas exigências se apliquem diretamente aos empregadores federais, no atual mercado de trabalho competitivo é de bom senso empresarial estudar maneiras de recrutar, admitir e reter essa fonte valiosa de trabalho alternativa.

▌Outras fontes alternativas

Entre os empregados em meio período não há apenas mulheres. Horário flexível e trabalho partilhado (dois empregados dividem o mesmo cargo de período integral) servem para atrair aqueles que têm um segundo emprego à noite, pais e mães solteiros, pessoas que buscam uma renda complementar e alunos de escolas secundárias e de faculdades.

Outras fontes de trabalho incluem os exemplos a seguir:

- ◆ Empregados em período de transição:
  - aposentados
  - militares reformados (veteranos)
  - ex-infratores
- ◆ Recursos humanos disponíveis
- ◆ Parentes dos atuais recursos humanos
- ◆ Programas direcionados a presidiários autorizados a trabalhar

▰ O PAPEL DO RECRUTAMENTO NO PROCESSO DE PLANEJAMENTO

Se desejamos atrair as pessoas que têm formação educacional, aptidões e experiência para desempenhar as tarefas que nossos cargos em aberto exigem, precisamos recorrer a nossas descrições e especificações do cargo. A Figura 4.3 indica a posição do recrutamento no processo de planejamento de recursos humanos que iniciamos no Capítulo 2.

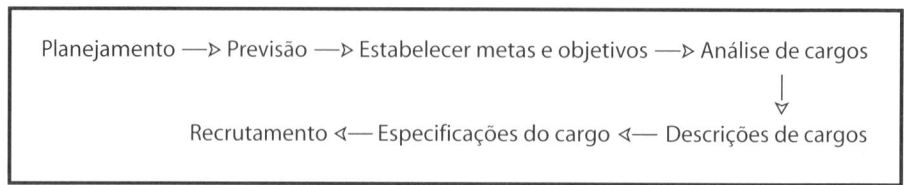

Planejamento —▷ Previsão —▷ Estabelecer metas e objetivos —▷ Análise de cargos

Recrutamento ◁— Especificações do cargo ◁— Descrições de cargos

Figura 4.3 Papel do recrutamento no processo de planejamento. *Fonte:* Elaborada pela autora.

Os procedimentos específicos para recrutamento devem ser elaborados sob a forma de uma política por escrito, a qual muitas vezes pode salvá-lo quando ocorrerem processos de discriminação movidos pelos empregados. Sua seleção é em grande parte dependente do tamanho da operação de hospitalidade. Em algumas organizações, o departamento que possui uma vaga emite uma **requisição de contratação** para o Departamento de Recursos Humanos, indicando que posição precisa ser preenchida (Figura 4.4). A descrição e as especificações do cargo para essa posição são revistas com o gerente de Recursos Humanos para assegurar precisão. Após o conhecimento completo e a compreensão dos detalhes da posição, é feito o recrutamento. Os itens específicos desse processo variam ligeiramente de organização para organização. Em alguns casos, você, como gerente responsável pelos recursos humanos, determina a descrição do cargo vago e dá início ao recrutamento. Em alguns segmentos da área, mais comumente no setor de Hotelaria, os departamentos com vagas submetem uma requisição ao Departamento de Recursos Humanos, que inicia e coordena o processo de seleção. É mais usual o gerente envolver-se de perto no recrutamento no setor de Serviços de Alimentação e para cargos horistas. No atual mercado, a maioria das organizações de hospitalidade está sempre recrutando, sempre admitindo.

Existem dois métodos diferentes de recrutamento: o interno e o externo. As fontes internas incluem aquelas existentes no âmbito de sua própria organização de Hospitalidade. Fontes externas de mão de obra são aquelas que não fazem parte de sua organização. A maior parte das organizações de Hospitalidade utiliza uma combinação criativa de ambos os métodos. Os métodos interno e externo adotados dependem de uma estratégia de recrutamento específica, determinada pelo gerente de Recursos Humanos. Jan Barr, do Chili's Grill & Bar, recomenda enfaticamente o uso de uma estratégia de recrutamento. De onde vêm seus candidatos? Essa pergunta pode ser formulada durante a primeira entrevista. "Como você ouviu falar de nossa empresa? O que o motivou a nos procurar hoje?" Com base nessas informações, elabore uma estratégia de recrutamento específica e a mantenha atualizada. Sua estratégia de recrutamento deve ser contínua, porém não deve ser específica para uma posição.

FORMULÁRIO DE REQUISIÇÃO DE EMPREGADO

DESIGNAÇÃO DO CARGO_____

SUPERVISOR_____

ORÇADO ☐ Sim ☐ Não

Se foi orçado, qual o trimestre _____

DATA DE HOJE _____

DEPARTAMENTO_____

NECESSÁRIO PARA _____

SALÁRIO INICIAL ESTIMADO_____

CÓDIGO DO CARGO _____ ESCALA _____

MOTIVO PARA CONTRATAÇÃO

☐ Cargo novo

☐ Substituição de_____
(Nome)

Data em que ficou vago _____

O cargo precisa ser reavaliado? ☐ Sim ☐ Não

TIPO DE EMPREGO

☐ Permanente em período integral

☐ Sem pagamento de horas extras

☐ Consultoria

☐ Permanente em período parcial

☐ Com pagamento de horas extras

QUALIFICAÇÕES EDUCACIONAIS ESPECÍFICAS

EXIGIDAS: _____

_____

DESEJÁVEIS: _____

_____

EXPERIÊNCIA DE TRABALHO ESPECÍFICA

EXIGIDAS: _____

_____

DESEJÁVEIS: _____

_____

RESPONSABILIDADE PRINCIPAL DO CARGO

_____
_____
_____
_____
_____
_____
_____
_____
_____
_____

Transferência interna: _____ Sim _____Não

Em caso afirmativo: Do cargo _____ Para o cargo _____
(Designação do cargo atual) (Designação do novo cargo)

Do departamento _____ Para o departamento _____
(Dep. atual) (Novo dep.)

1. A requisição precisa ser totalmente preenchida e aprovada antes de se iniciar o recrutamento.
2. Anexe a descrição de cargo atual.
3. Se a requisição for para um cargo novo, anexe a documentação de apoio necessária.
4. Posições de substituição levarão aproximadamente seis semanas para serem preenchidas.
5. Posições que requerem avaliação levarão aproximadamente três meses para serem preenchidas.

APROVAÇÕES

SUBMETIDO A: _____ CARGO: _____ DATA: _____
(Supervisor de primeiro nível)

APROVAÇÃO:_____ CARGO: _____ DATA: _____
(Vice-presidente do departamento)

REVISTO POR:_____ CARGO: _____ DATA: _____

APROVADO POR: _____ CARGO:_____ DATA:_____
(Recursos humanos)

ESTA SEÇÃO DEVE SER PREENCHIDA PELO SETOR DE RECURSOS HUMANOS

Requisição nº _____ Data da requisição_____

FONTES CONTATADAS:

_____ _____

_____ _____

_____ _____

DATA DO TÉRMINO _____

NOME DO CANDIDATO SELECIONADO _____

Nº DE CANDIDATOS _____

Nº DE CANDIDATOS ENTREVISTADOS_____

FONTE _____

ADMITIDO POR _____

DATA DE INÍCIO _____

Figura 4.4 Formulário de requisição de empregado. *Fonte:* Cortesia de Chili's Grill & Bar, Brinker International.

Os métodos de recrutamento interno são apresentados a seguir. Na sequência, há uma explicação dos métodos de recrutamento externos.

■ Métodos internos de recrutamento

A promoção no âmbito de sua própria organização tem numerosas vantagens em relação à contratação de pessoas de fontes externas. A vantagem mais significativa é que esses recursos humanos estão totalmente familiarizados com a operação de hospitalidade e a cultura organizacional, que vamos tratar detalhadamente mais adiante neste livro. A cultura organizacional é fator importante no recrutamento de candidatos qualificados ao cargo. Uma compreensão da operação de hospitalidade, de seus procedimentos, de seu arranjo físico e de seu planejamento, com conhecimento das políticas operacionais, constitui uma grande vantagem para um candidato a emprego. Se você tiver conduzido um processo planejado de treinamento em várias áreas ou se estiver preparando especificamente um empregado para seu cargo vago, a decisão de promover ou transferir internamente é muito óbvia. De acordo com Jan Barr, a maioria das empresas tem uma meta fixada para contratações internas. Um modo consiste em manter sempre candidatos internos disponíveis em vários estágios de desenvolvimento.

No entanto, na maioria das situações, as vagas para mensalistas não surgem em circunstâncias tão oportunas e planejadas, e uma decisão precisa ser tomada sobre a possível indicação de alguém de dentro da organização. Se sua organização de Hospitalidade dispõe de um plano sucessório para posições gerenciais, você tem uma noção de que direção seguir. Caso contrário, será necessária uma análise cuidadosa de cada um dos recursos humanos já trabalhando para sua organização. A seguir, estão exemplos do tipo de perguntas que você deveria formular para ajudá-lo a determinar se seus empregados horistas estão aptos a ser promovidos a mensalistas.

- ♦ O indivíduo está, ou pode tornar-se, qualificado para a vaga em aberto? Uma compensação entre conhecimento do cargo e experiência na companhia muitas vezes resulta em uma adequação positiva. Essa pessoa não precisa ter todas as aptidões e base de conhecimento do novo cargo, se puder ser treinada para ocupá-lo. Você pode não identificar alguém com 100% das qualidades que procura. As qualidades que faltam devem ser compensadas pelas vantagens de conhecer que tipo de pessoa ela é, uma conscientização e compreensão da cultura corporativa por parte dela e o apoio dos colegas para realizar a transferência de cargo.
- ♦ O indivíduo está disponível? Qual é a natureza do cargo que ele deixará? Qual a importância desse cargo para o sucesso de sua organização de Hospitalidade? Qual a dificuldade que se terá para preencher esse cargo? Grande parte disso depende de suas metas de emprego de longo prazo. Se as contratações são feitas para maximizar a flexibilidade e você oferece

programas de treinamento constantes, a fim de preparar seus recursos humanos para as vagas existentes, então a disponibilidade não deve ser um problema para o **recrutamento interno**.

♦ O clima na operação de hospitalidade permite que outros recursos humanos não se sintam ameaçados nem tenham ciúme pelas transferências ou promoções? Se você tiver estabelecido um programa de desenvolvimento individual que incentive o progresso de todos os recursos humanos em sua operação, então o recrutamento interno não deve exercer um efeito negativo em sua equipe de trabalho. De fato, existindo o clima adequado, o recrutamento interno pode elevar o moral dos empregados, indicando a seu pessoal que você é leal com eles. Algumas vezes trazer um empregado de fora pode transmitir a mensagem de que ninguém em sua equipe merece sua consideração. A mensagem subjacente que poderia ser observada é que o cargo que a pessoa ocupa atualmente não tem quaisquer perspectivas de progresso ou mudança.

Se não existirem candidatos viáveis para o cargo no interior de sua organização de hospitalidade, você precisará então procurar fontes de mão de obra externas. Quando esse for o caso, é importante manter abertas as linhas de comunicação com sua atual equipe de trabalho. Será importante que eles compreendam a necessidade de se procurarem candidatos ao cargo fora da organização. Caso eles não compreendam suas razões, você provavelmente colocará um novo candidato ao cargo em um ambiente de trabalho hostil, minimizando desse modo a possibilidade que ele tem de ser bem-sucedido. Essa lição pode custar muito, tendo em vista todo o dinheiro que você investiu no processo de recrutamento. Na opinião de Jan Barr, no atual mercado, caso você identifique uma boa pessoa, você a contrata. Sempre existe um lugar para um bom empregado em uma organização de Hospitalidade que progride.

▮ Métodos de recrutamento externo

Até agora, no processo de recrutamento, temos analisado a precisão de nossas descrições de cargo e especificações do cargo e descobrimos que nenhum de nossos recursos humanos está qualificado e interessado no cargo em aberto. Passamos agora para a variedade de fontes de **recrutamento externo** que precisamos examinar. Um dos aspectos que enfatizaremos é a relevância do método que selecionamos para o tipo de cargo que está vago. Em termos geográficos e acadêmicos, e sob o ponto de vista do nível de experiência e da estrutura de remuneração, precisamos determinar o melhor método para atrair candidatos que apresentem as especificações do cargo que nossa posição em aberto exige. Jan Barr lembra que pessoas trabalham para pessoas, e não para empresas. O toque pessoal é importante para o sucesso. Você *é* a companhia para as pessoas que recruta.

▌Anúncios

O método de recrutamento mais antigo, mas não necessariamente o mais eficaz, são os anúncios. A chave da propaganda consiste em conhecer quando e onde colocar um anúncio que será visto pelo maior número de leitores qualificados, o que não é tarefa fácil. A maior parte das organizações de Hospitalidade se apoia em especialistas no campo da publicidade para ajudá-las a criar um anúncio atrativo ao candidato ideal.

A maioria dos gerentes de Hospitalidade não possui a técnica exigida para direcionar um anúncio ao público pretendido, nem tempo para fazer todo o acompanhamento com os jornais. Mesmo se você tiver de pagar a uma agência de propaganda para ter um anúncio criativo, ainda assim vale a pena utilizá-la. E, ao contratar uma agência, procure uma que ofereça o número máximo de serviços, como pesquisa de mercado, criação do anúncio e indicação de empregados, e tenha uma boa experiência anterior para atrair o tipo de candidatos de que você precisa.

Um anúncio eficaz exige criatividade e pesquisa de mercado. A meta para esse tipo de anúncio consiste em proporcionar à sua organização de hospitalidade uma vantagem competitiva sobre outras empresas do setor, a fim de atrair os recursos humanos adequados se a vaga for para um lavador de pratos ou para um gerente de unidade. Os objetivos do anúncio podem refletir a imagem que sua companhia deseja transmitir; estabelecer uma identidade com os produtos e serviços oferecidos em uma região geográfica; permitir que as pessoas conheçam que tipo de empregador você é com relação a benefícios; valorizar oportunidades de carreira ou tentar superar uma imagem pública negativa da área de Hospitalidade. A divulgação de um anúncio também deve estar de acordo com a regulamentação oficial sobre discriminação, o que significa outra boa razão para usar uma agência.

Ao criar anúncios com fins de recrutamento, tenha sempre em mente como seria o candidato ideal para o cargo e redija todo o texto visando atrair essa pessoa. Veicule seu anúncio em fontes que o candidato ideal tenha probabilidade de ler. Seja criativo em sua estratégia de divulgação e utilize brochuras, pôsteres, banners, rádio e eventos, bem como jornais. Os anúncios direcionados ao recrutamento estão muito mais agressivos e proativos do que no passado. Antes, o recrutamento tinha mais características de um processo retroativo. Atualmente, o recrutamento é um processo contínuo.

Embora os jornais ainda sejam o veículo mais popular para anúncios de emprego, os **sistemas de recrutamento eletrônico** estão rapidamente se tornando a mídia preferida para o anúncio de vagas. É por isso que dedicamos a próxima seção a esse "novo" método de recrutamento.

▮ RECRUTAMENTO ON-LINE

Sabemos que nos Estados Unidos os índices de desemprego permanecem baixos e continuarão assim no futuro. Como gerente responsável pelos recursos humanos, torna-se até mais importante para você usar todo instrumento à sua disposição ao recrutar candidatos qualificados. É nesse ponto que a utilização de recursos de recrutamento on-line entra em ação. Gostemos dela ou não, a Internet tem mudado nosso mundo. Algumas pessoas acreditam que, no decorrer da próxima década, o currículo escrito em papel deixará de existir quase completamente e será substituído pela versão eletrônica disponível atualmente. Existe muito a se aprender sobre recrutamento na Internet. Já se escreveram livros inteiros sobre isso e muitos sites são dedicados ao tema. Nós o aprofundamos mais, especificamente sobre a Internet, no Capítulo 15. Essa seção tem a finalidade de proporcionar uma visão geral, de modo que se possa conhecer algo sobre esse recurso muito novo, e muito importante, disponível para o recrutamento dos melhores elementos para sua organização de Hospitalidade.

Novo? Realmente novo. "O número de sites on-line de empregos passou de 500 em 1995 para 100 mil (previstos) em 1998... e o número de currículos disponíveis on-line cresceu de cerca de 10 mil em 1994 para 1,2 milhão no final de 1997".[11] Se você fizer uma pesquisa pela Internet usando a palavra "cargo", obterá mais de 1 milhão de respostas. O recrutamento on-line está sendo adotado por todas as áreas.

Até mesmo os varejistas que criam catálogos on-line para vender produtos inseriram páginas de "trabalhe conosco" em seus sites para divulgar o nome da empresa como empregadora. Organizações de Hospitalidade, como o Chili's, também estão considerando essa abordagem bem-sucedida um meio de localizar candidatos aos cargos (Figuras 4.5 e 4.6). De certo modo, veicular anúncios no site de sua companhia pré-qualifica candidatos que precisam ter aptidões técnicas. Se eles estão familiarizados com sua companhia e localizaram seu site, então sentem-se à vontade para navegar on-line e conhecem a Internet. Alguns candidatos a emprego simplesmente podem usar a home page de sua companhia para conhecer mais a seu respeito e desenvolver um interesse por sua empresa. Observe, porém, que esse recurso é tão novo que vamos explicar um pouco o que queremos dizer por "on-line".

RECRUTAMENTO DO CHILI'S

Lisa Kent
5510 West LaSalle Street, Suite 200
Tampa, FL 33607
Fax: 813-282-3499
e-mail: Lisa.Kent@brinker.com
Clique aqui para enviar um currículo resumido.

Figura 4.5 Após o clique no mapa, a próxima tela mostra informações sobre o escritório de recrutamento para aquela área.
Fonte: Cortesia de Chili's Grill & Bar, Brinker International.

Trabalhar no Chili's é tão alegre quanto fazer uma refeição no Chili's. A experiência agradável e saborosa de almoçar ou jantar sempre vale a pena – não importa de que lado da mesa você está. Cliente, gerente, atendente, auxiliar de cozinha – *O Chili's é sempre alegre!*

A revista *Fortune* nos considerou *"Uma das companhias mais admiradas dos Estados Unidos"* na categoria de restaurantes informais em 1999. Nossos produtos, nosso gerenciamento, nossa inovação e nossos talentos de primeira qualidade posicionam a Brinker International no topo do setor. Esses atributos de prestígio e a integridade existente no Chili's criam uma bem-sucedida cultura "ChiliHead".

Em virtude de valorizarmos nossos ChiliHeads, o Chili's Grill & Bar lhe oferece oportunidades compensadoras, desde posições de nível inicial até a gerência. Como membro de nossa equipe, você se divertirá, terá uma vida fora do trabalho e será desafiado a concretizar seu potencial. Estamos construindo mais de 40 unidades por ano e temos vagas disponíveis em todo o país.

Os gerentes do Chili's são vencedores!
Eles tomam decisões. São orientadores e líderes. Conhecem o significado do *empowerment* e o senso de propriedade.

Os gerentes do Chili's se beneficiam de:
• semana de trabalho de cinco dias;
• gratificação mensal;
• excelente salário-base;
• duas semanas de férias por ano, iniciando após seis meses, e um período maior de férias, após cinco e dez anos;
• potencial de crescimento ilimitado baseado em suas habilidades e não no tempo de casa;
• benefícios competitivos, incluindo uma variedade de coberturas de seguro, plano de aposentadoria, opções de compra de ações, licença-maternidade e licença-paternidade pagas.

Chili's possui ótimas oportunidades em todos os níveis.
Os empregados horistas dispõem de:
• excelente remuneração;
• férias pagas;
• auxílio no pagamento de mensalidades escolares;
• plano de saúde;
• refeições gratuitas ou com desconto;
• horário flexível;
• plano de aposentadoria.

Para enviar um currículo ou localizar um escritório de recrutamento perto de você, clique no mapa abaixo para obter as informações.

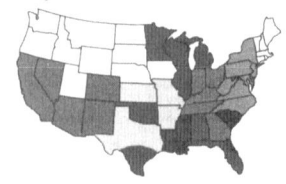

Figura 4.6 Site com o anúncio de emprego Faça Parte da Equipe Chilihead. *Fonte:* Cortesia de Chili's Grill & Bar, Brinker International.

∎ O QUE É ON-LINE?

Para acessar on-line* geralmente é necessário o uso de um modem e de uma linha telefônica que conecte seu computador a um computador instalado em outro local, normalmente distante. Você pode acessar diretamente a Internet sem um provedor ou pode ser assinante de uma rede on-line particular e comercial como a America Online, a CompuServe ou a Prodigy (acesso mais comum). Quando você assina um desses serviços, não está se conectando à Internet, mas apenas a uma parte dela. Como assinante, você possui acesso aos serviços on-line daquela rede privada. Os serviços oferecidos por cada uma das prestadoras on-line variam, porém um desses serviços é sempre uma conexão, ou acesso, à Internet. Os usuários da Internet, no entanto, não são capazes de acessar o serviço de uma rede privada sem se tornarem assinantes.

∎ Opções disponíveis para o recrutamento on-line

O número de recursos na Internet disponíveis para recrutamento é vasto. Quanto maior o número de recursos, maior sua capacidade de conseguir mais currículos. Portanto, obter um número suficiente de currículos não será problema se adotar o recrutamento on-line; obter currículos de pessoas de fato interessadas em organização de hospitalidade, e qualificadas para suas vagas, será nosso tema. O recrutamento on-line permite que você informe de imediato as pessoas interessadas a respeito das vagas que você possui. Eis aqui apenas algumas de suas opções:

- ◆ *Sites da companhia.* Conforme analisamos anteriormente, essa é uma excelente maneira de você identificar as oportunidades de emprego que se encontram disponíveis em sua organização.
- ◆ *Bancos de dados de currículos* **on-line**. Existem inúmeros bancos de dados disponíveis, em que os candidatos inserem seus currículos e os empregadores podem analisar candidatos que atendam a suas necessidades. Exemplos de dois bancos de dados são Career Magazine (www. careermag.com) e Monster Board (www.monster.com).
- ◆ *Serviço de encaminhamento de currículos* **on-line.** As companhias de Hospitalidade podem contratar esses serviços para obter currículos de candidatos a emprego que atendam às qualificações exigidas. O serviço faz uma seleção prévia, de modo que você analisa apenas os currículos com as qualificações determinadas por você.
- ◆ *Anúncios classificados de empregos.* São anúncios colocados por você, o empregador. O conceito é análogo ao dos anúncios classificados publicados nos jornais e revistas de negócios. A vantagem é que você pode ter acesso a indivíduos em todo o país, sem ter de colocar anúncios em jornais nas principais cidades. Existem muitos desses bancos de dados

---

*N.R.T.: No Brasil ainda são pouco comuns as entrevistas de recrutamento e seleção on-line; elas começam a aparecer em empresas globais e que costumam trabalhar conectadas.

disponíveis on-line. Exemplos: Yahoo Classifieds (classifieds.yahoo. com/employment.html) e E-span (espan.com).

♦ **Salas de bate-papo em serviços de rede**. As pessoas apreciam bater-papo e essa opção é uma das mais populares nos provedores de serviços de rede.

▌Indicações

As **indicações** são muitas vezes a melhor fonte para localizar candidatos potenciais a cargos. As indicações surgem de várias fontes. Indicações dos empregados são indivíduos recomendados a você por um empregado. Na maioria dos casos, os empregados somente recomendarão uma pessoa caso julguem que ela gostaria de trabalhar com eles. Algumas organizações de Hospitalidade instituíram um sistema de indicação pelos empregados que concede gratificações quando recomendam uma pessoa que é admitida e permanece na organização durante um período especificado (geralmente 90 dias). Algumas companhias oferecem incentivos em dinheiro, outras oferecem brindes e prêmios. Para esses sistemas serem mais eficazes, é necessário divulgá-los por meio de pôsteres e folhetos anexos ao contracheque. Algumas companhias concedem os prêmios durante almoços formais, comunicando novamente a todos os empregados as vantagens do sistema de indicações. Jan Barr nos relata que na Brinker International eles se apoiam na indicação feita por gerentes e empregados como instrumento de recrutamento importante. Ela enfatiza que você realmente deve dedicar-se aos programas de indicações para torná-los bem-sucedidos – fale sobre eles e seja enfático.

As indicações também podem ser feitas por amigos pessoais, fornecedores ou outros profissionais do setor; até mesmo os clientes podem ajudar! Se você trabalha em uma grande organização de hospitalidade, verifique com outros gerentes locais para saber se eles têm em seus arquivos alguns bons pedidos de emprego. Seus fornecedores visitam um grande número de clientes e podem ter conhecimento de pessoas que procuram uma vaga como a que está sendo oferecida em sua organização. Pense em outras organizações em sua localidade que poderiam indicar pessoas, como clubes de rapazes ou moças, Associação Cristã de Moços, Associação Cristã de Moças, organizações da igreja ou da juventude e organizações como o Clube 4-H.* Embora exija tempo e dedicação para criar relacionamentos de trabalho eficazes com organizações da comunidade, elas podem ser de grande auxílio quando compreendem o tipo de indivíduos que sua organização de hospitalidade está buscando. Participe de eventos da comunidade, até mesmo colaborando com eles quando for possível.

▌Escolas

As escolas incluem mais do que universidades e escolas secundárias. Programas vocacionais e programas de duração de dois anos também devem ser considerados.

---

*N.R.T.: Organização juvenil patrocinada pelo Departamento de Agricultura dos Estados Unidos que oferece treinamento em funções agrícolas.

Muitas escolas secundárias realizam feiras de empregos, que representam excelentes oportunidades, não apenas para atrair os trabalhadores de que você precisa para preencher suas necessidades imediatas, mas também para promover o setor de Hospitalidade como uma escolha de carreira viável. Muitas faculdades e universidades oferecem a oportunidade de recrutamento no *campus*. Podem-se enviar também folhetos a esses programas, para atrair os alunos. Devem ser mantidos contatos com chefes de programas e membros do corpo docente. Oportunidades para falar aos alunos nas salas de aula também podem estar disponíveis. Se você possui empregados que frequentam essas escolas, informe aos outros alunos sobre os colegas que trabalham com você. Eles podem atuar como excelentes representantes de sua empresa. De acordo com Jan Barr, você terá de investir tempo e dinheiro para intensificar seus resultados com as escolas.

∎ Agências de emprego

O Departamento de Segurança do Emprego dos Estados Unidos supervisiona uma rede nacional informatizada de oportunidades de emprego. Sua principal meta consiste em ajudar as pessoas que recebem o seguro-desemprego a encontrar trabalho. O governo federal também patrocina programas de treinamento para jovens, veteranos e mulheres. O **Centro de Atendimento de Oportunidades de Emprego** é a agência do governo que auxilia as pessoas desempregadas a identificarem vagas. Os cargos em aberto que você possui podem fazer parte do banco de dados dessas organizações. Algumas oferecem auxílio para a seleção de candidatos potenciais a um cargo. Você também deveria verificar os serviços oferecidos por órgãos municipais. Pelo atendimento telefônico do tribunal distrital e da administração municipal, você obterá informações sobre os departamentos certos.

Além das agências oficiais, existem **agências de emprego** profissionais que localizarão candidatos potenciais a um cargo mediante o pagamento de uma taxa. Pessoas que buscam emprego deixam o nome nessas agências. Você, como empregador, paga uma taxa para obter nomes de candidatos qualificados. Algumas somente cobram uma taxa se você efetivamente contratar alguém indicado por elas. Frequentemente essas agências agem como intermediárias e conduzem à entrevista. Algumas vezes até mesmo as negociações salariais entre sua empresa e o candidato potencial ao cargo são feitas por essas agências. Outras simplesmente indicam pessoas com as qualificações para ocupar o cargo e cobram uma taxa pelos candidatos potenciais que encaminham à sua empresa. Muitas dessas empresas patrocinam encontros à noite para divulgar as vagas que atraem muitos candidatos.

Você precisa assegurar-se de fazer uma seleção cuidadosa da agência, de modo que ela possa encaminhar o tipo de pessoas de que você precisará. Não hesite em verificar as referências da agência e certifique-se de que ela compreenda totalmente a natureza de sua operação específica. Algumas organizações de Hospitalidade têm políticas específicas quanto ao uso de agências privadas. Assegure-se de que suas ações estejam em conformidade com as políticas de sua organização.

As **consultorias de recrutamento de executivos** especializam-se em localizar profissionais e candidatos a cargos gerenciais. Essas empresas normalmente especificam um salário-base mínimo para o candidato com base no qual realizarão o recrutamento. Elas oferecem uma grande gama de serviços, deixando apenas a entrevista final e a decisão de contratação para você. Muitas vezes um compromisso financeiro é assumido de imediato. Em virtude de o trabalho dessas consultorias envolver o preenchimento de uma posição executiva, é importante que a empresa selecionada compreenda integralmente sua operação de Hospitalidade, bem como as qualificações exigidas pelo cargo.

■ ALTERNATIVAS AO RECRUTAMENTO

Há muitos fatores que você precisa levar em conta antes de tomar a decisão de admitir recursos humanos para sua organização de Hospitalidade. O crescimento e o avanço na carreira de seus recursos humanos constituem influências das mais importantes no recrutamento. Se você estabeleceu um bom programa para o desenvolvimento individual, então espera que seus recursos humanos avancem no plano da carreira. Isso significa que as posições em nível inicial são as que precisam ser preenchidas mais frequentemente. Ao recrutar, você busca pessoas que tenham possibilidade de ser promovidas, e deve considerar esse fator quando planejar suas iniciativas de recrutamento. No entanto, você não deve esperar que todos os seus recursos humanos sejam promovidos hierarquicamente. Alguns indivíduos podem estar muito contentes simplesmente sendo os melhores lavadores de pratos, dando o máximo de si nessa função. Valorize essas pessoas. Como gerente responsável pelos recursos humanos, você precisa estar ciente da capacidade para o avanço potencial e das expectativas de sua equipe de trabalho.

A taxa de rotatividade dos empregados também afeta o planejamento do recrutamento. Conforme você já aprendeu, a previsão o auxilia a estimar o número de posições em aberto que sua empresa terá para que esteja mais bem preparado.

O crescimento projetado de sua organização de hospitalidade também afeta a necessidade de recrutamento. Aquisições, fusões, expansões e a oferta de novos produtos e serviços geram necessidade de mais empregados. Os planos para recrutamento devem levar em consideração o crescimento organizacional.

Recrutar pessoas externa ou internamente não constitui sua única alternativa para preencher cargos vagos. Algumas organizações de hospitalidade têm buscado companhias que oferecem **empregados temporários**. Empregados temporários são vantajosos para empresas que têm necessidades de curto prazo em seu quadro de pessoal. Empresas que organizam recepções e operações sazonais são dois exemplos de organizações que podem aumentar as vantagens dos serviços oferecidos por empregados temporários.

Essas companhias farão a locação de recursos humanos treinados por um dia, uma semana e até mesmo por diversos meses. A vantagem para sua empresa é poder manter seu quadro permanente em um número mínimo e ao mesmo tempo preencher cargos que você não pode preencher constantemente. Existem inúmeras vantagens contábeis. A empresa que faz a locação dos empregados temporários paga todos os salários e encargos sociais. Sua empresa emite apenas um cheque em vez de diversos. As **empresas locadoras de mão de obra** podem oferecer frequentemente melhores benefícios do que as pequenas operações de Hospitalidade. Planos de benefícios, como seguro-saúde, são proporcionalmente mais baratos por pessoa e têm seu custo diminuído quando existe um grande número de empregados. Quanto maior o número de pessoas que fizerem parte do plano, menor o custo *per capita*.

Quando pensar em contratar uma empresa locadora de mão de obra, você precisa verificar cuidadosamente a estabilidade financeira que ela apresenta, bem como a qualidade dos recursos humanos que ela estará oferecendo à sua companhia. O treinamento que ela proporciona precisa atender aos padrões de sua organização de hospitalidade, pois é sua reputação, e não a da empresa contratada, que está em jogo. Existem organizações profissionais que exercem controle sobre seus membros no que se refere à estabilidade financeira e ao grau de responsabilidade. É uma boa ideia assegurar-se de que a empresa locadora com a qual você estabelece uma relação pertence a uma organização confiável.

■ O RECRUTAMENTO E A LEI

Já mencionamos algumas leis federais: a Lei de Auxílio à Readaptação dos Veteranos de 1974 exige que as organizações que trabalham para o governo exerçam uma **ação afirmativa** na contratação e promoção dos deficientes e dos veteranos do Vietnã. A Lei de Reabilitação de 1973 requer que as organizações que trabalham para o governo exerçam ações afirmativas para evitar a discriminação no emprego de pessoas com deficiência física e mental. O que significa exatamente a expressão "ação afirmativa"?

Os programas e as exigências de ação afirmativa são o resultado das dificuldades passadas para impor as políticas de direitos civis. O **Decreto nº 11.246**, de 1965, alterado em 1968 para incluir o gênero, afirma que todo empregador que assinar um contrato com o governo concorda em não discriminar com base em raça, crença religiosa, origem nacional ou gênero. O **Decreto Revisto nº 4**, de 1971, exige que os empregadores que assinaram contrato com o governo no valor de US$ 50 mil ou mais, com uma equipe de trabalho de no mínimo 50 empregados, desenvolvam e mantenham um programa de ação afirmativa por escrito, a fim de assegurar que as minorias e as mulheres sejam contratadas proporcionalmente à disponibilidade de vagas na equipe de trabalho.

Portanto, o Decreto nº 11.246 engloba dois conceitos: a não discriminação e a ação afirmativa. A não discriminação requer a eliminação de todas as condições discriminatórias existentes. A ação afirmativa exige que você, como empregador, tome iniciativas adicionais para recrutar, empregar e promover membros qualificados de grupos cobertos pelo decreto e que você anteriormente excluiu, mesmo se essa exclusão não foi devida a uma ação discriminatória de sua parte.

E no Brasil?

Recrutamento e Seleção são áreas muito importantes dos recursos humanos no setor de Hospitalidade. Com o *turnover* alto, a maioria das empresas hoteleiras mantém um profissional especializado que monta um banco de talentos, a fim de suprir vagas que aparecem inesperadamente.

Uma grande diferença entre os Estados Unidos e o Brasil é que aqui ainda temos trabalhadores que batem à nossa porta à procura de emprego, e lá a busca de profissionais é muito mais acirrada. A abundância de candidatos não significa que sejam pessoas capacitadas e aptas a exercer qualquer tipo de trabalho. Em geral, apenas uma pequena porcentagem desses candidatos é realmente contratada e, em sua maioria, para funções de base, como arrumadeira, auxiliar de limpeza, mensageiro, auxiliar de cozinha etc.

É prática comum nas empresas hoteleiras o investimento em treinamento, e assim começam a criar seus próprios supervisores, gerentes e diretores. Além disso, fazem uso das transferências internas, do crescimento profissional e de carreira.

Como exemplo dessa política, podemos citar a Marriott, que muito sabiamente se utiliza da Equal Employeement Opportunity (EEO), para oferecer chances de crescimento a seus funcionários antes de buscar outros profissionais no mercado. A prática é simples: todas as vagas abertas são anunciadas internamente e os candidatos à vaga são internos, antes de iniciar-se a busca no mercado.

Alguns pontos positivos dessa política são o surgimento de bons profissionais, que se preparam para a abertura de novos empreendimentos, a satisfação de seus funcionários e a descoberta da adaptabilidade da mulher às necessidades do mercado de Hospitalidade.

Outro exemplo interessante foi o rápido crescimento e expansão da hotelaria econômica no Brasil, representada inicialmente pelas bandeiras Ibis e Formule 1 da Accor.

Hoje posso afirmar que foi um momento histórico participar da implantação da rede Ibis no Brasil (a abertura do então Hotel Ibis São Paulo Expo, no Bairro da Casa Verde, o primeiro em São Paulo) em 1999 , como responsável pela área de hospedagem (cargo Assistente de Hospedagem). Uma marca que trabalha um conceito completamente diferente da hotelaria tradicional, pois a cultura da rede diminui os serviços oferecidos pelo hotel em troca de uma política tarifária justa. Para tanto, durante todo o processo de seleção, os dois assistentes responsáveis pela gestão do empreendimento, juntamente com o responsável por RH da Accor, explicavam em detalhes como seria o funcionamento do hotel.

A busca era por profissionais com características bem específicas: jovens, com sorriso fácil e agilidade; em suma que tivessem multicompetência, palavra muito usada na época. Paralelamente ao processo de recrutamento, foram reescritas as descrições de cargos, pois o conceito do produto exige que o funcionário, com cargo de recepcionista, por exemplo, atenda à recepção e ao bar, caso este necessite. São as chamadas equipes *multifuncionais*.

Essa experiência foi bastante gratificante, e hoje muitos desses jovens, que na abertura ainda eram estudantes, ou recém-formados, ocupam cargos gerenciais na mesma marca.

Outra diferença entre o Brasil e os Estados Unidos são as leis de proteção ao trabalhador com deficiência e ao menor de idade. Nos Estados Unidos, o objetivo é proporcionar oportunidades de trabalho para as pessoas com deficiência e os menores: para incentivar a contratação desses candidatos, as empresas têm estímulos, como redução de impostos. A lei de Acessibilidade existe no Brasil, e não é

continua

E no Brasil?

uma novidade. Vigora desde 1991 a Lei nº 8.213, que determina que empresas com mais de 100 colaboradores devam reservar uma cota entre 2% e 5% de suas vagas para portadores de necessidades especiais. A existência da lei não é o bastante; a falta de preparação para acolher o trabalhador com deficiência pode dificultar a contratação. Em minha trajetória profissional, no mestrado em Hospitalidade, no período de 2002 a 2004, o tema escolhido foi exatamente este "Acessibilidade na Hotelaria, uma Questão de Hospitalidade", que se tornou um referencial teórico de muitos trabalhos que se seguiram. Da realidade estudada na época ao que encontramos hoje, muita coisa melhorou. É certo que se analisarmos pelos olhos de um grande amigo, Ricardo Shimosakai, sempre vai existir muito por fazer. Pois ele é um cadeirante, e hoje é diretor comercial da "Turismo Adaptado", consultor em Acessibilidade e Turismo e "briga" por seus direitos de igualdade. Já na minha opinião, como sua ex-professora e amiga e admiradora, existe muito a ser melhorado, e ele é uma das pessoas que ajudam a implementar estas mudanças.

Se, por um lado, existem poucas empresas que empregam pessoas com deficiência, na percepção de alguns profissionais que conversei para escrever este artigo, há também uma grande parcela de organizações da área de Hospitalidade que já possui em seu quadro de funcionários uma quantidade de trabalhadores com algum tipo de deficiência.

Inclusão social, eliminação de barreiras e preconceito têm sido questões amplamente discutidas na atualidade, mas estamos bem distantes da realidade norte-americana.

Quanto à utilização de "mão de obra especial", ou seja, inclusão, de pessoas com alguma deficiência em seu quadro funcional, existe uma questão a ser observada. Lucila Quintino, consultora em RH e Headhunting e sócia da HotelConsult, empresa especializada em Recursos Humanos para a Hotelaria, diz que:

"As empresas têm cada vez mais solicitado este serviço. Tenho ouvido falar de consultorias de seleção especializadas neste público. Os processos seletivos para selecionar pessoas com capacidades especiais requerem carinho e um conhecimento específico, que nem todas as consultorias possuem".

Nos Estados Unidos, é comum o empregador recorrer a agências de emprego, mas no Brasil essa prática não costuma acontecer por causa da grande quantidade de candidatos disponíveis. O serviço de agências de emprego é mais utilizado quando uma empresa de Hospitalidade pretende terceirizar um trabalho, como limpeza ou estacionamento. Essas agências são usadas para recrutar, selecionar e contratar trabalhadores para executarem determinadas tarefas, mas eles não estão vinculados contratualmente à organização de Hospitalidade. Essa prática tem sido adotada com certa frequência, apesar dos riscos ligados ao vínculo empregatício e à qualidade de atendimento que as empresas de Hospitalidade correm. Outra prática bastante habitual no Brasil é a utilização de funcionários pertencentes a uma cooperativa, neste caso é necessário verificar bem a legislação para não acarretar vínculo empregatício utilizando com frequência os serviços do mesmo funcionário.

Na opinião de Lucila Quintino (Hotel Consult), o mercado brasileiro vive um momento de grande oportunidade para quem solucionar a questão de selecionar a melhor mão de obra especializada: "Já há alguns anos o mercado brasileiro vive um momento crítico no tocante à seleção de mão de obra. Não só a Hotelaria vive essa realidade, mas o setor de Hospitalidade em geral: a escassez de profissionais minimamente qualificados para exercer posições das mais operacionais. Através do contato

continua

E no Brasil?

com empreendimentos de diversos perfis, temos visto de tudo. Desde os que se dão conta da situação, que estão investindo muito na formação de pessoas e, portanto, atraindo mais candidatos para suas vagas, até os que estão reféns deste apagão de mão de obra, e com vagas abertas por mais do que quatro, cinco meses". A forma de recrutar, segundo a consultora, muda muito entre as empresas hoteleiras. "Não existe um padrão específico. Cada empresa adota um caminho para preencher suas vagas. Contudo vejo que a seleção de vagas operacionais, via de regra, é feita pelo próprio RH. Uma razão para isso é a vasta opção de ferramentas de recrutamento on-line que aproximam muito candidato e vaga. Todavia, mesmo neste momento de crise de mão de obra, nem mesmo essas ferramentas têm sido suficientes no auxílio ao preenchimento de vagas. Tal situação reflete uma ironia, pois o índice de desemprego no país não é baixo. O desafio que enfrentamos relaciona-se com a qualidade da mão de obra disponível. Na Hotelaria, o preenchimento de vagas ainda funciona muito através de indicações. Consultorias como a HOTELConsult normalmente 'entra em cena' quando se tentou de várias formas preencher determinado cargo. E é por esta razão que nossa metodologia de trabalho através do Hunting tem surtido um resultado diferenciado. Pois mesmo para uma vaga desafiadora, conseguimos suprir as expectativas do cliente num curto espaço de tempo. Com o passar do tempo, percebo uma maior formalização na maneira de conduzir processos seletivos.

A cada ano, a busca por serviços como o que prestamos tem aumentado. A iniciativa decorre não só de grandes redes, como também de hotéis e restaurantes independentes. Isso demonstra o desejo de profissionalização, que certamente começa pela forma em que o processo seletivo é conduzido."

O recrutamento on-line também se torna mais usual a cada dia. Nos Estados Unidos, as pessoas têm mais acesso aos computadores e à conexão com a Internet, o que torna essa prática muito vantajosa e rápida. No Brasil, apesar de o uso de computadores e os sites nacionais disponíveis terem aumentado consideravelmente, há necessidade de ampliar as formas de buscar um profissional, pois grande parcela da população não tem acesso à Internet, e dependendo do cargo a ser preenchido, essa fonte não é a melhor opção. Mesmo assim, muitas empresas investem em sites próprios, disponibilizando o envio de currículos via Internet, o que facilita o trabalho do profissional de Recursos Humanos e o acesso do candidato.

Na Hospitalidade brasileira, em grandes hotéis e restaurantes – normalmente em redes internacionais –, é comum a colocação de estrangeiros em postos de diretoria e gerência. As empresas preferem trazer executivos de seus países para iniciar uma nova marca ou uma nova bandeira, a fim de assegurar a correta implantação da padronização. Nem sempre o governo vê essa situação como favorável ao trabalhador brasileiro, e por esse motivo pode dificultar a obtenção do visto de trabalho para a correta contratação.

Revisão e adaptação de Simone Sansiviero

Fonte: Entrevista concedida por QUINTINI, Lucila. [setembro 2013]. Entrevistador: Simone Sansiviero. São Paulo, 2013.

O Decreto Revisado nº 4 requer que você determine se as minorias e as mulheres estão sendo subutilizadas em sua organização de hospitalidade e, se esse for o caso, que desenvolva metas e programações específicas elaboradas para eliminar a subutilização. Isso se torna então parte de seu programa afirmativo. Essas metas e programações estão no núcleo das iniciativas para controlar os procedimentos de ação afirmativa. Há críticas de que as metas representam simplesmente outra designação para quotas. Os que defendem as posturas adotadas argumentam que as metas e as programações são simplesmente ferramentas gerenciais para controlar o avanço da ação afirmativa, que continua a ser um tema controverso à medida que avançamos no novo milênio. Não existem respostas fáceis nem soluções fáceis. Os gerentes de organizações responsáveis pelos recursos humanos devem ter cautela quanto ao futuro da ação afirmativa.

O Relatório Carnegie, emitido em 1975, identifica diversas características de um processo de recrutamento formal. Nessas recomendações está a ideia de que a companhia é um empregador que proporciona oportunidades iguais de trabalho ou pratica a ação afirmativa. Ele também indica que os entrevistadores incluam mulheres e membros de grupos minoritários sempre que possível.

A Lei de Reformulação e Controle da Imigração de 1986 torna ilegal a admissão de empregados que não possuam documentos. A lei também especifica ser de responsabilidade do empregador verificar a condição legal de imigração de todos os empregados contratados desde 7 de novembro de 1986. A empresa, no entanto, não precisa verificar a autenticidade dos documentos. Sugerimos que você retenha cópias de toda a documentação que verificar como parte da pasta pessoal do empregado. Isso servirá como prova de que você analisou todos os documentos de imigração. O agora famoso **formulário I-9** (Figura 4.7), que você deve assinar, afirma que esses documentos relativos a contratação foram vistos por você. Documentos que servem para verificar a cidadania incluem: passaporte dos Estados Unidos; certificado de cidadão dos Estados Unidos, *green card*; passaporte estrangeiro com o carimbo do Serviço de Imigração e Naturalização, autorizando a pessoa a trabalhar; certificado de naturalização, certidão de nascimento com fotografia emitida nos Estados Unidos ou número da Previdência Social com fotografia. Um *Manual do Empregador: Instruções para Preencher o Formulário I-9*, que pode ser obtido no Departamento de Justiça dos Estados Unidos, detalha o conteúdo apropriado dos documentos e a verificação destes.

▌Lei de Proteção aos Norte-Americanos com Deficiência

A Lei de Proteção aos Norte-Americanos com Deficiência tem sido considerada a legislação de direitos civis mais significativa promulgada pelo Congresso desde a Lei de Direitos Civis de 1964. Desde que se tornou lei, em 26 de julho de 1990, com a assinatura do presidente George Bush, proíbe a discriminação por deficiência no emprego, em locais públicos, em serviços governamentais, no transporte e nas telecomunicações. Essa legislação antidiscriminação pretende assegurar os direitos civis das pessoas deficientes. A lei em questão proíbe a discriminação em

Departamento de Justiça dos Estados Unidos
Serviço de Imigração e Naturalização

OMB nº 1115-0136
Verificação de Elegibilidade para o Emprego

INSTRUÇÕES

LEIA TODAS AS INSTRUÇÕES CUIDADOSAMENTE ANTES DE PREENCHER ESTE FORMULÁRIO.

Aviso de antidiscriminação. É ilegal discriminar qualquer indivíduo (a não ser que seja um estrangeiro não autorizado a trabalhar nos Estados Unidos) na contratação, demissão ou recrutamento ou indicação mediante o pagamento de uma taxa em vista da nacionalidade ou condição de cidadania. É ilegal discriminar indivíduos autorizados para o trabalho. Os empregadores **NÃO PODEM** especificar que documento(s) aceitarão de um empregado. A recusa em contratar um indivíduo por causa da data de validade futura também pode constituir discriminação ilegal.

Seção 1 – Empregado. Todos os empregados, cidadãos e não cidadãos, contratados após 6 de novembro de 1986, precisam completar a Seção 1 deste formulário por ocasião da admissão, que é o início efetivo da relação de emprego. **O empregado é responsável por assegurar que a Seção 1 seja completada em tempo e de modo apropriado.**

Certificado do Preparador/Tradutor. O Certificado de Preparador/Tradutor precisa ser completado se a Seção 1 for preenchida por uma pessoa que não seja o empregado. Um preparador/tradutor pode ser utilizado somente quando um empregado for incapaz de preencher sozinho a Seção 1. No entanto, o empregado pode assinar pessoalmente a Seção 1.

Seção 2 – Empregador. O termo "empregador", para fins de preenchimento deste formulário, inclui recrutadores e pessoas que indicam empregados mediante taxa, que são associações rurais, empregadores rurais ou empreiteiros de mão de obra agrícola.

Os empregadores devem preencher a Seção 2, examinando prova da identidade e autorização para o emprego no intervalo de 3 (três) dias úteis da data de admissão. Se empregados estão autorizados a trabalhar, mas não são capazes de apresentar o(s) documento(s) exigido(s) no período de três dias úteis, eles devem apresentar um protocolo da solicitação do(s) documento(s) no intervalo de três dias úteis e o(s) documento(s) emitido(s) dentro de 90 dias. No entanto, se os empregadores contratarem pessoas para um período de trabalho inferior a três dias úteis, a Seção 2 deve ser completada quando iniciar a relação de emprego. **Os empregadores precisam registrar:** 1) nome do documento; 2) autoridade emitente; 3) número do documento; 4) data de validade, caso exista e 5) data de admissão. Os empregadores devem assinar e datar a certificação. Os empregadores devem apresentar documentos originais. Os empregadores podem, mas não são obrigados, a fotocopiar o(s) documento(s) apresentado(s). Essas fotocópias somente podem ser usadas no processo de verificação e precisam ser anexadas ao I-9. **No entanto, os empregadores ainda são responsáveis pelo preenchimento do I-9.**

Seção 3 – Atualização e nova verificação. Os empregadores precisam preencher a Seção 3 quando atualizarem ou fizerem nova verificação do I-9. Os empregadores precisam verificar novamente a qualificação de seus empregados na data ou antes do término da validade, registrado na Seção 1. Os empregadores **NÃO PODEM** especificar que documento(s) aceitarão de um empregado.

- Se o nome de um empregado tiver mudado na ocasião em que este formulário estiver sendo atualizado/novamente verificado, complete o campo A.

- Se um empregado for recontratado no intervalo de 3 (três anos) a partir da data em que este formulário for originalmente preenchido, e o empregado ainda puder ser admitido na mesma base conforme previamente indicado neste formulário (atualização), complete o campo B e o campo de assinatura.
e

- Se um empregado for dispensado no intervalo de 3 (três) anos a partir da data em que este formulário foi originalmente preenchido, e a licença de trabalho do empregado perdeu validade, ou se a atual licença de trabalho do empregado estiver para perder a validade (nova verificação), preencha o campo B

e

- examine qualquer documento que indique que o empregado está autorizado a trabalhar nos Estados Unidos (veja a Relação A ou C);

- registre o tipo, o número do documento e a data de validade (caso exista) no campo C
e

- complete o campo de assinatura.

Fotocópia e retenção do Formulário I-9. Um formulário I-9 pode ser reproduzido desde que os dois lados sejam copiados. As instruções precisam estar disponíveis a todos os empregados que preencham esse formulário. Os empregadores devem reter formulários I-9 completados por 3 (três) anos após a data de admissão e por 1 (um) ano após o término do contrato de trabalho, aquele que ocorrer posteriormente.

Para informações mais detalhadas, consulte o <u>Manual dos Empregadores</u> (Formulário M-274) do Serviço de Imigração e Naturalização. O manual encontra-se disponível na sucursal local deste Órgão.

Informação relativa à Lei de Privacidade. A autoridade para obter essas informações baseia-se na Lei de Reformulação e Controle da Imigração aprovada em 1986. Pub. L. 99 – 603 (8 U. S. C. 1324a).

Essas informações têm por finalidade permitir aos empregadores verificar a autorização dos indivíduos para emprego, a fim de impedir a contratação ou o recrutamento ou a indicação mediante o pagamento de taxas ilegais por parte de estrangeiros que não estão autorizados a trabalhar nos Estados Unidos.

Essas informações serão usadas pelos empregadores como um registro de sua base para determinar a qualificação de um empregado para trabalhar nos Estados Unidos. O formulário será mantido pelo empregador e ficará disponível para inspeção dos funcionários do Serviço de Imigração e Naturalização, do Departamento do Trabalho e do Escritório de Orientação Jurídica Especial para Práticas Injustas de Emprego Relacionadas à Imigração.

A transmissão das informações exigidas neste formulário é voluntária. No entanto, um indivíduo não pode iniciar a relação de emprego a não ser que esse formulário seja preenchido, pois os empregadores estão sujeitos a penas civis ou criminais, caso não obedeçam à Lei de Reformulação e Controle da Imigração de 1986.

Dificuldade de preenchimento. Tentamos criar formulários e instruções que sejam precisos, sejam de fácil compreensão e representem o menor encargo possível à sua empresa para fornecer-nos as informações. Muitas vezes, torna-se difícil, pois algumas leis de imigração são muito complexas. Portanto, o tempo de preenchimento desse conjunto de informações é calculado conforme segue: 1) conhecer o conteúdo desse formulário, 5 minutos; 2) completar o formulário, 5 minutos e 3) preparar e arquivar (manutenção de registros) o formulário, 5 minutos, atingindo uma média de 15 minutos por formulário. Se você deseja fazer comentários a respeito da precisão dessa estimativa de preenchimento ou fazer sugestões para simplificar o formulário, escreva para o Serviço de Imigração e Naturalização, 425 I Street, N.W., Room 5304, Washington, D.C. 20536; e o Escritório de Gerenciamento e Orçamento, Projeto de Redução de Burocracia, OMB nº 1115-0136, Washington, D.C. 20503.

Form. I–9 (Rev. 21/11/91)

EMPREGADORES PRECISAM RETER O I–9 PREENCHIDO.
NÃO ENVIE OS FORMULÁRIOS PREENCHIDOS AO SERVIÇO DE IMIGRAÇÃO E NATURALIZAÇÃO.

Figura 4.7 Exemplo do formulário I-9.

continua

Departamento de Justiça dos Estados Unidos
Serviço de Imigração e Naturalização

OMB nº 1115-0136
Verificação de Elegibilidade para o Emprego

Leia as instruções cuidadosamente antes de preencher este formulário. As instruções devem estar disponíveis durante o preenchimento deste formulário. AVISO ANTIDISCRIMINAÇÃO. É ilegal discriminar indivíduos autorizados para o trabalho. Empregadores NÃO PODEM especificar que documento(s) aceitarão de um empregado. A recusa em contratar um indivíduo por causa do término de uma futura data de validade também pode constituir discriminação ilegal.

Seção 1. Informações Prestadas pelo Empregado. A ser preenchida e assinada pelo empregado por ocasião da data de admissão.

Nome	Último	Primeiro	Inicial do nome do meio	Sobrenome de solteira

Endereço (*Nome da rua e número*)		Ap. nº	Data de nascimento (dia/mês/ano)

Cidade	Estado	Código postal	Nº do Seguro Social

Estou ciente de que a lei federal prevê pena de prisão e/ou multas por declarações falsas ou uso de documentos falsos com relação ao preenchimento deste formulário.	Atesto, sob pena de perjúrio, que sou (indique um dos seguintes): Um cidadão ou natural dos Estados Unidos Um residente permanente legal (Autorização nº A _____) Um estrangeiro autorizado a trabalhar até ____/____/____ (Autorização nº ou Admissão nº _____)
Assinatura do empregado	Data (dia/mês/ano)

Certificação do Preparador/Tradutor. (*A ser preenchido e assinado caso a Seção 1 for preenchida por uma pessoa distinta do empregado.) Atesto, sob pena de perjúrio, que auxiliei a preencher este formulário e que, de acordo com o conhecimento que possuo, as informações são verdadeiras e corretas.*

Assinatura do Preparador/Tradutor	Nome

Endereço completo (Nome da rua, número, cidade, estado, código postal)	Data (dia/mês/ano)

Seção 2. Revisão e Verificação do Empregador. A ser preenchida e assinada pelo empregador. **Examine um documento da Relação A, OU um documento da Relação B e um da Relação C,** conforme relacionados no verso deste formulário, e registre o nome, o número e a data de validade, se for o caso, do(s) documento(s).

Relação A	ou	**Relação B**	e	**Relação C**
Documento: _____ Órgão emissor: _____ Nº: _____ Data de validade (se existir) ____/____/____ Nº _____ Data de validade (se existir) ____/____/____		_____ _____ _____ _____ _____ ____/____/____		_____ _____ _____ _____ ____/____/____

CERTIFICAÇÃO. Atesto, sob pena de perjúrio, que examinei o(s) documento(s) apresentado(s) pelo empregado acima indicado e que o(s) documento(s) acima relacionado(s) parece(m) ser verdadeiro(s) e relacionado(s) ao empregado indicado e que o empregado foi admitido em (dia/mês/ano) ____/____/____ e que, de acordo com o conhecimento que possuo, o empregado está autorizado a trabalhar nos Estados Unidos. (Agências de emprego oficiais podem omitir a data de admissão do empregado.)

Assinatura do empregador ou representante autorizado	Nome	Cargo
Nome da empresa ou organização	Endereço	Data (dia/mês/ano)

Seção 3. Atualização e Nova Verificação. A ser preenchida e assinada pelo empregador.

A. Novo nome (se for o caso)	B. Data de readmissão (dia/mês/ano) (se for o caso)

C. Caso a autorização anterior para trabalhar tenha perdido a validade, indique as informações abaixo para o documento que estabelece a atual autorização para o trabalho.

Documento	Nome	Data de validade (se for o caso)

Atesto, sob pena de perjúrio, que, de acordo com o conhecimento que possuo, este empregado está autorizado a trabalhar nos Estados Unidos e se o empregado apresentou documento(s), o(s) documento(s) que examinei parece(m) ser verdadeiro(s) e relacionar-se ao indivíduo.

Assinatura do empregador ou representante autorizado	Data (dia/mês/ano)

Form. I–9 (Rev. 21/11/91)

Figura 4.7 Exemplo de formulário I-9.

continua

RELAÇÕES DE DOCUMENTOS ACEITÁVEIS				
RELAÇÃO A	**OU**	**RELAÇÃO B**	**E**	**RELAÇÃO C**
Documentos que estabelecem a identidade e autorização para o trabalho		Documentos que estabelecem a identidade		Documentos que estabelecem a autorização para o trabalho

RELAÇÃO A — Documentos que estabelecem a identidade e autorização para o trabalho

1. Passaporte dos Estados Unidos (válido ou expirado)

2. Certificado de cidadania dos Estados Unidos (*Form. N-560 ou N-561*)

3. Certificado de naturalização (*Form. N-550 ou N-570*)

4. Passaporte estrangeiro válido com *carimbo I-551* ou *Form. I-94* indicando autorização de emprego válida

5. Cartão de registro com fotografia (*Form. I-151 ou I-551*)

6. Cartão de residente temporário válido (*Form. I-688*)

7. Cartão de autorização de emprego válido (*Form. I-688A*)

8. Autorização de reingresso válida (*Form. I-327*)

9. Documento de viagem de refugiado válido (*Form. I-571*)

10. Documento de autorização de emprego válido emitido pelo Serv. de Im. e Nat. com Fotografia (*Form. I-688B*)

RELAÇÃO B — Documentos que estabelecem a identidade

1. Carteira de motorista ou cédula de identidade emitida por um Estado ou território dos Estados Unidos, desde que contenha uma fotografia ou informações como nome, data de nascimento, sexo, altura, cor dos olhos e endereço

2. Cédula de identidade emitida por órgãos ou entidades do governo (federal, estadual ou municipal), desde que contenha uma fotografia ou informações como nome, data de nascimento, sexo, altura, cor dos olhos e endereço

3. Carteira de identidade escolar com fotografia

4. Título de eleitor

5. Cédula de identidade militar dos Estados Unidos ou registro de convocação

6. Cédula de identidade de dependente de militar

7. Carteira da Guarda Costeira dos Estados Unidos

8. Documento de índio americano pertencente a uma tribo

9. Carteira de motorista emitida pelo governo do Canadá

Para pessoas menores de 18 anos que não possuem um dos documentos relacionados acima:

10. Histórico escolar

11. Registro de hospital ou clínica

12. Registro de creche

RELAÇÃO C — Documentos que estabelecem a autorização para o trabalho

1. Cartão emitido pela Previdência Social (*com exceção de um cartão declarando não ter validade para emprego*)

2. Certidão de nascimento no estrangeiro emitido pelo Departamento de Estado (*Form. FS-545 ou Form. DS-1350*)

3. Original ou cópia autenticada de uma certidão de nascimento emitida por uma autoridade federal, estadual ou municipal ou de território dos Estados Unidos tendo um carimbo oficial

4. Documento de índio americano pertencente a uma tribo

5. Cédula de identidade de cidadão dos EUA (*Form. I-197*)

6. Cédula de identidade para uso de cidadão residente nos Estados Unidos (*Form. I-179*)

7. Documento válido de autorização de emprego emitido pelo Serv. de Im. e Nat. (*com exceção daqueles constantes da Relação A*)

Ilustrações de muitos desses documentos aparecem na Parte 8 do Manual do Empregador (M-274).

Form. I–9 (Rev. Em 21/11/91)

Figura 4.7 Exemplo de formulário I-9. *Fonte:* Departamento de Justiça dos Estados Unidos, Serviço de Imigração e Naturalização.

todas as práticas voltadas ao emprego, o que implica todos os aspectos do processo de emprego, inclusive recrutamento, métodos de divulgação publicitária, procedimentos aplicados aos candidatos a emprego, contratação e colocação. Ela também se aplica a todas as demais atividades relacionadas ao emprego, tais como treinamento, promoção, remuneração, benefícios, tempo de emprego, licenças, demissão e outros termos, condições e privilégios do emprego. É importante que gerentes responsáveis por recursos humanos no setor de Hospitalidade tenham conhecimento de suas obrigações legais sob essa legislação.

A lei está dividida em cinco componentes principais, denominados títulos. O Título I exige que as empresas proporcionem condições razoáveis para proteger os direitos de pessoas com deficiência nas áreas de emprego que acabamos de discutir. Uma adaptação razoável é "uma modificação ou um ajuste a um cargo, uma prática de emprego ou ambiente de trabalho que capacite um *indivíduo qualificado com uma deficiência* a participar e ter uma oportunidade igual de emprego".[12] Se o cargo ou a deficiência de um empregado mudar, a exigência de adaptação adequada ainda se aplica, desde que não cause dificuldades indevidas para o empregador. Uma dificuldade indevida significa que o ajuste não requer uma dificuldade ou despesa significativa "em relação ao tamanho da companhia, recursos disponíveis ou a natureza do negócio".[13] A adaptação refere-se a toda modificação ou ajuste ao processo de trabalho, ao ambiente de trabalho ou às condições sob as quais o cargo é desempenhado, a fim de permitir que uma pessoa deficiente qualificada exerça suas funções. Um dos desafios dos dirigentes ao ter de acatar essa lei na área de adaptação adequada consiste em obter financiamento disponível de outras fontes (tais como uma entidade de reabilitação vocacional estadual), caso se comprove que o custo da adaptação imporia um encargo indevido. O empregador também deveria conceder à pessoa deficiente a opção de pagar ou providenciar a adaptação quando esta representa um encargo indevido à empresa.

A lei atribuiu ao Departamento de Justiça a autoridade para regulamentar o Título II, que trata dos Serviços Públicos, e o Título III, que se refere a Adaptações Públicas (incluindo prestação de serviços de alimentação e estabelecimentos hoteleiros). O Departamento de Justiça oferece assistência técnica e inspeciona o cumprimento da lei. O Título IV aplica-se às empresas que oferecem serviços de telecomunicações, e o Título V proíbe ameaças ou retaliações contra aqueles que defendem os direitos dos deficientes ao amparo dessa lei.

Uma *pessoa com deficiência* é definida como:

♦ alguém com uma dificuldade física ou mental que tenha uma atividade principal na vida substancialmente limitada;
♦ qualquer pessoa que tenha histórico de tal dificuldade;
♦ qualquer pessoa considerada com tal dificuldade.

Atividades principais na vida são cuidar de si mesmo, andar, enxergar, ouvir, falar, respirar, aprender, trabalhar e executar tarefas manuais. Desse modo, a lei se aplica às pessoas com dificuldades substanciais e que não sejam de menor importância. A lei não fornece uma relação das deficiências específicas; o que seria uma deficiência para uma pessoa poderia não ser para outra. Por exemplo, a lei não indica especificamente artrite como uma deficiência. A possibilidade de uma pessoa ser coberta pela lei dependeria da gravidade da artrite e do efeito que ela exerce na pessoa em situações específicas.

A segunda parte da definição de uma pessoa com deficiência incluiria, por exemplo, alguém com um histórico clínico de doença mental ou uma pessoa que tivesse câncer, mas que atualmente estivesse recuperada. E a terceira parte da definição cobriria um indivíduo que, embora não fosse realmente deficiente, seja tratado pelos demais como se fosse. Aqui se enquadra uma pessoa desfigurada ou deformada que pode ter seus pedidos de emprego recusados pelas reações negativas que o problema poderia exercer nas demais pessoas.

Um *indivíduo qualificado portador de deficiência* é aquele que atende às exigências de aptidão, formação educacional, experiência e outros requisitos da descrição de cargo e das especificações do cargo para uma posição específica e pode executar as "funções essenciais" do cargo com ou sem adaptação adequada. Isso significa que, se existirem certas funções do cargo que sejam meramente ocasionais, um indivíduo não pode ser considerado sem qualificações simplesmente por causa de uma falta de habilidade para desempenhá-las. Se a pessoa for incapaz de desempenhar uma função essencial, o tema da adaptação adequada vem à baila. O Quadro 4.4 identifica alguns exemplos de adaptações adequadas adotadas pela Brinker International, empresa controladora do Chili's.

Embora a lei não forneça uma relação das deficiências apontadas, sabemos que ela efetivamente cobre todos os problemas, inclusive dificuldades visuais e auditivas, dificuldades de fala, problemas neuromusculares e emocionais, retardamento mental, aids, pessoas portadoras do HIV, câncer, doença cardíaca, epilepsia, paralisia cerebral, esclerose múltipla, diabete e pessoas em recuperação que frequentam, ou frequentaram, um programa de reabilitação para dependentes químicos. Indivíduos que atualmente consomem drogas ilegais estão especificamente excluídos da lei, que não autoriza, incentiva ou proíbe testes para detectar o uso de drogas. O teste para detectar o uso de drogas ilegais não é considerado pela lei um exame médico.

Proporcionar uma adaptação adequada nem sempre é tão oneroso quanto se pode pensar. A Brinker International constatou que a maioria das adaptações custa relativamente pouco e que metade de todas as adaptações pode custar menos de US$ 50. A empresa também ressalta que muitas vezes o custo do equipamento especial é coberto pelo departamento estadual de reabilitação ou pelas agências locais que ajudam os empregadores e empregados potenciais deficientes a realizarem parcerias bem-sucedidas.

Lembre-se de que você sempre tem liberdade para selecionar o candidato mais qualificado ao cargo para uma vaga. A lei não exige que você contrate empregados

Quadro 4.4	Exemplos de adaptações adequadas adotadas pela Brinker International

1. Restrição de funções. Redistribuir algumas funções secundárias ou permitir aos empregados que troquem essas funções para ajustarem-se a uma deficiência.
2. Alterar o horário de trabalho. Mudar o horário, para permitir que um empregado com epilepsia use o transporte público local.
3. Alterar os materiais de teste e de treinamento. Ler verbalmente um teste para um empregado com deficiência visual.
4. Adquirir e/ou modificar equipamentos. Um amplificador especial de telefone para um empregado com deficiência auditiva que trabalhe no estande de recepção.

Fonte: Reproduzido mediante autorização de "Título I: Emprego – Tudo o que Você Precisa Saber", Brinker International.

sem qualificação. A lei não exige que você substitua um empregado que ocupa um cargo por uma pessoa com deficiência, nem que altere as funções essenciais do cargo para permitir que uma pessoa com deficiência o ocupe. A lei também não exige que você diminua seu padrão de serviço ou produção para acomodar uma pessoa com deficiência. Como gerente responsável pelos recursos humanos, você deve tomar precauções no processo de emprego. É de suma importância que você siga as boas práticas de recursos humanos e determine as qualificações para o cargo e as "funções essenciais" antes de iniciar o processo de recrutamento. Lembre-se de que descrições de cargo redigidas apropriadamente são importantes para obedecer à regulamentação vigente. Revise totalmente suas políticas de contratação, seus processos e procedimentos, inclusive o formulário de solicitação de emprego e os critérios de seleção. Não se apresse em fazer um julgamento da possibilidade de o candidato ao cargo ter alguma deficiência, das aptidões desse candidato ou do tipo de adaptação necessária para permitir que ele desempenhe as funções.

Uma das medidas mais práticas que você pode adotar, como gerente responsável pelos recursos humanos na área de Hospitalidade, consiste em estudar a literatura existente sobre a Lei de Proteção aos Norte-Americanos com Deficiência, o que felizmente é fácil. Há cada vez mais informações disponíveis sobre a lei, e grande parte delas pode ser encontrada na **Internet**. Dados do governo, dados gerais, dados sobre deficiências específicas, informações recentes, bem como uma grande variedade de outros recursos estão disponíveis e são fáceis de acessar. Algumas dessas informações estão identificadas no Quadro 4.5 e 4.6. Quanto mais informações gerais básicas você tiver assimilado, mais fácil será tomar decisões justificáveis sobre o gerenciamento de recursos humanos. Você deve sempre verificar com a assessoria jurídica, à medida que elaborar suas políticas, processos e procedimentos nas áreas que discutimos.

Existem muitas organizações de hospitalidade que tradicional e voluntariamente ofereceram oportunidades de emprego para pessoas com deficiência. Atualmente

> ### Quadro 4.5 Sites e informações sobre a Lei de Proteção aos Norte-Americanos com Deficiência
>
> **Home page da Lei de Proteção aos Norte-Americanos com Deficiência**
> Esse site é mantido pelo Departamento de Justiça dos Estados Unidos. Nele você pode obter informações sobre a lei, as atividades de inspeção do Departamento, o Programa de Assistência Técnica da Lei, mudanças propostas na regulamentação e nas exigências da lei, entre outras informações úteis.
> (www.usdoj.gov/crt/ada/adahom1.htm)
>
> **Programa de Assistência à Lei**
> Essa é uma rede financiada pelo governo federal de instituições que oferecem informações, treinamento e assistência técnica para empresas e agências com funções e responsabilidades previstas pela lei e às pessoas com direitos nela especificados.
> (www.icdi/wvu.edu/tech/ADA.HTM)
>
> **Associação Americana de Pessoas com Deficiência**
> Uma organização sem fins lucrativos e independente, que se preocupa com todas as deficiências cujas metas são unidade, liderança e impacto. Qualquer pessoa pode fazer parte dessa organização. (www.aapd-dc.org)
>
> **Centro de Documentação da Lei de Proteção aos Norte-Americanos com Deficiência**
> Esse site contém cópias da Lei de Proteção aos Norte-Americanos com Deficiência de 1990, regulamentação da lei, manuais e links de sites relacionados a deficiências.
> (janweb.icdi.wvu.edu/kinder)
>
> **Rede de Adaptação ao Trabalho**
> Oferece consultoria gratuita sobre a Lei de Proteção aos Norte-Americanos com Deficiência, adaptações ao trabalho e à empregabilidade de pessoas com deficiência.
> (janweb.icdi.wvu.edu)
>
> **Associação Nacional de Sistemas de Proteção e Defesa**
> Essa associação representa programas de iniciativa federal que protegem os direitos de pessoas com deficiência.
> (protectionandadvocacy.com)
>
> *Fonte:* Elaborado pela autora.

a contratação de empregados deficientes é prevista por lei. Na área de Recrutamento, você precisa assegurar-se de rever totalmente os formulários de solicitação de emprego. Assegure-se de limitar-se somente àquelas perguntas que dizem respeito à habilidade do candidato para desempenhar o cargo. A Comissão de Oportunidades Iguais de Emprego recomenda evitar perguntas relativas a deficiências, como:

- histórico do tratamento de doença mental;
- relação das primeiras doenças;
- deficiências, dificuldades ou impedimentos;
- histórico de hospitalização;
- dias de ausência do trabalho em anos anteriores por causa de doença;
- histórico de remuneração do trabalhador;

Quadro 4.6 Mais informações sobre dúvidas e temas relacionados à Lei de Proteção aos Norte-Americanos com Deficiência

Para obter informações sobre as exigências da lei relativas ao emprego (Título I), contate:
Equal Employment Opportunity Commission
    1801 L Street NW
    Washington, DC 20507
    (800) 669-4000   (800) 669-6820
Para obter informações sobre a lei relativa aos Serviços Públicos (Título II) e Adaptações Públicas (Título IV), contate:
    Office on the Americans with Disabilities Act
    Civil Rights Division
    U.S. Department of Justice
    P.O. Box 66118
    Washington, DC 20035-6118
    (202) 514-0301   (202) 514-0383
Para obter informações sobre as exigências da lei que afetam o transporte (Título II), contate:
    Department of Transportation
    400 Seventh Street SW
    Washington, DC 20590
    (202) 366-9305   (202) 755-7687
Para obter informações sobre exigências a respeito de projeção de acessos em novas construções e reformas, contate:
    Architectural and Transportation Barriers Compliance Board
    1111 18th Street NW
    Suite 501
    Washington, DC 20036
    800-USA-ABLE   800-USA-ABLE
Para obter informações sobre exigências da lei que afetam as telecomunicações (Título IV), contate:
    Federal Communications Commission
    1919 M Street NW
    Washington, DC 20554
    (202) 632-7260   (202) 632-6999

Fonte: Elaborado pela autora.

♦ relação de medicamentos receitados;
♦ histórico de tratamento por uso de drogas ou álcool.

Embora algumas respostas a essas perguntas possam ser necessárias para a organização de Hospitalidade, você estará em melhor posição se esperar até que o candidato ao cargo seja contratado. Quando tiver alguma dúvida, pergunte ao advogado da organização de Hospitalidade. E lembre-se de que você *pode* perguntar se um candidato está apto a desempenhar funções específicas do cargo ou se precisará de uma adaptação específica caso seja admitido.

▌Decreto nº 13.078

Em 13 de março de 1998, o presidente Clinton assinou o **Decreto nº 13.078**, estabelecendo a Força-Tarefa Presidencial para a Contratação de Adultos Deficientes. "Pela autoridade a mim conferida como presidente pela Constituição e as leis dos Estados Unidos da América e a fim de aumentar o emprego de adultos com deficiência em uma proporção que seja tão próxima quanto possível à proporção de emprego da população adulta em geral e para apoiar as metas articuladas na seção de constatações e finalidades da Lei de Proteção aos Norte-Americanos com Deficiência de 1990, fica estabelecido por meio deste Decreto a criação da Força-Tarefa Presidencial para o Emprego de Adultos Deficientes".[14] A força-tarefa foi criada para avaliar os programas federais existentes e verificar que mudanças podem ser necessárias para derrubar algumas das barreiras com que se defrontam as pessoas deficientes ao procurar emprego. Algumas das áreas que a força-tarefa examinará incluirão cuidados com as crianças, reabilitação profissional, serviços de treinamento, retenção no emprego, apoio nas funções e oportunidades de promoção ou ausência delas. A força-tarefa emitiu seu relatório inicial para o presidente em 15 de novembro de 1998, sendo que um relatório final deveria ser entregue em 26 de julho de 2002, o décimo aniversário da Lei de Proteção aos Norte-Americanos com Deficiência, de 1990. Embora a abrangência da análise seja limitada aos programas federais em vigor, existe a possibilidade de que as recomendações possam atingir o setor privado por meio de legislação adicional nos anos futuros. Em virtude do grande número de áreas sob exame da força-tarefa, o que excede nossa capacidade de recursos humanos, os resultados desse Decreto deverão ser acompanhados por cada cidadão.

▌CONCLUSÃO

As organizações de Hospitalidade selecionavam no passado seus recursos humanos com base em um grande número de solicitações de emprego, porém os *baby boomers* e os padrões demográficos em mudança nos Estados Unidos levaram o setor a buscar métodos de recrutamento mais inovadores. O recrutamento de mão de obra passou a ser muito competitivo, não somente entre outras organizações de Hospitalidade, mas também entre todas as áreas prestadoras de serviços, o que exige maior flexibilidade nas práticas de recrutamento.

O recrutamento é uma função necessária em toda organização de Hospitalidade. Se você não consegue preencher as vagas para realizar suas operações, não pode dar início a suas atividades. Como gerente responsável pelos recursos humanos, será necessário que você desenvolva um plano para sua estratégia de recrutamento. Embora não exista uma estratégia ideal para todas as operações de hospitalidade, com a identificação apropriada de grupos de mão de obra viável e a utilização de métodos de recrutamento eficazes, você pode cumprir sua meta de localizar candidatos qualificados ao cargo quando necessário.

O processo de contratação para sua organização de Hospitalidade inicia com o recrutamento. Passamos agora para uma discussão sobre seleção, admissão e colocação, para completar a função de recrutamento da Administração de Recursos Humanos.

Caso 4.1

Você é gerente de um restaurante que serve todos os tipos de refeição localizado na área nobre de Jacksonville, Flórida. O faturamento nessa operação é de cerca de US$ 48 mil por semana atualmente, porém tem crescido consistentemente a cada semana. Como resultado, você precisa começar a contratar pessoal, para substituir a saída de funcionários e dar conta do faturamento crescente. Hoje seu quadro de pessoal é formado por 40 empregados na linha de frente e 26 empregados na área de apoio.

Seu plano de recursos humanos completo indica que você precisa de:

- 6 garçons;
- 1 hostess;
- 2 auxiliares de garçom;
- 1 cozinheiro;
- 2 lavadores de pratos.

Em sua localidade geográfica, existem diversos órgãos divulgadores e organizações da comunidade e uma faculdade muito próxima de seu restaurante. Tradicionalmente você tem uma equipe de empregados muito estável, com uma taxa de rotatividade muito baixa. Seu restaurante e seus empregados têm grande participação em eventos comunitários e têm reconhecimento e imagens positivos na comunidade.

Você não teve de realizar nenhum recrutamento nos últimos nove meses. O desemprego em sua área não se alterou nos últimos dois anos, permanecendo fixo em 5%. Sua concorrência inclui quatro restaurantes similares ao seu e 12 restaurantes de fast-food, mais as lojas no shopping center um pouco adiante, na mesma rua.

Prepare um plano de recrutamento de três páginas para seu gerente-geral. Seja específico ao indicar como você contratará os candidatos para as vagas previstas em seu plano de pessoal.

Fonte: Elaborado pela autora.

Caso 4.2

Você é o gerente-geral de um hotel econômico, localizado a noroeste de um cruzamento interestadual, nos arredores de uma cidade de grande porte. Você trabalha para o hotel há quatro anos e nesse local específico há seis meses. O hotel tem 155 apartamentos e oferece apenas o café da manhã. Esse hotel faz parte de uma rede nacional de excelente reputação.

Nesses anos, você conseguiu depender da força de trabalho formada por adolescentes para complementar sua equipe em período integral durante os fins de semana, o verão e os períodos de pico. Em virtude de seu hotel estar localizado em um cruzamento importante, em uma rota de tráfego intenso, o movimento é um tanto sazonal, com um fluxo de tráfego mais intenso durante os meses de verão. Ultimamente, você não vem conseguindo contar com a força de trabalho dos adolescentes para complementar seu pessoal em período integral durante esses importantes períodos de pico.

A que você atribui a dificuldade em contratar a força de trabalho de adolescentes em sua área? Quais são algumas das providências que você pode tomar para estimular o interesse deles, não apenas para um cargo em período parcial em seu hotel enquanto frequentam a escola, mas como uma oportunidade de carreira potencial?

Além disso, você reconhece que precisa desenvolver um plano de ação com fontes alternativas de mão de obra que poderia buscar por meio de suas iniciativas de recrutamento. Elabore uma lista de fontes alternativas de mão de obra que poderiam estar disponíveis, a fim de complementar seu pessoal em período integral. Relacione as vantagens e desvantagens de cada fonte identificada. Das fontes alternativas de mão de obra que você identificou, quais você considera que poderão gerar melhor resultado para seu hotel? Explique.

Fonte: Elaborado pela autora.

Caso 4.3

Você é o gerente-geral de um restaurante que serve todos os tipos de refeições com um grande problema na taxa de rotatividade, desde que quatro novos restaurantes, uma fábrica que remunera bem e um novo shopping center iniciaram as atividades nos últimos seis meses. Seu restaurante está localizado em uma pequena cidade do Meio-Oeste. Todo esse crescimento tem sido ótimo para sua cidade, mas péssimo para sua taxa de rotatividade!

Você perdeu oito empregados no último mês, pois eles acreditaram que teriam melhores benefícios em um novo emprego. Seus benefícios são igualmente bons; porém, seus gerentes e empregados não compreendem o que se encontra disponível para eles.

Você precisa impedir a rotatividade e contratar 12 novos empregados o mais rapidamente possível. Todos em sua cidade exibem uma faixa "Precisa-se de empregados", porque a taxa de rotatividade na área atingiu o menor valor (2,8%) até agora verificado.

Você também suspeita de que um de seus principais gerentes está procurando um emprego mais bem remunerado na fábrica.

Desenvolva um plano de três páginas para (a) impedir a rotatividade e (b) contratar os empregados necessários.

Fonte: Elaborado pela autora.

Termos-chave

- anúncio
- ação afirmativa
- agência de reabilitação
- agências de emprego
- *baby boomers*
- candidato a emprego
- Centro de Atendimento de Oportunidades de Emprego
- composição étnica
- consultorias de executivos
- Decreto nº 11.246
- Decreto nº 13.078
- Decreto Revisado nº 4
- empresa locadora de mão de obra
- falta de mão de obra
- formulário I-9
- grupos de trabalho alternativos
- imigrantes
- indicações
- informações demográficas deficientes
- Internet
- Lei de Auxílio à Readaptação dos Veteranos
- Lei de Educação para Todas as Crianças Deficientes
- Lei de Equilíbrio Orçamentário de 1997
- Lei de Imigração de 1990
- Lei de Proteção aos Norte-Americanos com Deficiência
- Lei de Reabilitação de 1973
- Lei de Reformulação e Controle da Imigração
- Programa de colocação de beneficiários da Previdência Social
- Programa de Contratação de Empregados Legalmente Autorizados
- recrutamento
- recrutamento externo
- recrutamento interno
- recrutamento on-line
- requisição de empregado
- sistemas de recrutamento eletrônico
- síndrome do corpo quente
- sites
- trabalho temporário

Leituras recomendadas

BELMAN, D. "The Graying of America: Implications of an aging labor pool". *Restaurant USA*, v. 15 nº 4, p. 14-18, 1995.

BOND, J., GALINSKY, E. e SWANBERG, J. *The 1997 national study of the changing workforce.* Nova York: Families and Work Institute, 1998.

BRUNS, R. "When the biggest barrier falls". *Lodging Magazine.* Disponível em: www.ei-ahma.org/webs/lodging/9802/coverstory.htm. Acesso em 19 agosto 2013.

CRISPIN, G. e MEHLER, M. *CAREER X ROADS.* Kendall Park, NJ. MMC Publishing, 1999.

GROSSMAN, R. "Short-term workers raise long-term issues". *HR Magazine.* Disponível em: www.shrm.org/hrmagazine/articles/0498cov.htm. Acesso em 19 agosto 2013.

HEUBUSCH, K. e GALPER, J. "Jobs at play and jobs that pay". *America Demographics Magazine.* Disponível em: www.demographics.com/publications/ad/98-ad/9805_d/ad980527.htm. Acesso em 19 agosto 2013.

MAGILL, B. G. "ADA Accommodations: don't have to break the bank", *HR Magazine.* Disponível em: www.shrm.org/hrmagazine/articles/0797ada.htm. Acesso em 19 agosto 2013.

OVERMAN, S. "People to-work initiatives: nurturing the american dream". *Restaurant USA*, v. 17, nº 3, p. 22-26, 1997.

RUBIS, L. "Show and tell". *HR Magazine.* Disponível em: www.shrm.org/hrmagazine/articles/0498dish.htm. Acesso em 19 agosto 2013.

The U.S. Equal Employment Opportunity Commission. *The ADA: your employment rights as an individual with a disability.* Washington, DC: U.S.E.E.O.C., 1997.
The U.S. Equal Employment Opportunity Commission. *The ADA: your responsibilities as an employer.* Washington, DC: U.S.E.E.O.C., 1997.

▌Sites recomendados

1. Centro de Documentação sobre a Lei de Proteção aos Norte-Americanos com Deficiência: janweb.icdi.wvu.edu/kinder
2. Informações sobre deficiências: www.public.iastate.edu/~sbilling/ada.html
3. American Association of Retired Persons: www.aarp.org
4. American Civil Liberties Union: www.aclu.org
5. Seniors On line (Canadá) www.ageofreason.com/sol.htm
6. Census Bureau's sobre deficiência: www.census.gov/hhes/www/disable.html
7. National Council on Aging: www.ncoa.org
8. Statistics Canada: www.statcan.ca/sta
9. Disabled American Veterans: www.dav.org
10. Sites de empregos:
    www.bestrecruit.com
    www.careerlinx.com
    www.careerbuilder.com
    www.careerpath.com
    www.classifieds2000.com
    www.hotjobs.com
    www.jobnet.com
    www.jobtrak.com
    www.monster.com
11. U.S. Department of Labor: www.dol.gov
12. Ocupational Safety and Health Administration: www.osha.gov
13. Social Security Administration: www.ssa.gov
14. Parceria: www.welfaretowork.org

▌Notas

1. Kevin Heubusch. "Jobs at play and jobs that pay". *American Demographics*, v. 20, nº 5, p. 50, 1998.
2. Idem.
3. Kathy Seal. "Recruiters find labor worldwide". *Hotel & Motel Management*, v. 213, nº 4, p. 8, 1998.
4. Stephanie Armour. "Frantic employers search high, low for summer help". *USA Today*, 17 de junho de 1998, p. 5B.
5. Autor desconhecido. "Age often shapes worker paths". *Chicago Tribune*, 21 de abril de 1998, p. 5.
6. American Hotel & Motel Association. *1996 Lodging Industry Profile*. Washington, DC: *American Hotel & Motel Association*, 1996.
7. Autor desconhecido. "Restaurant Employment to reach 12 million by 2006". *Restaurants USA,* v. 18, nº 2, p. 45,1998.
8. Idem.
9. Frederick J. DeMicco e Robert Reid. "Older workers are new flavor in fast food". *Globe & Mail*, 17 de junho de 1997, p. B9.

10. National Restaurant Association. *1998. Restaurant Industry Pocket factbook.* Washington, DC: National Restaurant Association, 1998.
11. Barbara Grady. "As job market surges, so do job sites". *Internet World*, 13 de abril de 1998. Disponível em: www.internetworld.com/print/1998/04/13/intcareers/19980413-surges.html. Acesso em 19 agosto 2013.
12. Dale S. Brown, Susan M. Bruyere e David Mank. "The ADA and total quality management". Disponível em: janweb.icdi.wvu.edu/kinder/pages/TQM.html. Acesso em 19 agosto 2013.
13. Idem.
14. Department of Labor. *Fact Sheet Executive Order* 13.078. Disponível em: www.dol.gov/dol/-sec/public/programs/ptfead/factsht.htm. Acesso em 19 agosto 2013.

▌Questões

1. O que é recrutamento? Explique a relação do recrutamento com o planejamento e as funções de análise de recursos humanos.
2. Descreva o efeito das mudanças demográficas na sociedade norte-americana sobre o recrutamento de recursos humanos para o setor de Hospitalidade. Que ações você pode realizar em um mercado de trabalho restrito?
3. Identifique quatro grupos de trabalho viáveis que poderiam ser utilizados com fins de recrutamento. Discuta as vantagens e desvantagens de recrutar cada um dos quatro grupos que você identificou.
4. Relacione as diversas vantagens do recrutamento em fontes internas. Relacione as diversas vantagens em recrutar em fontes externas de mão de obra. Quais você prefere? Por quê?
5. Identifique e descreva pelo menos seis métodos de recrutamento.
6. Explique como a Internet tem modificado o recrutamento.
7. Explique a ação afirmativa e como ela afeta sua função de recrutar candidatos qualificados para os cargos vagos.
8. Descreva o uso de agências de trabalho temporário. Em que ocasião você poderia usá-las como gerente responsável pelos recursos humanos no setor da Hospitalidade?
9. Qual sua opinião sobre o recrutamento de antigos empregados e candidatos a emprego? Defenda sua posição.
10. Discuta os efeitos sobre o recrutamento da Lei de Proteção aos Norte-Americanos com Deficiência.
11. Descreva quem atende às exigências de uma pessoa deficiente sob a Lei de Proteção aos Americanos com Deficiência.

Seleção, contratação e colocação

A ocasião em que a pessoa mais se aproxima da perfeição é quando preenche uma solicitação de emprego.
Stanley J. Randall

Existe algo interessante a respeito da vida; se você se recusa a aceitar aquilo que não seja ótimo, com muita frequência você o obtém.
W. Somerset Maugham

■ INTRODUÇÃO

As políticas de emprego são criadas para satisfazer as necessidades da organização de Hospitalidade e das pessoas afetadas por elas. As políticas da organização oferecem respostas às perguntas relacionadas ao emprego; portanto, torna-se importante que o conteúdo dessas políticas seja comunicado a todos os membros da organização de Hospitalidade a quem se aplica. Devem ser desenvolvidas políticas relativas à seleção, contratação e colocação adequadas. As pessoas em sua organização que participarão do processo de emprego precisam ser identificadas. É comum para os gerentes operacionais assumirem as responsabilidades por seleção, contratação e colocação. No decorrer de seu dia já atarefado, existe a possibilidade de precisar conduzir uma entrevista ou fazer algumas ligações a respeito de uma referência. Grande parte daquilo que estamos para discutir apresenta a situação ou o ambiente ideal para levar adiante o processo de contratação. Estamos conscientes, no entanto, de que os gerentes operacionais responsáveis por Recursos Humanos nem sempre dispõem de tempo suficiente para o "ideal". Esses passos finais no processo de emprego são importantes para assegurar a seleção, contratação e colocação das pessoas certas em sua organização. Deve-se fazer todo esforço para levar esse processo seriamente e encontrar o tempo de que você precisa para realizar um bom trabalho nessa área de Administração de Recursos Humanos.

O processo de contratação varia entre as organizações de Hospitalidade. Cada estabelecimento precisa decidir as políticas e os procedimentos que melhor atendam

à missão do empreendimento. Em vista dos índices de rotatividade muito elevados no setor de Hospitalidade (as operações de atendimento rápido têm divulgado
índices que chegam a 400%), a seleção adequada dos candidatos adquiriu uma
nova importância. Muitas vezes, os indivíduos que saem de nossas operações jamais deveriam ter sido admitidos. Escolher a pessoa errada para uma vaga pode
representar tempo consumido e desperdício de dinheiro. Neste capítulo você terá
informações sobre seleção, contratação e colocação do candidato certo no cargo.

Ao finalizar este capítulo, você será capaz de:

1. Descrever a importância e os efeitos da lei de emprego no processo de
   contratação.
2. Compreender as implicações do programa Oportunidades Iguais de Emprego, da Lei de Proteção aos Norte-Americanos com Deficiência e de
   outras leis de emprego que dizem respeito à discriminação dos candidatos a emprego.
3. Identificar os itens que devem ser incluídos em uma solicitação de emprego.
4. Descrever como você deve se preparar para conduzir uma entrevista de
   emprego.
5. Desenvolver perguntas para a entrevista pertinentes ao cargo vago.
6. Identificar as perguntas proibidas por lei durante uma entrevista.
7. Preparar os formulários necessários para a documentação durante o processo de contratação.
8. Realizar a verificação das referências fornecidas por um candidato.
9. Identificar alguns dos testes aplicados antes da admissão que você poderia usar como ferramenta de seleção.
10. Discutir a manutenção adequada dos registros e arquivos relativos ao
    quadro de pessoal.
11. Compreender os objetivos envolvidos ao se tomar uma decisão de con-
    tratação.
12. Definir contratação negligente e suas implicações.
13. Identificar os benefícios de instituir um período de experiência após a
    admissão.

■ SELEÇÃO

O processo de **seleção** envolve diversos métodos diferentes de triagem. **Triagem**
pode ser definida como um método que lhe permite fazer a melhor seleção do grupo
de **candidatos a emprego** disponíveis e, ao mesmo tempo, obedecer às restrições
e exigências legais em níveis federal, estadual e municipal. O nível organizacional
em que é realizada a triagem de empregados horistas varia entre as organizações
de Hospitalidade, dependendo de sua estrutura departamental. O objetivo permanece o mesmo em cada nível: identificar o candidato a emprego que se tornará um

empregado valioso e um bom representante de sua organização de Hospitalidade. Uma pessoa torna-se um ativo somente quando desempenha seu cargo de modo eficiente e de acordo com os padrões da função.

É evidente que na área de Hospitalidade os métodos de seleção inadequados constituem um fator preponderante para o índice de rotatividade elevado. Os métodos de seleção utilizados em sua organização de Hospitalidade devem ser elaborados com muito cuidado. Devem existir instrumentos apropriados e legais para a seleção, os quais incluem formulários de **solicitação de emprego**, procedimentos durante a entrevista, **verificação de referências** e até **testes pré-admissionais**. Cada instrumento precisa ser criado de modo que sejam obtidas somente informações pertinentes ao cargo específico; caso contrário, você poderia não acatar as exigências legais. Você está buscando informações que preverão o comportamento e o desempenho de cada candidato a um cargo. Parece fácil?

A administração desses instrumentos de seleção exige pessoas qualificadas, experientes e treinadas. Os entrevistadores e outros selecionadores precisam compreender o cargo, a organização de Hospitalidade e como obter o maior número possível de informações do candidato a emprego. Se a seleção for de responsabilidade da Divisão de Recursos Humanos, então precisam ser mantidos canais abertos de comunicação com a Divisão de Operações. Ambas as divisões deveriam desempenhar um papel importante no processo de seleção.

Antes de examinarmos os instrumentos que você deve ter, a fim de assegurar que sua decisão de seleção seja a melhor para sua organização de Hospitalidade, precisamos discutir as implicações legais que afetam o processo de emprego. É preciso ter em mente essas restrições em muitas de nossas discussões futuras envolvendo funções, métodos e políticas de Recursos Humanos.

▌Lei do emprego

A **Lei do emprego** constitui uma área ampla da lei que cobre todas as áreas do relacionamento empregador/empregado, exceto, o processo de negociação, o qual é coberto pelo dissídio coletivo e pela legislação trabalhista. Existem milhares de dispositivos legais federais e estaduais, regulamentações administrativas e decisões judiciais que compõem a lei do emprego. Muitas leis,* como a regulamentação do salário mínimo discutida no Capítulo 10, foram promulgadas como legislação protetora. Outras leis, como aquela que trata do seguro-desemprego, foram aprovadas como políticas públicas. As leis como o **Título VII da Lei de Direitos Civis**, a Lei de Discriminação por Idade e a Lei de Proteção aos Norte-Americanos com Deficiência passam a vigorar durante o processo de contratação e continuam até o término da relação de emprego.

---

*N.R.T.: O texto refere-se a leis norte-americanas. No Brasil, as questões relacionadas à Legislação Trabalhista estão em pauta constante. Para manter-se atualizado, sugere-se ao leitor consultar informações disponíveis no site do Fórum dos Operadores Hoteleiros do Brasil (FOHB) em http://www.fohb.com.br/comite.php e sindicatos relacionados ao setor.

Como regra geral, as leis de emprego federais aplicam-se aos empregadores que possuem um número definido de empregados. Por exemplo, você precisa acatar as exigências da Lei de Proteção aos Norte-Americanos com Deficiência e do Título VII, se tiver 15 ou mais empregados. A determinação do número de empregados é feita pela contagem de todos os empregados que fazem parte de sua folha de pagamento durante uma semana, para cada semana do ano. Se você tiver 15 ou mais empregados em sua folha de pagamento por no mínimo 20 semanas em um ano, estaria coberto pela Lei de Proteção aos Norte-Americanos com Deficiência e pelo Título VII pelo ano todo. E isso significa que você precisa levar em conta cada um de seus empregados em meio período, bem como os empregados temporários e os encaminhados por agências de locação de mão de obra. Você não leva em consideração na contagem os profissionais independentes. As leis estaduais, como é de supor, variam consideravelmente entre os Estados nos Estados Unidos. Muitas leis estaduais são mais severas que as leis federais, especialmente na área de **discriminação no emprego**. Alguns Estados exigem que um empregador tenha ao menos um empregado que esteja sob essas leis. Portanto, não é porque você esteja isento de obrigatoriedade no âmbito federal que necessariamente esteja isento das leis estaduais de direitos civis. Verifique as leis do Estado em que você opera, a fim de assegurar sua obediência aos dispositivos legais. Alguns sites contêm informações sobre os Estados norte-americanos que podem lhe ser úteis. Todavia, consulte um advogado sempre que houver dúvida. A discriminação no emprego é uma das principais áreas que deve nos preocupar no tocante à seleção, contratação e colocação.

▌Lei de Discriminação no Emprego

A finalidade das leis de discriminação no emprego consiste em tentar evitar discriminação por parte dos empregadores por raça, sexo, religião, nacionalidade, deficiência física e idade. Houve um aumento do número de dispositivos legais entre meados e fins dos anos 1990, que procuram evitar discriminação no emprego por orientação sexual. Durante toda a década de 1990, houve um aumento do número de dispositivos federais e estaduais nessa área. Muitos Estados protegem grupos que não estão cobertos por leis federais.

Desde o verão de 1999, por decisão da Suprema Corte, as vítimas de discriminação no local de trabalho podem ter direito a indenizações por danos, caso os funcionários da empresa sejam considerados responsáveis. Isso significa que, se uma companhia, em vez de um supervisor, for responsável pela discriminação, a empresa teria de pagar indenização por danos. Se, no entanto, um supervisor for responsável pela discriminação, então não seria justo fazer a companhia arcar com a indenização por dano. A decisão foi recebida como uma grande vitória para os empregadores,[1] enfatizando ainda mais a importância de uma política expressa em termos rigorosos contra a discriminação no local de trabalho.

▮ Lei de Direitos Civis de 1964

Um direito civil é um direito ou privilégio exigível que, caso sofra a interferência de outro, dá origem a uma ação por dano. A discriminação dos direitos civis de uma pessoa ocorre quando esses direitos são negados ou estão sujeitos a interferência por ela pertencer a determinado grupo ou classe. A Lei de Direitos Civis, de 1964, contém os Títulos numerados de I a VII. O Título VII abrange alguns elementos relacionados a discriminação. Ele torna ilegal um empregador discriminar em relação a contratação, demissão, remuneração, condições, privilégios ou termos de emprego com base em raça, cor, religião, sexo ou nacionalidade.

▮ Comissão de Oportunidades Iguais de Emprego

A Comissão de Oportunidades Iguais de Emprego foi criada pelo Título VII e iniciou operações em 2 de julho de 1965. Operando de sua sede em Washington, D.C. e em 50 sucursais em todos os Estados Unidos, ela fiscaliza os principais dispositivos federais que proíbem discriminação no emprego. As **Oportunidades Iguais de Emprego** constituem o direito legal de todas as pessoas serem consideradas para emprego e promoção única e exclusivamente com base em sua habilidade, mérito e potencial. As Oportunidades Iguais de Emprego são exigidas por lei e proíbem a discriminação intencional ou não intencional de empregados por raça, cor, sexo, credo, idade, deficiência física ou mental não relacionada ao cargo, nacionalidade ou condição de veterano. A discriminação é tratar injustamente um empregado por causa de uma ou mais dessas condições. Quando forem tomadas decisões de seleção e promoção, elas devem ter como base única e exclusiva a habilidade, o mérito e o potencial.

O quadro de dirigentes e os demais empregados precisam ser justos e não demonstrar atitudes erradas em todos os assuntos relacionados ao emprego, a fim de proporcionar Oportunidades Iguais de Emprego. Isso se aplica às solicitações de emprego, à condução da entrevista, às perguntas formuladas aos candidatos a emprego, à maneira como as referências são verificadas e à aplicação de qualquer teste pré-admissional. As decisões de contratação precisam ser baseadas em elementos relacionados às funções ou poderão ser consideradas discriminatórias.

Sua posição no tocante às Oportunidades Iguais de Emprego precisa ser proativa, pois boas intenções não são suficientes. Qualquer um de seus empregados ou candidatos a emprego pode dirigir-se à Comissão de Oportunidades Iguais de Emprego e acusar sua organização de Hospitalidade de discriminação. Se isso ocorrer, e a Comissão constatar jurisdição em relação à acusação que lhe foi imputada, caberá a você provar que suas ações não foram discriminatórias. Não importa se sua intenção não foi discriminar; a Lei de Oportunidades Iguais de Emprego torna-o responsável pela obediência a seus dispositivos. Se a Comissão decidir que você praticou ações discriminatórias no processo de contratação, então você terá de eliminar a causa dessa discriminação e pagar indenização às vítimas.

A violação da Lei de Oportunidades Iguais de Emprego pode ser muito onerosa para sua organização de Hospitalidade.

Muitas organizações de Hospitalidade têm desenvolvido uma política de Oportunidades Iguais de Emprego que especifica a intenção da organização com respeito à discriminação. Desenvolvem-se procedimentos para comunicar essa política externa e internamente. As responsabilidades pela implantação da política de Oportunidades Iguais de Emprego estão claramente definidas. São realizadas pesquisas periódicas para avaliar a eficácia do programa de Oportunidades Iguais de Emprego nas organizações de Hospitalidade. Essas pesquisas incluem o acompanhamento das práticas de emprego no que diz respeito à composição raça-gênero da equipe de trabalho; ao número de deficientes no ambiente de trabalho; ao local de residência dos membros da equipe de trabalho; à promoção e à demissão.

A solução para evitar queixas relacionadas às Oportunidades Iguais de Emprego consiste em assegurar que os procedimentos do processo de emprego sejam relacionados às funções, sejam aplicados uniformemente a todo candidato a emprego e tenham objetividade. Promoções, transferências e demissões também devem ser tratadas dessa perspectiva. Faça as seguintes perguntas a respeito dos procedimentos que você adota:

- ♦ Eles se relacionam ao desempenho das funções?
- ♦ Você os aplica do mesmo modo a todos os candidatos a emprego?
- ♦ Eles exercerão o mesmo efeito em todos os candidatos a emprego?
- ♦ Eles estão formulados em termos objetivos e dispensam um julgamento subjetivo?

A Força-Tarefa de Práticas Corretas da Comissão de Oportunidades Iguais de Emprego foi formada para estudar as políticas, os programas e as práticas "corretos" dos empregadores do setor privado. Uma de suas constatações é de que as companhias que responderam à Força-Tarefa adotavam aquilo que denominavam um método "SPLENDID" de cumprimento de suas obrigações previstas nas leis de direitos civis e de Oportunidades Iguais de Emprego (Quadro 5.1). Esses preceitos servem como diretrizes que o gerente responsável pelos Recursos Humanos pode adotar, a fim de assegurar a proteção dos direitos civis de cada um dos empregados.

De todas as acusações protocoladas na Comissão de Oportunidades Iguais de Emprego, mais de 20% envolvem o Título VII da Lei de Direitos Civis, de 1964. Logo em seguida estão as queixas relacionadas à Lei de Proteção aos Norte-Americanos com Deficiência e à Lei de Discriminação por Idade, as quais passamos a examinar.

▌Discriminação por idade

A Lei de Discriminação por Idade, de 1967 (emendada), proíbe discriminação no emprego contra indivíduos que tenham 40 ou mais anos de idade. As práticas de emprego proibidas descritas nessa lei são quase idênticas às previstas no Título VII. Além disso, um empregador está proibido de limitar, segregar ou classificar um empregado de qualquer modo que o prive de oportunidades ou afete adversamente seu status por causa da idade. Existem diretrizes específicas para planos de benefícios, pensão e aposentadoria que precisam ser acatadas por um empregador. Ela foi instituída para promover a contratação de pessoas mais idosas com base na habilidade, em vez da idade, e auxiliar empregadores e empregados a identificar meios para equacionar problemas decorrentes do impacto da idade sobre o emprego.

A lei é fiscalizada pela Comissão de Oportunidades Iguais de Emprego, que examina as acusações de discriminação por idade de modo semelhante ao exame de acusações de discriminação sob o Título VII. Muitos Estados apresentam suas próprias leis de discriminação por idade. Procure conhecer as leis do Estado no qual você opera. A Comissão de Oportunidades Iguais de Emprego exige que os empregadores cobertos pela Lei de Discriminação por Idade veiculem avisos explicando a cobertura. Esses avisos encontram-se disponíveis em sua sucursal regional da Comissão.

No processo de contratação no setor de Hospitalidade, deve-se tomar cuidado para que referências à idade sejam omitidas durante todo o processo. Embora a Lei de Discriminação por Idade não proíba especificamente um empregador de perguntar a idade a um candidato, a solicitação por informação sobre a idade será cuidadosamente examinada para assegurar que a pergunta foi legal, caso uma queixa

---

Quadro 5.1 O método "SPLENDID"

ESTUDAR (*Study*) – conhecer a lei, os padrões que definem suas obrigações e as várias barreiras às Oportunidades Iguais de Emprego e à diversidade. Solicitar ajuda da Comissão de Oportunidades Iguais de Emprego, de consultores profissionais ou de associações.

PLANEJAR (*Plan*) – conhecer sua própria situação com relação à sua equipe de trabalho e às características que ela possui. Definir seus problemas, propor soluções e criar estratégias para concretizá-las.

LIDERAR (*Lead*) – os gerentes nas categorias sênior, média e inferior precisam defender a diversidade como um imperativo da empresa. Eles precisam proporcionar a liderança para obter, de modo bem-sucedido, uma equipe de trabalho diversificada.

ENCORAJAR (*Encourage*) – as companhias deveriam encorajar a obtenção de diversidade por todos os gerentes e empregados. Práticas empresariais e sistemas de remuneração devem ser criados para reforçar esses objetivos corporativos.

NOTAR (*Notice*) – observe o impacto de suas práticas. A autoanálise é uma parte importante desse processo.

DISCUSSÃO (*Discussion*) – comunique e reforce a mensagem de que a diversidade é um ativo da empresa e um elemento fundamental para o sucesso empresarial.

INCLUSÃO (*Inclusion*) – inclua todos nesse processo, inclusive os homens brancos. Todos precisam ser incluídos na análise, no planejamento e na implementação.

DEDICAÇÃO (*Dedication*) – seja persistente. Ganhos a longo prazo podem ter um custo a curto prazo. Invista nos Recursos Humanos e financeiros necessários.

Fonte: Comissão de Oportunidades Iguais de Emprego, "Práticas Corretas dos Empregadores do Setor Privado".

seja apresentada à Comissão de Oportunidades Iguais de Emprego. Certifique-se de que suas campanhas de recrutamento não procurem "pessoas jovens com energia" ou "formadas em junho". Reveja seus formulários para ter certeza de que não incluem data de nascimento, data de término do curso secundário ou datas em que os cursos foram concluídos. Não é relevante para o emprego quando uma pessoa se formou, embora o fato de a pessoa ser formada possa representar uma informação relacionada ao emprego. Deve-se tomar o cuidado de treinar os entrevistadores a não abordar temas relacionados a idade. Como regra geral, essa legislação é fácil de seguir, desde que seu pessoal seja informado a compreender claramente que a idade não exerce influência sobre uma decisão de contratação.

▌ Leis de proteção aos veteranos de guerra

Existem dois diplomas legais que protegem os veteranos dos Estados Unidos contra discriminação. O primeiro é a **Lei de Auxílio à Readaptação dos Veteranos**, **de 1974**, a qual exige práticas de contratação afirmativas para veteranos do Vietnã e deficientes. A legislação mais recente é a **Lei do Direito de Reemprego para Veteranos, de 1994**, a qual amplia os direitos das pessoas que retornam ao trabalho após o serviço militar. Os empregadores possuem agora uma responsabilidade maior perante seus empregados que saem da empresa para prestar serviço militar. São mantidos os direitos de recontratação e foi ampliado o período em que as pessoas podem permanecer afastadas de seu cargo, e o empregador tem a responsabilidade de providenciar planos de saúde em condições especiais (Capítulo 11). Essa lei foi aprovada quando cerca de 270 mil pessoas que participaram da Operação Tempestade no Deserto retornaram a seus empregos civis.

▌ Lei de Direitos Civis, de 1991

O presidente George Bush assinou a **Lei de Direitos Civis de 1991** em 21 de novembro daquele ano. Emendado em 1990, esse diploma legal procura assegurar direitos iguais a todas as pessoas, de acordo com os dispositivos constantes na Lei. Conforme essa lei, a violação dos direitos civis se constituirá caso raça, sexo, religião ou nacionalidade tenha sido um fator "motivador" de decisão de contratação. A lei é muito importante para os gerentes de Hospitalidade responsáveis pelos Recursos Humanos, pois atribui o ônus da prova ao reclamante em casos de **impacto desigual**. Casos de impacto desigual são aqueles em que uma prática de emprego, embora neutra na aparência, apresenta um impacto discrepante (diferente) em um grupo protegido, como minorias ou mulheres.

Além disso, a Lei de Direitos Civis estabeleceu um órgão com 21 membros, conhecido como **Comissão Telhado de Vidro**, para identificar as barreiras e promover políticas e práticas avançadas para a promoção de mulheres e minorias no setor privado. A expressão ***telhado de vidro*** refere-se às barreiras invisíveis que impedem as pessoas qualificadas de progredir na organização. A Comissão completou seu estudo em 1996 e foi desativada. Como resultado do trabalho da Comissão, existe muita literatura disponível (ver *Leituras recomendadas*) que ajuda a identificar as diferenças e similaridades nas barreiras com que se defrontam homens e mulheres de grupos minoritários historicamente sub-representados. É importante que o gerente responsável pelos Recursos Humanos tome toda iniciativa para assegurar que nenhum grupo seja tratado de modo diferente no processo de emprego. "Se as empresas dos Estados Unidos utilizassem o capital humano da nação, elas estariam fazendo um excelente investimento."[2]

▌Discriminação e os deficientes

O Título I da Lei de Proteção aos Norte-Americanos com Deficiência, de 1990, proíbe discriminação no emprego com base em uma deficiência, conforme discutimos no Capítulo 4. O tipo de discriminação proibida pela Lei é mais amplo do que o descrito no Título VII. De acordo com esse diploma legal, a solicitação de emprego é considerada uma verificação pré-admissional. Ela pode agrupar informações sobre aptidões, habilidades e credenciais do candidato, mas não pode ser usada para obter informações, como se o candidato é portador de deficiência, ou a natureza ou a gravidade dessa deficiência. Isso significa que são proibidas as perguntas sobre as enfermidades anteriores ou atuais do candidato. As mesmas restrições se aplicam à entrevista. Como empregador potencial, suas perguntas devem limitar-se à capacidade do candidato para executar funções específicas ao cargo. Caso o candidato possua uma deficiência de conhecimento do empregador, este pode perguntar se uma adaptação seria necessária para o desempenho de qualquer das funções inerentes ao cargo. A única ocasião em que um exame médico pode ser exigido como condição de uma oferta de emprego é se exames médicos forem requisitados todos os novos contratados para essa categoria de cargo, independentemente da deficiência. O teste para determinar o uso de drogas não é considerado um exame médico. A lei não incentiva, proíbe ou autoriza testes relativos ao uso de drogas como parte do processo de pré-contratação. Você deve assegurar-se de que qualquer teste vise à verificação das funções essenciais do cargo e preveja com precisão o sucesso neste.

A Lei de Proteção aos Norte-Americanos com Deficiência tem por finalidade proteger de discriminação as pessoas com aids e HIV, bem como aquelas pessoas com deficiência física ou mental. Lembre-se de que essa lei exige que você, como gerente responsável pelos Recursos Humanos, concentre-se nas habilidades dos candidatos a emprego e não nas deficiências. A **Lei de Reabilitação, de 1973**, (emendada) proíbe a discriminação de empregados federais com deficiência, sendo fiscalizada pela Comissão de Oportunidades Iguais de Emprego. Existem muitos dispositivos de leis estaduais que proporcionam proteção adicional à discriminação no emprego. Assegure-se de estar familiarizado com as leis do Estado em que sua organização de Hospitalidade estiver localizada.

■ A solicitação de emprego

As solicitações de emprego geralmente são preenchidas por todas as pessoas que demonstram um interesse em trabalhar para sua organização de Hospitalidade. As solicitações asseguram a obtenção de todas as informações necessárias, fornecidas pelos candidatos, e lhe permitem transmitir ao candidato alguns fatos a respeito de sua companhia. Podem ser simples ou complexas, dependendo de como você as elabora. A principal pergunta ao se decidir o que incluir em uma solicitação é: "Essa informação é exigida para as necessidades da empresa?" As informações requeridas em uma solicitação são utilizadas para se tomar uma decisão de emprego. Anteriormente neste capítulo, examinamos algumas entre o grande número de leis antidiscriminatórias existentes. Sempre é uma boa ideia pedir a seu advogado para que reveja o formulário de solicitação de emprego antes de preenchê-lo.

Nesse formulário, o candidato relaciona aptidões, experiência de trabalho e formação educacional com informações pessoais relevantes ao cargo. Informações pessoais relevantes incluem nome, endereço, número de registro na Previdência Social e telefone de contato do candidato. Informações sobre a disponibilidade do candidato a emprego também serão importantes na área de Hospitalidade. Por exemplo, o candidato pode trabalhar à noite, nos fins de semana e feriados se o cargo exigir? Nas informações relevantes da solicitação não há dados sobre raça, nacionalidade, religião, orientação sexual ou idade. Caso temas relacionados a idade precisem ser esclarecidos em vista das exigências impostas pela Lei de Consumo de Bebidas Alcoólicas ou leis relativas ao trabalho infantil, esses devem ser abordados na entrevista.

A solicitação de emprego é uma das ferramentas de seleção mais adotadas atualmente. Ela pode selecionar indivíduos que não atendem às exigências básicas do cargo conforme indicadas nas especificações do cargo. Isso evita dedicar tempo na entrevista de candidatos a emprego despreparados para ocupar uma vaga específica. Desse modo, a solicitação proporciona um método rápido e sistemático para obter informações sobre o candidato.

Solicitações de emprego (Figura 5.1) devem ser cuidadosamente elaboradas, para que sejam obtidas informações suficientes, de modo que os candidatos a emprego se encaixem nas especificações da vaga. No entanto, elas não devem invadir a privacidade do candidato. Novamente, se as informações não se referem ao cargo, então é provável que não devem fazer parte do formulário de solicitação de emprego. Muitas organizações de Hospitalidade tiveram de modificar seus formulários de solicitação de emprego, a fim de acatar a legislação em mudança constante, como a Lei de Proteção aos Norte-Americanos com Deficiência. A Comissão de Oportunidades Iguais de Emprego tomará medidas relativas a queixas feitas por candidatos a emprego que julgarem discriminatórias as informações constantes na solicitação de emprego.

A única ocasião em que podem ser feitas perguntas relativas a raça, estado civil, altura ou peso é quando elas puderem ser enquadradas na categoria **Qualificação Ocupacional Autêntica**, que permite práticas de contratação normalmente proibidas pela Comissão de Oportunidades Iguais de Emprego, caso o empregador possa provar que a violação é necessária para atender às funções e responsabilidades do cargo. Por exemplo, você estaria autorizado a recrutar e entrevistar somente homens se a vaga em aberto for para auxiliar de vestuário masculino. Historicamente, a preferência dos clientes não tem sido aceita como defesa da Qualificação Ocupacional Autêntica, embora o sexo e a idade o tenham em algumas situações específicas. A lei determina basicamente que um candidato tem o direito de provar sua habilidade para desempenhar as tarefas do cargo; ela não permite diferenças salariais baseadas em religião, gênero ou nacionalidade para aqueles que ocupam o mesmo cargo.

Vale muito a pena elaborar um formulário de solicitação de emprego que lhe permita agrupar o maior número de informações possível. As entrevistas consomem tempo e revelam-se um desperdício quando é evidente que o candidato não é qualificado ou adequado à vaga. As informações que você solicita baseiam-se nas qualidades importantes para você e sua organização de Hospitalidade. Por exemplo, períodos curtos na mesma residência poderiam indicar que o candidato é uma pessoa inconstante. Intervalos sem trabalho no histórico de emprego poderiam indicar um problema de comportamento ou um período de prisão.

Algumas organizações de Hospitalidade estabelecem um sistema de pontos para vários cargos. Cada item na solicitação de emprego, como formação educacional, experiência de trabalho e número de empregos anteriores, recebe um número específico de pontos. Para campanhas de recrutamento que estimulam muitas solicitações de emprego, cada solicitação recebe uma pontuação, a fim de determinar quantos pontos o candidato possui. Portanto, somente aqueles candidatos com o maior número de pontos são chamados para entrevistas. Constitui uma boa política empresarial notificar toda pessoa que preenche uma solicitação de emprego. Isso não apenas mantém uma atitude positiva como também evita que você receba inúmeras ligações de candidatos que desejam saber se a solicitação feita encontra-se nos arquivos. Também constitui uma boa prática permitir a um candidato a emprego saber se terá chance de se candidatar a outra vaga em sua organização de Hospitalidade. Uma carta simples, como a reproduzida no Quadro 5.2, é tudo de que você precisa. Lembre-se de que, mesmo se você não contratar o candidato, ele ainda é um cliente potencial. Você não deve magoar ninguém por não aceitar a pessoa para a vaga.

◼ O PROCESSO QUE ANTECEDE A ENTREVISTA

Após analisar os formulários preenchidos de solicitação de emprego, felizmente temos alguns **candidatos a emprego** viáveis que gostaríamos de entrevistar no momento. A **entrevista** pode ser definida como um processo de comunicação de mão dupla, tendo por finalidade prever igualmente a habilidade de um candidato a emprego para desempenhar as tarefas exigidas pelo cargo e a habilidade para adaptar-se ao ambiente social da organização de Hospitalidade.

Solicitação de Emprego

A Aramark Uniform Services, Inc., como EMPREGADOR engajado em OPORTUNIDADES IGUAIS DE EM-PREGO/AÇÃO AFIRMATIVA, não discrimina candidatos por idade, raça, cor, religião, nacionalidade e sexo (exceto onde o sexo é uma qualificação ocupacional autêntica) ou em qualquer outra consideração proibida por lei. Além disso, a Aramark não discriminará qualquer candidato ou empregado por deficiência mental ou física, um veterano de guerra deficiente, um veterano do Vietnã, ou candidato com problema de saúde não relacionado ao cargo, desde que seja qualificado e atenda às exigências estabelecidas pela Aramark para o cargo.

FAVOR PREENCHER A MÁQUINA OU A CANETA.				Data	
Nome				Nº Previdência Social	
Endereço atual	Cidade	CEP	Estado	Telefone ( )	
Pessoa a ser contatada em caso de emergência					
Endereço	Cidade	CEP	Estado	Telefone ( )	

CATEGORIA DE CARGO DESEJADO

Cargo pretendido

☐ Período integral   ☐ Meio período   ☐ Verão   ☐ Temporário   ☐ Outro   Pretensão salarial

Aceita ser transferido? Preferência de local: Aceita viajar? (se aplicável)   Data em que estará disponível para trabalhar para a Aramark
☐ Sim   ☐ Não   ☐ Sim   ☐ Não

Você já se candidatou na Aramark?   Em caso positivo, quando e onde?
☐ Sim   ☐ Não

Você já solicitou emprego para a Aramark?   Em caso positivo, quando e onde?
☐ Sim   ☐ Não

Como você soube da vaga na Aramark?

De conformidade ao previsto na Lei de Reformulação e Controle da Imigração, de 1986, caso você seja admitido, terá de apresentar documentos que indiquem sua identidade e sua autorização para exercer atividade remunerada nos Estados Unidos. Os documentos serão exigidos no intervalo dos primeiros 3 (três) dias úteis após a admissão e no primeiro dia de trabalho, caso seu período de contratação seja inferior a 3 (três) dias.

Você estaria disposto a submeter-se a um exame médico (por conta da Aramark) caso a natureza do cargo exija?   ☐ Sim   ☐ Não

Você já foi julgado por crime (contravenção ou delito grave)?   ☐ Sim   ☐ Não

Em caso afirmativo, explique	(Onde)	(Quando)	(Acusação)	(Sentença)

(A revelação de antecedentes criminais não o desqualificará necessariamente para o emprego. Cada sentença será avaliada de acordo com as próprias condições no que se refere à duração da pena, circunstâncias e grau de gravidade em relação ao cargo pretendido.)

Figura 5.1 Solicitação de emprego da Aramark.   *continua*

FORMAÇÃO ESCOLAR						
Nome e endereço da instituição	Período de frequência		Conclusão		Tipo de diploma recebido ou esperado	Disciplinas do curso/Área de concentração
	De	A	Sim	Não		
	Mês/ano	Mês/ano				
Escola Secundária (a última frequentada)						
Faculdades/Universidades						
Pós-graduação						
Outros (cursos técnicos, secretariado etc.)						

Você já pertenceu a um clube, organização, sociedade ou grupo profissional que tenha relação direta com as qualificações para o cargo pretendido? Em caso afirmativo, indique o nome da(s) entidade(s).

_____
_____
_____
_____

Você possui hobbies ou interesses que tenham relação direta com o cargo pretendido?

_____
_____
_____
_____

Você tem habilidades especiais diretamente relacionadas ao cargo pretendido?

_____
_____
_____
_____

Você possui carteira de habilitação válida (somente para funções que requerem dirigir veículo)?

☐ Sim   ☐ Não

SERVIÇO MILITAR

Você já fez parte das Forças Armadas dos Estados Unidos? ☐ Sim   ☐ Não
Circunscrição _____ Patente ao deixar o serviço ativo_____
Em caso afirmativo, você adquiriu aptidões ou habilidades que se relacionam diretamente com o cargo que pretende ocupar?

_____
_____
_____
_____
_____
_____

Figura 5.1 Solicitação de emprego da Aramark.   *continua*

EXPERIÊNCIA PROFISSIONAL
(Inicie com a mais recente)

1 Nome e endereço do empregador	Cargo inicial		Funções do cargo
	Cargo final		
_____ _____ _____	Salário	Razão da saída	Nome e cargo do supervisor
De_____(mês/ano) a_____(mês/ano) Telefone ( ) _____	Inicial Final		

2 Nome e endereço do empregador	Cargo inicial		Funções do cargo
	Cargo final		
_____ _____ _____	Salário	Razão da saída	Nome e cargo do supervisor
De_____(mês/ano) a_____(mês/ano) Telefone ( ) _____	Inicial Final		

3 Nome e endereço do empregador	Cargo inicial		Funções do cargo
	Cargo final		
_____ _____ _____	Salário	Razão da saída	Nome e cargo do supervisor
De_____(mês/ano) a_____(mês/ano) Telefone ( ) _____	Inicial Final		

Podemos contatar os empregadores relacionados acima? ☐ Sim   ☐ Não
Em caso negativo, indique pelo número aqueles que não devemos contatar_____

Use este espaço para descrever experiência(s) de trabalho anterior(es) e/ou detalhar responsabilidades específicas relacionadas acima. Inclua qualquer informação adicional que você julgue ser relevante para o cargo pretendido.

_____
_____
_____
_____
_____
_____
_____
_____
_____
_____
_____
_____
_____
_____
_____
_____
_____
_____

Figura 5.1 Solicitação de emprego da Aramark. *continua*

Declaro que todas as informações indicadas neste formulário são verdadeiras e corretas, de acordo com o melhor conhecimento que possuo, e que toda informação falsa ou omissão de fatos em minha solicitação pode justificar a recusa de contratação ou a demissão do emprego.

Estou ciente também de que um relatório sobre minha pessoa pode ser elaborado, contendo julgamentos sobre meu caráter e reputação geral. Autorizo todos os empregadores anteriores, escolas, pessoas e organizações que têm informações que conhecemos relevantes a fornecê-los à Aramark ou a seu representante devidamente autorizado, para que sejam usados em relação à decisão de oferecer-me ou não emprego, e dispenso especificamente toda notificação exigida por escrito. Pela presente, isento de qualquer responsabilidade empregadores, escolas, pessoas e organizações que respondam às perguntas relacionadas à minha solicitação. Ao receber meu pedido por escrito, dentro de um intervalo de tempo razoável, a Aramark colocará à minha disposição o conteúdo e a abrangência de todos os relatórios, de todo tipo, obtidos na amplitude exigida pela lei aplicável.

Esta solicitação não é um contrato e não pode instituir um contrato. Estou ciente de que, caso seja admitido pela Companhia, meu cargo exigirá um período de experiência de três meses. Caso seja contratado pela Companhia, concordo em obedecer a suas regras e regulamentos. Estou ciente igualmente de que meu contrato não é permanente e pode ser rescindido em qualquer ocasião por qualquer uma das partes, com ou sem justa causa e com ou sem notificação prévia.

Ao assinar este formulário, declaro que compreendo todas as perguntas e declarações contidas nesta solicitação.

Além disso, se for nomeado para um cargo na Aramark Uniform Services, Inc., ou em qualquer uma de suas subsidiárias, acatarei a Política de Conduta Empresarial, cujo resumo é reproduzido abaixo.

Assinatura do candidato	Data

Política de Conduta Empresarial

ESTA POLÍTICA É APLICADA EM TODOS OS PAÍSES.

Conformidade às leis
É política da Aramark obedecer às leis em cada país em que a EMPRESA realiza negócios.

Emprego/Oportunidades iguais
A política da Aramark consiste em contratar, promover, impor disciplina e tomar todas as demais decisões relativas ao pessoal, independentemente de raça, cor, religião, nacionalidade, idade, sexo, deficiência, condição de veterano de guerra ou veterano do Vietnã, a não ser em situações em que os programas de ação afirmativa autênticos permitam tais considerações.

Assédio sexual
Não será tolerado no local de trabalho o assédio sexual de qualquer forma. Todo(a) empregado(a) que julgar ter sido vítima de assédio sexual está obrigado(a) a informar o incidente imediatamente.

Substâncias ilegais
É política da Aramark manter um ambiente livre de consumo de drogas ou de álcool.

Leis ambientais
É política da Aramark acatar as leis ambientais em todos os países onde a EMPRESA opera.

Conluio
É fundamental que a Aramark determine de forma independente os preços, comissões e outros termos contratuais oferecidos a clientes ou a clientes potenciais.

Violação de copyright
É política da Aramark respeitar o *copyright* de propriedade de terceiros.

Contribuições políticas
Toda contribuição ou despesa de natureza política feita por um membro da organização é contrária à política da Aramark. Igualmente, todo reembolso a um empregado por tal contribuição ou despesa é contra a política da Aramark.

Presentes e atividades de entretenimento
É política da Aramark não oferecer presentes (com exceção de brinde de fim de ano) ou atividades de entretenimento (com exceção de almoços ou jantares durante os negócios de rotina) a qualquer funcionário do governo ou empregado de sindicato (com exceção do previsto na Política de Conduta Empresarial). Presentes oferecidos a pessoas que não trabalhem para o governo ou para sindicatos estão restritos a um valor de até US$200 por ano; no caso de atividades de entretenimento, devem-se evitar gastos exagerados.
Presentes oferecidos por qualquer fornecedor ou cliente a um empregado da Aramark não podem ter valor superior a US$200 por ano.

Contabilização e relatórios precisos
Todas as transações devem ser contabilizadas corretamente. Nenhum fundo e ativo não contabilizado ou outro item da Aramark regis-

trado indevidamente será estabelecido ou mantido, qualquer que seja a razão.

Conflitos de interesse/Transações com parentes
É fundamental que todos os empregados da Aramark evitem qualquer situação que possa interferir em seu julgamento relativo às responsabilidades na Aramark.

Emprego extra
Um emprego extra de um empregado da Aramark não deve criar conflito com suas responsabilidades com a EMPRESA.

Comissões
O pagamento de comissões é proibido sem aprovação por escrito do setor de assessoria jurídica.

Divulgação
Caso tenha conhecimento de possíveis violações da POLÍTICA DE CONDUTA EMPRESARIAL, você deve informá-las ao SECRETÁRIO DA POLÍTICA DE CONDUTA EMPRESARIAL a/c do setor de Assessoria Jurídica, por escrito ou pelos telefones 1-800-999-8989 ramal 3246 ou (215) 238-3246 ou a outros setores relacionados no livreto de políticas.

✶ ARAMARK
Uniform Services

Assinatura do candidato	Data

A SER PREENCHIDO SOMENTE PELO DEPARTAMENTO PESSOAL (APÓS ADMISSÃO)						
INFORMAÇÕES PARA A FOLHA DE PAGAMENTO				Cargo	Dep. ou subsidiária	Código
Data de recebimento do formulário	Fonte de referência	Entrevistado por	Departamento	Faixa salarial		
				Substituição de		
Resultado da verificação das referências				Categoria		
Verificação das referências feita por			Data	☐ Permanente ☐ Período integral ☐ Temporário ☐ Meio período		
Data de revisão do salário	Data de início		Salário inicial	Nº de horas semanais		
Resultado do exame médico				Observações		
Data do exame médico		Raça ou grupo étnico				
Data de nascimento			Sexo ☐ M ☐ F			
Deficiente ☐ Sim ☐ Não		Status de veterano				

Figura 5.1 Solicitação de emprego da Aramark. *Fonte:* Cortesia de Aramark Corporation.

Quadro 5.2 **Exemplo de carta de rejeição**

Nome e endereço de sua companhia
Data
Nome e endereço do candidato

Prezado candidato,

Agradecemos seu interesse em preencher a solicitação de emprego para o cargo no/a (nome de sua empresa). Após analisar suas qualificações, julgamos que elas não atendem a nossas necessidades no momento. OU
Caso suas qualificações atendam a nossas necessidades, entraremos em contato por telefone dentro de dez dias.

Agradecemos seu interesse no(a) (nome de sua companhia).

Cordialmente,

Seu nome e cargo

Fonte: Elaborado pela autora.

Se você já trabalhou, provavelmente passou, antes, pelo processo de entrevista. Não existe um modo único de entrevistar um candidato a emprego. Sendo um gerente responsável pelos Recursos Humanos, você tem de escolher um método que lhe seja mais conveniente. No entanto, para manter a entrevista de emprego sob controle, de modo que você possa atingir seu objetivo com uma duração de tempo mínima, desenvolva um plano antes de convocar o candidato a emprego.

▌A preparação para a entrevista de seleção

A entrevista, antes de mais nada, precisa ser relevante. O que queremos dizer com relevante? Lembre-se de que você está conduzindo uma entrevista para selecionar um candidato a um cargo específico. E, por já ter realizado uma análise do local de trabalho de Hospitalidade, essa posição apresenta uma descrição de cargo e uma especificação do cargo. A preparação para a entrevista significa que você já revisou cuidadosamente o perfil do cargo para essa posição e conhece, portanto, as exigências do cargo. Com conhecimento dessas exigências, pode-se elaborar perguntas que se concentrem no conteúdo específico relevante ao **cargo vago**.

A estrutura da entrevista de seleção precisa ser agora determinada. A **entrevista estruturada** consiste em uma série de perguntas cuidadosamente elaboradas feitas pelo entrevistador a cada candidato a emprego. O entrevistador formula somente o que se encontra na lista preparada de perguntas e não se afasta dela. Essa estrutura de entrevista apresenta duas vantagens. Primeira: quando a mesma lista de perguntas for adotada para cada candidato a emprego, você terá otimizado sua habilidade para fazer comparações entre candidatos. A segunda vantagem relaciona-se às Oportunidades Iguais de Emprego. A entrevista estruturada maximiza o volume de dados coerentes que você obtém de cada candidato. Quando você faz as mesmas perguntas a todos os candidatos a emprego, é mais difícil os candidatos rejeitados alegarem que as perguntas que lhes foram formuladas os colocavam em posição discriminada. A desvantagem é que ela não lhe permite reagir às respostas dos entrevistados.

A **entrevista não estruturada** constitui outro tipo de entrevista e exige um tempo mínimo de preparação da parte do entrevistador. Embora seja essencial que o entrevistador tenha uma compreensão integral das exigências do cargo e do nível de aptidões, somente perguntas gerais são formuladas antes da entrevista efetiva. A vantagem é que o entrevistador pode reagir às respostas do candidato a emprego para formular perguntas adicionais. Por exemplo, se você perguntar "Quais foram suas conquistas profissionais?", o entrevistado responde que obteve uma promoção no cargo mais recente. Você, como entrevistador, poderia dar seguimento, perguntando: "Que qualidades você apresenta que lhe possibilitaram a promoção?"

A desvantagem nesse caso é o tempo que a entrevista leva. Se você tiver a sorte de possuir um grande número de candidatos para entrevistar, então provavelmente não terá tempo para a entrevista não estruturada. É preciso ser cauteloso para, como entrevistador, não perder de vista o cargo a que se destina a entrevista. É preciso demonstrar muita habilidade durante a entrevista para conduzir uma entrevista não estruturada que também lhe proporcione as informações necessárias para tomar sua decisão de seleção.

Uma combinação desses dois tipos de entrevista pode gerar a **entrevista semiestruturada**. Nesse caso, é preparada uma lista de perguntas planejada antecipadamente; essas perguntas serão feitas a todos os candidatos a emprego. Você pode considerar essa lista como a quantidade mínima de informações que deseja obter durante a entrevista e formular perguntas adicionais que se baseiam nas respostas do candidato a emprego.

▌ Elaboração de perguntas

As perguntas que você elabora devem direcionar-se aos tipos de informação que precisa obter do candidato a emprego. Elas precisam auxiliá-lo a conhecer cada um, a fim de identificar o mais qualificado no conjunto de candidatos. Algumas informações já estarão disponíveis no formulário de solicitação de emprego. No entanto, é durante a entrevista que você tem a oportunidade de obter informações adicionais para ajudá-lo na decisão de seleção.

Existe um consenso geral de que perguntas do tipo aberto, aquelas que não podem ser respondidas com uma simples resposta "sim" ou "não", resultam na maior quantidade de informações a respeito do candidato ao cargo. Enquanto as perguntas do tipo aberto representam coleta de informações, as perguntas do tipo fechado tendem a permitir ao candidato a emprego informações que podem alterar ou afetar sua resposta. Em outras palavras, os candidatos são receptivos ao conteúdo das perguntas e respondem do modo que julgam dever responder em oposição ao que realmente sentem e ao modo como se sentem.

Que informações as perguntas que você elabora deveriam tentar obter? Suas perguntas deveriam proporcionar informações a respeito do que o candidato a emprego fez no passado. A solicitação de emprego lhe indicará a direção para essa linha de perguntas. Que informações o candidato ao cargo conhece? Isso incluiria perguntas sobre aptidões, formação educacional e todo treinamento especial que o candidato possua. Quais são as qualificações potenciais do candidato? O desempenho passado de um candidato a emprego representa geralmente uma boa indicação do sucesso futuro em sua organização. As empresas de Hospitalidade geralmente preferem promover internamente. Se isso fizer parte da declaração de missão de sua empresa, então você precisa levar em conta as oportunidades de carreira futura para esse candidato.

No setor de Hospitalidade, torna-se essencial que também determinemos as atitudes e aptidões interpessoais do candidato a emprego. Mais de 75% dos empregados em uma operação típica de Hospitalidade têm contato direto com os clientes. Os empregados representam a companhia perante esses clientes, portanto, é importante que os indivíduos selecionados possuam a habilidade de relacionar-se positivamente com as pessoas. Caso você não tenha uma impressão positiva deles durante a entrevista, quando os entrevistados geralmente estão com a melhor disposição, você também não desejará que eles o representem e à sua organização de Hospitalidade perante os clientes. O Quadro 5.3 apresenta algumas sugestões de perguntas para entrevistas elaboradas, a fim de se obterem informações específicas do candidato a emprego.

Ao elaborar as perguntas para a entrevista, você deve levar em consideração as leis de discriminação no emprego que discutimos anteriormente. Lembre-se de que, de acordo com a Lei de Proteção aos Norte-Americanos com Deficiência, um empregador não pode formular perguntas relacionadas a deficiência e exigir exame médico de um candidato a emprego antes de lhe oferecer uma **oferta de emprego** condicional. No passado, alguns formulários de solicitação de emprego e perguntas durante as entrevistas pediam informações sobre a condição física e/ou mental do candidato. Muitas vezes, essas informações eram usadas para excluir candidatos de consideração adicional para o cargo.

Um empregador ainda pode, contudo, fazer perguntas sobre a habilidade de um candidato para desempenhar funções específicas do cargo. Por exemplo, o cargo de mensageiro exigiria a capacidade para levantar bagagem de até 30 quilos. Você pode elaborar uma pergunta para a entrevista que focalize especificamente a capacidade do candidato para satisfazer essa exigência do cargo. Você pode perguntar ao candidato se ele compreende plenamente o cargo e suas exigências. Você deve descrever a localização física onde o cargo é exercido e ser honesto a respeito das condições de trabalho. Caso seja útil, inclua uma visita ao local de trabalho durante o processo de entrevista. Você também pode querer dar-lhe uma oportunidade para ver o refeitório, a sala de descanso e o sanitário. Você também pode informar de modo claro a política a respeito do comparecimento constante e confiável ao trabalho.

Quadro 5.3 Perguntas para a entrevista

Experiência profissional
- Conte-me a respeito de suas atuais responsabilidades no trabalho.
- Quais foram as funções mais difíceis do cargo que você ocupou recentemente?
- O que lhe agradou em seu último cargo?
- O que lhe desagradou em seu último cargo?
- O que seus dois últimos empregadores diriam sobre seu desempenho no trabalho?

Formação escolar
- De que atividades extracurriculares você participou durante o curso secundário?
- O que mais lhe agradou na escola?
- O que menos lhe agradou na escola?

Perspectiva profissional
- Por que você optou por candidatar-se a este cargo em nossa companhia de Hospitalidade?
- Por que você está interessado em trabalhar para a nossa companhia?
- Em que medida você acredita que este cargo será diferente de seu último emprego?
- Que outras oportunidades de emprego você buscou?

Motivação
- O que o motiva a dedicar seus melhores esforços?
- Quais são seus planos futuros?

Aspectos pessoais
- Você é bilíngue?
- Quais são suas melhores qualidades?
- De que modo seus colegas de trabalho em seu emprego atual poderiam descrevê-lo?
- Que interesses especiais você tem?

Ao término da entrevista
- Por que deveríamos selecioná-lo para este cargo?
- O que mais eu deveria conhecer a seu respeito para tomar a decisão de seleção?

Fonte: Elaborado pela autora.

Como gerente responsável pelos recursos humanos no setor de Hospitalidade, compete a você assegurar que não ocorra um tratamento diferenciado no processo de entrevista. Assegure-se de que todos os candidatos a emprego recebam o mesmo tipo de tratamento. O uso constante das mesmas perguntas com cada candidato ajudará a garantir essa igualdade de tratamento. Lembre-se de que é um desafio fazer estranhos participarem de um diálogo interessante. No fim de contas, tendo apenas conhecido o candidato, como você inicia esse processo? Com perguntas inteligentes e bem preparadas.

Vamos recapitular os passos apresentados até agora para a elaboração das perguntas a serem feitas na entrevista:

1. Com base na descrição e nas especificações do cargo, analisamos as aptidões, os atributos e as características que um indivíduo precisa ter para preencher de modo satisfatório a vaga.
2. Com base em nossa análise de cargo, relacionamos as qualidades que o candidato a emprego precisa ter. Alguns entrevistadores preferem agrupar as qualidades que buscam em três categorias: "obrigatório", "desejável" e "indesejável".
3. Com base nas qualidades que identificamos, passamos a elaborar perguntas que oferecerão informações sobre o candidato a emprego em cada uma dessas áreas.

■ CONDUZINDO A ENTREVISTA

Lembre-se de que tomar a decisão de contratação correta pode agora poupar-lhe muito tempo e transtornos e minimizar problemas mais para a frente. O processo de emprego é complexo e a entrevista é apenas uma parte, porém importante. Até agora dedicamos bastante tempo preparando descrições de cargo bem redigidas, para que soubéssemos que tipo de pessoa estávamos procurando. As iniciativas de recrutamento resultaram em um conjunto de candidatos viáveis. Em seguida, devemos comparar as solicitações de emprego às descrições de cargo e passar a uma triagem inicial dos candidatos que não possuem as qualificações mínimas. Mais ainda, antes de efetivamente convocarmos nosso primeiro candidato a emprego, precisamos seguir estes passos:

- Revisar as exigências do cargo para que nos familiarizemos com a posição.
- Revisar o formulário de solicitação de emprego para que nos familiarizemos com o candidato.
- Decidir a estrutura da entrevista.
- Decidir as perguntas que formularemos.
- Decidir as respostas corretas a essas perguntas.
- Compreender a declaração de missão, as metas, os objetivos e a cultura corporativa da organização de Hospitalidade.
- Escolher um ambiente confortável e silencioso onde conduzir a entrevista.

■ Estrutura da entrevista

A entrevista contém basicamente quatro fases diferentes. A primeira é o **início**, no qual você tenta estabelecer um relacionamento com o candidato. Um candidato nervoso não fará uma boa entrevista, e você terá grande dificuldade para julgar as verdadeiras qualificações que ele possui. Um candidato à vontade tem muito mais possibilidade de fornecer-lhe as informações de que você precisa para tomar uma decisão de seleção. Perguntas para quebrar o gelo, como aquelas relaxantes

Quadro 5.4 Perguntas para quebrar o gelo em uma entrevista

Vejo que você é de Nova York. O que você diria de morar na Flórida?
Você teve algum problema para chegar até aqui hoje?
Você conhece alguém que trabalhe aqui?
Você está familiarizado a respeito de nossa companhia? Ou sobre este estabelecimento?

Fonte: Elaborado pela autora.

relacionadas no Quadro 5.4, muitas vezes o ajudarão a acalmar o candidato. Você também deseja formular algumas perguntas básicas que precisam ser feitas para evitar desperdício de tempo – por exemplo, a disponibilidade de horário do entrevistado e a pretensão salarial.

Você agora passa à fase de **coleta de informações** da entrevista. Esse não é o momento para discutir o cargo, a organização de Hospitalidade ou como esta empresa é um lugar excelente para trabalhar. Entrevistadores exímios em obter informações sabem que 95% de seu tempo é usado para escutar nessa fase da entrevista. O foco deve recair na experiência, nas habilidades e nas qualidades pessoais do candidato. Você também deve observar o comportamento e as atitudes do candidato enquanto ouve as respostas que ele oferece. A linguagem corporal e os padrões de comunicação verbal podem servir de indicadores de traços de personalidade que podem ou não ser desejáveis para a posição ou a companhia para a qual você está trabalhando. Lembre-se de que a maneira como uma pessoa se apresenta para uma entrevista é a melhor que possui!

Se as informações que o candidato a emprego lhe fornecer suscitarem outras perguntas, assegure-se de formulá-las. Ao término da entrevista, você não deve ter nenhuma pergunta sem resposta. Uma entrevista constitui uma oportunidade para o candidato a emprego transmitir suas qualidades, e você está lhe dando a oportunidade.

A terceira fase da entrevista é a **transmissão de informações** para o candidato a emprego a respeito do cargo na organização de Hospitalidade.

As informações que você deveria proporcionar incluiriam as funções e responsabilidades específicas do cargo, horário e condições de trabalho, oportunidades de progresso e organização departamental. Os aspectos positivos e negativos do cargo devem ser igualmente apresentados. Não tem cabimento contratar um candidato a emprego somente para constatar que existe algum elemento do cargo com o qual ele não se adapta e que no fim o forçará a demitir-se.

Lembre-se de que em muitos casos a única percepção do candidato a respeito da companhia é a impressão que você está lhe transmitindo. A finalidade de uma entrevista é não só obter informações do candidato, mas também proporcionar uma excelente oportunidade de fazer propaganda do cargo e da organização de Hospitalidade que você representa. Compete a você criar uma visão positiva de ambos na mente do candidato.

A fase final é o **encerramento** da entrevista. Indique ao candidato que a entrevista está se encerrando, para que ele tenha a oportunidade de fornecer-lhe alguma informação adicional que possa ser útil. Colocar sua caneta sobre a mesa é uma boa maneira para assinalar que você terminou a entrevista. Sempre encerre a entrevista positivamente. Mesmo que esse candidato não seja adequado para o cargo, o melhor amigo ou amiga dele talvez seja, e você não deseja ofendê-lo. E mesmo que esse candidato não se torne um de seus empregados valiosos, ele pode tornar-se um de seus clientes valiosos.

Você também deve notificar o candidato a respeito de quando ele pode esperar o resultado da entrevista. E não se esqueça de fazer o acompanhamento levando em consideração o período de tempo que você mencionou. Para muitas pessoas, a entrevista de emprego é uma parte importante da vida. É possível que esperem ansiosamente para conhecer sua decisão. Caso não esteja interessado no candidato a emprego, você deveria comunicar-lhe os motivos. A maior parte dos entrevistadores, quando entrevistam candidatos a posições horistas, explicam seus motivos à pessoa no fim da entrevista. Se você estiver interessado em admitir o candidato, tome cuidado para não assumir qualquer compromisso com ele até a verificação das referências. Assegure-se sempre de contatar todos os candidatos a emprego que entrevistou, comunicando-lhes sua decisão.

Após o entrevistado ter saído, permaneça algum tempo num ambiente tranquilo para reunir os seus pensamentos e avaliar o candidato. Agora é a ocasião de ampliar as anotações que você fez durante a entrevista. Assegure-se novamente de que suas observações dizem respeito somente ao modo como o candidato respondeu às perguntas relacionadas ao cargo. Concentre sua atenção nas aptidões, habilidades e na formação do entrevistado. Elas são compatíveis com as funções e exigências constantes da descrição de cargo? Você considera que o candidato está disposto a desempenhar o cargo? Esteja preparado para justificar quaisquer comentários que você fizer por escrito em relação ao cargo.

▌Perguntas que você não pode formular

Muito embora tenhamos discutido as implicações das Oportunidades Iguais de Emprego anteriormente neste capítulo, queremos agora aproveitar esta oportunidade para fornecer-lhe informações específicas a respeito do tipo de perguntas que você não pode formular durante a entrevista. No início é essencial que esteja totalmente familiarizado com as implicações das Oportunidades Iguais de Emprego, da Lei de Proteção aos Norte-Americanos com Deficiência e da ação afirmativa para o processo de seleção. E, além da regulamentação federal, não se esqueça das leis antidiscriminação e das leis de emprego, ambas em âmbitos estadual e municipal, que também podem influir no processo de emprego.

Nunca devem ser feitas perguntas envolvendo idade, raça, estado civil, nacionalidade, religião, deficiência física ou mental, sexo, transporte, filhos, altura ou peso, tipo de dispensa (ou baixa) do serviço militar, histórico de crédito ou referências ou histórico de prisão. Não podem ser feitas perguntas a respeito de cidadania, pois elas podem ser discriminatórias. Após haver decidido admitir o entrevistado, a Lei de Reformulação e Controle da Imigração exige que você indague sobre autorização para trabalhar nos Estados Unidos; preencha o formulário I-9 (veja Figura 4.7) e, caso o candidato a emprego seja um estrangeiro, você pode solicitar o número de registro de estrangeiro.

Recrutadores do setor de Hospitalidade recomendam que você não formule uma pergunta a qual não possa provar que seja relacionada ao cargo. O número de processos por discriminação tem aumentado consideravelmente nos últimos anos. Mesmo se você ganhar, esses casos podem ser muito onerosos quanto a valor e imagem pública. Vejamos com que habilidade você pode identificar perguntas feitas durante a entrevista que apresentem natureza discriminatória.

Indique se cada uma das perguntas relacionadas a seguir é legal ou ilegal para ser formulada durante uma entrevista de emprego. Você terá as respostas com uma breve explicação após as questões no fim deste capítulo.

1. Onde você nasceu?
2. Você pertence a algum clube, organização, sociedade ou fraternidade?
3. Como você se descreveria?
4. O que é mais importante: o salário que podemos pagar ou o tipo de cargo que podemos oferecer?
5. Quantos filhos você tem?
6. Você poderia indicar-me o nome de um pastor ou de um padre que faria uma recomendação a seu respeito?
7. Por que eu deveria contratá-lo para este cargo?
8. Por quanto tempo você se ausentou do trabalho ou da escola no ano passado por motivo de doença?
9. Você incluirá uma fotografia à sua solicitação de emprego?
10. Você informará nomes de parentes?

▌Qualificado *versus* não qualificado

Como você interpretará as respostas às perguntas formuladas na entrevista, de modo que tome a decisão correta de seleção? Como você saberá se o candidato será bem-sucedido no cargo? A pergunta que você deve fazer-se constantemente durante a entrevista é: "A pessoa pode desempenhar bem o cargo?"

Para ser capaz de responder honestamente a essa pergunta, você tem de aprender a ver além da aparência caprichada e limpa e da atitude amigável e simpática da pessoa. Embora esse comportamento seja importante, ele não deve obscurecer o julgamento de um entrevistador em relação à capacidade do candidato ao emprego de ter bom desempenho no cargo. E essa habilidade é aquilo que você espera que o candidato demonstre ao ocupar o cargo. Você não pode simplesmente gostar de um candidato pela aparência ou pelo modo como ele se veste.

A melhor maneira para selecionar candidatos qualificados a um cargo consiste em limitar-se ao plano de entrevistas estabelecido. Determine quais são as aptidões e habilidades necessárias às funções, elabore perguntas e respostas que lhe indiquem se os candidatos têm essas aptidões e habilidades e avalie o desempenho deles na entrevista com base no grau das aptidões e habilidades que possuem. A fim de acompanhar como o candidato a emprego se posiciona durante a entrevista, recomendamos o uso de uma folha de trabalho para avaliação da entrevista similar à apresentada no Quadro 5.5. Esse formulário permite-lhe fazer um sumário do candidato quanto às características exigidas pela posição em aberto.

▌ Erros comuns durante a entrevista

Entrevistas constituem uma ferramenta subjetiva de seleção. Para ser o mais objetivo possível, sugerimos que você faça anotações durante a entrevista. Algumas pessoas argumentam que esse procedimento deixa o candidato nervoso. Acreditamos que se você explicar ao candidato o motivo das anotações, a ansiedade pode diminuir. Além disso, a importância de ter comentários por escrito pode ser valiosa ao entrevistar alguns candidatos. Recomendamos também que, após terminar a entrevista e o candidato deixar a área de entrevista, você dedique algum tempo para fazer uma avaliação por escrito desse candidato. Isso deveria ser feito antes de iniciar uma nova entrevista. Conforme abordamos anteriormente, deve-se tomar o cuidado de limitar todos os comentários por escrito a aspectos do cargo.

Na condição de entrevistador, você está representando a organização de Hospitalidade para o candidato a emprego. As entrevistas devem ser mantidas em termos profissionais com uma atmosfera empresarial. Durante a entrevista, você deve permanecer com a mente aberta e objetiva a respeito do candidato sentado à sua frente. Não faça comparações com outros candidatos ou empregados anteriores ou atuais durante a entrevista.

Deixe que o entrevistado fale: evite interromper e concordar ou discordar com o que ele está dizendo. Use técnicas de audição ativas, como movimentar a cabeça, dizer "ah, ah", ou se valer das próprias palavras do entrevistado. Por exemplo, isso ocorre quando o entrevistado responde "Realizei diversos projetos criativos em meu último emprego". Você, como entrevistador, responde: "projetos criativos?". Isso força o entrevistado a falar mais sobre a formação que possui, proporcionando-lhe mais informações. Essa é uma sessão para colher e transmitir informações, não um debate. No entanto, não permita que o entrevistado fique divagando em tópicos sem relevância para o cargo. Siga seu plano de entrevista e evite formular perguntas irrelevantes.

Seja sensível ao nível educacional do entrevistado. Não use uma terminologia com a qual ele possa não estar familiarizado, a não ser que se relacione a uma

Quadro 5.5 Folha de trabalho para avaliação da entrevista				
	Fraco	Aceitável	Atende aos padrões mínimos	Forte
Aparência/modo de vestir				
Aptidão de expressão/ comunicação				
Simpatia				
Experiência relevante ao cargo				
Estabilidade no emprego				
Entusiasmo				
Atitude positiva				
Nível de interesse na posição				
Flexibilidade de horário				
Horário de trabalho				
Disposição para aprender				
Nível de energia elevado				
Impressão perante o público				

Fonte: Elaborado pela autora.

aptidão ou a um conhecimento exigido pelo cargo. Evite criticar o entrevistado. Independentemente do histórico profissional ou do nível de experiência do indivíduo, ele ainda é uma pessoa que merece ser tratada com respeito e dignidade. Quanto mais simpático você for, mais o indivíduo desejará falar. Evite toda indicação de estar fazendo um julgamento. Se você parece já ter ouvido de tudo e nada o perturba, a possibilidade é de o candidato "confessar tudo".

Seja qual for o estilo de entrevista escolhido, selecione um com o qual você se sinta à vontade. Não tente usar o mesmo estilo ou as mesmas perguntas que lhe foram feitas durante uma entrevista!

▮ Entrevistas secundárias

Dependendo da posição para a qual você está entrevistando e das políticas da organização de Hospitalidade para a qual você está contratando, pode ser necessária mais de uma entrevista com o candidato. Algumas companhias usam a entrevista inicial como ferramenta de triagem. Os candidatos que não atendem às exigências básicas do cargo ou aos níveis de aptidão são eliminados do processo de seleção. Entrevistas iniciais também podem ser usadas para determinar os interesses do candidato ou como um método para veicular informações a respeito de sua companhia.

As **entrevistas secundárias** são empregadas para obter informações mais específicas sobre a adequação ao cargo em aberto. Também varia a filosofia das empresas sobre quem deve conduzir a segunda entrevista. Na maioria das empresas de Hospitalidade, o gerente ou supervisor da posição vaga conduz essa entrevista. Uma **folha de acompanhamento do candidato** similar à apresentada na Figura 5.2 deve ser mantida, para que você possa acompanhar cada candidato durante o processo de seleção.

Conduzir uma entrevista pode ser uma atividade muito constrangedora e incômoda, a não ser que você tenha elaborado um bom plano de entrevista. Seu objetivo no processo de entrevista consiste em colher o maior número de informações possível a respeito do candidato, para que se possa tomar uma decisão de contratação inteligente. Você precisa estar constantemente atualizado com as restrições legais impostas ao processo de emprego pelas leis federais, estaduais e municipais e ainda elaborar perguntas que motivem o candidato a lhe dar todas as informações. Lembre-se de que, embora durante o decorrer de seu dia uma entrevista possa ser vista como uma interrupção, ela provavelmente é um dos mais importantes acontecimentos naquele dia para o candidato a emprego. E quando você pensar no custo e nos problemas de uma decisão de contratação equivocada, a entrevista poderia ser a atividade mais importante de Recursos Humanos que você desempenha naquele dia.

■ Verificação das referências

Se um candidato a emprego parece ser qualificado para a posição em aberto, deve ser feita uma verificação das referências antes de se fazer uma oferta de emprego. Uma verificação de referências pode ser conduzida por telefone ou por carta. Por causa de processos judiciais recentes envolvendo calúnia e injúria, muitas empresas tomam o cuidado de fornecer informações somente relativas ao período de emprego e ao salário. Em muitos casos, exige-se uma autorização por escrito assinada pelo candidato.

Muito embora a verificação de referências possa não prever adequadamente o desempenho no cargo, ela lhe fornece uma avaliação dos atributos e qualificações do candidato. Se puderem ser obtidos comentários contendo juízos de valor durante uma verificação de referências, as pessoas que os fizerem são propensas a dar mais informações positivas do que negativas. No setor de Hospitalidade, no entanto, as informações que nos proporcionam uma indicação da personalidade do candidato podem ser úteis durante o processo de triagem. Certos traços de personalidade são importantes para que o candidato seja bem-sucedido em muitos cargos de Hospitalidade. Você pode usar uma folha de verificação de referências pré-admissionais como a reproduzida na Figura 5.3. Muitos empregadores não se dedicam a fazer uma verificação de referências e muitas vezes acabam se arrependendo dessa decisão. O candidato pode ter distorcido sua informação ou suas credenciais ao preencher a solicitação de emprego. Dedicar algum tempo para verificar apenas as datas e locais de emprego poderia servir para poupar-lhe alguns dissabores posteriormente.

Durante os anos 1990, aumentaram os processos relacionados à verificação de referências em vista das acusações de difamação. A difamação ocorre quando uma pessoa, de modo intencional e maldoso, emite declarações falsas sobre uma terceira pessoa a respeito de uma segunda pessoa. Por exemplo, se você fornecer uma referência de um ex-empregado indicando um julgamento inferior a excepcional a outro cargo e aquele ex-empregado não for contratado, existe a possibilidade de você ser processado por difamação. É por esse motivo que muitos gerentes, ao fornecerem referências sobre ex-empregados, se limitarão a confirmar o período de emprego. Ao fornecer informações relativas a referências, você deve assegurar-se de fornecer somente informações factuais que possam ser verificadas.

Uma verificação de referências deve procurar obter no mínimo as datas anteriores de emprego, posições, funções e a qualidade do desempenho. Perguntas como "Por que o empregado se demitiu?" ou "Ele pode ser readmitido?" ou "Ele ausentava-se muito do trabalho?" são úteis para verificar as informações cons-

---

SIGNATURE GRAND
FOLHA DE ACOMPANHAMENTO DO CANDIDATO
DATA DA SOLICITAÇÃO DE EMPREGO _____
COMO O CANDIDATO SOUBE DA VAGA?
INDICAÇÃO DE UM EMPREGADO   _____
ANÚNCIO   _____
PROCUROU NOSSA EMPRESA   _____
EXECUTOU UM SERVIÇO EM NOSSA EMPRESA   _____
ANÚNCIO DE EMPREGO NA ESCOLA   _____
OUTRO   _____
TEM SMOKING   _____ SIM   _____ NÃO
TRABALHO EM MEIO PERÍODO
  FOI EXPLICADO   _____ SIM   _____ NÃO
DISPONÍVEL NOS FINS DE SEMANA   _____ SIM   _____ NÃO
Nº DE TELEFONE VERIFICADO   _____ SIM   _____ NÃO
INFORMAÇÕES TRANSFERIDAS PARA O BANCO DE DADOS DE SOLICITAÇÕES DE EMPREGO EM _____ POR _____
ENCAMINHADO AO SUPERVISOR DO DEPARTAMENTO _____
EM _____ POR _____
CHAMADO PARA A PRIMEIRA ENTREVISTA   _____ SIM   _____ NÃO
ENTREVISTA AGENDADA PARA _____
OU CANDIDATO NÃO ESTÁ MAIS INTERESSADO _____
SEGUNDA ENTREVISTA RECOMENDADA   _____ SIM   _____ NÃO

LEMBRE-SE DE COLOCAR UMA VIA NO ARQUIVO GERAL DE SOLICITAÇÕES DE EMPREGO.

Figura 5.2 Folha de acompanhamento do candidato. *Fonte:* Cortesia de Signature Grand, Davie, FL.

SIGNATURE GRAND
FOLHA DE VERIFICAÇÃO DE REFERÊNCIAS PRÉ-ADMISSIONAIS
NOME _____

SE O CANDIDATO AINDA ESTIVER EMPREGADO E TENTAR OBTER UM EMPREGO EM MEIO PERÍODO NO SIGNATURE GRAND, ASSEGURE-SE DE VERIFICAR SE O CANDIDATO INDICOU NA SOLICITAÇÃO DE EMPREGO QUE ESTAMOS AUTORIZADOS A CONTATAR O ATUAL EMPREGADOR.

COMPANHIA _____

REPRESENTANTE DA COMPANHIA _____ CARGO _____

A. AS INFORMAÇÕES NA SOLICITAÇÃO DE EMPREGO RELATIVAS AO CARGO E AO PERÍODO DE TRABALHO ESTÃO CORRETAS?
_____ SIM   EM CASO NEGATIVO, O QUE DIFERE?_____

B. O EX-EMPREGADO PODE SER READMITIDO? _____ SIM   EM CASO NEGATIVO, POR QUÊ? _____

AVALIE O CANDIDATO USANDO AS SEGUINTES INDICAÇÕES: E = EXCELENTE, B = BOM, R = RAZOÁVEL, P = PÉSSIMO, SC = SEM COMENTÁRIO
COMPARECIMENTO AO TRABALHO: _____
ATITUDE: _____
RELACIONAMENTO COM OS COLEGAS: _____
DESEMPENHO GERAL NO CARGO: _____
COMENTÁRIOS ADICIONAIS: _____
REFERÊNCIAS VERIFICADAS POR : _____
EM _____

Figura 5.3 Folha de verificação de referências pré-admissionais. *Fonte:* Cortesia de Signature Grand, Davie, FL.

tantes da solicitação de emprego. Lembre-se de que não é ilegal perguntar algo a uma fonte de referência, cabendo a esta decidir se lhe presta as informações ou as recusa. Se você receber uma referência negativa, proteja sua fonte. Não diga ao candidato que a referência foi o motivo para não admiti-lo.

■ TESTES PRÉ-ADMISSIONAIS

Existe uma forte evidência indicativa de que o uso de testes padronizados, que avaliam habilidades, personalidade e integridade, constitui uma ferramenta valiosa de triagem. Embora inicialmente muitas companhias e muitos especialistas em seleção hesitassem em usar essas ferramentas, muitas organizações de Hospitalidade agora empregam os testes como um componente normal no processo de seleção. Prevemos que no "próximo capítulo" os testes continuarão a se tornar igualmente mais sofisticados e amplamente adotados em nossa área.*

A relação a seguir representa apenas alguns dos tipos de testes disponíveis:

- ◆ **Testes de aptidão.** Podem ser aplicados para determinar se o candidato possui as qualificações diretamente relacionadas às exigências do cargo. Por exemplo, se um barman precisa ser capaz de preparar drinques com certa rapidez, então você poderia colocá-lo atrás do balcão do bar e cronometrar seu desempenho.
- ◆ **Testes de inteligência.** Medem a capacidade mental, a memória (que pode ser importante ao se contratar um cozinheiro para um restaurante de atendimento rápido), a habilidade de estabelecer relações e a rapidez de raciocínio do candidato ao cargo.
- ◆ **Testes de personalidade.** Ajudam a combinar o candidato a emprego ao cargo em que ele teria mais probabilidade de obter sucesso. Baseia-se em uma avaliação das características da personalidade daquele indivíduo e não em suas experiências e habilidades.
- ◆ **Testes de integridade.** Avaliam a honestidade da pessoa. A maior parte dos furtos internos que ocorrem nas operações de Hospitalidade pode ser solucionada admitindo pessoas melhores. Os empregadores têm se apoiado com mais ênfase nos testes escritos que avaliam a honestidade de um candidato.

O teste pré-admissional não tem por finalidade substituir outras ferramentas de triagem, mas ser uma fonte adicional de informação que pode ajudá-lo a tomar a melhor decisão. Trata-se de informações objetivas coerentes com cada candidato. Embora não seja ilegal aplicar esses testes a candidatos a emprego, deve ser provado que o teste está relacionado ao cargo. Deve-se tomar cuidado, a fim de selecionar o teste mais apropriado para suas necessidades específicas.

■ RETENÇÃO DE REGISTROS

É necessário do ponto de vista legal reter todos os registros pertinentes relativos aos candidatos a emprego. Conforme discutimos, uma folha de acompanhamento do candidato deve ser mantida para todos os candidatos. Um arquivo de "retenção" geralmente é mantido para os candidatos que tinham qualificação para assumir cargos, porém não foram admitidos. Um arquivo de "rejeição" é mantido para todos os candidatos que não demonstraram qualificação para nenhum cargo. A regulamen-

---

*N.R.T. : Vale ressaltar que nesse quesito, mais uma vez, a hotelaria no Brasil foi beneficiada recebendo a influência da padronização das redes internacionais.

tação federal que apoia a ação da Comissão de Oportunidades Iguais de Emprego exige que os empregadores mantenham dados a respeito dos candidatos. A finalidade consiste em determinar se as práticas de recrutamento ou contratação de uma companhia têm um "impacto adverso" ou negativo nas mulheres e/ou minorias. Além da solicitação de emprego (e currículo, se aplicável), as seguintes informações devem ser mantidas sobre cada empregado após a admissão:

- Nome completo
- Endereço residencial
- Número do empregado (frequentemente o número da Previdência Social)
- Data de nascimento
- Cargo
- Descrição de cargo
- Verificação de referências
- Registros referentes a contratação, promoção, transferência, dispensa, salários, formação escolar e treinamento
- Avaliações de desempenho
- Anotação de elogios
- Documentação disciplinar
- Entrevistas de saída e registro de término de contrato

As seguintes informações devem ser mantidas em arquivos separados:
- Raça
- Sexo
- Histórico médico
- Formulários de imigração (I-9)
- Registro de treinamento em segurança

Não existe uma lei que obrigue o empregador a manter esses registros de empregado; no entanto, existem diversas exigências em níveis federal e estadual para que certos registros sejam mantidos. Como sempre, é importante que você esteja ciente das leis aplicáveis ao local de seu estabelecimento.

Deve-se tomar cuidado para que as solicitações de emprego e outras informações referentes à seleção não sejam acessadas por indivíduos não autorizados. A confidenciabilidade dos registros do empregado precisa ser mantida em todas as ocasiões.

Você também deve considerar a adoção de uma política por escrito que especifique para quem e sob quais circunstâncias é permitido o acesso a esses arquivos. Os empregados têm direito ao acesso e à análise de seus arquivos. Indique se eles podem fazer cópias. Determine qual a supervisão necessária quando os arquivos de pessoal forem analisados. Isso é importante para manter a integridade dos arquivos. Também é uma boa ideia revisar periodicamente os registros de emprego, para corrigir ou eliminar informações desatualizadas ou imprecisas.

■ SELEÇÃO BEM-SUCEDIDA

A seleção eficaz dos empregados é um processo pelo qual você, como gerente responsável pelos Recursos Humanos, busca o melhor candidato para uma vaga específica. Sua pesquisa é auxiliada por uma variedade de ferramentas de seleção disponíveis. As ferramentas específicas que você escolhe para adotar em sua organização de Hospitalidade dependerão de seu nível de familiaridade com cada uma delas, além das metas e dos objetivos da operação para a qual você está realizando a seleção.

O resultado direto de uma decisão de seleção inadequada reflete-se no índice de rotatividade elevado, o que significa custos mais elevados de recrutamento, seleção e treinamento. Para calcular os custos, é preciso acrescentar o recrutamento nos locais em que você tiver despesa com anúncios e então acrescentar as despesas de seleção com entrevistas e testes, às quais é necessário somar as despesas de treinamento do tempo e da dedicação dos gerentes e dos níveis menores de produtividade mais os salários e benefícios com que você remunerou o recurso humano selecionado erroneamente.

O processo de seleção tem melhorado consideravelmente nas últimas duas décadas. Os gerentes de Hospitalidade que no passado contratavam apenas para preencher uma vaga compreenderam a importância de desenvolver um plano de seleção abrangente para sua organização de Hospitalidade. Um plano de seleção bem-sucedido, conduzido por profissionais treinados e habilitados, pode melhorar a qualidade e a produtividade da organização de Hospitalidade.

Após termos examinado nosso processo de seleção, estamos prontos para tomar nossa decisão de contratação.

E no Brasil?

Recrutamento, seleção e contratação são muitas vezes o calcanhar de aquiles de Recursos Humanos. Todos os departamentos consideram a seleção lenta e o processo de contratação, complexo. A reclamação é geral, porque o brasileiro não está acostumado a entender a contratação como algo tão valioso quanto a compra de camas para o hotel.

O custo de um funcionário no Brasil é altíssimo para as empresas, em torno do dobro do valor do salário mensal, em vista de impostos e encargos. A contratação errada causa demissão, que gera custos à empresa, sem contar treinamento, uniforme, alimentação etc. que foram destinados ao funcionário. Para que a contratação seja feita com máximo de acerto possível, o processo de seleção deve ter várias etapas, verificações e testes.

Quando se contrata um funcionário para complementar uma equipe, é fundamental que ele combine com a equipe e, se possível, seja selecionado por ela.

Deve-se ter cuidado especial em não discriminar um candidato a emprego. Devemos entender que manter a cal-

continua

E no Brasil?

ma nesse momento e realizar todas as pesquisas necessárias quanto ao perfil do funcionário podem evitar problemas futuros.

Nos Estados Unidos, os selecionadores são muito cuidadosos nas entrevistas e nos testes, para não provocar constrangimentos ou discriminações. Se cometerem algum ato discriminatório, a empresa poderá, como consequência, responder a processos trabalhistas e criminais.

No Brasil, esse panorama está mudando. Podemos dizer que o cuidado já é mais percebido, embora não tão exacerbado. Obviamente não se pode demonstrar ao candidato que ele não foi aprovado por sua aparência, postura inadequada ou por seu local de origem; no entanto, pode-se solicitar uma avaliação de seu passado criminal e financeiro.

Uma prática interessante é atribuir ao superior direto a contratação do candidato à vaga. Em muitas empresas, a função acaba sendo atribuída ao gerente ou diretor de área, que pouco trabalhará com o funcionário

novato. Parece óbvia e simples, porém nem sempre essa prática é aplicada em hotéis e restaurantes.

Outra questão fundamental aos hotéis e que deve ser pensada com cuidado no momento da contratação é a questão do deslocamento dos funcionários. Problemas relativos ao trânsito, greves, inundações podem facilmente impedir que funcionários de um turno cheguem, e o hotel nunca fecha.

Em 1999, realizei a abertura de uma unidade hoteleira em Porto das Dunas (Aquiraz), cidade vizinha a Fortaleza, no Ceará. Naquela época, o asfalto não chegava ao hotel, e o objetivo, dizia-me o proprietário, "é não popularizar a praia". Sim, os hóspedes viriam de carro; mas e os funcionários? A solução encontrada, juntamente com a gerente de Recursos Humanos, foi, desde o processo de planejamento, dividir os turnos e as equipes entre pessoas de Fortaleza e de Aquiraz. Como iríamos depender de duas conduções, minimizaríamos o problema dessa forma. E assim foi feito.

Revisão e adaptação de Simone Sansiviero.

■ CONTRATAÇÃO E COLOCAÇÃO

Por meio de nosso plano de seleção sofisticado, com triagem, verificação de referências e os testes pré-admissionais, temos agora candidatos viáveis para o cargo em aberto. Chegou a ocasião de tomar a decisão de contratação! Novamente, onde e por quem essa decisão é tomada dependerá da estrutura de sua organização de Hospitalidade. Em alguns casos, ela será tomada pelo Departamento de Recursos Humanos; em outras organizações, pelo gerente/supervisor do departamento onde existe a posição em aberto.

Se a análise de cargo e os processos de recrutamento e seleção tiverem sido executados de modo correto, a última tarefa, de efetivamente tomar a decisão de **contratação**, torna-se uma mera formalidade. Caso sejam realizados integralmente, os primeiros três componentes do processo de emprego podem conduzi-lo a tomar uma decisão fácil. No entanto, o que acontece quando você finaliza esses passos e ainda possui mais de um candidato ao cargo? Além de considerar-se com muita sorte por ainda ter de tomar uma decisão, que considerações devem ser feitas para realizar essa determinação final?

▌Tomando a decisão

Quais são alguns dos critérios que você deve ter em mente ao tomar essa decisão? Sugerimos as seguintes diretrizes:

- ◆ Você pode contratar somente de acordo com a remuneração que pode oferecer. A experiência e as qualificações do candidato devem ser compatíveis com a remuneração recebida. Se o cargo em aberto, em sua organização, pagar menos do que o valor do candidato, e se não houver oportunidades imediatas para esse indivíduo avançar, o candidato buscará um emprego mais bem remunerado em outra companhia.
- ◆ Não se arrisque sempre. Toda organização de Hospitalidade precisa de seus "astros", independentemente do nível do cargo. Astros são também aqueles candidatos ao cargo que representam um grande risco. Você gosta de tudo a respeito deles, mas existe algo na formação ou no comportamento dos candidatos que não é convencional. A contratação de pessoas que representam um risco elevado será muito bem-sucedida ou muito malsucedida.
- ◆ Qual é o objetivo da contratação? Você está procurando um empregado para melhorar a situação atual no departamento em que ele vai trabalhar? Ou você ficaria satisfeito com um indivíduo que mantenha a situação atual?
- ◆ Analise o temperamento do candidato a emprego. Em que grau esse indivíduo está apto para o trabalho que o cargo em aberto requer? Se o candidato a emprego é um tipo de pessoa muito animada e sociável, e o cargo vago requer trabalho repetitivo e realizado em uma área com muito pouca interação social, essa pessoa não ficará muito feliz no ambiente de trabalho. Você colherá aquilo que plantou. Lembre-se da citação no início deste capítulo. Esses candidatos ao cargo nunca parecerão ou se comportarão melhor do que durante todo o processo de triagem. Se você deparar com um sinal de alerta ou uma impressão negativa a respeito do candidato, avalie cuidadosamente se você e sua organização de Hospitalidade podem conviver com esse comportamento.
- ◆ O candidato aprecia estar perto de pessoas? Hospitalidade é um negócio que envolve pessoas. Analise seus hobbies e interesses para determinar se essa pessoa aprecia conviver com outras pessoas em seu tempo vago. Se todos os interesses do indivíduo se concentram em leitura, bordado ou coleção de selos, esse pode ser um candidato a emprego que prefere não estar próximo de pessoas.
- ◆ Tenha uma crença no talento. Não tenha receio das pessoas talentosas ou daquelas mais atraentes ou mais inteligentes do que você.

♦ Qual é o nível de energia do candidato? Trabalhamos em um ambiente repleto de picos e vales. Quando nossa operação de Hospitalidade estiver em seu nível de produtividade máxima, todo o seu pessoal precisa maximizar seus próprios níveis de energia. Precisamos buscar candidatos a emprego que acreditamos ser trabalhadores esforçados.

Ao tomar a decisão final de contratação, sugerimos que você use uma folha de avaliação do candidato similar àquela que discutimos anteriormente. Isso lhe permite avaliar objetivamente cada um dos candidatos finais por meio da condução de uma análise comparativa. Lembre-se de que os únicos comentários escritos nessa folha de avaliação ou na folha de comentários do entrevistador são aqueles relacionados ao cargo. Na eventualidade de uma acusação de discriminação, esses documentos de seleção farão parte das provas usadas para determinar se tal acusação é válida.

■ Contratação negligente

A **contratação negligente** ocorre quando um empregador falha em detectar a incompetência ou inadequação de um candidato a emprego por não verificar as referências, o passado criminal ou os aspectos básicos gerais do candidato.

De acordo com a teoria da contratação negligente, você pode ser responsabilizado pelo comportamento de seu empregado caso soubesse, ou devesse ter conhecimento, de que o empregado apresenta a possibilidade de comportar-se de certa maneira. Na condição de gerente responsável pelos recursos humanos no setor de Hospitalidade, você precisa ter cuidado razoável ao selecionar seus empregados. Em nossa área ocorrem muitos contatos com o cliente, e compete a você proteger os clientes de um perigo em potencial.

As práticas de contratação negligente estão sendo usadas cada vez mais por terceiros que foram prejudicados como resultado da negligência de um de seus empregados. Historicamente, você, como empregador, sempre foi responsável pelas ações de seus empregados enquanto fizeram parte de sua empresa. Portanto, se um de seus motoristas, ao estacionar o carro de um cliente, atingir um pedestre, você pode ser responsabilizado pelas ações desse empregado.

A contratação negligente amplia as obrigações que um empregador tem perante seus clientes e afirma que seu dever consiste em contratar somente indivíduos em que se possa confiar e estejam qualificados para exercer as funções que você determinou. Portanto, se um mensageiro, cuja função consiste em acompanhar os hóspedes a seus apartamentos e transportar a bagagem, agredir um desses hóspedes, você é responsável, particularmente se for determinado que o mensageiro que você contratou cumpriu pena por agredir pessoas. Os processos de contratação negligente afirmam que você não cumpriu o compromisso com seus hóspedes na tomada de decisão inicial de contratação quando deixou de efetuar uma revisão apropriada da triagem. Em outras palavras, você agiu de modo inadequado ao tomar a decisão de contratação.

As decisões de contratação precisam ser tomadas com cuidado de indivíduo para indivíduo. Embora tenhamos apresentado diretrizes gerais para você seguir, o bom senso deve fazer parte do processo. Alguns cargos requerem uma triagem mais cuidadosa, pois o risco previsto para seus clientes/hóspedes é maior. Infelizmente, a legislação relativa à discriminação o impede de formular muitas perguntas diretas que poderiam ajudá-lo a eliminar candidatos a emprego que representam grandes riscos de segurança. É nesse ponto que seu julgamento é valioso. Tenha em mente a **colocação**. Onde esses candidatos a emprego vão trabalhar caso você os contrate? Você possui informações suficientes a respeito deles para garantir a segurança de seus clientes? Em caso negativo, então você deveria pensar duas vezes sobre a possibilidade de fazer-lhes uma oferta de emprego.

■ A oferta de emprego

Por ocasião da oferta de emprego, você deve transmitir as seguintes informações ao candidato ao cargo:

- ◆ Posição oferecida
- ◆ Localização
- ◆ Data de início
- ◆ Programação de orientação e treinamento
- ◆ Salário e benefícios
- ◆ Natureza do cargo
- ◆ Horário de trabalho

O candidato a emprego deve agora tomar uma decisão. Tenha certeza de que ele compreende os aspectos negativos, bem como os aspectos positivos, dessa posição específica. O candidato deve compreender suas expectativas quanto ao desempenho das funções do cargo e das responsabilidades que possui. A decisão do candidato em aceitar ou rejeitar sua oferta se baseará nas informações que você lhe fornecer nessa fase do processo de emprego. Certifique-se de que não existem falhas de compreensão, pois, caso existam, você acabará ficando com o mesmo cargo vago para preencher.

Recomendamos que você siga um procedimento estabelecido para contratar ou rejeitar candidatos a emprego. A oferta, inicialmente verbal, deve ser concretizada por escrito, novamente em uma tentativa de eliminar quaisquer incompreensões. Se o candidato for rejeitado, ele precisa ser notificado o mais rápido possível. Se o candidato solicitar um motivo para a rejeição, você precisa tomar muito cuidado com a maneira pela qual fará a justificativa. Lembre-se das sérias consequências legais da discriminação de um candidato a emprego.

Uma alternativa a uma oferta de emprego firme consiste em oferecer ao candidato um período de experiência, o que permite a você e ao candidato determinar melhor se o cargo em aberto é adequado para ele. Os **períodos de experiência** normalmente têm uma duração de um a três meses. No fim desse período, nenhuma parte tem obrigação com a outra. Se você decidir adotar um período de experiência, recomendamos que faça o empregado assinar uma declaração, indicando que o período de emprego é por um intervalo de tempo específico e que não existe nenhuma obrigação de ambas as partes ao término desse período.

▮ Colocação

Após a admissão do candidato, existem informações adicionais que você deve obter e que se tornam parte da pasta pessoal sobre a qual falamos anteriormente. Grande parte dessas informações, como estado civil, idade, número de filhos e autorização para trabalhar legalmente nos Estados Unidos, caso a pessoa seja de outra nacionalidade, não podia ser solicitada sob um ponto de vista legal antes de a decisão de contratação ser feita. Agora é necessário preencher o Formulário de Verificação de Elegibilidade para o Emprego I-9, já referido, com fins de imigração. Essas informações são agora necessárias para que suas áreas de Folha de Pagamento e de Benefícios desempenhem suas funções de modo satisfatório. Lembre-se de que, como essas informações não podem ser usadas para decisões sobre promoções futuras, você deve manter esses dados separados da pasta pessoal do empregado. A Figura 5.4 representa uma visão completa do processo de emprego.

▮ CONCLUSÃO

A implantação adequada do processo de seleção, contratação e colocação é fundamental para o sucesso de uma organização de Hospitalidade. Esses processos exigem um plano bem elaborado e executado que demandará tempo para a implantação eficaz. O processo de emprego não pode ser acelerado. Os profissionais estão reconhecendo, em todo o setor de Hospitalidade, a grande atenção necessária a esse processo de Recursos Humanos e estão tomando providências para desenvolver programas ou aperfeiçoar os já existentes. Os gerentes estão sendo agora ensinados a tratar o processo de emprego com o mesmo cuidado e respeito com que fazem a aquisição de um bem de capital.

A seleção de seus empregados representa o ponto de partida para agregar qualidade à sua organização de Hospitalidade. A fim de que sua operação seja de primeira classe, você deve começar pela seleção de candidatos a emprego de grande valor para se tornarem membros de sua organização. Cada candidato a emprego se apresenta a você com um conjunto de aptidões, talentos e habilidades especiais. Você deve compatibilizar esses indivíduos aos cargos em sua operação.

O processo de emprego, ao longo dos anos, tem se tornado cada vez mais complexo pelas restrições e exigências de ordem legal. São comuns os processos alegando discriminação. Os danos, quanto a prejuízo financeiro e de imagem perante o público, fizeram com que os gerentes de Hospitalidade responsáveis pelos recursos financeiros se tornassem cautelosos em seus procedimentos de triagem.

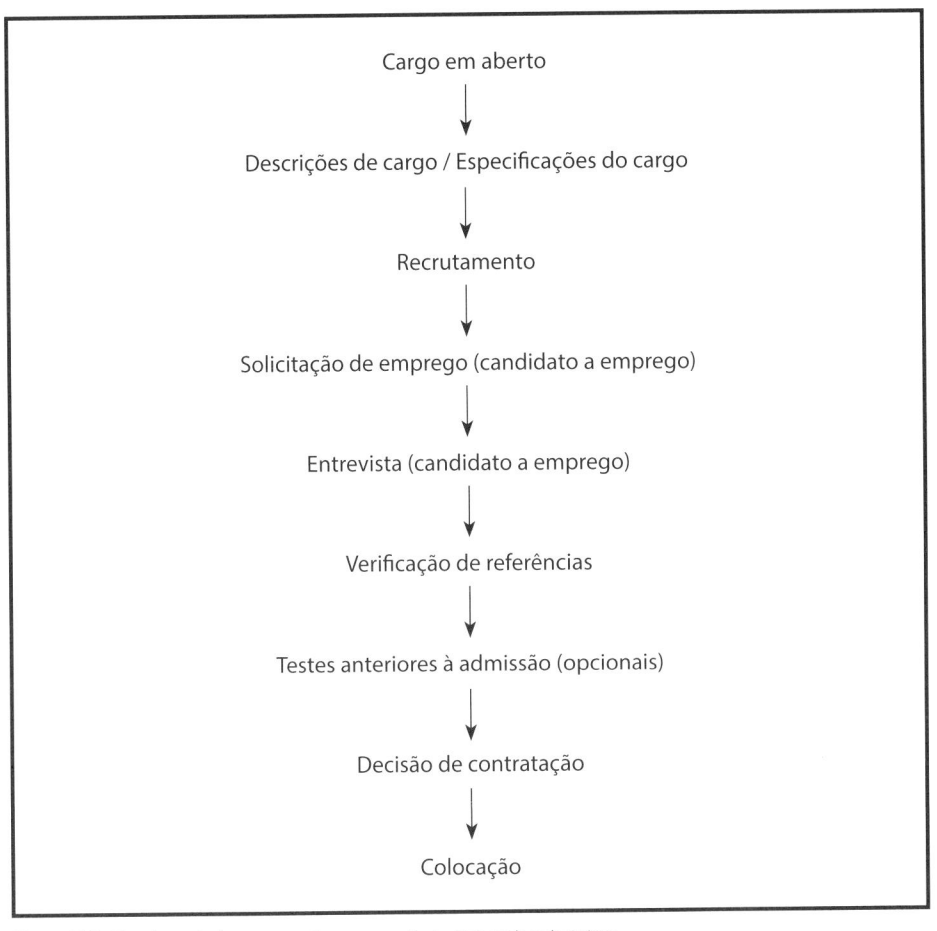

Figura 5.4 Planejamento do processo de emprego. *Fonte:* Elaborado pela autora.

Caso 5.1

Parabéns! Sua campanha de recrutamento para garçons e auxiliares de cozinheiros foi um grande sucesso. Como gerente responsável pelos Recursos Humanos em uma empresa localizada fora de Chicago, que organiza recepções no próprio endereço do cliente, você sabe quanto esforço foi dedicado a todo o processo de contratação. O *Happy Day Catering* gosta de contratar estudantes da universidade local que apresentem grande motivação para preencher suas vagas.

O *Happy Day* é considerado um local excepcionalmente bom para trabalhar e em geral obtém um grande número de solicitações de emprego após uma campanha de recrutamento.

As solicitações passaram por um processo de triagem prévio para assegurar que os candidatos possuíssem as condições mínimas (por exemplo, se for um garçom, com idade suficiente para servir bebidas alcoólicas; se for um auxiliar de cozinheiro, poder trabalhar nas primeiras horas da manhã).

continua

Caso 5.1

Você possui agora, após a triagem, quatro solicitações de emprego para cada posição em aberto (um garçom e um auxiliar de cozinheiro).

Antes de convocar os candidatos para uma entrevista, você precisa decidir que características e fatores exercerão influência em sua decisão de seleção. Especifique, para cada cargo em aberto, o que você procurará obter durante a entrevista. Lembre-se de que, no momento, você possui apenas as solicitações de emprego. Seus critérios de seleção precisam ser compatíveis com as responsabilidades e exigências do cargo. Os critérios de seleção, por razões legais, precisam ser confiáveis e válidos. Descreva, para cada critério de seleção escolhido, o motivo pelo qual é importante para o cargo específico. Identifique os fatores que preveem um desempenho bem-sucedido no cargo para cada uma dessas posições. Lembre-se de que os critérios de seleção devem ser igualmente relacionados ao cargo e válidos.

Fonte: Elaborado pela autora.

Caso 5.2

Você agora está pronto para convocar os quatro candidatos a garçom para serem entrevistados. Tomando por base os critérios de seleção que identificou no Caso 5.1, de que modo você avaliará cada critério? Por exemplo, caso "ser altamente motivado" for um critério importante de seleção, que evidência você procurará obter durante a entrevista que indicaria ser essa pessoa altamente motivada? De que modo você pode obter essa evidência? Que perguntas deveriam ser formuladas durante a entrevista para determinar cada critério de seleção? Que tipo de comportamento você espera constatar durante a entrevista?

Fonte: Elaborado pela autora.

∎ Termos-chave

- candidato a emprego
- cargo em aberto
- coleta de informações
- colocação
- Comissão "Telhado de Vidro"
- contratação
- contratação negligente
- discriminação no emprego
- encerramento
- entrevista
- entrevista estruturada
- entrevista não estruturada
- entrevista semiestruturada
- entrevistas secundárias
- folha de acompanhamento do candidato
- fornecimento de informações
- impacto desigual
- início da entrevista
- Lei de Auxílio à Readaptação de Veteranos de 1974
- Lei de Direito de Reemprego para os Veteranos
- Lei de Direitos Civis de 1991
- lei de emprego

– Lei de Reabilitação de 1973
– oferta de emprego
– Oportunidades Iguais de Emprego
– período de experiência
– Qualificação Ocupacional Autêntica
– seleção
– solicitação de emprego
– testes de aptidão
– testes de integridade

– testes de inteligência
– testes de personalidade
– testes pré-admissional
– Título VII da Lei de Direitos Civis de 1964
– triagem
– verificação de referências

Precisamos estar sempre bem informados a respeito dos aspectos legais que afetam o processo de emprego.

Atualmente enxergamos nossa equipe de trabalho por um prisma diferente. Consideramos nossos empregados como recursos valiosos para o sucesso das operações de Hospitalidade. Empregados não são apenas um conjunto de pessoas esperando pelo salário a cada semana, por um trabalho que não oferece oportunidade de crescimento ou progresso. Contratar pessoas é uma função importante de Recursos Humanos. Empregados ruins são o resultado de uma seleção ruim. Somente por meio do desenvolvimento de um processo de seleção excepcional, as pessoas de grande valor podem vir a fazer parte de sua organização de Hospitalidade.

Voltamos nossa atenção agora para a orientação, o treinamento e o desenvolvimento dos Recursos Humanos que selecionamos, contratamos e colocamos de modo tão cuidadoso em nossa organização de Hospitalidade.

∎ Leituras recomendadas

AMACK, L. O. "Discriminatory effects of the face-to-face selection interview". *Law Info Forum*, 1995. Disponível em: lawinfo.com/forum/face-to-face.html. Acesso em 19 agosto 2013.

BERGER, F. e GHEI, A. "Employment tests: a facet of hospitality hiring". *The Cornell Quarterly*, v. 36, nº 6, p. 28-35, 1995.

CLAY, J. e STEPHENS, E. "Liability for negligent hiring – The importance of background checks". *The Cornell Quarterly*, v. 36, nº 5, p. 74-81, 1995.

_____. "The defamation trap in employee references". *The Cornell Quarterly*, v. 37, nº 2, p. 18-24, 1996.

KUNDE, D. "Employers learn to take safe path with references". *The Dallas Morning News*, 27 de janeiro de 1999.

KOSS-FEDER, L. "Able to work: spurred by the americans with disabilities act". *Time*, 25 de janeiro de 1999, p. 82 A.

LEONARD, B. "Life at the EEOC". *HR Magazine*, 1998. Disponível em: www.shrm.org/hrmagazine/articles/0198eec.htm. Acesso em 19 agosto 2013.

LORENZINI, B. "The accessible restaurant". *Restaurant & Institutions*, v. 102, nº 12, p. 150-151, 154, 158, 162 e 166-170, 1992.

LOSYK, B. "Mastering the interviewing maze". *Restaurant USA*, v. 16, nº 9, p. 14-16, 1996.

PENNY, S. "How to hire motivated people". *BC Solutions Magazine*, 1997. Disponível em: www.bcsolutionsmag.com/Archives/Nov1997/motivated.html. Acesso em 19 agosto 2013.

PERRY, P. "A matter of privacy". *Restaurant USA*, v. 18, nº 2, p. 13-17, 1998.

RUNDQUIST, K. "Pre-employment testing: making it work for you". *Occupational Hazards*, v. 59, nº 12, 1997.

SIMONS, T. "Interviewing job applicants – How to get beyond first impressions". *The Cornell Quarterly*, v. 36, nº 6, p. 21-27, 1995.

THORNBERG, L. "Computer-Assisted interviewing shortens hiring cycle". *HR Magazine*, 1998. Disponível em: www.shrm.org/hrmagazine/articles/0298rec.htm. Acesso em 19 agosto 2013.

▮ Sites recomendados

1. Comissão de Oportunidades Iguais de Emprego dos Estados Unidos: www.eeoc.gov
2. Título I da Lei de Proteção aos Norte-Americanos com Deficiência, de 1990: www.eeoc.gov/laws/ada.htm
3. Lei de Discriminação por Idade, de 1990: www.eeoc.gov/laws
4. Lei de Salários Iguais, de 1963: www.eeoc.gov/laws/epa.htm
5. Seção 501 da Lei de Reabilitação, de 1973: www.eeoc.gov/laws/rehab.htm
6. Título VII da Lei de Direitos Civis, de 1964: www.eeoc.gov/laws/vii.html
7. Melhores Práticas de Oportunidades Iguais de Emprego: www.eeoc.gov/practice.html
8. O Orientador de Entrevistas: www.interviewcoach.com
9. Oportunidades On-line: www.jobnet.com
10. Informações sobre a Lei de Emprego: www.law.cornell.edu/topics/employment.html
11. Instituto de Informações Legais: www.law.cornell.edu/topics/topic2.html
12. Organização Nacional de Deficiência: www.nod.org/index.html

▮ Notas

1. David Maharaj. "Workplace damages expanded; Supreme Court: ruling says in some cases, punitive veredicts may be allowed", *Los Angeles Times*. Disponível em: web.lexis-nexis.com/more/shrm/19216/4736739/3. Acesso em 19 agosto 2013.
2. Departamento de Trabalho dos Estados Unidos. "Press Release". *The Glass Cerling Commission unanimously agrees on 12 ways to shatter barriers*. 1995. Disponível em: www.irl.cornell.edu/lib/e_archive/GlassCeiling/News_Release.html. Acesso em 19 agosto 2013.

▮ Questões

1. Qual é o objetivo do processo de triagem? Como você, em sua posição de gerente de Recursos Humanos, consegue garantir que esse objetivo seja cumprido em sua organização de Hospitalidade?
2. Que informações os envolvidos no processo de seleção precisam conhecer antes que possam iniciar a triagem dos candidatos a emprego?
3. Discuta a legislação referente às Oportunidades Iguais de Emprego. O que ela exige? Quem ela protege? Qual é o papel da Comissão de Oportunidades Iguais de Emprego? Quem pode protocolar uma queixa? De que modo se pode controlar a obediência à lei? Como as queixas podem ser evitadas?
4. Descreva os aspectos principais de três diplomas legais antidiscriminação.
5. Quais são as vantagens e desvantagens de se usar a solicitação de emprego como instrumento de triagem?
6. Descreva as vantagens e desvantagens das entrevistas estruturada, não estruturada e semiestruturada. Qual você prefere? Por quê?
7. O que você precisa fazer antes de entrevistar um candidato, para que a entrevista seja relevante?
8. Descreva as quatro fases da entrevista e identifique o objetivo ou a finalidade de cada fase.
9. Que tipo de informação é útil de se obter durante uma verificação de referência? Descreva as implicações legais de uma verificação de referência.

10. Descreva a diferença entre testes de personalidade e testes de integridade. Você usaria testes pré-admissionais em uma operação de Hospitalidade? Por quê?
11. O que é contratação negligente? De que modo ela pode ser evitada?
12. Que informações você deve fornecer ao candidato por ocasião da oferta de emprego?

■ Respostas quanto à legalidade das perguntas formuladas durante a entrevista (página 159)

1. Ilegal. Não se podem formular perguntas sobre o local de nascimento do candidato e de seus pais nem se pode requisitar uma certidão de nascimento, documento de naturalização ou de batismo. Você pode perguntar sobre o endereço e o tempo de residência de um candidato ou o endereço de seu atual empregador.
2. Ilegal. Você não pode perguntar sobre clubes, sociedades, associações ou outras organizações sociais às quais o candidato pertence, pois essas entidades podem ser de origem étnica ou religiosa. Você pode perguntar se o candidato pertence a organizações profissionais ou militares.
3. Legal.
4. Legal.
5. Ilegal. Você não pode fazer perguntas sobre a família, o estado civil ou a orientação sexual do candidato.
6. Ilegal. Relaciona-se à preferência religiosa. Você pode pedir recomendações ou referências profissionais. Se o candidato fornecer o nome de um líder religioso, você não terá violado a lei.
7. Legal.
8. Ilegal. Você não pode discriminar portadores de deficiência física ou mental, a não ser que esta seja diretamente relacionada ao cargo.
9. Ilegal. As razões são óbvias!
10. Ilegal. Você pode perguntar o nome de parentes que já emprega ou o nome de um parente para avisar em caso de emergência.

Treinamento, desenvolvimento e avaliação de Recursos Humanos

Programas de orientação e treinamento na área de Hospitalidade

Não existe nada que o estudo não possa fazer. Nada está além do alcance do estudo. Ele pode transformar uma moral ruim em boa; destruir maus princípios e recriar princípios bons; pode elevar os homens à condição de anjo.
Mark Twain

A sala de aula deve ser uma porta de entrada para o mundo, não uma fuga dele.
John Ciardi

▌ INTRODUÇÃO

Orientação e treinamento: termos familiares para a maioria dos alunos de Administração da Hospitalidade. Seus recursos humanos foram recrutados, selecionados, contratados e colocados de modo satisfatório em cargos vagos. O próximo passo no processo de recursos humanos consiste em orientar e treinar adequadamente seus novos empregados. Infelizmente, muitas organizações que prestam serviços de alimentação e de hotelaria subestimam o valor global do programa de orientação e treinamento bem planejado. Os dois programas relacionam-se diretamente ao sucesso dos novos empregados, bem como ao sucesso de sua organização de Hospitalidade.

Como gerente que assume responsabilidade pelos Recursos Humanos, será sua obrigação preparar seus empregados para desempenhar as funções. Vocês têm um compromisso para trabalhar juntos. O programa de orientação dará a primeira impressão a seus empregados de seu papel como líder de equipe. É nessa ocasião que eles começarão a desenvolver o senso de trabalho em equipe, o entusiasmo e a energia que torna sua organização de Hospitalidade um lugar especial para trabalhar. O programa de treinamento irá lhe dar uma oportunidade para aproveitar as qualidades naturais dos novos empregados, que são, afinal, a razão pela qual você os contratou!

Ao finalizar este capítulo, você será capaz de:

1. Descrever por que um bom programa de orientação é necessário em uma operação de Hospitalidade.

2. Identificar as características de um programa de orientação que traga benefícios.
3. Explicar a importância e as metas de um programa de treinamento.
4. Identificar a ocasião e os tipos de treinamento necessários em sua empresa de Hospitalidade.
5. Compreender a importância e o papel das iniciativas de alfabetização no local de trabalho.
6. Descrever alguns passos para a implantação de um programa educacional no local de trabalho de sua organização de Hospitalidade.
7. Desenvolver um programa de treinamento.
8. Distinguir os diversos tipos de métodos de treinamento.
9. Explicar a importância da Internet como um meio de treinamento.
10. Definir ensino a distância e seu papel no treinamento.
11. Identificar os elementos de um programa de treinamento bem-sucedido.
12. Explicar por que a Lei de Incentivo a Oportunidades de Trabalho para Estudantes é importante para a área de Hospitalidade.
13. Diferenciar orientação e treinamento.

■ ORIENTAÇÃO

Todos os novos empregados devem receber uma orientação bem planejada que os auxiliará a ter um início positivo em seu novo cargo. Um **programa de orientação** completo familiarizará o novo empregado com a área de Hospitalidade, sua unidade de trabalho e posição específicas. O programa de orientação, em seu sentido mais amplo, pode ser considerado uma extensão dos processos de recrutamento e seleção.

O fato de um indivíduo ser um empregado agora não significa que conhece o que deveria fazer, como deveria comportar-se ou mesmo onde deveria estar em ocasiões específicas. Embora seja necessária uma orientação sempre que um empregado iniciar um novo cargo ou assumir novas responsabilidades, vamos discutir neste capítulo a orientação aos novos contratados.

■ Como proceder com um novo empregado?

O que é orientação? Uma boa maneira de ver a orientação é como um modo de introduzir empregados novos na organização de Hospitalidade. Você consegue se lembrar de seu primeiro dia de trabalho no cargo que agora exerce? Mesmo que você já tivesse exercido o cargo em outra empresa de Hospitalidade, como barman ou garçom para atendimento aos apartamentos, você não se sentiu pelo menos um pouco apreensivo quando se dirigiu ao trabalho no primeiro dia? Podemos compreender o sentimento de ansiedade: o "primeiro dia" significa que você se encontra diante do inesperado.

Então, como gerente responsável pelos recursos humanos, o que você pode fazer para tornar a experiência do primeiro dia agradável a seus recursos humanos recém-contratados? Você pode começar pela familiarização dos empregados com os colegas e com o novo ambiente de trabalho de Hospitalidade.

Definimos um programa de orientação como um método de familiarizar ou introduzir os novos empregados à organização de Hospitalidade, suas unidades de trabalho ou departamentos e seus cargos. Esse procedimento é um esforço para minimizar problemas, a fim de que o novo empregado possa dar sua contribuição máxima ao trabalho na operação de Hospitalidade e, ao mesmo tempo, obter satisfação pessoal. Desejamos que nossos novos empregados se adaptem ao modo adequado de conduzir os negócios. Esse modo "adequado" depende das metas, políticas e procedimentos operacionais padronizados de sua organização de Hospitalidade.

Ao definirmos orientação desse modo, começamos a perceber a importância e o valor dos programas planejados. Em um grande número de situações, os gerentes de Hospitalidade se contentam em transferir a responsabilidade por orientação aos colegas do novo empregado. Esse processo de orientação não estruturado pode, a longo prazo, ser muito prejudicial para o sucesso da organização de Hospitalidade. Esse tipo de orientação não somente carece de planejamento, mas também pode ser enganador. Em virtude de essa ser a primeira impressão do novo empregado sobre a maneira de como agir, é desejável que ela seja positiva, otimista e muito organizada. O pior que poderia acontecer em um programa de orientação é o novo contratado começar a pensar se ele não tomou uma decisão errada ao aceitar sua oferta de emprego. Isso poderia acontecer caso seu programa de orientação seja visto como desorganizado ou aleatório. Um programa de orientação é eficaz quando do cuidadosamente planejado e considerado por seus novos empregados como um esforço cooperativo, para que se sintam bem-vindos em sua companhia. Quanto mais tempo e esforço você investir para ajudar seus novos empregados a sentir-se bem-vindos, maior a probabilidade de eles se tornarem membros leais, bem ajustados e permanentes em sua organização de Hospitalidade.

▋ Metas dos programas de orientação da Hospitalidade

A finalidade de um programa de orientação para novos contratados consiste em passar aos empregados uma ideia da cultura, do comportamento, das instalações e das aptidões interpessoais necessários ao desempenho durante os primeiros meses de trabalho. Os programas de orientação variam em duração e conteúdo de acordo com a posição ocupada pelo empregado, porém, precisam ser suficientemente completos para permitir que o empregado atue de modo satisfatório e eficaz como um membro da equipe de trabalho da Hospitalidade.

Transmitir expectativas e eliminar ideias preconcebidas talvez sejam as metas mais importantes de um programa de orientação. Ajudar os empregados a compreender aquilo que se espera deles constitui a mensagem mais valiosa que você pode transmitir. Não espere que as pessoas conheçam sua organização de Hospitalidade ou o cargo para o qual foram contratadas. Essas suposições podem prejudicar seriamente o desempenho do empregado após ele assumir as funções. Não fazer nenhuma suposição do que os empregados conhecem ou desconhecem pode ajudar a garantir que o progresso inicial que eles demonstrarão seja bem-sucedido e evitar problemas no futuro.

Uma meta adicional dos programas de orientação é tentar oferecer experiências bem-sucedidas. Conforme você aprenderá no Capítulo 7, orientação e formação de equipes fazem parte de suas funções ao assumir responsabilidade pelos Recursos Humanos. Durante a orientação, é importante que seus novos empregados sintam que vão fazer uma contribuição importante à equipe. Seus novos Recursos Humanos não só se tornarão mais rapidamente membros efetivos da equipe como muitas de suas ansiedades serão aliviadas ao serem orientados para a conquista de sucessos iniciais. Os níveis de confiança também aumentarão com a produtividade futura. Ao se incluírem experiências positivas no programa de orientação, a motivação será incentivada e permitirá um sucesso imediato.

Os gerentes de Hospitalidade estão se tornando cada vez mais conscientes do fato de que os programas de orientação são benéficos. Quanto mais abrangente for o programa de orientação, mais rapidamente os recursos humanos se tornarão membros produtivos e colaboradores da organização. Além disso, você constatará uma redução nos atrasos e nas faltas. É evidente que quanto menos ansiedade inicial os novos empregados sentirem, mais positivos se sentirão a respeito da companhia, do novo cargo que assumirão e das pessoas com as quais estarão trabalhando. Isso se traduzirá em uma atitude mais positiva no trabalho.

Compromisso. Compromisso e envolvimento dos gerentes de unidades e dos dirigentes graduados são necessários para fazer os novos empregados se sentirem parte da organização de Hospitalidade.

A participação no programa de orientação por todos os níveis de dirigentes é um meio de demonstrar aos novos contratados que eles são membros importantes da equipe. Constitui também uma excelente maneira para que conheçam as principais pessoas em sua organização de Hospitalidade, a fim de relacionar os nomes às pessoas. A participação de todos os níveis gerenciais na orientação permite que se tornem modelos para todos aqueles que ingressam em sua organização. Se o alto escalão estiver envolvido ativamente nas funções operacionais, os empregados horistas tenderão a apoiá-los com mais entusiasmo.

■ O QUE APRESENTAR...

Quais são a declaração de missão, as metas e os objetivos da organização? O que ela espera de você como empregado? O que você pode esperar que a organização de Hospitalidade lhe proporcione? Esses são exemplos do tipo de perguntas que as pessoas que entram pela primeira vez em uma organização ou operação poderiam fazer, e essas perguntas devem ter resposta em um programa de orientação eficaz.

∎ Para quem e por quem

Programas de orientação devem ser elaborados para os empregados horistas e os gerentes trainees. Após a graduação, muitos de vocês passarão por um treinamento para o cargo de gerência. Este capítulo focaliza principalmente os programas de orientação que você conduzirá para os empregados horistas em sua operação de Hospitalidade. Embora muitos dos elementos sejam similares àqueles que você vivenciará, é possível que o programa de trainees para cargos de gerente seja mais demorado e mais intenso.

Por exemplo, na Left At Albuquerque, os gerentes em nível inicial passam por um intenso programa de orientação e treinamento durante o qual assumem, rotativamente, cada posição ocupada por um empregado horista. Além disso, recebem treinamento na cultura da organização, conhecem os sistemas e padrões da companhia e comparecem a seminários sobre gerenciamento e liderança. Se você for trainee e desejar tornar-se gerente em nível inicial, exercerá cada uma das funções de cada cargo ocupado por um horista. Você aprende como o hotel ou o restaurante é administrado, como cada departamento opera e absorve uma variedade de estilos gerenciais. Esse tipo de programa constitui um programa extensivo de orientação *e* treinamento.

Os programas de orientação nem sempre se destinam apenas ao novo empregado, embora essa seja sua função principal. Os programas de orientação também são importantes nas organizações de Hospitalidade que passam por mudanças na estrutura ou nas políticas ou após uma fusão ou uma aquisição. As aquisições exigem uma orientação especial, de modo que os empregados da companhia adquirida sintam-se parte da matriz.

Os programas de orientação podem ser conduzidos pelo Departamento de Recursos Humanos, pelo gerente do departamento específico ou pelo supervisor. Para maior eficácia, deve existir grande cooperação de todas as áreas departamentais. Normalmente, a orientação em organizações de Hospitalidade grandes e mais complexas é implantada de modo que o Departamento de Recursos Humanos possa criar políticas para toda a companhia. O gerente ou supervisor do departamento orienta o empregado ao departamento no qual ele trabalhará.

O processo de orientação é tão importante que se deve tomar cuidado para que o novo empregado se sinta à vontade e calmo, para que a quantidade máxima de informações possa ser-lhe transmitida. Você certamente pretende deixar uma boa impressão inicial em seus novos empregados e também deseja criar o que Loret Carbone, vice-presidente sênior de Recursos Humanos da Left At Albuquerque, denomina um "ambiente de aprendizagem seguro". Esse ambiente incentiva perguntas sobre qualquer tópico que o novo empregado precise esclarecer ou deseje que seja repetido. Lembre-se de que a meta nesse caso consiste em os novos empregados aprenderem a se tornar mais bem informados. Caso estejam receosos ou muito intimidados para formular perguntas, essa meta não será atingida. Os exercícios para quebrar o gelo fazem um grupo de empregados se sentir mais à vontade e confortável. Sua atitude amigável e aberta ao conduzir a orientação também ajudará a afastar os receios.

É preciso tomar muito cuidado para não transmitir ao novo empregado um excesso de informações de uma só vez; do contrário, ocorrerá uma sobrecarga de informações. Dedicar tempo para desenvolver um programa de orientação formalizado especificamente para sua organização de Hospitalidade impede que isso ocorra. Isso também assegura que todas as informações necessárias estejam contidas no programa.

■ CARACTERÍSTICAS DOS PROGRAMAS DE ORIENTAÇÃO BEM ELABORADOS

No ramo da Hospitalidade, é importante que nossos recursos humanos possuam uma visão global da organização. Deve-se enfatizar a cultura da organização e sua importância. A experiência da Disney talvez seja o melhor exemplo de uma companhia que se certifica de que cada um de seus empregados conheça e compreenda a cultura corporativa. A Disney World considera seus programas de orientação um processo que a empresa julga ser benéfico porque "[...] tratá-lo como um evento único não leva em conta os estágios de desenvolvimento pelos quais passam os novos empregados".[1] Uma grande parte do programa de orientação abrange as tradições, os valores, a linguagem e a cultura da Disney.

Os empregados precisam ser capazes de entender como o cargo que ocupam relaciona-se a outros cargos e departamentos na operação de Hospitalidade. Vamos examinar, por exemplo, a importância do relacionamento entre o cargo de recepcionista e o de arrumadeira. Deve-se proporcionar uma orientação da recepção para a nova empregada que trabalhará como arrumadeira. Mostrar aos recursos humanos que atuam como arrumadeiras o modo como a recepção opera lhes proporcionará uma melhor compreensão de como as funções que elas desempenham se enquadram nas metas globais do hotel. Isso demonstrará mais claramente a posição desconfortável em que ficam essas auxiliares quando existem hóspedes esperando na recepção, mas não há um número suficiente de apartamentos limpos, prontos para serem ocupados. Da mesma forma, mostrar aos recepcionistas quanto tempo leva para aprontar um apartamento lhes dará uma melhor compreensão do motivo pelo qual todos os apartamentos não estão prontos para ser ocupados até as 10 horas!

Embora cada um dos recursos humanos que trabalham em uma operação de Hospitalidade ocupe um cargo específico, a natureza de nosso ramo empresarial faz com que eles percorram a operação. Isso significa que nossos empregados entram frequentemente em contato direto com nossos clientes em áreas distintas da área de trabalho que ocupam. Como oferecem um serviço aos hóspedes, os recursos humanos precisam ser informados a respeito das diversas funções e atividades da operação, para que possam responder corretamente às perguntas e dúvidas que lhes são apresentadas pelos clientes. O Quadro 6.1 identifica algumas das características que um programa de orientação bem elaborado deveria ter.

Quadro 6.1 Características positivas dos programas de orientação de Hospitalidade

- Apresenta uma visão de conjunto completa da operação/empreendimento de Hospitalidade.
- Reconhece os problemas e as necessidades que o novo empregado pode enfrentar e os equaciona.
- Os procedimentos de orientação são planejados, bem organizados e administrados de modo satisfatório.
- Os planos de orientação são adaptados ao departamento e ao cargo específicos do novo empregado.
- Mantém o foco nos benefícios que surgem com a atuação do novo empregado.
- Proporciona uma visão realista das condições de trabalho da companhia.
- Apresenta uma oportunidade para o novo empregado conhecer seus colegas no mesmo departamento.
- É continuamente avaliado e aperfeiçoado.
- Oferece uma explicação da cultura, da filosofia, dos valores, da visão e da missão da organização de Hospitalidade.
- Apresenta uma perspectiva histórica.
- Apresenta uma visão da direção que tomará a organização de Hospitalidade e a operação específica.

Fonte: Elaborado pela autora.

▌ Os aspectos específicos

O novo empregado que tem a sensação de sentir-se bem-vindo e julga pertencer de imediato à equipe de trabalho seguramente fará com que os clientes de sua operação de Hospitalidade também se sintam bem-vindos. Como a Hospitalidade é um setor de prestação de serviços, para se destacar no atendimento ao cliente, as operações precisam ter empregados com o que a consultora Loret Carbone denomina um "quociente de Hospitalidade elevado", que significa uma atitude de atendimento firme e positiva. Não lhes *diga* o que é Hospitalidade; *mostre*-lhes! Um modo pode ser oferecer a todos os novos contratados um convite para um jantar gratuito para duas pessoas antes de seu primeiro dia de trabalho. Isso não só é um gesto simpático de boas-vindas à companhia, mas também lhes permite entrar em contato com a operação do ponto de vista do cliente. Você pode valer-se desse procedimento durante a orientação para transmitir como espera que eles tratem os clientes que servirão.

Portanto, durante toda a orientação, a importância de um bom atendimento a seus clientes constitui o tema de todas as discussões. Embora as orientações (Quadro 6.2) sofram certa variação de acordo com o cargo específico, elas devem conter no mínimo:

Quadro 6.2 Programa de Orientação – Left At Albuquerque

O gerente cumprimenta o trainee e lhe dá as boas-vindas.

O gerente verifica o uniforme do trainee.

O gerente entrega itens adicionais do uniforme (avental, chave ou cartão magnético de acesso, coletor de detritos etc.).

O gerente demonstra como bater o cartão de ponto.

O trainee completa todos os documentos de admissão.

O gerente explica o Manual do Empregado.

O gerente explica o Manual de Segurança do Empregado.

O gerente explica as políticas da companhia relativas ao assédio sexual.

O gerente explica a descrição de cargo apropriada.

O gerente explica a declaração de missão e a declaração de valor da companhia.

O gerente explica as regras aplicáveis ao pessoal (uniforme, aparência, atrasos, procedimentos relativos ao horário, dias de pagamento, refeições, intervalos, política de férias, segurança dos bens pessoais, ligações telefônicas particulares, acidentes, tarefas iniciais, procedimentos quanto a achados e perdidos, informação sobre as gorjetas, como se procede com os empregados que deixam o trabalho sem aviso, reuniões que precedem o início do turno, relatórios confidenciais dos clientes, importância da limpeza e da higienização, como gerenciar as datas de aniversário dos clientes, avisos disciplinares e de advertência, procedimentos de emergência, trabalho em equipe e comportamento que resultará em demissão sumária).

O trainee é levado para conhecer o restaurante.

O trainee participa da reunião que precede o turno.

O trainee segue um instrutor durante o turno.

O trainee faz uma refeição com o gerente.

O trainee é submetido a um teste de orientação.

O trainee bate o cartão de ponto.

Fonte: Cortesia de Left At Albuquerque, Palo Alto, CA.

▮ A Companhia

Neste ponto, é apropriado abordar o histórico e o desenvolvimento da operação, o que pode levar a uma explicação da estrutura e do organograma da organização de Hospitalidade. Deve ser apresentada uma descrição completa das metas organizacionais e dos objetivos operacionais. Deve-se esclarecer a importância da contribuição esperada dos novos recursos humanos para essas metas e objetivos. Loret Carbone explica que você procura obter do empregado uma participação emocional e um compromisso com a companhia. Esse é o primeiro passo para uma parceria bem-sucedida e um relacionamento a longo prazo entre o novo empregado e a organização de Hospitalidade.

Informações de sobrevivência. Embora não sejam as informações mais interessantes que você partilha com o novo empregado, as informações de sobrevivência certamente representam algumas das mais importantes que você pode transmitir. É preciso tomar cuidado para que detalhes específicos não sejam esquecidos.

Informações que podem ser rotineiras e óbvias para os atuais empregados podem ser um grande problema para o novo empregado que não as conhece.

Algumas das informações de sobrevivência necessárias são:

- ◆ Procedimentos de entrada no trabalho; o uso do cartão de ponto.
- ◆ Entrega de chaves, uniformes e outros itens necessários.
- ◆ Formulários do plano de saúde e de outros benefícios. Deve-se oferecer ajuda para o preenchimento desses formulários, que podem confundir até o empregado com mais conhecimento. Conforme você aprenderá em um capítulo mais adiante sobre benefícios, essa área se modifica rapidamente e está mais complexa. O Quadro 6.3 identifica alguns dos documentos relativos à contratação que precisam ser preenchidos pelos novos empregados.

Quadro 6.3 Informações/documentos a serem fornecidos pelos novos contratados

- • Formulário de admissão totalmente preenchido, datado e assinado.
- • Formulários do plano de saúde.
- • Formulários do seguro de vida.
- • Formulário de retenção do imposto de renda na fonte (formulário W-4).
- • Assinaturas comprovando:
  - recebimento de chaves;
  - recebimento das regras de conduta da companhia;
  - recebimento do manual de políticas e procedimentos;
  - recebimento do manual de segurança do empregado;
  - recebimento da política sobre assédio sexual.
- • Prova de idade (se exigido).
- • Resultado do exame médico (se exigido).
- • Atestado de saúde.

Fonte: Elaborado pela autora.

- ◆ Explicação de como entender o contracheque, o que inclui informações sobre a política de remuneração, como data de pagamento e deduções efetuadas.
- ◆ Localização dos banheiros, armários, refeitórios dos empregados/sala de descanso, máquinas de venda automáticas, estacionamento, entrada dos empregados e relógio de ponto.
- ◆ Horário de trabalho e programação, política de horas extras, horário flexível e compensação de horário.

É um bom momento para distribuir o manual do empregado elaborado pela organização, que deve conter a maior parte das seguintes informações:

- ◆ ***Políticas organizacionais.*** Política de licenças do trabalho, ocasião e programação das férias, feriados pagos, política referente a doenças, prorrogação da licença médica, política de substituição, política de refeições e intervalos.

♦ **Políticas operacionais.** Caso você tenha oferecido uma boa explicação ao novo empregado sobre a empresa de Hospitalidade, ele já terá uma boa compreensão do grau de importância do "modo como fazemos as coisas aqui". Toda operação envolve valores e tradições que precisam ser levados ao conhecimento de todo novo empregado. "Sempre nos referimos a nossos clientes como 'hóspedes'" ou "sempre cumprimentamos nossos clientes com um sorriso" são dois exemplos de políticas operacionais que poderiam fazer parte da cultura corporativa de sua organização de Hospitalidade. Nesse ponto, você também deve incluir informações sobre as políticas da organização relativas à promoção, às avaliações de desempenho, às oportunidades de desenvolvimento da carreira e ao comportamento que pode resultar em demissão.

♦ **Um passeio.** Familiarizar o novo empregado com as instalações da empresa é importante não apenas para o conhecimento dele, mas também para que ele auxilie o cliente que peça informações sobre determinada área. O passeio deve incluir todas as áreas que auxiliarão o novo empregado a desempenhar suas funções de modo mais satisfatório. A localização dos departamentos que interagem com o departamento do novo empregado deve receber atenção especial.

♦ **Responsabilidades departamentais.** Todo empregado precisa compreender a contribuição de sua unidade de trabalho para a operação de Hospitalidade, bem como o relacionamento de seu departamento com os demais. A consultora Loret Carbone de pronto ressalta que isso se traduz em trabalho em equipe. Deve-se apresentar as pessoas com quem o novo empregado vai trabalhar.

♦ **Responsabilidades do cargo.** É uma introdução ao que consiste o cargo da pessoa, incluindo como ele se relaciona a outros cargos no departamento. O novo empregado é apresentado à sua área de trabalho e aos equipamentos com os quais ele poderia trabalhar em sua posição. Deve ser feita uma apresentação ao supervisor imediato do empregado, caso já não tenha sido feita.

♦ **Procedimentos de higienização e segurança.** Muitas organizações de Hospitalidade, especialmente as que preparam e servem alimentos, incluem uma sessão sobre procedimentos de higienização para todos os empregados que trabalham com alimentos. Muitas outras incluem rotineiramente informações sobre segurança, pois muitos departamentos em organizações de Hospitalidade contêm equipamentos e produtos químicos que, caso não sejam manuseados corretamente e com muito cuidado, podem ser perigosos para recursos humanos e, em alguns casos, para os clientes. As diretrizes federais exigem que todas as operações mantenham um programa de comunicação de riscos.

Algumas organizações de Hospitalidade preparam um kit de boas-vindas contendo informações úteis para novos empregados e que pode lhes ser entregue quando são contratados. Eles devem ler as informações e trazer o kit para a primeira sessão de orientação juntamente com uma lista de perguntas que possam ter após examinar o material. Este pode ser lido no tempo vago que possuem e servir como um guia para referência futura quando surgirem perguntas. A lista específica que você elaborar para a sua organização de Hospitalidade dependerá do tamanho, da missão e do que os dirigentes consideram ser informações importantes para os novos contratados (Quadro 6.4). Em operações sindicalizadas, por exemplo, seria importante cobrir os aspectos significativos constantes do contrato de trabalho. Em operações não sindicalizadas, podem ser incluídas afirmativas sobre *permanecer* não sindicalizado. Uma orientação bem elaborada ajuda os novos empregados a sentirem-se relaxados e à vontade no novo cargo.

Quadro 6.4 Lista de verificação de alguns aspectos a serem cobertos na orientação de novos empregados

- Palavras de boas-vindas
- Histórico da companhia
- Cultura da companhia
- Filosofia de atendimento da companhia
- Estrutura organizacional da companhia
- Política de assédio sexual
- Análise das descrições de cargos, horários e dias de trabalho, funções e responsabilidades do cargo
- Salário, políticas e períodos de pagamento
- Relatório de gorjetas
- Benefícios do empregado
- Exigências específicas de uso de uniforme
- Intervalos e horário de refeições
- Revisão das regras de conduta e do manual do empregado
- Ausências e atrasos não previstos
- Análise da Política de Oportunidades Iguais de Emprego
- Preenchimento e assinatura do formulário W-4
- Passeio pela operação e unidade de trabalho
- Apresentação aos colegas
- Indivíduo a quem se reportar, quando e onde
- Lista de números de telefone frequentemente usados
- Procedimentos de higienização e segurança
- Avaliações de desempenho e aumentos salariais
- Desenvolvimento da carreira e oportunidades de promoção
- Disciplina progressiva
- Motivos para demissão
- Situação de emergência

Fonte: Elaborado pela autora.

■ ACOMPANHAMENTO E AVALIAÇÃO

Após a organização de Hospitalidade estabelecer formalmente um bom programa de orientação e uma lista de verificação dos itens a serem abordados, não se encerra a responsabilidade de garantir uma orientação bem-sucedida. É muito importante que durante as primeiras semanas de emprego se realize um acompanhamento, a fim de garantir que o empregado esteja se adaptando a seu novo ambiente de trabalho com o mínimo possível de ansiedade e problemas.

Um acompanhamento também esclarecerá quaisquer dúvidas que possam ter surgido no programa de orientação. Após seu novo contratado exercer o cargo por alguns dias, talvez sejam necessárias explicações sobre regras ou regulamentos departamentais; após ele receber o primeiro salário, pode ser necessária outra explicação de como entender o contracheque; pode ser recomendável outro passeio, especialmente se o estabelecimento for muito grande e complexo. Todas essas medidas são tomadas para ajudar seus novos empregados a se adaptar ao local de trabalho da Hospitalidade com a maior facilidade possível.

Infelizmente, a orientação de empregados no local de trabalho e em seus cargos muitas vezes é negligenciada em diversas organizações de Hospitalidade. Com muita frequência, espera-se que o novo empregado chegue e comece a trabalhar com muito pouca orientação ou instrução. Essa situação não só se torna muito estressante para o novo contratado como se traduz em baixa produtividade, probabilidade de erros e má relação com os clientes. Um programa de orientação consistente e bem elaborado pode ajudar a reduzir a ansiedade e o estresse que o novo empregado normalmente sente quando depara com uma situação nova e desconhecida. O programa pode ajudar a garantir que seu novo empregado desempenhe com a segurança e a confiança de conhecer – e não supor – aquilo que precisa ser feito. Com isso, o novo empregado se torna produtivo mais rapidamente e, como consequência, muitas vezes pode reduzir os custos associados à aprendizagem no cargo. A rotatividade dos empregados, por sua vez, reduz-se ao passo que os índices de retenção melhoram. Você comunicou a seu pessoal que sua organização de Hospitalidade valoriza seus empregados e que você deseja ajudá-los a vencer em seus cargos. Saber o que se espera deles e o que eles podem esperar de você contribui para o sucesso de seus valiosos recursos humanos.

Os programas de orientação, embora distintos do treinamento, efetivamente compõem uma parte importante dos processos de planejamento e emprego de recursos humanos. Quanto mais rápido você conseguir reduzir as ansiedades de seu novo contratado, mais rápido esse empregado se tornará um membro produtivo da equipe. Os programas de orientação englobam mais do que benefícios, regras e regulamentos; eles representam a oportunidade de socializar os mais recentes recursos humanos em sua organização de Hospitalidade e torná-los membros da equipe!

■ POR QUE TREINAR?

Os programas de treinamento devem ser diferenciados dos programas de orientação. Os programas de orientação fornecem informações, ao passo que o treinamento procura ensinar ou melhorar aptidões e conceitos. Um dos principais objetivos do treinamento consiste em manter o desempenho ou melhorá-lo até atingir níveis aceitáveis. A orientação nos ajuda a cumprir esse objetivo de treinamento, pois, desprovidos de informações sobre a organização, o departamento e o cargo, dificilmente podemos esperar que os níveis de desempenho sejam satisfatórios.

Há poucos anos a prestação de serviços – ou a aparente falta dessa prestação – na sociedade norte-americana tem ocupado as manchetes. A área de Hospitalidade, com outros setores que prestam serviços, teve sua parte de publicidade negativa. Quando pensamos sobre isso, surpreende de fato que haja pessoas dispostas a investir milhares e até mesmo milhões de dólares em um novo restaurante ou na restauração de um antigo hotel tradicional e não destinem valores suficientes para treinamento.

Quanto você considera que deveria ser destinado ao treinamento anual por empregado? Cem dólares? Mil dólares? Dois mil? Três mil? Ou menos? Talvez US$ 20 para um manual de treinamento para estudo pelo próprio empregado? E quanto você destinaria para um cardápio reelaborado para seu restaurante, para a nova roupa de cama dos apartamentos ou para um software mais avançado, a fim de processar seus recebimentos diários? Os últimos três itens são considerados investimentos: itens que melhoram a qualidade do atendimento que você oferece a seus clientes. Do mesmo modo, você não pode se dar ao luxo de considerar o treinamento menor que um investimento. As *pessoas* são seu ativo mais importante! É por isso que nos referimos a elas como *recursos* humanos.

■ O que é

Em vista da ênfase crescente no atendimento aos clientes no setor de Hospitalidade, precisamos compreender como elaborar, implantar e manter programas de treinamento eficazes. Definimos **treinamento** como um processo sistemático por meio do qual os Recursos Humanos adquirem conhecimento e desenvolvem aptidões pela instrução e por atividades práticas que resultam em melhor desempenho.

O treinamento pode ser conduzido em vários níveis diferentes, tornando-o uma atividade constante em sua operação de Hospitalidade. Após a graduação, muitos passarão por um programa de treinamento para candidatos a cargos de gerência. Nesse nível, o treinamento proporciona ao candidato a gerente uma visão de conjunto de cada departamento, com uma experiência relacionada a treinamento para um cargo de supervisão.

O treinamento também pode ser conduzido para a supervisão de Recursos Humanos, como gerentes de turno e supervisores de fábrica, similares a encarregados em outras áreas. Frequentemente essas pessoas foram empregados horistas que demonstraram grandes aptidões técnicas e agora precisam desenvolver aptidões interpessoais e de liderança.

Quadro 6.5 Resumo do programa de treinamento para garçom

1º dia   Orientação (Acompanhar o garçom.)
2º dia   Filosofia de atendimento (Acompanhar o garçom.)
3º dia   Detalhes do atendimento (Acompanhar o auxiliar de garçom e o barman.)
4º dia   Sistema de atendimento no local de trabalho (Acompanhar o garçom.)
5º dia   Bar e bebidas (Acompanhar o garçom.)
6º dia   Refeições (Acompanhar o controlador de pedidos e o auxiliar administrativo.)
7º dia   Servir mesas

Fonte: Cortesia de Left At Albuquerque, Palo Alto, CA.

Programas de treinamento também devem ser criados para os empregados que você julga passíveis de promoção. Esses programas operam para apoiar as trajetórias estabelecidas de cargos e carreiras que discutimos detalhadamente no Capítulo 7. Os empregados considerados aptos à promoção destacam-se em seus níveis de desempenho e estão prontos para aceitar maiores responsabilidades. Se não houver uma oportunidade de promoção, o resultado pode ser a perda de alguns de seus melhores empregados. Esses programas de treinamento tornam-se parte das oportunidades que você proporciona a todos os seus recursos humanos (Quadro 6.5). Lembre-se de que esse é um mercado de trabalho altamente competitivo.

O retreinamento também deve ser realizado com os atuais empregados portadores de deficiência ou que precisem ser treinados em uma área específica, por falta de uma aptidão que resulte em desempenho abaixo do padrão, pela necessidade de adquirir novas aptidões em vista de uma alteração nos cargos ou simplesmente por uma revisão das aptidões que o empregado domina, porém, não teve ocasião de colocar em prática. É sua responsabilidade, no gerenciamento de recursos humanos, perceber os sinais que indiquem uma necessidade de treinamento. Quais são alguns desses sinais? Você pode pensar em algum deles? Veja a lista a seguir.

♦ ***Produtividade baixa.*** Todas as organizações de Hospitalidade operam de acordo com padrões e políticas. Quando você constatar que um empregado não está mantendo os padrões, como uma arrumadeira que não consegue limpar constantemente os apartamentos que lhe são designados diariamente, então você precisa analisar os motivos por que os níveis de produtividade não estão sendo mantidos.

♦ ***Desperdício elevado.*** Seja uma quantidade exagerada de cebolas utilizada em seu restaurante, ingredientes não alcoólicos demais em seu bar ou um excesso de limpador de vidros no departamento de limpeza, um consumo exagerado pode indicar desperdício. Talvez seus cozinheiros não conheçam a maneira adequada de descascar cebolas, o barman esteja usando copos de tamanho errado ou as arrumadeiras estejam usando o limpador de vidros para limpar tudo. Cada uma dessas situações pode revelar a existência de uma necessidade de treinamento.

♦ ***Queixas e alta rotatividade dos empregados.*** Qual é a causa dessas queixas e da alta rotatividade? Embora nem sempre sejam relacionadas a uma falta de treinamento, são uma razão plausível para tanto. Se você já ocupou no passado um cargo em que não recebeu informações sobre o que fazer e como fazer, sabe o quanto uma pessoa pode sentir-se frustrada e inadequada. Ninguém deseja ir ao trabalho e desempenhar um cargo que realmente não entende e com o qual se sente desconfortável por receio de cometer um erro. As pessoas geralmente querem ser bem-sucedidas, e nossa função consiste em lhes proporcionar as ferramentas apropriadas para alcançar tal sucesso.

♦ ***Queixa dos clientes.*** Ouça seus clientes e descubra as razões que os fazem indicar que não estão satisfeitos. Essas razões podem significar T – R – E – I – N – A – M – E – N – T – O.

O treinamento deve sempre ser sensível às necessidades da operação de Hospitalidade. Isso remete ao planejamento de Recursos Humanos que discutimos anteriormente neste texto. No restante deste capítulo, examinamos o treinamento da perspectiva de nossos novos contratados. Esses novos empregados terminaram com sucesso nosso programa de orientação bem elaborado, mas ainda não assumiram suas tarefas, funções e responsabilidades. Eles trabalharão de maneira mais eficaz caso lhes proporcionemos o treinamento apropriado *antes* de encaminhá-los ao novo cargo.

■ UMA PERSPECTIVA HISTÓRICA

Em tempos passados, no setor da Hospitalidade, você poderia dizer a um empregado para executar uma tarefa de um modo específico e ele obedeceria. Ao entrarmos no século XXI, constatamos que as pessoas não desejam realizar uma tarefa simplesmente porque foram solicitadas a executá-la. Elas querem compreender por que estão executando aquela tarefa.

Uma das primeiras metas do treinamento, nos primórdios, consistia em ensinar aos demais como usar uma ferramenta ou realizar uma tarefa. "À medida que o homem inventou ferramentas, armas, vestimentas, abrigo e linguagem, a necessidade de treinamento tornou-se um ingrediente essencial na marcha da civilização."[2] Quando as ferramentas eram simples, um método de treinamento era suficiente; porém, à medida que se tornaram mais complexas, foram desenvolvidos tipos diferentes de treinamento. O treinamento no cargo é um dos primeiros tipos de treinamento. Antigamente, o tipo de trabalho que as pessoas faziam era em grande parte não qualificado ou semiqualificado. O treinamento no cargo era usado provavelmente porque as pessoas não precisavam saber ler nem escrever. Métodos como o treinamento no cargo que envolviam uma pessoa mostrando a outra como executar uma tarefa eram perfeitos para essas situações.

A utilização de aprendizes, embora desenvolvida no passado, tornou-se muito difundida durante a Idade Média. Aos aprendizes eram passadas as habilidades necessárias à realização de várias tarefas. Um jovem estaria efetivamente vinculado a seu empregador por meio de um contrato legal e, em contrapartida, pelo trabalho o aprendiz aprenderia o ofício de trabalhador especializado. A ideia de utilizar aprendizes ainda prevalece atualmente na área de Hospitalidade na Europa e existe em menor grau nos Estados Unidos, sobretudo na área de treinamento gastronômico.

O treinamento em sala de aula foi desenvolvido em grande parte em vista das necessidades novas e diferenciadas criadas pela Revolução Industrial. Pela primeira vez na história, as máquinas nas fábricas permitiam que as mercadorias fossem produzidas rapidamente e em grande quantidade. Em virtude de ter ocorrido uma grande demanda de bens que as fábricas produziam, era extremamente necessário que os empregados pudessem ser treinados com rapidez e em larga escala. Esse método de treinamento exigia menos instrutores, ao contrário do treinamento no cargo e na instrução dos aprendizes.

Inúmeros programas de treinamento resultaram das iniciativas durante a Segunda Guerra Mundial para treinar rapidamente indivíduos, a fim de auxiliar na defesa dos Estados Unidos. Entre eles, estão o programa de **treinamento para instrutores** e o programa de treinamento de segurança no trabalho. Ao mesmo tempo, surgiu a necessidade de treinamento gerencial, atendida pelo programa de Treinamento de Guerra em Engenharia, Ciência e Gerenciamento.

Atualmente, o treinamento não pode mais ser considerado uma atividade improvisada e temporária. Podemos vincular essa importância e esse valor crescentes do treinamento ao setor de Hospitalidade quando examinamos os departamentos de treinamento ao longo de muitos anos do passado.

■ OBJETIVOS DO TREINAMENTO* NO "PRÓXIMO CAPÍTULO"

As pessoas que trabalham para você têm escolhas. Quanto mais frequentemente elas fazem as escolhas certas, melhores serão para você, o gerente. Quanto melhor o treinamento de seus recursos humanos, maior a probabilidade de que eles façam as escolhas certas. Recursos humanos que não foram bem treinados e que tenham um moral baixo se traduzem em atendimento de má qualidade. Quanto mais você puder maximizar as habilidades de seus colaboradores, maior o sucesso que eles e você terão. Garantimos que você terá uma satisfação muito maior. Empregados bem treinados podem assumir mais responsabilidades, o que torna sua tarefa mais fácil.

---

*N.R.T.: Aprendiz, trainee, estagiário, não importa a nomenclatura, a intenção permanece a mesma: ensinar o ofício a outra pessoa, compartilhar o conhecimento e, assim, dividir o trabalho. Apesar de ser uma prática desenvolvida no passado e difundida na Idade Média, lamentavelmente, até os dias atuais existem pessoas que continuam imaginando que conhecimento adquirido e guardado é garantia de emprego. Mesmo a empresa implantando programas de estágio, essa mão de obra é subutilizada para trabalhos do dia a dia.

Na área de Hospitalidade, independentemente do cargo, qual é a responsabilidade mais importante de cada um de seus recursos humanos? Queremos que você pense muito cuidadosamente a respeito dessa pergunta. A resposta se torna o foco de todas as atividades de treinamento. *Maximizar a satisfação do cliente* é a responsabilidade principal do cargo de cada pessoa que você emprega – até mesmo os lavadores de pratos, que talvez nunca entrem em contato direto com os clientes.

Antes de iniciar o treinamento propriamente dito, você precisa informar a seus empregados horistas, em primeiro lugar, a responsabilidade inerente ao cargo que ocupam. As tarefas do cargo, nas quais serão treinados a executar, constituem o meio de alcançar a máxima satisfação do cliente.

A seguir, há uma lista de objetivos de treinamento específicos comumente adotados na área de Hospitalidade. Observe que todos eles podem ser relacionados diretamente à máxima satisfação do cliente.

♦ *Tornar a operação de Hospitalidade um lugar seguro para empregados e clientes.*
  - Prevenção de acidentes
  - Medidas de segurança

Quadro 6.6 Benefícios a serem obtidos pela implantação de um programa de treinamento

- Melhor qualidade do atendimento aos clientes
- Maior camaradagem e senso de trabalho em equipe
- Maior qualidade
- Menos conflitos no trabalho
- Alívio do estresse e da tensão
- Menos rotatividade e faltas
- Melhor desempenho e, por conseguinte, custos menores
- Preparação dos empregados para promoção
- Melhor autoestima dos Recursos Humanos
- Sentido crescente de profissionalismo
- Melhor relacionamento entre os dirigentes e o quadro de pessoal
- Redução no número de acidentes
- Maior produtividade
- Melhor higienização e limpeza
- Menor fadiga
- Maior senso de segurança no trabalho
- Redução da supervisão necessária
- Ambiente de trabalho mais feliz
- Menor desperdício
- Alegria
- Moral mais elevado entre todas as pessoas
- Maior cooperação

Fonte: Elaborado pela autora.

♦ *Aumentar a **satisfação do empregado**.*
  - *Redução dos custos de rotatividade*
♦ **Proporcionar o conhecimento e os níveis de aptidão necessários para atuar no cargo designado.**
♦ **Melhorar os níveis de aptidão e as habilidades de desempenho** *de nossos Recursos Humanos.*
  - *Maior produtividade*
  - *Maior eficiência da mão de obra*
  - *Melhores oportunidades de desenvolvimento e de promoção*

O treinamento é importante. Cliente e empregado beneficiam-se de um programa de treinamento eficaz. O Quadro 6.6 indica várias vantagens obtidas por meio do treinamento de recursos humanos no setor de Hospitalidade.

E no Brasil?

"Em 1993, quando voltei para o Brasil depois do estágio que fiz em Tóquio e ingressei no mercado hoteleiro, não tive a oportunidade de participar de nenhum tipo de integração ou programa de orientação na empresa, o que era uma prática pouco comum nos hotéis daqui. Infelizmente temo que um bom programa de integração ainda não receba a importância merecida na Hospitalidade brasileira.

No Brasil, os treinamentos são considerados, em sua maioria, responsabilidade única e exclusiva de recursos humanos. No entanto, os gestores de outros departamentos esquecem-se de que o treinamento técnico (como fazer check in, usar a máquina de lavar louça, preparar o café) é muito importante. Geralmente é no dia a dia que o novato adquire seu conhecimento, muitas vezes pelo método de erro e acerto, o que certamente não é tão eficaz quanto um treinamento real.

Na elaboração do Plano de Treinamento Anual, todas as áreas do hotel devem participar, pois os gestores é que devem apontar as necessidades de suas respectivas áreas. O treinamento não deve simplesmente ser deixado a cargo dos recursos humanos.

É preciso ter em mente que o treinamento é um fator motivacional para o empregado, pois além de aprender, ele se sentirá convidado! A sinergia trocada entre os funcionários também é valiosa, pois os integrantes da equipe se unem e se conhecem pelo tempo que passaram juntos."

O texto acima é de autoria da professora Rosana Kiyomi Okamoto, responsável pelas contextualizações "E no Brasil?" na primeira edição deste livro. A obra retrata a realidade vivenciada por ela em um Brasil de 20 anos atrás, a mesma época em que eu iniciava minha carreira como Comercial nos hotéis na então chamada Quatro Rodas do Nordeste, os antigos Hotéis Quatro Rodas que passaram a se chamar hotéis Sofitel e que deram início à hoje tão famosa rede Accor no Brasil.

Nestes últimos anos, muita coisa mudou, o mundo mudou, e vem mudando, e cada vez mais rápido, em uma velocidade nunca antes vista.

continua

E no Brasil?

Cada vez mais a tecnologia substitui os procedimentos humanos, e na hotelaria não é diferente. No entanto, na contramão da padronização, e utilizando toda a tecnologia de ponta, existe hoje um segmento em que o importante é o tratamento único, personalizado, diferenciado e absolutamente feito só para você, do jeito que você gosta, com carinho, por um funcionário mais do que especializado e preparado para atender com perfeição. É o segmento da hotelaria de luxo.

O segmento do luxo tem crescido muito nos últimos anos e seus investimentos são sempre apoiados na personalização dos serviços. Esse é o grande desafio do profissional de Recursos Humanos e de Hospitalidade, pois se é interessante pensar que o mercado abre as portas para os gestores de Hospitalidade em outros locais, nossos funcionários de base e treinados passam também a ser cobiçados por outras empresas.

O grande desafio é manter o funcionário constantemente motivado e feliz com a empresa e o local de trabalho, percebendo o quanto a empresa é preocupada com seu crescimento profissional. Quando se consegue transformar um grupo de pessoas em uma verdadeira equipe, ou seja, quando os colaboradores passam a ser parte integrante do Grupo Hotel X, é incrível e valiosa a energia que se consegue.

Revisão e adaptação de Simone Sansiviero.

■ GUIA PARA DESENVOLVER SEU PROGRAMA DE TREINAMENTO EM HOSPITALIDADE

Conforme vimos, existem inúmeros benefícios que podem ser obtidos com um programa de treinamento eficaz para a área de Hospitalidade. No entanto, o que queremos dizer com "eficaz"? De que modo devemos proceder para que nosso programa de treinamento produza resultados? São necessários planejamento e dedicação às iniciativas de treinamento. Antes de iniciar o treinamento, você precisa avaliar as necessidades de sua operação de Hospitalidade e então criar um programa de treinamento, para que este atenda às necessidades atuais e futuras. A Figura 6.1 indica o processo de elaboração de um programa de treinamento.

■ Saber quando o treinamento é necessário

Para iniciar um programa de treinamento, você precisa delinear os tópicos a serem cobertos. Os tópicos de treinamento a serem ensinados baseiam-se nas necessidades de seus recursos humanos. Portanto, você precisa perguntar inicialmente: "Quais são as necessidades de meus trainees?". Após elas serem identificadas, o programa de treinamento pode ser elaborado para atender especificamente a essas necessidades. Todos os programas de treinamento devem iniciar por uma **avaliação**

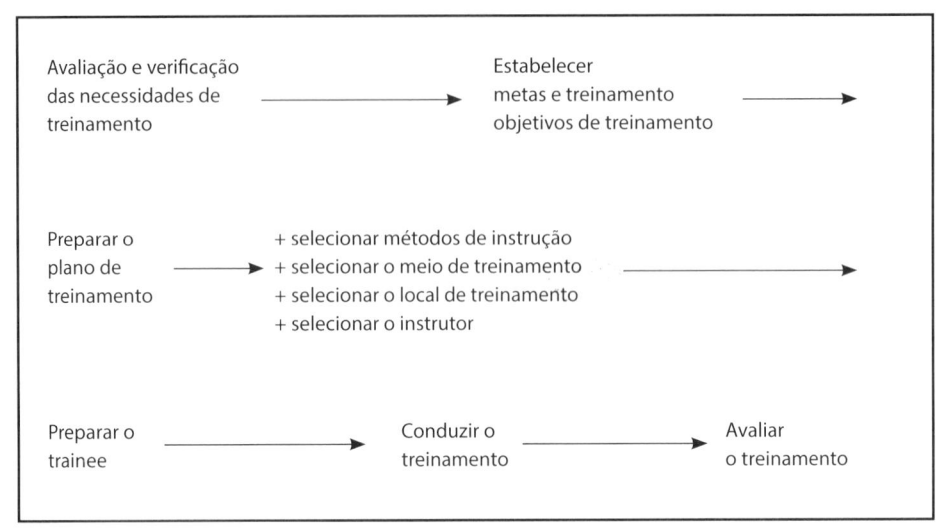

Figura 6.1 Elaboração de um programa de treinamento. *Fonte:* Elaborada pela autora.

das necessidades, a fim de ser eficientes e eficazes. A avaliação procura identificar "necessidades" ou "hiatos" entre o que existe atualmente no setor de Hospitalidade e aquilo que é necessário. Um exemplo de um hiato poderia ser uma diferença entre o que a companhia julga que está acontecendo e o que realmente acontece. Um hiato poderia relacionar-se a uma diferença no desempenho de um cargo, entre o que é esperado e o que está ocorrendo. Ou um hiato poderia relacionar-se a uma diferença entre as aptidões que seus recursos humanos precisam ter e as que realmente possuem.

Existem três áreas que requerem análise para sua avaliação de necessidades: a organização de Hospitalidade, o cargo e o conhecimento e nível de aptidão do trainee. Para que seu programa de treinamento seja eficiente, ele precisa cumprir as metas da organização de Hospitalidade, ser relevante para as funções e tarefas específicas exigidas pelo cargo e eliminar uma deficiência de conhecimento ou do nível de habilidade do trainee.

♦ *Avaliação organizacional.* A avaliação de sua organização de Hospitalidade foi apresentada no Capítulo 2. Foi durante a fase de planejamento que desenvolvemos a declaração de missão para o empreendimento de Hospitalidade e com ela preparamos as metas e os objetivos operacionais. Precisamos determinar agora a eficácia da organização. Estamos cumprindo o que planejamos fazer? A avaliação organizacional deve identificar:
   - a necessidade de levar em conta as barreiras culturais ou de idioma, de acordo com a composição demográfica em mudança na força de trabalho;
   - mudanças e impactos legais, como o assédio sexual e a discriminação no local de trabalho;
   - novas leis, como a Lei de Proteção aos Norte-Americanos com Deficiência e a Lei de Licenças Médicas;

- aspectos sociais que provocam um impacto no local de trabalho, como a contratação de beneficiários da Previdência Social e o analfabetismo;
- tecnologia em transformação e poder cada vez maior da Internet;
- a eficácia da organização da Hospitalidade para cumprir suas metas.

♦ ***Análise de cargos****.* A análise de cargos fornece informações valiosas para diversas funções de recursos humanos. Já constatamos o valor da análise de cargos nas funções de recrutamento, seleção, contratação e colocação. Agora ela tem novamente utilidade, quando tentamos determinar as necessidades de treinamento.

No Capítulo 3, aprendemos que as informações sobre o cargo são obtidas por diversos métodos para cada posição no local de trabalho da Hospitalidade. Foi compilada uma lista que continha as tarefas específicas exigidas para o desempenho de cada cargo. No Quadro 6.7, temos a descrição de algumas tarefas do auxiliar de garçom. A descrição e as especificações do cargo são preparadas com base nessas informações.

As informações obtidas com a análise de tarefas nos fornecerão uma indicação da dificuldade para aprender a tarefa, o que nos será útil na seleção dos métodos de instrução e do meio de treinamento. Também são obtidas informações relacionadas à importância da tarefa no desempenho do cargo, as quais nos ajudarão a estabelecer prioridades para as necessidades de treinamento.

♦ ***Avaliação dos recursos humanos****.* As nossas iniciativas de recrutamento e seleção nos permitem identificar as pessoas mais qualificadas para os cargos em aberto. Idealmente, elas entrariam no local de trabalho após a orientação e teriam todo o conhecimento, aptidões e habilidades para desempenhar o cargo em um nível igual ou superior aos padrões de desempenho estabelecidos. Não consigo pensar em um caso em minha experiência operacional em que essa situação tenha ocorrido. Portanto, não culpe os recrutadores ou o Departamento de Colocação por encaminhar-lhe novos contratados inexperientes. Sua função consiste agora em aceitar esses recursos e avaliar o conhecimento, as aptidões e as habilidades que eles possuem.

Quadro 6.7 Lista de tarefas do auxiliar de garçom

1. Tirar da mesa todos os pratos, copos, talheres e travessas.
2. Limpar a mesa com um pano limpo e úmido.
3. Limpar as cadeiras com um pano limpo e úmido.
4. Verificar se o chão ao redor da mesa e abaixo dela precisa ser varrido.
5. Arrumar novamente a mesa com guardanapos e talheres.
6. Colocar os condimentos no centro da mesa.
7. Notificar a hostess de que a mesa está arrumada.

Fonte: Elaborado pela autora.

Para aqueles que trabalham para uma organização de Hospitalidade que exige testes pré-admissionais, uma parte desse trabalho já foi feita pelo Departamento de Colocação. Você sabe, pela análise de cargo, o conhecimento, as aptidões e as habilidades necessárias para o desempenho do cargo. Seja por meio de testes pré-admissionais ou de testes específicos, você precisa determinar agora os níveis de desempenho de seus trainees. As necessidades de treinamento são indicadas por níveis de desempenho inferiores aos exigidos para o desempenho satisfatório das funções e responsabilidades do cargo.

Outra indicação de uma necessidade de treinamento é a evidência de um conflito entre as necessidades da organização de Hospitalidade e as dos empregados. O treinamento não só é necessário quando existe uma falta de aptidões, mas também para alterar ou melhorar a atitude e o comportamento dos empregados.

Isso se relaciona diretamente à maximização da satisfação do cliente, que tratamos anteriormente. Os empregados precisam ser treinados para maximizar a satisfação de todo cliente que entrar na operação de Hospitalidade. Podemos fazê-lo reforçando aquela mensagem durante todo o programa de treinamento, relacionando tudo o que ensinamos ao objetivo de satisfação máxima do cliente. É *por isso* que os lavadores de pratos devem ter certeza de drenar regularmente a máquina de lavar. É *por isso* que as arrumadeiras precisam verificar novamente o apartamento que acabam de limpar antes de fechar a porta. É *por isso* que os barmen precisam seguir as receitas dos drinques.

É evidente que realizar uma avaliação de necessidades é o primeiro passo lógico no desenvolvimento de um programa de treinamento. Todavia, sendo tão lógico, então por que um número maior de organizações de Hospitalidade não realiza essa ação importante?

Realizar a avaliação de necessidades é um processo que demanda tempo. Infelizmente, na área de Hospitalidade precisamos que os novos contratados estejam treinados ontem, e muitos gerentes julgam que simplesmente não podem esperar que ocorra uma avaliação de necessidades para cada novo empregado admitido. Em vez disso, na melhor das hipóteses, todos passam por um programa de orientação e treinamento genérico, com a garantia de que o supervisor proporcionará treinamento para sanar as deficiências que observa enquanto o empregado ocupa o cargo. Na pior, não há treinamento, e simplesmente se indica o local de trabalho ao novo contratado, dizendo-lhe que pode sentir-se à vontade para fazer perguntas. O novo empregado, não desejando parecer estúpido, tentará conhecer os procedimentos de modo independente, ou ficará tão frustrado que o primeiro dia de trabalho será também o último. Ao gerente resta indagar o que aconteceu. No entanto, o pior de tudo é que você negligenciou seu objetivo número um de maximizar a satisfação do cliente.

Outra razão de as avaliações de necessidades não serem realizadas com maior frequência é porque muitas pessoas não têm a mesma compreensão que você das avaliações de necessidades e dos resultados que elas geram. A Hospitalidade é um setor orientado à ação, e se os dirigentes não vislumbram resultados imediatos, provavelmente questionarão como você está empregando seu tempo.

Um alerta: ao fazer observações para sua análise de necessidades, é preciso tomar cuidado para diferenciar entre os problemas e as necessidades que resultam de treinamento inadequado e os resultantes de equipamento inadequado, procedimentos errados, falta de comunicação ou má supervisão. As necessidades de treinamento incluem somente aqueles problemas que possam ser resolvidos por meio do próprio treinamento. Nem todos os problemas e nem todas as necessidades são de treinamento!

■ Metas e objetivos do treinamento

Sua análise da organização, do cargo e dos recursos humanos lhe forneceu uma lista de necessidades de treinamento relacionadas aos trainees. Caso suas necessidades de treinamento sejam numerosas, você deve priorizá-las nas categorias "A", "B" e "C". Sua categoria "A" abarcaria as necessidades de importância fundamental para as operações diárias de seu estabelecimento. Para o pessoal que atende os clientes, pode consistir na aprendizagem dos procedimentos adequados de atendimento. As necessidades de treinamento "B" seriam secundárias para o funcionamento da operação, mas importantes para a maximização da satisfação do cliente. Para o pessoal de atendimento às mesas, pode incluir o conhecimento do preparo de cada prato que eles vão servir. As necessidades na categoria "C" têm uma prioridade imediata até menor, mas novamente são importantes para posicionar sua operação de Hospitalidade acima dos concorrentes. Um exemplo para o pessoal que serve as mesas pode incluir o conhecimento das características dos vinhos mais recentes lançados no mercado.

É importante que suas necessidades de treinamento prioritárias e suas metas de treinamento amplas, tais como maximizar a satisfação do cliente, proporcionar conhecimento e aptidões básicos para o cargo e oferecer um meio para alcançar satisfação no trabalho, traduzam-se, em forma escrita, nos objetivos de treinamento específicos. A seguir, apresentamos um exemplo de um objetivo de treinamento para a posição de auxiliar de garçom que identificamos quando conduzimos nossa análise de necessidades.

Exemplo de objetivo de treinamento
Objetivo: *Limpar e arrumar a mesa em 60 segundos de acordo com os padrões da Companhia XYZ.*

Você sempre deve especificar o comportamento ou o desempenho desejado no fim do programa de treinamento. Objetivos de treinamento precisam ser realistas e devem proporcionar algum tipo de avaliação para determinar se foram cumpridos ou não. Eles precisam ser elaborados da perspectiva de sua própria operação de Hospitalidade. Você não encontrará em um livro a lista de objetivos de treinamento que serão adequados para sua situação. O trabalho que você realizou até agora tornará mais fácil a preparação de seu plano de treinamento.

■ ALFABETIZAÇÃO*

Antes de treinarmos nosso pessoal, precisamos conhecer inicialmente se eles têm habilidade para aprender. Todos nós nascemos analfabetos. Aqueles que desenvolvem cedo as aptidões de ler e escrever são os mais bem-sucedidos no aprendizado. As pessoas que não adquirem a capacidade de ler durante a infância frequentemente são incapazes de atingir seu potencial na escola, no mundo e no local de trabalho. O fato de você ser capaz de ler estas palavras escritas significa que você desenvolveu suas aptidões de leitura. No entanto, nem todos os adultos são capazes de ler.

Nos EUA, o Instituto Nacional de Alfabetização estima que 20% da população adulta sabe ler em um nível igual ou inferior ao adquirido no ensino fundamental, o que está muito abaixo do nível necessário para ganhar um salário de subsistência. Um resultado dessas estatísticas alarmantes é a *Lei de Alfabetização Nacional de 1991.* A finalidade da lei consiste em "aprimorar as aptidões básicas e de alfabetização de adultos, para assegurar que todos os adultos nos Estados Unidos adquiram as aptidões básicas necessárias para trabalhar de modo satisfatório e obter a melhor oportunidade possível no trabalho e na vida, fortalecendo e coordenando os programas de alfabetização de adultos".[3] Antes disso, a maior fonte de serviços federais de alfabetização encontrava-se em programas cobertos pela *Lei de Educação de Adultos.*

A lei ainda definiu alfabetização como "a habilidade de um indivíduo ler, escrever e falar em inglês, efetuar cálculos e resolver problemas nos níveis de proficiência necessários para atuar no trabalho e na sociedade, cumprir suas metas e desenvolver seu conhecimento e potencial próprios".[4] Na Seção 102, essa lei criou o Instituto Nacional de Alfabetização, que pode ser acessado no site www.nifl.gov, para centralizar as iniciativas de alfabetização no território norte-americano. Além de atuar como um recurso para a alfabetização, o Instituto ajuda "a cuidar de prioridades nacionais urgentes – aprimoramento da força de trabalho, diminuição da dependência da Previdência Social, aumento do padrão de vida e criação de comunidades mais seguras".[5]

Os Estados Unidos não estão sozinhos no equacionamento do problema de alfabetização. No Canadá, o tema da alfabetização tornou-se mais importante no planejamento nacional. A Pesquisa Internacional de Alfabetização Adulta de 1994 estudou temas relacionados ao treinamento no Canadá, Estados Unidos, Suíça, Países Baixos, Polônia, Alemanha e Suécia. O Canadá está utilizando alguns dos dados obtidos para determinar o relacionamento entre alfabetização e garantia de renda.

O Congresso enfatizou na Lei de Alfabetização Nacional de 1991 a necessidade de um "Banco de Dados da Alfabetização Nacional". O Instituto Nacional de Alfabeti-

---

*N.R.T.: Segundo dados da Pesquisa Nacional por Amostra de Domicílios (Pnad) 2011, realizada pelo Instituto Brasileiro de Geografia e Estatística (IBGE) em http://www.brasileconomico.ig.com.br/noticias/taxa-de-analfabetismo-no-brasil-cai-de-97-para-86_122485.html, a taxa nacional de analfabetismo no Brasil caiu de 9,7% para 8,6%. Independentemente da baixa do índice, a notícia é alarmante, pois no Nordeste, onde a taxa é mais elevada, ela é de 16,9% e corresponde a 6,8 milhões de analfabetos.

zação desenvolveu com essa finalidade o *Sistema de Informação e Comunicação sobre Alfabetização,* uma rede eletrônica de âmbito nacional de disponibilização de informações e comunicação, que procura atingir as metas de informação e comunicação para a comunidade de alfabetização. Oferece informações sobre Recursos de Alfabetização dos Estados, o Centro de Alfabetização Nacional de Adultos e de Distúrbios de Aprendizagem, bem como links para outros programas e recursos de alfabetização. Para você, como gerente, a existência de inúmeras fontes de dados e de informações disponíveis, a seu alcance, pode ajudá-lo em sua organização de Hospitalidade e também ajudar as demais pessoas a lidar com os temas e problemas relacionados à alfabetização.

Existem inúmeros níveis diferentes de alfabetização, muitos dos quais vão além do objetivo dessa breve introdução à alfabetização que apresentamos. O foco mais recente recai sobre a "alfabetização funcional", que se refere à possibilidade de o nível educacional de uma pessoa ser suficiente para atuar na sociedade contemporânea. Se uma pessoa é analfabeta funcional, significa que as aptidões básicas de leitura, escrita e matemática estão abaixo do nível do ensino fundamental. Abaixo desse nível, pode significar que seu lavador de pratos não seja capaz de ler os dizeres "secante" ou "sabão". Faz diferença qual o produto químico que ele usa quando preenche os reservatórios da máquina de lavar? Abaixo do nível elementar, poderia significar que sua arrumadeira não seria capaz de ler um aviso escrito por um hóspede solicitando "Por favor não retire a água". Essa mesma arrumadeira poderia derramar juntamente com a água as lentes de contato. Abaixo do nível elementar pode significar que os cozinheiros não consigam ler as receitas ou dosar os ingredientes corretamente. Qual é a diferença entre um quarto de colher de chá e um quarto de xícara; a diferença entre um quarto ($\frac{1}{4}$) e meio ($\frac{1}{2}$); a diferença entre um quarto de um litro e um litro? Abaixo do nível de escolaridade elementar pode significar que seu caixa não sabe como devolver o troco. Isso importa? É esse seu problema como gerente responsável pelos recursos humanos no setor de Hospitalidade?

▌ Iniciativas de alfabetização na indústria da Hospitalidade

Felizmente, a área de Hospitalidade tem reconhecido o impacto das respostas a essas questões. Somos um setor que contrata um grande número de pessoas não qualificadas ou semiqualificadas. O Instituto Nacional de Alfabetização afirma que cerca de 20% dos trabalhadores nos Estados Unidos têm aptidões básicas em nível reduzido. Como resposta, algumas empresas de Hospitalidade criaram programas para ajudar seus Recursos Humanos nos aspectos relacionados a aptidões básicas.

Não se deve confundir essa iniciativa com treinamento de aptidões, que abordaremos posteriormente neste capítulo. Essa iniciativa refere-se a ensinar, ou instruir, as pessoas nas aptidões básicas de leitura, escrita e matemática. Algumas vezes esses programas são designados como **educação no local de trabalho**. Essa expressão tende a ser recebida mais positivamente que "programa de aptidões básicas".

A solução desses programas consiste em tratar o empregado com respeito, partindo do que ele conhece e aperfeiçoando aptidões e o conhecimento que possui. Essas pessoas não são crianças, são adultos, e precisam ser tratados diferentemente de um professor de escola primária. Você também precisa diferenciar os empregados com problemas de linguagem daqueles que não sabem ler ou escrever. Um empregado que fala inglês como segundo idioma pode ser confundido com um analfabeto funcional. O fato de ser analfabeto funcional não significa que o empregado seja estúpido, seja portador de uma deficiência de aprendizagem ou não possa aprender inglês. Com muita frequência, as pessoas que têm dificuldade para ler ou escrever não tiveram oportunidade de obter as aptidões de que precisam para ser bem-sucedidas nas funções. E lembre-se de que os programas de alfabetização não se destinam apenas a um reforço do ensino de leitura e escrita. Um bom programa de alfabetização ajuda as pessoas a desenvolver as aptidões necessárias para atender às exigências de seus cargos. Com a revolução da informática, algumas vezes o pessoal possui dificuldade para seguir as orientações de operação do computador ou compreender como processar as informações que o equipamento lhes fornece.

Programas de alfabetização da equipe de trabalho nunca foram tão fáceis de iniciar como atualmente. Eles não precisam ser onerosos. Muitas vezes estão disponíveis recursos federal e estadual, além de incentivos fiscais. Em 1996 o governo norte-americano investiu US$ 361 milhões em programas de educação de adultos e alfabetização da família. Como a falta de candidatos qualificados continua, é preciso fazer o possível para ajudar as pessoas que trabalham para nós a desenvolver e alcançar o pleno potencial. Isso não beneficia apenas nossa organização de Hospitalidade e seu pessoal; beneficia também a sociedade onde vivemos.

■ O PLANO DE TREINAMENTO

O **plano de treinamento** poderia ser considerado o coração do programa de treinamento. Trata-se de um esboço que considera as necessidades, as metas e os objetivos de treinamento – ou o que sua operação precisa fazer em relação ao treinamento – e identifica quando, onde, por quem e como o treinamento será realizado. *Onde* o treinamento será realizado é determinado pela seleção do local de treinamento. *Por quem* é determinado pela seleção do instrutor. *Como* o treinamento será realizado é determinado pela seleção dos métodos de instrução e pela mídia de treinamento. *Quando* o treinamento será realizado é determinado pela prioridade do treinamento necessário.

Muitos cargos no setor de Hospitalidade exigem muitas decisões por parte dos Recursos Humanos. Eles simplesmente não podem ser treinados apenas para toda e qualquer situação com que depararão ao desempenhar suas tarefas. Parte da avaliação do trainee precisa levar em consideração sua habilidade para tomar decisões; se ela for deficiente, o plano de treinamento precisa atender a essa necessidade crítica.

Vamos iniciar nossa preparação de um plano de treinamento selecionando inicialmente o local para as atividades e depois cuidando da seleção do instrutor e, por fim, abordando a variedade de métodos e de meios de treinamento disponíveis para auxiliá--lo a atender às necessidades de treinamento de sua organização de Hospitalidade.

▌O local de treinamento

A seleção do local de treinamento é determinada parcialmente pelo tipo de método de treinamento que você escolher, seja um treinamento em sala de aula, seja no cargo, seja ambos. O ambiente constitui um fator importante para a determinação do sucesso de seu programa de treinamento. A área deve ser agradável e ter o mínimo de barulho.

Pense no tipo de ambiente em que você teve o melhor aproveitamento quando cursava a escola. O que você considera ruídos na aprendizagem? A temperatura, a umidade, a iluminação do ambiente, o conforto à sua mesa ou na cadeira – a lista poderia prosseguir indefinidamente. Se algo no ambiente fizer com que a experiência de treinamento seja de qualidade inferior do que poderia ser, então pode-se afirmar que esses mesmos fatores afetarão a aprendizagem de seus trainees. Sem o ambiente e as instalações apropriados, o treinamento será mais difícil e menos eficaz.

Os equipamentos apropriados de treinamento também precisam estar disponíveis. Você consegue imaginar seu professor de contabilidade ministrando uma aula sem giz, quadro-negro ou caneta e transparências para o retroprojetor? Você consegue imaginar treinando seu auxiliar de garçom a limpar e arrumar uma mesa sem panos de limpeza, toalhas, talheres ou guardanapos? Evidentemente que não! Quase toda sessão de treinamento exigirá instrumentos, equipamentos, insumos ou materiais de algum tipo, que devem ser identificados e reunidos antecipadamente, a fim de que estejam à mão para a sessão de treinamento. Aqui também se inclui todo equipamento ou material audiovisual de que você possa precisar.

▌Treinando o instrutor

Muitos que vão assumir responsabilidade por recursos humanos também terão o papel de instrutor. E também sabemos que para alguns essa será uma tarefa muito incômoda. Ficar de pé diante de um grupo de pessoas e fazer uma apresentação não é algo fácil para muitas pessoas! Aqueles que ficam nervosos nas apresentações em sala de aula compreendem exatamente o que queremos dizer.

Alguns podem planejar colocar os melhores empregados para treinar os novos contratados usando o "sistema de amizade". A impressão geral é de que este *não* é o melhor método de treinamento. Você, como gerente, perde o controle sobre o aprendizado vivenciado pelo trainee. Economia de tempo ou esforço ou outros procedimentos que não se enquadram em seus padrões de desempenho podem ser ensinados, em vez do modo correto de desempenhar uma tarefa.

Caso sua organização de Hospitalidade seja grande, você pode ter em sua folha de pagamento um grupo de instrutores. Na maioria dos casos, o treinamento será de sua responsabilidade e você deve estar preparado para assumi-las. Um instrutor deve ter as seguintes características:

- ♦ conhecimento das aptidões relativas ao cargo;
- ♦ conhecimento das habilidades e dos níveis de aptidão dos trainees;
- ♦ conhecimento dos princípios de aprendizagem;
- ♦ boa comunicação;
- ♦ habilidade para motivar;
- ♦ paciência;
- ♦ entusiasmo;
- ♦ compreensão.

Seu papel como instrutor dependerá da filosofia da organização de Hospitalidade. Loret Carbone ressalta que muitas organizações atribuem à equipe gerencial a responsabilidade pelo treinamento. Em organizações menores, o gerente atuará como instrutor com maior frequência do que nas organizações de Hospitalidade maiores, as quais podem ter um instrutor em período integral. Organizações muito grandes podem ter uma equipe de instrutores ou um Departamento de Treinamento. Você não pode esperar que as pessoas façam autotreinamento, pelo menos não de acordo com os padrões e as políticas operacionais que você deseja manter em sua organização de Hospitalidade. Todavia, mesmo que você não treine seus novos empregados, eles mesmo assim aprenderão. Infelizmente, eles não aprenderão o que você deseja.

▮ Seleção do método de treinamento

A próxima decisão que você tem de tomar consiste em determinar qual o método a ser usado no programa de treinamento para maximizar o quanto cada um de seus trainees vai aprender. O treinamento de seus recursos humanos pode ser realizado de várias maneiras na área de Hospitalidade. Alguns desses métodos são formais e outros informais. Frequentemente são usados diversos métodos para ajudar os trainees a desenvolver as habilidades. A seleção de um método específico depende do objetivo de treinamento (o que deve ser aprendido), do número de trainees envolvidos, dos níveis de aptidão e da habilidade e do orçamento de treinamento.

Embora este capítulo trate principalmente dos métodos de treinamento interno, os procedimentos a seguir podem ser usados quando os métodos internos não forem adequados para sua situação específica:

- ♦ **_Cursos na faculdade/universidade._*** Frequentemente vão além do programa de desenvolvimento gerencial do qual você faz parte. Muitos dos

---

*N.R.T.: O leitor deve saber que embora cursos na área de Hospitalidade, como Gestão Hoteleira, sejam relativamente novos no Brasil e suas especializações não existam com a diversidade de opções dos Estados Unidos, grandes universidades de ponta já oferecem com certa frequência cursos em parcerias com instituições de ensino do exterior. A exemplo do Senac, com o curso Hotel Revenue Management – Senac – Cornell University. Outra alternativa interessante é procurar os cursos on-line ofertados pelas próprias universidades norte-americanas. A Cornell University é a mais cotada em relação a gestão.

mesmos cursos a que você assiste serviriam como meio de treinamento para alguns cargos.

- ◆ **Cursos por correspondência**. A área educacional da Associação Norte-Americana de Hotéis e Motéis e da Associação Nacional de Restaurantes oferece cursos por correspondência que sua operação de Hospitalidade poderia aproveitar. As associações estaduais de restaurantes e hotéis também podem ser de muita ajuda. Existem muitas outras organizações, frequentemente associadas a universidades, que também oferecem cursos por correspondência.

- ◆ **Seminários**. Existem muitos grupos de Hospitalidade que patrocinam seminários durante todo o ano. Muitas vezes você identificará tópicos relevantes para as necessidades de treinamento de sua organização de Hospitalidade.

Cada trainee responde de modo diferente ao treinamento e, portanto, como gerentes responsáveis pelos recursos humanos, compete a nós adotar o método correto de treinamento na época certa para cada um dos colaboradores. Vamos examinar alguns dos vários métodos que você pode escolher ao conduzir um programa de treinamento interno.

▌Método da preleção

Sabemos que este é o método que você conhece melhor! Sua maior vantagem? O método da preleção tem um custo muito reduzido quando o treinamento envolve um grande número de trainees. Sua maior desvantagem? A não ser que você seja um palestrante muito inteligente e criativo, pode ser muito entediante e fazer com que você não consiga manter a atenção de sua audiência. Os trainees também retêm menos do que com outros métodos.

O que você pode fazer para superar as desvantagens do método da preleção? Pense a respeito das experiências que você teve enquanto estudava. Materiais audiovisuais podem ser usados para ajudar o instrutor. Tudo, de filmes, slides, videoteipes, *flipcharts* e retroprojetor a interações com monitores de computador, pode ser incorporado para fazer com que o método da preleção pareça menos entediante para os trainees. Outra maneira pela qual você pode abrilhantar as preleções e incentivar perguntas e diálogo com os trainees consiste em fazê-los participar da sessão de treinamento. Isso também o auxilia a avaliar se sua mensagem está sendo bem transmitida.

▌Treinamento no cargo

O treinamento no cargo é concebido para que a aprendizagem seja realizada enquanto o trainee estiver desempenhando efetivamente as tarefas exigidas pela posição que ocupa. Os que defendem o treinamento no cargo julgam que os trainees aprendem melhor quando se defrontam com a situação real. Aqueles que não adotam o treinamento no cargo apresentam as seguintes justificativas:

♦ Uma boa maneira para transmitir más práticas de trabalho.
♦ Pode interferir em seu objetivo de maximizar a satisfação do cliente, caso o treinamento no cargo tenha como prioridade, por exemplo, levar a refeição ao cliente.
♦ Pode causar um aumento de desperdício e uma diminuição de produtividade.
♦ O treinamento pode ocupar uma posição secundária em relação à função sendo desempenhada e resultar em uma experiência de aprendizagem que deixe a desejar.

Uma concepção boa do treinamento no cargo, que seja bem implantada, pode superar os problemas potenciais.

▌Treinamento nas funções

Muito embora o treinamento nas funções seja na realidade uma forma de treinamento no cargo, queremos discuti-lo com mais detalhes, por ser a técnica mais comum empregada no treinamento de um novo contratado.

Se você participou de uma preleção, sabe que o modo de apresentação de material novo para uma audiência consiste em intensa comunicação; falar e falar. O treinamento nas funções ocorre quando o instrutor *diz* ao trainee como realizar a tarefa; *mostra* ao trainee como realizar a tarefa; *observa* o trainee realizando a tarefa e então *informa* ao trainee se ele executou bem a tarefa.

Gostaríamos de incorporar nosso objetivo básico de maximização da satisfação do cliente à técnica de treinamento nas funções. Quando o trainee compreende verdadeiramente, sem margem de dúvida, a razão *por que* está realizando uma tarefa, ele trabalhará com maior eficiência, aumentando suas probabilidades de alcançar a satisfação máxima dos clientes. Além disso, você deve explicar *como* o desempenho da tarefa afeta a operação no tocante à satisfação do cliente. Por exemplo, se a pessoa que prepara a salada não lavar três vezes o espinafre fresco usando água morna em cada lavagem, o cliente provavelmente vai mastigar grãos de terra na salada de espinafre fresco: uma experiência muito desagradável!

Nessa ocasião, você deve explicar ao trainee como o desempenho no cargo pode afetar as funções de outros empregados em sua operação. Provavelmente será o garçom que sentirá os efeitos de servir a um cliente uma salada de espinafre com terra. Como um passo final do treinamento nas funções, nunca é demais solicitar ao trainee para que lhe repita as informações recebidas em suas próprias palavras. Sempre use perguntas abertas, aquelas que não podem ser respondidas com um "sim" ou um "não". Essa é sua confirmação de que o trainee sabe a respeito do que você está falando. Lembre-se de que: "A prática leva à perfeição" (Vince Lombardi). O ciclo de treinamento é na realidade bem simples: o instrutor observa e oferece o feedback enquanto o trainee pratica. Observar – Feedback – Praticar – Observar – Feedback – Praticar – Observar – Feedback – Praticar.

▌Simulação

O **método de simulação** é um tipo de treinamento no qual o ambiente de trabalho real é reproduzido. Ele tem a vantagem do treinamento no cargo sem a possibilidade de interferir ou afetar negativamente as operações diárias de seu estabelecimento. Essa experiência é similar à experiência de laboratório na faculdade. O método simulado gera mais resultados com grupos pequenos. Sua maior desvantagem é o alto custo para reproduzir um ambiente de trabalho que essencialmente não produz receita. O efeito a longo prazo do treinamento deve ser avaliado caso resulte em um melhor retorno do investimento do que outras técnicas.

▌Dramatização

A **dramatização** é uma técnica de treinamento que estimula o aprendizado ao fazer com que os trainees simulem situações da vida real que poderiam encontrar no desempenho de suas funções. A vantagem é que a aprendizagem resulta da prática, que geralmente produz uma retenção maior do que o aprendizado resultante da mera observação. A dramatização pode ser usada para mostrar aos trainees como lidar com pessoas difíceis, sejam elas clientes, sejam outros empregados, bem como os métodos adequados de atendimento. As aptidões e os comportamentos podem ser aprendidos por meio da dramatização.

▌Escolha do meio de treinamento*

Já tratamos de alguns dos meios de treinamento mais comuns disponíveis quando explicamos o método de treinamento baseado na preleção. No "próximo capítulo" teremos disponíveis muitas ferramentas inovadoras de treinamento. Os videoteipes substituíram o uso de diafilmes e slides nas apresentações. Os videoteipes têm sido considerados um meio de treinamento eficaz. Muitas companhias de Hospitalidade estão criando bibliotecas internas e uma coleção de recursos audiovisuais para usar como um complemento aos programas de treinamento no cargo.

 Programas de treinamento baseados em computador e sistemas eletrônicos de apoio ao desempenho permitem ao trainee avançar no treinamento de acordo com seu próprio ritmo. O treinamento baseado em computador possibilita a instrução pela informática. Ele opera de um modo similar ao método da simulação, e apenas o computador atua como o simulador que reproduz experiências reais do setor. Em virtude de poder controlar o ritmo do programa, o trainee também pode repetir segmentos que precisem ser esclarecidos. O treinamento baseado em

---

*N.R.T.: Tornar o treinamento eficaz é sempre o grande desafio do gestor. Recursos modernos e barateamento de custos são sempre bem-vindos. A possibilidade de produzir seus próprios filmes padroniza o treinamento, quando se pensa em redes hoteleiras. No entanto, não ser obrigado a utilizar sempre os mesmos recursos, inovar nos treinamentos, ser criativo nas abordagens e manter a equipe motivada e em constante reciclagem são uma constante obrigação do gestor responsável direto pela equipe.

computador oferece a oportunidade de transferir informações aos trainees de modo mais rápido do que no treinamento em sala de aula.

Com o sistema eletrônico de apoio ao desempenho, o programa de computador na realidade orienta os trainees em seu trabalho enquanto eles o executam. O software do sistema direciona o trainee aos recursos apropriados, ajuda-o a tomar as decisões apropriadas e o auxilia a evitar erros. Esses programas dão mais resultado em cargos que exigem raciocínio em contraposição ao trabalho físico e quando os empregados usam computadores regularmente. No "próximo capítulo" procure aplicar cada vez mais esses programas na área de Hospitalidade. Uma desvantagem é a ausência de interação humana. Programas de vídeo interativo podem ser adotados para superar essa desvantagem.

Nenhum desses métodos de treinamento tem valor se os dirigentes não estiverem plenamente envolvidos nos programas. Você pode saber se dispõe do compromisso dos gerentes pela participação que eles têm nos programas, no papel como instrutor e no foco que dedicam aos objetivos de desempenho de cada um em relação ao desenvolvimento do pessoal. Compreender essas novas tecnologias e como estão sendo utilizadas será um desafio importante para os gerentes de Hospitalidade responsáveis pelos recursos humanos no "próximo capítulo". Afinal, talvez seja de sua responsabilidade decidir as tecnologias apropriadas à sua organização.

▌ Sistemas de treinamento baseados na Internet

A instrução individualizada transmitida pela Internet é mais um desenvolvimento do treinamento baseado em computador. O treinamento baseado na Internet pode ser usado com qualquer tipo de computador que tenha acesso à rede e conte com um navegador na web. Isso permite às companhias de Hospitalidade a possibilidade de criar em qualquer ocasião cursos de treinamento econômicos, em qualquer lugar do mundo, bem como a possibilidade de aperfeiçoar ou modificar constantemente os materiais de treinamento. Além disso, os instrutores podem oferecer um feedback individual a seus empregados. Os trainees podem aprender onde e quando tiverem tempo e a interação com o meio de instrução pode ser tão fácil como transmitir uma mensagem por e-mail.

Diversas companhias hoteleiras já descobriram que "o futuro é hoje" e têm incorporado aspectos do treinamento baseado na Internet em seus programas de treinamento. O Sheraton Hotels & Resorts conta com um programa Satisfação com o Serviço Prestado aos Clientes do Sheraton em 2000 em CD-ROM, para seus empregados de linha. Eles constataram que os empregados acabam adquirindo aptidão em informática com as práticas relacionadas ao atendimento ao hóspede, à medida que utilizam o programa. A Marriott International está usando atualmente o site, a fim de preparar os gerentes de Recursos Humanos para obter o credenciamento da Sociedade para o Gerenciamento de Recursos Humanos.[6] O setor de Hospitalidade apenas tocou na superfície da nova tecnologia que está e estará disponível no "próximo capítulo". Embora o treinamento baseado na Internet não seja a solução para todas as situações, ele oferece às organizações de Hospitalidade mais uma opção a seus empregados.

■ Aprendizagem a distância

A aprendizagem a distância é a aplicação da tecnologia de meios eletrônicos para a instrução em todas as áreas de aprendizagem. A transmissão eletrônica da educação e o treinamento da companhia podem ser realizados por satélite, vídeo/áudio teleconferência em um e nos dois sentidos, transmissão via vídeos, Internet ou outros meios eletrônicos. A transmissão de aprendizagem por meio eletrônico tem oferecido novas oportunidades de retreinamento para o setor de Hospitalidade.

A aprendizagem a distância pode ser feita em tempo real ou posteriormente. Provou-se que ela é tão eficaz quanto os métodos tradicionais de instrução em situações de treinamento empresarial. Muitas empresas, como a Hewlett-Packard, têm economizado milhões de dólares, adotando a aprendizagem a distância para treinar os empregados de modo mais eficaz e eficiente do que com os métodos tradicionais. À medida que a natureza do trabalho se modifica, o treinamento também se modifica para apoiar esse trabalho. Os avanços na tecnologia permitem entender o treinamento como nunca se fez.

■ Preparando o trainee

Lembre-se de que para muitos dos empregados horistas é possível que o treinamento seja uma experiência nova. Eles provavelmente não sabem o que esperar e, portanto, caberá a você, como instrutor, colocá-los à vontade. Será de ajuda se eles compreenderem de imediato como o treinamento os beneficiará. Assegure-lhes de que sua função consiste em auxiliá-los e apoiá-los durante o programa de treinamento e que não serão punidos pelos erros que cometerem. Eles precisam ter confiança em você, portanto, é importante que vocês atuem juntos; você deve chegar à sessão de treinamento bem organizado e bem preparado.

Você poderia iniciar oferecendo-lhes uma visão de conjunto resumida do novo cargo que ocupam. À medida que se sentirem à vontade com você, eles podem voltar a atenção para a aprendizagem. Embora tenham visto seu local de trabalho durante a orientação, agora é a ocasião de levá-los novamente à área de trabalho e explicar resumidamente o equipamento que se encontra lá. É importante que o trainee compreenda como cada tarefa se enquadra na totalidade de suas funções.

Durante essa visão de conjunto, você também obterá uma perspectiva mais pessoal a respeito do conhecimento do trainee, com que equipamento ele pode ter trabalhado anteriormente e de que tipos de aptidões ele se valeu em empregos anteriores. Tudo isso se destina a ajudar a despertar o interesse do empregado pelo programa de treinamento.

■ Conduzir a sessão de treinamento

Em seu papel de instrutor, você facilitará o treinamento do novo contratado, de modo que o trainee seja capaz de aprender as aptidões, as funções e as responsabilidades de seu novo cargo do modo mais completo e rápido possível. Conforme temos afirmado ao longo desta seção, o treinamento sempre deve atender às necessidades da organização de Hospitalidade. Embora esteja ciente da importância da satisfação do cliente, você não pode esperar que o trainee tenha essa conscientização, a não ser que a incorpore a seu programa de treinamento.

Conduzir o programa de treinamento requer a implantação de todos os elementos do plano de treinamento. Após apresentar as funções ao empregado, usando a relação de tarefas que você desenvolveu, faça com que ele execute cada uma delas enquanto você observa. Sim, sabemos que as pressões e responsabilidades operacionais podem ser enormes, no entanto, você precisa ter em mente a importância de uma sessão de treinamento bem conduzida. Compete a você despertar no trainee o compromisso de persistência quando estiver desempenhando o cargo sozinho.

■ Avaliar o treinamento

Este passo talvez seja o mais importante do programa de treinamento. Após a transição do treinamento para o cargo ter sido feita, o acompanhamento e a avaliação têm um papel importante na manutenção de um desempenho aceitável no cargo. Idealmente, o acompanhamento na realidade nunca termina. Mesmo sob supervisão constante e nas atividades diárias, seus empregados merecem *feedback* a respeito do grau de sucesso nos cargos que ocupam.

Antes de deixar que os trainees desempenhem suas funções sozinhos, eles devem ser notificados a quem devem se dirigir caso tenham dúvidas. Você deve assegurar que eles compreendam integralmente os padrões de desempenho para todas as tarefas do cargo que ocuparão. Após o término do treinamento, esteja acessível e incentive as perguntas. O desempenho deve ser verificado com frequência no início e diminuir gradualmente. Avaliar os trainees ao término do programa de treinamento envolve medir a qualidade do trabalho que realizam, tomando-se por base os padrões específicos de desempenho dos cargos. Permita que os empregados saibam como estão se saindo e onde precisam melhorar.

A finalidade de avaliar o programa de treinamento consiste em determinar se este cumpriu as metas e os objetivos. O método de treinamento e os resultados do programa de treinamento devem ser ambos avaliados. Os métodos precisam ser implantados para determinar se os objetivos de treinamento foram cumpridos. O desempenho dos trainees é compatível com os padrões de desempenho organizacional? Essa resposta, por sua vez, mede o sucesso do plano de treinamento.

Left At Albuquerque
Resumo do Programa de Treinamento para Atendente
Dia Dois: Entusiasmo pelo Serviço que Deslumbra
Treinamento para os Cargos de Auxiliar de Garçom e Barman

Horário	Atividade	Metas	Material a ser entregue
9:00 – 9:05	• O trainee bate o cartão de ponto • O gerente-geral cumprimenta o trainee • O gerente-geral verifica o uniforme • O gerente-geral analisa o Teste do Dia Um	• Assegurar que o uniforme do trainee está de acordo com o padrão • Explicar justificativas para os itens faltantes no Teste do Dia Um	• Exemplo de almoço Cardápio especial
9:05 – 9:10	• O trainee completa o Teste • O gerente-geral corrige o Teste e analisa os resultados com o trainee	• Compreender os números das mesas e os números das posições antes de trabalhar como auxiliar de garçom	
9:10 – 9:45	• O trainee lê o Manual de Treinamento para o *Atendente Dia Dois* ("*Entusiasmo pelo Serviço que Deslumbra*")	• Compreender a paixão da companhia pelo serviço	• Categorias de promoção
9:45 – 9:55	• O gerente-geral analisa os temas principais do Manual do Dia Dois • O gerente-geral analisa a Lista de Prioridades do Auxiliar de Garçom	• Compreender a paixão da companhia pelo serviço	• Categorias e relatórios
9:55 – 10:45	• O gerente-geral apresenta o seminário *Venda Responsável de Bebidas Alcoólicas*	• Compreender como vender bebidas alcoólicas com responsabilidade	• Vales-brinde
10:45 – 10:55	• O gerente-geral apresenta os Instrutores Certificados de Auxiliar de Garçom e de Barman	• Conhecer os Instrutores Certificados para o dia de hoje • Compreender as metas para o turno	• Procedimentos da matriz relativos às refeições
10:55 – 11:15	• O trainee finaliza o trabalho inicial com o Instrutor Certificado de Auxiliar de Garçom	• Compreender as funções iniciais do auxiliar de garçom	• Tíquetes da matriz para refeições
11:15 – 11:30	• O trainee assiste à Reunião Conjunta	• Compreender a importância da Reunião	• Serviço de apoio do atendente
11:30 – 13:30	• O trainee acompanha o Instrutor Certificado de Auxiliar de Gerente para Finalizar as Metas do Dia Dois	• Compreender os sistemas e procedimentos aplicáveis ao auxiliar de garçom	• Limpeza e higiene do atendente
13:30 – 14:30	• O trainee encontra o Instrutor Certificado de Barman e conclui as metas do Dia Dois	• Compreender os sistemas e produtos do bar	• Tempo de execução de serviço
14:30 – 15:00	• O trainee e o gerente-geral fazem juntos a Refeição do Dia Dois de Treinamento e analisa os temas e as metas do dia • O trainee completa o Teste do Dia Dois • O gerente-geral entrega ao trainee os folhetos do Dia Dois • O trainee bate o cartão de ponto	• Continuar o treinamento em alimentos • Avaliar o progresso do trainee • Entregar material de estudo para o Dia Três	
Total de horas de treinamento: 6			

Figura 6.2 Página do manual de treinamento da Left At Albuquerque. *Fonte:* Cortesia de Left At Albuquerque, Palo Alto, CA.

■ DA ESCOLA AO TRABALHO

A Lei de Incentivo a Oportunidades de Trabalho para Estudantes foi promulgada em 4 de maio de 1995, com a finalidade de instituir uma estrutura nacional para o desenvolvimento de sistemas de Oportunidades de Trabalho para Estudantes em todos os Estados norte-americanos. O Congresso dos Estados Unidos constatou que 75% dos estudantes secundários ingressavam na força de trabalho sem um diploma universitário e sem aptidões para o trabalho em nível inicial que lhes permitissem um sucesso no local de trabalho. O governo também constatou que, embora muitos estudantes tivessem um emprego de meio período enquanto estavam no curso secundário, não havia relação entre esses empregos e uma possível expectativa de desenvolvimento de carreira. Constataram que em 1992 existiam aproximadamente 3,4 milhões de pessoas nos Estados Unidos com idade entre 16 e 24 anos que não tinham completado a escola secundária e não estavam matriculados na escola. Isso representava um índice alarmante de 11% do grupo etário analisado. A aprovação da Lei de Incentivo a Oportunidades de Trabalho para Estudantes foi uma reação a essas constatações.

Então, quais são exatamente os programas de oportunidade de trabalho para estudantes? O Departamento de Educação dos Estados Unidos define um programa desse tipo como parceria entre organizações empresariais, educacionais, trabalhistas, governamentais e comunitárias que ajuda a preparar os alunos para carreiras de salário elevado e de grande aptidão em um mundo cada vez mais globalizado. Esse programa representa uma nova maneira de ver a aprendizagem nos Estados Unidos. Ele se baseia no fato comprovado de que os alunos aprendem melhor quando o conteúdo das aulas é aplicável a situações da vida real e do trabalho real em oposição a simplesmente memorizar fatos expostos em um livro didático.

Os programas de incentivo a oportunidades de trabalho para estudantes não são mais uma forma de treinamento no cargo e também não são direcionados apenas aos estudantes que não cursam uma faculdade. Esses programas visam preparar melhor os alunos para a faculdade, para a carreira ou simplesmente para que sejam bons cidadãos. É necessário um relacionamento íntimo entre as escolas e os locais de trabalho para que os programas deem certo. Deve existir uma compreensão clara de ambas as organizações do que se espera dos estudantes e da responsabilidade de cada organização (escola ou local de trabalho).

A educação* orientada ao trabalho tem a possibilidade de ser um enorme ativo para o setor de Hospitalidade no "próximo capítulo". Ela nos proporciona oportunidades de "convencer os estudantes" a uma carreira na área. Permitir aos estudantes que aprendam fazendo e aperfeiçoar suas aptidões no local de trabalho geram vantagem para os gerentes de Hospitalidade responsáveis pelos recursos humanos. Quanto mais a juventude de amanhã compreender o que é necessário para ser bem-sucedida, mais preparada estará para tomar boas decisões a respeito de seu futuro.

---

*N.R.T.: Hoje, no Brasil, as redes hoteleiras em grande expansão já oferecem programas de trainees abertos ao mercado. Se compararmos ao que é ofertado por outras indústrias, pode parecer pouco, mas devemos sempre lembrar que o forte em um hotel é o trabalho de base. A maior equipe não é a de gestores.

■ MAXIMIZANDO SEU INVESTIMENTO EM TREINAMENTO

Você dedicou muito tempo e esforço na elaboração e implantação de seu programa de treinamento em Hospitalidade (Figura 6.2). O que você pode fazer para ter certeza de que está obtendo o melhor retorno de seu investimento? Um modo de responder a essa pergunta consiste em examinar alguns dos erros cometidos no treinamento:

♦ Transmitir excesso de informações de uma só vez. Embora as informações apresentadas sejam óbvias para você, nenhuma das tarefas constitui mera rotina para o trainee. O trainee está absorvendo novos conceitos, o que requer tempo.

♦ Não direcionar o treinamento para as necessidades específicas do cargo. O treinamento não pode ser acondicionado em uma caixa branca e preta genérica, colocada em uma prateleira e usada quando for necessário. O treinamento precisa ser atualizado continuamente. Se você revisar seu cardápio ou fizer outras mudanças operacionais, você tem de certificar-se de que seu treinamento reflita essas alterações.

♦ Considerar o treinamento dos empregados horistas como menos importante do que os programas de treinamento para gerentes. Os empregados horistas são os olhos e os ouvidos de toda operação de Hospitalidade. A importância deles para o sucesso da organização não pode deixar de ser ressaltada, portanto, o treinamento deve ser tratado com muita atenção. Todo empregado deve ser tratado como um empregado de carreira, o que pode resultar em um programa de desenvolvimento mais consistente.

♦ Instrutores despreparados para conduzir as sessões de treinamento. Já mencionamos as características necessárias para ser um bom instrutor. Instrutores que não conhecem o cargo ou não possuem as aptidões necessárias para desempenhar as tarefas do cargo podem prejudicar sua credibilidade diante dos novos contratados.

♦ Explicações muito técnicas ou uso de terminologia com a qual os trainees não estão familiarizados. Sempre tente dar explicações na linguagem comum e definir todos os termos e gírias de Hospitalidade usados. Nunca fale se puder demonstrar.

♦ Falta de paciência. Como instrutor, você deve reconhecer que o aprendizado é um processo demorado. Isso não significa que seus trainees sejam lentos, mas que na realidade as pessoas aprendem em ritmos diferentes. Tome cuidado para não perder metade de seus trainees. Cada pessoa possui uma curva de aprendizagem única e individual.

♦ Falha em incluir mecanismos de *feedback*. Sempre permita que os trainees formulem perguntas na ocasião que sentirem necessidade. Sem algum *feedback* do trainee, você não saberá se ele realmente aprendeu. Outro benefício dos mecanismos de *feedback* é que ajudam a diminuir a tensão.

■ PRINCÍPIOS BÁSICOS DE APRENDIZAGEM DE ADULTOS

Quando examinamos a aprendizagem da perspectiva do treinamento, precisamos direcionar nossa atenção especificamente ao aprendizado dos adultos. As razões pelas quais os adultos desejam aprender são um bom início, pois é difícil melhorar a situação de aprendizagem sem compreender as motivações de aprendizado dos adultos. Eles desejam aprender quando:

- ◆ consideram o trabalho interessante;
- ◆ podem sentir-se importantes naquilo que estão realizando;
- ◆ são desafiados;
- ◆ sabem que seu trabalho é reconhecido e admirado;
- ◆ constatam que a satisfação de suas ambições pessoais constitui um dos benefícios;
- ◆ concentram-se nos problemas reais.

Os adultos aprendem aquilo que consideram importante e que contribui para os resultados que valorizam. Isso reforça a necessidade de relacionar o "porquê" do treinamento durante toda a implantação do plano de treinamento. Os adultos precisam ter a sensação de contribuir produtivamente para a organização de Hospitalidade e suas metas.

■ Barreiras ao aprendizado

Existem muitas situações que podem impedir o aprendizado dos trainees. Nas condições a seguir, a eficácia se reduz:

- ◆ *Cansaço.* Ele pode reduzir o rendimento físico e mental. Quanto mais cansados os trainees estiverem, mais tempo demoram para aprender. É por esse motivo que as sessões de treinamento não devem ser conduzidas no fim do turno de trabalho. As sessões que geram maior rendimento têm curta duração.
- ◆ *Monotonia.* Se você, como instrutor, considerar a sessão entediante, é muito provável que os trainees também a considerem. Aquilo que você estiver ensinando pode ser rotineiro para você, porém não o é para os trainees. Mantenha as sessões animadas e estimulantes, para que ocorra o máximo aproveitamento. Torne o treinamento altamente interativo, valendo-se de alegria e jogos.
- ◆ *Distração.* Toda distração inibirá o processo de aprendizagem. Isso pode ser um problema durante o treinamento no cargo, quando as atividades diárias de sua operação estiverem ocorrendo a seu redor.

♦ *Ansiedade.* As pessoas normalmente ficam tensas quando se defrontam com situações novas e pessoas desconhecidas. Compete a você quebrar o gelo e fazer com que o trainee relaxe; do contrário, a aprendizagem será inibida.

Existem muitas informações que podem ser obtidas de um estudo da teoria e dos métodos de aprendizagem. Muitos podem ser aplicados diretamente a programas de treinamento no setor de Hospitalidade.

▮ CONCLUSÃO

Os programas de orientação e programas de treinamento são duas das mais valiosas ferramentas disponíveis para você, como gerente de recursos humanos de uma operação de Hospitalidade. Precisamos ser o empregador escolhido, pois todos nós estamos competindo pelos melhores e mais brilhantes colaboradores. À medida que a concorrência aumenta, devemos procurar maneiras para atrair clientes para *nossa* operação, em detrimento de todas as demais. Um quadro de colaboradores treinados para a maximização da satisfação do cliente pode ser o fator de decisão para muitos dos clientes. As pessoas retornam aos locais onde se sentem em casa e onde os empregados cuidam de toda solicitação dos clientes.

O treinamento bem-sucedido não ocorre no vácuo. Diversos outros elementos do sistema são afetados, tais como avaliações de desempenho, aumentos por mérito, pagamento por desempenho etc. O treinamento exerce um impacto em todo o sistema de Administração de Recursos Humanos. Quanto mais detalhado, rigoroso, razoável, porém exigente, for seu programa de treinamento, maior a qualificação do candidato que você poderá contratar. O entrevistador terá de levar em consideração se o candidato a emprego é suficientemente bom para passar pelo programa de treinamento.

O treinamento é responsabilidade dos dirigentes. O treinamento é uma aptidão que exige prática. Em muitos casos, atribuímos a culpa pelos problemas à má formação de nossos empregados, quando deveríamos culpar a falta de treinamento. O gerente que assume responsabilidade pelos recursos humanos, ao planejar o programa de treinamento, precisa ter em mente as metas da organização, a teoria da aprendizagem, as necessidades do cargo e do trainee, a variedade de métodos e de meios de treinamento disponíveis e um método de acompanhamento e avaliação.

Os recursos humanos desejam envolver-se somente com experiências de treinamento de alta qualidade. A qualidade do serviço que prestamos não pode melhorar até que a qualidade dos programas de treinamento seja aperfeiçoada. Nós o incentivamos a se tornar o instrutor mais competente possível. Está em jogo mais do que apenas a reputação de sua empresa. O treinamento é uma ferramenta adotada pelos dirigentes para aumentar a produtividade de todos os Recursos Humanos, bem como ensiná-los a aprender a reagir em qualquer situação. Um bom treinamento de atendimento pode ser obtido pela adoção de diretrizes que apresentamos neste capítulo.

Caso 6.1

Sara chega ao primeiro dia de treinamento em um restaurante que faz parte de uma pequena companhia (seis restaurantes) localizada na Costa Oeste. Ela está entusiasmada com o novo emprego e espera aprender mais sobre a companhia e seus sistemas operacionais.

Quando chega às 8 horas (conforme lhe foi solicitado na contratação), encontra o restaurante escuro e a porta da frente trancada. Ela bate à porta, chega até a dar pancadas, mas ninguém responde. Ela espera. Finalmente às 8h45 o gerente Bill chega e fica surpreso quando Sara se apresenta e diz que estava lá para receber orientação e treinamento. Bill obviamente não sabia que ela viria.

Bill permite que Sara entre no restaurante, diz-lhe para esperar em uma das mesas ao lado da porta e, então, a deixa sozinha. Ele nem sequer acende as luzes. Sara permanece sentada no escuro por mais 20 minutos antes de o gerente retornar. Quando Bill volta, ele lhe dá um cardápio e o Manual do Empregado e diz que logo estará de volta. Após Sara ter lido o cardápio e o manual, ela se levanta e tenta encontrar Bill. Quando ela o vê, ele lhe diz para ela trabalhar hoje como hostess, porque a hostess escalada telefonou avisando que estava doente. Então, sem nenhuma orientação ou treinamento, Sara dá o melhor de si para atender o telefone, cumprimentar os clientes, acompanhá-los às mesas e responder às perguntas que fazem. No fim do dia, Sara pede que Bill lhe esclareça algumas dúvidas. Bill diz que não tem tempo naquele dia, mas lhe diz para estar no restaurante às 8 horas no dia seguinte.

Sara não comparece ao trabalho no dia seguinte. O que aconteceu? O que deu errado? Identifique alguns materiais que você daria à Sara **antes** de seu primeiro dia de orientação e treinamento a fim de prepará-la para o primeiro dia. Elabore um roteiro em duas páginas para o primeiro dia de Sara. Inclua um horário para as atividades, metas e quem trabalharia com ela.

Fonte: Elaborado pela autora.

Caso 6.2

Você foi recontratada por uma importante rede de hotéis para o cargo de gerente assistente e designada para um hotel localizado no centro de uma cidade importante no Nordeste dos Estados Unidos. Durante o treinamento, você passa pelos vários departamentos do estabelecimento hoteleiro.

Pouco tempo após iniciar o treinamento no Departamento de Limpeza, você toma conhecimento de irregularidades e inconsistências nos procedimentos adotados pela equipe. Ao trabalhar com Sally, você limpa o banheiro e então faz as camas. Ao trabalhar com Susie, você faz as camas e então limpa os banheiros. Embora isso não a perturbasse muito, você também observou que a quantidade de material de limpeza usada, o tempo empregado para limpar um apartamento standard e a quantidade de lençóis deixada no apartamento de

continua

Caso 6.2

cada hóspede variavam, dependendo da arrumadeira com a qual estivesse trabalhando.

Você discute as inconsistências com a governanta. Ao fazê-lo, é informada de que eles não têm recebido queixas de hóspedes e que o Departamento de Limpeza está operando acima do orçamento em relação à folha de pagamento e aos suprimentos. "Embora tenha certeza de que você é bem intencionada, o Departamento de Limpeza do hotel tem uma **excelente** reputação! Você deve estar enganada."

À medida que continua a trabalhar no hotel, você suspeita de que as violações e inconsistências dos procedimentos devem-se não à falta de interesse, mas a treinamento deficiente. O quadro das encarregadas de limpeza simplesmente desconhece os padrões e procedimentos corretos. Qual das situações observadas poderia ter sido causada por falta de treinamento? Quais são os indicadores de um treinamento deficiente em cada situação observada por você? Por que o hotel não tem recebido queixas dos hóspedes? Por que o Departamento de Limpeza está operando acima do orçamento?

Selecione uma função desempenhada na área de Limpeza e prepare um objetivo de treinamento para essa função. Que método de treinamento você selecionaria para implantar seu treinamento? Por que você selecionou esse método?

Fonte: Elaborado pela autora.

Caso 6.3

Durante os primeiros dias de período de treinamento, Ted estudou todos os materiais escritos, manuais e diretrizes entregues. Ele gostou da estrutura e da disciplina do programa e estava feliz por estar recebendo informações tão claras. Estava ansioso por iniciar a parte prática do treinamento, na qual efetivamente desempenharia seu trabalho.

À medida que passava por todas as seções na cozinha, constatou que os padrões indicados nos materiais de treinamento não estavam sendo seguidos. Quando ele perguntou aos empregados sobre isso, eles fizeram comentários do tipo: "Ninguém faz assim. Eis como fazemos na prática". Isso deixou Ted muito aborrecido, porém, como novo trainee, ele não desejava criar controvérsia.

Caso fosse responsável por esse restaurante, de que modo você asseguraria que o material de treinamento por escrito e o trabalho efetivamente realizado estivessem em conformidade?

Elabore um programa de treinamento com duas páginas, assegurando que o trainee receba uma mensagem coerente sobre os sistemas e padrões do restaurante. Como você o estruturaria para ter certeza de que os empregados que estão treinando os novos contratados estão seguindo as regras escritas?

Fonte: Elaborado pela autora.

■ Termos-chave

- alfabetização
- aprendizagem
- aprendizagem a distância
- avaliação das necessidades
- dramatização
- educação no local de trabalho
- Lei de Incentivo a Oportunidades de Trabalho para Estudantes
- método da preleção
- métodos de treinamento internos
- plano de treinamento
- programa de orientação

- programa de treinamento
- programas de treinamento baseados em computador
- retreinamento
- treinamento
- treinamento baseado na Internet
- treinamento no cargo
- treinamento para instrutores
- treinamento simulado

■ Leituras recomendadas

CHASE, N. "Train, don't tell". *Quality Magazine.* Disponível em: www.qualitymag.com/articles/may98/0598++.html. Acesso em 19 agosto 2013.

CLEMMER, J. "Why most training fails". *The Globe & Mail.* Disponível em: www.clemmer-group.com/globe/training.htm. Acesso em 19 agosto 2013.

"The evolving workplace: findings from the pilot workplace and employee survey". Ottawa: Statistics Canada for Human Resources Development, 1998.

FRAZEE, V. "Workers learn to walk so they can run". *Personnel Journal*, v. 75, nº 5, p. 115-120, 1996.

GRUNER, S. "Lasting impressions". *Inc. Magazine* (julho de 1998), p.126.

KENNEDY, D. e BERGER, F. "Newcomer socialization: oriented to facts or feelings". *The Cornell Quarterly*, v. 35, nº 4, p. 58-71, 1994.

KIRSCH, I. S., JUNGEBLUT, A., JENKINS, L. e KOLSTAD, A. *Adult literacy in America: a first look at the results of the National Adult Literacy Survey.* Washington, DC: National Center for Education Statistics, 1993.

KLIEN, C. S. e TAYLOR, J. "Employee Orientation is an ongoing process at The Dupont Merck Pharmaceutical Co". *Personnel Journal*, v. 73, nº 5, p. 64-67, 1994.

MONTIGNY, G., KELLY, K. e JONES, S. *Adult literacy in Canada: results of a national study.* Ottawa: Statistics Canada, 1991.

NATIONAL SCHOOL-TO-WORK OFFICE. *Managing the risks of work-based learning: a resource guide.* Washington, DC: National School-to-Work Office, 1998.

SHAY, J. e TRACEY, J. B. "Expatriate managers: reasons for failure and implications for training". *The Cornell Quarterly*, v. 38, nº 1, p. 30-35, 1997.

TAS, R., LABRECQUE, S. V. e CLAYTON, H. R. "Property management competencies for management trainees". *The Cornell Quarterly*, v. 37, nº 4, p. 90-96, 1996.

TRACEY, J. B. e TEWS, M. J. "Training effectiveness: accounting for individual characteristics and the work environment". *The Cornell Quarterly*, v. 36, nº 6, p. 36-42, 1995.

VANDERWALL, S. "Training enhances job satisfaction, Gallup survey finds". *SHRM/HR News Online.* Disponível em: www.shrm.org/hrnews/articles/110398.htm. Acesso em 19 agosto 2013.

WILSON, W. "Video training and testing supports customer service goals". *Personnel Journal*, v. 73, nº 6, p. 47-51, 1994.

YOUNG, C. A. e LUNDBERG, C. C. "Creating a good first day on the job allaying newscomers' anxiety with positive messages". *The Cornnell Quarterly*, v. 37, nº 5, p. 26-33, 1996.

▌Sites recomendados

1. Perguntas e respostas frequentes sobre treinamento e desenvolvimento:
   http://www.shrm.org/Pages/default.aspx
2. Sociedade Norte-Americana de Treinamento e Desenvolvimento: www.astd.org
3. Site de treinamento: www.trainingsupersite.com
4. Aliança Nacional de Empresas: www.nab.com
5. Alfabetização on-line: litserver.literacy.upenn.edu
6. Conselho Nacional de Padrões de Aptidões: www.nssb.org
7. Federal Register National Institute for Literacy: https://www.federalregister.gov/agencies/national-institute-for-literacy
8. Instituto de Teletreinamento: www.teletrain.com
9. The Interactive Distance Learning Group, Inc.: idl.ncms.org
10. United States Department of Labor: www.doleta.gov/
11. Associação de Ensino a Distância dos Estados Unidos: www.usdla.org

▌Notas

1. Jeff Brechlin. "Orienting new employees", *Training* 28 (abril de 1991), p. 45
2. C. S. Steinmetz. "The history of training". *Training and development handbook.* Nova York: McGraw-Hill, 1976, p. 1-3
3. 102ª Reunião do Congresso – 1ª Sessão, *National Institute for Literacy Public Law 102-73* (Washington, DC, 1991), p. 1.
4. Idem.
5. Federal Register National Institute for Literacy. Disponível em: https://www.federalregister.gov/agencies/national-institute-for-literacy. Acesso em 19 agosto 2013.
6. Robert T. Foley. "Train smart, not hard". *Lodging Magazine* (abril de 1998).

▌Questões

1. O que é orientação? O que é treinamento?
2. Compare e contraste orientação da companhia, orientação do departamento e orientação para o trabalho.
3. Relacione os tópicos que em sua opinião deveriam ser cobertos durante um programa de orientação da companhia para auxiliares de garçom em um restaurante familiar com 200 lugares.
4. Quais são alguns dos problemas que podem surgir quando deixamos de orientar adequadamente os novos empregados? Que problemas surgem quando as necessidades de treinamento não são levadas em conta?
5. Discuta como o treinamento vem se modificando desde a época dos aprendizes.
6. Discuta como o empregado, o supervisor e a organização de Hospitalidade se beneficiam com o treinamento.
7. Por que é necessário conduzir uma avaliação das necessidades de treinamento? Descreva em detalhe cada um dos três níveis em que a avaliação deve ser feita.
8. Descreva as vantagens de proporcionar programas de alfabetização em organizações de Hospitalidade.
9. O que é um programa de educação no local de trabalho?
10. Identifique e descreva cada um dos componentes de um plano de treinamento.
11. Por que a maioria das organizações de Hospitalidade deixa de avaliar seus programas de treinamento?
12. Que fatores precisam ser levados em consideração ao se aplicarem os métodos de treinamento no cargo?

13. De que modo os gerentes responsáveis pelos Recursos Humanos no setor de Hospitalidade usam a Internet como um meio de treinamento?

14. O que é aprendizagem a distância e como ela poderia desempenhar um papel importante no treinamento?

15. Discuta a importância da Lei de Incentivo a Oportunidades de Trabalho para Estudantes para as empresas de Hospitalidade.

16. Por que o treinamento é mais importante no "próximo capítulo" do que era nos anos 1980 ou 1990?

CAPÍTULO 7

Programas de desenvolvimento, orientação e formação de equipe

Se você não tem entusiasmo, você não tem nada.
Kemmons Wilson, SR.
Fundador da cadeia hoteleira Holiday Inn

Reunir-se é um começo.
Manter-se juntos é um avanço.
Trabalhar juntos é um sucesso.
Henry Ford

▌ INTRODUÇÃO

De que modo você faz um empregado dar o melhor de si? De que modo você faz o empregado ver o trabalho como mais do que uma ocupação? Cada recurso humano que trabalha em sua organização de Hospitalidade é uma pessoa diferente e única em relação aos demais recursos humanos. Agora que eles foram orientados e treinados (pelo menos para o cargo atual que ocupam), chegou a ocasião de assegurar que cultivamos e nos importamos com nossos recursos humanos como pessoas.

Os programas de desenvolvimento são elaborados para as necessidades individuais de seus recursos humanos. Eles são criados para ajudá-lo em sua posição de gerente responsável pelos recursos humanos, para identificar aquelas necessidades, a fim de desenvolver um melhor desempenho. Esses programas são elaborados para auxiliar nossos recursos humanos a identificar e posteriormente atender às expectativas e às aspirações da carreira.

Adotar programas de desenvolvimento individual para ajudar os recursos humanos a se tornarem os melhores possíveis requer um entendimento da motivação. Ao compreendermos aquilo que motiva as pessoas coletivamente, teremos maior compreensão de como atender às necessidades delas. Nossa meta consiste em realizar aquilo que é melhor para o empregado e, ao mesmo tempo, o que é melhor para a organização de Hospitalidade. O cumprimento dessa meta exige que tenhamos um conhecimento das técnicas de orientação, formação de equipes e de atuação do mentor. Afinal de contas, duas de nossas funções mais importantes como gerentes responsáveis pelos recursos humanos consistem em auxiliar no desenvolvimento de muitos relacionamentos pessoais no local de trabalho e em ajudar outras pessoas nas carreiras.

Ao finalizar este capítulo, você será capaz de:
1. Descrever o relacionamento entre desenvolvimento/aconselhamento de carreira e desenvolvimento/aconselhamento do desempenho; entre desenvolvimento da carreira e planejamento sucessório; entre revisões do desenvolvimento e avaliações de desempenho.
2. Explicar como opera um programa de desenvolvimento de carreira em uma organização de Hospitalidade.
3. Explicar os componentes de um programa de desenvolvimento gerencial bem-sucedido.
4. Preparar-se para conduzir uma revisão do desenvolvimento da carreira para cada um de seus empregados.
5. Distinguir entre os diferentes tipos de programas de desenvolvimento de carreira.
6. Definir o relacionamento entre mentor e protegido.
7. Identificar as teorias básicas da motivação.
8. Usar a teoria da motivação para auxiliar no planejamento de um programa de desenvolvimento individual.
9. Compreender seu papel como orientador e conselheiro ao ajudar seus recursos humanos a planejar seu desenvolvimento de carreira.
10. Explicar como os programas de desenvolvimento de carreira, a orientação e a formação de equipes o auxiliam a reter seus recursos humanos.

■ FUNÇÃO DO DESENVOLVIMENTO NA ADMINISTRAÇÃO DE RECURSOS HUMANOS

A meta de um programa de desenvolvimento consiste em ajudar nosso pessoal a tornar-se melhor a cada dia. "Melhor" representa um desejo ou uma aspiração pessoal definidos pelo empregado e apoiados pela organização. Quando ajudamos cada empregado a realizar suas aspirações de carreira, o local de trabalho da Hospitalidade torna-se não somente uma organização mais produtiva, mas também um ambiente mais agradável para se trabalhar.

O desenvolvimento de nossos empregados tem como objetivo algumas funções de Recursos Humanos. Esses programas não são apenas elaborados para melhorar o desempenho e incentivar a retenção, pois também exercem um impacto no planejamento de mão de obra em nível da organização e dos empregados. Para tanto, os programas de desenvolvimento são ligados ao progresso do desempenho, ao planejamento sucessório e aos sistemas de avaliação de desempenho.

Conforme discutimos no Capítulo 2, o planejamento sucessório pode ser implantado no nível dos horistas, bem como em nível gerencial. O planejamento sucessório ajuda-o a preparar-se para o crescimento contínuo de sua organização de Hospitalidade. Os programas de desenvolvimento da carreira ajudam no planejamento sucessório ao incentivar o avanço contínuo do talento naquela organização. O planejamento sucessório, empregado dessa maneira, une o desenvolvimento aos objetivos de planejamento de Recursos Humanos a longo prazo. Isso o ajuda a assegurar que terá o talento exigido para atender às necessidades atuais e futuras de seus recursos humanos. Desse modo, os **programas de desenvolvimento** vinculam as necessidades de recursos humanos aos planos empresariais do empreendimento de Hospitalidade.

O *WorkPower™: Guia da Marriott para o Sucesso na Carreira* foi desenvolvido para proporcionar aos empregados a oportunidade de avaliar o próprio progresso na carreira, por meio de um processo de planejamento de carreira segundo um ritmo próprio. Parte desse processo consiste na habilidade de cada empregado em avaliar o próprio sucesso por meio do conceito de *Adequação da Carreira*. "Nossa teoria indica que quanto mais a PESSOA estiver sincronizada com a *Posição* e o *Local,* mais produtiva e feliz estará".[1] (Figura 7.1). Uma pergunta básica que cada empregado precisa fazer é *"Quem sou eu?"*, que se pode formular por meio de respostas a cinco perguntas (Quadro 7.1).

As oportunidades de promoção no interior da organização de Hospitalidade aumentam por meio do desenvolvimento da carreira. As **revisões de desenvolvimento** da carreira proporcionam uma oportunidade para o empregado levar ao conhecimento dos dirigentes a destinação que gostaria de dar à sua carreira. Essas revisões também oferecem aos dirigentes a oportunidade de comunicar o progresso

Figura 7.1 Modelo de adequação da carreira. *Fonte:* Cortesia de Career Systems Int'l. e Marriott International Corporation.

Quadro 7.1 "Quem sou eu?"

- Quais são meus *valores* mais importantes?
- Que atividades realmente despertam meu *interesse*?
- Quais são minhas *qualificações*?
- Quais são meus traços *pessoais*?
- Qual é minha *profissão*?

Fonte: Cortesia de Career Systems Int'l. e Marriott International Corporation.

que a pessoa está obtendo em relação ao cumprimento das metas de carreira pessoais. Isso é muito diferente das avaliações de desempenho que discutiremos no Capítulo 8; em uma dessas avaliações, o empregado é avaliado no que se refere ao grau em que seu desempenho atende às expectativas e aos padrões da organização.

As revisões de desenvolvimento e as avaliações de desempenho proporcionam a você, o gerente responsável pelos recursos humanos, informações sobre a possibilidade de promoção de cada empregado. As revisões de desenvolvimento constituem uma atividade que não se relaciona à avaliação, e por meio delas o dirigente fornece apoio e orientação para os futuros interesses de trabalho e as aspirações de carreira de cada empregado. A avaliação de desempenho é uma atividade pela qual o gerente avalia o desempenho do empregado, e algumas vezes os resultados se tornam básicos para decisões de remuneração. O Quadro 7.2 mostra uma comparação entre avaliações de desempenho e desenvolvimento de carreira. Como regra geral, o período de tempo para o desenvolvimento de carreira é de longo prazo (dois anos), ao passo que a melhoria do desempenho é a curto prazo (seis meses a um ano).

A **orientação para a melhoria do desempenho** ocorre quando existe uma deficiência quanto a padrão de desempenho. São instituídas técnicas de resolução de problemas que oferecem uma oportunidade para o empregado orientar seu desempenho na direção certa. Essas atividades de orientação fazem parte de ações disciplinares que visam poupar um empregado da demissão. A orientação para a melhoria do desempenho envolve técnicas de orientação e formação de equipes que auxiliam o empregado a realizar suas aspirações pessoais de carreira ou simplesmente permitir que o empregado se aperfeiçoe como pessoa.

Os termos *desenvolvimento* e *treinamento** têm sido utilizados historicamente de modo intercambiável no local de trabalho. No "próximo capítulo", essas palavras

---

*N.R.T.: Atualmente, o Brasil vive um momento especial relacionado à indústria da Hospitalidade. A permanência do profissional experiente no mercado de trabalho depende muito do seu investimento pessoal. Tempo, dinheiro e disponibilidade para reaprender de forma diferente são fundamentais para manter-se competitivo. Autodesenvolvimento é a palavra-chave, e saber interagir e comunicar-se com as diferentes gerações ativas no mercado de trabalho são fundamentais nos dias de hoje. Atualmente, as empresas investem em quem investe em si mesmo. Um exemplo disso foi o tema central Reinventar a Gestão: uma construção coletiva da 39ª edição do Congresso Nacional sobre Gestão de Pessoas (Conarh), em agosto de 2013, em São Paulo (http://www.conarh.com.br/). Nesse evento, destacaram-se painéis em que empreendedores debateram sobre a consistência da gestão com os valores das organizações. A síntese desses painéis pode ser acessada em: http://www.abrhnacional.org.br/noticias/1633-empreendedores-debatem-a-consistencia-da-gestao-com-os-valores-das-organizacoes-em-magna-do-conarh.html.

Quadro 7.2 Comparação entre avaliações de desempenho e desenvolvimento de carreira – visões tradicionais

Avaliação de desempenho (Realismo sem esperança)	Desenvolvimento de carreira (Esperança sem realismo)
Os gerentes perguntam:	Os empregados perguntam:
• Qual é a contribuição do empregado?	• Quais são minhas metas de carreira?
• Até que ponto o empregado faz jus às expectativas?	• Quais são minhas opções quanto à carreira?
• O que preciso dizer ao empregado a respeito do desempenho atual?	• Que aptidões e habilidades preciso adquirir?
• Como o desempenho atual se reflete na remuneração?	• Que planos devo fazer para alcançar minhas metas?
• Como o empregado se posiciona em relação a outros empregados?	• Quais serão meus passos de implantação e os períodos de tempo?

Fonte: Reproduzido mediante autorização do editor da publicação *Personnel*, janeiro de 1986. © 1986. American Management Association, Nova York. Todos os direitos reservados.

assumem papéis muito diferentes na organização de Hospitalidade. Conforme vimos no capítulo anterior, o treinamento é um processo que ensina a nossos empregados as aptidões necessárias para desempenhar as tarefas exigidas pelo cargo que ocupam. Atividades de desenvolvimento supõem que os níveis de aptidão básica já existam e procuram oferecer um processo pelo qual os empregados possam progredir em seu desenvolvimento pessoal na companhia.

Conforme você pode observar, os programas de desenvolvimento atuam para unir algumas funções de Recursos Humanos. Ao procederem desse modo, esses programas podem aumentar a eficácia da Administração de Recursos Humanos em sua organização de Hospitalidade. Melhorando a possibilidade de promoção de seus recursos humanos, você aumenta as opções no processo de emprego. Seus programas de treinamento podem tornar-se, então, instrumentos para desenvolver o talento e o potencial já existentes.

■ PROGRAMAS DE DESENVOLVIMENTO DA CARREIRA PARA A ADMINISTRAÇÃO DA HOSPITALIDADE

Desenvolvimento da carreira, melhoria do desempenho, administração da carreira, orientação da carreira e desenvolvimento individual são expressões análogas para programas que procuram ajudar nossos recursos humanos a se tornarem os melhores possíveis. Definimos **desenvolvimento da carreira** como um programa que busca ajudar os empregados em seu crescimento e maturidade pessoais na organização de Hospitalidade. Esses programas almejam uma melhoria gradual da vida de trabalho do empregado, agindo em harmonia com as suas necessidades de tal modo que sejam satisfeitos os valores pessoais de trabalho. Ambas as partes se beneficiam ao determinar aquilo que é bom para o empregado e ao mesmo tempo para a organização. Como gerentes, vocês devem entender o desenvolvimento do empregado como um meio para melhorar o desempenho de seu próprio departamento. Isso permite que você tome para si o sucesso (ou o fracasso) dos funcionários. A responsabilidade pelo sucesso é partilhada entre o gerente e o empregado. Os gerentes constituem um elo importante no desenvolvimento da carreira do pessoal.

O desenvolvimento da carreira é um relacionamento de cooperação que opera de três modos entre o empregado, o gerente do empregado e a organização de Hospitalidade. Cada um deles possui responsabilidades específicas no processo de planejamento e desenvolvimento. As responsabilidades do empregado incluem:

- autoavaliação das habilidades, dos interesses e dos valores;
- análise das opções de carreira;
- decisão sobre objetivos e necessidades de desenvolvimento;
- comunicação ao gerente das preferências quanto ao desenvolvimento;
- mapeamento com o gerente de planos de ação de acordo mútuo;
- continuidade do plano de ação acertado.

As responsabilidades do gerente incluem:

- atuação como catalisador; estimula a sensibilização do empregado para o processo de planejamento do desenvolvimento;
- avaliação do realismo dos objetivos expressos e das necessidades de desenvolvimento indicadas pelo empregado;
- orientação do empregado e desenvolvimento de um plano de mútuo acordo;
- acompanhamento e atualização dos planos do empregado conforme seja apropriado.

E, finalmente, as responsabilidades da organização para o planejamento da carreira e o processo de desenvolvimento incluem:

- apresentação de um modelo de planejamento, recursos, aconselhamento e informações necessárias para a carreira;
- treinamento no planejamento do desenvolvimento da carreira a gerentes e empregados e orientação de carreira para os dirigentes;
- programas de treinamento de aptidões e oportunidades de experiência de desenvolvimento no trabalho.[2]

Os programas de desenvolvimento constituem um processo contínuo na organização de Hospitalidade. O treinamento é feito a fim de preparar seus recursos humanos para o cargo que ocupam no momento, ao passo que o desenvolvimento os prepara para aproveitar ao máximo suas aptidões e habilidades, visando obter grande satisfação pessoal e desempenho elevado no cargo. A ideia é que ocorra uma melhoria constante em seu quadro de empregados horistas e mensalistas. Os programas de desenvolvimento podem conduzir ao avanço da carreira em termos horizontais e laterais. Vamos examinar um exemplo de um progresso lateral para um empregado horista, um lavador de pratos. Bem, embora você possa pensar que ninguém deseja fazer da lavagem de pratos uma carreira, seu pensamento pode estar equivocado. O que está realmente pensando é que *você* não gostaria de seguir a carreira de lavador de pratos! Os programas de desenvolvimento examinam o que o empregado deseja; no caso de nosso lavador de pratos, ele quer ser simplesmente um bom lavador de pratos. Essa pessoa não deseja o cargo de auxiliar de garçom com o qual não está familiarizada (uma promoção lógica para sair da área de lavagem de pratos), nem deseja ter os problemas de supervisão inerentes à função de chefe da área de lavagem de pratos (uma estratégia normal da gerência que tenta reconhecer um desempenho excepcional).

Um programa de desenvolvimento permitiria que nosso excelente lavador de pratos permanecesse um excelente lavador de pratos. Primeiramente, por meio das revisões do desenvolvimento, você, como gerente de Recursos Humanos, iria tornar-se consciente daquilo que essa pessoa aprecia e quer fazer. Com esse conhecimento, você não faria a suposição errada de que essa pessoa deseja ser promovida para outro cargo. Em segundo lugar, um programa de desenvolvimento proporcionaria um meio para uma promoção lateral e o reconhecimento por um trabalho bem-feito. Talvez a promoção lateral fosse para um turno diurno em oposição ao turno noturno. O reconhecimento poderia ser feito sob a forma de incentivos monetários e não monetários.

Aquilo que seu programa de desenvolvimento precisa oferecer é um meio pelo qual os lavadores de pratos continuem a fazer o que consideram ser o melhor na opinião deles e, ao mesmo tempo, atendam à necessidade da operação de Hospitalidade de ter pessoal confiável na área de lavagem de pratos. Seu desafio na implantação dos programas de desenvolvimento consiste em manter seus recursos humanos predispostos, ou motivados, para obter uma melhoria contínua. Isso vai além de simplesmente assegurar que as tarefas do cargo sejam desempenhadas e que os padrões de desempenho sejam mantidos. Os programas de desenvolvimento que você institui podem diferenciar sua organização de Hospitalidade de todas as demais, porque as pessoas desejam trabalhar em um ambiente onde os dirigentes se importem com suas necessidades e seus desejos. As pessoas querem trabalhar em um ambiente que esteja em harmonia com seus valores de trabalho. É por esse motivo que as organizações de Hospitalidade deveriam estabelecer valores e operar de acordo com eles. As pessoas podem decidir então, verdadeiramente, se seus valores individuais são idênticos aos valores da organização.

▌ A finalidade de um programa de desenvolvimento

O desenvolvimento de carreira não ocorre uma única vez ou mesmo ocasionalmente, mas se trata de um processo contínuo que evolui permanentemente com base nas necessidades das pessoas participantes. As organizações de Hospitalidade que proporcionam programas de desenvolvimento oferecem a seus recursos humanos a oportunidade de obter satisfação máxima no trabalho. Elas permitem que seus recursos humanos se tornem participantes ativos e não passivos no processo. Seus empregados não precisam mais parar e aguardar (esperançosamente) que sua companhia os reconheça e os promova. Esses recursos humanos têm a oportunidade de administrar as próprias carreiras. O desenvolvimento da carreira faz com que cada pessoa se responsabilize pelo próprio desenvolvimento profissional, crescimento e deslocamento no interior da organização. Constitui nossa função, como gerentes responsáveis pelos recursos humanos, assegurar que as oportunidades de crescimento existam vertical e horizontalmente em cada uma de nossas posições. E não se esqueça: embora os programas de desenvolvimento da carreira dependam do empregado, eles *devem* ser apoiados pelos dirigentes.

Manter a produtividade e a satisfação no cargo são duas consequências de um programa de desenvolvimento bem-sucedido. Até mesmo nossos lavadores de pratos podem encontrar significado em seu trabalho quando proporcionamos oportunidades para promoções laterais, maior conteúdo do cargo e aquisição de aptidões. Os programas de desenvolvimento representam uma atitude "nós nos importamos" e "você é importante" no local de trabalho da Hospitalidade. Ao proporcionarmos orientação para a carreira, podemos assegurar que as expectativas de nosso empregado sejam realistas e de acordo com as metas da organização de Hospitalidade.

As pessoas, em sua maioria, desejam ter um bom desempenho na vida profissional. Um trabalho interessante é uma meta para quase todos. Ao unirmos as necessidades de crescimento dos recursos humanos às necessidades de desempenho da organização, possibilitamos a satisfação no trabalho para ambas as partes. Os programas de desenvolvimento da carreira representam o esforço planejado responsável por essa vinculação. Podemos identificar inúmeras vantagens nas organizações de Hospitalidade resultantes dos programas de desenvolvimento da carreira.

São as seguintes as vantagens para a organização:

- ♦ facilitação do processo de planejamento sucessório;
- ♦ identificação dos recursos humanos com potencial para promoção;
- ♦ conjunto de recursos humanos mais qualificados e com mais aptidões;
- ♦ aumento do treinamento;
- ♦ melhoria na retenção e diminuição do índice de rotatividade;
- ♦ diminuição das despesas de recrutamento para pessoal altamente treinado;
- ♦ minimização dos problemas de desempenho resultantes da insatisfação e frustração no emprego;
- ♦ incentivo ao trabalho em equipe;
- ♦ melhor comunicação entre os dirigentes e a força de trabalho;
- ♦ preparo das pessoas para mudança;
- ♦ liberação do potencial da força de trabalho.

São as seguintes as vantagens para o empregado:

- oportunidade de revelar interesses e habilidades ocultos;
- melhor atitude em relação ao trabalho e à companhia;
- maior sentido de satisfação no emprego;
- expectativas realistas em relação a oportunidades de promoção, com um sentido de direção mais nítido;
- oportunidades para desenvolver o potencial do talento;
- ajuda e orientação no desenvolvimento da carreira;
- oportunidade para assumir responsabilidade pelo progresso e desenvolvimento individual;
- reconhecimento como indivíduo;
- auxílio na formulação de metas de carreira realistas;
- melhor habilidade para lidar com as responsabilidades do cargo atual.

Os programas de desenvolvimento podem ser um instrumento poderoso de motivação e retenção para os gerentes de Recursos Humanos. Você lerá na seção sobre orientação e formação de equipes que o gerente desempenha um papel muito importante no processo de desenvolvimento. Ajudar nossos recursos humanos no desenvolvimento pessoal representa um sério desafio para uma organização de Hospitalidade, que precisa ser conduzido com cuidado e preocupação para todos os participantes envolvidos.

▌ Como funciona um programa de desenvolvimento de carreira?

Uma organização de Hospitalidade é composta por pessoas; para que ela tenha sucesso, é preciso existir ideias e metas em comum. A elaboração dos programas de desenvolvimento deve levar em consideração a declaração de missão da empresa, as metas organizacionais e os valores. As trajetórias de desenvolvimento dos recursos humanos não podem ser distintas da trajetória de desenvolvimento de nossa organização de Hospitalidade. As pessoas em nossa organização precisam ser capazes de ter relação com as metas da companhia. O desenvolvimento de capacitações também é necessário para conseguir resultados empresariais, à medida que iniciamos o novo século.

Identificar as metas pessoais dos empregados exige uma atmosfera de confiança e comunicação aberta. Por meio da comunicação com nossos recursos humanos, podemos identificar seus interesses e preocupações, que nos ajudarão no desenvolvimento de suas carreiras. Os programas de desenvolvimento o posicionam no papel de conselheiro e orientador, para auxiliar os empregados a identificar suas metas e aspirações de carreira. Lembre-se de que nossos lavadores de pratos são os únicos conhecedores das aspirações que possuem. Como gerentes responsáveis pelos recursos humanos, nosso papel consiste em ajudar os lavadores de pratos a identificar essas aspirações e então orientar o programa de desenvolvimento na direção em que essas aspirações possam ser realizadas. Nem todo desenvolvimento de carreira precisa resultar em oportunidades de promoção. Caso resulte, nós nos referimos à atividade como **trajetória de carreira** e as informações são usadas pela organização de Hospitalidade para o planejamento sucessório.

Toda pessoa é única em seus valores, interesses e metas de trabalho. Portanto, o desenvolvimento bem-sucedido de recursos humanos resulta de iniciativas de comunicação que identificam de modo preciso as necessidades e o comportamento individuais. O **planejamento de carreira** é o processo pelo qual são identificadas as metas de carreira da pessoa a curto e a longo prazos. Parte desse processo inclui identificar os valores de trabalho do indivíduo, perguntando o que é importante para ele no trabalho que efetua. Não existem dois empregados que apresentem a mesma lista de valores do trabalho. O **aconselhamento de carreira** auxilia nossos recursos humanos a escolher uma direção para a carreira. Como orientador de carreira, você passa a analisar o cargo do empregado, a fim de constatar se estão faltando alguns desses valores de trabalho.

Um programa de desenvolvimento se inicia com o empregado sendo auxiliado a determinar metas e necessidades para o desenvolvimento individual (Quadro 7.3), que se baseiam nos interesses, nas habilidades e nas atitudes dele. Em seguida, o gerente de Recursos Humanos, como orientador da carreira, obtém informações sobre o trabalho do empregado e as metas e necessidades organizacionais. Isso inclui dados sobre oportunidades de trabalho disponíveis, exigência de aptidões para o cargo e necessidades de emprego da organização de Hospitalidade. Um plano de ação é então formulado, a fim de compatibilizar as necessidades do empregado com as necessidades organizacionais. O plano de ação se traduz no plano de desenvolvimento para o recurso humano específico.

O feedback precisa ser contínuo, para que os programas de desenvolvimento sejam eficazes. Seus empregados precisam compreender que a participação nesse processo não significa promoção automática. Os únicos a serem promovidos são

---

Quadro 7.3 Estágios em um programa de desenvolvimento

1. Identificar a declaração da missão e as metas da organização de Hospitalidade.
2. Ajudar o empregado na determinação das metas e necessidades pessoais.
   • Avaliar as aptidões e o conhecimento atuais.
   • Definir o avanço da carreira.
3. Obter informações relativas a necessidades e prioridades organizacionais.
4. Desenvolver um plano de ação que compatibilize as necessidades do empregado com as necessidades organizacionais.
5. Oferecer feedback e orientação para executar o plano de ação.

Fonte: Elaborado pela autora.

os empregados preparados para a promoção. Isso nos conduz a outro aspecto que desejamos enfatizar. A participação nos programas de desenvolvimento deve ser opcional e não obrigatória. A iniciativa pelo desenvolvimento precisa ser a ambição do empregado de ser bem-sucedido. O desejo de progredir vem de cada um dos recursos humanos e do apoio e das ferramentas que a organização de Hospitalidade oferece para o crescimento pessoal.

▌Desenvolvimento de gerentes

A ênfase em desenvolvimento pessoal, habilidades individuais e cumprimento de metas é tão importante para os membros do quadro de dirigentes como para os empregados horistas. Melhorar a satisfação no emprego entre os gerentes ajuda consideravelmente as iniciativas da organização de Hospitalidade de aumentar a retenção e diminuir o índice de rotatividade. Um sistema de desenvolvimento gerencial bem elaborado pode ajudar a proporcionar a análise necessária para auxiliar os gerentes a identificar interesses, capacitações, valores na vida, atividades e atribuições necessários para desenvolver aptidões direcionadas a futuras oportunidades de trabalho. Um sistema de desenvolvimento gerencial bem elaborado ajuda ao mesmo tempo a alcançar um equilíbrio entre as necessidades gerenciais da organização e as necessidades de carreira de cada pessoa.

Em nosso setor, os gerentes podem trabalhar em diversos estabelecimentos, em várias operações e de acordo com diversos esquemas, e ainda assim trabalhar para a mesma companhia. Os gerentes podem ser transferidos facilmente de posições na linha de frente para posições de apoio na área de serviços de alimentação e hotelaria. Movimento constante, índice de rotatividade elevado, fusões e aquisições são apenas algumas das razões de muitas organizações de Hospitalidade terem revisado e formalizado seus sistemas de desenvolvimento gerencial. Elas reconhecem que o desenvolvimento contínuo de seus gerentes é um investimento importante que pode trazer grandes retornos igualmente para empregados, clientes e a companhia.

O sistema de desenvolvimento gerencial da rede Marriott é denominado Sistema de Faixas de Carreira (SFC). Trata-se de um sistema integrado que procura apoiar as metas de negócios da companhia (discutidas no Capítulo 2) com as metas pessoais e de desenvolvimento dos gerentes. Marriott refere-se a seus gerentes como "associados". Esse sistema de desenvolvimento de carreira inovador pode ser visto na Figura 7.2. Conforme você pode observar, as funções de Recursos Humanos de formação do quadro de pessoal, gerenciamento da carreira, gerenciamento do desempenho, treinamento e desenvolvimento e remuneração estão integradas em uma estratégia de Recursos Humanos.

Os dois principais componentes são faixas de carreira e capacitações básicas. Faixas de carreira classificam todos os cargos da rede Marriott em grupos de posições gerenciais com papéis e responsabilidades similares. As capacitações

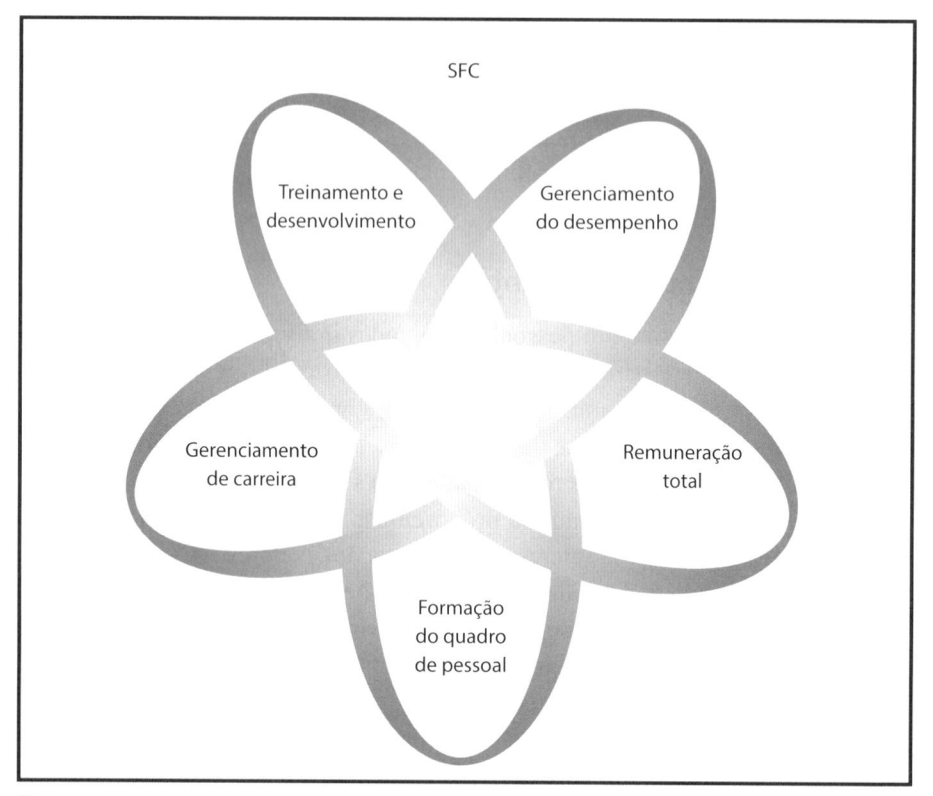

Figura 7.2 Modelo Sistema de Faixas de Carreira. *Fonte:* Cortesia de Marriott International Corporation.

básicas são o conhecimento, as aptidões e as habilidades que um gerente precisa demonstrar para ser bem-sucedido no cargo. Conforme você pode observar, elas se vinculam às informações que colhemos em nossa análise do cargo e incorporamos às descrições e às especificações do cargo (Capítulo 3). Essas ferramentas nos ajudam não somente nas funções de preenchimento de vagas, que já discutimos, mas continuarão a ser importantes, à medida que nos prepararmos para discutir avaliações de desempenho, remuneração e benefícios.

Esse sistema é único por criar um ambiente no qual os gerentes podem progredir. Sob esse sistema, os gerentes têm a possibilidade de escolher se desejam progredir no âmbito de seu cargo atual, em outros cargos (dentro ou fora de sua faixa de carreira) ou em posições em outras marcas que a companhia detém. Permite-se que os gerentes ocupem diversos cargos, o que lhes proporciona obter novas aptidões, tornando-os mais valiosos para si mesmos e para a organização. "A meta consiste em garantir que os associados gerentes estejam preparados para deslocar-se entre as marcas, entre cada especialização, entre faixas de carreira em vista do desenvolvimento pessoal ou de razões da empresa."[3]

▋ A revisão de desenvolvimento

A revisão de desenvolvimento é uma ferramenta que o ajudará a administrar o potencial de sua equipe de trabalho. Já afirmamos que o feedback deveria ser contínuo; a revisão complementa o programa de *feedback*. A revisão de desenvolvimento é uma reunião entre você e o empregado durante a qual as aspirações e o potencial do empregado são avaliados em relação às necessidades da organização.

É útil cada empregado preencher um formulário que forneça informações básicas, a fim de maximizar a eficácia da revisão de desenvolvimento. As informações pessoais sobre a formação da pessoa incluiriam a experiência anterior, a escolaridade e os treinamentos externo e interno na atual organização. A revisão de desenvolvimento permite ao empregado certificar-se de que as informações são atualizadas.

Seu papel na revisão de desenvolvimento é de orientador e conselheiro de carreira (Figura 7.3). Você possui a habilidade de avaliar o potencial do empregado para um progresso consistente, para a necessidade de treinamento adicional, bem como para auxiliá-lo a manter realistas suas expectativas quanto a habilidades. A revisão concentra-se nas necessidades e na carreira do empregado. No planejamento do desenvolvimento, leva-se em consideração os interesses, pontos fortes, pontos fracos e objetivos pessoais (Quadro 7.4). Um formulário de desenvolvimento de carreira é preenchido pelo empregado e pelo gerente em conjunto (Quadro 7.5), a fim de ajudar o empregado a identificar interesses e pontos fortes de carreira.

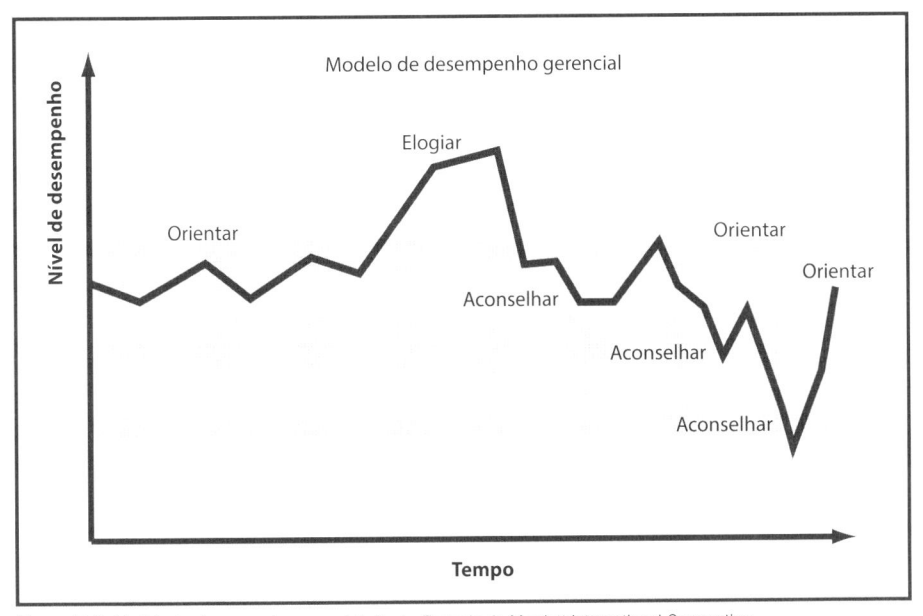

Figura 7.3 Modelo de desempenho gerencial. *Fonte:* Cortesia de Marriott International Corporation.

Quadro 7.4   Características de um bom conselheiro

Um bom conselheiro é:
- coerente;
- imparcial;
- fonte de apoio;
- pessoa de mente aberta;
- bom ouvinte;
- pessoa que aceita o sucesso e o fracasso;
- paciente;

e

- aproxima-se em uma ocasião conveniente;
- cumprimenta calorosamente, cria um clima agradável;
- sorri frequentemente;
- emprega um tom de voz calmo;
- faz observações tanto positivas como negativas;
- meneia a cabeça encorajadoramente;
- oferece atenção concentrada;
- não permite interrupções;
- não fala sem dar vez ao empregado;
- faz pausas, permitindo que o associado fale;
- procura inicialmente compreender e depois ser compreendido.

Fonte: Cortesia de Marriott International Corporation.

A revisão de desenvolvimento envolve a comunicação nos dois sentidos entre você, o gerente em seu papel de orientador de carreira e o empregado. As discussões devem girar em torno de crescimento e aperfeiçoamento do empregado, o que não deve ser o mesmo que progresso do empregado.

O formulário de desenvolvimento da carreira auxilia a orientar a direção das discussões sobre a carreira, bem como ajuda o empregado a elaborar metas de carreira. Enfatizamos novamente que as metas de carreira nem sempre têm a direção vertical.

Os planos de ação representam o resultado da revisão de desenvolvimento e possibilitam uma programação para o cumprimento das metas do empregado, bem como um meio de cumprir melhor essas metas. Para que os programas de desenvolvimento de carreira sejam bem-sucedidos, os planos de ação devem ser orientados pelas metas do empregado e não pelas metas da organização. Quanto maior o número de ferramentas de autoavaliação que você dispuser aos empregados, mais bem-sucedidos eles serão na identificação de seus interesses e aptidões. Tal procedimento irá lhe proporcionar as melhores informações possíveis para auxiliar a preparação dos planos de ação.

Quadro 7.5 Formulário de desenvolvimento da carreira

Nome _____ Título do cargo _____

Metas de carreira ou de função. (Indique cada meta.)
_____
_____

Comentários de revisão: discuta como a coerência, a eficiência ou a precisão de qualquer dessas metas pode ser melhorada. Caso seja aplicável, indique áreas de desempenho excepcional que superaram as expectativas.
_____
_____

Pontos fortes da carreira do empregado.
_____
_____
_____

Necessidades de desenvolvimento do cargo ou da carreira do empregado. (Identifique as experiências que o empregado precisa ter para alcançar as metas do cargo ou da carreira.)
_____
_____
_____

Oportunidades de desenvolvimento para o empregado:
_____
_____
_____

Esboço do desenvolvimento: discuta de que modo e onde o treinamento será realizado.
_____
_____
_____

Fonte: Elaborado pela autora.

■ SELEÇÃO DE UM PROGRAMA DE DESENVOLVIMENTO

Conforme vimos, os programas de desenvolvimento proporcionam um tipo de trajetória de carreira, lateral ou horizontal, para os recursos humanos horistas. Existem diversos métodos diferentes para implantar o processo de desenvolvimento. Cada um deles oferece um foco ligeiramente diferente sobre o resultado pretendido do programa de desenvolvimento. Muitas organizações de Hospitalidade usam uma combinação das técnicas que discutimos a seguir.

■ Programas com mentor

De acordo com o poeta grego Homero, Mentor era o homem que Odisseu (Ulisses) escolheu para educar seu filho Telêmaco enquanto estivesse ausente, lutando na

Guerra de Troia. Enquanto Odisseu se ausentava, seu amigo e conselheiro Mentor atuava como guardião, professor e figura paterna para o menino, seu jovem **protegido**. Mentor era conhecido por sua sensibilidade e sabedoria e, desse modo, a palavra **mentor** veio a significar um conselheiro confiável e sábio. Os mentores hoje são pessoas influentes que ajudam de modo significativo alguém (designado como protegido) a alcançar suas principais metas na vida. Os mentores são indivíduos com o poder de promover o avanço do treinamento, o bem-estar pessoal ou o desenvolvimento da carreira de seu protegido. O poder do mentor origina-se de quem ou o que conhecem como resultado de suas próprias experiências de vida.

Nos programas de desenvolvimento, mentores são os indivíduos que orientam os empregados em seu desenvolvimento pessoal e de carreira. Nesses programas, há a reunião proposital de uma pessoa mais experiente ou mais apta com uma menos experiente ou menos apta. A meta que cada uma delas concorda em atingir consiste em fazer a pessoa menos experiente desenvolver-se e progredir em áreas específicas de suas aptidões e habilidades. Os mentores podem auxiliar seus protegidos de diversas maneiras como apresentado a seguir:

- ♦ Proporcionando-lhes um feedback e uma orientação construtivos a respeito das ações que realizam e/ou os produtos e serviços que oferecem.
- ♦ Proporcionando instrução informal ou formal a respeito das informações técnicas que os ajudarão a desempenhar melhor seus cargos e a compreender a política organizacional.
- ♦ Proporcionando-lhes oportunidades para demonstrar as aptidões e habilidades que possuem.
- ♦ Fazendo apresentações a pessoas influentes que podem auxiliar o protegido.

Uma das vantagens dos programas de **atuação do mentor** é que a pessoa orientada recebe atenção individualizada. Os mentores conhecem a organização de Hospitalidade, sua missão e suas metas e, portanto, em organizações particularmente complexas e grandes, o protegido aprende como o sistema opera com alguém que participa dele diariamente.

Um programa de **atuação facilitada do mentor** é um processo estruturado que tem por finalidade criar relacionamentos eficazes envolvendo o mentor. Nesse programa é estabelecido um processo para orientar as mudanças de comportamento desejadas dos envolvidos e avaliar formalmente os resultados para o protegido, o mentor e a(s) pessoa(s) encarregada(s) de supervisionar o relacionamento criado pelo mentor. Um programa facilitado é capaz de oferecer melhor garantia de que as necessidades da organização de Hospitalidade estão sendo cumpridas. Além disso, fazem parte desse processo estruturado os critérios e um processo para qualificar mentores, um programa de orientação para mentores e protegidos e uma estratégia para compatibilizar mentores e protegidos. Existem diversas maneiras de uma organização de Hospitalidade adotar um programa de atuação do mentor e, ainda assim, obter as inúmeras vantagens do programa. Em 1996, o *Women's Foodservice Forum* instituiu um programa de atuação de mentores que ano após ano reúne, com sucesso, profissionais do setor de alimentação em parcerias significativas. A parceria inicia com um workshop de um dia de duração, no qual um especialista em mentor trata de como estabelecer uma relação bem-sucedida entre mentor e protegido. É realizado um acordo das expectativas do programa no dia do treinamento e, com dedicação da parte do mentor e do protegido, é criada uma parceria bem-sucedida. As organizações de Hospitalidade podem elaborar seu próprio programa interno de atuação do mentor. Outra opção seria buscar a orientação de uma consultoria externa que focalizasse a implantação de programas de atuação de mentores como parte do programa de desenvolvimento existente de sua companhia.

Conforme ocorre com todos os programas de desenvolvimento, os mentores e aqueles que recebem orientação precisam obter informações e treinamento sobre o funcionamento do programa, os problemas que podem encontrar e os benefícios que cada um obterá com o programa. Os mentores não são substitutos do gerente do empregado, uma distinção que precisa ficar bem clara. Embora tenha de existir uma confiança mútua entre mentor e protegido, o relacionamento não pode entrar em conflito com o relacionamento de autoridade entre supervisor e subordinado.

▌ Comitês de desenvolvimento gerencial

Esses programas são utilizados principalmente para revisões de desenvolvimento de gerentes, como o Sistema de Faixas de Carreira da rede Marriott, tratado anteriormente neste capítulo. Os comitês são formados por dirigentes de alto nível, que trabalham com os gerentes para atingir as metas de carreira destes. Os relatórios de progresso que se originam dessas revisões são usados para recomendar a troca de cargos, lateral ou horizontal.

Acreditamos que não existe motivo para que a adoção de um comitê de desenvolvimento não seja eficiente também para nossos empregados horistas. No setor de Hospitalidade, é comum nossos empregados se reportarem a mais de um gerente. Gerentes distintos trabalham em turnos diferentes, e também são comuns as mudanças de turno para os empregados horistas. Todos os gerentes a quem o empregado se subordinou devem estar envolvidos na revisão do desenvolvimento. Deve-se tomar cuidado para que o empregado não julgue que "está sendo perseguido", mas que, ao contrário, toda a equipe gerencial está interessada em auxiliá-lo a atingir suas metas pessoais e de carreira.

Afirmamos neste capítulo que o desenvolvimento nem sempre é uma trajetória vertical. O avanço é visualizado pelo empregado e não pelos dirigentes. Na área de Hospitalidade, sempre precisamos de bons colaboradores, aqueles recursos humanos que desejam realizar um bom trabalho em seus cargos de empregados horistas. Se todo o quadro de colaboradores desejasse ocupar a posição de gerente, realmente estaríamos passando por alguns problemas sérios.

Se sua organização de Hospitalidade precisa de bons empregados, então seu programa de desenvolvimento deve ser elaborado de modo que os cultive.[4] Em outras palavras, ser bem-sucedido não se aplica somente àqueles que desejam tornar-se gerentes, pois os empregados em todos os níveis na organização de Hospitalidade também podem ser bem-sucedidos. Tanto os gerentes quanto os empregados podem ser um sucesso, a única diferença reside nas tarefas do cargo que desempenham. Nos programas de desenvolvimento que cultivam colaboradores, os empregados são aconselhados a aprimorar suas aptidões de camaradagem, não suas aptidões de liderança.

Muitas organizações de Hospitalidade adotam uma combinação desses temas em seus programas de desenvolvimento. Maior conteúdo do trabalho e programas de reforço positivo constituem outros métodos para o desenvolvimento dos empregados. Os conceitos motivacionais de orientação e de formação de equipes são as técnicas fundamentais que podem formar a base de cada um desses métodos.

■ MOTIVAÇÃO EM ORGANIZAÇÕES DE HOSPITALIDADE

Vamos agora voltar nossa atenção para o tópico de *motivação* e como ela desempenha um papel importante no processo de desenvolvimento.

■ Motivação como um elemento no desenvolvimento

A habilidade de motivar é uma peça importante no processo de desenvolvimento. Observe a seu redor, hoje, todos os palestrantes motivacionais que prometem inspirá-lo a atingir a perfeição, mostrando-lhe como motivar sua equipe de trabalho. Pessoas como Zig Ziglar (*Born to win*), Tom Peters (*Vencendo a crise*) e Ken Blanchard (*O gerente minuto*) viajam pelos Estados Unidos fazendo conferências sobre motivação. Desde que Dale Carnegie escreveu seu livro *Como fazer amigos e influenciar pessoas*, em 1936, os gerentes têm procurado aumentar a produtividade por meio da habilidade de motivar.

Antes de motivar seus empregados, você precisa compreender primeiro *o que* motiva cada empregado no cargo específico que ele ocupa. Como gerente responsável pelos recursos humanos, é fácil compreender que existem diferenças entre empregados horistas e gerentes em relação aos fatores motivacionais. O que torna um trabalho interessante para um grupo de empregados horistas é diferente do que para um grupo de gerentes. Além disso, o que é interessante para um empregado talvez não seja nem um pouco para outro. Também sabemos que, independentemente do que fazemos, existem algumas funções no setor de Hospitalidade que simplesmente não podem tornar-se interessantes.

∎ Teoria da motivação

O que queremos dizer com motivar alguém? Queremos dizer que estamos tentando alterar o comportamento da pessoa e, portanto, influenciar seu desempenho por meio de algum tipo de estímulo externo.

As perguntas que surgem agora são: Que tipos de estímulo externo deveriam ser usados? Que comportamento desejamos modificar? De que modo desejamos que o desempenho seja influenciado? As respostas a essas perguntas oferecem as metas motivacionais para seu programa de desenvolvimento. Vamos examinar resumidamente o que os teóricos da motivação descobriram ao longo dos anos.

∎ O Efeito Pigmalião

O Efeito Pigmalião afirma que as expectativas que seus recursos humanos possuem de si mesmos determinam o modo como atuam. Se você espera grandes acontecimentos, ocorrerão grandes acontecimentos. Se você tem a expectativa de um desempenho medíocre, você terá um desempenho medíocre. Esse efeito, também conhecido como **a profecia de autorrealização**, foi descoberto por Robert Rosenthal, da Harvard University.

Ao enfatizarem os aspectos positivos e o que eles *podem* fazer, seus empregados começam a acreditar firmemente em si mesmos, e você terá de expressar verbalmente sua crença nas habilidades que eles possuem. Quanto mais você ouvir eles lhe dizerem o quanto podem tornar-se bem-sucedidos, mais competentes eles serão. Se você estabelecer padrões de desempenho e de qualidade elevados e disser a seus empregados que os julga capazes de atendê-los, a profecia de autorrealização afirma que eles conseguirão. Expectativas positivas correspondem a resultados positivos.

∎ Hierarquia das necessidades de Maslow

Nos anos 1950, Abraham Maslow identificou os "porquês" da teoria da motivação. Sua teoria (**Hierarquia das Necessidades**) afirma que o homem é motivado a satisfazer um *conjunto de necessidades* comuns a todos os indivíduos. Em ordem crescente de importância, são:

1. necessidades fisiológicas (alimentação, vestuário, abrigo);
2. necessidade de segurança (não ter receio de perder o emprego, vestuário, abrigo);
3. necessidade de aceitação (pertencer a um grupo e ser aceito por outros);
4. necessidade de estima (status, prestígio, poder);
5. necessidade de autorrealização (maximizar o potencial próprio).[5]

Maslow acreditava que até as necessidades fisiológicas serem satisfeitas, as outras necessidades não atuariam como fatores motivadores. Além disso, após uma necessidade ser satisfeita, ela não age mais como motivadora e outra assume seu lugar. Um dos problemas que a teoria de Maslow apresenta é que, embora se aplique em situações da vida, não é aplicável a ambientes de trabalho. Clayton Alderfer, em uma tentativa para aplicar a teoria de Maslow ao local de trabalho, reduziu os cinco níveis a três: existencial (salário e segurança), relacional (aspectos sociais do trabalho) e de crescimento (desenvolvimento pessoal).

▪ Teoria dos dois fatores de Hertzberg

A teoria de Hertzberg identificou a satisfação e a insatisfação no trabalho como elementos distintos que não são diametralmente opostos entre si. O **conceito de dois fatores** afirma que os fatores do trabalho geralmente considerados motivadores devem na realidade ser divididos em dois grupos: um constituído por fatores verdadeiramente motivadores (denominados fatores motivacionais) e outro constituído por fatores de manutenção (denominados higiênicos).

Em virtude de a satisfação no trabalho e a insatisfação no trabalho não se compensarem entre si, a eliminação de um fator de manutenção não conduz necessariamente à satisfação no emprego. Os fatores de motivação incluem condições como reconhecimento, conquista, progresso e responsabilidade. Os fatores de manutenção incluem condições de trabalho, políticas da companhia e salários. Uma das principais conclusões de Hertzberg é que o dinheiro não era um motivador.[6]

Hertzberg acredita que se os fatores de motivação estiverem presentes no local de trabalho, os empregados ficarão motivados; se tais fatores não estiverem presentes, então a motivação não se estabelecerá. Se os fatores de manutenção estiverem presentes, então os empregados estarão satisfeitos com seu trabalho; se tais fatores não estiverem presentes, então os empregados estarão insatisfeitos. Os fatores de manutenção nunca afetam a motivação, estejam presentes ou ausentes.

Se relacionarmos a teoria de Hertzberg com a Hierarquia das Necessidades de Maslow, observaremos que as necessidades de ordem inferior de Maslow correspondem aos fatores de manutenção de Hertzberg e que as necessidades de ordem superior correspondem aos fatores motivacionais. Para Maslow, uma necessidade satisfeita não é motivadora. Portanto, a necessidade de dinheiro não é um motivador tão eficaz em épocas de prosperidade financeira. Para Hertzberg, o dinheiro não era um motivador, porém, deveria estar presente para que houvesse satisfação no emprego.

▪ Teoria X – Teoria Y

Douglas McGregor generalizou duas hipóteses sobre o comportamento humano. A **Teoria X** supõe que as pessoas geralmente são preguiçosas por natureza e precisam ser incentivadas a um comportamento produtivo no trabalho. A **Teoria Y** supõe que as pessoas podem gostar de trabalhar e se automotivarem caso exista o conjunto de condições adequadas. McGregor acreditava que a natureza da maioria das pessoas é compatível com a Teoria Y, ao passo que a maior parte dos estilos de gerenciamento recai na Teoria X. Além disso, o problema de se usar a Teoria X no local de trabalho é que ela pode tornar-se uma profecia de autorrealização.[7]

▮ Teoria da Expectativa

A **Teoria da Expectativa**, de Victor Vroom, é uma das teorias da motivação mais fáceis de se implantar. A teoria afirma que uma pessoa ficará motivada quando perceber um elo entre o que está fazendo e o retorno esperado. Quanto maior o esforço, maior o retorno e vice-versa. É importante que o retorno seja alcançável e que seus recursos humanos se sintam recompensados pelo esforço que despendem.[8] Os sistemas de recompensa de pagamento por desempenho operam de acordo com esse princípio, conforme você verá no Capítulo 10. Salários por hora ou mensais fixos não motivam porque não existe um elo entre o esforço e a remuneração. Para que a recompensa funcione como um motivador, o empregado precisa valorizar a obtenção da recompensa, entender o elo entre seus esforços de trabalho e sua obtenção e ter as habilidades e aptidões para executar o trabalho.

▮ Dinheiro como motivador

O valor motivacional do dinheiro pode mudar após as necessidades básicas de uma pessoa terem sido razoavelmente bem satisfeitas. Em virtude de os seres humanos terem um meio de redefinir continuamente suas necessidades, a possibilidade de o dinheiro motivar depende em certo grau da quantia envolvida e de quanto o empregado já estiver ganhando. Portanto, embora algumas pessoas sejam mais motivadas a trabalhar por dinheiro, as empresas constatam que para a maioria dos empregados outros fatores são igualmente ou mais importantes. Existe uma lei de rendimentos decrescentes para o dinheiro como motivador. Temos de pagar um salário básico justo? Sim, sem dúvida; mas, além desse pagamento, você precisa oferecer "algo mais". Esse "algo mais" é o motivador de cada pessoa. "O modo pelo qual o chefe me trata como um ser humano" é importante. Criar um ambiente no qual os empregados sentem-se felizes é importante. Por que seus empregados comparecem todos os dias para trabalhar para você?

Nos últimos anos da década de 1990, a revista *Fortune* iniciou a publicação de uma lista anual das melhores empresas para se trabalhar nos Estados Unidos. O que eles constataram continuamente é que os empregados precisavam confiar nas pessoas para quem trabalhavam (os gerentes), ter orgulho de seu trabalho, bem como dos produtos e serviços que ofereciam ao público, e ter satisfação com as pessoas com quem trabalhavam (colegas). No "próximo capítulo", não existirá um fator único que motivará.* Será uma combinação de fatores que o ajudará a reter seu pessoal, o que ressalta novamente a importância de uma estratégia integrada de Recursos Humanos.

---

*N.R.T.: Hoje no Brasil, seguimos a tendência mundial, em que, além de motivar e descobrir o conjunto de fatores que mantém as equipes motivadas, diferentes estudos sobre produtividade e poder de transformação são compartilhados. Algumas teorias interessantes entram na moda e ganham destaque no país, enquanto também se sobressaem entre as mais vendidas na lista do *New York Times*. Nesta edição, teremos um parecer de especialistas brasileiros, no Capítulo 16, sobre tendências do futuro em Hospitalidade na gestão de Recursos Humanos.

■ Maior conteúdo do trabalho

Em 1968, Hertzberg propôs a ideia de um **maior conteúdo do trabalho** como uma reação ao método motivacional de "chute no traseiro" que ele constatou ser praticado pela maioria dos gerentes. O maior conteúdo do trabalho baseia-se na crença desse pesquisador de que "o único modo para motivar empregados consiste em lhes atribuir um trabalho desafiador pelo qual possam assumir responsabilidade".[9] Essa estratégia inclui alterar as funções de maneira a se tornarem mais significativas e dar ao empregado uma oportunidade de reconhecimento e maior responsabilidade.

■ Eficácia motivacional

Deve estar claro, em vista do que já abordamos, que, apesar dos 30 anos de estudo, não existe um consenso sobre o modo de motivar melhor sua equipe de trabalho. Como gerente de Recursos Humanos, você deve considerar os diversos fatores que envolvem as funções de Recursos Humanos que não estejam no âmbito desenvolvimento. Procedimentos de seleção precisam ser eficazes, para que as pessoas ocupem cargos nos quais são capazes de atuar. Os programas de treinamento precisam ser eficazes, de modo que garantam que nossos empregados tenham as aptidões necessárias, e os procedimentos de avaliação devem ser utilizados para controlar o desempenho dos empregados. As práticas de recompensa por remuneração devem ser desenvolvidas de modo que vinculem o desempenho ao pagamento. Além disso, todas essas práticas precisam ser consideradas justas, ou seja, o mau desempenho não é tolerado e o bom desempenho é reconhecido.

Se sua equipe de trabalho precisa de motivação, seus empregados precisam acreditar que um esforço adicional e um desempenho superior lhes são vantajosos. A recompensa não precisa ser monetária. Horário flexível de trabalho, desempenho reconhecido, maior responsabilidade e oportunidade de desenvolver metas pessoais e de carreira têm um efeito direto para se ter uma força de trabalho motivada. O ambiente do local de trabalho de Hospitalidade precisa despertar vontade, compromisso e confiança em seus empregados. Canais de comunicação precisam estar abertos, e as metas organizacionais, claramente definidas.

As técnicas de orientação e de formação de equipes podem ser implantadas após o ambiente tornar-se propício ao desenvolvimento de uma equipe de trabalho altamente motivada. Orientação é mais do que um tipo de método de desenvolvimento: é a estratégia adotada na revisão de desenvolvimento. Vamos examinar agora a orientação e, em seguida, a formação de equipes como estratégia de desenvolvimento empregada com maior frequência no setor de Hospitalidade.

■ O GERENTE DE RECURSOS HUMANOS COMO ORIENTADOR

Atividades de desenvolvimento exigem que o gerente desempenhe o papel não valorativo de conselheiro. Uma das melhores técnicas de aconselhamento no desenvolvimento de carreira é a de orientação. Aconselhamento e orientação são parte das funções de um gerente em uma organização de Hospitalidade.

Orientação é um método usado para aumentar a eficácia de seu programa de desenvolvimento. O técnico é um motivador muito poderoso no mundo dos esportes. Do mesmo modo que as técnicas motivacionais de um técnico esportivo conduzem a um maior senso de espírito de equipe, um gerente que atue como orientador pode motivar sua equipe de trabalho a atuar como um time.

Você há de concordar conosco que parte de sua função como gerente consiste em ajudar seus recursos humanos a atingir os padrões de desempenho desejados. Usamos o treinamento para ensinar aptidões básicas e as técnicas da disciplina progressiva para corrigir o empregado que apresenta falhas. O foco concentra-se na deficiência no nível de desempenho, ponto em que será feita a ação corretiva para melhorar a atuação no cargo.

A **orientação** é uma estratégia direcionada que aumenta a motivação do empregado, visando ao desenvolvimento da pessoa e a um melhor desempenho no cargo. O foco concentra-se no desempenho futuro, a fim de ajudar o empregado a dar o melhor de si.

A aptidão para orientar é muito diferente da aptidão de aconselhamento. O aconselhamento oferece conselhos, auxílio e apoio no desenvolvimento da carreira. O conselheiro escuta, esclarece, compreende e ajuda. A orientação é mais convincente, mais motivacional, mais ativa em sua implantação do que o aconselhamento. O orientador prepara, inicia, estimula e encoraja. A orientação é feita de modo regular e constante.

O técnico esportivo comparece ao treino todos os dias com um conjunto de objetivos desafiadores para cada jogador. No início do treino, o técnico diz a cada jogador o que se espera dele e durante todo o treino é informado sobre o progresso individual. O retorno é imediato! Quando o desempenho melhora e os objetivos são cumpridos, é usado o reforço positivo, adotando-se talvez um treino de menor duração. Aqueles que demonstram um desempenho excepcional são indicados como capitães do time. De que modo o técnico obtém a recompensa? Todas as vezes que seu time ganha um jogo ou uma competição.

Você, como gerente, comparece ao trabalho diariamente. Você prepara uma lista de objetivos desafiadores para seus empregados? Você poderia fazê-lo e iniciaria cada turno com uma breve reunião da equipe indicando os objetivos. Durante todo o turno, você reconhece o melhor desempenho, permitindo frequentemente a cada empregado saber como ele está atuando. Se os objetivos forem cumpridos durante o turno, oferece-se um reforço positivo, talvez sair 30 minutos mais cedo e ser remunerado por esse tempo. De que modo você, como orientador-gerente, obtém recompensa? Os esforços bem-sucedidos de seu pessoal são reflexo de suas habilidades como gerente. Além disso, você terá uma grande satisfação pessoal ao observar seus recursos humanos progredirem e se desenvolverem, notando que cumprem objetivos que não julgavam possíveis.

Os técnicos fazem seus jogadores assumirem compromissos, um componente importante do quadro de pessoal em uma operação de Hospitalidade bem-sucedida. Eles procedem dessa maneira, indicando claramente a todos os jogadores o desempenho esperado. Embora os jogadores sejam selecionados pelos técnicos por suas aptidões, o local de trabalho da Hospitalidade difere pelo fato de selecionarmos pessoas que julgamos passíveis de treinamento e de aquisição das aptidões exigidas. É, portanto, nossa responsabilidade cuidar para que seja realizado o treinamento exigido, pois, sem ele, não podemos contar com o compromisso dos empregados.

Os treinadores também comunicam constantemente a confiança que possuem na habilidade de seus jogadores para atuar com sucesso. Talvez esse seja o Efeito Pigmalião em ação. Grandes expectativas quanto ao desempenho dos jogadores resultam em desempenho elevado. Os técnicos conhecem o que motiva cada jogador e o que é mais importante para eles em termos individuais. Admoestações são comuns quando o desempenho de um jogador deixa a desejar e podem variar de esforço adicional a não participação em um jogo. Quando os jogadores não conseguem

E no Brasil?

No Brasil, se considerarmos todas as empresas de Hospitalidade, independentemente de tipo ou tamanho, podemos afirmar que raras dispõem de um programa consistente de desenvolvimento, crescimento ou de carreira em seus recursos humanos.

As empresas multinacionais, no entanto, têm essa preocupação e utilizam os programas elaborados na matriz. Seguindo o mesmo modelo das multinacionais, as redes hoteleiras brasileiras, que se constituíram inspiradas em seus modelos e cuja gestão normalmente fica a cargo de profissionais que tiveram sua formação nas já mencionadas cadeias internacionais, ou em instituições no exterior, e possuem em seu DNA essas mesmas preocupações e características.

Na primeira edição brasileira deste livro, Rosana Kiyomi Okamoto, baseada em sua experiência profissional na gestão em Recursos Humanos, considerou dois pontos importantes:

- A empresa que não dispõe de um programa de desenvolvimento ou de carreira deve consultar um especialista em Recursos Humanos para a elaboração de um programa adequado à sua realidade e condições. A aplicação oportuna do plano trará benefícios à empresa, pois os funcionários se sentirão mais motivados.

- A empresa multinacional que se utiliza de um programa elaborado pela matriz deve requisitar ao profissional de Recursos Humanos que estude seu ambiente e promova as adaptações necessárias à realidade do local e de público.

Na elaboração de um programa de desenvolvimento, é preciso levar em consideração as variantes que determinam

continua

E no Brasil?

as necessidades de um profissional da área. Esses pontos podem ser diferentes mesmo no âmbito do Brasil, pois as necessidades ou os objetivos de um profissional diferem de acordo com o local de trabalho. Podemos citar, como exemplo, remuneração, benefícios, motivação, planos de carreira etc. É sempre interessante atribuir um mentor ao participante do programa, e principalmente envolver sua equipe no processo de desenvolvimento. A empresa ganhará um aprendiz com sede de crescimento, animado, construtivo e motivador de equipes.

Para os cargos gerenciais as Redes Hoteleiras, passaram a adotar as mesmas práticas de gestão utilizadas no mercado, desenvolvendo seus próprios programas de trainees.

O desafio está no recrutamento de profissionais menos qualificados, para o nível operacional, pois esse indivíduo não está preocupado com o desenvolvimento da carreira por si só; ele costuma procurar uma melhora salarial imediata ou um emprego mais próximo da residência e troca de emprego com muita facilidade e frequência. É muito importante saber contratar para evitar o *turnover*.

Uma novidade recente foi implementada pela Atlantica Hotels International, a maior administradora hoteleira independente multimarcas da América do Sul, com o objetivo de desenvolvimento e motivação de seus funcionários.

A Atlantica Hotels apresenta em sua página na Internet, na área INSTITUCIONAL, a "Cidade Atlantica". Trata-se de uma cidade virtual para desenvolvimento de seus funcionários.

Revisão e adaptação de Simone Sansiviero.

Fonte: Atlantica Hotels International. Disponível em: <http://www.atlanticahotels.com.br/atlantica/Institucional/estrutura.asp?NumFuncionalidade=4&NumCategoriaF=1084&NomeCategoria=Cidade Atlantica>. Acesso em: 11 setembro 2013.

alcançar os padrões de desempenho esperados, seus contratos também são encerrados e são vendidos a outro time ou deixados à própria sorte.

A orientação ajuda no desenvolvimento de seus recursos humanos. Um orientador excelente pode fazer seu pessoal ultrapassar os limites autoimpostos, a fim de realizar o que nunca julgaram possível. Tornar-se um orientador de carreira para seus empregados pode resultar em uma enorme autossatisfação. Lembre-se de que seu papel é de alguém que apoia, e não que avalia, para que a atmosfera seja receptiva a uma comunicação aberta nos dois sentidos e que o processo de orientação seja feito diariamente.

■ FORMAÇÃO DA EQUIPE DE HOSPITALIDADE

Uma das vantagens da implantação de uma estratégia de orientação em seu processo de desenvolvimento é o fato de ela também incentivar um senso de trabalho em equipe.

Quando se enfatiza o desenvolvimento e a melhoria, os empregados tendem a ficar mais à vontade trabalhando juntos, a comunicação torna-se melhor e a ansiedade diminui. As metas comuns tornam-se mais claras para todos e a equipe de trabalho age em conjunto para ter certeza de que elas serão cumpridas. Embora possa parecer uma contradição, incentivar a independência ajuda a estimular o trabalho em equipe. As pessoas, via de regra, encontram satisfação em fazer parte de uma equipe.

Formação de equipes é o processo pelo qual as pessoas se unem em grupos. Uma *equipe* é formada por duas ou mais pessoas com aptidões e habilidades complementares que se unem para uma finalidade comum ou o cumprimento de uma meta comum pela qual são mutuamente responsáveis. A formação de equipes exige cooperação e dedicação entre os membros, a fim de coordenar os pontos fortes, conhecimentos e esforços, visando à finalidade ou à meta comum. A formação de equipes, quando desenvolvida eficazmente, permite melhores decisões por um número menor de pessoas. A equipe, se eficaz, pode realizar mais do que a soma combinada dos seus membros individuais. De forma geral, as equipes completam as tarefas. E é por esse motivo que existe a possibilidade de você deparar com uma utilização maior de equipes no "próximo capítulo".

A formação de equipes tornou-se a expressão da moda no local de trabalho em meados dos anos 1960 e foi considerada um método gerencial bastante humano. Os defensores da formação de equipes afirmam que ela:

- reduz os conflitos no interior da força de trabalho;
- age como um motivador;
- melhora a qualidade da tomada de decisões;
- auxilia a gerência a administrar a diversidade cultural;
- descentraliza a base de poder;
- reposiciona a gerência como uma função de desenvolvimento;
- aumenta o envolvimento e, por consequência, o compromisso;
- melhora a comunicação nos dois sentidos;
- incentiva a discussão e a resolução ativa de problemas;
- desenvolve um senso de responsabilidade em seu pessoal.

A formação de equipes não é rápida. É preciso muito tempo para criar equipes excelentes. A formação de equipes não é fácil. Conseguir grupos unificados e harmoniosos que cumpram metas com sucesso exige muito trabalho e muito esforço dos envolvidos. A formação de equipes não constitui uma solução perfeita para todos os problemas empresariais de sua organização. Conseguir um rendimento de trabalho maior com um número menor de pessoas não é a finalidade da formação de equipes, nem deve sê-lo. As equipes nem sempre são adequadas a todas as situações. Se uma meta ou tarefa pode ser mais bem executada por uma pessoa, então deve ser atribuída a uma pessoa. Existem tarefas mais bem desempenhadas por equipes e outras, por indivíduos.

Os membros da equipe devem estar comprometidos com metas claramente definidas para que uma equipe seja eficaz. Ela precisa de um líder forte com estilo de liderança flexível. Os membros precisam estar dispostos a aprender com seus erros, bem como com seus acertos. Eles não podem ter receio da possibilidade de fracasso; devem estar preparados para assumir riscos, ter confiança para dizer o que realmente pensam e ter mente aberta às ideias dos demais. Uma equipe eficaz trabalha com afinco e oferece provas de empenho para atingir as metas desafiadoras que lhe foram propostas. A conclusão é de que as equipes precisam ser formadas por indivíduos altamente motivados, com um propósito comum e comprometimento com resultados.

▌ Criando um espírito de equipe

Motivação, orientação e formação de equipes caminham juntas, pois uma reforça as demais. É impossível criar um espírito de equipe a não ser que exista uma força de trabalho altamente motivada. É difícil motivar uma equipe de trabalho que se considera perdedora. É nesse ponto que surgem os programas de desenvolvimento. Ao fixar metas de carreira exequíveis para seus recursos humanos, você lhes oferece a oportunidade de experimentar a vitória. Equipes vencedoras sempre são mais altamente motivadas para trabalhar com dedicação, a fim de repetir os sucessos alcançados.

Identifique aqueles que possuem o melhor desempenho e trabalhe com eles, para que se tornem capitães da equipe. As pessoas melhoram quando se associam a indivíduos que se esforçam para dar o melhor de si e não com indivíduos que buscam o caminho mais curto para finalizar as tarefas.

Grande parte do espírito de equipe será gerado por sua atitude. Antes de uma equipe poder triunfar, ela primeiro precisa querer triunfar. Em segundo lugar, a equipe precisa ter o compromisso de fazer aquilo que é necessário para triunfar. Isso exige que você acredite nela e nas habilidades de seus membros. Sua autoimagem positiva passará para sua equipe de trabalho.

A tomada de decisões precisa ser delegada. É difícil fazer as pessoas trabalharem em equipe se você concentrar todo o poder de tomar decisões. Quando os empregados podem tomar as próprias decisões, é muito mais provável que se comprometam a concretizar suas escolhas.

A formação de equipes é um processo que, quando implantado de modo eficaz, permite que a força de trabalho vá além do que cada um dos empregados poderia realizar sozinho. A equipe de trabalho também estimula a motivação e permite aos programas de desenvolvimento a oportunidade de maximizar seu pleno potencial.

Não existe limite para o que pode ser realizado se
o importante não é quem recebe o mérito.
Ralph Waldo Emerson

■ CONCLUSÃO

O desenvolvimento dos empregados é cada vez mais importante para os gerentes responsáveis pelos Recursos Humanos na área de Hospitalidade. A cada dia, os gerentes de Hospitalidade se defrontam com falta crescente de mão de obra, alterações na distribuição etária da população trabalhadora, diminuição do ritmo da tendência para uma aposentadoria precoce, concorrência internacional mais intensa e mudança tecnológica acelerada.

Os programas de desenvolvimento lhe oferecem, como gerente de Recursos Humanos, um processo pelo qual você pode auxiliar os empregados a atingir o sucesso. Por meio das atividades de desenvolvimento, você pode avaliar as ambições, os interesses e as metas de seus empregados. As metas de carreira e atividades de desenvolvimento podem então ser identificadas. As organizações de Hospitalidade progressistas incentivam os empregados a adotar o desenvolvimento da carreira e a aproveitar as oportunidades que lhes estão disponíveis.

Os programas de desenvolvimento da carreira beneficiam a organização de Hospitalidade, bem como o empregado. A própria estrutura desses programas estimula a comunicação entre gerentes e empregados, assim como entre gerentes departamentais. Eles forçam a organização a concentrar em seus recursos humanos seu ativo mais valioso.

Os programas de desenvolvimento estimulam a motivação ao oferecer a seus recursos humanos oportunidades em que possam ser bem-sucedidos. Experiências de trabalho positivas se traduzem em uma força de trabalho estimulada. A motivação não só altera o comportamento, mas também melhora o desempenho no cargo.

Constatou-se que a orientação e a formação de equipes são estratégias motivacionais eficazes. Por meio da orientação, os recursos humanos são estimulados a dar o melhor de si. Por meio da formação de equipes, as organizações de Hospitalidade incentivam a criatividade e a inovação. Vamos agora concentrar nossa atenção na avaliação do desempenho no cargo e na retenção do empregado.

Caso 7.1

Rebecca Jannis é a gerente de Recursos Humanos da XYZ Restaurant Corp., um estabelecimento de estilo familiar com bar, localizado em seis Estados na região da Nova Inglaterra. Rebecca tem um problema: ela precisa de três gerentes-gerais para os novos restaurantes que a companhia planeja inaugurar nos próximos seis meses. A especificação do cargo de gerente-geral exige cinco anos de experiência gerencial. No entanto, pela análise do banco de dados informatizado, com as qualificações de todos os gerentes assistentes, ela obteve somente uma pessoa atualmente empregada pela XYZ com as qualificações necessárias. O vice-presidente de Recursos Humanos solicitou a Rebecca a apresentação, até o fim da semana, de um plano de RH para o preenchimento das três novas posições.

Rebecca reconhece que, no momento, o programa de desenvolvimento na XYZ precisa ser melhorado. Primeiro, ajude-a a elaborar um plano de uma página para preencher os cargos em aberto. De que tipo de informações você precisa para obter um programa de desenvolvimento eficaz? Crie e identifique todas as hipóteses necessárias. Crie um esboço de programa de desenvolvimento para a XYZ Restaurant Corp., de modo que evite a falta de pessoal interno no futuro.

Fonte: Elaborado pela autora.

Caso 7.2

Agora que Rebecca compreende melhor a importância de um programa de desenvolvimento para gerentes, ela deseja igualmente melhorar o programa para empregados horistas. Ao discutir essa ideia com alguns dos empregados, ela conheceu Ben, um lavador de pratos de 17 anos, que está começando a cursar o último ano do curso secundário. Ben deseja tornar-se gerente de restaurante ao finalizar o curso.

Em sua opinião, qual o grau de realismo de Ben em suas aspirações de carreira? Especificamente, que diretrizes você sugeriria para maximizar o sucesso de Ben em sua meta de carreira? Identifique os diversos passos (a curto e a longo prazos) que Rebecca poderia adotar a fim de auxiliar o sucesso de Ben. E se Ben não apresentasse nenhuma aspiração de carreira? De que modo Rebecca poderia ajudá-lo a identificar possíveis interesses e expectativas de carreira? Que tipo de oportunidades de desenvolvimento de carreira você poderia oferecer a um lavador de pratos sem aspirações de carreira, para maximizar seu potencial?

Fonte: Elaborado pela autora.

Caso 7.3

Você é o gerente responsável pelos recursos humanos em um aeroporto internacional movimentado, localizado em uma cidade importante do Meio-Oeste. Sob sua supervisão, estão 12 locais distintos de alimentos e bebidas em toda a extensão do aeroporto e aproximadamente 120 empregados na folha de pagamento. A ênfase em grupos e trabalho em equipe é fundamental no tipo de ambiente no qual você trabalha diariamente.

Que tipos de estratégias e técnicas de formação de equipes você sugeriria? Qual será sua estratégia para motivar os empregados e estimulá-los a tornarem-se membros de sua equipe jovial? Relacione sua estratégia a uma das teorias motivacionais "clássicas". Você poderá usar o salário como motivador? Como orientador de sua equipe, de que modo você obterá um compromisso de seus empregados?

Fonte: Elaborado pela autora.

■ Termos-chave

- aconselhamento
- aconselhamento de carreira
- atuação do mentor
- capacitações básicas
- conceito de dois fatores
- desenvolvimento de carreira
- desenvolvimento do desempenho
- Efeito Pigmalião
- faixas de carreira
- formação de equipes
- Hierarquia das Necessidades
- maior conteúdo do trabalho

- mentor
- monitoramento facilitado
- motivação
- orientação
- planejamento de carreira
- profecia de autorrealização
- programas de desenvolvimento
- protegido
- revisão de desenvolvimento
- Teoria da Expectativa
- Teoria X – Teoria Y
- trajetória de carreira

■ Leituras recomendadas

BROOKS, J. E. "Guide to developing a successful career course". *Journal of Career Planning & Employment*, v. 55, nº 3, p. 29-32, 1995.

CAMPBELL, H. "Adventures in team land". *Personnel Journal*, v. 75, nº 5, p. 56-62, 1996.

CLARK, M. "7 ways to build a better work team". *Hotels*, v. 28, nº 7, p. 24, 1994.

"Companies pay big penalties for poor employment practices". *HR Reporter*, v. 16, nº 2, 1999.

DONNELLAN, L. "Lessons in staff development". *The Cornell Quarterly*, v. 37, nº 5, p. 42-45, 1996.

ENSMAN, R. "Morale audit: how upbeat is your workplace?" *Restaurant USA*, v. 17, nº 4, p. 12-13, 1997.

ENSMAN Jr., R. "Put teamwork into play for your restaurant". *Restaurant USA*, v. 15, nº 11, p. 9-10, 1995.

FURMAN, M. "Reverse the 80-20 rule". *Management Review*, v. 86, nº 1, p. 18-21, 1997.

HEDDEN, J. Mentoring: restauranteurs help build careers". *Restaurant USA*, v. 17, nº 7, p. 22-26, 1997.

KATEZENBACH, J. R. e SMITH, D. "The discipline of teams". *Harvard Business Review*, v. 71, nº 2, p. 111-120, 1993.

PAN-EDUCATIONAL INSTITUTE. *Mentoring guidebook: participating as a mentor in the Pan--Educational Institute NSN Schools telecommunications testbed project.* Independence, MO: Pan-Educational Institute, 1996.

PARKER, L. B. "A program for planned professional development". *Journal of Career Planning & Employment*, v. 54, nº 4, p. 63-67, 1994.

RIELL, H. "Motivating your crew". *Restaurant USA*, v. 13, nº 9, p. 15-17, 1993.

SIMONS, T. e ENZ, C. "Motivating hotel employees: beyond the carrot and the stick". *The Cornell Quarterly*, v. 36, nº 1, p. 20-27, 1995.

SPARROWE, R. e POPIELARZ, P. A. "Getting ahead in the hospitality industry: an event history analysis of promotions among hotel and restaurant employees". *Hospitality Research Journal*, v. 19, nº 3, p. 99-114, 1995.

STEPHENSON, S. "12 ways to motivate employees". *Restaurant & Institutions*, v. 104, nº 24, p. 112, 1994.

WILEY C. "What motivates employees according to over forty years of motivation surveys". *International Journal of Manpower*, v. 18, nº 3, p. 263-278, 1997.

WALDROOP, J. e BUTLER, T. "Finding the job you should want". *Fortune*, v. 137, nº 4, p. 211-214, 1998.

ZUBER, A. "People – The single point of difference – Motivating them". *Nation's Restaurant News*, v. 31, nº 40, p. 114-115, 1997.

▌Sites recomendados

1. Aconselhamento de carreira: seamonkey.ed.asu.edu/~gail/career.htm
2. Academia de Desenvolvimento de Recursos Humanos: www.ahrd.org
3. Fundação Empresarial para os Jovens Canadenses on-line: www.cybf.ca/frames/main.htm
4. Departamento do Trabalho dos Estados Unidos/Administração de Emprego e Treinamento: www.doleta.gov
5. Desenvolvimento da equipe de trabalho: www.doleta.gov/employer/wd.htm
6. Recursos dos colegas: www.islandnet.com/~rcarr/peer/html
7. Associação Nacional para o Desenvolvimento da Carreira: www.ncda.org
8. U.S. Department of Labor Employment and Training Administration: http://www.doleta.gov/programs/factsht/pdf/schooltowork.pdf.
9. CHRON: http://work.chron.com/job-jobless-cycle-10856.html.
10. Centro para a Liderança Criativa: www.ccl.org

▌Notas

1. Career Systems International. *WorkPower™: Marriott's guide to career success.* Scranton, PA: Career Systems International, 1998, p. 2.
2. Douglas T. Hall And Associates. *Career development in organizations.* San Francisco: Jossey-Bass Inc., 1986, p. 205.
3. Marriott Lodging. *Career banding system.* Washington, DC, 1998, p. 11.
4. Robert E. Kelley. "In praise of followers". *Harvard Business Review*, v. 6, p. 142-148, 1988.
5. Abraham H. Maslow. *Motivation and personality.* Nova York: Harper and Row Publishers, Inc. 1954.
6. Frederick Hertzberg. *Work and the nature of man.* Cleveland: World Publishing Company, 1966.
7. Douglas Mcgregor. *The human side of enterprise.* Nova York: McGraw-Hill, 1960.
8. Victor H. Vroom. *Work and motivation.* Nova York: John Wiley, 1964.
9. Frederick Hertzberg. "One more time: how do you motivate employees?". *Harvard Business Review*, v. 46, nº 1, p. 53-62, 1968.

▌Questões

1. Os programas de desenvolvimento vêm ganhando importância nos últimos anos como ferramentas de Recursos Humanos nas organizações de Hospitalidade. Em sua opinião, que fatores e condições são responsáveis pela popularidade crescente desses programas?
2. Relacione os estágios do processo de desenvolvimento da carreira.
3. Identifique as vantagens de um programa de desenvolvimento gerencial bem-sucedido.
4. Em sua opinião, quais são os dois componentes mais importantes de uma revisão de desenvolvimento bem-sucedida?
5. Discuta dois tipos diferentes de programas de desenvolvimento. Qual você considera mais apropriado a uma organização de Hospitalidade?
6. Descreva as diversas maneiras diferentes pelas quais um mentor pode auxiliar seu protegido com o desenvolvimento da carreira.
7. Identifique e descreva três diferentes teorias da motivação.
8. O que acontece se os empregados não obtêm satisfação no trabalho? Em sua opinião, por que os programas de desenvolvimento da carreira melhoram a retenção?
9. O que você pode fazer, como gerente, para aumentar a motivação em uma área de trabalho, como o setor de lavagem de pratos, em que a motivação é baixa apesar do bom salário, dos benefícios e das condições de trabalho?
10. Explique como a orientação pode ajudá-lo a implantar programas de desenvolvimento.
11. Discuta de que modo a formação de equipes poderia ser usada como ferramenta de retenção.
12. Por que seria desejável elaborar estratégias de orientação e de formação de equipes em sua organização de Hospitalidade?

Avaliando o desempenho e a retenção dos empregados

Somos aquilo que fazemos repetidamente. A excelência, pois, não é um ato, mas um hábito.
Aristóteles

Existe algo muito mais escasso, muito mais raro que a habilidade. É a habilidade para reconhecer a habilidade.
Robert Half

▌ INTRODUÇÃO

Após ter recrutado, contratado, orientado, treinado e iniciado um programa de desenvolvimento para cada um de seus empregados, você precisa avaliar o desempenho individual. Avaliar o desempenho de seu pessoal é uma ferramenta muito poderosa que atende tanto às necessidades de sua origanização de Hospitalidade quanto às de seus empregados. A avaliação de desempenho, caso implantada e realizada adequadamente, pode ajudá-lo a garantir que cada empregado seja bem-sucedido em seu trabalho. Esse sucesso pessoal conduz a índices de retenção elevados, que se tornam importantes para o sucesso da organização de Hospitalidade. As principais metas da Administração de Recursos Humanos, ou seja, atrair e reter, continuam a ser importantes à medida que discutimos a avaliação do desempenho.

Ao finalizar este capítulo, você será capaz de:
1. Identificar a finalidade da avaliação de desempenho como uma ferramenta de Administração de Recursos Humanos.
2. Descrever em que ponto a avaliação de desempenho se enquadra no processo de Administração de Recursos Humanos.
3. Discutir como é utilizada a informação sobre a avaliação de desempenho.
4. Descrever os papéis conflitantes de árbitro e orientador no processo de avaliação de desempenho.
5. Identificar os aspectos básicos de "como" avaliar o desempenho de um empregado.

6. Definir os diferentes métodos para avaliar o desempenho.
7. Identificar os erros mais comuns que os avaliadores cometem ao conduzir uma avaliação de desempenho e como evitá-los.
8. Aumentar sua eficácia na avaliação do desempenho de seus empregados.
9. Compreender as diferentes maneiras de melhorar a permanência de sua força de trabalho na empresa por meio de vários métodos de retenção.

■ AVALIANDO O DESEMPENHO

Revisões, análises, avaliações e determinação de desempenho são expressões que se referem à tarefa de avaliar o progresso de nosso pessoal. Considere-a como um sistema de feedback que lhe oferece informações relativas à concretização bem-sucedida de seu plano de mão de obra. Avaliações de desempenho (a expressão que optamos) lhe informam o grau de progresso de seus empregados no desenvolvimento individual e o progresso de cada um deles no cumprimento das metas do plano de negócios. Definimos **processo de avaliação de desempenho** como um meio de determinar o sucesso que cada um de seus empregados está obtendo, a fim de atingir os critérios considerados essenciais para o sucesso em seu cargo. A expressão *avaliação de desempenho* é genérica, isto é, é usada para descrever uma variedade de tipos e métodos de avaliação do desempenho de seus recursos humanos. Ela pode ser feita somente após a realização de uma avaliação das aptidões de Recursos Humanos e a elaboração de um plano de melhoria. O progresso pode, então, ser avaliado.

Pense em uma analogia útil, com a qual cada um de vocês pode identificar-se. Na sala de aula, os professores avaliam os estudantes, testando seu desempenho em uma ampla variedade de disciplinas, como contabilidade, planejamento do cardápio, produção de alimentos e informática. Essa avaliação os conduz a uma análise do progresso e dos níveis de conhecimento do aluno que, no fim, se traduz em uma nota atribuída ao nível de desempenho do aluno em determinada matéria.

No local de trabalho da Hospitalidade, como gerente, você avaliará os empregados pelas avaliações de desempenho do comportamento e das aptidões que apresentam. Essa avaliação será usada como base de algumas decisões de administração de recursos humanos, como aumentos de salário, promoções e necessidades de treinamento/desenvolvimento para sua operação de Hospitalidade. Como nas universidades, as avaliações podem ser feitas para todo tipo de empregado, de horistas a gerentes mensalistas. O processo de avaliação de desempenho tem por finalidade, em todas as situações, diferenciar níveis de desempenho.

■ Finalidade das avaliações de desempenho

As avaliações de desempenho permitem que você e seus empregados saibam como estão realizando o trabalho e que atitudes devem ser adotadas caso seja necessária uma melhoria de desempenho.

Toda pessoa tem a necessidade e o desejo de saber sobre seu desempenho no cargo. Lembre-se de seu tempo de estudante, como você se sentia muito melhor quando o professor lhe oferecia um feedback frequente, de modo que sabia como estava seu desempenho, em oposição ao professor que oferecia um feedback mínimo, deixando que você descobrisse como foi seu desempenho apenas no fim do semestre?

São muitas as finalidades do processo de avaliação:

- ◆ Avaliar a qualidade do desempenho no cargo.
- ◆ Fornecer feedback a seus empregados a respeito do desempenho no cargo.
  - O feedback consiste no reconhecimento de um bom desempenho ou em uma notificação de falhas no desempenho.
  - O feedback também poderia indicar a necessidade de treinamento.
- ◆ Planejar metas e objetivos futuros de desempenho.
- ◆ Melhorar o desempenho no trabalho por meio de reconhecimento e orientação.
- ◆ Estabelecer um melhor conhecimento do empregado, a fim de entender aquilo que o motiva.
- ◆ Documentar desempenhos insatisfatórios, para que sejam usados em caso de processos trabalhistas em rescisão sem justa causa.
- ◆ Servir como base para estabelecer a remuneração em algumas organizações.

▌ Importância do processo de avaliação

As pessoas gostam de saber como se posicionam quanto ao desempenho que apresentam, mesmo quando essa informação indica a necessidade de melhoria. Você trabalhou para um gerente que nunca lhe comunicava como estava seu desempenho? Você já se sentiu inseguro a respeito das expectativas que seu gerente tinha de você? Felizmente, a maioria das organizações de Hospitalidade já começou a reconhecer a importância de permitir que seus empregados conheçam seu desempenho e, conforme você verá mais adiante quando tratarmos de remuneração, de recompensar as pessoas à medida que o desempenho melhora (pagamento por desempenho).

O processo de avaliação, se conduzido de modo eficaz e justo, traz muitos benefícios para os gerentes de Recursos Humanos. Esses benefícios incluem:

- ◆ sistema de comunicação aberto nos dois sentidos entre os gerentes e o empregado;
- ◆ conjunto objetivo de critérios para avaliar o desempenho no cargo;
- ◆ melhor desempenho no cargo;
- ◆ uma base para alterar hábitos de trabalho falhos;
- ◆ meio de agrupar sugestões dos empregados para melhorar o desempenho, os métodos ou o moral;
- ◆ conhecimento mais imediato dos problemas;

- maior compromisso com a organização;
- maior satisfação no trabalho;
- ferramenta motivacional eficaz;
- um modo de demonstrar interesse;
- fonte de documentação em caso de processos judiciais;
- uma base para determinar promoções e aumentos salariais;
- um meio de buscar alternativas para a rescisão;
- orientação futura para a melhora e o desenvolvimento do empregado;
- foco no aperfeiçoamento contínuo;
- um meio para formar uma equipe de trabalho de alto desempenho;
- maior produtividade.

Esses benefícios se baseiam na hipótese de que seus empregados têm vontade de melhorar o desempenho, de que o feedback a respeito do desempenho no trabalho pode afetar os níveis de desempenho e de que a satisfação com o trabalho (e uma equipe de trabalho mais feliz) originam-se de um melhor desempenho no cargo.

■ O PAPEL DA AVALIAÇÃO DE DESEMPENHO

Em que ponto o processo de avaliação de desempenho se enquadra no sistema de Administração de Recursos Humanos? A Figura 8.1 ilustra a relação entre a avaliação de desempenho e as demais atividades da função de Recursos Humanos. Conforme você pode observar, as informações obtidas por meio das avaliações de desempenho têm diversas finalidades para o gerente responsável pelos Recursos Humanos no setor de Hospitalidade.

■ Relação com o desempenho

Avaliamos os empregados quanto a resultados e níveis de desempenho que esperamos que eles possam atingir.

Nossos planos estratégicos de Recursos Humanos (Capítulo 2) são a base de nosso sistema de avaliação ao definirem a responsabilidade. Apontamos anteriormente que os planos de mão de obra poderiam ser usados como motivadores e concluímos que todos os nossos objetivos operacionais teriam de ser apoiados por padrões de desempenho. São os padrões que estabelecemos anteriormente como parte integrante de nosso plano de Recursos Humanos que servem de base para as avaliações de desempenho. Os padrões de desempenho são utilizados para diferenciar entre bom e mau desempenho, bem como entre os diversos níveis de desempenho. Os níveis de desempenho podem variar do mau desempenho ao adequado ou de médio a bom ou excepcional. A avaliação nem sempre é tão simples quanto "bom" ou "mau".

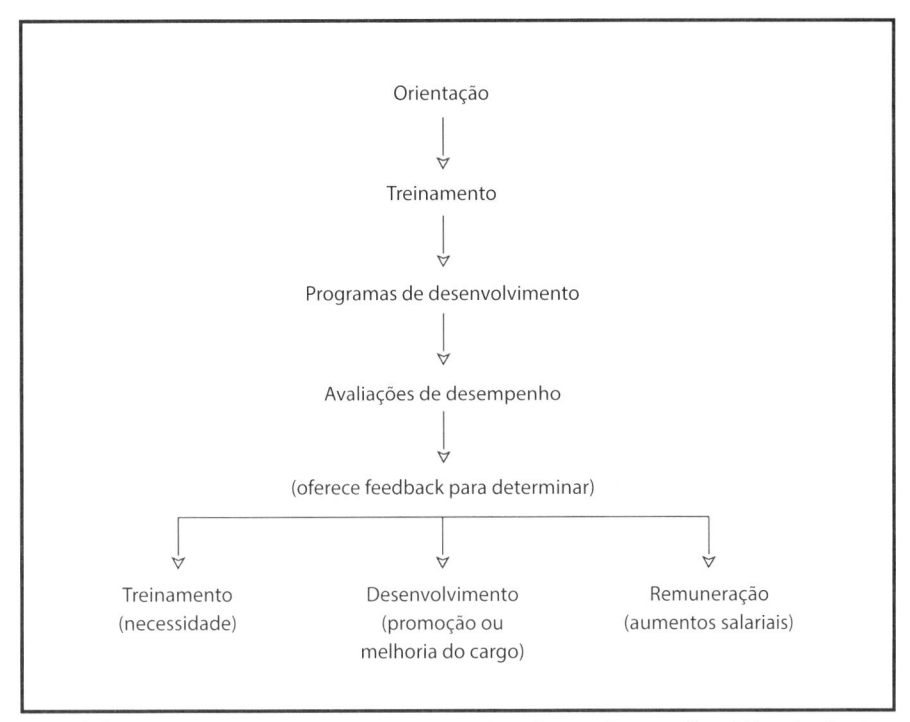

Figura 8.1 Papel da avaliação de desempenho na Administração de Recursos Humanos. *Fonte:* Elaborada pela autora.

▌Relação com a comunicação

Afirmamos também que nosso plano estratégico de Recursos Humanos seria um recurso de comunicação. E em nenhuma circunstância é mais importante a comunicação precisa do que no processo de avaliação de desempenho. Evitam-se mal-entendidos quando os padrões de desempenho são comunicados de modo claro aos empregados responsáveis pelos resultados definidos por seu plano de mão de obra. O planejamento evolui à medida que sua organização de Hospitalidade progride e seu pessoal se desenvolve.

▌Relação com o desenvolvimento

Seu processo de avaliação de desempenho deve enfatizar o desenvolvimento de pessoas qualificadas de dentro de sua organização de Hospitalidade, a fim de aproveitar as oportunidades constantemente geradas por uma organização em crescimento. Um plano de desenvolvimento bem-sucedido integra as necessidades e as metas do indivíduo às da operação de Hospitalidade. Do mesmo modo que seu plano de desenvolvimento permitia mudanças de carreira laterais e/ou verticais, o processo de avaliação fixa metas de mudança comportamental para melhorar o atual desempenho no cargo ou fazer mudanças na carreira. As avaliações ajudam a vincular as metas da pessoa às metas organizacionais.

Quando se adotarem avaliações para tomar decisões que envolvam transferência e promoção, deve-se tomar cuidado para que as informações arquivadas somente sejam examinadas no tocante às obrigações e responsabilidades do novo cargo (seja vertical, seja lateral). Uma pessoa que tem um excelente desempenho em uma posição talvez não tenha um desempenho necessariamente de mesmo nível em um cargo diferente, que exige qualificações diferentes. As decisões de transferência e promoção devem levar em conta uma avaliação das habilidades do empregado de desempenhar as atividades pertinentes às novas funções e não apenas as atuais atividades do cargo.

■ Relação com o treinamento

As avaliações de desempenho identificam falhas no desempenho do cargo ou áreas a serem melhoradas. As falhas identificadas podem ser relacionadas frequentemente à falta de habilidade da pessoa em desempenhar o cargo de acordo com os padrões deste. Nessa situação, são identificadas as necessidades de treinamento, cujas sessões podem ser programadas para corrigir o problema de desempenho. Quando são identificadas áreas a serem melhoradas, elas devem relacionar-se a oportunidades de crescimento e não apenas à correção de um "mau" comportamento. A avaliação pode identificar que o empregado deseja melhorar o comportamento médio, ou mesmo bom, por meio da aquisição de novas aptidões ou do aperfeiçoamento das atuais aptidões. O empregado pode ser encaminhado para o treinamento necessário, desde que as aptidões sejam devidamente identificadas e o empregado concorde com a avaliação delas.

No treinamento, consideramos a avaliação como uma ferramenta para determinar as necessidades. Ela também pode ser usada após o término do programa de treinamento, a fim de avaliar o nível de desenvolvimento de aptidões e o aprendizado atingidos. Em outras palavras, qual a mudança de comportamento decorrente do treinamento?

■ Relação com a remuneração

As avaliações de desempenho têm sido adotadas há muito tempo como base para a determinação do salário e dos aumentos salariais. Infelizmente, alguns gerentes veem essa atividade como o único propósito das avaliações de desempenho. Embora o nível de desempenho certamente tenha alguma relação com o valor da remuneração recebida, o gerente que conduz avaliações de desempenho visando à remuneração está colocando em segundo plano uma valiosa ferramenta, pois a relação entre salário e desempenho é de importância especial nos planos de pagamento por desempenho e remuneração por mérito.

A avaliação de desempenho, quando usada para decisões sobre remuneração, é empregada para estabelecer a diferença entre aqueles que têm um bom e um mau desempenho, com base em critérios estabelecidos. As escalas de remuneração são estabelecidas para que sejam compatíveis com cada nível de desempenho. Uma discussão mais detalhada da avaliação do trabalho e do pagamento por desempenho é apresentada no Capítulo 10.

Ao usar a avaliação de desempenho com fins de remuneração, verifique se os critérios estão baseados em resultados mensuráveis obtidos no cargo atual. Seus empregados logo atribuirão a culpa aos dirigentes ou às falhas da companhia sobre as quais não tinham controle, caso julguem que o salário está sendo prejudicado. É preciso identificar resultados mensuráveis do trabalho, que sejam considerados por seus empregados como justos e equitativos.

É essencial que você tenha uma compreensão clara da missão do empreendimento de Hospitalidade ao selecionar que processo de avaliação será usado em sua organização de Hospitalidade. O papel da avaliação de desempenho será claramente indicado a você pelas metas organizacionais que se originam da declaração de missão. Você pode desenvolver, então, objetivos operacionais apropriados para avaliar o desempenho compatíveis com as necessidades da empresa.

■ ÁRBITRO *VERSUS* ORIENTADOR

Conforme vimos, existem inúmeros papéis assumidos pelas avaliações de desempenho. Um dos principais problemas com a avaliação de desempenho é o conflito inerente entre esses papéis. O conflito principal reside entre o papel da avaliação como um determinante de decisões sobre remuneração e o papel do avaliador na melhoria do desempenho no cargo e no desenvolvimento dos empregados. Na primeira situação, o avaliador precisa agir como um árbitro e na segunda, como orientador. Muito embora esse conflito duplo tenha sido identificado há mais de 25 anos,[1] o problema ainda existe. Discutiremos maneiras para evitar esse problema mais adiante neste capítulo.

Vamos examinar como esses papéis duplos podem criar um conflito na prática. Você tem uma funcionária, Beth Doolittle, que trabalha há dois anos no hotel com 100 apartamentos. Está se aproximando o dia da reunião de avaliação de desempenho de Beth, quando você discutirá com ela: (1) como ela está desempenhando seu trabalho e o que vocês consideram ser necessário quanto a treinamento e desenvolvimento; (2) quais são as metas que ela possui e se elas mudaram; (3) como você pode ajudá-la a atingir essas necessidades e metas; e (4) qual será o aumento de salário, se for o caso.

Se você apresentar a Beth uma lista de necessidades de treinamento e desenvolvimento e, então, dar-lhe um aumento de salário, ela provavelmente ficará confusa. Por que ela deve passar por mais treinamento se você está tão satisfeito com o desempenho atual dela no cargo que lhe deu um aumento? Se, no entanto, você disser a Beth que ela não receberá um aumento por causa do desempenho insatisfatório no trabalho, então ela não se mostrará disposta a ouvir que planos você tem para seu desenvolvimento e treinamento.

Você pode optar, como solução, por um sistema que proporciona duas sessões de avaliação diferentes.

Em uma delas, denominada **avaliação de desenvolvimento**, você atua como orientador e transmite a seu empregado o quanto você valoriza a contribuição dele à organização. Vocês entram em um acordo quanto às necessidades de treinamento e desenvolvimento que auxiliam o empregado a cumprir as metas mais importantes para ele. As decisões tomadas nessa entrevista passam a ser a base para o retreinamento que abordamos no Capítulo 6 e para os programas de desenvolvimento individual apresentados no Capítulo 7.

Na segunda sessão, denominada **avaliação de desempenho**, você atua como árbitro e fornece ao empregado informações a respeito dos sucessos e fracassos que obtém na organização de Hospitalidade. O empregado cumpriu os objetivos operacionais com base no plano de negócios da organização? Quais foram as conquistas individuais? Essas informações relacionam-se então às decisões relativas a ajustes salariais e a promoções.

Obviamente, esses dois papéis devem estar ligados para que sejam eficazes à organização de Hospitalidade e ao empregado. Embora a avaliação de desempenho seja controlada principalmente pelas necessidades da organização, ela representa um processo controlado pelo empregado. Em seu sistema de revisão dupla, a avaliação de desempenho proporciona a ele um meio de obter os benefícios extrínsecos que a organização pode oferecer. A avaliação de desempenho fornece então ao empregado um meio para alcançar os benefícios intrínsecos: trabalho desafiador, oportunidade de crescimento e reconhecimento por um trabalho bem-feito.

A consultora Jeanne Michalski indica que, embora a distinção entre os dois papéis seja a situação ideal, na realidade é difícil consegui-la. Na prática, muitas companhias não desejam dedicar tempo à realização de duas sessões com os empregados. Além do mais, a realidade da sobrecarga de trabalho e de atendimento aos clientes no setor de Hospitalidade torna difícil em termos práticos separá-las. *É importante* que você reconheça e compreenda o conflito potencial que pode existir para seus empregados nesses dois papéis. Dra. Michalski recomenda que você adote o que se enquadra na situação e em sua organização. Talvez você esteja trabalhando para uma organização de Hospitalidade que nem utiliza um sistema de avaliação. O papel da orientação, conforme vimos no Capítulo 7, está assumindo importância cada vez maior na Administração de Recursos Humanos. Algumas empresas de Hospitalidade, com empresas de outros setores, estão se afastando das avaliações e se aproximando da orientação. Um processo eficaz de avaliação de desempenho fornece um método para satisfazer as necessidades de todos que trabalham na organização de Hospitalidade.

■ COMO AVALIAR O DESEMPENHO

A *avaliação de desempenho* é uma expressão igualmente temida ou apreciada pelos dirigentes e empregados. Para cada um deles, ela pode ser uma experiência dolorosa ou gratificante. Não é agradável dizer ou escutar que você não está realizando um bom trabalho e que é necessário melhorar. No entanto, muitos empregados aguardam com satisfação suas avaliações, especialmente se respeitam os dirigentes que as realizarão. Você já passou por uma avaliação de desempenho? Em caso afirmativo, temos certeza de que você pode entender algumas dessas sensações.

Não desejamos de forma alguma que a avaliação de desempenho venha a desmotivar seu pessoal. Quando existe um problema de desempenho ou de comportamento, constitui nossa função como avaliador convencer a pessoa (1) de que existe um problema, (2) de que ela precisa melhorar e (3) de que você está disponível a ajudá-la a fazer o melhor.

Vamos tratar agora dos elementos que constituem um processo eficaz de avaliação de desempenho.

▌ Fixação de metas

A primeira afirmativa que fazemos sobre a elaboração de um processo de avaliação de desempenho é *Mantenha-a simples!* O processo que elaboramos será usado tanto para desenvolver quanto para avaliar o desempenho. Pela lógica, o melhor ponto para começar é pela identificação dos padrões e responsabilidades do cargo. Seus empregados têm maior probabilidade de ser bem-sucedidos caso saibam o que se espera deles quanto a desempenho nos cargos que ocupam.

Para um empregado saber o que se espera dele, é preciso que ele compreenda as funções e responsabilidades do cargo e entender como deve agir para exercer essas funções e assumir essas responsabilidades. Esses elementos fazem parte das metas fixadas conjuntamente pelo gerente e pelo empregado.

A **fixação de metas** é estabelecida para os novos empregados após o período de orientação e treinamento e para os atuais empregados na conclusão de sua avaliação de desempenho. As metas tornam-se os critérios para determinar a qualidade e a quantidade aceitáveis dos níveis de trabalho. Elas se baseiam igualmente nas necessidades da empresa, conforme identificadas no plano de negócios, e nas aspirações de carreira, nos pontos fortes e nos pontos fracos dos empregados. Portanto, elas servem como critérios de desempenho para a avaliação de desenvolvimento e a avaliação de desempenho.

As metas são baseadas em suas descrições de cargo e são o ponto de partida para um processo eficaz de avaliação de desempenho. Recomendamos que elas tenham os seguintes critérios para que produzam máxima eficácia:

- ◆ Lógica. Elas se originam em uma descrição e uma especificação do cargo precisas, que indicam funções e responsabilidades.
- ◆ Específica. As metas não podem ser estabelecidas em termos vagos ou gerais.
- ◆ Realista. As metas precisam ser claramente alcançáveis, o que não significa que não sejam desafiadoras, mas precisam ser exequíveis.

- ◆ Mensurável. O empregado precisa ser capaz de constatar seu progresso para o cumprimento da meta e saber quando os resultados foram obtidos. Isso mantém o processo de avaliação objetivo, evitando que se torne subjetivo.
- ◆ Determinada por data. O empregado deve compreender claramente quando sua meta deve estar cumprida.
- ◆ Voltada a resultados. Agora não é a ocasião de discutir o método ou as atividades usadas para cumprir a meta, mas a ocasião de definir os resultados a serem obtidos. Os resultados devem ser notados pelos demais.
- ◆ Estabelecida pelas duas partes. As metas devem ser o compromisso de toda pessoa que tem influência sobre o desempenho do empregado.

As metas de desempenho incluem o desempenho esperado dos Recursos Humanos em sua organização de Hospitalidade. Um **guia de planejamento do desempenho** lhe fornecerá um registro por escrito das expectativas de desempenho estabelecidas entre você e o empregado. Esse registro pode ser utilizado durante todo o processo de avaliação ao se conduzirem avaliações de desenvolvimento ou avaliações de desempenho.

▮ O instrumento de avaliação

Lembre-se de que a avaliação de desempenho deve ser baseada no desempenho do empregado no cargo em relação à descrição deste. O **instrumento de avaliação** deve conter certas informações básicas, como o nome do empregado, a posição, a data da entrevista, o período coberto pela avaliação e quem conduz a entrevista de avaliação. O Quadro 8.1 constitui um exemplo de formulário de avaliação de desempenho usado para empregados horistas.

O tipo específico de informações a serem incluídas no instrumento de avaliação depende em grande parte do método de avaliação de desempenho adotado por sua organização de Hospitalidade. Esses métodos específicos são discutidos posteriormente neste capítulo, porém, existem certos elementos que todos os instrumentos de avaliação precisam conter, independentemente do método particular utilizado.

Acima de tudo, você pode livrar-se de disputas judiciais onerosas resultantes de métodos de avaliação discriminatórios usando um instrumento baseado em uma análise de cargo. Os gerentes devem ser treinados para usar esse instrumento. Os resultados da análise do cargo precisam ser usados para criar um instrumento que seja válido e confiável. O instrumento de avaliação normalmente contém algum tipo de sistema que lhe permite avaliar cada empregado com a máxima objetividade possível.

Deve-se considerar o número de níveis que você empregará para avaliar seu pessoal. A dificuldade em usar um número limitado de categorias de avaliação é que a maior parte dos gerentes não se sente à vontade, sendo forçada a estabelecer diferenças entre os empregados de um modo restrito, e tende a avaliar o desempenho da maior parte dos empregados como médio. Você gostaria de ser considerado

Quadro 8.1 Avaliação de desempenho

Avaliação de desempenho

NOME DO EMPREGADO		Nº PREV. SOCIAL	DATA DA AVALIAÇÃO
CÓDIGO DO LOCAL		CIDADE/ESTADO	AVALIAÇÃO DE DESEMPENHO De: Para:
DEPARTAMENTO	CARGO	DATA DE INÍCIO NO CARGO ATUAL	DATA DE INÍCIO NA EMPRESA

INSTRUÇÕES

1. Faça a revisão do desempenho do empregado pelo período completo; evite basear o julgamento em eventos recentes ou somente em fatos isolados. Não leve em conta sua impressão geral do empregado e concentre-se em um fator por vez.
2. Considere o empregado de acordo com os padrões esperados, com base nas funções atribuídas, tendo por critério o período de tempo no cargo. Coloque um √ na avaliação que resume o desempenho geral do empregado correspondente ao fator desde a última avaliação do empregado.
3. É PRECISO APRESENTAR OS MOTIVOS QUE FUNDAMENTAM E JUSTIFICAM SUA AVALIAÇÃO!

PARTE I – FATORES ESPECÍFICOS DO DESEMPENHO NO CARGO

QUALIDADE DO TRABALHO – Nível de precisão, limpeza e de produção completa.

☐ Excelente   EXPLIQUE: _____
☐ Muito bom   _____
☐ Plenamente satisfatório   _____
☐ Precisa melhorar   _____
☐ Insatisfatório   _____

QUANTIDADE DE TRABALHO – Volume realizado de trabalho aceitável. Capacidade para atender a cronogramas. Uso do tempo e nível dos resultados alcançados.

☐ Excelente   EXPLIQUE: _____
☐ Muito bom   _____
☐ Plenamente satisfatório   _____
☐ Precisa melhorar   _____
☐ Insatisfatório   _____

CONHECIMENTO & APTIDÃO PARA O DESEMPENHO DO CARGO – Compreensão das tarefas do cargo e aplicação do conhecimento do cargo. Habilidade para compreender e interpretar instruções, métodos e procedimentos.

☐ Excelente   EXPLIQUE: _____
☐ Muito bom   _____
☐ Plenamente satisfatório   _____
☐ Precisa melhorar   _____
☐ Insatisfatório   _____

CONTATOS RELACIONADOS AO CARGO – Nível de cooperação e entusiasmo nos contatos relacionados ao cargo com clientes, empregados e supervisores.

☐ Excelente   EXPLIQUE: _____
☐ Muito bom   _____
☐ Plenamente satisfatório   _____
☐ Precisa melhorar   _____
☐ Insatisfatório   _____

JULGAMENTO – Capacidade de tomar ações corretas. Habilidade para avaliar um problema, obter e avaliar fatos e chegar a conclusões seguras. Age de acordo com a política da companhia e as diretrizes de conduta.

☐ Excelente   EXPLIQUE: _____
☐ Muito bom   _____
☐ Plenamente satisfatório   _____
☐ Precisa melhorar   _____
☐ Insatisfatório   _____

continua

Quadro 8.1 Avaliação de desempenho

PARTE II – FATORES GERAIS DO DESEMPENHO NO CARGO

SEGURANÇA	☐ TRABALHA COM SEGURANÇA ☐ PRECISA MELHORAR ☐ NÃO ATENDE AOS PADRÕES	Relacione qualquer acidente prevenível pessoal ou com um veículo durante o período de revisão. ____
COMPARECIMENTO AO TRABALHO	☐ COMPARECIMENTO CONSTANTE ☐ ATENDE AOS PADRÕES ☐ NÃO ATENDE AOS PADRÕES	EXPLIQUE:_____
CÁLCULO DA FREQUÊNCIA DE COMPARECIMENTO – Referente à prática local.		
DESEMPENHO GERAL	☐ Excelente ☐ Muito bom ☐ Plenamente satisfatório ☐ Precisa melhorar ☐ Insatisfatório	EXPLIQUE: _____

PARTE III – DESENVOLVIMENTO DO EMPREGADO

1. Que atividades de desenvolvimento ou orientação específicas serão sugeridas para melhorar o atual desempenho do empregado no cargo?
_____
_____

2. Que metas o empregado estabeleceu para melhorar o desempenho pessoal no cargo?
_____
_____

3. Comente sobre o potencial gerencial do empregado e/ou os interesses de carreira, incluindo treinamento e/ou a experiência necessária para desenvolver o empregado profissionalmente.
_____
_____

PARTE IV – COMENTÁRIOS – Anexe folha adicional caso necessário

COMENTÁRIOS DO EMPREGADO: _____
_____

COMENTÁRIOS DO SUPERVISOR: _____
_____

COMENTÁRIOS DO GERENTE: _____
_____

PARTE V – REVISÃO DE POLÍTICA – A seguinte política DEVE ser revista com o empregado por ocasião de sua revisão.

Código de Ética Empresarial ou   Outro –
Padrões de Conduta do Empregado [   ]   _____ [   ]

PARTE V – ASSINATURAS

EMPREGADO (A assinatura não significa necessariamente concordância)			DATA
PREPARADO POR	CARGO	Nº DO RAMAL	DATA
APROVADO PELO PRÓXIMO NÍVEL GERENCIAL	CARGO		DATA

Encaminhe o formulário ORIGINAL ao Departamento de Recursos Humanos para revisão e inclusão na pasta do empregado.

Revisor de Recursos Humanos: _____ Data: _____

PERMANENTE – NÃO DESTRUA – ESTE FORMULÁRIO PRECISA PERMANECER NA PASTA DO EMPREGADO DURANTE TODA A DURAÇÃO DO CONTRATO DE TRABALHO.

Fonte: Cortesia de Burlington Northern Santa Fe Railway Company.

como *médio*? Não existe concordância quanto ao número ideal de níveis de avaliação, embora a maior parte das organizações de Hospitalidade adote um número entre quatro e sete níveis, e a maioria dos consultores do setor concorde que três não é suficiente. A tendência para um método mais elaborado ao se conduzirem as avaliações de desempenho está nos afastando do método de avaliação limitado.

Definir os critérios para cada nível constitui o aspecto importante do instrumento de avaliação. É preciso ter cautela para elaborar critérios de desempenho que permitam ao avaliador diferenciar níveis de desempenho. A redação precisa ser clara e sem ambiguidade para ter valor. Se você estiver trabalhando para uma organização de Hospitalidade que não tem formulários de avaliação prontos, tome precauções e obtenha muitas informações dos supervisores de linha. Eles poderão dizer-lhe se o instrumento que você elaborar auxiliará ou prejudicará o desempenho que eles possuem no trabalho.

Mantenha os formulários claros para que a pessoa que fizer a avaliação não tenha de escrever muito no formulário. O excesso de texto escrito pode gerar confusão e deve ser reservado somente ao apoio ou esclarecimento do formulário de avaliação. Se você tem se dedicado, será capaz de indicar precisamente os padrões de desempenho e os objetivos. Se houver uma escala de avaliação bem elaborada, o avaliador não terá de escrever muito no instrumento de avaliação. Isso significa que o formulário terá números ou letras para inserir ou quadrados para colocar o sinal √. Conforme ressalta Dra. Jeanne Michalski, após a criação do formulário, treine os dirigentes para que o utilizem devida e corretamente.

Até o momento, no processo de avaliação estabelecemos as metas do empregado, determinamos os padrões de desempenho pelos quais as metas serão avaliadas e, pela elaboração de uma escala de avaliação, obtivemos a definição do que constitui um desempenho superior. Estamos agora prontos para a entrevista de avaliação. Como tratamos da avaliação do desenvolvimento no Capítulo 7, agora passamos a focalizar a avaliação de desempenho.

■ Sessão de avaliação

Você deve avisar ao empregado com muita antecedência a data da **sessão de avaliação**, a fim de que a pessoa possa elaborar uma autoavaliação de seu desempenho para discutir na sessão.

Como avaliador, você precisa revisar cuidadosamente a descrição de cargo e as suas especificações para ficar familiarizado com o cargo do empregado. Uma revisão dos padrões de desempenho, das realizações do empregado e do guia de planejamento do desempenho também é necessária. Você deve ter mantido um arquivo com as realizações do empregado durante o período de revisão. Esses arquivos são denominados muitas vezes **arquivos de ocorrência crítica**, e contêm uma mensagem escrita de cada sucesso ou falha do empregado. Esse arquivo deve ser revisado antes da sessão de avaliação.

Se você está ansioso por conduzir uma entrevista de avaliação, é importante que supere essa sensação antes de conversar com o empregado. A pessoa pode interpretar sua ansiedade como um indicativo de que a revisão a que será submetida vai ser negativa. É preciso ter cautela para não levar à sessão de avaliação qualquer sentimento de raiva ou hostilidade que você possa ter por determinada pessoa. Essa avaliação precisa ser conduzida de um modo objetivo e justo.

No início da sessão de avaliação, você precisa estabelecer uma atmosfera positiva e relaxante que resulte em uma comunicação honesta e de mão dupla. Explique ao empregado imediatamente qual é o procedimento da avaliação. Caso essa seja a primeira avaliação do empregado, ele provavelmente ficará nervoso e não terá como saber o que esperar.

Lembre-se de que essa sessão é para uma comunicação nos dois sentidos, o que significa que você e o empregado devem, um por vez, falar a metade do tempo. Pessoas introvertidas podem sentir muita dificuldade de falar sobre as mesmas. A autoavaliação que preencheram antes da sessão será útil para atrair a pessoa ao diálogo. O foco da conversa deve ser as metas e os resultados. Apresente o guia de planejamento do desempenho e discuta cada meta separadamente.

As críticas a serem feitas devem ser específicas e relacionadas ao desempenho. Não se concentre na personalidade ou em traços do caráter, mas nas metas e nos motivos por que não foram cumpridas. Dê exemplos específicos em vez de abordar generalidades. Permaneça calmo e não discuta com o empregado. Seu foco deve concentrar-se em fornecer um feedback para ajudá-lo a melhorar o desempenho e não na avaliação real em si.

Leve o tempo que considerar necessário. Não planeje um intervalo de tempo reduzido durante o qual você tentará conduzir uma sessão de avaliação. A duração da sessão vai variar de pessoa para pessoa. É importante que o empregado sinta que ele é parte integrante do processo e possa entender as ideias. Antes de concluir a sessão, resuma os pontos fortes do empregado e as áreas nas quais uma melhora é necessária. Ofereça soluções e orientação sobre como ele pode melhorar nessas áreas. Enfatize seu compromisso de ajudar o empregado a alcançar níveis de desempenho mais elevados. Trabalhe com a pessoa para estabelecer novas metas para o próximo período de revisão. Você continuará a usar o guia de planejamento do desempenho com essa finalidade. O foco na conclusão da sessão deve ser no desempenho futuro e não no passado.

A documentação é parte essencial desse processo. Sinta-se à vontade para tomar notas durante a sessão e complete o arquivo logo após a sessão de avaliação terminar, enquanto o diálogo que você teve ainda está bem presente em sua memória. Peça ao empregado que assine o formulário de avaliação e entregue-lhe uma cópia.

■ MÉTODOS DE AVALIAÇÃO DE DESEMPENHO

Não existe um método único de avaliação de desempenho que seja adequado para todas as organizações. O método específico usado em sua organização de Hospitalidade dependerá da declaração da missão da empresa e da cultura corporativa existente. Analisaremos em seguida alguns dos métodos de avaliação mais frequentemente usados.

■ Método da ocorrência crítica

O **método da ocorrência crítica** focaliza o comportamento do empregado a ser avaliado. Conforme discutimos, vocês dois já se reuniram para chegar a um acordo a respeito das metas que o empregado se empenharia em cumprir durante esse período de revisão. Durante o período de revisão, cabe a você, como gerente responsável pelos Recursos Humanos, manter um arquivo das ocorrências. Um arquivo de ocorrências é um registro permanente do comportamento do empregado, positivo e negativo, durante um período de revisão especificado.

Quando chegar a ocasião da entrevista de avaliação, você terá um arquivo indicando tanto o mau desempenho quanto o desempenho excepcional de cada empregado. Para esse tipo de avaliação, é importante oferecer continuamente um feedback ao empregado sobre as ocorrências críticas. Isso significa que, quando um empregado realizar algo excepcional, você o comunicará imediatamente, reforçando esse comportamento, e fará uma anotação na pasta dele. Além do mais, um mau desempenho deve ser discutido logo após o fato ocorrido, para que o empregado possa corrigi-lo imediatamente. Lembre-se de que seu papel como orientador é mais importante do que como árbitro quando deseja enfatizar o comportamento positivo e eliminar o mau desempenho. Você não fica à espreita, esperando que seus empregados façam algo errado. Todavia, quando fizerem, eles precisam saber que você está presente e disposto a ajudá-los a ter novamente atitudes corretas.

É igualmente importante lembrar-se de que as avaliações de desempenho não são usadas apenas para identificar um desempenho "bom" e "mau". Mesmo se o desempenho de um empregado não for ruim, queremos usar a sessão de avaliação como uma oportunidade para auxiliar o empregado a melhorar seus níveis de desempenho. De que modo um empregado transforma um desempenho médio (ou padrão) em excepcional?

■ Escalas de avaliação baseadas no comportamento

As **escalas de avaliação baseadas no comportamento** necessitam da realização de uma análise do cargo que identifique os tipos de comportamento apropriados para os diversos níveis de desempenho. Por exemplo, um comportamento Nível I pode referir-se a um trabalhador extremamente preciso que raramente comete erros; um comportamento Nível II pode refletir um trabalhador constantemente preciso que comete poucos erros raramente repetidos; um comportamento Nível III pode refletir conformidade aos padrões de trabalho, erros infrequentes e assim por diante.

O método em questão tem a vantagem de ser objetivo, pois cada recurso humano é avaliado de acordo com um conjunto de comportamentos predeterminados, identificados para cada cargo. O método é altamente confiável, porém, leva tempo para ser elaborado. Muitas vezes, o custo de uma análise de cargo detalhada, a fim de determinar os critérios de comportamento, é excessivo para algumas organizações de Hospitalidade. Além do mais, é difícil identificar comportamentos que se apliquem a todos os cargos. O método avalia os níveis de desempenho em um cargo e não oferece avaliações comuns a diversos cargos. É mais eficaz em avaliações de desempenho usar uma ferramenta que determine de modo coerente o desempenho em todos os cargos.

▮ Método da competência

Uma **avaliação de competência** concentra-se no conhecimento e no conjunto de aptidões que um empregado precisa ter para ser bem-sucedido. Nesse método, a ênfase altera-se, deixando de se concentrar na tarefa para se concentrar na competência. Que grau de competência é necessário para um desempenho excelente nesse cargo? Esse método gera bom resultado para cargos que exigem muito conhecimento e são voltados a decisões, como os de liderança e de gerência. A maior vantagem no uso desse método consiste em você poder identificar aspectos comuns nos cargos. Por exemplo, a competência para um desempenho excepcional em "liderança" seria a mesma se você estivesse trabalhando em uma operação de alimentos e bebidas ou em um hotel. Essa vantagem torna as avaliações de competência particularmente úteis para as grandes organizações de Hospitalidade que têm muitas marcas diferentes.

▮ Avaliações em 360°

Avaliações em 360° têm por finalidade oferecer feedback de todas as fontes, incluindo supervisores, colegas, subordinados, a própria pessoa e clientes (Figura 8.2). O processo de feedback pode ser usado não só para avaliações de desempenho como também para o desenvolvimento da carreira. Depois de os empregados se acostumarem ao processo de receber feedback de todas as pessoas com quem interagem, eles geralmente o valorizam. O feedback em 360° oferece efetivamente ao empregado uma perspectiva de como ele é visto pelos demais. Os supervisores normalmente o apreciam porque pode diminuir qualquer sensação de viés ou preconceito, à medida que o feedback se origina de muitas pessoas e não somente deles. É preciso tomar cuidado para assegurar que a pessoa que está recebendo o feedback compreenda o processo e não seja levada a pensar como se todos o estivessem prejudicando. É melhor iniciar o processo em 360° primeiro como uma ferramenta de desenvolvimento antes de usá-lo como uma ferramenta de avaliação de desempenho. Se o desempenho estiver vinculado à remuneração, os empregados podem se ressentir de que outras pessoas (que não seja o chefe) estejam influenciando seu salário e possíveis oportunidades de progresso.

Pesquisa de Avaliação Múltipla

Leia cuidadosamente antes de completar a pesquisa.

Esta pesquisa oferecerá informações valiosas sobre o estilo de liderança da pessoa sendo avaliada. Suas opiniões ajudarão essa pessoa a saber como é vista na condição de líder. Ao responder honestamente, você ajudará essa pessoa a conhecer os seus pontos fortes e a identificar oportunidades para crescimento e desenvolvimento.

Instruções

1. Todas as informações necessárias devem ser registradas somente na folha de informação fornecida.
2. Use uma caneta tinteiro **azul** ou **preta**. **Indique o círculo apropriado**. **Não** use X ou o sinal √.
3. Responda a cada item da pesquisa indicando nos espaços na folha de avaliação que correspondem aos itens numerados na pesquisa.
4. Responda a cada item da pesquisa indicando **apenas** uma das opções. As opções são abreviadas como a seguir:

DT = Discordo Totalmente   D = Discordo   N = Neutro ou Indeciso
C = Concordo   CT = Concordo Totalmente

5. **Se você errar,** faça um "X" sobre o erro e indique o círculo correto.

Suas avaliações serão agrupadas com outras avaliações e não serão apresentadas isoladamente se a pessoa que você estiver avaliando for seu gerente, seu colega ou alguém que não se reporte a você. Por exemplo, se você fosse a única pessoa a preencher uma pesquisa a respeito de um supervisor, então suas avaliações fariam parte dos resultados do grupo. Avaliações feitas pelos gerentes das pessoas que se reportam a eles serão apresentadas individualmente.

Ao completar a pesquisa de seu gerente, responda a todos os itens baseando-se em sua experiência direta com essa pessoa. Quando completar a pesquisa de um "colega" ou um "subordinado direto", responda com base em sua opinião dessa pessoa como um membro da equipe e um gerente de outras pessoas. Quando responder a uma pesquisa a seu respeito, seja o mais franco possível. Suas respostas indicarão como você se vê em comparação a como os outros o veem.

É muito importante que você seja honesto e atento em suas respostas. Examine cuidadosamente todos os aspectos da pessoa que você está avaliando, de modo que suas respostas não recaiam em somente uma categoria, por exemplo, "Concordo". Quanto mais cuidadosamente você analisar o desempenho da pessoa, maior a utilidade de seu feedback. **Quando você terminar a pesquisa, envie a folha de avaliação por fax para 1-800-763-2660. Não use folha de rosto.**

Obrigado por sua colaboração neste processo importante. Uma resposta rápida será grandemente apreciada.

Figura 8.2 Pesquisa de avaliação múltipla.

continua

DT = Discordo Totalmente   D = Discordo   N = Neutro ou Indeciso
C = Concordo   CT = Concordo Totalmente

Esta pessoa...
1. é otimista.
2. atende às expectativas dos clientes.
3. ouve atentamente as ideias e opiniões dos demais.
4. contribui para um ambiente de trabalho seguro.
5. trata as pessoas com dignidade e respeito.
6. compreende as necessidades dos clientes.
7. é receptiva e fornece apoio.
8. esforça-se por melhorar continuamente.
9. comunica-se de modo aberto e franco.
10. estabelece um padrão pessoal elevado para o trabalho.
11. valoriza as diferenças individuais.
12. controla os resultados.
13. toma decisões difíceis em situações de adversidade e incerteza.
14. trabalha eficientemente.
15. demonstra coerência entre palavras e ações.
16. é voltada para ação – toma a iniciativa.
17. opõe-se ao preconceito e ao comportamento intolerante demonstrado por outros.
18. administra os recursos da companhia como se fossem seus.
19. compatibiliza ação imediata com análise completa.
20. admira a rica herança da Burlington Northern Santa Fe (BNSF).
21. partilha informações de maneira oportuna.
22. expressa ideias e preocupações.
23. trabalha igualmente com todas as pessoas.
24. compreende os fatores que influenciam o crescimento do lucro da BNSF.
25. prevê consequências futuras.
26. escuta os clientes.
27. desempenha as funções e assume as responsabilidades eficazmente.
28. compatibiliza o trabalho com outros aspectos de sua vida.
29. toma a iniciativa para autodesenvolver-se.
30. considera o impacto dos custos nas decisões antes de partir para a ação.
31. é confiante no sucesso futuro da BNSF.
32. aceita a mudança.
33. sente orgulho em fazer parte da comunidade BNSF.
34. por seu exemplo, cria um clima favorável em que a diversidade é valorizada.
35. ajuda a desenvolver processos empresariais eficientes e eficazes.
36. em termos gerais, considerando todos os aspectos do desempenho que são importantes para o cargo, esta pessoa é um colaborador eficiente.

** Os itens 37 a 56 devem ser completados somente para os indivíduos que gerenciam pessoas.

Esta pessoa...
37. atribui responsabilidade aos empregados.
38. proporciona orientação clara e define bem as prioridades.
39. incentiva e respeita a participação na vida fora do trabalho.
40. proporciona a todos os empregados acesso igual a ferramentas e oportunidades de desenvolvimento.
41. incentiva a melhoria constante.
42. elogia os sucessos.
43. reconhece os empregados por suas contribuições.
44. incentiva a expressão sincera do individualismo.
45. oferece um feedback significativo sobre o desempenho.
46. controla o progresso dos demais e redireciona esforços quando as metas não estão sendo cumpridas.

Figura 8.2 Pesquisa de avaliação múltipla.

continua

47. demonstra preocupação pelo bem-estar dos empregados.
48. esclarece os papéis e as responsabilidades.
49. enfatiza a segurança como uma prioridade em todo cargo.
50. estabelece a estrutura e os sistemas para a transformação necessária.
51. transmite uma visão e um sentido claros para o futuro.
52. incentiva um ambiente onde os empregados sentem-se à vontade para se comunicar abertamente.
53. inspira os demais para que atinjam a excelência.
54. respeita o talento e as conquistas dos empregados.
55. incentiva o orgulho pela comunidade.
56. em termos gerais, considerando todos os aspectos de gerenciamento e liderança que são importantes, esta pessoa é um líder eficaz.

Obrigado por sua colaboração neste processo importante.

Figura 8.2 Pesquisa de avaliação múltipla. *Fonte:* Cortesia de Burlington Northern Santa Fe Railway Company.

Administração por objetivos

A **administração por objetivos**, proposta inicialmente por Douglas McGregor nos anos 1950, concentra-se nos resultados do comportamento, não no comportamento em si. As metas específicas e por escrito são elaboradas pelo subordinado e o supervisor no início do período de revisão. No fim do período, o desempenho é avaliado com base nas metas que o empregado cumpriu. Esse método é mais comumente indicado como fixação de metas na administração moderna de Recursos Humanos.

Embora acredite-se que esse método seja mais objetivo que alguns dos outros métodos de avaliação de desempenho, muitas pessoas consideram que ele possa servir a um julgamento injusto, como em qualquer outro método. O ponto fraco no processo é a facilidade de estabelecer metas realistas, embora desafiadoras. Muitos supervisores, ao saber que suas próprias avaliações serão baseadas no grau de perfeição com que seus empregados cumprem suas metas, estabelecerão metas mais realizáveis e menos desafiadoras para seus subordinados. Por que fixar uma meta difícil se você sabe que sua avaliação será prejudicada se não cumpri-la? A administração por objetivos (APO) ou fixação de metas normalmente pode apoiar outros sistemas de avaliação em vez de ser usada como sistema único.

O melhor método

Não existe um sistema perfeito. O melhor método é aquele que serve para sua situação específica. É muito mais importante que seu pessoal receba um feedback constante e objetivo, que canais de comunicação sejam abertos e que o método seja compreendido por todos que o estarão utilizando, em vez de adotar um método específico e não abrir mão dele. Muitas organizações de Hospitalidade adotam uma combinação de métodos. É importante que você identifique o processo de avaliação que seja de utilidade para você, para seus empregados e para sua companhia. Examinaremos agora alguns aspectos que devem ser evitados na avaliação de desempenho.

■ ERROS A SEREM EVITADOS NAS AVALIAÇÕES DE DESEMPENHO

Um dos principais problemas ao se avaliar o desempenho de uma pessoa é o preconceito do avaliador. Preconceitos positivos ou negativos podem resultar em uma avaliação de desempenho sem objetividade e injusta. Uma variedade de fatores pode afetar até mesmo o julgamento de um avaliador bem intencionado a respeito do desempenho de um de seus empregados.

O **efeito auréola*** é uma dessas condições que pode prejudicar o julgamento do avaliador. O efeito auréola se estabelece quando informações limitadas sobre um fato influenciam as interpretações de eventos subsequentes. Por exemplo, pode haver uma auréola positiva se o empregado teve uma pontuação muito elevada em um teste de aptidão antes de ser admitido. O gerente, quando os empregados começam a trabalhar, tem a expectativa de um excelente desempenho por parte deles em vista da pontuação elevada que obtiveram nos testes. Tudo o que eles fazem no desempenho de seus cargos é comparado a essa grande expectativa. Se o gerente observa um mau desempenho, ele pode supor que essa pessoa está enfrentando apenas um dia ruim, que esse desempenho não é típico. Não se faz uma reflexão sobre o mau desempenho, o que reforça a ideia na mente do empregado de que esse desempenho é aceitável. Como você pode imaginar, quanto mais isso durar, menor o desempenho. Caso essa auréola positiva seja levada para a avaliação de desempenho do empregado, esta será considerada elevada, de modo que atenda às grandes expectativas do avaliador. O resultado oposto ocorre quando uma auréola negativa envolve um empregado. Essa situação algumas vezes é conhecida como o **erro diabólico**. O desempenho provavelmente não será suficientemente bom, sejam quais forem os níveis de desempenho que a pessoa atinja. Esses efeitos podem ser reduzidos por meio de níveis elevados de coleta de informações.

A **distorção do comportamento recente** constitui um subproduto do intervalo de tempo que precede a avaliação de desempenho. Todos nós possuímos a tendência de nos lembrarmos do comportamento mais recente das pessoas que conhecemos. No local de trabalho, nossos empregados tendem a ser avaliados por seu comportamento nas últimas semanas em vez de seu comportamento médio ao longo do período de avaliação. Se os empregados estão conscientes disso, eles se empenharão para melhorar seu desempenho no período que antecede a sessão de avaliação. Essas distorções de avaliação do empregado são conhecidas como **distorções primárias** ou distorções recentes. Elas ressaltam a grande necessidade de conhecimento e treinamento dos dirigentes para o processo de avaliação.

Outra distorção a ser evitada consiste em comparar o empregado a você e julgar o desempenho dele com base em que você faria se estivesse no cargo dele. É natural que cada um de nós veja com bons olhos as pessoas que nos lembram mais

---

*N.R.T.: Efeito auréola (*halo effect*) é a expectativa positiva, que dá impressão de santidade, daí a palavra "auréola". O oposto (*horn error*), a expectativa negativa, aponta para o "erro diabólico".

de nós mesmos, porém, agir desse modo na avaliação de desempenho gera um resultado injusto. Ela também poderia causar um problema em questão de discriminação.

A elaboração de um sistema de avaliação que ninguém consegue entender pode criar problemas de insatisfação no emprego. Para que o processo e o método selecionados sejam eficazes, é preciso que sejam comunicados e compreendidos com clareza por todos os que serão afetados por ele.

Temos certeza de que muitos de seus professores já o alertaram para os perigos de fazer de seus subordinados amigos pessoais. Ressaltamos esse aspecto porque afetará diretamente sua habilidade de avaliar os empregados de modo objetivo e justo. Se seu empregado/amigo não obtiver um bom desempenho, você será capaz de lhe dizer isso?

Outros problemas relacionados à avaliação do desempenho são:

- ♦ tempo insuficiente para revisar devidamente materiais e documentação;
- ♦ falta de capacidade do avaliador de avaliar as pessoas como excepcionais ou ruins e, consequentemente, avaliá-las como médias. Algumas vezes essa situação é denominada não diferenciação, na qual o avaliador somente usa uma parte da escala de avaliação;
- ♦ metas de desempenho vagas ou conflitantes entre si;
- ♦ avaliações de desempenho utilizadas somente como mecanismo de controle em vez de serem igualmente usadas como uma ferramenta de desenvolvimento;
- ♦ estrutura organizacional que não reconhece os dirigentes pelos esforços que dedicam em desenvolver seu pessoal.

■ AUMENTANDO A EFICÁCIA DE SEU PROCESSO DE AVALIAÇÃO DE DESEMPENHO

Vamos aproveitar para resumir o que você, como gerente de Recursos Humanos, pode fazer para garantir que sua organização de Hospitalidade disponha de um processo eficaz de avaliação de desempenho:

- ♦ As expectativas de desempenho precisam ser claramente identificadas e comunicadas a todas as pessoas envolvidas no processo.
- ♦ Embora o processo de avaliação seja permanente com feedback contínuo, as avaliações de desempenho periódicas e sistemáticas são feitas com cada empregado.
- ♦ Existe um método pelo qual o empregado pode responder à sua avaliação de desempenho, bem como um sistema formal de recurso.
- ♦ Avaliações de desempenho avaliam o comportamento da pessoa, não a pessoa.
- ♦ A empresa de Hospitalidade oferece uma estrutura organizacional de apoio.
- ♦ Avaliações de desempenho são francas e específicas.

- Os avaliadores têm o treinamento necessário para conduzir entrevistas de avaliação. Por ser uma aptidão, pode ser ensinada e aprendida.
- O processo de avaliação de desempenho permite o desenvolvimento individual e a tomada de decisões válidas na Administração de Recursos Humanos.

E no Brasil?

A lei brasileira permite a oportunidade de avaliação do funcionário a cada 45 dias, até que se complete um período de 90 dias. Muitas empresas não aproveitam esse período, nem exigem de seus gestores uma aplicação eficaz. A avaliação de desempenho no período de experiência é uma ferramenta excelente, pois permite que o superior imediato e a equipe tenham um conhecimento maior do novo funcionário. A empresa que utiliza bem a avaliação de desempenho terá sempre vantagens, pois seus colaboradores conhecerão seus pontos fortes e fracos.

Se o funcionário teve uma boa avaliação no período de experiência, a possibilidade de engano na contratação diminui bastante.

Deve-se, então, iniciar o processo de avaliação a ser realizado, no mínimo, anualmente. Todo funcionário deve ter metas a atingir, notas de comportamento, atitude e técnica. Muitas pessoas são contratadas por apresentar excelentes conhecimentos técnicos, mas são demitidas por demonstrar péssima atitude ou comportamento. A boa aplicação das avaliações gera conforto e segurança aos empregados, que ficam cientes de sua situação na empresa. Esse é um fator de retenção alto, que pode ser aplicado com certa facilidade.

Com honestidade, é possível indicar ao empregado suas falhas e acertos, para que ele possa se desenvolver.

Tradicionalmente, a hotelaria brasileira tem baixos níveis de retenção, pois o funcionário deixa a empresa em busca de melhores salários, melhor tratamento e oportunidade de crescimento.

Muitos não veem a hotelaria como carreira, mas sim como mero trabalho temporário. É importante, no entanto, que os executivos da área tenham uma visão mais corporativa do assunto e deixem de responsabilizar unicamente o departamento de Recursos Humanos pela rotatividade de funcionários.

Todos participam na retenção de um empregado, cada um fazendo sua parte. Os Recursos Humanos devem promover uma seleção, oferecendo ferramentas de treinamento e criando oportunidades de carreira. Por sua vez, o gerente ou diretor da área contratante tem responsabilidades no treinamento, na satisfação, no reconhecimento e na boa avaliação.

Deve-se entender que baixos índices de rotatividade e maior retenção significam menor custo de demissão, contratação, benefícios, treinamento etc. e maior rentabilidade, pois o cliente final – hóspede – será atendido por funcionário mais capaz e mais bem preparado.

Em minha trajetória profissional, tive a oportunidade de ser avaliada por diferentes gestores e diferentes formas de avaliação. E em um segundo momento, também fui responsável em aplicar avaliações. Essa é uma ferramenta de extrema importância e utilidade para o desenvolvimento do funcionário e ajuste do gestor com a equipe. Quando bem trabalhada, pode realmente acertar pontos necessários.

Revisão e adaptação de Simone Sansiviero.

♦ Seus empregados devem conhecer especificamente quais são as consequências da má avaliação de desempenho.

♦ Use a sessão de avaliação como ferramenta para constatar o grau de sucesso em seu trabalho.

■ RETENÇÃO

O termo "retenção" tem sido mencionado ao longo deste livro, pois toda função de Recursos Humanos que discutimos até agora produz um impacto sobre a retenção de seus empregados. Definimos **retenção** como a manutenção de uma equipe de trabalho de alta qualidade por meio de programas que procuram diminuir a rotatividade e, portanto, maximizar a permanência a longo prazo do pessoal da organização de Hospitalidade. Nossa habilidade, ou a falta dela, para reter os empregados exerce um impacto direto sobre o planejamento e o recrutamento dos recursos humanos. A falta de mão de obra e o atual baixo índice de desemprego* nos Estados Unidos têm alterado a natureza da Administração de Recursos Humanos e o aspecto das organizações de Hospitalidade. Há muito tempo, os gerentes de Hospitalidade identificavam a retenção e o recrutamento como as duas atividades básicas mais importantes. Logo no fim dos anos 1980, os gerentes consideravam a retenção de pessoas-chave como prioridade.[2]

Os índices de rotatividade no setor de Hospitalidade sempre foram notoriamente elevados em alguns segmentos e regiões dos Estados Unidos, chegando até 200% ou 300% (veja o quadro *Turnover*). Agora você já possui uma compreensão integral do mercado de trabalho e das mudanças demográficas que tornam a continuidade desses índices não apenas inaceitáveis, mas impraticáveis, se você pretende contratar e reter pessoas em sua operação de Hospitalidade, ao fim de sua graduação. O que você pode fazer, como futuro gerente de Recursos Humanos em uma organização de Hospitalidade, quando estiver trabalhando no setor?

Inicialmente, você terá de ser receptivo a métodos inovadores e não tradicionais de Administração de Recursos Humanos no setor de Hospitalidade. Muito frequentemente ouvimos os alunos, ao tomarem conhecimento de novos métodos de Administração de Recursos Humanos, afirmarem que estes não darão resultado; que a área simplesmente não está preparada para operar desse modo ("Você não conseguiria

---

*N.R.T.: O desafio e a responsabilidade de atualizar uma obra com informações que continuam a ser produzidas nos obriga a informar e solicitar ao leitor que acompanhe as entidades que produzem ou reproduzem as pesquisas relacionadas com determinados temas. No Brasil existem poucas estatísticas sobre assuntos relacionados à Política de Recursos Humanos, percentuais de turnover, salários etc. Nos Estados Unidos, as condições de empregabilidade na hotelaria, principalmente nas grandes redes, deveriam ajudar a reter mão de obra. Não é o que se vê. Segundo a Incentive Research Foundation, o turnover no país de hotéis e fast-food juntos atinge até 95%.
Fonte: Disponível em: *Diário do Comércio.* <http://www.dcomercio.com.br/index.php/economia/sub-menu-viagem/114989-hotelaria-alta-rotatividade>. Acesso em 2 outubro 2013.

convencer os dirigentes a aceitar o novo método na empresa em que trabalho.") e outras inúmeras razões pelas quais o novo método não funcionaria. Criatividade e adaptabilidade devem tornar-se parte de seu estilo gerencial, caso venha a ter sucesso ao enfrentar os desafios que o "próximo capítulo" lhe reservará. Portanto, mantenha a mente aberta enquanto apresentamos alguns dos métodos inovadores, planejados para obter a retenção, que estão funcionando hoje no setor de Hospitalidade!

▌Rotatividade

É verdade que a rotatividade é inevitável. Os empregados entram e saem das organizações por diversas razões. As pessoas mudam, se aposentam. A **rotatividade** é a saída dos empregados da organização de Hospitalidade. Desse modo, constitui um dos principais fatores para determinar sua oferta de mão de obra. Quando a rotatividade for administrada eficazmente, ela pode ser positiva ao permitir que novas pessoas com ideias e energia renovadas ingressem na empresa. Com o índice de desemprego atingindo o menor valor em 24 anos, nos Estados Unidos, ao entrarmos no novo milênio, o equilíbrio de poder se transferiu do empregador para o empregado.* Nos anos 1980, ninguém em nosso setor ficou muito preocupado quando os índices de rotatividade atingiam 60% ou mais. Índices de rotatividade de 100% ou mais eram aceitos quase como a rotina.[3] No fim da década de 1990, a Associação Nacional de Restaurantes, em seu Relatório de Operação de Restaurantes de 1996, informou que o índice de rotatividade era de 50% para empregados mensalistas de operações de atendimento integral, com uma conta média inferior a US$ 10 e um índice alarmante de 100% para os empregados horistas em operações de atendimento integral![4] Somente no setor de serviços de alimentação** previu-

---

*N.R.T.: O índice de desemprego nos Estados Unidos que, em agosto de 2012, estava em 8,1%, segundo a agência Valor Online, caiu em agosto de 2013 para 7,3%. A economia dos Estados Unidos adicionou 169 mil vagas em agosto, depois de um acréscimo de 104 mil empregos em julho. Embora no âmbito geral as notícias sejam animadoras e signifiquem que a sociedade esteja se recuperando de um período de crise, devemos lembrar que todo índice deve ser analisado dentro do contexto de mudanças no qual está inserido, e não isoladamente. E, também, em como essas mudanças afetam o negócio em si. Fonte: Disponível em: <http://g1.globo.com/economia/noticia/2013/09/eua-geram-169-mil-vagas-em-agosto-e--taxa-de-desemprego-cai-a-73.html>. Acesso em: 12 setembro 2013.

**N.R.T.: Relacionado ao setor de serviços de alimentação, o aquecimento do mercado reflete de forma positiva na área. Os Estados Unidos lideram os números sobre o consumo de *fast-food* ou "comidas rápidas" no mundo, mas no Brasil esse é um segmento em plena expansão. Para quantificar melhor alguns números interessantes, segundo a Associação Brasileira de Franchising (ABF), estima-se que existam 41 cadeias de alimentação rápida no setor de franquias e, juntas, somam 5,3 mil lojas com faturamento de R$ 15 bilhões. Esse mercado foi o responsável por movimentar, em 2011, R$ 55 bilhões e tem previsão de crescimento de 56% até 2016 se mantiver o ritmo atual. Isso porque os brasileiros cada vez mais estão se alimentando fora de casa. Em 2004 foram servidas diariamente 56 milhões de refeições em lanchonetes, restaurantes, bares e padarias. Hoje o número chega aos 63 milhões e a expectativa é de que alcance os 70 milhões até 2014. Fontes: Disponível em: <http://www.folhadirigida.com.br/fd/Satellite/mercado-de-trabalho/especiais-alfabetizado/Refeicao-rapida-e-emprego-na-certa-As-redes-de-fastfood-planejam-grandes-expansoes-em-2013-2000034341360-1400002100391>. Acesso em 12 setembro 2013. Disponível em: <http://www.portaldofranchising.com.br/sobre-a-abf/publicacoes-abf>. Acesso em 12 setembro 2013.

-se que 1,3 milhão de novos postos de trabalho seriam criados até 2005. Ao se acrescentarem os índices projetados de rotatividade dos empregados que se aposentavam, estimou-se que existiriam 3,9 milhões de novos empregos entre 1996 e 2005. Esses números *não* levam em consideração a rotatividade não projetada.[5] É essa rotatividade não projetada que faz uma organização de Hospitalidade perder talentos, a base de conhecimentos e o relacionamento positivo com os clientes, bem como os lucros e a vantagem competitiva no mercado.

Um bom início para se pensar como melhorar a retenção consiste em examinar algumas das razões por que existe uma rotatividade elevada no setor de Hospitalidade. Uma das realidades em nosso setor é que ele nem sempre é considerado um local atrativo para se trabalhar. Devemos admitir: o trabalho requer esforço físico, o tempo demora a passar, as condições de trabalho nem sempre são as melhores, as ocasiões em que somos mais procurados são os fins de semana e os feriados, quando o restante das pessoas não trabalha, e nossa remuneração se aproxima muito do salário mínimo. Algumas vezes, parece que nos orgulhamos dos sacrifícios impostos para trabalhar em um restaurante ou em um hotel. Quantas vezes você ouviu falar que todos precisam sacrificar-se antes de progredir no setor de Hospitalidade? Nesse ponto, você deve estar pensando: "O que estou fazendo aqui, estudando Administração de Hospitalidade!" O que queremos dizer é que esse pensamento é muito ultrapassado. O trabalho no setor da Hospitalidade não precisa, nem deve, ter o cenário que acabamos de descrever.

▋Custo da rotatividade

A rotatividade dos empregados atinge diretamente o lucro da empresa. O Departamento do Trabalho dos Estados Unidos estima que ela custa a uma companhia cerca de 33% do salário anual de um novo empregado para substituir um empregado que sai.[6] Isso inclui os custos diretos de substituição, tais como recrutamento e anúncios, tempo administrativo para processar a papelada, tempo do gerente para supervisionar o processo de emprego, orientação e treinamento, possíveis horas extras para outros empregados e fornecimento de uniformes. Você também deve

Turnover

Como o *turnover*, ou índice de rotatividade de funcionários, tem sido uma constante preocupação na hotelaria nos Estados Unidos, e posso afirmar que é uma realidade no Brasil também, sempre existem pesquisas que buscam estudar como melhorar a questão.

Este ano, a Universidade Cornell publicou um estudo realizado pela Faculdade de Administração Hoteleira sobre o *turnover* de trabalhadores voluntários da área da Saúde e Hospitalidade. O artigo, de autoria de Chelsea Vanderpool e Sean Way, professor assistente do curso de Administração Hoteleira, examinou o

continua

Turnover

fenômeno do *turnover* em uma grande instituição regional de saúde sem fins lucrativos.

De acordo com o texto, profissionais que trabalham em escalas que afetam o contato familiar apresentam maior tendência de deixar seus empregos. Resumidamente, o modelo testado faz uma conexão do equilíbrio existente relacionando trabalho e família e intenção de *turnover*. Conclui que, quando existe um desequilíbrio nessa área, há maior tendência dos trabalhadores em abandonar seus cargos. Mostra ainda que quando se acrescenta ansiedade como variável do processo, esta funciona como uma mediadora.

Esse é um único estudo, mas é importante, pois, afirma que, quando um trabalhador está preocupado em como seu trabalho atinge suas relações familiares, ele provavelmente escolherá a família ao trabalho. Essa é uma questão que deve ser analisada pelos gestores de hospitalidade, no dia a dia do trabalhador.

Os autores Chelsea e Way ressaltam ainda que profissionais que possuem maior contato com o público estão mais suscetíveis a esses efeitos, e sugerem aos gestores evitar causar desequilíbrios entre trabalho e família provocados por escalas exigentes.

Texto de Simone Sansiviero.

Fonte: Texto baseado no artigo de Chelsea Vanderpool e Sean Way. *Investigating work–family balance, job anxiety, and turnover intentions as predictors of health care and senior services customer-contact employee voluntary Turnover.* Disponível em: <http://www.hospitalitynet.org/news/4060516.html>. Acesso em 12 setembro 2013.

levar em consideração os custos indiretos associados à rotatividade dos empregados, tais como menor produtividade, moral menos elevada dos empregados, perda de uma boa imagem perante os clientes e possível perda de faturamento. É difícil especificar um valor exato para alguns desses custos, no entanto, sabemos que eles existem. Grande parte de nossa reputação no setor de Hospitalidade baseia-se nos relacionamentos que nossos empregados desenvolvem com nossos clientes. Como podemos atribuir precisamente um valor a esses relacionamentos preciosos?

▋ Métodos e programas de retenção

O número de horas trabalhadas, os salários, a programação das horas de trabalho, o treinamento, as promoções, as exigências físicas do trabalho, o conjunto de benefícios, o tratamento pelos gerentes, o desafio do cargo, o ambiente de trabalho: cada uma dessas preocupações relacionadas ao cargo pode ser o motivo pelo qual os Recursos Humanos permanecem em nossa operação de Hospitalidade ou pode ser o motivo por que eles saem. A entrevista de saída é uma ferramenta de Recursos Humanos frequentemente usada para determinar as razões por que as pessoas deixam as organizações. Na rescisão do contrato de trabalho, seja ela voluntária, seja involuntária, uma entrevista é conduzida para determinar as causas específicas que resultaram na perda de um empregado. Um relatório de rotatividade é preparado com base nessas informações, e o gerente procura, então, eliminar os motivos por que essas pessoas saíram.

Há dois problemas nessa lógica. Primeiro, ela pressupõe que as razões pelas quais as pessoas permanecem são opostas aos motivos pelos quais elas saem; segundo, pressupõe que as pessoas que permanecem são movidas por um alto grau de satisfação no emprego.[7] Em ambos os casos, a hipótese provavelmente é inválida. Um método mais inovador seria examinar se os empregados em sua organização de Hospitalidade permanecem porque estão felizes trabalhando em sua operação ou se permanecem porque não existe oportunidade para eles em outra empresa.

A rotatividade não é um problema exclusivo do setor de Hospitalidade. Empresas de muitos setores tiveram de usar a criatividade para obter ferramentas e métodos de retenção. Apresentamos a seguir uma lista de algumas ações de que você, como gerente responsável pelos recursos humanos, pode se valer para melhorar o índice de retenção em sua companhia.

- ◆ Contrate somente as melhores pessoas. Resista à pressão de simplesmente preencher a vaga. Procure as pessoas que se adaptam à filosofia de trabalho de sua companhia. Todos precisam ser capazes de trabalhar juntos na mesma direção.
- ◆ Assegure-se de que o cargo se enquadra na descrição e nas especificações do cargo para o qual o empregado foi contratado. As funções e responsabilidades do cargo são realistas em relação à rotina de um turno de trabalho?
- ◆ Uma orientação plena de conteúdo para os novos contratados pode ajudar a criar lealdade. Faça com que os novos empregados conversem por 10 minutos com o gerente-geral, o presidente da companhia ou mesmo o CEO, se possível.
- ◆ Ofereça um treinamento eficaz. Acompanhe e avalie a eficácia de seus programas-padrão de treinamento. Assegure-se de estar treinando para o progresso horizontal e vertical.
- ◆ Faça sua companhia ser conhecida como voltada a pessoas cujos gerentes determinam expectativas claras para seus empregados. Elogie e reconheça amplamente quando seu pessoal demonstrar um desempenho excelente e corrija-os imediatamente quando errarem.
- ◆ Trate seu pessoal com dignidade e respeito. Não se esqueça da Regra de Ouro – trate os outros como você gostaria de ser tratado. Afinal de contas, não é dessa maneira que desejamos que nossos empregados tratem os clientes?
- ◆ Reveja seus esquemas de remuneração e benefícios para garantir que as necessidades de seus empregados sejam atendidas. Lembre-se, aquilo de que seus empregados precisavam no ano 2000 é muito diferente do que

precisavam nos anos 1980, 1970 ou mesmo 1990. Como regra geral, as pessoas não saem apenas por motivo de dinheiro, a não ser que julguem receber um salário abaixo de sua capacidade e que a companhia está se aproveitando delas. Trataremos desse tema com mais detalhe nos Capítulos 10 e 11.

- ♦ Melhore a qualidade de vida no trabalho. É claro que nossos empregados precisam trabalhar quando outros estão se divertindo, porém, isso não deve acontecer *todo o tempo*. Adote um horário flexível e seja sensível às necessidades de seus empregados por horários de folga "especiais".
- ♦ Torne o trabalho alegre! Desenvolva um sentido de comunidade e ofereça um lugar onde seus empregados querem estar.

Lembre-se de que nossa definição de retenção inclui "uma equipe de trabalho de alta qualidade". Isso significa que seu pessoal está em sua empresa durante um longo período porque é onde deseja estar. Sua função, como gerente de Recursos Humanos, consiste em determinar o que motiva as pessoas a desejar permanecer em sua organização de Hospitalidade e, então, instituir programas de retenção que reforcem esses motivos.

▌Informações antecipadas sobre o cargo

Informações antecipadas sobre o cargo constituem um procedimento pelo qual os novos empregados são informados a respeito de todos os aspectos do trabalho, incluindo os indesejáveis, antes que lhes seja feita uma oferta de emprego. As informações são comunicadas ao novo empregado antes de ele realmente começar a exercer as novas funções. A lógica por trás dessas informações é que a rotatividade será reduzida se os empregados tiverem uma visão realista de todos os aspectos de seu trabalho, tanto positivos quanto negativos.

Essas informações podem ser utilizadas por ocasião do recrutamento ou da orientação quando os empregados estiverem se familiarizando com a organização de Hospitalidade e com a operação específica na qual vão trabalhar. Como você pode observar, as informações antecipadas sobre o cargo representam um método muito diferente dos métodos tradicionais de recrutamento e orientação. Por que eles funcionam na redução da rotatividade? As pesquisas nos indicam algumas razões.[8]

Você não sentiu receio de ir a algum lugar ou de exercer alguma atividade (talvez fazer uma apresentação na frente da classe) e depois constatou que, após iniciá-la, realmente não era tão ruim como você imaginava? A mesma psicologia se aplica ao apresentar aos empregados informações antecipadas sobre o cargo que sejam realistas. Após executarem efetivamente as tarefas do cargo, eles constatam que na realidade elas não eram tão más quanto haviam imaginado.

Outra razão pela qual as informações antecipadas sobre o cargo reduzem a rotatividade é que algumas pessoas deixam a empresa no estágio de recrutamento ou de orientação quando conhecem os seus aspectos negativos. Outros que permanecem e vivenciam esses aspectos sentem-se mais preparados para enfrentá-los porque sabiam antecipadamente o que esperar. Eles não se sentiram enganados pelos dirigentes para que simplesmente aceitassem o cargo.

Todos esses motivos para o sucesso das informações antecipadas sobre o cargo, transmitidas de modo realista, fazem muito sentido; por que, então, elas não são adotadas mais frequentemente? Algumas vezes essas informações podem aumentar a rotatividade em vez de reduzi-la. Particularmente, em setores como o da Hospitalidade, no qual algumas posições iniciais remuneram pelo salário mínimo, existe um mercado de trabalho competitivo e o setor tem um conceito negativo como local de trabalho.

As pesquisas mostram que um fator crucial para a utilização bem-sucedida de informações antecipadas sobre o cargo consiste em garantir uma vinculação estreita entre a pessoa e a organização.[9] Examinamos a importância de socialização quando abordamos os procedimentos de orientação no Capítulo 6. Quanto mais lealdade você puder criar no empregado, maior a probabilidade de as informações antecipadas sobre o cargo serem uma ferramenta de retenção bem-sucedida.

▌ Incentivo aos empregados

Muitas organizações de Hospitalidade estão adotando **programas de incentivo** com grande sucesso, tanto como ferramentas de retenção quanto motivadores de desempenho. Na realidade, os níveis elevados de motivação em sua equipe de Recursos Humanos se traduzirão em uma grande retenção e uma rotatividade reduzida.

Que tipo de incentivos você poderia usar em sua operação? Prêmios em dinheiro, viagens, pequenos presentes (como relógios), seminários com despesas e salário pagos pela organização e excursões da companhia. O fato é que ao se utilizarem incentivos como ferramentas de retenção eles precisam estar vinculados a uma longa permanência no cargo. Quanto mais tempo um recurso humano estiver na organização, mais estará sujeito a perder se sair da empresa. Muitas companhias tiveram sucesso em premiar a atuação e a lealdade de seu pessoal.

▌ CONCLUSÃO

O processo de avaliação está resumido na Figura 8.3. Após a identificação das pessoas a serem avaliadas, o processo se inicia pela formulação de metas atingíveis e pela determinação do comportamento apropriado, segundo as qualificações para o cargo, a ser observado, para se medir eficazmente os níveis de desempenho nele. É importante que cada estágio nesse processo seja comunicado a todos os envolvidos. As informações precisam ser reunidas sobre os comportamentos e as qualificações apropriados do empregado. Durante a sessão de avaliação, o grau de cumprimento das metas é objeto de um acordo mútuo entre o empregado sendo avaliado e o avaliador. As decisões tomadas na entrevista são colocadas em prática, e o empregado recebe um feedback sobre seu desempenho no cargo. O ciclo, então, inicia-se novamente com o feedback auxiliando na formulação de metas alcançáveis. A avaliação de desempenho é, na melhor das hipóteses, um processo difícil. Alguns gerentes de Recursos Humanos não se sentem totalmente à vontade para discutir com o empregado aspectos negativos e positivos do desempenho. Lembre-se, no entanto, de que as pessoas reagem a críticas construtivas, do mesmo modo que você, como estudante, tem desempenho melhor quando recebe um feedback relativo a seu progresso na sala de aula antes de receber a nota definitiva! Um dos aspectos mais importantes da avaliação de desempenho é mostrar a seu pessoal que você se preocupa com eles. Como isso pode ser um motivador eficaz!

As avaliações de desempenho podem ser uma das ferramentas mais valiosas na administração dos empregados. Elas relacionam muitas das funções de nossos Recursos Humanos à declaração da missão e às metas da organização de Hospitalidade. À medida que você continua a reduzir a rotatividade e a melhorar o tempo de permanência da força de trabalho, os benefícios de um bom processo de avaliação de desempenho permitirão que você, como gerente, e seus empregados usem o tempo de trabalho conjunto para o aperfeiçoamento individual e da organização de Hospitalidade.

As avaliações de desempenho, se devidamente implantadas, levam a maior produtividade, a maior satisfação e a melhor ambiente de trabalho. Todas as atividades, planos e programas associados ao processo de avaliação de desempenho devem ser direcionados às necessidades operacionais. O dinheiro gasto nesses programas precisa fazer uma diferença visível na operação do local de Hospitalidade, seja no setor de serviços de alimentação, seja no de hotelaria.

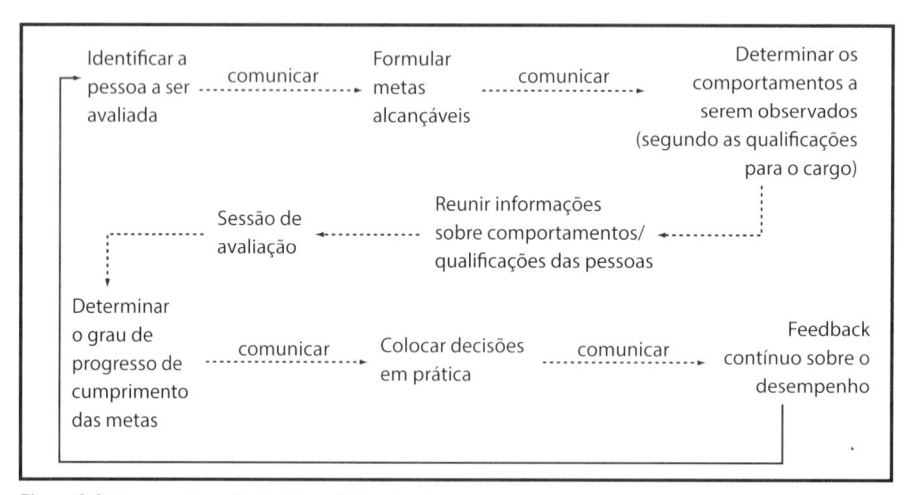

Figura 8.3 Processo de avaliação. *Fonte:* Elaborada pela autora.

Caso 8.1

Você atuou no último ano como gerente de Recursos Humanos de um hotel independente que tem somente suítes, localizado nos arredores da cidade de Nashville. Você não ficou satisfeito com o sistema de avaliação de desempenho nesse estabelecimento desde que iniciou na empresa. Os empregados parecem intimidados pelas revisões futuras, e os gerentes, inseguros de seu papel no processo e constrangidos por conduzir as revisões. Você está determinado a empregar sua energia para melhorar essa ferramenta importante e valiosa de Recursos Humanos.

Identifique que passos específicos você adotará para aperfeiçoar o sistema de avaliação de desempenho. Em sua opinião, que itens são importantes para incluir no formulário de revisão para os empregados horistas? Por que eles são importantes para você e seu estilo de administração? O que mais o aborrece a respeito do modo pelo qual as avaliações de desempenho são conduzidas atualmente? Como você garantirá que isso não acontecerá no futuro?

Fonte: Elaborado pela autora.

Caso 8.2

Ao revisar o atual sistema de avaliação de desempenho de sua propriedade, você decidiu entrevistar os empregados horistas e obter informações deles.

Eis aqui alguns dos comentários:

"Meus gerentes não conhecem aquilo que faço. Eles não têm uma base para avaliação. Eles não poderiam ocupar meu cargo, caso fossem obrigados."

"Se houve um problema com a forma que trabalho, por que não fui avisado imediatamente? Por que tive de esperar por uma avaliação de desempenho maluca para descobrir que estou fazendo algo errado?"

"As avaliações nestes formulários não fazem nenhum sentido para mi-

nhas funções. Nem mesmo compreendo o que elas significam."

"Se o gerente gosta de você, você sabe que vai conseguir uma boa avaliação. Se o gerente não gosta, mesmo que você faça um bom trabalho, sua avaliação será ruim!"

"Meu gerente é que precisa ser avaliado... por seus empregados."

Considere cada uma dessas afirmativas e redija um plano para superar essas críticas no novo sistema de avaliação de desempenho que você está elaborando. De que modo seu sistema de avaliação de desempenho garante que os empregados não façam os mesmos comentários?

Fonte: Elaborado pela autora.

Caso 8.3

Pela localização de seu hotel, nos arredores de Nashville, a retenção dos empregados é importante para seu sucesso. Praticamente não existe desemprego nessa área e há uma grande concorrência por uma equipe de trabalho de Hospitalidade de qualidade. Embora alguma rotatividade seja inevitável, em sua posição de gerente de Recursos Humanos, você reconhece que será melhor para todos minimizar a rotatividade e aumentar os índices de retenção.

Prepare um plano de três páginas do que você pretende fazer para aumentar seus índices de retenção. Seja específico. Lembre-se de que, por definição, a retenção exige uma "equipe de trabalho de alta qualidade". De que maneira as informações antecipadas sobre o cargo se enquadram em seu plano?

Fonte: Elaborado pela autora.

∎ Termos-chave

- administração por objetivos
- arquivo de ocorrências críticas
- avaliação da competência
- avaliação de desenvolvimento
- avaliação do desempenho
- avaliação em 360°
- distorção do comportamento recente
- distorções primárias
- efeito auréola
- erro diabólico
- escalas de avaliação baseadas no comportamento

- fixação de metas
- guia de planejamento do desempenho
- informações antecipadas sobre o cargo
- instrumento de avaliação
- processo de avaliação do desempenho
- programas de incentivo
- retenção
- rotatividade
- sessão de avaliação

∎ Leituras recomendadas

BAILEY, D. "Coping with employee turnover". *Restaurant USA*, v. 12, n° 5, p. 18-20, 1992.

BRANCH, S. "You hired'em but can you keep'em?". *Fortune*, 9 de novembro de 1998, p. 247.

DIENHART, J. "Retention of fast-food restaurant employees". *Hospitality & Tourism Educator*, v. 5, n° 3, p. 31-35, 1993.

LOSKY, B. "How to improve employee work performance". *Restaurant USA*, v. 15, n° 2, p. 12-14, 1995.

_____. "Turning around turnover: how to keep the best employees". *Restaurant USA*, v. 15, n° 2, p. 34-35, 1995.

_____. "Weighing employee performance: how to conduct an appraisal". *Restaurant USA*, v. 15, n° 9, p. 23-25, 1995.

MEYER, H. H., KAY, E. e FRENCH, J. R. P. "Split roles in performance appraisal". *Harvard Business Review*, jan.-fev. de 1965, p. 123.

MOREY, R. C. e DITTMAN, D. A. "Evaluating a hotel GM's performance: a case study in benchmarking". *The Cornell Quarterly*, v. 36, n° 5, p. 30-35.

STONE, A. "Retention span". *Restaurant & Institutions,* 1° de agosto de 1997.

▌Sites recomendados

1. Administração do Desempenho com Apoio de Software:
   www.knowledgepoint.com/hr/lbwhite.html
2. HRTools.com: www.knowledgepoint.com/hr/tool-home.html
3. Performance Review.com: www.performancereview.com/pfhtm/2body.htm
4. O Sistema Métrico Usual: Avaliação de Desempenho:
   www.pstc.com/brochures/Perform.html

▌Notas

1. Ver o artigo clássico de H. H. Meyer, E. Kay e J. R. P. French. "Split roles in performance appraisal". *Harvard Business Review*, jan.-fev. de 1965, p. 123.
2. Grupo Hay. "Facts and figures". *Human Resource Executive*, v. 2, nº 8, p. 58, 1998.
3. Robert H. Woods e James F. Macaulay. "Rx for turnover: retention programs that work". *The Cornell H.R.A. Quarterly*, v. 30, nº 1, p. 79, 1989.
4. Nicole G. Castagna. "Help wanted". *Restaurants & Institutions*, 1º de maio de 1997. Disponível em: www.rimag.com/09/help.htm. Acesso em 19 agosto 2013.
5. Idem.
6. Linda Micco. "Retaining core workers challenges many U.S. Employers". *HR News Online,* 19 de junho de 1998. Disponível em: www.shrm.org/hrnews/articles/061998.htm. Acesso em 19 agosto 2013.
7. C. L. Hughes. "Why employees stay is more critical than why they leave". *Personnel Journal,* v. 66, nº 10, p. 19, 22, 24 e 28, 1987.
8. B. M. Meglino e A. S. DeNisi. "Realistic job previews: some thoughts on their more effective use in managing the flow of human resources". *Human Resource Planning*, v. 10, nº 3, p. 157-166, 1987.
9. Idem.

▌Questões

1. Quais são algumas das razões pelas quais muitos gerentes de Recursos Humanos não apreciam as avaliações de desempenho?
2. Explique as diferenças entre a avaliação do desenvolvimento e a avaliação de desempenho.
3. Que impacto o empregado deveria exercer para estabelecer suas metas de desempenho? Discuta por quê.
4. Discuta as atividades e informações necessárias para você preparar-se para a sessão de avaliação.
5. Que informações devem fazer parte do guia de planejamento do desempenho?
6. Identifique os passos na sessão de avaliação.
7. Descreva três métodos diferentes de avaliação de desempenho. Qual você prefere? Explique os motivos.
8. Explique os benefícios de uma avaliação de desempenho em 360° quando adotada no setor de Hospitalidade.
9. Discuta três erros que você poderia cometer ao conduzir avaliações de desempenho e como cada um deles poderia ser evitado.
10. Explique como as informações antecipadas sobre o cargo podem ser usadas como ferramenta de retenção. Quais são as vantagens e as desvantagens desse método?
11. Pense em oito programas de incentivo diferentes que poderiam ser usados na operação de Hospitalidade que você está administrando. Relacione-os e explique como cada um ajudaria a aumentar o tempo de permanência de sua equipe de trabalho no emprego.

CAPÍTULO 9

Disciplina, aconselhamento e saída da organização

Qualquer um pode manobrar o leme quando o mar está calmo.
Pubilius

Ao lidar com pessoas, lembre-se de que não está lidando com criaturas lógicas, mas com criaturas emocionais.
Dale Carnegie

■ INTRODUÇÃO

Quantos de vocês tiveram a tarefa desagradável de chamar a atenção ou de dispensar um empregado de sua organização? Você se lembra de como se sentiu a primeira vez que despediu alguém? Nós nos lembramos. E imaginamos que todo gerente de Hospitalidade lembre-se da sensação de ansiedade que teve antes da comunicação da dispensa. Tivemos de chamar a atenção de nossos empregados por estarem atrasados, por não comparecerem ao seu turno, por um mau desempenho, por serem grosseiros com os hóspedes em nossas operações e até por não se apresentarem limpos ao trabalho. As emoções que se acumulam em sua mente são assustadoras; você se sente cheio de ansiedade, desconforto e preocupação. Embora você nunca espere aplicar medidas disciplinares ou demitir, esperamos que neste capítulo possamos oferecer algumas informações relativas a como transformar a ação disciplinar de punição em crítica construtiva – tanto para as pessoas que administramos quanto para as operações de Hospitalidade pelas quais somos responsáveis.

Ao finalizar este capítulo, você será capaz de:
1. Descrever os direitos dos dirigentes e dos empregados em uma organização de Hospitalidade.
2. Identificar a finalidade de um código de conduta e de uma política de tratamento justo para uma organização de Hospitalidade.
3. Compreender o que é assédio sexual.

4. Discutir a importância de proteger seus empregados e clientes da violência no local de trabalho.
5. Implantar as etapas do processo de ação corretiva.
6. Discutir a finalidade de uma política de disciplina para uma organização de Hospitalidade.
7. Explicar os benefícios da ação corretiva para as organizações de Hospitalidade no novo século.
8. Descrever as funções de aconselhamento relativo ao desempenho no processo disciplinar.
9. Implantar os procedimentos de rescisão.
10. Explicar as implicações legais relacionadas a processos de dispensa ilegais.
11. Descrever a importância e compreender o valor da entrevista de saída.

■ AÇÃO CORRETIVA

Em virtude de nossos empregados serem humanos, os procedimentos para se tomar uma **ação corretiva** precisam fazer parte da política de emprego de nossas organizações de Hospitalidade. Se nosso pessoal sempre seguisse as regras que elaboramos para a operação de nossos negócios e se nunca atuasse abaixo dos padrões de desempenho estabelecidos, não existiria a necessidade de ações corretivas. Todavia, infelizmente, até que surja esse dia, um livro sério de Recursos Humanos precisa incluir este capítulo.

A finalidade das informações contidas nesta seção consiste em proporcionar a você, gerente responsável pelos Recursos Humanos, diretrizes gerais para elaborar e estabelecer ações corretivas. No "próximo capítulo", vamos nos concentrar no comportamento dos empregados. Quando esse comportamento não for aquele de que necessitamos, procuramos corrigi-lo em vez de submeter à disciplina a pessoa que o demonstrou.

Seria impossível incluir todas as situações com a que você se deparará no local de trabalho da Hospitalidade. Tudo que abordamos nesta seção precisa ser avaliado por sua atuação como gerente. Existem poucas situações disciplinares que sejam muito nítidas. Na maior parte das situações, você terá de analisar cuidadosamente todos os fatos antes de chegar a uma conclusão que possa ter um efeito adverso sobre a(s) pessoa(s) envolvida(s) e sobre sua credibilidade como um gerente de Recursos Humanos justo e imparcial.

■ DIREITOS DO GERENTE E DIREITOS DOS EMPREGADOS

Os dirigentes têm o direito de esperar que seus empregados obedeçam ao **código de conduta** do local de trabalho e acatem os padrões de desempenho da organização

Quadro 9.1 Código de conduta

O objetivo desta diretriz consiste em comunicar de modo aberto a todos os empregados da Premier Beverage os padrões de conduta como um meio de evitar a ocorrência de condutas indesejáveis. Tais políticas e procedimentos são necessários para a operação ordenada de nossa empresa e para a proteção e o tratamento adequado de todos os empregados. Solicita-se, portanto, aos empregados que sempre adotem um critério razoável e procurem obter a opinião de seu superior hierárquico em toda situação que deixe margem à dúvida.

A Companhia não segue necessariamente um sistema de "disciplina progressiva" na qual um tipo menos severo de disciplina precisa ser imposto antes de procedimentos disciplinares mais sérios serem adotados. Como alternativa, a contratação na Companhia está sujeita aos interesses da empresa e pode ser rescindida a qualquer momento com ou sem justa causa e com ou sem aviso prévio. Os tipos de ação disciplinar relacionados a seguir podem ser impostos em qualquer ordem, por iniciativa da Companhia, com base nos fatos e nas circunstâncias existentes em cada caso. Os supervisores devem se empenhar por demonstrar coerência em assuntos disciplinares, e quando ocorrer uma situação nova, incerta ou incomum, o departamento de Recursos Humanos deve ser consultado.

A fim de assegurar o processamento coerente das ações disciplinares, o departamento de Recursos Humanos e o alto escalão serão responsáveis pela administração adequada de tais questões, inclusive pela garantia de que os direitos do empregado sejam protegidos, e pelas ações apropriadas quando as circunstâncias exigirem. Os supervisores devem, portanto, consultar-se com o departamento de Recursos Humanos e/ou com o alto escalão antes da implementação de procedimentos disciplinares sempre que existir uma pergunta ou uma dúvida quanto à ação apropriada.

Os exemplos de conduta inaceitável citados a seguir têm por finalidade proporcionar razões específicas e exemplares para se iniciar uma ação disciplinar e alertar os empregados para os tipos mais comuns de violação de conduta no emprego. No entanto, como a conduta humana é imprevisível, nenhuma tentativa foi realizada aqui para estabelecer uma relação completa e abrangente de tais violações de conduta. Caso ocorram situações de conduta inaceitável não incluídas na relação a seguir, a Companhia pode do mesmo modo julgar necessário e apropriado iniciar a ação disciplinar.

Furto ou remoção ou posse inapropriadas de ativos.

Falsificação dos registros de ponto ou falsificação ou deturpação de outros registros, relatórios ou documentos da Companhia.

Violação das políticas de consumo de drogas ou de bebidas alcoólicas da Companhia, incluindo qualquer Acordo de Segunda Oportunidade adotado de acordo com critério exclusivo da Companhia.

Briga ou ameaça de violência no local de trabalho.

Atividade turbulenta ou desordenada no local de trabalho.

Negligência ou conduta imprópria, conduzindo a danos materiais.

Insubordinação ou outra conduta desrespeitosa.

Desobediência às regras de segurança e higiene no trabalho.

Fumar em áreas proibidas.

Assédio sexual ou outra prática ilegal.

Posse de materiais perigosos ou não autorizados, tais como explosivos ou armas de fogo, no local de trabalho ou em veículos da Companhia durante o horário de trabalho.

Excesso de faltas ou ocorrência constante de faltas ou qualquer falta sem aviso.

Atrasos excessivos ou ocorrência constante de atrasos excessivos.

Ausência não autorizada do local de trabalho durante o expediente.

Dormir no emprego durante o expediente.

Uso não autorizado de telefones, sistema de correspondência ou de outro equipamento de propriedade da Companhia, inclusive computadores pessoais ou veículos.

Divulgação não autorizada de "segredos" empresariais ou de informações confidenciais.

Violação das políticas de pessoal ou das regras de trabalho.

Violação das políticas de ética da Companhia.

Violação da política da Companhia de utilização e de segurança dos computadores.

Desempenho ou conduta insatisfatória.

Permitir o uso não autorizado de um veículo da Companhia ou permitir a entrada de

continua

Quadro 9.1 Código de conduta

passageiros não autorizados em um veículo da Companhia sem aprovação prévia.

Fazer declarações falsas ou distorcidas sobre os benefícios oferecidos pela Companhia.

Fazer uso fraudulento do Programa de Benefícios Sunbelt para vantagem de pessoas não elegíveis ou não cobertas pelos planos.

Fonte: Cortesia de Premier Beverage Company of Florida; Sunbelt Beverage Corporation.

de Hospitalidade. Gostaríamos que nosso pessoal fosse sempre consciencioso e cooperativo ao trabalhar para nossa empresa. No entanto, é necessário desenvolver um código de conduta como o exemplificado no Quadro 9.1. Essas regras orientam nossos empregados a manter relacionamentos positivos com nossos clientes, com a equipe gerencial e entre si. Essas regras também ajudam a assegurar um ambiente de trabalho seguro para todas as partes envolvidas.

As consequências de uma infração variam com cada regra, pois algumas são mais cruciais do que outras para a segurança das pessoas na operação de Hospitalidade. Portar uma arma, brigar, ter posse de substância ilegal, usá-la ou vendê-la, e deixar de adotar procedimentos de segurança são violações que poderiam resultar em danos ou ferimentos pessoais a empregados e clientes. As consequências dessas infrações poderiam incluir uma **suspensão** durante a investigação, uma possível **demissão** e, no caso de substâncias ilegais, um processo.

Insubordinação, atrasos, faltas e violação de algumas regras aplicáveis ao ambiente de trabalho (como fumar em áreas proibidas) poderiam resultar em consequências menos severas. No entanto, alguns dos processos relacionados ao **emprego segundo os interesses da empresa** geraram resultados contrários. Atrasos e ausências normalmente são cobertos por outra política da companhia. Para outras violações de regras, a severidade da violação é levada em consideração e os procedimentos de ação corretiva normal estabelecidos para sua organização de Hospitalidade são colocados em prática.

Antes de uma organização esperar que seus empregados obedeçam ao código de conduta que orienta o comportamento, é preciso que as regras sejam caracterizadas como a seguir.

♦ Ser elaboradas de modo consistente.
♦ Ser escritas claramente.
♦ Fazer sentido e ser válidas.
♦ Ser comunicadas claramente a todos os empregados.
♦ Os gerentes de nível médio precisam ser treinados, a fim de compreender os procedimentos disciplinares para cada infração de uma regra e administrá-los de modo coerente.
♦ Cada empregado deve confirmar por escrito que foi notificado de uma violação.

Coerência e comunicação são necessárias caso você venha a implantar de modo bem-sucedido qualquer ação corretiva por infração das regras. Sem esses dois elementos, os procedimentos disciplinares poderiam resultar facilmente em um processo por **dispensa ilegal** movido contra sua organização de Hospitalidade pelo empregado descontente.

Os gerentes da empresa de Hospitalidade também têm o direito de esperar eficiência no trabalho por parte de cada empregado. É nesse ponto que entram em jogo os direitos de nossos empregados e diversas funções de Recursos Humanos. O empregado precisa ocupar um cargo compatível com suas habilidades e aptidões. Além disso, cada empregado deveria ter sido orientado e treinado adequadamente para as tarefas de seu cargo. Seus empregados também têm direito a uma avaliação oportuna e justa de seu desempenho. Quando esses sistemas estiverem em operação, a necessidade de exercer ação disciplinar por níveis de mau desempenho é enormemente reduzida. Em certas ocasiões, no entanto, o não cumprimento das metas de desempenho resultará em ações corretivas.

O que mais nosso pessoal tem direito de esperar de nós, seus gerentes e empregadores? Eles têm direito de ser ouvidos de modo imparcial a respeito de toda queixa ou problema e vê-los resolvidos prontamente. Se os empregados não julgarem que o assunto foi resolvido satisfatoriamente pelo supervisor imediato, então eles têm o direito de reportar sua preocupação a um nível gerencial mais elevado, embora respeitem simultaneamente a cadeia de comando apropriada.

■ ASSÉDIO SEXUAL*

O **assédio sexual** pode ser definido como uma conduta imprópria de natureza sexual julgada ofensiva pela pessoa a quem é dirigida. Trata-se de uma forma de

---

*N.R.T.: Um breve esclarecimento jurídico de como questões relacionadas a Assédio Sexual são "resolvidas". No Brasil, não temos legislação específica sobre a matéria. Aqui, a questão é tratada no âmbito da responsabilidade civil pelo dano moral que o assédio sexual acarreta. É, portanto, uma faceta ou uma espécie do gênero chamado assédio moral. A base legal utilizada então é a própria Constituição Federal, que no inciso V do artigo 5º assegura o direito à indenização por dano moral:

"Art. 5º Todos são iguais perante a lei, sem distinção de qualquer natureza, garantindo-se aos brasileiros e aos estrangeiros residentes no País a inviolabilidade do direito à vida, à liberdade, à igualdade, à segurança e à propriedade, nos termos seguintes:

...

V – é assegurado o direito de resposta, proporcional ao agravo, além da indenização por dano material, moral ou à imagem;...."

Segundo nosso consultor trabalhista, uma definição muito usada no Brasil é a da psiquiatra francesa Marie-France Hirigoeyen que caracteriza como "toda e qualquer conduta abusiva manifestando-se sobretudo por comportamentos, palavras, atos, gestos, escritos que possam trazer dano à personalidade, à dignidade ou à integridade física ou psíquica de uma pessoa, pôr em perigo seu emprego ou degradar o ambiente de trabalho" .

Fonte: HIRIGOYEN, M. F. *A violência perversa do cotidiano.* Tradução de Maria Helen Huhner. Rio de Janeiro: Bertrand Brasil, 2000. p. 22; BRASIL. Constituição (1988). Constituição [da] República Federativa do Brasil. Brasília, DF: Senado Federal.

assédio no local de trabalho e de discriminação sexual que viola o Título VII da Lei Norte-Americana de Direitos Civis, de 1964. A Seção 1604.11, versando sobre Assédio Sexual, afirma:

> *O assédio com base no sexo é uma violação da Seção 703 do Título VII. Insinuações indesejáveis de natureza sexual, solicitação de favores sexuais e outros comportamentos verbais ou físicos de natureza sexual constituem assédio sexual quando (1) a submissão a tal conduta for feita, de modo explícito ou implícito, como termo ou condição para admissão no emprego de uma pessoa, (2) a aceitação ou a rejeição de tal conduta por parte de uma pessoa for usada como base para decisões relativas ao emprego afetando esta pessoa ou (3) tal conduta apresenta a finalidade ou o efeito de interferir de modo não razoável com o desempenho no trabalho de uma pessoa ou criar um ambiente de trabalho intimidante, hostil ou ofensivo.*

Portanto, o assédio sexual constitui discriminação, sendo ilegal não somente de acordo com as leis federais, mas também com a legislação estadual e municipal.

O assédio sexual pode incluir uma ampla gama de comportamentos sutis e mais evidentes do tipo:

♦ piadas e insinuações de natureza sexual;
♦ olhares maliciosos, assobios ou toques;
♦ insinuações sexuais indesejáveis;
♦ apresentação, no local de trabalho, de objetos ou retratos que sugerem sexualidade;
♦ linguagem verbal de natureza sexual;
♦ solicitação de favores sexuais;
♦ comentários sobre o corpo de uma pessoa;
♦ comentários ou gestos insultuosos;
♦ convite a um(a) colega para sair.

Em outras palavras, seu local de trabalho deve estar livre de qualquer conotação ou implicação sexual. Ele deve ser seguro do ponto de vista sexual. Você e seus empregados devem tornar-se sensíveis a seus próprios comportamentos e a como seu comportamento é encarado pelas demais pessoas na organização de Hospitalidade.

Existem duas formas de assédio sexual, e todo processo iniciado precisa ser reconhecido como relativo a ambas ou a uma delas. Uma é o **quid pro quo** e a outra é o **ambiente hostil**. *Quid pro quo* é uma expressão latina que significa "uma coisa por outra". O(a) empregador(a) que exigir que um(a) empregado(a) tenha relações sexuais com ele(ela) para que seja efetivada uma promoção seria um exemplo de *quid pro quo*. No entanto, o mesmo ocorreria se um empregador exigisse que um(a) empregado(a) se vestisse de certo modo, a fim de manter os benefícios do cargo, como noites livres, o que seria considerado então o assédio sexual *quid pro quo*. Também é ilegal a retaliação contra um(a) empregado(a) que tinha feito uma queixa judicial de assédio sexual.

O ambiente de trabalho hostil é aquele em que o desempenho de um empregado no trabalho é inibido pelo comportamento verbal ou físico de natureza sexual. Pode incluir aspectos como linguagem sexual, piadas sobre sexo, aproximação física indesejável e/ou comentários maliciosos. Esse ambiente é mais difícil de se definir por não existirem padrões que especifiquem o que é um ambiente de trabalho hostil. Se comportamentos sexualmente ofensivos no local de trabalho tornam difícil ou desagradável para um(a) empregado(a) a execução de seu trabalho, então o ambiente é hostil. A Comissão de Oportunidades Iguais no Emprego analisará os fatores a seguir ao julgar se um ambiente de trabalho é hostil.

1. Se a conduta foi verbal ou física, ou ambas.
2. Com que frequência se repetiu.
3. Se a conduta foi hostil ou nitidamente ofensiva.
4. Se o suposto assediante era um colega ou um supervisor.
5. Se outros empregados também participaram para efetivar o assédio.
6. Se o assédio foi feito a mais de uma pessoa.[1]

Uma vítima de assédio sexual pode ser um candidato, um empregado, um fornecedor externo, um consultor ou um cliente. Uma vítima pode ser uma mulher ou um homem. Em março de 1998, a Suprema Corte dos Estados Unidos decidiu, sob o Título VII,* que os empregadores podem ser responsabilizados pelo assédio a pessoas do mesmo sexo. Os tipos de conduta inaceitável que acabamos de discutir não se aplicam apenas ao local de trabalho, mas também a reuniões e viagens de negócios e até mesmo a eventos sociais e encontros promovidos pela empresa. Uma vítima de assédio sexual não precisa ser necessariamente a pessoa assediada. Pode ser uma terceira pessoa que ficou ofendida pelo comportamento de duas outras pessoas. A conduta tem de ser indesejável para que tenha ocorrido o assédio sexual. Indesejável significa que a vítima não propiciou ou solicitou a conduta. O assédio sexual é ilegal se você:

♦ julga que deve aceitá-lo a fim de manter seu emprego;
♦ julga que deve aceitá-lo a fim de influenciar decisões relacionadas ao cargo, como promoções, boas revisões de desempenho, oportunidades e/ou aumento de salário;
♦ está encontrando dificuldade para se concentrar em seu trabalho.

---

*N.R.T.: Aqui no Brasil, visto que o tratamento é de dano moral, nada impede o assédio entre pessoas de mesmo sexo.

O assédio sexual é ilegal mesmo se ninguém mais testemunhar a sua ocorrência. É ilegal mesmo se a demissão não ocorreu. É ilegal mesmo se você o aceitou durante certo período, porém claramente não o desejava. É ilegal mesmo que tenha acontecido uma única vez e tenha sido sério (toque indesejado de partes do corpo). O assédio sexual é ilegal, e a lei ainda o protege em todas as situações que discutimos.

Em junho de 1998, a Suprema Corte dos Estados Unidos tomou duas decisões que representaram um marco na questão de assédio sexual. No processo *Faragher* versus *Município de Boca Raton (97-282)*, a Corte declarou que os empregadores sempre são potencialmente responsáveis por uma conduta sexual errada em relação a um(a) empregado(a). No caso *Burlington Industries* versus *Ellerth (97-569)*, ela decidiu que um empregador pode ser processado mesmo se o empregado não sofreu um impacto adverso no emprego. Para um empregador obter ganho de causa em um processo, ele teria de provar que "tomou o devido cuidado para evitar ou corrigir prontamente qualquer comportamento de assédio sexual" e que "o empregado falhou muito em aproveitar todas as oportunidades preventivas ou corretivas oferecidas pelo empregador ou, ao contrário, de evitar dano".[2]

▌ Políticas de assédio sexual

Todas as organizações de Hospitalidade devem ter uma política de assédio sexual bem redigida, a exemplo da reproduzida no Quadro 9.2. Formule claramente a intenção da organização de Hospitalidade de eliminar toda forma de assédio. É melhor quando a política inclui uma definição muito ampla do tipo de conduta que sua companhia considera como assédio sexual. Todo(a) empregado(a) deve ser lembrado(a) de abster-se de assédio sexual e comunicar imediatamente à gerência qualquer ocorrência nesse sentido. Os gerentes devem ser responsáveis por iniciar ação corretiva imediata ao lidar com qualquer incidente de assédio sexual trazido ao conhecimento deles.

A política deve identificar nitidamente as **ações disciplinares**, que podem conduzir à demissão, às quais os transgressores estarão sujeitos. Ela também deve conter diretrizes claramente redigidas sobre os passos a serem seguidos se um(a) empregado(a) julgar ser vítima de assédio sexual. Os empregados devem ter garantia de que não haverá retaliação contra eles por notificarem o assédio no local de trabalho. Os procedimentos para investigação das alegações de assédio sexual devem ser definidos claramente, identificados e divulgados à sua equipe de trabalho (Quadro 9.3). Os programas de treinamento e conscientização precisam ser realizados frequentemente.

Como gerente responsável pelos recursos humanos no setor de Hospitalidade, caberá a você garantir que essa política seja acatada de modo coerente e justo. O melhor programa para evitar o assédio sexual é a prevenção. Existe uma ampla variedade de ferramentas e de materiais de treinamento disponíveis a respeito desse

---

Quadro 9.2 Política de proibição de assédio

A Premier Beverage tem o compromisso de manter um ambiente de trabalho livre de discriminação. Para que esse compromisso seja mantido, não toleraremos o assédio ilegal de nossos empregados por parte de qualquer pessoa, inclusive supervisores, colegas de trabalho ou terceiros. O assédio consiste em uma conduta indesejável, seja verbal, física ou visual, baseada em raça, cor, nacionalidade, religião, idade, sexo, gênero ou deficiência. Não será tolerado o assédio que afete os benefícios do emprego, interfira no desempenho da pessoa no trabalho ou crie um ambiente de trabalho intimidante, hostil ou ofensivo.

O assédio pode abranger observações inconvenientes, apelidos, piadas ofensivas, exibição ou circulação de material impresso ou visual ofensivo ou ações físicas ofensivas. O assédio sexual merece destaque. Insinuações sexuais indesejáveis, solicitação de favores sexuais ou outra conduta física, verbal ou visual baseada em sexo constitui assédio quando (1) a submissão à conduta é exigida como termo ou condição para o empregado ou for a base para uma ação no emprego ou (2) a conduta interfere de modo incoerente com o desempenho de uma pessoa no trabalho ou cria um local de trabalho intimidante, hostil ou ofensivo. Assédio sexual pode incluir propostas de relações sexuais, insinuações, comentários sugestivos, piadas ou de conteúdo sexual ou contato físico indesejável, como fazer afagos, apertar ou encostar em outra pessoa.

Todos os empregados da Companhia são responsáveis por ajudar a fiscalizar essa política contra o assédio. Todo empregado que tenha sido vítima de assédio proibido ou que tenha testemunhado tal assédio precisa notificar imediatamente seu supervisor para que a situação possa ser prontamente investigada e corrigida. Caso o supervisor seja o responsável pelo assédio ou a comunicação da situação ao supervisor não corrija a situação, as queixas de assédio precisam ser reportadas imediatamente a um membro do escalão superior ou ao departamento de Recursos Humanos. Constitui política da Companhia investigar de modo completo e imediato todas as queixas de assédio. A Companhia, até onde for possível, manterá a confidenciabilidade daqueles envolvidos. Caso uma investigação confirme que ocorreu o assédio, a Companhia exercerá ação corretiva, o que pode incluir ação disciplinar que se estenda à demissão, resultando em rescisão imediata do contrato de trabalho. A Companhia também proíbe retaliação contra qualquer pessoa que comunicou o assédio ou que tenha cooperado na investigação de queixas de assédio.

Fonte: Cortesia de Premier Beverage Company of Florida; Sunbelt Beverage Corporation.

---

tema a um custo razoável. Deixe claro para seus empregados que o assédio sexual *não será tolerado.* A implantação de programas para evitar o assédio sexual exige tempo, dedicação e recursos financeiros, e o compromisso deve partir do mais alto escalão administrativo. Somente por meio de um método proativo agressivo, o assédio sexual pode ser eliminado e evitado no local de trabalho.

As queixas de assédio no local de trabalho nem sempre são baseadas em assédio sexual. De acordo com a lei, todos os grupos protegidos, como os grupos religiosos e os grupos raciais, poderiam fazer uma queixa similar contra sua organização de Hospitalidade. Talvez os ambientes de trabalho não sejam menos hostis do ponto de vista racial, religioso ou em relação à idade do que do ponto de vista sexual. Certifique-se de que todos os seus empregados compreendam esse aspecto, bem como a seriedade de todo tipo de queixa de assédio.

Quadro 9.3 Procedimento para queixa de assédio sexual

1. Quando qualquer tipo de manifestação verbal ou física interferir no desempenho no trabalho de qualquer empregado ou criar um ambiente de trabalho intimidante, hostil ou ofensivo, exige-se que o empregado ofendido comunique imediatamente o incidente a seu supervisor no departamento, ao gerente do departamento, ao departamento de Recursos Humanos ou ao presidente. Caso você não se sinta à vontade para fazer a queixa a qualquer dessas pessoas, pode fazê-la ao vice-presidente de Recursos Humanos da Sunbelt ou a qualquer outro membro do alto escalão.

2. Se uma queixa envolver um gerente ou supervisor, deve ser feita diretamente ao nível hierárquico seguinte na Companhia.

3. Todas as queixas serão examinadas prontamente e de modo confidencial. Em nenhuma circunstância a Companhia divulgará informações a respeito de uma queixa a qualquer pessoa da Companhia que não esteja envolvida com a investigação. Igualmente a ninguém será permitido discutir o assunto fora da investigação. A finalidade dessa medida consiste em proteger a confidenciabilidade do empregado que fizer uma queixa, incentivar a comunicação de qualquer caso de assédio sexual e proteger a reputação de todo empregado acusado indevidamente de assédio sexual.

4. A investigação de uma queixa normalmente incluirá uma reunião com as partes envolvidas ou com todas as testemunhas citadas ou evidentes. Os empregados serão ouvidos de modo imparcial e justo. Todos os empregados serão protegidos de coerção, intimidação, retaliação, interferência ou discriminação por apresentarem uma queixa ou ajudar em uma investigação.

5. Caso a investigação revele que a queixa é válida, será dedicada atenção imediata e tomada ação disciplinar, visando cessar o assédio imediatamente e evitar sua repetição.

A Companhia reconhece que a comprovação de uma ação ou incidente particular como assédio sexual exige uma determinação factual baseada em todos os fatos relativos ao problema. Em virtude da natureza desse tipo de discriminação, a Companhia também reconhece que as acusações falsas de assédio sexual podem provocar consequências sérias às pessoas inocentes. Acreditamos que todos os empregados da Companhia continuarão a agir de modo responsável, a fim de criar e manter um ambiente de trabalho agradável e livre de discriminação para todos.

Fonte: Cortesia de Premier Beverage Company of Florida; Sunbelt Beverage Corporation.

■ VIOLÊNCIA NO LOCAL DE TRABALHO*

Nossos empregados têm direito de esperar um ambiente de trabalho seguro, livre de violência cometida por pessoas que nele trabalham. A **violência no local de**

*N.R.T.: No Brasil, o empregador (PJ) é responsável pela indenização do ofendido também. Tem-se o entendimento de que se houve o dano moral (decorrente do assédio sexual que seja) o empregador (PJ) descuidou de monitorar, de vigiar seu negócio, e, por sua omissão, o dano se verificou. A base legal é o Código Civil, artigos 186 e 927.

"Art. 186. Aquele que, por ação ou omissão voluntária, negligência ou imprudência, violar direito e causar dano a outrem, ainda que exclusivamente moral, comete ato ilícito.

...

Art. 927. Aquele que, por ato ilícito (arts. 186 e 187), causar dano a outrem, fica obrigado a repará-lo. A PJ que for condenada na indenização decorrente de assédio sexual pode depois voltar-se contra o funcionário assediador, buscando ressarcimento."

Além do fato de que, ficando comprovado o assédio, pode autorizar a dispensa com justa causa do empregado assediador, por incontinência de conduta (CLT, art. 482, II, b).

"Art. 482 – Constituem justa causa para rescisão do contrato de trabalho pelo empregador: ...
b) incontinência de conduta ou mau procedimento."

Fontes: BRASIL. Código Civil Brasileiro. Lei nº 10.406, de 10 de janeiro de 2002. Institui o Código Civil. *Diário Oficial [da] República Federativa do Brasil* de 11 de janeiro de 2002; BRASIL. Consolidação das Leis do Trabalho. Decreto-Lei nº 5.452, de 1º de maio de 1943. Aprova a Consolidação das Leis do Trabalho.

trabalho é definida como o uso intencional de força física contra outra pessoa ou a si próprio que ocorra no local de trabalho e resulte em agressão, ou com uma grande probabilidade de resultar em ferimentos ou morte. Em 1995, a violência no local de trabalho havia se tornado a segunda maior causa de morte no emprego, ultrapassada somente por acidentes automobilísticos. Estima-se que mais de um milhão de empregados são atacados e mais de mil são assassinados a cada ano em atos de violência no local de trabalho.[3] Mesmo assim, um número relativamente pequeno de empregadores estabeleceu programas eficazes para lidar com esse problema.

Alguns gerentes de Hospitalidade ainda não reconheceram que a violência no local de trabalho é um problema que lhes diz respeito. "Pergunta: O que um dono de loja de penhores, um atendente de uma loja de conveniência, um psicólogo, dois gerentes de saneamento, um proprietário de um bar, um pescador, um cozinheiro, dois motoristas de táxi, um proprietário de uma loja de móveis, um gerente de restaurante, um supervisor de manutenção, um dono de uma locadora de vídeos e um carteiro têm em comum? Resposta: de acordo com os Centros de Controle de Doenças, todos foram assassinados no trabalho na mesma semana."[4] Existem algumas razões, como as a seguir, pelas quais é importante instituir programas e políticas que procuram proteger seus empregados.

- ♦ De acordo com a legislação de higiene e segurança no trabalho em âmbitos federal e estadual, os empregadores têm a obrigação geral de "oferecer a cada empregado trabalho e local de trabalho livre de riscos conhecidos e que estejam causando, ou podem causar, morte ou dano sério ao empregado".
- ♦ Apenas um incidente violento pode criar custos elevados para o empregador em termos de assistência médica e psicológica, negócios perdidos e diminuição da produtividade, prêmios de seguro mais elevados, bem como possíveis processos por danos.
- ♦ Os empregadores podem ser responsabilizados sob a alegação de contratação ou retenção negligente de um empregado que possui um histórico conhecido ou uma tendência para atos violentos.
- ♦ Ameaças e outros comportamentos abusivos não são mais tolerados no local de trabalho.
- ♦ É a atitude certa para ser tomada. Como gerente responsável pelos Recursos Humanos na área de Hospitalidade, você possui a obrigação moral de proporcionar um local de trabalho seguro para seus empregados e clientes.

Já tratamos no Capítulo 5 da importância de uma cuidadosa triagem pré-admissional. Ao verificar referências, assegure-se de indagar a respeito de atos anteriores de violência ou de problemas criados por temperamento. É sempre melhor apontar problemas potenciais do que ter de lidar com eles após a admissão. Além disso, você deve utilizar os recursos de sua comunidade para programas que já existem, a fim de ajudá-lo a elaborar os planos contra a violência no trabalho. Convide a polícia local para visitar sua empresa, a fim de que ela o conheça e torne-se familiarizada com seu estabelecimento ou operação.

Estabeleça e reveja os procedimentos de segurança para a prevenção da violência no trabalho, bem como de outros crimes. Ofereça treinamento adequado aos supervisores de chão de fábrica e aos gerentes de linha a respeito das maneiras apropriadas para lidar com a disciplina, o aconselhamento e a demissão dos empregados. Treine-os para reconhecer os primeiros sinais de alerta visíveis em um empregado problemático. Adote uma política de tolerância zero em relação ao comportamento inaceitável. Ameaças de violência não devem ser consideradas sem importância ou como brincadeira. Assegure-se de que todos saibam aquilo que sua organização de Hospitalidade considera violência no local de trabalho, e que os dirigentes compreendam aquilo que a tolerância zero realmente significa.

Infelizmente, a violência no local de trabalho é um tema bastante significativo na sociedade atual a ponto de ter de ser incluído no contexto deste livro. Como gerente responsável pelos Recursos Humanos, é importante você estar consciente de que o potencial de ocorrer violência no trabalho é real. É igualmente importante que todos os empregados conheçam como e onde comunicar atos de violência. Prepare algum tipo de plano de gerenciamento da violência, a fim de que, se uma ameaça vier a ocorrer em sua organização de Hospitalidade, você esteja bem preparado para lidar com a situação.

■ APLICAÇÃO DO PROCESSO DE DISCIPLINA

Um modo para a implantação bem-sucedida reside em uma **política de disciplina** bem redigida. Essa política escrita será reproduzida no manual de políticas de Recursos Humanos. Cada empregado, por ocasião da admissão, deve receber e fornecer um recibo correspondente a um exemplar da política de sua companhia relativa à disciplina. Outro aspecto importante, e um sobre o qual você, o gerente responsável pelos Recursos Humanos, possui controle, consiste em lidar com todos os problemas de disciplina potenciais logo que ocorrerem. Em virtude de a função de disciplinar ser tão desagradável, alguns gerentes têm uma tendência de adiar essas atividades. Frequentemente reconhecemos que existe um problema, porém deixamos de lidar com ele rapidamente. Postergar ações disciplinares somente pode ampliar um problema e torná-lo pior.

Talvez observemos que, no Departamento de Saladas, Maria atrasou-se nos preparativos para o jantar ou que João não compareceu ao trabalho na recepção. Em vez de perguntar à Maria qual foi o problema na primeira vez em que ela se atrasou, talvez esperemos, pensando que o problema não ocorrerá novamente. E deixamos de perguntar a João no dia seguinte se tudo está tudo bem e lhe dizer o quanto sentimos sua falta no dia anterior. Dentro de algum tempo, Maria nunca será pontual nos preparativos para o jantar e quando você a confrontar ela ficará zangada e aborrecida. "Por que você não disse isso antes? Não julgava que meus atrasos estivessem criando um problema para os garçons ou você teria me comunicado." E João, julgando que ninguém percebe – ou, até pior, se importa – quando ele vai trabalhar doente, começa a faltar um dia por semana. Quando ele se apresenta ao trabalho, ficamos aborrecidos e frustrados por causa da carga extra que gerou no restante dos recepcionistas. Agora temos de justificar as horas extras no cartão de ponto de todos os demais empregados e ficamos irritados porque isso poderia refletir-se em nossas avaliações pessoais.

Só podemos nos culpar. Precisamos ser oportunos e eficientes em nossa responsabilidade pela Administração de Recursos Humanos. Você não pode ignorar um problema e esperar que ele desapareça. Isso não acontecerá! Boas aptidões e práticas de comunicação introduzidas na ocasião oportuna colaboram muito para reduzir a necessidade de implantação de políticas disciplinares. As reuniões com os empregados constituem outro bom método para evitar a necessidade de impor disciplina. As preocupações de nossos empregados podem ser verbalizadas nessas sessões. Frequentemente, não temos consciência a respeito de alguns dos problemas que podem existir. Essas reuniões também nos proporcionam um fórum para explicar novos procedimentos e políticas, bem como para solicitar sugestões de nosso pessoal.

Lembre-se de que a finalidade da política disciplinar para nossa organização de Hospitalidade consiste em proporcionar aos dirigentes diretrizes para a comunicação com um empregado que não atende aos padrões de conduta ou de desempenho de sua organização. Essas diretrizes oferecem um meio para aplicar e fiscalizar de modo contínuo o código de conduta e os padrões de desempenho existentes.

❚ Os passos para a implementação

Quando um empregado infringe o código de conduta de uma organização ou tem um desempenho abaixo do padrão, existe uma série de ações corretivas a serem tomadas, e é importante que essas sejam realizadas de maneira coerente e justa. Conforme observado anteriormente, existem determinadas violações sérias que poderiam resultar em suspensão ou rescisão imediatas.

Toda ação disciplinar constitui uma decisão séria do dirigente e deve ser precedida de uma investigação cuidadosa e completa.* Como gerente responsável pelos Recursos Humanos, você precisa ser cuidadoso para não tomar uma decisão relativa ao incidente ou à possível ação disciplinar até haver agrupado *todos* os fatos. Agir sem conhecimento pleno das condições que dizem respeito ao incidente pode resultar na anulação de ação disciplinar pela arbitragem (caso os empregados de sua organização sejam sindicalizados) ou por um tribunal. Outra opção seria a Resolução Alternativa de Conflitos, que vamos abordar posteriormente neste capítulo. Se o incidente

---

*N.R.T.: Todo gestor deve ser cauteloso nas decisões e ações que envolvem conflitos. Qualquer medida impensada pode trazer consequências complicadas.

exigir que o empregado seja afastado do cargo, ele deve ser suspenso enquanto durar a investigação. No entanto, se o empregado for isento nos termos da Lei de Práticas Trabalhistas Justas, a suspensão pode não ser a medida apropriada. Raramente um empregado deveria ser demitido em caráter imediato. Muitas vezes as situações não são aquilo que realmente aparentam à primeira vista. A demissão imediata coloca sua organização de Hospitalidade em risco de ser processada por dispensa ilegal.

Uma parte de sua investigação incluirá a identificação de quaisquer outros empregados ou pessoas envolvidas. Cada um desses indivíduos deve ser interrogado na presença de outro dirigente além de você. A pessoa que é questionada também deve receber permissão para ter alguém presente com ela. Se a investigação incluir um cliente ou alguns clientes, é útil obter diretamente um relatório escrito do incidente, incluindo identificação do(s) empregado(s) envolvido(s). Se for o caso de solicitar uma investigação policial (furto ou substância ilegal), você terá de arranjar espaço para que as autoridades policiais conduzam suas entrevistas. Uma investigação e um questionamento completo das pessoas envolvidas são necessários quando ocorre o mau desempenho e a violação do código de conduta.

Uma reunião é convocada em seguida com o empregado para você apresentar os resultados da investigação. Novamente, é importante que um segundo membro da gerência, que fará uma ata separada, compareça a essa reunião. Os nomes de outros empregados que você interrogou nunca serão revelados. O foco dessa reunião deve ser o problema, não a pessoa. A reunião deve ser conduzida em um local silencioso e sem interrupções. Os seguintes pontos devem ser abordados:

- ♦ *Identificação do problema.*
- ♦ *Identificação da regra ou o padrão de desempenho específico que foi violado.* Pode ser que o empregado não conhecesse ou não compreendesse a regra ou o padrão. Lembre-se de ser uma responsabilidade do gerente apresentar o código de conduta e os padrões de desempenho de maneira clara e assegurar para que sejam ambos comunicados e constantemente impostos a toda a organização de Hospitalidade. Seu pessoal deve não apenas compreender quais as expectativas que você possui em relação a eles, mas também quais são as consequências de não corresponder a essas expectativas.
- ♦ *Escutar o empregado.* Lembre-se de que o objetivo desta seção consiste em corrigir o problema, e não humilhar ou punir o empregado. Muito embora você conheça os fatos que lhe foram informados por outras pessoas, você ainda assim precisa ouvir do empregado as razões por chegar constantemente atrasado ao trabalho ou por que a pessoa foi grosseira com um cliente na noite anterior. Nessa ocasião, você também pode se certificar de que o empregado compreenda a importância de ser pontual ou o que constitui um comportamento inaceitável com os clientes na operação de Hospitalidade.

♦ ***Obter um acordo ou solução mútua.*** Nesse caso, as alternativas são tentadas para resolver o problema. O foco deve ser fazer o empregado modificar seu comportamento para atender às expectativas do gerente. Assegure-se de incluir uma programação. Por exemplo, "o desempenho precisa ser corrigido nos próximos 30 dias" ou "o desempenho precisa ser corrigido imediatamente". Deve ser elaborado um plano de ação que resulte em uma solução para o problema. Feito isso, você solicita ao empregado para que ele resuma o problema e a solução mutuamente propostos. Ao pedir ao empregado para que resuma o que acaba de acontecer, você tem a oportunidade de confirmar que ele tem um entendimento preciso dos eventos da reunião disciplinar. Devem ser fixados data e horário em que vocês se reunirão para avaliar o progresso do plano de ação. Respeite sempre a data e o horário fixados, caso contrário o empregado pode ter a impressão de que você não considera o ocorrido um tema importante ou que o desempenho melhorou até atingir um nível aceitável, o que pode ou não ser o caso.

♦ ***Notificar ao empregado as ações formais necessárias.*** Mesmo se essa for a primeira falha do empregado, ainda assim será preciso documentar o que foi discutido na reunião disciplinar. A extensão da documentação depende da severidade da infração. Se a violação for de grau inferior e estiver ocorrendo pela primeira vez, é suficiente uma anotação à mão, a ser colocada na pasta do empregado, indicando a data, o incidente e o plano de ação estabelecido. Essa informação pode servir como um lembrete daquilo que foi acordado por ambas as partes quando houver a reunião de avaliação para revisar o avanço do plano de ação.

O acompanhamento e o reforço do plano de ação devem ser feitos após a reunião de ação corretiva. O papel que você assume agora é o de um conselheiro de desempenho. O plano de ação foi elaborado, mas você precisa auxiliar o empregado, por meio de atividades de aconselhamento, a orientar o comportamento dele até atingir níveis aceitáveis.

Muito frequentemente, nas operações diárias, acabamos nos esquecendo de reconhecer o comportamento aceitável. Se notarmos que o empregado voltou a atuar bem e está cumprindo as exigências do plano de ação de modo bem-sucedido, deixamos de comunicar essa mensagem. Reconhecer o desempenho e o comportamento desejados ajudariam muito em mudar essa percepção. O Quadro 9.4 identifica os componentes de uma reunião disciplinar eficaz.

▌As ações corretivas

As ações específicas que você inclui na ação disciplinar da sua organização de Hospitalidade devem ser cuidadosamente selecionadas, visando à declaração de missão,

Quadro 9.4 Exigências para uma reunião disciplinar eficaz

Oportunidade: Reúna-se logo que possível após a suposta infração. Convoque um outro gerente como testemunha.
Objetividade: O foco da reunião deve ser o comportamento, e não a pessoa.
Investigação: Assegure-se de entrevistar as testemunhas e de obter todos os fatos.
Disciplina: Assegure-se de que as ações corretivas sejam coerentes com as de incidentes anteriores.
Documentação: Tome notas precisas, definindo a infração e a(s) ação(ações) tomada(s).

Fonte: Elaborado pela autora.

às metas e aos objetivos que orientam o processo de tomada de decisões para a determinação da política. Os procedimentos adotados variam entre as organizações de Hospitalidade. O Quadro 9.5 contém um exemplo desse tipo de política.

O número de passos relativos à ação corretiva normalmente varia de três a cinco. Eles abrangem de uma série de advertências verbais a uma série de advertências por escrito. Sua companhia pode incluir um período de observação como um passo adicional nesse processo. A rescisão somente deve ocorrer como última instância após todas as outras alternativas terem sido esgotadas ou quando a violação for muito séria para que outras opções sejam consideradas. Advertências por escrito são feitas após uma advertência verbal ter sido documentada e o comportamento ou o desempenho não melhorar. A advertência por escrito é preparada com um modelo similar ao reproduzido no Quadro 9.6. A política de ações disciplinares fornece aos dirigentes diretrizes para a implantação das ações.

■ A FINALIDADE DA DISCIPLINA

A intenção das ações disciplinares tem se alterado juntamente com a falta crescente de mão de obra e nossa necessidade cada vez maior de reter, e não demitir, os empregados. Vinte anos atrás, nossas ações disciplinares eram consideradas simplesmente um meio de documentar "maus" empregados e impedir um processo judicial. Era comum os gerentes, desejosos de livrar-se de um empregado, iniciarem ações disciplinares para justificar a demissão pretendida do funcionário. Embora isso não tivesse uma relação custo/benefício (lembre-se de nossa abordagem sobre treinamento, que até mesmo o empregado que permanece pouco tempo no emprego recebeu um investimento da Companhia), era uma maneira simplificada de "limpar a casa". Uma boa Administração de Recursos Humanos? Não. Nem naquela ocasião e certamente não no "próximo capítulo".

Atualmente, nossas políticas e procedimentos disciplinares são elaborados para auxiliar os empregados a corrigir níveis inaceitáveis de comportamento ou desempenho. Uma operação de Hospitalidade deve apoiar-se em padrões de conduta e de

Quadro 9.5 Política disciplinar

TIPOS DE AÇÃO DISCIPLINAR

Normalmente, o primeiro passo antes do início da ação disciplinar é o Aconselhamento Verbal. Após o aconselhamento verbal, naqueles casos incomuns quando o desempenho no cargo de um empregado continuar insatisfatório, outras formas de ação disciplinar, descritas a seguir, são realizadas pelo supervisor para ajudar o empregado a melhorar o desempenho. Esses três tipos de ação disciplinar – advertência por escrito, advertência final por escrito, período de observação e demissão – podem ser utilizados em qualquer ordem e em qualquer ocasião em que o desempenho ou a conduta no cargo forem considerados insatisfatórios. Eles não coincidem necessariamente com a ocasião em que ocorre o processo de avaliação de desempenho.

ACONSELHAMENTO VERBAL

Quando o desempenho ou o comportamento no cargo de um empregado for considerado insatisfatório, o supervisor se reúne com o empregado em uma ou mais sessões de aconselhamento para:
- identificar áreas que necessitam de melhoria;
- incentivar o empregado a oferecer seu julgamento sobre a situação e a responder aos comentários do supervisor;
- comunicar claramente ao empregado o que deve ser feito para atingir um nível satisfatório de desempenho;
- estabelecer um período de tempo razoável, a fim de que ocorra a melhoria, e uma data para revisar o progresso alcançado pelo empregado.

A data da sessão de aconselhamento verbal deve ser registrada pelo supervisor.

ADVERTÊNCIA POR ESCRITO

O supervisor se reúne com o empregado para:
- revisar o seu desempenho global;
- identificar áreas que precisam de melhoria;
- revisar o aconselhamento anterior relativo ao desempenho;
- estabelecer um período razoável durante o qual o empregado poderá melhorar o desempenho;
- tornar claro que a ausência de melhora resultará em uma advertência por escrito final, ou mesmo a demissão, e as consequências desse ato.

Essa advertência também é documentada pelo supervisor. O empregado recebe uma cópia e outra é colocada na pasta do empregado.

ADVERTÊNCIA POR ESCRITO FINAL OU PERÍODO DE OBSERVAÇÃO DO DESEMPENHO

O supervisor se reúne com o empregado para:
- revisar a ausência de progresso em relação aos objetivos detalhados em advertências por escrito anteriores, caso existam;
- tornar claro que o empregado será demitido por desempenho insatisfatório durante ou até o fim dessa advertência por escrito e/ou o período de observação.

Se o desempenho de um empregado melhorar e atingir um nível satisfatório, ele deixa de ser alvo da ação disciplinar. O supervisor prepara um memorando, destacando a melhoria do desempenho ou o término da condição de aconselhamento ou de estar sujeito a advertência por escrito/período de observação. No entanto, a repetição de um problema de desempenho idêntico ou similar no intervalo de 12 meses após o término do período da advertência por escrito e/ou período de observação pode ser motivo para rescisão sem outra série de advertências verbais, por escrito e/ou por observação.

Um empregado submetido à ação disciplinar pode consultar-se com níveis mais elevados de dirigentes.

DEMISSÃO

O empregado será demitido nos casos em que o desempenho ou o comportamento no cargo for inaceitável.

Fonte: Cortesia de Premier Beverage Company of Florida; Sunbelt Beverage Corporation.

Quadro 9.6   Aviso de ação disciplinar

Aviso de Ação Disciplinar
Sunbelt Beverage Corp.

Local:

Nome do empregado: Data:

Cargo: Departamento:

CONFIRMAMOS A AÇÃO DISCIPLINAR IMPOSTA À SUA PESSOA PELO MOTIVO ABAIXO:

Data(s) da(s) ocorrência(s):

Descrição das circunstâncias:

Padrões da Companhia (o que é esperado do empregado):

Ação anterior do empregado e/ou da Companhia:

Ação tomada: ☐ Advertência   ☐ Suspensão por ___ dias   ☐ Demissão

Ação futura:

Assinatura da testemunha: Assinatura do empregado:

Observações:

Assinatura do Gerente do Departamento:

Cópias para: ☐ Empregado
                                   ☐ Pasta do empregado
                                   ☐ Diretor de pessoal

Fonte: Cortesia de Premier Beverage Company of Florida; Sunbelt Beverage Corporation.

desempenho para cumprir suas metas organizacionais. Gerentes responsáveis pelos Recursos Humanos precisam pressupor que compete a eles uma compreensão das normas aceitáveis.

Se um de nossos empregados violou um código de conduta ao fumar em uma área não apropriada, o que nós, como gerentes, desejamos que ocorra? Queremos que a pessoa seja punida por seu comportamento? Ou desejamos que ele mude seu comportamento para se encaixar nas normas aceitáveis do ambiente de trabalho? De modo similar, se nosso mensageiro nunca puder ser localizado quando um hóspede estiver pronto para ser acompanhado ao apartamento, o que desejamos que ocorra? É mais importante que o mensageiro seja punido verbalmente ou mais formalmente por seu comportamento ou, que a próxima vez em que um hóspede se registrar, o mensageiro esteja disponível e esperando para acompanhar o hóspede a seu apartamento?

Julgamos que a maioria de vocês concordará que desejamos ver a alteração do comportamento errado, de modo que esteja de acordo com níveis aceitáveis de conduta e desempenho. Para que isso ocorra, precisamos obter um compromisso do auxiliar de cozinha e do mensageiro de que ocorrerá uma mudança de comportamento. Antes de poderem assumir esse compromisso, é necessário haver uma compreensão a respeito do problema ou do plano de ação necessário para corrigi-lo.

▌Disciplina progressiva

Discutiu-se neste capítulo um método de ações corretivas para problemas disciplinares que os profissionais de Recursos Humanos começaram a usar em meados dos anos 1990. Antes dessa época, eram difundidos os conceitos de **disciplina progressiva** ou **disciplina positiva**. Eram expressões para estilos similares de ação disciplinar, que enfatizavam a crítica construtiva e o retorno do empregado ao ambiente de trabalho como um membro produtivo da equipe de trabalho. Referiam-se a um método disciplinar que aplicava medidas corretivas progressivas. Elas são elaboradas para motivar um empregado a corrigir voluntariamente seu próprio comportamento sem uma medida punitiva. Os **métodos não punitivos** buscam evitar ações que poderiam desmoralizar um empregado e fazer com que a equipe de trabalho considere a administração como cruel e injusta.

O conceito de disciplina progressiva foi discutido pela primeira vez em 1964.[5]

A disciplina positiva é um método progressivo de três etapas:

1. advertência verbal;
2. advertência por escrito;
3. dispensa para a tomada de decisão (dia livre remunerado).

Embora um dia livre remunerado pareça uma ação disciplinar incomum, aqueles que o propõem acreditam em sua eficácia. Durante esse dia livre, espera-se que o empregado decida se continua a manter a relação de emprego com a organização de acordo com as regras e os padrões estabelecidos ou deixa a organização. Se o empregado decidir voltar e o comportamento não mudar, a demissão será o próximo passo.

É sobre esses tipos de métodos de Administração de Recursos Humanos inovadores que você precisa estar alerta no "próximo capítulo". O problema com os métodos disciplinares tradicionais e punitivos é que eles não conseguem incentivar o compromisso com as metas organizacionais. Normalmente, eles são vistos como injustos por nossos empregados e muitas vezes estão sujeitos à arbitragem sindical. É difícil para os sindicatos argumentar contra um sistema que proporciona um dia livre remunerado. Além disso, os sistemas tradicionais perpetuam o receio e o desagrado dos gerentes com o sistema disciplinar, significando que as áreas com problemas não têm probabilidade de ser corrigidas com a mesma rapidez que são levadas à atenção dos dirigentes. Ao usar um método disciplinar mais inovador, podemos parar de visualizar o processo como um meio de documentar a demissão final, mas, de preferência, como um modo de preservar recursos humanos valiosos para nossa organização de Hospitalidade.

■ CLASSIFICAÇÃO DOS PROBLEMAS DE DISCIPLINA

É preciso mencionar algo sobre os diferentes tipos de problemas de disciplina que você encontrará. Até agora, tratamos dos problemas de comportamento ou desempenho como se existisse um empregado típico que agisse e reagisse no ambiente de trabalho como todos os demais empregados típicos. As pessoas não são iguais e, portanto, variam as motivações que apresentam para os problemas de comportamento ou de desempenho. Desse modo, você não precisa apenas ter em mente a severidade da violação ao aplicar o processo de ação corretiva, mas sua investigação também deve tentar identificar a razão pela qual o problema ocorreu. Os problemas ocorrem em três situações:

♦ O empregado sabe o que é exigido, mas prefere desprezar as exigências.
♦ O empregado viola as regras, mas não compreende as regras ou não tem o treinamento necessário para atender aos padrões exigidos.
♦ O empregado tenta ou pretende se enquadrar nas exigências, porém é incapaz de consegui-lo em vista das circunstâncias que não pode controlar.

Os empregados na terceira situação precisam de nossa ajuda e compreensão, para que possam retornar como membros capacitados de nossa equipe de trabalho. Algumas dessas pessoas devem ser encaminhadas aos **Programas de Ajuda ao Empregado (PAEs)**, que apresentaremos no Capítulo 13. Esses programas destinam-se a ajudar o empregado com problemas pessoais, como alcoolismo e dependência de drogas. A ajuda requerida por esses empregados vai além daquilo que somos treinados para executar como gerentes de Hospitalidade. A melhor ajuda que podemos oferecer é nosso apoio e encaminhamento a profissionais que podem auxiliá-los a superar seus problemas.

Existem outras razões que poderiam ser responsáveis por uma conduta errônea do empregado que exigirão nossa atenção cuidadosa. O empregado se atrasa por ter perdido a carteira de habilitação e agora tem de depender do transporte público? O empregado tem uma doença crônica, como asma, provocada pela localização específica em que trabalha? O empregado faz intervalos mais longos do que o necessário porque precisa tomar medicação regularmente? Essas são todas as situações que, uma vez compreendidas pelos dirigentes, podem resultar em empregados produtivos que seguem rotineiramente as **regras de conduta** de sua organização de Hospitalidade.

ALTERNATIVAS PARA A AÇÃO CORRETIVA

O desempenho no cargo muitas vezes é afetado de modo negativo, independentemente da causa dos problemas. Empregados com problemas afetam igualmente os níveis de desempenho e a qualidade dos serviços que você oferece em sua operação de Hospitalidade. Os problemas também podem explicar aumentos de faltas, atrasos, acidentes de trabalho e licença para tratamento de saúde, que resultam em custos maiores para o empreendimento de Hospitalidade.

Então, o que podemos fazer em nosso setor de Hospitalidade para ajudar nosso pessoal? Como poucos profissionais de nossa área são treinados na área de aconselhamento, temos de tomar cuidado para não nos envolvermos em situações com as quais não estamos preparados para lidar. Se a organização de Hospitalidade onde você trabalha não tem um Programa de Ajuda ao Empregado elaborado, então você deve conhecer os serviços públicos disponíveis em sua comunidade. No entanto, antes de encaminhar os empregados problemáticos para a assistência disponível, você deve, em primeiro lugar, reconhecer, pela sensibilidade, que os níveis de comportamento e desempenho indesejáveis estão relacionados a problemas. Embora você possa desejar secretamente que o comportamento e o desempenho melhorem com um passe de mágica para que você não precise lidar com eles, os problemas simplesmente não desaparecem ou se resolvem sozinhos. Se monitorarmos constantemente o desempenho de nossos empregados, existe uma grande probabilidade de percebermos os problemas antes que ocorram.

Aconselhamento como parte da ação corretiva

A ação corretiva tenta alterar o desempenho ou o comportamento dos empregados, para que eles possam permanecer em seus cargos na equipe de trabalho. O método pelo qual isso é realizado denomina-se **aconselhamento de desempenho**. A ideia de aconselhamento representa um tema que aparece em toda a Administração de

Recursos Humanos no "próximo capítulo", à medida que nos empenhamos para identificar meios inovadores para reter nosso pessoal valioso.

Como estamos tratando de seres humanos, ocorrerão problemas que afetam o desempenho durante o trabalho. Quando isso ocorrer, um processo disciplinar que ressalte o aconselhamento constitui uma tentativa para fazer com que o empregado retorne ao bom caminho. A Figura 9.1 mostra em que ponto o aconselhamento se enquadra no processo disciplinar. Vamos examinar cada um dos passos no processo.

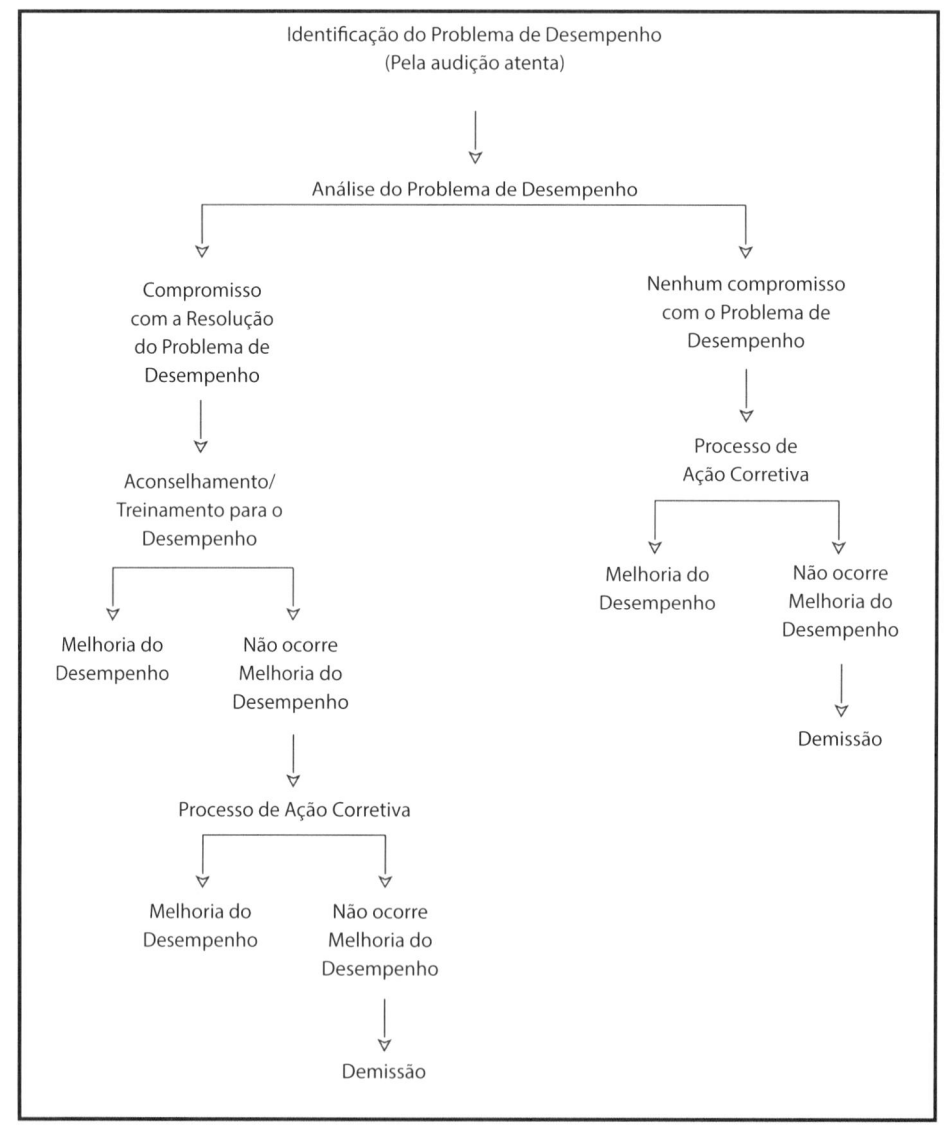

Figura 9.1 Ponto em que o aconselhamento se enquadra como parte do processo de ação corretiva. *Fonte:* Elaborada pela autora.

■ Identificação e análise do problema

A identificação do problema deve ser iniciada pelo gerente de Recursos Humanos tão logo o empregado demonstre sinais de comportamento negativo ou de níveis de desempenho inferiores. O empregado pode facilmente colocar-se na defensiva, portanto, deve-se tomar cuidado com sua abordagem inicial. Perguntas abertas, uma atmosfera relaxante, a compreensão de que você está sendo sincero para ajudar a pessoa e escutar com atenção podem ajudar o empregado a sentir confiança em você. Escutar com atenção exige que você não faça julgamentos a respeito daquilo que o empregado está lhe contando, de modo que você realmente ouça o que a pessoa tem a dizer.

Nem sempre é fácil ser um bom ouvinte. Os problemas que você identificará serão relacionados ao trabalho ou à vida pessoal. Novamente, se o problema é algo com que você não está treinado a lidar, encaminhe o empregado ao Programa de Ajuda ao Empregado ou a algum outro profissional. A análise do problema exige empatia e uma mente aberta. Talvez seja sua responsabilidade corrigir algumas das informações que o empregado compartilhar.

E se o empregado mencionar equipamento inadequado, instalações mal projetadas, colegas que não cooperam, falta de treinamento de aptidões, instruções não explícitas ou condições de trabalho arriscadas? Esses problemas não são realmente da responsabilidade dos dirigentes? Não despreze a possibilidade de o mau desempenho de seu empregado ser o resultado de falhas de gerenciamento.

Lembre-se de que o foco do aconselhamento de desempenho reside no cargo e no aperfeiçoamento dos comportamentos de desempenho relacionados ao cargo. O aconselhamento torna-se necessário quando um empregado não está atendendo aos padrões mínimos. O gerente precisa administrar o desempenho do empregado. Quando os padrões estiverem a um nível inaceitável, então de fato restam apenas duas opções ao gerente para propor ao empregado. Você pode ajudá-lo a melhorar o desempenho para atender aos padrões exigidos ou demiti-lo quando ele falhar.

■ Determinando o compromisso

O próximo passo no processo de aconselhamento consiste em determinar se o empregado está comprometido em melhorar o desempenho, para que esteja de acordo com os padrões aceitáveis. Nem todos os empregados vão reconhecer que existe um problema, ou, mesmo se reconhecerem, nem todos estarão dispostos a se empenhar para melhorar. Nas áreas em que a mão de obra é escassa, esse pode ser um problema específico se o empregado acreditar que você simplesmente não pode permitir-se suspendê-lo ou demiti-lo. Nem todos os empregados são modelos de cidadania. Eles refletem a raiva, os ressentimentos e as queixas no local de trabalho. Se esses empregados não estiverem dispostos a trabalhar com você e assumir o compromisso de melhorar o desempenho, você tem pouca escolha a não ser dar continuidade ao processo disciplinar.

O aconselhamento tem início para aqueles empregados que desejam colaborar com você para resolver o problema e melhorar o desempenho. Juntos, vocês dois preparam por escrito um plano de ação orientado à melhoria do desempenho. O formulário de autoavaliação que se encontra no Quadro 9.7 inclui exemplos de alguns dos tipos de perguntas que o empregado problemático poderia fazer a si mesmo durante a sessão de aconselhamento. As respostas a essas perguntas oferecem alguma orientação para a resolução do problema. Em cada sessão, uma revisão de desempenho é feita por escrito por você e o empregado. Um exemplo de tal revisão é indicado no Quadro 9.8. O formato da revisão deve ser modificado para atender melhor às necessidades do problema específico que vocês estão se empenhando para resolver.

Lembre-se de que a meta do processo de aconselhamento consiste em reverter o padrão de comportamento ou de desempenho em um padrão compatível com as metas da organização de Hospitalidade. O feedback é um elemento importante desse processo. Quando o desempenho do empregado melhora, torna-se necessário

---

Quadro 9.7 Formulário de autoavaliação para empregados sob aconselhamento de desempenho

Conteúdo e satisfação no cargo
Você se considera bem adaptado ao cargo atual?
Você tem uma compreensão clara das expectativas que seu supervisor imediato tem a seu respeito no cargo atual?
Com que eficácia você julga ter cumprido as responsabilidades de seu cargo?

Avaliação de desempenho
Até que ponto sua última avaliação serviu para ajudá-lo a melhorar seu desempenho?
Resuma os pontos fortes e os pontos fracos gerais que você demonstrou atuando no cargo atual.
Seu supervisor imediato lhe fornece as informações necessárias para permitir que você saiba como está desempenhando seu cargo?

Desenvolvimento
Qual seu julgamento a respeito do progresso que você obteve até agora no desempenho de seu cargo?
Você está confiante de que suas aspirações de carreira podem ser realizadas, permanecendo nesta organização de Hospitalidade?
Você julga ter um potencial que ultrapassa as funções de seu cargo atual? Como você demonstrou esse potencial?
Quanto seu supervisor o auxiliou no planejamento do desenvolvimento de sua carreira?
Você julga ter recebido de nós o treinamento e os instrumentos adequados para realizar seu trabalho de modo bem-sucedido?

Comunicação
Você recebe informações suficientes para desempenhar eficazmente seu cargo?
Você recebe informações suficientes para compreender as relações entre seu cargo, a unidade de trabalho em que você atua e a missão de sua organização de Hospitalidade?

Fonte: Elaborado pela autora.

Quadro 9.8 Formulário para revisão do empregado sob aconselhamento de desempenho

Nome do empregado _____ Unidade de trabalho_____ Cargo_____

Progresso e problemas	Análise pelo gerente	Análise pelo empregado

Que progresso tem sido alcançado pelo empregado durante o período de revisão para realizar os seguintes ajustes:
   Ajustes no Cargo?
   Ajuste no Comportamento?
   Ajuste na Unidade de Trabalho?
 	
Quais são os obstáculos para concretizar as expectativas de ajuste nas áreas citadas acima?
 	
Que comentários deveriam ser feitos sobre os resultados alcançados para cada um dos ajustes citados acima?
 	
Em que áreas o empregado obteve o MAIOR progresso nos ajustes? E o MENOR progresso?
 	
As expectativas de ajuste precisam ser revisadas?
 	
Quais são os planos e as prioridades para que as expectativas de ajuste se concretizem?		

Assinatura do empregado _____
Assinatura do gerente da unidade _____
Data da revisão _____ Data da próxima revisão _____

Fonte: Elaborado pela autora.

E no Brasil?

Ao falarmos de desenvolvimento por meio de aconselhamento e orientação, somos levados a pensar em formas de trabalho aplicadas a companhias com filosofia internacional, é claro que adaptando essas práticas ao clima organizacional da empresa e ao país. Alinhar os procedimentos com o dia a dia da empresa é um caminho para se atingir o sucesso.

A receita é simples e fácil. Basicamente, os gestores e supervisores devem apoiar-se em uma sequência lógica para lidar com o aprendizado e o crescimento dos funcionários, dentro dos limites de autoridade pertinentes à chefia, com justiça e bom senso. Cabe ressaltar que todos os funcionários devem receber igual tratamento, seja qual for a posição que ocupem. Esta, a seguir, é a sequência que deve servir de base a gestores e supervisores.

1. Selecionar
2. Contratar
3. Integrar
4. Treinar
5. Treinar
6. Treinar
7. Orientar por escrito

continua

E no Brasil?

8. Advertir
9. Suspender
10. Demitir

Treinar é a parte mais importante da sequência, por isso é uma etapa que se repete. Um funcionário bem treinado é capaz de desempenhar suas tarefas com mérito, ganhar prestígio, ser promovido e crescer na empresa.

Para enriquecer a atualização do quadro "E no Brasil", desta edição brasileira, incluímos a experiência de alguns especialistas e gestores em empreendimentos de Hospitalidade, que gentilmente compartilham sua experiência.

A seguir, a opinião do Ozanir, gerente-geral do Resort Bourbon Atibaia, sobre aconselhamento para profissionais "problema". Como deve ser a posição do gestor? Como agir, quando temos um em nossa equipe?

"Quase sempre é visível o comportamento de alguma pessoa que não está satisfeita com o trabalho ou com alguém no ambiente de trabalho. Assim, deve-se chamar essa pessoa para conversar e esclarecer o que a está perturbando. Feito isso, as orientações necessárias devem ser dadas e deve-se deixar bem claro que não é admissível tal comportamento, principalmente se afetar os demais colegas e/ou clientes."

Ozanir enfatiza que é já no momento dessa "conversa", sim, porque o aconselhamento é uma conversa e não uma bronca, que se deve estabelecer quais serão o próximos passos: "Nesse momento, já se deixa claro quais serão as consequências caso não haja melhora (isso se a culpa for do funcionário). Nós não costumamos chamar de carta de advertência e sim 'carta de aprimoramento'. É o primeiro passo para o início da correção. A partir daí seguem-se as regras gerais de suspensão.

Para isso, é vital alguns cuidados, pois não se deve punir erradamente, nem a dose ser aleatória. É preciso seguir uma sequência lógica, e se o caso se repetir, a dose deve ser crescente: conversa, carta de aprimoramento e suspensão de um dia, suspensão de dois dias, em diante. Caso não evolua positivamente, deve-se dispensar o funcionário.

Ozanir destaca que: "... antes de se optar por uma dispensa deve-se (em qualquer lugar) oferecer opções para evitar o encerramento do Contrato de Trabalho. Afinal, se é um 'contrato', as partes têm direitos e obrigações. Se uma das partes não está cumprindo e recusa-se terminantemente a modificar seu comportamento diante do compromisso assumido (contratado), cabe à parte prejudicada tomar as providências de encerrar esse relacionamento".

Se a falta for grave, justa causa é uma hipótese em que a empresa tem respaldo da Justiça. Obviamente, esse é o extremo, e muito difícil de ocorrer se as fases de 'correção' forem bem-feitas."

Particularmente já presenciei casos de funcionários que chegaram a ser advertidos, conseguiram reverter a situação e foram promovidos posteriormente. Prova de que a orientação e o aconselhamento funcionam e que a satisfação que se consegue na sequência é contagiante para toda a equipe.

Outro aprendizado que faço questão de lembrar e que resume todo esse processo me foi passado por uma pessoa muito respeitada na hotelaria no Brasil. Na época era meu diretor em uma multinacional. Para ele, dispensar um colaborador era a última opção porque era assumir que

continua

E no Brasil?

NÓS, no caso a empresa, erramos. E erramos muitas vezes. Ou ERRAMOS ao CONTRATAR o colaborador, pois não tinha o perfil da empresa, e, dessa forma, não deveria ter sido contratado, ou ERRAMOS em não manter a MOTIVAÇÃO dele.

Revisão e adaptação de Simone Sansiviero.

Fonte: Entrevista concedida por DA ROSA, José Ozanir Castilhos (gerente-geral do Bourbon Hotéis & Resorts). [setembro 2013]. Entrevistadora: Simone Sansiviero. São Paulo, 2013.

reconhecê-lo para que ele compreenda melhor o tipo de comportamento que é aceitável. Após o desempenho ter melhorado, o processo de aconselhamento continua a oferecer um mecanismo de monitoramento do desempenho do empregado. O período de aconselhamento termina após o problema ter sido resolvido de modo satisfatório para ambas as partes.

■ ALTERNATIVA PARA RESOLUÇÃO DE CONFLITOS

Os locais de trabalho cujos empregados são sindicalizados têm procedimentos específicos para lidar com as queixas em praticamente todos os contratos com o sindicato. Tratamos dos sindicatos no Capítulo 14. Historicamente, os locais de trabalho não sindicalizados não têm proporcionado um procedimento sistemático para analisar as queixas de seus empregados. Isso tem resultado em processos judiciais onerosos para o empregado e o empregador a respeito de discriminação e/ou queixas de demissão ilegal. O trabalhador atual está muito mais consciente de seus direitos no local de trabalho e muito mais esclarecido sobre temas envolvendo a legislação trabalhista. Empregador e empregado precisavam era de um modo de lidar com os conflitos no local de trabalho antes de chegarem ao estágio de litígio. A **alternativa para a resolução de conflitos** consiste em um avanço relativamente recente que procura cumprir esse objetivo.

Essa alternativa pode ser proposta de muitas maneiras diferentes. Seu objetivo consiste em indicar procedimentos para lidar com queixas dos empregados ou a resolução de conflitos. A intenção é manter o problema fora do sistema judicial, sugerindo um procedimento, a fim de resolvê-lo de modo equitativo para todas as partes envolvidas. As maneiras possíveis para se estabelecer uma alternativa para a resolução de conflitos incluem:

- ♦ comitês para a resolução de queixas;
- ♦ procedimentos relativos às queixas especificados no manual do empregado;
- ♦ painéis de revisão formados por colegas;

- painéis de mediação interna;
- acordos trabalhistas pré-conflitos (cláusulas que exigem arbítrio sujeito a obediência);
- acordos (inclusive a retirada das queixas).

Os empregados e empregadores têm algo a ganhar por meio da adoção de uma alternativa para a resolução de conflitos. Para os empregados, o processo lhes proporciona um meio de serem ouvidos e ter uma garantia de um processo adequado quando apresentam uma queixa. Os empregadores encaram essa alternativa como um meio para resolver problemas de menor importância antes que assumam maior vulto, tornem-se impossíveis de administrar e possivelmente tornem-se onerosos durante o desenrolar de uma queixa por discriminação ou demissão ilegal. Para os gerentes responsáveis pelos Recursos Humanos no setor de Hospitalidade, a alternativa para a resolução de conflitos terá de ser observada cuidadosamente no "próximo capítulo".

■ SAÍDA DA ORGANIZAÇÃO

Até agora, neste capítulo, têm sido apresentadas numerosas alternativas para a demissão de seus empregados. Isso se deve ao fato de o setor de Hospitalidade continuar a enfrentar uma séria falta de mão de obra e possuirmos um grande investimento em nosso pessoal com gastos de contratação, colocação, orientação e treinamento. A última coisa no mundo que desejamos vivenciar e constatar é todos os nossos esforços resultarem em uma demissão desnecessária ou em um **pedido de demissão**.

Apesar de todo o nosso empenho para a retenção, algumas vezes temos de demitir um empregado ou ele precisa demitir-se de nossa empresa. Não há uma lista que apresente todos os fatores que precisam estar presentes antes de você decidir reter ou dispensar um empregado. Cada caso precisa ser julgado conforme os próprios méritos. É nessa ocasião que você, como gerente responsável pelos Recursos Humanos, precisa usar seu próprio julgamento e a política e os procedimentos da companhia para orientá-lo.

■ Rescisão

Se você decidir que a demissão é a última alternativa disponível, então, certos procedimentos precisam ser seguidos, ou você verá rapidamente sua organização envolvida em um processo por demissão ilegal. Faça a si mesmo as perguntas a seguir:

- O empregado foi informado a respeito da violação das regras ou dos níveis de desempenho abaixo do padrão?
- O empregado teve oportunidade para corrigir seu comportamento/desempenho?

♦ O empregado compreendeu as consequências de não corrigir seu comportamento/desempenho?

♦ O padrão de obediência às regras e de bom desempenho foi constantemente fiscalizado?

♦ O padrão de obediência às regras e de bom desempenho foi aplicado de maneira não discriminatória?

♦ Foi feita uma investigação completa da situação?

♦ O processo de investigação e o processo disciplinar foram documentados adequadamente?

Coerência, comunicação e documentação parecem ser as palavras-chave quando deparamos com a decisão de demitir. As rescisões inadequadas podem resultar em processos contra a organização de Hospitalidade que destroem o moral, a motivação e o senso de segurança no trabalho do empregado. Todas as demissões

---

Quadro 9.9 Práticas dos dirigentes para a demissão de empregados

- **Demissão**
  - A última etapa no processo de ação corretiva.
  - Normalmente adotada quando todos os passos anteriores não obtiveram êxito.
    - Toda demissão exige aprovação prévia do presidente no Estado/gerente-geral e do vice-presidente de Recursos Humanos da Sunbelt.

- **Reunião de demissão**
  - Solicite a presença de outro gerente como testemunha.
  - Prepare-se antecipadamente.
    - Identifique fatos e razões específicas.
    - Preveja perguntas/situações.
  - Reunião direta e breve.
  - Avise o empregado imediatamente na reunião que ele está sendo dispensado (ou demitido).
  - Mantenha a reunião breve – menos de 10 minutos.
  - Dê razões específicas para a demissão.
  - Responda às perguntas do empregado com fatos e sem envolvimento emocional ou discussão.
  - Detalhe e resolva todos os assuntos finais (chaves, dinheiro, pertences, arquivos, *laptops*, carro etc.).
  - Explique que o RH vai contatá-lo dentro de 14 dias para explicar as questões legais.
  - Os dois gerentes precisam documentar a reunião.

- **Evite demissões construtivas**
  - Quando você solicitar a um empregado que se demita em vez de ser dispensado, os tribunais consideram essa situação o mesmo que uma demissão.
  - NÃO peça aos empregados para que se demitam.
  - Caso eles solicitem *voluntariamente* a demissão em vez de ser demitidos, então o procedimento está correto e eles devem apresentar uma carta de demissão.

- **Lembre-se**
  - Seguindo os programas de desempenho e avaliação da Sunbelt e as políticas e procedimentos da companhia...

  ... você pode evitar problemas, dores de cabeça e um processo judicial movido por um ex-empregado.

Fonte: Cortesia de Premier Beverage Company of Florida; Sunbelt Beverage Corporation.

devem levar em consideração a razão (ou as razões) que justifiquem o comportamento do empregado ou o desempenho abaixo do padrão e devem ocorrer somente após revisão cuidadosa de todos os fatos e informações pertinentes. Você deve possuir um procedimento cuidadosamente delineado para efetuar todas as demissões, conforme indicado no Quadro 9.9. Ron Meliker afirma que uma reunião de demissão não deve durar mais de 10 minutos. Você simplesmente está anunciando ao empregado uma decisão que já tomou e documentou. Se a reunião levar mais de 10 minutos, há uma boa probabilidade de você passar a discutir os méritos de sua decisão. A reunião de demissão visa ao término da relação de emprego.

∎ A entrevista de saída

A **entrevista de saída** tem como objetivo proporcionar à organização de Hospitalidade informações a respeito do pedido de demissão. Para rescisões voluntárias, as entrevistas de saída podem ser particularmente úteis para determinar por que o empregado está deixando a organização. Sempre que um empregado deixar sua empresa, existem alguns assuntos a serem resolvidos, como pagamento, benefícios, privilégio de recontratação e seguro-desemprego. Como gerentes, esperamos usar as informações reunidas nessas entrevistas para identificar as práticas não desejáveis de Recursos Humanos, obter uma avaliação das práticas de contratação, constatar a existência de um plano de remuneração não competitivo, identificar fontes específicas de satisfação no trabalho ou supervisores que não seguem as políticas e os procedimentos da organização de Hospitalidade. Se soubermos por que nossos empregados estão infelizes, poderemos realizar um trabalho melhor para reduzir o índice de rotatividade indesejável.

As práticas relativas à entrevista de saída variam amplamente entre as organizações de Hospitalidade. O Quadro 9.10 é um exemplo de formulário de entrevista de saída. O conteúdo específico das perguntas deve ser alterado para obter as informações que você julgar de maior utilidade para sua organização de Hospitalidade. O motivo pelo qual os empregados estão saindo, no caso de demissões voluntárias, é de particular interesse para nós em nossas tentativas de retenção. Algumas vezes, perguntar ao empregado o que poderia ser feito para motivá-lo a permanecer no emprego resulta em uma resposta mais produtiva do que simplesmente perguntar à pessoa por que ela está saindo. Um dos pontos mais fracos de uma entrevista de saída é que as informações obtidas apenas têm valor se o empregado for honesto. Algumas vezes, o empregado reluta em fornecer respostas honestas.

As entrevistas de saída não devem ser conduzidas no último dia de trabalho, pois pode ser um dia inadequado para o empregado. No último dia, no entanto, preenche-se uma **lista de verificação da saída do empregado**, similar à reproduzida no Quadro 9.11. Essa é uma boa política a ser estabelecida, particularmente se o empregado possui chaves, uniformes ou outros objetos que pertencem à organização de Hospitalidade.

Se o índice de rotatividade deve ser controlado, as razões efetivas por que os empregados saem precisam ser identificadas e comunicadas à equipe gerencial.

Quadro 9.10 Formulário da entrevista de saída

NOME:_____ TEMPO NO EMPREGO: _____

CARGO:_____ DATA: _____

A. A COMPANHIA

1. Os benefícios para o empregado foram adequados? _____

2. As condições de trabalho, salário, promoção/transferências etc. foram adequadas?_____
_____
_____

3. O pré-treinamento que você recebeu foi adequado para realizar um bom trabalho? Em caso negativo, explique como poderia ter sido melhorado. _____
_____

4. O treinamento e o desenvolvimento após a efetivação no cargo foram adequados? Explique como poderiam ter sido melhorados. _____
_____
_____
_____

B. SUPERVISÃO

1. Descreva brevemente o tipo de comunicação que você teve com seu(s)
   a. Gerente(s) geral(is) _____
   b. Gerente(s) distrital(is) _____
2. De que modo a supervisão poderia ter sido melhorada? _____
_____

C. RELAÇÕES COM O EMPREGADO

1. O que mais lhe agradou em seu trabalho? _____
_____
2. O que lhe desagradou em seu trabalho? _____
_____
3. Você tem alguma sugestão que melhoraria nossas relações com o empregado e/ou as condições de trabalho? Explique. _____
_____
4. Você consideraria trabalhar para o(a) _____ novamente? _____
   Explique. _____
5. Você aceitou ou recebeu oferta de outro emprego? _____ Em caso afirmativo, em que companhia ou setor (restaurante, empresa industrial, banco etc.)? _____
6. Seu afastamento do(a) _____ ocorreu de modo satisfatório para você?_____
   Explique._____
7. Relacione em ordem de prioridade a(s) razão(ões) de sua saída.
   a. _____
   b. _____
   c. _____
   d. _____
8. Como a organização pode melhorar? _____
9. Algum comentário adicional? _____
_____

ASSINATURA DO REPRESENTANTE DE RECURSOS HUMANOS

Fonte: Elaborado pela autora.

Quadro 9.11 **Lista de verificação da saída do empregado**

Nome do empregado: _____

Nº da Previdência Social: _____ Último dia de trabalho: _____

Endereço no Formulário W-2 (caso for diferente do endereço atual):

Rua, praça, avenida _____

CEP, cidade, estado _____

Lista de verificação da saída do empregado

_____ Chaves devolvidas – Relacionar: _____

_____ Uniforme e crachá devolvidos – Relacionar: _____

_____ Outros itens devolvidos – Relacionar: _____

_____ Entrevista de saída realizada (se for o caso)

_____ Adiantamentos salariais, empréstimos ou outros recursos a serem reembolsados à companhia – Relacionar:

_____

_____ Outros – Relacionar: _____

_____

_____

A ser completado pelo empregado

Razões da saída: _____

_____

_____

_____

Assinaturas

_____   _____   _____   _____

Gerente   Data   Empregado   Data

Fonte: Elaborado pela autora.

Simplesmente não é de bom senso, sob o aspecto de Administração de Recursos Humanos, não conduzir entrevistas de saída.

▋ Dispensa ilegal

Ao longo deste capítulo, enfatizou-se repetidamente a importância da documentação. Não podemos deixar de ressaltar esse aspecto. Também é importante que alguns desses documentos tenham a assinatura do empregado demitido e do gerente. Sessões disciplinares e de aconselhamento devem ser documentadas com a assinatura do empregado. Se um empregado recusar-se a assinar, peça a outro gerente que seja testemunha e assine o documento. A documentação deve conter fatos relacionados ao comportamento. Tome cuidado para não definir de modo inadequado os empregados ("João é viciado em drogas") ou emitir sua opinião a respeito do comportamento. Se a demissão se deve a um comportamento inaceitável presenciado por outros empregados, obtenha uma declaração por escrito das testemunhas, com firma reconhecida em cartório.

Em virtude de decisões recentes dos tribunais, você também deveria rever todos os manuais de políticas e procedimentos para identificar quaisquer declarações que limitem seu direito de dispensar um empregado de acordo com sua conveniência.* Os tribunais decidiram que a documentação da área de Recursos Humanos são contratos de emprego específicos entre a organização de Hospitalidade e o empregado. O governo federal e muitos Estados norte-americanos têm alterado o conceito tradicional de empregado cuja contratação está sujeita aos interesses da empresa, a qual afirma que a duração do emprego de uma pessoa é de acordo com a conveniência ou pode ser rescindida em qualquer ocasião por qualquer das partes.

Em virtude da regulamentação imposta pela Lei de Licença Médica e Familiar (que será examinada no Capítulo 11) e pela Lei de Proteção aos Norte-americanos com Deficiência, além do aumento da incidência da Aids e dos testes antidrogas, um número maior de empregados demitidos está iniciando processos por rescisão ilegal. Alguns Estados aprovaram leis que exigem que certas notificações sejam comunicadas aos empregados a serem demitidos; outros Estados decidiram que as demissões violaram um contrato implícito assumido por ocasião da contratação da pessoa. Alerte sua equipe para não fazer quaisquer afirmativas verbais ou por escrito que impliquem a existência de um contrato; caso contrário, sua empresa provavelmente perderá um processo por demissão ilegal iniciado por quebra contratual. Esses empregados conseguem não apenas a readmissão, mas também o direito de receber os salários retroativos. Seguir as diretrizes que estabelecemos ao longo deste capítulo o ajudará a manter sua empresa sem litígios judiciais e auxiliará a operação de Hospitalidade à qual você pertence.

Os processos por discriminação por idade também se tornaram comuns nos anos 1990. Sua frequência nos tribunais provavelmente aumentará à medida que a população ficar mais velha. A **Lei de Discriminação por Idade** foi aprovada em 1967, com a finalidade de proteger os empregados pertencentes à faixa etária de 40 a 65 anos contra preconceito na contratação ou na demissão. Em 1978, o limite superior foi aumentado para 70 anos, e, em 1986, eliminado para a maioria das ocupações. Além disso, muitos Estados aprovaram uma legislação proibindo a aposentadoria obrigatória.

Outra área interessante de demissão ilegal relaciona-se ao tema de demissão por atos fora do horário de trabalho. Como você pode dispensar um empregado por sair com uma colega de trabalho? Você pode demitir um empregado por casar-se com

---

*N.R.T.: O leitor deve lembrar que aqui a autora refere-se à legislação norte-americana. Para esclarecer as dúvidas referentes a questões relacionadas à legislação, foram feitas consultas a um profissional da área trabalhista, que nos forneceu uma simples explicação sobre o que nos diferencia dos Estados Unidos. Segundo ele, no Brasil, no âmbito das relações de trabalho, tudo se resume a dano moral, o que tem previsão inclusive constitucional. E o que diferencia bem nossa realidade da deles (EUA) é que eles têm um sistema legal fundamentado no *common law*, baseado nos costumes (muitas vezes não escritos) e nos precedentes de jurisprudência, que advêm do sistema anglo-saxão de Direito. Aqui vivemos o *civil law*, baseado em leis escritas, sistema romano.
Fonte: Entrevista concedida por SIILVA, Ruy Ramos E. [setembro 2013]. Entrevistador: Simone Sansiviero. São Paulo, 2013.

uma empregada de uma organização de Hospitalidade concorrente? Você pode demitir um empregado por cometer um crime? Você pode demitir um empregado por usar drogas ou embebedar-se e comportar-se mal fora do horário de trabalho e não em sua operação? A resposta a essas perguntas costumava ser, com certeza, um "sim". No entanto, atualmente, os tribunais estão menos dispostos a encarar aquilo que os empregados fazem em seu tempo livre como algo que diga respeito à empresa.

Uma das principais questões enfrentadas por nosso setor (e outros) refere-se aos testes antidrogas. Embora o uso de drogas seja claramente ilegal, o argumento é que o estilo de vida do empregado fora do local de trabalho não tem relação com o desempenho ou o comportamento no cargo e, portanto, não pode ser considerado motivo para demissão. O direito à privacidade da pessoa cada vez mais é apoiado por decisões judiciais recentes. Novamente, nesse caso, a preocupação legal relaciona-se ao conceito da contratação sujeita aos interesses da empresa. Os empregadores podem demitir os empregados sem uma causa relacionada ao trabalho? Isso constitui uma invasão de privacidade ou o direito do empregador de demitir segundo seu próprio critério?

∎ Retenção negligente *

Existe um aspecto negativo que gera implicações legais sérias ao se reter um empregado que deveria ser demitido. A teoria legal da **retenção negligente** torna um empregador responsável por reter um empregado reconhecido como inadequado para seu cargo. De modo idêntico à contratação negligente, um empregador precisa tomar um cuidado razoável com a retenção de um empregado, tendo em vista o(s) risco(s) criado(s) pela natureza desse cargo. Isso significa que não apenas é necessário proceder à triagem dos empregados potenciais antes de serem contratados, mas que a triagem periódica dos empregados durante sua relação de emprego pode ser necessária para confirmar a adequação ao cargo.

O empregador tem o dever de conduzir uma investigação de qualquer informação que possa indicar que um empregado é despreparado para desempenhar seu cargo. Por exemplo, se um empregador souber ou tiver conhecimento sobre boatos, alegações ou provas de numerosas multas por excesso de velocidade atribuídas a um motorista que faz entregas, esse empregador terá a obrigação de proceder a uma razoável investigação das alegações e reagir ao que foi constatado. O empregador deve ter uma suspeita razoável de que existe um problema para que a investigação seja conduzida. Após o término da investigação e com base nos resultados, o empregador,

---

*N.R.T.: Este é um aspecto legal importantíssimo para o gestor conscientizar-se da importância de uma boa contratação. Pois aqui no Brasil, como nos Estados Unidos, as implicações legais de uma retenção negligente seriam a indenização pelo dano moral. Reter um empregado (ou seja, não demiti-lo quando deveria), esvaziando suas tarefas, ou colocando-o para trabalhar isolado, são comportamentos que caracterizam dano à dignidade do trabalhador e que podem resultar numa condenação da empresa. Quanto às investigações, no Brasil, diferentemente dos Estados Unidos, costumam acontecer em âmbito interno e sem muito alarde; muitas vezes opta-se por uma simples demissão, evitando criar problemas futuros para a empresa.

então, tem o dever de fazer uma intervenção apropriada. Como resultado do grande número de processos baseados em contratação negligente e em retenção negligente, existem muitas agências nos Estados Unidos que conduzirão investigações para a empresa a respeito da formação e atuação de candidatos e empregados. Há um grande número de sites disponíveis. Assegure-se de verificar as referências desses sites para ter certeza de que eles são fidedignos! Recomendamos que você se mantenha atualizado a respeito da legislação nessa área, pois ela exigirá um acompanhamento de perto no "próximo capítulo".

▮ Os efeitos do êxodo

Não há dúvida de que demitir um empregado é a função mais difícil e emocional dos gerentes de Hospitalidade. E os empregados demitidos? E os empregados que continuam a trabalhar em sua operação de Hospitalidade? O que você pode fazer para ajudá-los?

Você tem a responsabilidade de ajudar os empregados que permaneceram em sua empresa a lidar com a perda. Você provavelmente será considerado o "sujeito mau", especialmente pelos amigos e colegas do empregado demitido. Eles possivelmente têm um conceito dessa pessoa diferente daquele que você ou o supervisor dele têm. Esses empregados precisam de uma oportunidade para dar vazão à raiva que demonstram. Muitas vezes, será preciso assegurar seu pessoal de que seus empregos estão garantidos e de que não correm o risco de perdê-los. É preciso tomar cuidado para não falar mal ou fornecer muitos detalhes a respeito do empregado demitido, ou poderá sujeitar-se a um processo por difamação.

▮ CONCLUSÃO

A ação corretiva é um procedimento disciplinar em relação a um empregado que infringiu um padrão de conduta ou permaneceu abaixo dos padrões de desempenho que você estabeleceu. Não se trata de uma ação punitiva, porém, de uma ação que visa corrigir um problema de comportamento ou de desempenho. O processo de aconselhamento é adotado pelos empregados dispostos a aceitar que existe um problema e que desejam comprometer-se com o autoaperfeiçoamento e a resolução do problema. As sessões de resolução de problemas são realizadas na presença do empregado; planos de ação são desenvolvidos e são acordados por ambas as partes. Quando o desempenho ou o comportamento melhorar, o empregado é elogiado e a melhoria devidamente observada. O feedback é contínuo até ambos concordarem que o problema foi resolvido.

Quando não houver recurso, a demissão torna-se o caminho que você precisa escolher, apesar de ser desagradável. Deve-se tomar o cuidado de contemporizar o ressentimento e a confusão que os empregados remanescentes possam demonstrar. As principais ênfases neste capítulo foram a coerência, a atitude justa e a documentação.

Vamos voltar nossa atenção a uma discussão dos sistemas de remuneração, incluindo salário e benefícios.

Caso 9.1

Benji e Stephanie eram colegas há vários meses em um hotel de Seattle. Ambos trabalhavam na recepção, em horário integral. Stephanie gostava tanto da companhia de Benji que solicitou a seu gerente para que trabalhassem nos mesmos turnos. Ela chegava até a pedir ao supervisor que ela e Benji fizessem os intervalos ao mesmo tempo.

Outro dia, enquanto Benji respondia a um chamado telefônico, Stephanie posicionou-se atrás dele, pegou um balão, começou a enchê-lo de ar, colocou-o debaixo do cinto de Benji e deixou que ele escapasse. O balão o atingiu no exato momento em que ele terminava de atender à ligação telefônica.

Benji sofreu um assédio sexual? Teria sido um assédio sexual se Benji tivesse direcionado o balão para os seios de Stephanie? Houve algum comportamento que o gerente deveria ter percebido? O supervisor testemunhou todo o evento. Alguma ação corretiva deveria ter sido feita? Em caso negativo, por quê? Em caso positivo, que ação corretiva deveria ter ocorrido? De que modo o gerente pode assegurar que esse comportamento não dê origem a uma queixa por assédio sexual?

Fonte: Elaborado pela autora.

Caso 9.2

Você instituiu para seu hotel as mesmas regras de conduta especificadas no Quadro 9.1. Para cada uma de duas ações corretivas apresentadas aqui, descreva como você lidará com a situação.

Que ação corretiva você tomará? Identifique, para cada uma, as etapas no processo de ação corretiva.

Você estabeleceria o aconselhamento de desempenho em ambas as situações? Justifique em caso positivo e em caso negativo.

Qualquer uma das situações exigiria um período de observação? Qual delas? Justifique em caso positivo e em caso negativo.

Em que situações você julga ser necessário implantar o processo de demissão? Identifique esse processo.

Ação Corretiva na Situação A

2 de janeiro de 1999: Roberto tinha limpado o local após o feriado muito agitado. Esse era o primeiro dia antes do Dia de Ação de Graças que vocês não estavam operando com 100% de taxa de ocupação. Roberto estava em uma área frequentada por clientes (vazia na ocasião) quando decidiu fumar um cigarro. Sua gerente assistente o encontrou limpando o chão com um cigarro na boca quando ela acompanhava um cliente potencial para a área.

15 de fevereiro de 1999: A gerente assistente entrou em uma área reservada a clientes que Roberto havia terminado de limpar. A sala cheirava a fumaça de cigarro, e ela observou marca de cigarro no carpete. A sala era uma área onde era proibido fumar, conforme uma lei estadual recente.

Ação Corretiva na Situação B

3 de abril de 2000: Susana estava levando lixo para o coletor quando você apareceu. Você observou que o saco parecia estranhamente pesado.

continua

Caso 9.2

Você pediu a Susana que levasse para dentro o saco de lixo e o esvaziasse para que pudesse examinar o conteúdo. Ao proceder ao exame, você descobriu oito facas, seis garfos, quatro colheres, uma garrafa de vinho e alguns alimentos em conserva.

1º de maio de 2000: Susana reuniu todos os uniformes dos empregados para serem levados pela empresa responsável pela lavagem destes, um serviço que recolhe duas vezes por semana os uniformes sujos e entrega uniformes limpos. Você observou que existem lençóis de cama e toalhas de mesa limpas misturadas discretamente com os uniformes sujos. Susana sabe que a empresa contratada não lava essas peças.

Fonte: Elaborado pela autora.

Caso 9.3

Kerri havia trabalhado em sua companhia hoteleira durante 12 anos antes de ser demitida. Nos primeiros oito anos, ela foi considerada uma empregada-modelo por supervisores e colegas. Suas avaliações de desempenho sempre foram consideradas "excelentes" e sua pasta pessoal continha numerosos elogios feitos por clientes e supervisores.

Os problemas de Kerri no trabalho começaram cerca de quatro anos antes, quando ela passou pela experiência de um divórcio difícil. A perda da guarda dos filhos foi particularmente perturbadora para seu senso familiar. Kerri tornou-se retraída no trabalho e muitas vezes discutia com os supervisores. Faltas e atrasos tornaram-se um problema crônico. Quinze meses antes de ser demitida, ela recebeu uma advertência por escrito alertando que sua assiduidade ao trabalho precisava melhorar, ou poderia ter de enfrentar uma possível demissão. Infelizmente seu comparecimento ao trabalho não melhorou; no entanto, ela não mais se sujeitou a ações corretivas até o dia de sua demissão.

Além das faltas, os supervisores de Kerri notaram que ela apresentava problemas de desempenho. A qualidade de seu trabalho tinha diminuído para um nível de desempenho apenas aceitável. Seu supervisor havia discutido esse aspecto com ela em três ocasiões, porém, nenhuma ação corretiva chegou a ser efetivada. Por um incidente de desempenho, ocorrido em uma noite de sábado, ela foi demitida.

Kerri fora designada a recepcionar pessoas muito importantes em um local distante, cerca de três quilômetros do hotel. Duas horas após Kerri ter sido enviada, um supervsior foi verificar os preparativos do evento. Quando o supervisor chegou, ele observou Kerri sentada na parte de trás do furgão, com os pés para o alto, lendo uma revista. O supervisor decidiu observá-la a distância. Após cerca de 20 minutos, Kerri não havia se movido. O supervisor retornou ao hotel e comunicou o fato ao gerente. Nem o supervisor nem o gerente chamaram a atenção de Kerri a respeito do incidente.

Na segunda-feira da manhã seguinte, o supervisor e o gerente entregaram a Kerri um aviso de rescisão do contrato de trabalho com base no "mau desempenho no trabalho, faltas

continua

Caso 9.3

excessivas e desleixo". Ela recebeu um salário final que incluía oito horas de trabalho naquele dia.

Como você considera que esse caso foi tratado pelo supervisor? E pelo gerente? Os conceitos de ação corretiva foram aplicados? Você julga que ha-

via justa causa para demitir Kerri? Por quê? Se esse caso fosse levado à Justiça sob a alegação de dispensa ilegal, em sua opinião, qual seria o veredicto? Que argumentos você apresentaria? De que modo, especificamente, você agiria caso fosse o supervisor de Kerri?

Fonte: Elaborado pela autora.

▌ Termos-chave

- ação corretiva
- ações disciplinares
- aconselhamento de desempenho
- alternativas para a ação corretiva
- ambiente hostil
- assédio sexual
- código de conduta
- contratação sujeita aos interesses da empresa
- demissão
- demissão ilegal
- disciplina positiva
- disciplina progressiva

- entrevista de saída
- Lei de Discriminação por Idade
- lista de verificação da saída do empregado
- métodos não punitivos
- pedido de demissão
- política disciplinar
- Programa de Ajuda ao Empregado (PAE)
- *quid pro quo*
- regras de conduta
- retenção negligente
- suspensão
- violência no local de trabalho

▌ Leituras recomendadas

AALBERTS, R. J. e SEIDMAN, L. H. "Sexual-harassment policies for the workplace – A tale of two companies". *The Cornell Quarterly*, v. 37, nº 3, 1996.

AARON, T. e DRY, E. "Sexual-harassment in the hospitality industry". *The Cornell H.R.A. Quarterly*, v. 33, nº 2, p. 93, 95, 1992.

BATTY, J. "Preventing sexual harassment in the restaurant". *Restaurants USA*, v. 13, nº 1, p. 30-34, 1993.

BENCIVENGA, D. "Dealing with the dark side: to avoid potential violence". *HR Magazine*, janeiro de 1999.

CARO, M. R. "The high cost of harassment". *Lodging*, v.16, nº 10, p. 54-64, 1991.

CAUDRON, S. "Target: HR". *Workforce*, v. 77, nº 8, p. 44-52, 1998.

DENALLI, J. "Exit interviews". *Restaurants USA*, v.10, nº 9, p. 33-34, 1990.

GODSEY, K. D. "Battle of the sexes". *Restaurant & Institutions*, v. 105, nº 6, p. 134-138, 1995.

HAMILTON, A. J. e VEGLAHN, P. A. "Sexual harassment: the hostile work environment". *The Cornell H.R.A. Quarterly*, v. 33, nº 2, p. 88-92, 1992.

JARIN, K. "New rules for same sex harassment". *HR Magazine*, 1998. Disponível em: www.shrm. org.hrmagazine/articles/0698new.htm. Acesso em 19 agosto 2013.

▌Sites recomendados

1. "Workplace violence: Nature of the problem". *USA Today Magazine.* Janeiro de 1997: Disponível em: www.wps.orgs/pubs/nature-of-the-problem.html. Acesso em 19 agosto 2013.
2. Prevenção de violência no local de trabalho: www.afscme.org/wrkplace/violtc.htm
3. Site of the day: Violência no local de trabalho – conscientização e prevenção: www.ifebp.org/resitbk.html
4. Legal Information Institute: Normas alternativas para a resolução de conflitos: www.law.cornell.edu/topics/state_statues.html
5. Dealing with workplace violence: a guide for agency planners. U.S. Office of Personnel Management (Escritório de Administração de Pessoal dos Estados Unidos): www.opm.gov/workplac/index.htm
6. Minnesota Center against Violence and Abuse (Centro de Minnesota contra a Violência e o Abuso): www.mincava.umn.edu/gbib.asp
7. Facts about sexual harassment (U.S. EEOC) (Comissão de Oportunidades Iguais de Emprego dos Estados Unidos): www.eeoc.gov/facts/fs-sex.html
8. Charts & Graphs: harassment on the rise? www.intellectualcapital.com/issues/98/0312/icchart.htm
9. Perguntas e respostas sobre assédio sexual: www.gsa.gov/eeo/dis6.htm

▌Notas

1. Equal Employment Opportunity. *Perguntas e respostas sobre assédio sexual.* Disponível em: www.gsa.gov/eeo/dis6.htm. Acesso em 19 agosto 2013.
2. Robert Lagow. "Court rulings expand definitions of sexual harassment". *HR News Online.* Disponível em: www.shrm.org/hrnews/articles/062698.htm. Acesso em 19 agosto 2013.
3. "Violence: Nº 2 cause of workplace death". *Occupational Hazards*, v. 58, nº 9, p. 15, 1996.
4. Ronald W. Taylor. "The Rocken-Sockem workplace". Disponível em: venable.com/wlu/rockem.htm. Acesso em 19 agosto 2013.
5. John Huberman. "Discipline without punishment". *Harvard Business Review*, v. 42, nº 4, p. 62, 1964.

▌Questões

1. Diferencie entre os direitos dos dirigentes e os direitos dos empregados nas organizações de Hospitalidade.
2. Relacione 20 possíveis códigos de conduta para uma operação de serviços de alimentação.
3. Defina a finalidade de uma política justa.
4. Identifique e descreva as duas formas de assédio sexual.
5. Descreva diversas ações que você pode empreender, como gerente responsável por Recursos Humanos, a fim de evitar o assédio sexual em sua organização.
6. Discuta a violência no local de trabalho e suas implicações no local de trabalho da Hospitalidade.
7. Quais são os fatores críticos para a implantação bem-sucedida de uma política disciplinar?
8. Relacione os passos na implantação do processo de ação corretiva. Explique brevemente cada passo com suas palavras.
9. Qual é a finalidade das ações corretivas em uma organização de Hospitalidade?
10. Identifique os problemas dos métodos disciplinares tradicionais.
11. Descreva a adoção do aconselhamento de desempenho como um meio alternativo no processo disciplinar. Qual é a meta do aconselhamento de desempenho?
12. Explique como a alternativa para a resolução de conflitos opera em um local de trabalho não sindicalizado.
13. Quando você efetiva procedimentos de demissão em uma organização de Hospitalidade?
14. Descreva como uma entrevista de saída pode ser benéfica para sua empresa.

15. Discuta duas maneiras diferentes pelas quais sua empresa poderia ser processada em um caso de dispensa ilegal iniciado por um dos empregados demitidos.
16. Quais são os itens mais importantes a serem lembrados ao se implantar a ação corretiva, o aconselhamento e/ou os procedimentos de rescisão?

Sistemas de remuneração

CAPÍTULO 10

Remuneração

A riqueza é o produto da capacidade do homem de pensar.
Ayn Rand

Não é o empregador que paga o SALÁRIO –
ele somente manuseia o dinheiro. É o PRODUTO (CLIENTE) que o paga.
Henry Ford

▍ INTRODUÇÃO

Um componente importante dos sistemas de remuneração criados para sua empresa de Hospitalidade abrange os planos de remuneração para os empregados horistas e mensalistas. Como já se verificou em cada uma das áreas funcionais de Recursos Humanos tratadas anteriormente, é importante que o plano de remuneração seja vinculado à declaração de missão e às metas organizacionais. Os aspectos específicos de seu plano de remuneração serão fundamentados em reflexões sobre os tipos de produtos e serviços oferecidos e se sua organização de Hospitalidade tem ou não fins lucrativos.

No entanto, os planos de remuneração precisam estar relacionados ao programa de benefícios de sua organização, para assegurar um relacionamento harmônico entre ambos. A variedade e a complexidade dos programas de benefício oferecidos pelas organizações de Hospitalidade continuam a se expandir. Os candidatos potenciais a emprego, com frequência cada vez maior, estão escolhendo a empresa de Hospitalidade específica, com base nos benefícios oferecidos mais que a remuneração em si. No "próximo capítulo", essa tendência provavelmente continuará.

Em virtude de todas as empresas prestadoras de serviços concorrerem pelo mesmo grupo de empregados qualificados e semiqualificados, as estruturas de remuneração estão se tornando mais inovadoras e competitivas no que se refere a métodos. Manter-se atualizado sobre as mudanças e inovações na administração desses programas passa a ser cada vez mais importante para seu sucesso pessoal como gerente responsável pelos recursos humanos.

Ao finalizar este capítulo, você será capaz de:

1. Compreender a importância do planejamento da remuneração para as práticas válidas de recursos humanos.
2. Distinguir entre pessoal isento e não isento.
3. Desenvolver um plano de remuneração para uma organização de Hospitalidade.
4. Planejar a avaliação de um cargo para uma organização de Hospitalidade.
5. Planejar uma pesquisa de remuneração externa.
6. Identificar os efeitos de uma negociação coletiva em seu plano de remuneração.
7. Explicar a filosofia por trás do debate gorjeta *versus* taxa de serviço.
8. Descrever o papel da remuneração como motivador no setor de serviços.
9. Discutir as vantagens e desvantagens de um plano de remuneração baseado em pagamento por desempenho.
10. Distinguir os vários tipos de programas de incentivo.
11. Manter-se a par dos temas legais relativos à remuneração em uma empresa prestadora de serviços.
12. Identificar as tendências e transformações no planejamento da remuneração.

■ FILOSOFIA DE TRABALHO DOS GERENTES E PLANEJAMENTO DA REMUNERAÇÃO NO SETOR DE HOSPITALIDADE

A criação de um plano de remuneração válido é fundamental para a credibilidade de sua equipe de dirigentes. O plano de remuneração traduz-se nas políticas e procedimentos usados para implantar e administrar o componente de remuneração de seu sistema de recompensa como um todo. É imperativo dedicar muito cuidado e reflexão ao **planejamento da remuneração**, pois nenhum outro plano em sua organização passará por exame tão minucioso para constatação de desigualdades na estrutura.

As políticas de remuneração desenvolvidas inicialmente determinam o precedente para todas as ações relativas a salários de horistas e mensalistas. Essas políticas e procedimentos servem de diretriz para a tomada de decisões dos gerentes operacionais. Nas grandes organizações de Hospitalidade, nas quais a tomada de decisões sobre remuneração se realiza em um grande número de níveis, essas políticas e esses procedimentos ajudam a assegurar coerência na implantação.

Além disso, o planejamento da remuneração envolve grande parte do orçamento operacional de sua organização de Hospitalidade. Os custos de mão de obra continuam a aumentar com a legislação, a qual aumenta o nível do salário mínimo. Para credibilidade dos dirigentes, melhor tomada de decisões e considerações orçamentárias válidas, o plano de remuneração (isto é, as políticas e os procedimentos) precisa ser cuidadosamente coordenado, comunicado, integrado e administrado para garantir coerência.

Este capítulo aborda práticas e políticas comumente adotadas no setor de Hospitalidade nos dias de hoje para estabelecimento de planos de remuneração justos. É importante lembrar que as políticas salariais baseiam-se em termos individuais nas próprias necessidades e nos objetivos operacionais de sua companhia. No entanto, para uma empresa de Hospitalidade ser bem-sucedida no planejamento da remuneração, é importante que todas as políticas e os procedimentos de remuneração sejam bem planejados, integralmente desenvolvidos e cuidadosamente articulados com as pessoas em sua organização.

■ SALÁRIO MÍNIMO E HORAS EXTRAS: QUEM DEVE RECEBER

É preciso obter um entendimento mútuo da terminologia adotada no restante deste capítulo. Observe que essa terminologia é empregada com a finalidade de explicar as diferentes estruturas que existem no setor de Hospitalidade. No contexto deste capítulo, **salário horário** é a remuneração paga aos empregados horistas, independentemente de serem não qualificados, semiqualificados ou qualificados. O **salário mensal** é pago aos empregados que trabalham como mensalistas. Embora provavelmente você pense nos dirigentes ao se referir aos mensalistas, no setor de Hospitalidade, nosso pessoal qualificado (como os *chefs*) também é remunerado frequentemente com um salário-base. E, com menos frequência, você deparará com gerentes remunerados por hora.

Os termos *remuneração* e *pagamento* serão usados genericamente e se referem às pessoas que trabalham em nossa organização. Definimos **remuneração** como o pagamento feito aos empregados no setor de Hospitalidade pela execução de trabalho ou a provisão de serviços. Em capítulos anteriores, usamos os termos horista e mensalista para distinguir entre dirigentes e os demais empregados. Embora essa distinção fosse suficiente para as questões já abordadas e as futuras, o tópico da remuneração exige uma terminologia específica.

Ao se estabelecer um plano de remuneração para seu pessoal, é importante, com fins de classificação nos termos da **Lei de Práticas Trabalhistas Justas**, não distinguir entre dirigentes e os demais empregados, mas de preferência entre pessoal isento e não isento. Esses termos originam-se da legislação norte-americana federal e estadual sobre salário mínimo e horas extras que definem especificamente as exigências legais que devem ser obedecidas, caso você pretenda excluir do pagamento de horas extras uma categoria de empregados.

Pessoal isento são os empregados para os quais, de acordo com a Seção 13 (a) (1) da lei de salário mínimo federal, não há obrigação de pagar horas extras. De acordo com a lei, todo empregado que ocupa um cargo de confiança executivo, administrativo ou profissional não se enquadra nos dispositivos da lei que exigem o pagamento de salário mínimo e de horas extras. Dizemos, portanto, que esses empregados estão isentos do recebimento de horas extras. Os empregados precisam obedecer a várias exigências ou testes para a isenção, os quais são especificados na lei antes de se presumir a isenção. As alterações são feitas periodicamente nos termos e nas condições específicas do status de isenção. Sugerimos, portanto, que você verifique no Escritório de Remuneração mais próximo as informações mais atualizadas sobre isenções específicas. **Pessoal não isento*** são os empregados que devem receber horas extras de acordo com os dispositivos aplicáveis da Lei de Práticas Trabalhistas Justas. Dizemos que esses empregados são não isentos e devem receber pelas horas extras trabalhadas.

∎ Responsabilidade pelas horas extras**

A entidade oficial responsável pela regulamentação das horas extras é o Departamento do Trabalho. As organizações de Hospitalidade, bem como outras organizações, algumas vezes têm dificuldade em distinguir entre empregados isentos e não isentos, pela complexidade dos dispositivos legais relativos às horas extras, o que muitas vezes pode conduzir à violação da lei sem conhecimento de causa. Em 1998, o Departamento do Trabalho dos Estados Unidos fez um levantamento e concluiu que as empresas pagaram US$ 120 milhões em salários retroativos e multas por violação dos dispositivos referentes a horas extras. Essas violações envolveram mais de 173 mil empregados.[1]

Em 1995, a Employment Policy Foundation (Fundação de Políticas de Emprego) estimou que o passivo referente ao pagamento retroativo para cada 1% da equipe de trabalho executiva classificada incorretamente como não isenta em vez de isenta foi de US$ 1,9 bilhão".[2] O Quadro 10.1 apresenta o desdobramento, por setor, da porcentagem de empregados que trabalham horas extras.

Conforme você pode observar*** no Quadro 10.1, o setor de serviços tem a segunda maior porcentagem de trabalhadores que recebem horas extras. Se os empregados tiverem direito de receber pelas horas extras e forem incorretamente classificados como isentos, terão direito a salários retroativos, a horas extras e, em alguns casos, a indenização. É importante que você, como gerente responsável pelos recursos humanos, compreenda as definições de empregados isentos e como essas definições aplicam-se especificamente à sua situação.

---

*N.R.T.: No que diz respeito à legislação trabalhista e funcionários isentos, a mesma sugestão dada pela autora quanto a consultar um escritório especializado é válida para o Brasil. Algumas empresas de Hospitalidade preferem contratar funcionários como pessoas jurídicas para cargos de gestão. São contratos que visam incentivar maior produtividade do gestor.

**N.R.T.: O leitor deve lembrar que o estudo refere-se às empresas norte-americanas. No Brasil, não temos a diferenciação entre empregados isentos e não isentos.

***N.R.T.: O leitor deve lembrar que o setor de serviços trabalha com períodos sazonais, em que existe uma oscilação da demanda.

Quadro 10.1 Porcentagem de horas extras por setor*			
Setor	Porcentagem de todos os trabalhadores com hora extra		Participação (e percentual de todos os trabalhadores com horas extras por setor
	Homens	Mulheres	
Agricultura	66,7%	33,3%	1,5%
Mineração/Construção	94,7%	05,3%	8,4%
Indústria	73,3%	26,7%	30,4%
Transporte	87,5%	12,5%	5,6%
Comunicação/Utilidades	83,3%	16,7%	2,7%
Comércio	67,8%	32,2%	19,1%
Bancos, instituições financeiras e empresas imobiliárias	51,2%	48,8%	2,7%
Serviços	39,3%	60,7%	24,5%
Administração pública	71,6%	28,4%	5,1%

Fonte: Employment Policy Foundation: Washington, D.C.
*N.R.T.: Embora as informações apresentadas neste quadro retratem uma realidade de outro país, há um comparativo em que o setor de serviços ocupa o 2º lugar na porcentagem de trabalhadores que recebem horas extras, seguido pelo setor de comércio. É importante lembrar que esses setores trabalham com a sazonalidade do mercado, então nem sempre hora extra é prejuízo.

■ CONSIDERAÇÕES SOBRE A CRIAÇÃO DE UM PLANO DE REMUNERAÇÃO

O plano de remuneração para sua organização de Hospitalidade precisa enquadrar-se no plano empresarial geral de recursos humanos. Deve-se iniciar com os objetivos, conforme ocorre na elaboração de qualquer plano de recursos humanos. Quais são os objetivos de seu plano de remuneração? Estes se originam diretamente da declaração da missão da empresa de Hospitalidade e das metas empresariais e financeiras da organização ou da unidade. Você também precisa levar em consideração o papel que o salário desempenha em seu sistema de remuneração global (Figura 10.1).

Pense por um momento a respeito daquilo que você consideraria serem alguns possíveis objetivos para um bom plano de remuneração. A satisfação no trabalho por parte de seus empregados seria um objetivo, do mesmo modo que uma redução no número de queixas, uma estrutura justa de remuneração, um sistema que reconheça os anos de casa e um plano que atraia candidatos para sua organização de Hospitalidade. Cada um desses objetivos poderia ser a base para uma política

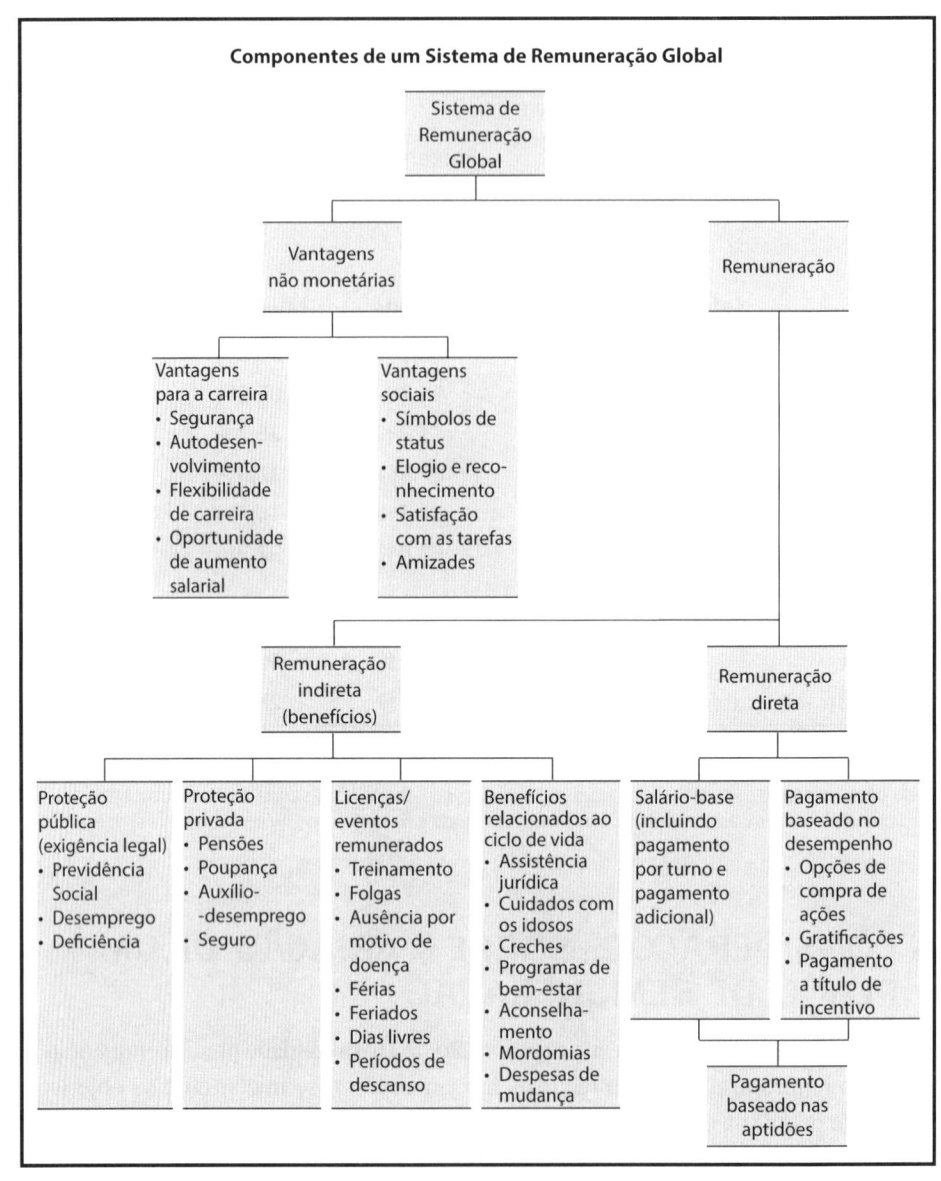

Figura 10.1 Componentes de um sistema de remuneração global. *Fonte:* Cortesia de Schuler, Randal S., Managing Human Resources, 6ª edição, South-Western College Publishing (ITP), 1998, página 487, Quadro 14.1.

ou um procedimento de remuneração; com isso queremos dizer que os objetivos de seu plano de remuneração são exclusivos à missão e às metas de sua operação.

Responda agora a outra pergunta. Do ponto de vista dos dirigentes, qual é, em sua opinião, o ponto mais importante na estrutura de remuneração interna de sua empresa de Hospitalidade? Na condição de gerente responsável pelos recursos humanos, espera-se que você ajude no controle dos custos de mão de obra. Práticas gerenciais válidas exigem que seus salários sejam competitivos, porém, não excessivamente. Se você pagar salários muito elevados, terá muita mão de obra disponível, porém seus custos aumentarão exageradamente. O que você fará para determinar o plano de remuneração para sua operação de Hospitalidade específica será determinado não apenas por fatores externos, mas também internos aos cargos.

Em sua opinião, qual a característica mais importante, do ponto de vista dos empregados, do plano de remuneração elaborado por você? Caso sua resposta seja que o plano é equitativo ou justo, você está absolutamente certo! Não há como impedir seus empregados de comparar a remuneração que recebem com a dos demais. E essa comparação ocorrerá não apenas entre os empregados em sua operação, mas igualmente com outras operações. Pense sobre o momento em que você será entrevistado para seu primeiro emprego após concluir a faculdade. Temos certeza de que você saberá os salários iniciais oferecidos pela maioria das outras empresas.

E faz parte do processo de tomada de decisões que você compare esses salários e, por fim, julgue se o que lhe estão oferecendo é justo. Você não aceitará a oferta caso a considere injusta.

Não existe nada que possa destruir com maior rapidez o moral de um grupo de empregados do que a crença de que a estrutura de remuneração é injusta. Essa crença se estabelecerá caso os empregados julguem que estão fazendo o mesmo trabalho (ou mais) do que outros que recebem um salário maior. Os empregados qualificados podem julgar a qualidade de seu trabalho superior à de outro trabalhador e que a estrutura de remuneração não levou em consideração o talento e a experiência que possuem. Caso essa atitude de desigualdade persista, ela permeará sua operação e resultará em moral baixo e maior índice de rotatividade. O Quadro 10.2 identifica as consequências de um plano de remuneração válido no setor de Hospitalidade.

Um dos aspectos que você precisa levar em conta no desenvolvimento de um plano de remuneração é o da equidade. Um aspecto externo a ser levado em conta envolve o conjunto da mão de obra disponível para cada nível de aptidão que seu empreendimento de Hospitalidade exige. Qual a concorrência existente para a mão de obra disponível? Os índices de desemprego reduzidos em algumas

Quadro 10.2 Resultado de um plano de remuneração no setor de Hospitalidade	
Meta:	**Resultados pretendidos:**
Reduzir as desigualdades salariais	Maior motivação
	Melhor desempenho no cargo
	Oportunidades de progresso
	Menor número de faltas
	Retenção de empregados
	Satisfação do empregado no cargo
	Atração dos melhores empregados
	Desenvolvimento da carreira
	Vantagem competitiva

Fonte: Elaborado pela autora.

áreas de mercado significam que os salários definidos precisam ser competitivos, a fim de que os procedimentos de recrutamento e seleção sejam eficazes. Qual o grau de atração de suas vagas em comparação ao restaurante, hotel ou salão de recepções na mesma rua em que se encontra sua empresa?

Um aspecto externo relacionado é o modo como sua companhia ou organização de Hospitalidade é vista como empregador. Sua empresa tem reputação de pagar salários baixos? A remuneração deve ser fixada em um nível suficientemente elevado para atrair as pessoas de que você necessita e assim mesmo permitir que a companhia possa cumprir seu orçamento de mão de obra. Embora o salário seja muito importante para atrair e reter empregados, não se esqueça de que ele deve ser considerado parte do sistema de remuneração global, que também inclui benefícios, possibilidade de progresso e qualidade do ambiente de trabalho. Um processo planejado para o progresso individual e o desenvolvimento da carreira por meio de promoções torna-se um componente integrado de um sistema de remuneração válido.

Aspectos internos na elaboração de um plano de remuneração justo incluem todo acordo de negociação coletiva existente, quer você estabeleça um único nível salarial, quer você estabeleça uma faixa de níveis salariais para cada cargo, e se e como o tempo de trabalho no cargo será recompensado. As necessidades e expectativas de seus empregados no "próximo capítulo" serão dinâmicas em vez de estáticas. Um plano de remuneração deve estimular seu pessoal a se empenhar para obter aumentos salariais por meio de um melhor desempenho. Vamos tratar mais adiante, neste capítulo, sobre outros aspectos da estratégia do pagamento por desempenho.*

No setor de Hospitalidade, o maior fator de custo é representado pelos salários. Os gerentes e os demais empregados têm grande interesse na existência de políticas e procedimentos de remuneração justos. Ter um plano de remuneração centralizado e uniforme representa simplesmente uma boa Administração de Recursos Humanos.

■ AVALIAÇÃO DO CARGO

Não existe um método único para determinar salários apropriados. As decisões agora dizem respeito a quanto você vai pagar aos empregados. Essas decisões devem levar em consideração a filosofia gerencial de remuneração e as considerações internas e externas tratadas previamente. Quais são os outros fatores importantes para a determinação dos salários no setor de Hospitalidade? De que modo você decide quanto pagar? Se você entrar em uma operação de Hospitalidade já existente, de que modo saberá se está pagando salários apropriados? Por que é necessário estabelecer uma escala salarial?

Uma estrutura salarial definida o ajudará a conter os custos de mão de obra e a administrar o plano de remuneração. Na realidade, você já obteve as informações

---

*N.R.T.: No Brasil, está cada vez mais comum envolver toda a equipe dos hotéis no objetivo da empresa. Assim, quando as metas são atingidas, todos recebem uma gratificação. É o conceito de Participação nos Resultados.

de que precisa para iniciar o processo de determinação de salários. A análise lhe proporcionou informações sobre o conteúdo do cargo que passamos então a usar para redigir suas descrições e especificações. Essas informações são utilizadas em uma avaliação para classificar e estabelecer uma hierarquia de cargos.

O processo de avaliação examina as relações dos salários internos de uma organização. Definimos a **avaliação do cargo** como um processo sistemático que avalia os relacionamentos existentes entre os cargos em uma organização de Hospitalidade, a fim de fornecer um conjunto de critérios que os diferenciem com fins de definição salarial.

A avaliação do cargo ajuda a estabelecer que cargos devem ter maior remuneração no âmbito da organização de Hospitalidade, e o auxilia a manter a equidade interna dos salários correspondentes às diversas posições.

No processo, não analisamos o nível de desempenho do empregado, mas sim as obrigações e responsabilidades associadas a cada cargo em sua operação de Hospitalidade. Isso se aplica à avaliação do cargo em que as informações da análise o ajudam, como gerente responsável pelos recursos humanos, a classificá-lo por famílias de cargos, de modo que um salário possa ser atribuído a cada nível aplicável a um cargo. Em algumas organizações de Hospitalidade, são adotadas faixas salariais em vez de um salário por cargo. Nesse estágio, no entanto, não estamos tentando determinar qual deveria ser o valor efetivo da remuneração de um empregado ao longo dessa faixa.

▋ Pesquisas salariais

O valor pago, sem as deduções, a um empregado para exercer um cargo específico é conhecido como **salário-base**. Discutimos anteriormente uma das considerações externas ao se elaborar um plano de remuneração: sua concorrência. As pesquisas externas são conduzidas para assegurar a competitividade de sua estrutura de remuneração. Pesquisas salariais na área local proporcionam-lhe informações a respeito dos salários para o segmento específico do setor de Hospitalidade que lhe interessa. Esses dados lhe permitem determinar a posição competitiva de seus salários em comparação ao nível de remuneração oferecido por outras empresas para cargos comparáveis.

A fim de atrair e reter as pessoas de que sua operação necessita, é importante conhecer os salários que as outras empresas pagam para cargos similares. Se sua estrutura salarial for muito baixa, a insatisfação dos empregados pode resultar em um índice de rotatividade elevado, um excesso de iniciativas de recrutamento e custos elevados de orientação e treinamento. Para maximizar os benefícios de uma pesquisa salarial, você precisa determinar inicialmente se suas operações realmente são comparáveis à operação pesquisada. Isso inclui um exame das obrigações do empregado. Se os lavadores de pratos recebem US$ 8 por hora, você precisa conhecer o que é exigido pela descrição de cargo desses empregados. Um segundo aspecto é a avaliação do sistema de remuneração global, inclusive os benefícios oferecidos por seus concorrentes. Sua operação de Hospitalidade pode ser eficaz em atrair e reter empregados como resultado do conjunto de benefícios que você oferece, muito embora seus níveis salariais sejam um pouco inferiores.

Você deve considerar as operações de Hospitalidade competitivas se:

♦ elas se encontram geograficamente próximas (embora os cargos de direção sejam competitivos em escala nacional);
♦ fornecem produtos e serviços similares;
♦ atraem empregados de sua operação.

■ Pontuação do cargo

O primeiro passo para se determinar o valor de cada cargo é a sua pontuação. Após as descrições serem feitas, eles podem ser comparados e avaliados entre si. A **pontuação do cargo** pode ser definida como um método para estabelecer uma hierarquia de cargos, por meio de uma comparação do seu conteúdo. Para tanto, os cargos são classificados quanto a fatores remuneráveis obtidos pela análise: o nível de aptidão exigido, as responsabilidades do cargo, os esforços, as condições de trabalho e as exigências do cargo, tais como formação educacional e experiência anterior de trabalho. Esses fatores remuneráveis lhe permitem classificá-los, colocando um cargo em um nível (ou atribuindo uma pontuação) mais elevado(a) do que outro na hierarquia.

O julgamento feito por você e sua equipe gerencial determina quais os fatores remuneráveis que posicionam um cargo em um ponto mais elevado da escala hierárquica. A filosofia, a declaração da missão e as metas organizacionais também influenciam os fatores que têm maior peso que os demais. É importante reconhecer que não existe um único conjunto de fatores, mas sim um grupo destes que variam de importância individual relativa à contribuição que oferece para o sucesso global de sua operação específica. Assim como as declarações de missão de cada empreendimento de Hospitalidade, também varia a importância dos diversos fatores remuneráveis utilizados na classificação dos cargos no interior da organização. Se você puder distinguir entre os aspectos importantes e os triviais de um cargo, o resultado é um meio pelo qual os cargos em sua organização de Hospitalidade podem ser comparados.

Vamos usar uma descrição de cargo para um garçom e identificar os fatores remuneráveis que seriam relevantes para um restaurante:

Nível de aptidão/Exigências do cargo
- Escolaridade
- Experiência
- Treinamento requerido
- Conhecimento de materiais e processos
- Julgamento e iniciativa
- Tempo necessário para aprender o trabalho

Esforço
- Concentração
- Esforço físico
- Fadiga física

Responsabilidades do cargo
- Monetária
- Métodos e procedimentos
- Contato com clientes
- Relações públicas
- Cooperação
- Segurança
- Supervisão de pessoal
- Grau de confiança
- Coordenação
- Sistema para comandar

Condições de trabalho
- Perigo do equipamento
- Calor
- Turno

Lembre-se de que nosso processo de avaliação envolve o trabalho de um garçom e não uma pessoa específica que esteja ocupando o cargo. Para cada um de nossos fatores remuneráveis, precisamos determinar uma escala padrão. Vamos examinar dois dos fatores de remuneração relacionados ao nível de aptidão e ver como podem ser aplicados.

Escolaridade:

Não concluiu o ensino médio	5 pontos
Concluiu o ensino médio	15 pontos
Cursou um período na faculdade	20 pontos
Graduado	25 pontos
Concluiu o mestrado	30 pontos

Tempo necessário para aprender o trabalho:

0-1 semana	5 pontos
2-3 semanas	10 pontos
4-8 semanas	15 pontos
9-26 semanas	20 pontos
27-52 semanas	25 pontos
1-2 anos	30 pontos

O cargo de garçom que avaliamos exige diploma de ensino médio, igual a 15 pontos, e 2-3 semanas para aprender o trabalho, o que significa 10 pontos. Essa soma de pontos precisa ser feita para cada um dos outros fatores remuneráveis, de modo que obtenha um número total de pontos para o cargo de garçom em nosso restaurante.

As organizações de Hospitalidade utilizam frequentemente o método para a avaliação dos cargos, que os classifica segundo uma pontuação, tornando-se a base para a administração da remuneração. Após os cargos serem pontuados de acordo com os fatores remuneráveis que acabamos de apresentar, cada cargo na organização é classificado em um nível de pontuação. O resultado é representado por conjuntos ou famílias de cargos, cada um com seu próprio nível de pontuação que permanece constante para toda a organização.

Os procedimentos de análise estatística podem ser utilizados para a pontuação dos cargos. Após um sistema ser definido, os dados históricos de sua operação de Hospitalidade podem ser utilizados para atualizar a pontuação à medida que as alterações operacionais se refletirem nas descrições de cargo. Com o auxílio de um computador, as técnicas estatísticas eliminam uma parte da subjetividade associada aos métodos tradicionais de pontuação e, portanto, garantem relações salariais internas equitativas entre os cargos. E conforme abordamos adiante, a equidade é fundamental para melhorar as relações humanas e para usar a remuneração como uma ferramenta motivacional na Administração de Recursos Humanos.

▌ Valor do cargo

O próximo passo na avaliação do cargo (após a pontuação deste) é o valor do cargo. Definimos **valor do cargo** como um método para fixar a faixa salarial ou a base de pagamento para cada ponto. As decisões agora precisam ser tomadas para determinar o que sua organização está disposta a pagar por cada nível de pontuação. O valor de um cargo é determinado por diversas variáveis, que incluem as informações sobre o cargo obtidas com o processo de pontuação do cargo, os dados do mercado de trabalho externo levantados em suas pesquisas salariais locais e todos os acordos de negociação coletiva pelos quais sua organização de Hospitalidade pode orientar-se. Você agora precisa estabelecer salários suficientemente atraentes para motivar pessoal qualificado e assegurar-lhes, ao mesmo tempo, uma estrutura de remuneração interna justa, a fim de maximizar a retenção.

O que você precisa levar em consideração quando determina as diferenças salariais no âmbito de sua operação de Hospitalidade? A determinação dos diferentes salários constitui uma decisão dos dirigentes de Recursos Humanos. Uma de suas decisões inclui onde você deseja se posicionar em relação à estrutura de remuneração em sua comunidade. Você deseja pagar salários maiores do que a concorrência para atrair empregados que trabalham para seus concorrentes? Que tipo de imagem de relações públicas você deseja em relação à remuneração? A competitividade do mercado, a qualidade dos empregados disponíveis e sua necessidade de pessoal qualificado para sua operação de Hospitalidade formam a base para determinar o salário inicial e os níveis salariais. Todas essas decisões precisam levar em conta o efeito de todos os acordos de negociação com uma compreensão integral dos aspectos legais e das leis referentes à administração da remuneração.

O tipo de pessoas que contratamos no setor de Hospitalidade é tão importante para o sucesso de nossa operação quanto o trabalho que elas executam. O Quadro 10.3 identifica algumas das características das pessoas que podem afetar o nível ou o valor do salário para perfis específicos. Nosso setor tem reconhecido particularmente o compromisso de seu pessoal com a organização de Hospitalidade e a área em geral. Isso se reflete nos planos de remuneração que levam em conta a experiência anterior na área e o tempo de serviço. A Hospitalidade orgulha-se de ser um setor preocupado com seus funcionários e de oferecer oportunidades de progresso e avanço na carreira.

Em virtude de o número de candidatos a emprego nos Estados Unidos ainda ser reduzido, seus planos de remuneração terão de ser inovados para atender às necessidades de longo prazo de seu pessoal. No setor de Hospitalidade, as estruturas de remuneração refletem a crença da organização de que, na contratação do empregado, é preciso levar em conta quais serão as habilidades e contribuições a longo prazo dessa pessoa para a operação, em vez do que ela de fato pode fazer no dia em que é contratada.

Quais outras práticas existentes no setor de Hospitalidade com relação às diferenças salariais? Um fator pode ser o segmento específico do setor de Hospitalidade no qual você estará trabalhando. Outra diferença relaciona-se ao departamento específico em que estão seus empregados, e nestes há diferenças, já tratadas, inerentes aos próprios cargos. E, mesmo entre os empregados que ocupam o mesmo cargo, há diferenças baseadas no tempo de serviço no setor, na companhia, no histórico de desempenho pessoal, nas condições de trabalho e se os empregados são filiados a um sindicato. Talvez o turno da recepção que engloba o horário entre meia-noite e 8 horas seja mais bem remunerado do que os turnos diurnos mais preferidos. Ou o atendente noturno em um restaurante que opera 24 horas receba um salário maior para compensar as gorjetas menores e um ambiente de trabalho menos agradável.

Como vimos, os planos e as políticas de remuneração dependem grandemente da análise e das descrições de cargos examinadas no Capítulo 3. Proporcionar equidade externa e interna em sua estrutura salarial constitui um componente vital de suas funções como gerente de Recursos Humanos. Para que sua estrutura salarial

---

Quadro 10.3 Características do pessoal contratado que podem afetar o nível de remuneração

- Nível de aptidões
- Escolaridade
- Tempo de serviço ou posição elevada (compromisso com o setor e a organização)
- Experiência

Fonte: Elaborado pela autora.

seja aceita, os resultados de seu processo de avaliação de cargos precisam ser comunicados claramente aos empregados em todos os níveis de seu empreendimento de Hospitalidade. A administração justa do programa de remuneração é igualmente importante.

◼ EFEITOS DO DISSÍDIO COLETIVO

Uma empresa cujos empregados são sindicalizados exige que você, como gerente de Recursos Humanos, conheça integralmente todos os acordos de negociação coletiva. As condições relativas à determinação e aos aumentos de salário e os programas do tipo de incentivos são, geralmente, muito específicos. É de sua responsabilidade conduzir todo o planejamento da remuneração, levando em conta a estrutura definida por esses acordos.

Em virtude de a equidade de sua estrutura de remuneração ser uma das principais preocupações do sindicato, os representantes sindicais algumas vezes estarão dispostos a auxiliar no processo de avaliação dos cargos. Diversas condições que poderiam incentivar o interesse dos empregados nos sindicatos encontram-se vinculadas à remuneração. Essas condições incluem salários injustos, salários inapropriados para o trabalho executado, percepção dos empregados de que não existe flexibilidade ou incentivos para sua capacidade de remuneração, benefícios inadequados e empregados que julgam não ser reconhecidos por seu desempenho no cargo. Esse perfil das condições relacionadas à remuneração mostra novamente a importância e o valor da tomada de decisões válidas a respeito da remuneração.

◼ GORJETA OU TAXA DE SERVIÇO?

As gorjetas que nosso pessoal recebe constituem uma tradição de longa data em nosso setor nos Estados Unidos. Os atendentes recebem menos que o salário mínimo estipulado na Lei de Práticas Trabalhistas Justas, porque a diferença é compensada pelas gorjetas recebidas.* Uma **gorjeta** é uma gratificação oferecida por um cliente ao empregado. Esse procedimento é muito diferente do que acontece no setor de Hospitalidade em muitos países europeus, onde é comum uma taxa de serviço ser acrescentada à sua conta. Uma **taxa de serviço** é um valor agregado pelo empregador à conta do cliente, normalmente uma porcentagem fixa do total da conta.

---

*N.R.T.: A questão da gorjeta ou taxa de serviço funciona nos mesmos moldes da prática norte-americana. A verdade é que existe uma constante discussão entre empregadores e funcionários, sindicatos e empresas sobre essa temática. Atualmente no Brasil existe o Projeto de Lei nº 57/2010, que visa regulamentar as gorjetas em bares, restaurantes, hotéis, motéis e estabelecimentos similares. Para saber mais sobre o assunto, consulte http://www.fohb.com.br/fohb_news.php. As entidades do setor, como Fórum de Operadores Hoteleiros do Brasil (Fohb), Associação Brasileira da Indústria Hoteleira (ABIH) e Federação Brasileira de Hospedagem e Alimentação (FBHA) emitem opiniões diversas sobre a emenda e sugerem modificações e possibilidades de negociações com sindicatos. O leitor interessado deve acompanhar as notícias nos sites das entidades: www.fbha.com.br, www.fohb.com.br e www.abih.com.br.

Os defensores do sistema de taxa de serviço argumentam que por muito tempo nosso setor tem permitido que nossos clientes remunerem os garçons em vez de pagar-lhes o salário justo. É verdade que historicamente nenhum outro setor de serviços valeu-se das gorjetas para remunerar seus empregados. Embora a teoria das gorjetas pressuponha que elas devam ser um reconhecimento pelo bom serviço, há muito perderam essa característica, pois os clientes rotineiramente deixam gorjetas com pouca ou nenhuma consideração pela qualidade do serviço prestado.

De acordo com a lei norte-americana, quando as organizações de Hospitalidade instituem um sistema de taxa de serviço em suas operações, esse valor é considerado parte da receita bruta da empresa. Nesses termos, ele pode ser usado pelo empregador para pagar qualquer despesa da operação, inclusive para o salário mínimo integral dos garçons. O argumento em favor do sistema de taxa de serviço afirma que, se desejamos tratar nossos empregados como profissionais, então é chegada a hora de começar a pagar-lhes um salário profissional.

Uma gorjeta, de acordo com a definição proposta em 1959 pela Internal Revenue Service (Secretaria da Receita Federal), deve ser oferecida voluntariamente pelo cliente. Além disso, ele precisa ter o direito de determinar o valor e a quem será paga. Nenhum desses fatores pode ser determinado pela política da companhia. Aqueles que são a favor de adotar o sistema de gorjetas acreditam que esse sistema reconhece, com as gratificações mais elevadas, os empregados que prestam o melhor serviço. Nesse caso, o sistema de gorjetas serve para motivar os empregados a vender mais produtos e a prestar serviços melhores.

Nas operações de Hospitalidade que usam o sistema de gorjetas, a divisão dos valores recebidos entre os empregados varia entre as companhias e entre as operações. Algumas empresas permitem que os empregados que receberam a gorjeta a mantenham inteiramente para si; algumas políticas adotadas por empresas exigem agrupar e dividir todas as gorjetas no fim do turno designado. Mesmo os procedimentos para dividir as gorjetas variam. Essas políticas são legais desde que o empregado que recebeu as gorjetas não precise dividi-las com os empregados que de modo regular e costumeiro não participam dos acertos para agrupar essas gorjetas, conforme é o caso dos *chefs* e dos lavadores de pratos.

As decisões em relação às políticas e aos procedimentos quanto às gorjetas em sua operação de Hospitalidade refletem sua própria filosofia como gerente responsável por Recursos Humanos. É importante reconhecer que as políticas estabelecidas irão se tornar parte integrante de seu plano de remuneração global.

O setor de Hospitalidade não é conhecido historicamente por pagar salários elevados. Uma parte dessa reputação origina-se das condições de trabalho indesejáveis sob a forma de trabalho noturno, nos fins de semana e nos feriados. Reconheçamos, escolhemos uma carreira em um setor que se empenha em trabalhar mais enquanto os outros se divertem. Os níveis salariais devem ser revistos periodicamente, a fim de se manterem competitivos com outros setores prestadores de serviços que competem pelas mesmas pessoas. A companhia para a qual você trabalha, ou da qual é proprietário, deseja ser vista como um bom empregador? A percepção que a comunidade tem de sua operação e do setor de Hospitalidade como empregador reflete-se nas políticas e procedimentos de remuneração que você elaborar.

■ REMUNERAÇÃO COMO UMA FERRAMENTA MOTIVACIONAL?

Você acredita que o dinheiro seja um motivador para as pessoas que o procuram? O salário pode ser eficaz como ferramenta motivacional? Você trabalharia mesmo se não necessitasse de dinheiro? Historicamente, nos Estados Unidos, a maior parte das pessoas responderia afirmativamente a essa pergunta.[3] Portanto, se o dinheiro não é a principal razão pela qual você trabalha, o que o motiva? Cada um indubitavelmente responde de modo diferente, assim, uma discussão sobre a teoria da remuneração como ferramenta motivacional torna-se tão complexa. Após as necessidades básicas individuais de cada um de nós serem atendidas, não existe somente uma fonte de satisfação pela qual todos seremos motivados.

A habilidade de compreender o modo como as pessoas se comportam e de motivá-las de maneira específica são duas qualidades gerenciais inter-relacionadas, essenciais para a administração eficaz dos recursos humanos. O processo de fixação de metas pode ser relacionado diretamente às teorias motivacionais. O estabelecimento de metas enfatiza a importância de investir os recursos físicos e mentais de uma pessoa nas áreas com maior potencial de retorno. Portanto, quanto mais claramente uma meta e seus retornos forem visualizados, maior sua atração motivacional. Isso também se aplica a todos os empregados, independentemente de onde se situem na hierarquia dos cargos.

A premissa básica de nossa discussão relativa à remuneração como um motivador é que nosso plano de remuneração satisfaz as necessidades básicas de alimento, habitação e vestuário que Maslow identifica em sua Hierarquia de Necessidades. Quando essas necessidades não são atendidas, a remuneração se torna, de acordo com Hertzberg, um fator desmotivador no local de trabalho. A teoria de Hertzberg afirma que o salário não é um fator motivacional, mas sim um fator higiênico ou de manutenção. De acordo com essas teorias sobre motivação e outras encontradas na literatura sobre o assunto, o valor motivacional do dinheiro pode mudar após as necessidades básicas de uma pessoa serem satisfeitas. Em virtude de os seres humanos possuírem um modo de redefinir continuamente suas necessidades, a possibilidade de o dinheiro vir a motivar é, em certo grau, uma questão do valor envolvido e do salário que o empregado já recebe. Portanto, embora algumas pessoas sejam altamente motivadas a trabalhar por dinheiro, outros fatores de reconhecimento, como levar em conta os anos de casa, poderiam ser mais incentivadores para outros empregados em nossas operações de Hospitalidade.

Nos planos de remuneração tradicionais, usando a técnica de avaliação de cargos apresentada anteriormente, cargos iguais em geral são posicionados na mesma faixa salarial ou recebem a mesma pontuação. Em tais sistemas, o nível de pontuação do cargo e a atribuição deste a um empregado constituem a base para a determinação do salário. O fator determinante do salário foi estabelecido pelo mercado de trabalho e por quanto o cargo valia em comparação a todos os demais cargos na empresa de Hospitalidade. No "próximo capítulo", você será confrontado por algumas alternativas a essa visão tradicional do planejamento da remuneração. O conceito de **pagamento por desempenho** inclui uma variedade de planos de incentivo individuais e coletivos, como participação nos ganhos, comissões, gratificações, participação nos lucros e planos de aquisição de ações pelos empregados. Esses são alguns planos de remuneração inovadores adotados por outros setores. O setor da Hospitalidade no momento se volta para algumas dessas ideias. Vamos examinar os principais elementos em cada um desses conceitos.

■ PAGAMENTO POR DESEMPENHO

Algumas das práticas há muito adotadas nas estruturas de remuneração no setor de Hospitalidade se modificarão à medida que os empregados continuarem a se tornar cada vez menos numerosos. Historicamente, os salários foram estruturados para remunerar com os maiores salários os empregados com os maiores níveis de aptidão. Muitas vezes, determinou-se que o nível de aptidão exigido pelo cargo era mais importante (isto é, um salário maior) do que a contribuição específica para o cumprimento dos objetivos da operação. No "próximo capítulo", haverá menos disparidade de remuneração entre empregados não qualificados, semiqualificados e qualificados. O nível de desempenho será mais importante do que o nível de aptidão.

As organizações de Hospitalidade estão tentando desenvolver métodos para determinar quem deve ou não ser reconhecido, a fim de motivar ou reter os empregados valiosos. Muitos desses programas têm por fundamento basear a remuneração no nível de desempenho que cada pessoa consegue com o valor desse nível de desempenho para o sucesso global do empreendimento de Hospitalidade. Os empregados que mais contribuem para o cumprimento das metas organizacionais e dos objetivos operacionais recebem o maior salário; os que não realizam uma contribuição significativa para o sucesso da organização obtêm um reconhecimento proporcionalmente menor.

É nos planos de remuneração baseados em pagamento por desempenho que o salário exerce sua maior influência como motivador. As pessoas normalmente apreciam conhecer aquilo que podem esperar em relação ao nível de seus esforços, a fim de receber um reconhecimento desejado. Os pagamentos por mérito servem para motivar o desempenho ao satisfazer as necessidades de nosso empregado que se relacionam ao trabalho.

Para que a remuneração seja eficaz como motivador, seus empregados precisam acreditar que um bom desempenho conduzirá a um maior salário e, ao mesmo tempo, que níveis mínimos não serão premiados. Com muita frequência, nos planos de remuneração tradicionais, os empregados percebem que ninguém reconhece o esforço adicional e que mesmo níveis de desempenho sofríveis receberão a mesma porcentagem de aumento salarial a cada ano. Isso dependerá de seu orçamento para aumentos por mérito e da capacidade dos dirigentes de distinguirem ou não entre o bom e o mau desempenho e proporcionar o aumento devido.

Um sistema de pagamento por desempenho baseia-se nas metas estabelecidas, criadas para serem desafiadoras, porém realizáveis. Nesse caso, assumir o risco é incentivado por meio de um processo de avaliação não punitivo, baseado em medidas de desempenho quantitativas e qualitativas. Esse método tende a fomentar a criatividade e o espírito de equipe entre o pessoal. Além disso, constatou-se que tais programas elevam os níveis de produtividade. Embora seja interessante para a maioria das pessoas acreditar que seu salário está vinculado diretamente a seu desempenho, pode haver problemas para a implantação dos planos de pagamento por desempenho. O maior obstáculo para a maioria das organizações de Hospitalidade, especialmente aquelas com diversos níveis gerenciais descentralizados, é a dificuldade de vincular de modo preciso e objetivo o valor da remuneração ao desempenho. Além disso, os planos de pagamento por desempenho precisam ser claramente comunicados a seus empregados, do contrário, perdem a eficácia.

Vamos examinar agora alguns planos de remuneração que levam em consideração o desempenho no cargo e observar como cada um deles difere no método de basear o salário nas realizações mensuráveis dos empregados.

∎ Programas individuais e coletivos de incentivo salarial

Os **planos de incentivo** relacionam aumentos na remuneração a melhores desempenhos, tomando-se por base um conjunto de critérios ou padrões estabelecidos em uma iniciativa para remunerar diretamente o desempenho acima da média. Os padrões podem basear-se na redução de tempo de execução de uma tarefa, no volume de vendas gerado, na redução do número de copos e pratos quebrados, em melhores serviços aos clientes ou em melhores níveis de segurança. Nas operações de produção da Hospitalidade, como as cozinhas operadas durante voos, pode-se estabelecer um plano baseado em cada viagem.

Para que um programa de incentivo seja eficaz, é necessário que se baseie somente no desempenho e que exista uma relação clara entre o que os empregados produzem e o que recebem pela produção. Todas as pessoas apreciam reconhecimento por um trabalho bem-feito. Iniciado na infância, esse padrão de comportamento foi rapidamente aprendido: sabíamos ter feito algo certo e tínhamos direito a um reconhecimento sob a forma de doce, abraço ou elogio. O reconhecimento vinha imediatamente após o desempenho.

Um número crescente de companhias de Hospitalidade está reavaliando seus programas de remuneração, visando à melhor utilização dos planos de incentivo em seu sistema de remuneração global. Em um estudo realizado no fim da década de 1990, nos Estados Unidos, constatou-se que entre 40% e 70% das principais corporações tinham algum tipo de plano de incentivo* em vigor como parte do programa de remuneração.[4] Esses planos precisam ser elaborados com clareza. A ideia básica desses incentivos é que as pessoas terão bom desempenho quando forem recompensadas e não terão bom desempenho quando não forem recompensadas. Portanto, é garantir que os incentivos a serem desenvolvidos fiquem atrelados a seus planos estratégicos de Recursos Humanos e resultados dos negócios.

Constatou-se que os programas de incentivo individual exerciam um maior efeito motivacional sobre o desempenho do que os programas de incentivo coletivo. Isso ocorre pelo fato de estar nesses programas o reconhecimento vinculado ao desempenho do grupo, em vez de aos esforços individuais. Quanto maior o grupo, menos motivador torna-se o programa de incentivos. Os programas de incentivo coletivo ajudam no desenvolvimento da cooperação e do trabalho em equipe no âmbito de sua organização de Hospitalidade. Os prós e os contras dos programas de incentivo individual e coletivo terão de ser cuidadosamente analisados à luz das metas de sua organização.

Existe uma grande variedade de planos de incentivo que podem ser implantados em sua organização de Hospitalidade. Eles poderiam incluir concursos, prêmios de distinção/reconhecimento (bons índices de segurança), lembranças, objetos, incentivos de viagem (o menor número de peças de louça quebradas em tempo especificado), folgas, comissões ou gratificações, participação nos lucros, participação nos ganhos e planos de aquisição de ações. Vamos tratar agora brevemente de algumas dessas opções com as quais talvez você não esteja familiarizado.

▌ Planos de comissão

Os **planos de comissão** relacionam o salário diretamente ao volume de vendas gerado. Em um plano de comissão direto, seus empregados devem vender, ou não serão remunerados. No setor de Hospitalidade, uma modificação do plano de comissão tradicional pode ser adotada para relacionar a remuneração ao desempenho. Por exemplo, seus garçons poderiam receber uma porcentagem das vendas totais de vinhos ou de sobremesas que geram ao longo de um período de tempo especificado. Precisamos apenas usar a imaginação a fim de incluir um maior número de empregados na categoria de vendedores.

▌ Planos de gratificação

Os **planos de gratificação** ou de valores únicos são oferecidos regularmente aos empregados que atingem um alto nível de desempenho. É importante que esse nível seja mensurável e que a meta de desempenho tenha a concordância do empregador e do

---

*N.R.T.: Independentemente do país ou empresa, quando se trata de motivação de equipes, plano de incentivos, metas e objetivos, a realidade é a mesma. Apresente um plano com objetivo atingível e um prêmio desejado, e as pessoas ficarão motivadas. Não importa quais são os objetivos traçados pela empresa; o gestor da equipe pode agregar pequenos planos semanais para incentivar o bom andamento da equipe, e, assim, atingir a meta do departamento. Por exemplo, para incentivar o departamento de Governança, a camareira destaque da semana pode ganhar um serviço de manicure.

empregado. Esses planos podem ser usados no setor de Hospitalidade, em vez do aumento anual adotado no planejamento de remuneração tradicional. A mensagem transmitida ao se concederem gratificações é muito diferente da transmitida pelo aumento de salário anual. Cada um dos empregados espera aumentos salariais, independentemente do nível de desempenho que eles mantiveram durante o ano. As gratificações, atribuídas por se alcançarem certos níveis de desempenho específicos, indicam a seu pessoal que níveis baixos não serão aceitos em sua organização de Hospitalidade, o que produz o efeito de reduzir o conflito criado por aumentos gerais. Esses aumentos na realidade penalizam aqueles que demonstram um desempenho elevado e geram exaustão e frustração quando as contribuições dos empregados para o sucesso da organização passam despercebidas. As gratificações permitem que o empregado excepcional maximize seus rendimentos, enquanto o salário daqueles que não se desempenham tão bem permanece inalterado.

▌ Participação nos lucros

A **participação nos lucros** é um programa em que os empregados recebem no fim do ano uma parte do lucro da companhia de Hospitalidade. Se os lucros aumentarem por meio da contribuição de todos os empregados, então todos recebem a participação. A distribuição desses lucros pode ser atribuída na aposentadoria do empregado ou anualmente. O fator motivacional na participação nos lucros significa que os empregados irão tornar-se mais conscientes do efeito que seu desempenho exerce sobre o lucro e, portanto, serão motivados a trabalhar visando ao sucesso da organização de Hospitalidade. Para que isso ocorra, seu pessoal precisa ser conscientizado a respeito de como seu desempenho individual pode afetar os lucros.

▌ Participação nos ganhos

A **participação nos ganhos** constitui um método mais sofisticado de participação nos lucros, usado como um plano de incentivo coletivo em vez de individual. A implantação nos ganhos distribui uma parte do lucro da companhia com base na contribuição de grupos de empregados específicos para o cumprimento de objetivos definidos especificamente. A implantação da participação nos ganhos pode contribuir para uma atmosfera de trabalho em equipe no interior da organização de Hospitalidade.

▌ Planos de aquisição de ações

Os **planos de aquisição de ações** são oferecidos aos empregados por algumas corporações como a Marriott e a Motorola. Um plano de aquisição de ações dá ao empregado a opção de adquirir ações da companhia para a qual trabalha. As diretrizes específicas para a compra das ações variam entre elas. A ideia nesses planos é de que eles dão a seus empregados a possibilidade de se tornarem acionistas da empresa, melhorando desse modo os níveis de desempenho, aumentando a lealdade e auxiliando no desenvolvimento de um espírito de trabalho em equipe.

▌Resumo

A ideia de pagar pela contribuição individual à organização de Hospitalidade, em vez de simplesmente pelo tempo de serviço, está no cerne do sistema de remuneração de pagamento por desempenho. Esse sistema é mais eficaz quando maiores esforços podem ser relacionados diretamente a um melhor desempenho. Embora se deva tomar cuidado para se elaborarem padrões de desempenho objetivos, o ambiente de trabalho da Hospitalidade oferece inúmeras ocasiões para que esse sistema seja usado com sucesso. Os efeitos motivacionais desses planos – moral mais alto e melhor comunicação – constituem vantagens em um sistema bem administrado e bem implantado. Eles também se tornam ferramentas importantes em relação a nossos esforços contínuos para atrair e reter o pessoal.

Os programas de incentivo foram criados com o objetivo de motivar o pessoal a atingir novos níveis de produção e eficiência na prestação de serviços. No entanto, isoladamente eles não tornam excelentes os empregados. Esses programas, para serem eficazes, precisam ser comunicados claramente, para que todas as pessoas afetadas compreendam as oportunidades que eles proporcionam a seu progresso financeiro. Seus empregados sabem qual o desempenho premiado com uma remuneração adicional? Os programas de incentivo são mais bem-sucedidos quando o empregado identifica de imediato a relação entre seu trabalho e o reconhecimento dele. Seja qual for o programa de incentivo a ser utilizado, ele precisa ser administrado de modo preciso, com uma avaliação objetiva dos níveis de desempenho, para manter a equidade de seu plano de remuneração.

▣ ASPECTOS LEGAIS DA ADMINISTRAÇÃO DA REMUNERAÇÃO*

O processo de tomada de decisões adotado no planejamento da remuneração é rigorosamente controlado pelas regulamentações federal e estadual norte-americana. Compete a você analisar as leis estaduais apropriadas aplicáveis ao local de sua organização de Hospitalidade. Discutimos a seguir as leis federais que afetam a tomada de decisões relativas a remuneração.

▌Lei de Práticas Trabalhistas Justas

A Lei de Práticas Trabalhistas Justas é um amplo diploma legal de âmbito federal que abrange informações e regulamentação, versando sobre as áreas de remuneração a seguir.

---

*N.R.T.: Aspectos referentes à legislação norte-americana. Consulte o anexo no fim do livro, que fala sobre o sindicato e as leis trabalhistas no Brasil.

- ♦ Lei federal do salário mínimo.
- ♦ Refeições dos empregados e créditos para refeições.
- ♦ Equiparação salarial.
- ♦ Maternidade.
- ♦ Horas extras.
- ♦ Gorjetas, crédito por gorjetas e procedimentos para a divisão das gorjetas.
- ♦ Uniforme e manutenção do uniforme.
- ♦ Manutenção de registros.
- ♦ Empregados isentos e não isentos.

Essa lei foi promulgada inicialmente em 1938 e alterada diversas vezes, com a finalidade de aumentar o salário mínimo e ampliar os grupos de empregados cobertos pela lei. Exceções ao salário mínimo são permitidas em muitas situações específicas, inclusive circunstâncias relacionadas a empregados que recebem gorjeta.

Horas compensadas são uma consequência de dispositivos da Lei de Práticas Trabalhistas Justas a respeito de horas extras. O uso de práticas relativas a horas compensadas tem sido comum no setor de Hospitalidade, no qual a natureza do negócio exige turnos com duração superior a oito horas e algumas semanas com mais de 40 horas de trabalho. Oferecem-se então as horas compensadas para esses empregados, em vez de pagar-lhes horas extras. Geralmente isso ocorre por iniciativa voluntária. Por exemplo, o restaurante para o qual você trabalha tem mais movimento em um sábado à tarde e você solicita a um de seus atendentes para que trabalhe um turno duplo. Caso o empregado concorde, você lhe promete um dia extra de folga na semana seguinte. Muito embora o turno duplo faça com que esse empregado trabalhe mais de 40 horas na semana, você oferece uma compensação, concedendo à pessoa um dia extra de folga na semana seguinte.

O problema com essa situação é que, de acordo com a Lei de Práticas Trabalhistas Justas, você cometeu uma infração ao não pagar as horas extras. As horas extras que seu atendente trabalhou na primeira semana não podem ser compensadas por um número menor de horas de trabalho na segunda semana. Proceder desse modo constitui uma prática perigosa. Se um empregado comunicar essa política à Divisão de Salário e Horas de Trabalho do Departamento do Trabalho, você terá de pagar horas extras (com acréscimo de 50% sobre a hora normal) para todas as horas trabalhadas que excederem 40 horas em uma semana (essa regulamentação é diferente na Califórnia). As horas extras, no entanto, não são pagas pelas horas trabalhadas que excederem oito em determinado dia.

Os dispositivos da Lei de Práticas Trabalhistas Justas referentes às horas compensadas são muito específicos. Verifique com um assessor jurídico se suas políticas estão de acordo com as exigências legais.

▮ Lei de Equiparação Salarial de 1963

A **Lei de Equiparação Salarial** foi aprovada para proibir as empresas de pagar salários diferentes para homens e mulheres. Os cargos que requerem o mesmo nível de aptidão, esforço, responsabilidade e condições de trabalho devem ter remuneração idêntica.[5] Os sistemas que levam em conta o número de anos de trabalho na empresa ou sistemas de pagamento por desempenho podem resultar, sob o aspecto legal, em escalas de pagamento diferenciadas mesmo que as aptidões e as responsabilidades sejam as mesmas. Todos os empregados cobertos pela Lei de Práticas Trabalhistas Justas também são protegidos pela Lei de Remuneração Igual, fiscalizada pela Equal Employment Opportunity Commission. Muito embora a Lei de Equiparação Salarial estipule que a remuneração não deve discriminar entre homens e mulheres, ainda existe um diferencial de salários entre os sexos.

▮ Valor comparável

No início da década de 1960, havia uma pressão por "pagamento igual por trabalho igual". A aprovação da Lei de Equiparação Salarial em 1963 e um ano mais tarde da Lei de Direitos Civis foi uma resposta às práticas discriminatórias que existiam naquela ocasião nos Estados Unidos. O setor de Hospitalidade, que historicamente vinha sendo dominado por empregados brancos do sexo masculino, não constituiu exceção. Durante os anos 1980, o slogan se alterou para "pagamento igual por valor comparável" e, embora ainda não esteja coberto por alguma lei, continua a provocar debates acalorados. Os proponentes do **valor comparável** julgam que os cargos devam ser igualmente remunerados caso contribuam de modo idêntico para o sucesso da organização. Cargos de valor igual são considerados de valor comparável para a organização.

▮ A Lei de Direitos Civis de 1964

A **Lei de Direitos Civis de 1964** contém os Títulos I a VII. O Título VII, que estabeleceu a Equal Employment Opportunity Commission, disciplina certo número de elementos relacionados a remuneração. O Título VII torna ilegal a um empregador discriminar no que se refere a contratação, remuneração, condições, privilégios ou termos de emprego "sob os aspectos de raça, cor, credo, sexo ou nacionalidade".

▮ Decreto nº 11.246

Embora o **Decreto nº 11.246** não seja propriamente um instrumento legal, foi uma ordem emitida em 1965 no governo do presidente Lyndon Johnson. Esse decreto instituiu programas de ação afirmativa para todos os empregados cobertos por seus dispositivos (empreiteiros/fornecedores e subempreiteiros do governo com dez ou mais empregados e contratos de valor igual ou superior a US$ 10 mil).

Os empregadores que se enquadram nesses critérios estão sujeitos à análise do Office of Federal Contract Compliance Programs (Escritório dos Programas de Conformidade dos Contratos Federais) e, caso considerados culpados por discriminação na remuneração, estarão sujeitos ao pagamento de salários anteriores com juros.

■ Lei de Discriminação por Idade de 1967

Do mesmo modo que o Título VII proíbe a discriminação por raça, cor, credo, sexo ou nacionalidade, a **Lei de Discriminação por Idade de 1967** proíbe práticas discriminatórias no emprego por idade para pessoas entre 40 e 69 anos. A EEOC é o órgão que administra essa lei. Uma alteração dessa lei, efetivada em 1978, aumentou o limite de idade dos programas de aposentadoria obrigatória de 65 para 70 anos. Os custos de mão de obra aumentarão para as organizações de Hospitalidade que têm um grupo de recursos humanos com mais idade e, portanto, com maior remuneração.

■ Diversos aspectos legais

Existem muitas limitações legais impostas às companhias de Hospitalidade pela legislação já apresentada. Existe também a Lei de Previdência Social de 1935, que exige contribuições dos empregadores, bem como dos empregados, para o plano. Normalmente, esses valores precisam ser pagos ao menos a cada três meses.

Deve-se analisar minuciosamente a legislação estadual em vigor nos Estados norte-americanos em que sua empresa detém responsabilidade por uma operação de Hospitalidade. Remuneração, leis de seguro-desemprego, leis antidiscriminatórias e até padrões de salário mínimo podem diferir significativamente daquilo que a legislação federal exige.

■ TENDÊNCIAS NO PLANEJAMENTO DA REMUNERAÇÃO

O planejamento da remuneração tornou-se uma das principais funções de recursos humanos. Abordagens e métodos estão se tornando ferramentas inovadoras para ajudá-lo a atrair as pessoas de que você necessita em todos os níveis em sua organização de Hospitalidade. Identificamos cinco tendências que devem ser de seu conhecimento quando entrar para o setor de Hospitalidade:

1. Seus empregados não se encontram mais dispostos a sacrificar o tempo de folga de que dispõem para trabalhar durante muitas horas extras. Isso se relaciona diretamente ao tema de trabalho e família que discutiremos em detalhe no Capítulo 11.
2. Seu plano de remuneração terá de ser flexível, e não rígido, para aceitar as alterações de atitudes e de aspectos demográficos.

E no Brasil?

Segundo a teoria da hierarquia das necessidades de Maslow, as necessidades dividem-se em primárias (fisiológicas e de segurança) e secundárias (sociais, de valorização e autorrealização). Para que a empresa de Hospitalidade elabore um plano de remuneração bem-sucedido, é preciso ter em mente que as pessoas têm diferentes níveis de necessidades e que a remuneração deve, da melhor forma possível, atender às necessidades de seus funcionários. Não basta seguir a lei ou o acordo coletivo da categoria, é necessário conhecer as necessidades do profissional.

Ao contrário do que se imagina, a remuneração salarial não é um dos maiores fatores de retenção do bom profissional. Os benefícios agregados ao salário compõem o conjunto responsável pela retenção do bom funcionário.

Nas empresas brasileiras de Hospitalidade, temos os seguintes exemplos:
- Plano de participação de resultados.
- Plano de aposentadoria privada.
- Seguro de vida familiar.
- Seguro de viagem.
- Auxílio-moradia.
- Auxílio-escola.

A maioria dos hotéis, até pouco tempo, incluía em seus benefícios o tradicional vale-transporte, assistência médica e refeição. Hoje, com a crescente competição, os estabelecimentos estão mais atentos às necessidades dos funcionários e oferecem uma variedade maior de benefícios, mas este ainda é um cenário em construção.

Empresas relacionadas aos setores de Turismo e Hospitalidade vivenciam um momento favorável no Brasil, impulsionadas por grandes eventos sediados em 2013 – Copa das Confederações, que ocorreu em território nacional, e Jornada Mundial da Juventude,

no Rio de Janeiro. Além da expectativa para os que vão acontecer em território brasileiro, como Copa do Mundo, em 2014, e Jogos Olímpicos, em 2016.

Segundo pesquisa da BSH Travel Research, os investimentos no Brasil em hóteis e resorts chegarão até 2014 em R$ 7,3 bilhões, com a construção de 198 empreendimentos novos que devem gerar 31 mil postos de trabalho.

O preenchimento da maioria desses postos não exige mão de obra altamente qualificada. Contudo, a gestão dos empreendimentos e do pessoal exige gestores dotados de diferentes qualidades e, sobretudo, a capacidade de lidar com pessoas em todas as esferas: clientes externos, os hóspedes; e clientes internos, os funcionários.

Segundo José Ozanir, gerente-geral do Bourbon Atibaia Convention & Spa Resort, a Rede Bourbon adota ações a fim de garantir a satisfação de seus funcionários e buscar inovações e soluções para administrar a gestão de pessoas com muita transparência, sustentabilidade e harmonia. "Temos a Escola Bourbon de Hotelaria, investimos em treinamentos técnicos e comportamentais que promovem a capacitação e a real possibilidade de crescimento na empresa. A atenção e o cuidado com nossos funcionários são essenciais para manter a motivação e o orgulho em trabalhar na rede. Nos resorts, promovemos semanas de qualidade de vida, prevenção, meio ambiente, festa para filhos de funcionários no dia das crianças, festa bimestral para eleger o funcionário destaque, entre outras campanhas motivacionais.

Temos o programa Fale Francamente, que é nossa Pesquisa de Clima, na qual ouvimos nossos funcionários e implantamos ações, a fim de humanizar

continua

E no Brasil?

as relações no trabalho, valorizar o colaborador e cumprir nossa missão de garantir a plena satisfação de clientes, funcionários e investidores com lucratividade."

No panorama que se apresenta, alguns desafios merecem destaque. Para o mercado, o grande desafio no momento é o de *construir gestores*, na mesma velocidade que se constrói hotéis. Para as universidades, a provocação existe em aproximar o estudante da realidade a ser vivenciada, sem deixar de educá-lo. Mesmo que isso implique perder alguns alunos para outros cursos.

Algumas redes já apresentam seus próprios programas de trainnees. Espe-

cialização é importante, mas não é tudo. Nesse sentido, muitos jovens buscam a qualificação, mas sem experiência alguma, e, quando partem para o mercado, reclamam que a remuneração não condiz com o grau de conhecimento.

Outros, que possuem uma visão mais real e conseguem aliar conhecimento à prática, desistem ou se frustram, quando, ao término da universidade e já ocupando posições de chefia com salários compatíveis, não visualizam uma perspectiva de crescimento gradual ou mesmo um plano de carreira.

A boa notícia é que o mercado está repleto de desafios e oportunidades. Novas ideias e soluções criativas são sempre bem-vindas.

Revisão e adaptação de Simone Sansiviero.

Fonte: INVESTIMENTOS NO BRASIL: HOTÉIS & RESORTS – 2011 – Disponível em: <http://www.bshinternational.com/TravelResearch>. Acesso em: 21 setembro 2013

Entrevista concedida por DA ROSA, José Ozanir Castilhos (gerente-geral do Bourbon Hotéis & Resorts). [setembro 2013]. Entrevistador: Simone Sansiviero. São Paulo, 2013.

3. À medida que a remuneração estiver mais relacionada ao nível de desempenho e/ou à contribuição da pessoa para o empreendimento de Hospitalidade, as ferramentas para medir os padrões de desempenho e os níveis de contribuição irão tornar-se mais confiáveis e mais amplamente disponíveis. O uso crescente de computadores no local de trabalho para processar dados ajudará na evolução.

4. À medida que o setor de Hospitalidade tornar-se mais global e as companhias expandirem seus mercados pelos Estados Unidos, os planos de remuneração terão de levar em conta a remuneração global em oposição à remuneração em escala nacional.

5. As mudanças nos programas de remuneração aumentarão a possibilidade de os empregados horistas ganharem mais que seus supervisores. As empresas terão de preocupar-se com o efeito que essa ocorrência terá nos relacionamentos tradicionais subordinado-supervisor, à medida que for reduzido o número de níveis salariais no plano de remuneração.

■ ADMINISTRAÇÃO DA REMUNERAÇÃO NO SETOR DE HOSPITALIDADE

O sucesso de um plano de remuneração reside em sua credibilidade e no grau de perfeição com que é mantido à medida que o empreendimento e o setor de Hospitalidade se transformam e crescem. Até o momento neste capítulo, você obteve sucesso em criar um plano equitativo, baseado em descrições de cargos bem elaboradas. Todas as suas políticas de remuneração devem ser formalizadas em um manual escrito e divulgadas a todos os empregados. No entanto, feito isso, não significa que você possa esquecer o componente de remuneração do sistema de remuneração global. Pelo contrário, todos os elementos de seu sistema de remuneração precisam de atenção constante, a fim de manter a eficácia para atrair e reter as melhores pessoas disponíveis.

Para que o plano de remuneração, bem como a gratificação, o pagamento por mérito e outros programas de incentivo instituídos em sua operação de Hospitalidade entrem em vigor como instrumentos motivacionais, eles precisam ser comunicados constantemente a seus empregados. Após a contratação dos empregados e sua adaptação à rotina do cargo, eles terão de ser lembrados a respeito das oportunidades que seu plano de remuneração lhes proporciona. Promova as vantagens que são oferecidas e dê a seus empregados tempo para refletir sobre os incentivos que procuram conquistar.

Se um empregado foi reconhecido, aproveite a oportunidade de efetuar a premiação onde os demais empregados possam cumprimentá-lo. Isso não apenas dá ao trabalhador que recebeu a premiação a possibilidade de ser reconhecido por sua contribuição, mas também permite que os outros sejam lembrados de que os prêmios podem ser conquistados por eles.

O grau de autonomia que você terá em sua tomada de decisões sobre a remuneração dependerá do tamanho da organização de Hospitalidade para a qual você está trabalhando. Em grandes organizações, existirá um departamento de remuneração com o pessoal cuja função consiste em administrar o plano de remuneração. Em organizações muito grandes, esses departamentos incluirão pessoas especializadas em remuneração. Esses profissionais podem ou não ter trabalhado anteriormente em um empreendimento de Hospitalidade, porém, desenvolveram capacitação nas áreas de remuneração, benefícios, planos de pensão, análise de cargos e sistemas de incentivo. Nessas grandes empresas, os profissionais trabalham com os gerentes de linha para cumprir os objetivos de remuneração do empreendimento.

Em organizações de Hospitalidade menores, a administração e a tomada de decisões cabem ao gerente-geral do restaurante ou do hotel. Isso incluiria decisões relativas ao processo de avaliação de cargos que já discutimos neste capítulo, bem como decisões a respeito de mudanças em qualquer das estruturas de preço estabelecidas. As pesquisas salariais devem ser conduzidas periodicamente (sugerimos que a frequência mínima seja anual, embora alterações significativas no mercado de mão de obra local possam exigir uma revisão mais frequente), a fim de assegurar que a estrutura de remuneração de sua organização de Hospitalidade permaneça competitiva. Caso isso não ocorra, você se defrontará com a perda de seus empregados mais valiosos, por causa dos salários mais elevados pagos por operações de Hospitalidade que atuam na vizinhança. Os ajustes de aumento do custo de vida são proporcionados por algumas operações de Hospitalidade para compensar os efeitos da inflação na economia dos Estados Unidos.

Em virtude de sua organização de Hospitalidade ser dinâmica e não estática, ela aumenta de tamanho, ou talvez se torne até menor. Os cargos no âmbito de sua operação sofrem uma alteração similar. A reavaliação dos cargos deve ser conduzida para levar em consideração as mudanças que se refletirão nas descrições de cargos. Nenhuma das ferramentas de recursos humanos que lhe descrevemos é imutável a ponto de nunca ser alterada.

À medida que as mudanças na estrutura salarial influenciam o desenvolvimento e o recrutamento de recursos humanos, a administração da remuneração constitui uma atividade vital de recursos humanos. Em virtude de os empregados se tornarem escassos no setor de serviços, a manutenção de níveis salariais competitivos será um grande desafio a ser enfrentado no "próximo capítulo".

■ CONCLUSÃO

O desenvolvimento, a implantação e a administração da remuneração nas organizações de Hospitalidade representam atividades vitais da Administração de Recursos Humanos. A satisfação de sua equipe de trabalho e, em essência, o sucesso ou o fracasso da operação dependem em grande parte de um plano de remuneração equitativo que atraia e retenha pessoas qualificadas pela declaração da missão do empreendimento de Hospitalidade. No "próximo capítulo", as transformações contínuas no mercado de trabalho desempenharão um papel importante na determinação do relacionamento entre a hierarquia dos cargos e a estrutura salarial. A remuneração ainda é usada para satisfazer nossas necessidades físicas básicas, mas também nos ajuda a reconhecer nossos empregados com mais talentos e nos permite ter a habilidade de oferecer-lhes um senso de realização, independentemente das funções executadas para nós na operação de Hospitalidade. É muito difícil para esse tipo de organização manter todos os seus empregados felizes e satisfeitos; por esse motivo, nossa seleção de benefícios está direcionada para satisfazer as necessidades deles. De todos os reconhecimentos que uma organização pode dar a seus empregados, os salários são os mais visíveis.

Caso você fosse elaborar o plano de remuneração ideal para sua organização de Hospitalidade, o que você gostaria de oferecer?

- ♦ Salários competitivos que atraíssem pessoas qualificadas e competentes.
- ♦ Reconhecimento pelo tempo de serviço na empresa que incentivaria a retenção dos empregados.

- Incentivo promocional que motivasse seu pessoal a se interessar pelas oportunidades que sua organização de Hospitalidade pode oferecer.
- Reconhecimento pelo trabalho de qualidade para mostrar a todos os empregados que sua organização busca a excelência dos bens e serviços que fornece.
- Sistema equitativo que todos os empregados considerem justo.
- Procedimentos que permitem um método uniforme para lidar com as mudanças na remuneração, tendo em vista manter a integridade do sistema de remuneração.
- Método eficaz para controlar os custos de remuneração. Isso, na realidade, baseia-se na capacidade de sua organização de pagar salários.

Vamos agora voltar nossa atenção ao parceiro do salário no sistema de remuneração: os benefícios.

Caso 10.1

Você é o gerente de recursos humanos de um hotel localizado na Carolina do Sul, com 90 apartamentos, com empregados não sindicalizados. O empreendimento possui um restaurante tipo lanchonete, com cardápio limitado, que não inclui bebidas alcoólicas. Não existe outro hotel suficientemente próximo em sua área geográfica para competir com o seu por clientes e empregados. O mercado de trabalho na área é muito competitivo, com desemprego a um nível reduzido de 5,7%. O menor salário que você paga a um empregado horista é de US$ 7,70 por hora. Ninguém na área trabalhará por menos.

Historicamente, você nunca relacionou a remuneração diretamente a avaliações de desempenho ou a níveis de produtividade. Você julga que, na atual situação do mercado de trabalho, seria benéfico um plano de remuneração baseado em pagamento por desempenho (para empregados não isentos). A gerente-geral, no entanto, não está muito entusiasmada. Ela considera que você terá algumas dificuldades ao mudar para um plano de pagamento por desempenho e que os problemas serão maiores que os benefícios.

De que modo você convencerá a gerente-geral de que um plano de pagamento por desempenho será vantajoso? Preveja as dificuldades que ela possa ter, identifique-as e desenvolva soluções para cada uma delas. Prepare um plano de transição de duas páginas para apresentar à gerente-geral, visando à implantação a curto prazo de um sistema de pagamento por desempenho.

Assegure-se de que seu plano cubra qualquer dificuldade potencial que seus empregados possam ter.

Fonte: Elaborado pela autora.

Caso 10.2

Você é muito favorável ao acréscimo de uma taxa de serviço a toda conta de um cliente. Você considera que a gorjeta não é um método eficaz de remuneração para os empregados que servem os clientes. Você é o gerente de alimentos e bebidas de um restaurante com capacidade para 300 pessoas. Trata-se de uma rede com 10 estabelecimentos localizados no litoral. Os dois proprietários da rede de restaurantes resistem veementemente à ideia de implantar um sistema de taxa de serviço, pois acreditam que o sistema de gorjetas é preferível. A rede existe há seis anos e adota no momento um sistema de gorjetas. A única exceção é uma taxa de serviço de 20%, acrescentada a jantares servidos para 20 ou mais pessoas. Esses grupos de pessoas são avisados a respeito dessa política no momento da reserva.

Como você convencerá os dois proprietários de que o sistema de taxa de serviço é a tendência do futuro? Prepare um relatório escrito de três páginas que você lhes apresentará para convencê-los a mudar do sistema atual para o de gorjetas. Exponha as ideias de forma lógica e completa.

OU assuma a posição dos proprietários e prepare um relatório escrito que convencerá o gerente dessa operação de que o sistema de gorjetas deveria prevalecer. Exponha as ideias de forma lógica e completa. (O fato de eles serem os donos da operação não significa que sejam ditadores quando se trata de estabelecer políticas operacionais.)

Fonte: Elaborado pela autora.

Caso 10.3

Utilizando a operação de Hospitalidade que você preparou para o Caso 10.1, elabore um relatório de três páginas, argumentando a favor ou contra a remuneração como ferramenta motivacional. Seja específico, usando diversos tipos de planos de incentivo individuais e coletivos como exemplos.

Fonte: Elaborado pela autora.

■ Termos-chave

- avaliação do cargo
- Decreto nº 11.246
- gorjeta
- horas compensadas
- Lei de Discriminação por Idade, de 1967
- Lei de Equiparação Salarial
- Lei de Práticas Trabalhistas Justas
- pagamento por desempenho
- participação nos ganhos
- participação nos lucros
- pessoal isento
- pessoal não isento

- planejamento da remuneração
- plano de comissão
- plano de gratificações
- plano de incentivo
- planos de aquisição de ações
- pontuação do cargo
- remuneração
- salário
- salário-base
- taxa de serviço
- valor comparável
- valor do cargo

■ Leituras recomendadas

AVERY, M. "HR pay growth accelerates". *HR Magazine*, 1998. Disponível em: www.shrm.org/hrmagazine/articles/1198avery.htm. Acesso em 19 agosto 2013.

BORTOLUS, D. "HR systems: A bridge for linking payroll data to the general ledger". *HR Magazine*, janeiro de 1999.

DINGMAN, H. B. e DINGMAN, D. R. "Compensation survey: GMs make little progress in base pay". *The Cornell Quarterly*, v. 36, nº 5, p. 27-29.

FOX, F. J. "Do-it-yourself HRMS evaluations". *HR Magazine*, 1998. Disponível em: www.shrm.org/hrmagazine/articles/0898hrm.htm. Acesso em 19 agosto 2013.

FRAZEE, V. "Is the balance sheet right for your expats?". *Global Workforce*, v. 3, nº 5, p. 19-26. 1998.

GOULD, C. "What's the latest in global compensation?". *Global Workforce*, v. 2, nº 3, p. 17-21, 1997.

HARLAN, S. L. e BERHEIDE, C. W. *Barriers to workplace advancement experienced by women in low-paying occupations.* Albany, N.Y.: Center for Women in Government, 1994.

HAWK, E. J. "Culture and rewards: a balancing act". *Personnel Journal*, v. 74, nº 4, p. 30-37, 1995

HAYS, S. "Pros & cons of pay for performance". *Workforce*, v. 78, nº 2, p. 68-73, 1999.

LAABS, J. "What goes down when minimum wages go up?". *Workforce*, v. 77, nº 8, p. 54-59, 1998.

LOYSK, B. "Rewarding work". *Restaurants USA*, v. 17, nº 9, p. 9-12, 1977.

MARCUS, S. H. e SZPEKMAN, A. H. "Compensation strategies that improve employee morale". *Solutions.* Disponível em: www.bcsolutionsmag.com/online/compensation_employee_morale.htm. Acesso em 19 agosto 2013.

SUNOO, B. P. "Overtime abuse: you could be guilty". *Workforce*, v. 78, nº 2, p. 40-51, 1999.

WAGNER, K. "Gratuitous behavior; Here's a tip for restauranteurs: before you cut into your waitstaff's wages, check state regulations". *Denver Westword*, 4 de junho de 1998.

WAMSER, P. "Pay growth reflects HR's shift to a strategic roll". *HR Magazine*, novembro de 1996.

■ Sites recomendados

1. Aspectos básicos das horas extras: ahlberg-cpa.com/basovrt.htm
2. Salário médio anual por Estado e setor: stats.bls.gov/news.release/annpay.nws.htm
3. American Compensation Association (Associação Norte-Americana de Remuneração): www.acaonline.org
4. Assessoria da Lei de Práticas Trabalhistas Justas – Divisão de Salário e Horas de Trabalho: www.dol.gov/elaws/flsa.htm

5. Economic Research Institute – www.erieri.com/SurveySources/Canada
6. Elevação do salário mínimo: Fato e falácia: www.epf.org

▮ Notas

1. B. P. Sunoo. "Overtime abuse: you could be guilty". *Workforce* 78, fevereiro de 1999, p. 40-51.
2. Idem.
3. David W. Belcher. "Toward a behavioral science theory of wages". *In* M. S. Wortman (org.). *Creative personnel management: readings in industrial relations.* Boston: Allyn and Bacon, Inc., 1969, p. 202-218.
4. Jennifer Laabs. "Line managers can make (or break) incentives programs". *Workforce* 78, fevereiro de 1999, p. 80-83.
5. Departamento do Trabalho dos Estados Unidos. "Equal Pay". *WHD Publication 1320*, Washington, DC: Government Printing Office, 1974.

▮ Questões

1. Descreva o processo envolvido no planejamento da remuneração.
2. Qual é a característica mais importante de um plano de remuneração?
3. Explique os conceitos de equiparações salariais externa e interna.
4. Relacione os resultados pretendidos por um plano de remuneração válido.
5. Descreva o processo de avaliação de cargos. Relacione diversos exemplos de fatores remuneráveis importantes para a pontuação de cargos em sua organização de Hospitalidade.
6. Apresente um argumento resumido para a adoção dos sistemas de taxa de serviço ou de gorjeta.
7. Descreva como uma organização de Hospitalidade pode elaborar um plano de remuneração baseado no pagamento por desempenho. Como isso difere dos planos de remuneração tradicionais?
8. Em sua opinião, o salário pode motivar o desempenho no setor de Hospitalidade? Por quê? Identifique alguns dos incentivos de remuneração que um empregador na área de Hospitalidade poderia oferecer-lhe a ponto de motivá-lo pessoalmente ter um desempenho em um nível elevado.
9. Distinga os seguintes programas de incentivo: gratificações, participação nos lucros e participação nos ganhos. Por que cada um desses programas poderia deixar de motivar um melhor desempenho?
10. Qual é o principal foco da Lei de Práticas Trabalhistas Justas? Discuta a legalidade das horas compensadas.
11. Identifique os problemas potenciais na administração da remuneração nas organizações de Hospitalidade.

Benefícios

*A qualidade dos empregados será diretamente proporcional
à qualidade de vida que você lhes oferece.*
Charles E. Bryan

Torne-se responsável por um padrão mais elevado do que esperam de você.
Henry Ward Beecher

Garçom, não achei uma mosca em minha sopa!
Caco, o Sapo

∎ INTRODUÇÃO

Os benefícios são os parceiros da remuneração para se obter um sistema equitativo, atrativo e competitivo. Eles estão se alterando rapidamente, conforme ocorre com todas as funções de recursos humanos de que tratamos até agora. O desafio do **planejamento de benefícios** consiste em elaborar um programa que possa atender às necessidades e aos desejos da nova força de trabalho. E, de modo idêntico a Caco, o Sapo, as necessidades e os desejos podem ser muito individualizados, dependendo das próprias circunstâncias da vida pessoal de cada empregado. Essa é uma área em que você está limitado apenas por sua criatividade e seus recursos no tocante aos tipos de programas a serem desenvolvidos para satisfazer as necessidades das pessoas em sua organização de Hospitalidade específica. O custo associado aos vários tipos de programas de benefícios que você pode selecionar varia de muito acessível a muito oneroso. Independentemente do tamanho da operação pela qual é responsável, você terá um grande número de opções, das quais poderá selecionar aquela que não está além das possibilidades de sua organização.

O conceito de **benefícios flexíveis** representa uma tendência contínua no planejamento de benefícios. Nesses programas, sua função como gerente de recursos humanos será selecionar um **pacote de benefícios**, uma variedade de planos de benefícios dos quais seus empregados podem selecionar o que mais se ajusta a suas necessidades pessoais.

Ao finalizar este capítulo, você será capaz de:

1. Descrever a contribuição que o programa de benefícios trará para o sistema de remuneração global em sua organização de Hospitalidade.
2. Compreender a importância dos temas de trabalho e família para o planejamento de benefícios.
3. Diferenciar entre benefícios, incentivos, remuneração e programas de ajuda ao empregado.
4. Compreender os efeitos contínuos dos aspectos demográficos no planejamento dos benefícios.
5. Distinguir os diferentes tipos de planos de benefícios disponíveis.
6. Descrever os dispositivos da Lei de Licença Médica e Familiar e como podem influenciar a solicitação de um empregado para uma licença.
7. Selecionar entre uma vasta gama de tipos diferentes de benefícios para um programa em uma organização de Hospitalidade.
8. Saber como planejar um programa de benefícios para uma organização de Hospitalidade.
9. Ter conhecimento da legislação que afeta o planejamento dos benefícios.
10. Descrever o conceito do programa de benefícios flexíveis, inclusive suas vantagens e desvantagens.

■ O PAPEL DOS BENEFÍCIOS

Os benefícios são um componente complementar e gratuito do sistema de remuneração global que você elabora para sua organização de Hospitalidade. Na maioria dos casos, o sistema de remuneração já existe quando você entra para uma organização, e sua tarefa como gerente responsável pelos recursos humanos será comunicar, controlar e administrar eficazmente o programa. Se, no entanto, em sua posição estiver encarregado de elaborar um programa de benefícios, você também precisará de algumas informações sobre o planejamento e a implantação desse programa.

Neste capítulo, você terá de considerar-se um gerente de benefícios. Conforme você verá, a finalidade do planejamento de benefícios consiste na expansão e mudança, a fim de atender às necessidades de uma nova força de trabalho. À medida que a força de trabalho tornar-se mais diversificada culturalmente e contratarmos candidatos a emprego pertencentes a outros grupos, os benefícios que oferecemos continuarão a tornar-se mais complexos. Pais solteiros e famílias com duas fontes de renda têm necessidades diferentes em relação ao conjunto de benefícios; empregados mais idosos e mais jovens possuem expectativas diferentes de seu trabalho; mulheres e homens muitas vezes têm visões diferentes do trabalho.

Grande parte da volatilidade na área de benefícios deve-se à posição em constante mudança do governo relativamente aos benefícios, o que se reflete na variedade de leis e regulamentos propostos e aprovados. Uma simples solicitação de licença feita por um empregado pode ter implicações de acordo com a Lei de Proteção aos Norte-Americanos com Deficiência, a **Lei de Licença Médica e Familiar** e/ou as leis de **Remuneração do Trabalhador**. E, no caso de a organização de Hospitalidade ser submetida a um acordo de negociação coletiva, a solicitação de uma licença pode ser mais complicada. Tudo isso em complemento às políticas de sua companhia no tocante a doenças e acidentes. A sobreposição de leis nessa área, bem como a oferta de outros benefícios, significa que alguém na organização precisa estar atualizado e ter conhecimento a respeito da regulamentação e das leis que disciplinam os objetivos. Muitas empresas de Hospitalidade constatam que especialistas em benefícios são importantes para entender essa área complexa.

Os benefícios diferem dos incentivos e da remuneração por não estarem relacionados ao desempenho de um empregado. Anteriormente, os benefícios eram conhecidos como *adicionais*, porém, essa expressão não é mais adequada, pois os benefícios não representam mais um componente negligenciável de seu sistema de remuneração. Não existe atualmente nada de adicional em relação ao conjunto de benefícios. Milhares de dólares encontram-se em jogo quando os empregados optam por seguro de vida, plano de saúde, plano de pensão, seguro contra incapacidade física e outros benefícios. Nas atuais organizações de Hospitalidade, os benefícios podem custar 40% dos gastos com a folha de pagamento, de acordo com Kathy Roadarmel da Opryland Hotels&Attractions, caso você exclua o seguro federal, o seguro-desemprego e o seguro contra acidentes de trabalho. Definimos **benefícios** como um subsídio vantajoso pelo empregador ao empregado além do salário, a fim de subsidiar necessidades e serviços complementares para o empregado.

Os programas de benefícios são adotados pelas organizações de Hospitalidade como ferramentas de recrutamento, motivação e retenção. No atual mercado de trabalho, os pacotes de benefícios atraentes, bem como um ambiente de trabalho acolhedor, podem ser utilizados para atrair e reter empregados.[1] Para que os pacotes tenham efeito, é importante que seu pessoal compreenda os benefícios oferecidos como parte da remuneração global por serem membros de sua organização de Hospitalidade. Você precisa identificar maneiras para que os benefícios oferecidos tenham eficácia máxima.

O papel dos benefícios tem se alterado em grande parte pela mudança dos aspectos demográficos, das expectativas dos empregados e dos custos para o empregador e o empregado. Nos anos 1970, os programas de benefícios tradicionais eram elaborados com base na estrutura da unidade familiar. Naquela ocasião, a maioria das famílias era sustentada por um único membro assalariado, o homem, que provia uma esposa que não trabalhava e crianças dependentes. As necessidades por benefícios se concentravam em um seguro-saúde para o empregado e seus dependentes. Os benefícios eram de fato vantagens adicionais, oferecidas inicialmente apenas pelas organizações mais inovadoras. Nos anos 1980, não só mudou a estrutura da unidade familiar como os empregados esperavam que os benefícios fizessem parte de sua remuneração global. A organização para a qual trabalhavam lhes devia esses benefícios. A estrutura familiar nos anos 1980 era composta por duas rendas, com mais mulheres na força de trabalho e benefícios alterados para conciliar essas mudanças. Os planos de benefícios surgiram para equacionar a demografia em alteração e as novas necessidades dos empregados. Os anos 1990 testemunharam a mudança da estrutura social do mundo, o que gerou mudanças significativas nos tipos de benefícios oferecidos aos empregados – agora homens e mulheres. Os benefícios eram considerados a nova maneira de aumentar o salário do empregado.[2] Os tipos diferentes de benefícios aumentaram em número, bem como a variedade em cada tipo. Os empregados puderam tomar decisões sérias sobre o modo como os utilizavam. Essa tendência continuará no "próximo capítulo". As iniciativas de trabalho e família iniciadas nos anos 1990 continuarão a nos influenciar nos anos futuros. Compreender as necessidades e os desejos diferentes de nossos empregados será fundamental para a administração de um plano de benefícios bem-sucedido.

■ Temas relacionados ao trabalho e à família

Os **temas relacionados ao trabalho e à família** (algumas vezes conhecidos como relacionados ao trabalho e à vida) tornaram-se nos anos 1990 o assunto predominante no local de trabalho para os gerentes responsáveis por recursos humanos. O local de trabalho tradicional está desaparecendo, à medida que é substituído por programas e benefícios oferecidos pela companhia que auxiliam o empregado a melhor equilibrar o trabalho e a vida pessoal. Um estudo feito pela DuPont em 1995 revelou uma correlação entre o compromisso dos empregados com o sucesso da empresa e os esforços feitos pela companhia para equilibrar as responsabilidades relativas ao trabalho e à família.[3] Mais recentemente, foi conduzido um estudo pelo Families and Work Institute (Instituto de Famílias e Trabalho), uma organização sem fins lucrativos dedicada especificamente a temas que envolvem a natureza em transformação do trabalho e da vida familiar (www.familiesandworkinsti.org). Esse estudo constatou especificamente que:

- ♦ a grande maioria (85%) dos trabalhadores possui responsabilidades familiares no dia a dia em casa; 78% dos trabalhadores casados têm cônjuges que também estão empregados (em comparação a 66%, em 1977);

- os papéis das mulheres e dos homens casados estão em transformação. Homens casados empregados estão dedicando mais horas por dia (2,1 horas) em tarefas domésticas do que no passado;
- dois terços de todos os pais empregados com crianças que ainda não frequentam o jardim de infância dependem de cônjuges (companheiros) como a primeira fonte de ajuda para as responsabilidades que envolvem as crianças;
- o tempo que os pais empregados permanecem com seus filhos (2,3 horas a cada dia útil) tem aumentado significativamente;
- a maioria dos pais (70%) julga que não dedica tempo suficiente aos filhos e que dispõe de menos tempo para atividades pessoais.[4]

Nossos empregados desejam mais tempo para o trabalho, a família, os amigos e eles mesmos. Como os homens e as mulheres desempenham ao mesmo tempo os papéis de empregado, companheiro, responsável pelas tarefas domésticas e algumas vezes pai e/ou tutor de uma criança, eles esperam que o empregador lhes ofereça algum tipo de alívio, ajuda e compreensão. Os benefícios que oferecemos com muita frequência podem ser de grande auxílio a nossos empregados, na medida em que tentam equilibrar trabalho e vida pessoal. O fato de os dirigentes reconhecerem a importância da vida pessoal e familiar de um empregado constitui um fator significativo para a sua retenção. A flexibilidade é fundamental para administrar a força de trabalho da atualidade.

Temas relacionados ao trabalho e à família continuarão a ter importância cada vez maior para o empregado e também para o gerente responsável por recursos humanos, que busca obter o compromisso e a lealdade do empregado. Benefícios vantajosos para a família não somente conduzem a maior produtividade, mas também são excelentes ferramentas de recrutamento e retenção.

■ TENDÊNCIAS E MÉTODOS INOVADORES NOS PROGRAMAS DE BENEFÍCIOS

Poucas organizações oferecem a todo o seu pessoal os benefícios mencionados aqui. Cada organização deve planejar cuidadosamente seu programa de benefícios, para que cumpra as metas da organização e mantenha-se, ao mesmo tempo, competitiva com outras organizações que disputam os mesmos candidatos a emprego. Existem diferenças adicionais entre os benefícios oferecidos aos empregados horistas e mensalistas. Algumas vezes, os empregados prestadores de serviços que recebem salários baixos esperam grandes benefícios, porque as gorjetas variam consideravelmente com o movimento de clientes.

Saber quais são os benefícios adequados para selecionar, implementar e administrar em sua organização depende de uma ampla compreensão dos benefícios que você *poderia* oferecer a seus empregados. O Quadro 11.1 identifica algumas das possíveis opções de benefícios. Apresentamos em seguida alguns benefícios, em detalhes, mais comumente encontrados no setor de Hospitalidade.

Quadro 11.1 Opções possíveis de benefícios

- Seguro
  - Médico e odontológico
  - De vida
  - Contra incapacidade física, em curto e longo prazos
- Auxílio-doença
- Cuidados com os dependentes (crianças e idosos)
  - Reembolso de despesas com creche
  - Reembolso de despesas com dependentes
- Folgas, feriados pagos e férias
- Licença médica e familiar
- Plano de poupança do empregado
- Planos de pensão
  - Plano 401 (k)
  - Participação nos lucros
  - Plano de aquisição de ações
  - Conta de poupança individual para a aposentadoria
- Reembolso de despesas com saúde e cuidados com os dependentes
- Programa de bem-estar
- Programa de ajuda aos empregados
- Programa de auxílio educacional
  - Programa de empréstimos educacionais
  - Programa de empréstimos aos pais (para a educação de uma criança)
- Serviços bancários com encargos menores
- Horário flexível
- Participação na Cooperativa de Crédito
- Plano de saúde
- Alimentação/bebidas/apartamentos gratuitos ou a preços reduzidos

Fonte: Elaborado pela autora.

▌Creche

A **creche** pode ser oferecida como um benefício para os empregados horistas e mensalistas. A necessidade crescente por creches de qualidade é um resultado direto da existência de famílias em que ambos os cônjuges trabalham e de um número maior de pais solteiros que fazem parte da força de trabalho, em consequência de uma mudança no padrão tradicional de educação infantil. A falta de creches de qualidade nas comunidades originou creches patrocinadas pelo empregador. E a demanda por esses programas está crescendo. Você constatará que um número cada vez maior de candidatos a emprego toma decisão por uma empresa com base na disponibilidade desses programas ou se as opções de benefícios incluem ajuda para o pagamento de creches.

O Quadro 11.2 é um desdobramento dos tipos de benefícios relacionados aos cuidados com as crianças. Esses benefícios são oferecidos por empresas privadas de médio e de grande portes para cargos em tempo integral nos setores de emprego para "empregados que exercem profissões liberais, técnicos e relacionados" e "empregados de fábrica e da área de serviços". Observe que muito poucos empregados prestadores de serviços são elegíveis para os benefícios associados aos cuidados com as crianças. Embora algumas organizações de Hospitalidade, como a Opryland, ofereçam esse benefício muito necessário, essa é uma área que precisa ser aperfeiçoada no "próximo capítulo", para que a Hospitalidade continue a atrair e a reter pessoas excelentes.

Quadro 11.2 Oferta do benefício de cuidados com as crianças

Elegibilidade por benefícios relacionados a cuidados com as crianças para empregados em período integral em empresas privadas de médio e grande portes em 1995 (em porcentagem)

	% Empregados que exercem profissões liberais, técnicos e relacionados	% Empregados de fábrica e área de serviços
Ajuda do empregador para cuidados com as crianças	15	3
Ajuda prestada pelo empregador	7	2
Creche na empresa	8	1
Creche fora da empresa	2	menos de 0,5%

Fonte: Bureau of Labor Statistics, 1997.

A necessidade de creches não é apenas importante para as famílias com fonte de renda dos dois cônjuges, mas também para lares de pais e mães solteiros. Os homens são cada vez mais participantes ativos nos cuidados com as crianças. Conforme vimos, são os homens e as mulheres que suportam igualmente grande estresse ao tentar equilibrar a carreira e a vida familiar. Na falta de creches de qualidade, ambos os pais podem faltar ao trabalho por causa de sua responsabilidade com o cuidado das crianças.

Os benefícios que podem diminuir os níveis de estresse suportados por homens e mulheres em função dos cuidados que dedicam aos filhos podem tornar os empregados mais satisfeitos com seu trabalho, bem como reduzir o número de faltas na organização de Hospitalidade. Tais programas incluem:

- Creche instalada na empresa.
- Licença dos pais, não remunerada ou paga.
- Ajuda financeira para o pagamento da creche.
- Pagamento de *babysitters*.
- Seminários para os pais.
- Acampamentos de verão.
- Centros de saúde para crianças.
- Cuidados durante as férias.
- Folga para comparecer a eventos na escola.
- Horário flexível.

O segmento de hotelaria do setor de Hospitalidade tem grande oportunidade para oferecer creches localizadas nas próprias empresas. As salas para a oferta de tal benefício a seus empregados já existem e, com poucas reformas, as instalações de hotelaria poderiam facilmente tornar-se creches. Kathy Roadarmel, da Opryland Hotels & Attractions, ressalta que, devido ao fato de os empregados no setor de Hospitalidade normalmente trabalharem seguindo um horário não tradicional, uma creche interna pode ser uma ótima vantagem, pois terá maior flexibilidade em seu horário de funcionamento. De acordo com a Seção Feminina do Departamento do Trabalho dos Estados Unidos, existiam mais de 14 milhões de norte-americanas (quase 20% do número total de empregados em período integral) que trabalhavam em horários não tradicionais em 1991.[5] Os empregados de empresas que proporcionam creches no local de trabalho como um benefício afirmam que essa disponibilidade aumenta o moral, confere paz de espírito e cria lealdade à companhia.[6] À medida que aumentar a necessidade pelas creches, você poderá observar que mais operações de hotelaria transformarão suas instalações em provedoras de receitas para outras companhias na comunidade, bem como para os hóspedes de hotel que viajam com crianças. Os centros de cuidados com as crianças são mais difíceis de implantar para o operador de restaurantes, em vista da dispersão geográfica dos locais de trabalho. Uma solução viável consiste em fazer um acordo com creches existentes, a fim de negociar um custo menor para o conjunto de empregados que as utilizam.[7] Verifique os custos, especialmente o relativo à cobertura de seguro adicional contra danos, que você terá de contratar.

A Lei de Proteção aos Norte-Americanos com Deficiência que discutimos no Capítulo 4 também contém implicações em situações que envolvem cuidados com as crianças. Por definição, uma pessoa portadora de deficiência, de acordo com essa lei, pode ser um adulto ou uma criança. A Lei afirma que as crianças com deficiência física ou mental devem ter a oportunidade de participar de todas as atividades e eventos que constituem parte da vida na comunidade. Como a atualização do benefício do cuidado com as crianças é parte da vida na comunidade, as crianças não podem mais ser excluídas de uma creche por serem portadoras de deficiência.

▌Deficiências: em longo e curto prazos

A maioria dos empregados que trabalham conosco no setor de Hospitalidade depende de seus empregos como principal fonte de rendimento. Um acidente ou uma doença que incapacite um empregado de trabalhar em caráter temporário ou permanente pode aniquilar a capacidade de garantir sua subsistência. Os benefícios relacionados à incapacidade são oferecidos para proteger sua condição de trabalho, tornando os empregados elegíveis de recebimento de salário integral, ou parte dele, caso se tornem enfermos ou incapacitados e incapazes para trabalhar. O período de incapacidade pode ser temporário ou permanente e pode ou não resultar de um acidente ou de uma doença relacionada ao trabalho. Além da licença médica remunerada, algumas organizações de Hospitalidade também oferecem aos empregados um **seguro de incapacidade em longo prazo** e um **seguro de incapacidade em curto prazo**. Planos de continuidade no recebimento de salários como esses normalmente são compensados ou reduzidos em vista da Remuneração Obrigatória do Empregado* ou de outros benefícios.

A Remuneração Obrigatória do Empregado proporciona benefícios relacionados à incapacidade por acidente ou doença atribuível ao local de trabalho. Esses benefícios variam em função do Estado norte-americano. Os benefícios relacionados à incapacidade são pagos pela **Previdência Social** quando um empregado não é capaz de executar qualquer trabalho disponível de maneira razoável, levando-se em conta a experiência de trabalho e o nível educacional da pessoa. Normalmente, a Previdência Social nos Estados Unidos só inicia os pagamentos passados seis meses da ocorrência da incapacidade. É por esse motivo que existem vantagens em se oferecer um plano de proteção de rendimento a seus empregados.

Os planos de seguro contra incapacidade em curto prazo são elaborados para proporcionar renda a um empregado que se torna incapacitado para trabalhar após um período inicial de carência; normalmente, de um a sete dias. O Opryland Hotel, por exemplo, define incapacidade em seus benefícios em curto prazo como "ser fisicamente incapaz de executar qualquer de suas funções no trabalho por um período de seis ou mais dias consecutivos. A doença ou a incapacidade não requer hospitalização para que seja considerada uma incapacidade". Normalmente, o intervalo de cobertura para o pagamento dos benefícios é expresso em relação a um número máximo de semanas para um período específico de incapacidade.

Os planos de incapacidade de longo prazo para grupos são oferecidos para incapacidade de longa duração. Os planos em longo e curto prazos normalmente são opções de benefícios eletivos, isto é, o empregado precisa optar pela participação no plano e também pagar os prêmios de seguro. A vantagem dessa opção é que os planos em grupo são muito menos onerosos do que os planos individuais contra

---

*N.T.: Do inglês, *Worker's Compensation.*

incapacidade. Os planos em longo prazo cobrem todas as formas de incapacidade, sendo que os benefícios são compensados pela Remuneração Obrigatória do Trabalhador, pela Previdência Social ou pela Lei de Aposentadoria dos Ferroviários.

▌ Ajuda educacional

Os planos de benefícios que oferecem ajuda educacional para os empregados no setor de Hospitalidade certamente não são novos, embora sua disponibilidade seja crescente. As ofertas de **planos de ajuda educacional** variam entre as empresas. O mais comum consiste em reembolsar as mensalidades pagas pelos empregados que tiveram aprovação com notas razoáveis. Esses planos normalmente exigem que um empregado trabalhe um número específico de horas e mantenha uma média estabelecida, a fim de poder receber a ajuda. O Opryland Hotel oferece 100% de reembolso das mensalidades se o curso frequentado for relacionado ao setor ou ao cargo e aprovado pelo gerente do departamento.

Algumas das formas mais inovadoras de ajuda educacional incluem a concessão de empréstimos educacionais com encargos reduzidos para os filhos de seus empregados. Em algumas organizações, considera-se a oferta de subsídios para o pagamento de mensalidades nas faculdades cursadas por filhos dos empregados como uma opção de benefício. Programas de retreinamento também são oferecidos para combater a falta cada vez maior de mão de obra. As pessoas que desejam se transferir para outro departamento ou divisão da companhia de Hospitalidade estão sendo retreinadas pela organização. Os seminários não são mais restritos aos dirigentes, mas incluem a força de trabalho formada pelos horistas não qualificados e semiqualificados, a fim de serem preparados para vagas na companhia.

Os benefícios relacionados a ajuda educacional são onerosos, porém se baseiam na teoria de que a organização de Hospitalidade terá um retorno do investimento. A fim de evitar que os empregados aceitem esses benefícios para obter uma colocação melhor em outra organização, algumas companhias têm exigido que seus empregados assinem uma nota promissória concordando em ressarcir os custos caso deixem a empresa.

▌ Assistência aos idosos

Como nossa sociedade está envelhecendo, surgiu a preocupação com respeito a nossos pais idosos e a outros dependentes. Embora cada vez mais se aceite o fato de homens e mulheres precisarem de tempo livre para cuidar de crianças, a aceitação da necessidade de cuidar de nossos cidadãos idosos tem sido lenta. O conceito de **assistência aos idosos** pode tornar-se um benefício importante para os empregados horistas e os dirigentes que precisam cuidar de um parente idoso.

A assistência aos idosos é o auxílio por parte dos filhos aos pais que envelhecem. À medida que os *baby boomers* continuam a envelhecer na faixa dos 50 anos, eles se encontram no impasse de cuidar das crianças e de assistir os idosos. Embora a responsabilidade por cuidar das crianças diminua à medida que o tempo passa, as responsabilidades com o cuidado dos idosos muitas vezes aumentam com o passar do tempo, pois os pais se tornam cada vez mais dependentes dos filhos como provedores de assistência. Em virtude do aumento do número de empregados no setor de Hospitalidade que cuidam de seus parentes idosos, muitas companhias constatam que os benefícios nessa área são bastante necessários e apreciados.

∎ Programas de ajuda aos empregados

Esses programas são elaborados para ajudar os empregados com seus problemas pessoais e que poderiam afetar seu desempenho no trabalho. Estão apresentados em detalhe no Capítulo 13.

∎ Lei de Licença Médica e Familiar

A Lei de Licença Médica e Familiar foi aprovada em 5 de fevereiro de 1993 pelo presidente Bill Clinton. A Lei abrange todos os empregados da iniciativa privada, os funcionários estaduais e os funcionários federais que vivem em um raio de 115 quilômetros de determinado local de trabalho. A Lei permite que todos os empregados elegíveis obtenham um total de até 12 semanas de licença durante todo o período de 12 meses quando ocorrer um ou mais dos seguintes eventos:

- ♦ Nascimento de filho.
- ♦ Permissão (pelo Estado) para adoção ou criação de uma criança.
- ♦ Assistir o(a) cônjuge, filho(a) ou pai(mãe) com um problema sério de saúde.
- ♦ Problema sério de saúde do empregado.

Um empregado elegível é aquele que trabalhou pelo menos 12 meses para o empregador e 1.250 horas no último ano. Um problema sério de saúde é definido como o que requer internação em um hospital, casa de saúde ou casa de repouso, ou exige assistência contínua por um médico ou especialista em osteopatia. O empregador pode solicitar a um empregado um atestado médico que indique o problema sério de saúde (veja o Quadro 11.3 sobre exigências do Opryland).

A lei especifica que a licença pode ser não remunerada, mas um empregador está autorizado a descontar dos dias pagos a título de férias, feriados ou pagamento por motivo de doença, caso o empregado seja elegível. De modo análogo, o empregado pode optar por substituir a licença paga, caso isso seja possível. O empregador *deve* continuar a dar cobertura sob qualquer plano de saúde em grupo pela duração da licença do empregado nos termos da lei e sob as condições que teriam sido proporcionadas se o empregado permanecesse trabalhando. Se o empregado optar por não retornar ao trabalho por razões distintas do problema de saúde, o

---

Quadro 11.3 Regras relativas ao atestado médico (Opryland Hotel)

O empregado deve fornecer um atestado médico para obter uma licença, a fim de tratar-se de uma doença ou incapacidade, ou então de cuidar de um membro da família. O atestado precisa ser apresentado até 15 dias após a data em que foi solicitado pela companhia. A licença pode ser negada, caso isso não seja feito.

Uma nova declaração será exigida mensalmente ou conforme seja necessário, para determinar a continuidade do problema. Caso ocorra uma divergência sobre o laudo médico fornecido pelo médico do empregado, a empresa pode exigir uma segunda opinião por um médico de sua escolha, pago pela companhia. Caso seja necessária uma terceira opinião, pode ser escolhido um médico, também pago pela companhia. Quando a empresa solicitar um segundo ou terceiro laudo:

- o médico deve ser aprovado pelo empregado e pela companhia;
- o médico não pode ser um empregado da companhia.

Fonte: Cortesia de Gaylord Entertainment Company.

Quadro 11.4 Retorno ao trabalho (Gaylord Entertainment Company)

A maioria dos empregados que obtiveram licença voltará ao mesmo cargo ocupado antes da licença ou a um equivalente em salário, benefícios e demais termos e condições do contrato de emprego.

Os empregados com salário elevado não estão excluídos de cobertura pela Lei de Licença Médica e Familiar, embora seja permitido que o empregador deixe de colocar o cargo à disposição do empregado em certas situações. Os empregados com salário elevado são definidos por essa lei como mensalistas elegíveis que se classificam entre os 10% dos empregados que recebem o maior salário no raio de 120 quilômetros do local onde o empregado trabalha. Esses empregados podem ter sua readmissão negada sob as seguintes condições:

- Se a negativa de readmissão for necessária para evitar um dano econômico substancial e grave para as operações da companhia.
- Se o empregador notificar o empregado de sua intenção em negar a readmissão tão logo ele determinar que poderia ocorrer um dano substancial e grave.
- Em qualquer caso em que, após a licença já ter iniciado, o empregado decidir não retornar ao trabalho após ser notificado.

Fonte: Cortesia de Gaylord Entertainment Company.

---

empregador está autorizado a cobrar do empregado o prêmio que foi pago para o seguro-saúde do empregado.

A Lei de Licença Médica e Familiar exige que um empregado licenciado nos termos da Lei possa retornar ao mesmo cargo ou a um cargo com status e salário semelhantes, a não ser que ele esteja entre os 10% dos funcionários de maior salário da companhia (Quadro 11.4).

De acordo com essa lei, o empregado deve notificar o empregador com 30 dias de antecedência a respeito da necessidade dessa licença, quando possível.

Em situações de emergência, a notificação deve ser feita o quanto antes. Quando um empregado está saindo de licença por causa de um problema sério de saúde, o empregador pode solicitar uma dispensa assinada por um médico declarando que o empregado poderá retornar ao trabalho.

Sempre identifique a lei estadual nos Estados Unidos relativa ao tema de licenças médicas e familiares. Na condição de gerente responsável pelos recursos humanos, você poderá constatar que está obrigado a acatar padrões legais mais exigentes do que os descritos nesta seção. A lei de licença familiar no Oregon, por exemplo, aplica-se a empresas que empregam 25 ou mais pessoas no Estado; a lei de licença para os pais em Vermont cobre empregadores de dez pessoas. Você também é obrigado a assegurar-se de que todos os empregados estejam a par da cobertura oferecida pela Lei de Licença Médica e Familiar. Muitas organizações de Hospitalidade, como a Opryland, detalham tal cobertura em seu material escrito sobre benefícios, bem como durante a orientação dos empregados.

A finalidade da Lei de Licença Médica e Familiar, conforme indicado pela 103ª Reunião do Congresso dos Estados Unidos, consiste em "determinar um ponto de equilíbrio entre as exigências do local de trabalho e as necessidades das famílias, a fim de promover a estabilidade e a segurança econômica das famílias e atender aos interesses nacionais relativos à preservação da integridade da família". Uma comissão bipartidária constatou em 1995 (dois anos após a lei ser aprovada) que os trabalhadores com renda familiar anual entre US$ 20 mil e US$ 30 mil apresentavam maior possibilidade de valer-se da licença não remunerada sob a lei do que os empregados com renda familiar maior.[8] No quinto aniversário dessa lei, em 1998, o Departamento do Trabalho (responsável por fiscalizar o seu cumprimento) investigou seis mil queixas. Cerca de 90% dessas queixas foram solucionadas após serem fornecidas explicações sobre a aplicação dos dispositivos legais. O intervalo de tempo mediano que os empregados solicitavam ao amparo da Lei era de dez dias, sendo que somente 3,6% de todos os empregados efetivamente se licenciavam nos termos da Lei.[9] Parece que, pelo fato de a licença ainda ser não remunerada, existem muitos empregados que não podem aproveitá-la. A Lei de Licença Médica e Familiar é, sem dúvida, vantajosa para ajudar o pessoal em nossas organizações de Hospitalidade a lidar com os temas relacionados ao trabalho e à família. Muitas pessoas julgam que a lei não teve um alcance suficiente para ajudar as famílias que trabalham; outros acreditam que a lei é muito complexa, tornando-se um encargo desnecessário para as empresas. Esse debate continuará no futuro.[10] Muito ainda pode ser feito no "próximo capítulo" para aprimorar as políticas favoráveis à família no setor de Hospitalidade.

▌ Serviço de planejamento financeiro

À medida que o planejamento de benefícios e das possíveis opções se torna mais complexo, todo o quadro de pessoal pode receber alguma ajuda para administrar os benefícios que recebe. Pesquisas indicaram que muitos empregados têm preocupação com problemas financeiros enquanto trabalham, e isso afeta o desempenho das funções.[11] A ajuda no planejamento financeiro ganhará popularidade como um benefício oferecido pelas organizações de Hospitalidade, à medida que nos aproximamos do "próximo capítulo". Algumas organizações de Hospitalidade podem até mesmo proporcionar a instalação de postos bancários na própria empresa como um benefício para seus empregados.

▌ Horário flexível

O **horário flexível** permite que nossos empregados variem seu horário de trabalho para melhor compatibilizá-lo com a vida pessoal. O horário flexível também é conhecido por uma variedade de outras designações, como horário móvel, horário dinâmico e horário de trabalho flexível. Esse benefício envolve um enorme potencial no setor de Hospitalidade. Promovemos durante décadas a ideia de turnos espaçados (por exemplo, trabalho de manhã e à noite ou trabalho com intervalo de várias horas em um mesmo dia). O horário flexível é adequado aos picos e quedas típicos de nosso setor empresarial. Após definirmos as horas de trabalho críticas, nosso pessoal tem então a oportunidade de determinar que horas completarão o restante da semana de trabalho. Existem vários graus de flexibilidade para o empregado no âmbito desses programas. Alguns esquemas de horário flexível permitem que os empregados variem seu horário diretamente; outros exigem que os empregados mantenham o horário selecionado durante um período; por exemplo, seis meses. Alguns programas exigem que o mesmo número de horas seja trabalhado todos os dias; outros permitem aos empregados combinar dias mais curtos com dias mais longos. O período durante o qual os empregados podem iniciar e terminar seu trabalho pode variar de apenas 15 minutos até 2 horas ou mais. A opção mais típica de horário flexível permite que os empregados determinem horas de trabalho alternativas, como das 7h às 15h em vez de das 9h às 17h. Semanas de trabalho mais curtas, em que os empregados trabalham mais horas em menos dias, também podem fazer parte da opção de horário flexível.[12]

O horário flexível como uma opção de benefício constitui simplesmente mais um meio de atrair e reter seus principais empregados. Horário flexível e compatibilização das necessidades de seus empregados serão a tendência no "próximo capítulo". As aplicações mais inovadoras do horário flexível permitem o trabalho compartilhado executado por dois empregados em tempo parcial executando uma função. Essa possibilidade também ajuda o empregado que possui responsabilidade por cuidar de crianças ou de idosos, bem como o empregado que procura ter mais tempo livre.

▌ Planos médicos

O rápido aumento dos custos relacionados à saúde tem colocado a assistência médica além de nossas possibilidades de arcar com as despesas de uma doença ou incapacidade séria, especialmente se houver necessidade de hospitalização. Os planos médicos, um dos benefícios mais antigos que os empregadores têm oferecido a seus empregados, são criados para protegê-los de dificuldades financeiras por causa de suas próprias necessidades onerosas ou daquelas dos membros de sua família. A cobertura abrangente das despesas médicas resultante de incapacidade ou doença é operacionalizada pelos planos médicos oferecidos por sua organização de Hospitalidade.

Os custos relativos aos cuidados com a saúde têm aumentado constantemente desde o fim dos anos 1970. As organizações de Hospitalidade que oferecem cuidados com a saúde para seus empregados têm obtido aumentos porcentuais de dois dígitos nos prêmios de seguro. Foi previsto que os planos de saúde dos grandes empregadores aumentariam 7% em média em 1999, o que representou um acréscimo em relação ao aumento de 4% verificado em 1998. O aumento nos custos dos planos de saúde geralmente significa que os empregados e os empregadores pagarão mais.[13] Grande parte do aumento da despesa se deve ao efeito da inflação sobre o preço dos serviços cobertos pelo plano de saúde-padrão. Os preços inflacionados devem-se a alguns fatores, inclusive processos por erros médicos, diminuição dos ressarcimentos feitos pelo Medicare,* redução do número de internações estipulado pelas **Organizações de Manutenção da Saúde (OMSs)**, consolidação da tecnologia e dos procedimentos médicos das OMS mais onerosos, como no caso de transplantes e aumento de casos onerosos, devidos em parte à epidemia de aids.

As OMSs proporcionam um conjunto fixo de serviços médicos por uma taxa pré-paga. A cobertura usualmente é paga por seu valor integral: no entanto, pode ser necessário um pagamento mínimo feito pelo empregado para certos serviços. Por exemplo, o participante no plano (o empregado) pode ser obrigado a pagar US$ 5,00 pelos medicamentos especificados em uma receita médica. De acordo com o Bureau of Labor Statistics, 27% dos empregados em tempo integral com cobertura de despesas médicas faziam parte de Organizações de Manutenção da Saúde. Esse porcentual era de 23% em 1993 e de 17% em 1991.

As **Organizações de Provedores de Serviços Preferenciais (OPSP)** constituem um outro tipo de programa de saúde administrado. Essas são prestadoras de serviços que recebem uma taxa, pois o prestador de serviços não recebe pagamento, a não ser que o empregado coberto seja tratado. Elas diferem das outras prestadoras tradicionais que recebem uma taxa por proporcionar maiores benefícios caso o empregado coberto use um provedor no âmbito da rede escolhida (preferencial) do que se optarem por um provedor não pertencente à rede. No provedor tradicional de serviços que recebe uma taxa, os participantes selecionam um provedor de sua escolha para o tratamento médico. O plano reembolsa então o participante ou o provedor

---

*N.T.: Medicare é um programa da Previdência Social dos Estados Unidos que paga despesas médico-hospitalares incorridas por pessoas com mais de 65 anos de idade.

por todos os custos ou uma parte deles. Para que os planos de OPSP sejam eficazes, o empregado precisa ter algum incentivo para selecionar o provedor preferencial de sua escolha. O Bureau of Labor Statistics informa que, em 1995, 24% dos empregados em tempo integral com cobertura médica eram associados a uma OPSP, o que representa um aumento em relação a 26% em 1993 e a 16% em 1991.

Nos anos 1980, os gerentes de benefícios tentaram medidas de **contenção de custos** para controlar prêmios cada vez mais elevados. Infelizmente, algumas das medidas contribuíram para inflacionar os preços. Essas medidas incluíram a substituição da internação hospitalar por tratamento ambulatorial e um aumento constante dos benefícios obrigatórios por lei.

A participação nos custos constitui um método de contenção que provou ser eficaz para as organizações de Hospitalidade. A **participação nos custos** refere-se a um plano que requer uma contribuição maior do empregado para cobrir as despesas com o benefício do tratamento médico. Embora não seja razoável esperar que nossos empregados absorvam todo o encargo resultante dos aumentos nos custos de serviços médicos, haverá um aumento em relação aos pagamentos conjuntos vigentes nos anos 1990.

A participação nos custos provocou maior cautela por parte dos empregados em buscar serviços médicos. Se sua participação nas despesas for indiferente, provavelmente ocorrerá maior utilização de serviços do que se eles tivessem de pagar de US$ 15 a US$ 30 por consulta. A contenção de custos ocorre simultaneamente com os programas de incentivo para aqueles empregados com uma utilização limitada de seus benefícios de saúde em determinado ano. Ao se permitir que essas pessoas façam pagamentos menores, aqueles que abusam dos benefícios médicos seriam, portanto, penalizados.

Precisamente, que tipos de condições estão contidos nos pacotes de planos de saúde? A seguir, há uma lista de algumas das opções que você poderia pensar em incluir em um plano para sua organização de Hospitalidade. Lembre-se de que para toda opção que seu pacote proporcionar existirá um custo correspondente como os a seguir:

- ♦ Principais procedimentos médicos e hospitalares.
- ♦ Psiquiatria.
- ♦ Tratamento de estresse.
- ♦ Tratamento do alcoolismo e do uso de drogas.
- ♦ Maternidade.
- ♦ Serviços ambulatoriais.
- ♦ Serviços médicos residenciais.
- ♦ Tratamento de recém-nascidos.
- ♦ Planos oftalmológicos.
- ♦ Medicamentos prescritos.

Cada uma dessas opções incluirá graus variados de elegibilidade, custos e benefícios oferecidos. Compete a você, como gerente responsável pelos recursos humanos, manter-se atualizado em relação às tendências mais recentes na administração dos benefícios de saúde, uma vez que a contenção de custos continuar a ser a tendência em todo o "próximo capítulo".

■ Tempo livre remunerado

As políticas de tempo livre variam amplamente entre as operações com base nas diferentes necessidades empresariais de cada uma delas. O número de dias de férias aumenta em função do tempo de serviço de cada empregado em sua companhia de Hospitalidade. Algumas políticas permitem que os empregados acumulem férias no decorrer dos anos; outras políticas permitem que uma parte do tempo ganho seja utilizada no futuro, e outras organizações acreditam ainda que seu pessoal precisa usar o tempo livre durante o ano correspondente. Que política sua organização precisa ou estabelecerá depende da declaração da missão, das metas e dos objetivos operacionais do empreendimento de Hospitalidade.

As políticas de tempo livre remunerado foram consideravelmente ampliadas nos anos 1990 para acomodar as mudanças sociais em alteração da força de trabalho. A necessidade por políticas adicionais de tempo livre remunerado aumentou em função de os temas relacionados à família e ao trabalho passarem a ser a principal preocupação dos dirigentes. Feriados pagos, licença com fins pessoais, tempo para ir a um funeral, participação em júri, serviço militar, licença para tratamento de saúde e licença por motivos familiares são apenas algumas das políticas que existem na empresa atual. Além disso, muitos empregadores do setor de Hospitalidade estão constatando que seus empregados gostariam de ter mais tempo livre não remunerado, para que pudessem dedicar mais tempo à família e aos interesses pessoais. Prevemos que essa tendência continuará por muito tempo no "próximo capítulo".

■ Planos de aposentadoria

Os benefícios de saúde não são os únicos que contribuem para os custos em elevação dos benefícios. Os gastos da organização de Hospitalidade com **planos de aposentadoria** aumentam à medida que nossa população envelhece. Essa situação é mais afetada ainda por uma redução do número de empregados na força de trabalho que contribuem com seu salário para esses programas. Um aumento de retiradas e uma diminuição das contribuições resultam na necessidade de administrar cuidadosamente os planos de aposentadoria de sua organização.

Os planos de aposentadoria existem sob muitas formas, porém, a finalidade básica deles permanece a mesma: proporcionar aos aposentados uma parte de seus rendimentos. Esses programas são um complemento aos benefícios da Previdência Social e de outros planos de poupança para os quais seus empregados possam ter contribuído.

Os programas de planejamento pré-aposentadoria constituem um serviço adicional, proporcionado conjuntamente com os planos de aposentadoria. Normalmente, esses programas são oferecidos sob a forma de seminários, reuniões ou material escrito cuidadosamente preparados, que explicam os planos de aposentadoria oferecidos por sua companhia de Hospitalidade e o planejamento financeiro pós-aposentadoria. À medida que os planos para a aposentadoria se tornam mais complexos e a idade para a aposentadoria diminui, esse é um serviço auxiliar importante que sua companhia pode oferecer a um custo relativamente baixo para todas as faixas etárias.

A tendência no planejamento de aposentadoria direciona-se a uma menor dependência do governo (conforme se observa nas restrições cada vez mais rígidas da Previdência Social nos Estados Unidos) e em uma transferência de responsabilidade para o trabalhador. Vamos examinar alguns dos programas de aposentadoria disponíveis para nossos empregados.

▮ Planos de benefícios definidos

Esse tipo tradicional de plano de aposentadoria era mais conhecido como plano de pensão e representava a maioria de todos os tipos de programas de aposentadoria. Com base em uma fórmula, o empregador concorda em pagar ao empregado uma quantia específica quando este atingir a idade da aposentadoria. Esse valor é contribuído pelo empregador como rendimento sujeito a pagamento diferido do imposto de renda. Na aposentadoria, o empregado pode optar por receber a pensão em pagamentos mensais ou por meio de uma única retirada. O valor da contribuição feita pelo empregador do **plano de benefícios definidos** baseia-se normalmente no tempo de serviço e em um rendimento médio durante os últimos anos de serviço para a organização de Hospitalidade. Esses são conhecidos como programas baseados nos rendimentos finais.

A Lei de Reforma Tributária de 1986 (norte-americana) afetou negativamente a atratividade desse tipo de plano de aposentadoria ao reduzir as vantagens fiscais. A maioria das companhias de Hospitalidade e um grande número de outros empregadores têm se afastado dos planos de benefícios definidos para planos de contribuição definida. Os planos de benefícios definidos diminuíram de 63% para todos os empregados em período integral em 1988, para 52% em 1995, de acordo com o Bureau of Labor Statistics, enquanto a participação em planos de contribuição definida aumentou de 45% em 1988, para 55% em 1995. A vantagem desses programas é a possibilidade de calcular mais precisamente o que seus empregados receberão efetivamente a título de rendimento de aposentadoria.

▮ Planos de contribuição definida

Os **planos de contribuição definida** são estabelecidos para que o empregador e o empregado possam fazer contribuições a uma conta específica. Alguns desses planos são financiados somente pelos empregados, ao passo que os planos de participação nos lucros normalmente são de responsabilidade exclusiva do empregador. Em termos gerais, no entanto, o empregador e o empregado fazem uma contribuição predeterminada (definida) a uma conta em que o imposto de renda é diferido. Esses planos apresentam bom resultado para os empregados que possuem salários reduzidos, bem como para o pessoal dirigente com salários maiores. Eles são prontamente aceitos, pois são fáceis de serem entendidos por seus empregados. Normalmente, são enviados extratos anuais, para que os empregados possam conhecer com exatidão o valor das contribuições para o plano.

▮ Planos 401 (k)

Planos 401 (k) são tipos específicos de planos de contribuição definida em que o empregador garante uma participação igual a uma porcentagem da contribuição do empregado para o plano. Esse planos representam uma conta de poupança para a aposentadoria e se baseiam na contribuição voluntária do empregado para o plano. A vantagem desses planos é uma vantagem fiscal conhecida como diferimento da renda. O **diferimento da renda** permite que seus empregados reduzam o pagamento corrente do imposto de renda, reservando um valor antes de ele ser tributado. O rendimento bruto é reduzido pelo valor do diferimento da renda, para que menos imposto seja pago. O pagamento desse imposto é feito quando a distribuição das contas for recebida pelo empregado na aposentadoria. A maioria das organizações faz deduções na folha de pagamento, para que se torne mais fácil a seus empregados realizar contribuições a planos 401 (k). Geralmente são proporcionadas algumas opções de investimento para aqueles que participam desses planos, como as a seguir:

- ♦ Fundo de ações. Ativos investidos em ações e valores mobiliários; o retorno é elevado, porém, o risco pode ser alto ou baixo, dependendo da composição da carteira de investimentos.
- ♦ Fundo de aplicações financeiras. Ativos investidos em instrumentos de curto prazo como letras do Tesouro dos Estados Unidos; o rendimento aproxima-se da taxa de inflação.
- ♦ Fundo misto. Ativos investidos em ações e investimentos de renda fixa; a porção de renda fixa direciona-se a oportunidades de investimento garantido como obrigações; o risco é minimizado, adotando-se princípios de administração do fundo de ações.
- ♦ Fundo de ações da empresa. Ativos investidos integralmente nas ações ordinárias da empresa; talvez ocorra um risco elevado.

▪ Participação nos lucros

A **participação nos lucros** constitui outro tipo de plano de contribuição definida que permite ao empregado participar de uma parte dos lucros da companhia de Hospitalidade. Nesse plano, a contribuição do empregador é determinada pela rentabilidade da companhia. Portanto, a contribuição variará a cada ano.

A fórmula desenvolvida para calcular a participação individual do empregado geralmente determina o valor da contribuição total, distribuída às contas individuais dos empregados com base no lucro anual. O direito de um empregado receber sua participação ocorre após um período, o que gera a lealdade. A maioria dos planos de contribuição definida tem uma programação para o recebimento da participação no lucro.

▪ Plano de aquisição de ações pelo empregado

O **plano de aquisição de ações pelo empregado** também é operado como um plano de contribuição definida, no qual a companhia de Hospitalidade realiza contribuições para seus empregados na forma de ações da empresa. A contribuição máxima anual da companhia é determinada por lei federal e dividida entre os empregados elegíveis, proporcionalmente ao salário anual. Esses planos podem ser usados para os empregados horistas e os dirigentes.

▪ Benefícios diferenciados

Os tipos de benefícios que você, como gerente responsável pelos recursos humanos, pode selecionar para o plano de benefício de sua organização de Hospitalidade podem ser classificados nas seis categorias a seguir:

- ◆ Relacionados a aposentadoria:
  - Pensões
  - Aconselhamento pré-aposentadoria
  - 401 (k)
  - Quantias diferidas
  - Participação nos lucros
- ◆ Relacionados a seguro:
  - Relacionados a saúde
    - Médico
    - Odontológico
    - Medicamentos prescritos
    - Visão
    - Mental e psicológica
  - Renda relacionada a incapacidade
  - Seguro de vida

- • De grupo
- • *Survivor security*
- • Empregados com mais de 65 anos
- • Aposentados
- ◆ Tempo não trabalhado:
  - Feriados
  - Férias
  - Licenças
    - • Para cuidar dos filhos
    - • Doença
    - • Pessoal
  - Período das refeições
  - Dias livres
- ◆ Relacionados às finanças:
  - Ajuda educacional
  - Cuidados com as crianças
  - Aspectos sociais e recreacionais
  - Cooperativas de crédito
  - Refeições dos empregados
  - Uniformes/lavagem a seco
  - Ajuda para estacionamento
  - Aconselhamento jurídico
  - Prêmios por serviços prestados
  - Programas de desconto
- ◆ Relacionados à saúde e ao bem-estar:
  - Academia de ginástica
  - Subsídio para creche
  - Benefício para idosos
  - Programa de Ajuda ao Empregado
  - Programa de bem-estar
- ◆ Exigidos legalmente:
  - Lei de Licença Médica
  - Remuneração do Trabalhador
  - Previdência Social
  - Seguro-desemprego
  - Benefícios obrigatórios

Uma das decisões relativas ao planejamento de benefícios a ser tomada é a determinação dos benefícios patrocinados pela companhia e dos que exigirão uma contribuição dos empregados, caso eles desejem participar. Alguns benefícios (planos de saúde) podem ser pagos mediante contribuições do empregado dedutíveis do salário antes da incidência do imposto de renda, poupando desse modo encargos para o empregado e o empregador sobre os valores contribuídos. Geralmente, para conveniência de nossos empregados, essas contribuições são deduzidas automaticamente de seu salário pelo departamento que cuida da folha de pagamento. A Figura 11.1 mostra um exemplo do conjunto de benefícios oferecidos pela Gaylord Entertainment.

Resumo do conjunto de benefícios
da Gaylord Entertainment

POSSIBILIDADES do programa de benefícios (empregados em período integral):

- Cobertura médica e dentária
  Os empregados têm a opção de três planos médico-dentários (dois OPSP e um OMS) que oferecem cobertura médica e odontológica abrangente.

- Seguro de vida complementar
  Oferece seguro de vida em valores correspondentes a até três vezes o salário anual.

- Seguro complementar por morte acidental e perda de um membro
  Oferece seguro por morte acidental e perda de um membro em valores correspondentes a até dez vezes o salário anual para o empregado e seus dependentes.

- Seguro de vida para dependentes
  Proporciona seguro de vida em valores até US$ 10 mil para os dependentes de cada empregado em período integral.

- Despesas com tratamento de saúde
  Proporciona aos empregados em período integral a oportunidade de reservar até US$ 3 mil (livres da incidência do imposto de renda) em uma conta para pagar despesas médicas não cobertas por seguro.

- Conta de despesas com dependentes e crianças
  Proporciona aos empregados em período integral a oportunidade de reservar até US$ 5 mil (livres da incidência do imposto de renda) em uma conta para pagar despesas relativas a cuidados com as crianças e com os dependentes.

Benefícios oferecidos pela companhia:

- Pagamento de férias e feriados
  Oferece o pagamento de 6,5 feriados mais um feriado móvel após um ano de serviço em tempo integral e até quatro semanas de férias com base no tempo de serviço.

- Seguro de vida básico
  Proporciona seguro de vida equivalente ao salário anual para cada empregado em período integral.

Figura 11.1 Resumo do conjunto de benefícios da Gaylord Entertainment.

continua

- Seguro básico de morte acidental e perda de um membro
Oferece seguro para morte acidental e perda de um membro no valor de um salário anual para todo empregado em período integral.

- Incapacidade em curto prazo
Oferece o pagamento do salário no período em que o empregado permanecer afastado por motivo de doença ou acidente não relacionado ao trabalho.

- Incapacidade em longo prazo
Oferece o pagamento do salário no período em que o empregado permanecer afastado por mais de seis meses por motivo de doença ou acidente não relacionado ao trabalho.

- Plano de aposentadoria
Os empregados têm direito a um plano de aposentadoria pago pela companhia após um ano de serviço em período integral.

Outros benefícios disponíveis:

- Plano de aposentadoria 401 (k)
Os empregados habilitados podem contribuir com até 20% do salário para um fundo de aposentadoria; a companhia contribui com US$ 0,50 para cada dólar contribuído até 6% do valor pago pelo empregado.

- Plano de aquisição de ações
Os empregados habilitados podem adquirir ações da Gaylord Entertainment Company por meio de deduções no salário.

- Refeições gratuitas/intervalos pagos para os empregados
Os empregados recebem crédito diário de US$ 3,00 para fazer refeições na lanchonete e são remunerados pelos intervalos.

- Creche no local de trabalho com pagamento reduzido
Os empregados têm direito a desconto no pagamento da creche localizada nas instalações da empresa, disponível sete dias por semana.

- Programas de desconto para o empregado
Descontos disponíveis para todos os empregados, incluindo o serviço de lavanderia com desconto, 40% de desconto nas lojas localizadas nas instalações da empresa, descontos diversos oferecidos por comerciantes locais e aquisição de óculos e lentes de contato com desconto.

- Academia de ginástica para os empregados
Academia de ginástica disponível para todos os empregados em período integral, 24 horas por dia, sete dias por semana, mediante pagamento mensal de US$ 15.

- Programa de ajuda e bem-estar do empregado
O programa de bem-estar do empregado está disponível para os empregados e seus familiares. Ele proporciona diversos seminários para grupos, bem como aconselhamento individual.

2800 Opryland Drive
Nashville, Tennessee 37214-1297
Telefone 615-889-1000
Fax 615-871-6942

Uma empresa
Gaylord Entertainment

Figura 11.1 Resumo do conjunto de benefícios da Gaylord Entertainment. *Fonte:* Cortesia de Gaylord Entertainment Company.

■ CONSIDERAÇÕES ESPECIAIS NA CRIAÇÃO DE UM PLANO DE BENEFÍCIOS

Conforme você já observou, o reconhecimento a seus empregados nem sempre é oferecido na forma de pagamento. Ao escolher entre o grande número de benefícios, você precisa tomar cuidado para oferecer um programa equilibrado para seus empregados. Parte de sua responsabilidade com recursos humanos consiste em ficar atento a meios que melhorem os planos já estabelecidos. Os planos de benefícios podem ser aperfeiçoados, com sugestões de mudanças que os tornem mais econômicos. Podem ser sugeridas melhorias que tornem o plano de benefícios existente mais bem compreendido pelo empregado que participa dele. Não julgue que sua organização de Hospitalidade não precisa de suas ideias a respeito do planejamento de benefícios simplesmente porque eles já existem. A criação de um plano de benefícios continuará a ser no "próximo capítulo" uma das funções de recursos humanos mais proativa, desenvolvida e onerosa.

■ Planejamento de benefícios

Em virtude de os benefícios terem se tornado uma parte integrante de seu sistema de remuneração global, é preciso fazer com que seu plano de benefícios se enquadre nas metas organizacionais do empreendimento de Hospitalidade. Um modo de assegurá-lo consiste em determinar objetivos operacionais para seu plano de benefícios e então criar o plano que cumpra esses objetivos. O Quadro 11.5 identifica algumas das considerações no planejamento de benefícios.

A comunicação torna-se um componente crítico do planejamento de benefícios. Quanto mais alternativas seu plano proporcionar a seus empregados, melhor tem de ser seu sistema de comunicação. Muitas pessoas encontram dificuldade para entender os itens do planejamento financeiro e a variedade de opções do seguro de saúde. As mudanças rápidas na legislação tendem a perpetuar essa confusão. Além disso, seu plano tem de ser suficientemente flexível para permitir alterações baseadas nas necessidades do empregado. Obter o envolvimento de seus empregados nas fases de elaboração e reelaboração do planejamento de benefícios pode resultar em percepções valiosas a respeito das necessidades que eles possuem.

■ Temas para o terceiro milênio

O seguro-saúde tem sido oferecido durante décadas pelas organizações de Hospitalidade como iniciativa para atrair e reter empregados de qualidade. Algumas vezes se oferecem benefícios de saúde para os aposentados quando os empregados desejam aposentar-se. Ninguém previu a despesa cada vez maior para manter esses benefícios. Com o aumento das despesas médicas, o envelhecimento de nosso grupo de empregados e a antecipação cada vez maior da aposentadoria (mais aposentados

> ### Quadro 11.5 Considerações no planejamento dos benefícios
>
> - Disponibilidade de mão de obra
> - Declaração da missão corporativa
> - Aspectos demográficos e necessidades de seus empregados
> - Grupos diferentes têm planos diferentes (período integral *versus* período parcial, horistas *versus* mensalistas)
> - Quantia que a organização de Hospitalidade pode pagar
> - Número de empregados em tempo parcial
> - Metas organizacionais
> - Custos potenciais em curto e longo prazos
> - Planos da concorrência
> - Participantes (elegibilidade)
> - Escolha dos empregados na seleção dos benefícios

Fonte: Elaborado pela autora.

que recebem benefícios), o futuro desse benefício é incerto. Algumas medidas estão sendo tomadas como tentativa de tornar os custos mais administráveis. Restam questões importantes a respeito dos cuidados médicos de nossa sociedade em processo de envelhecimento e de quem terá a responsabilidade financeira por esses cuidados.

O tema da aids continuou atraindo atenção durante os anos 1990, pois as despesas médicas dos pacientes podem ser enormes. O encargo tem sido das seguradoras e significou a ruína para as de menor porte ou os empregadores que financiavam sozinhos seus benefícios médicos. As mães e as crianças infectadas pela aids constituem uma preocupação cada vez maior. Embora hoje a doença seja coberta pela Lei de Proteção aos Norte-Americanos com Deficiência, o tema da aids continuará sendo enfrentado pelos empregadores no futuro. Novamente surge a pergunta: Quem assumirá a responsabilidade financeira pelo tratamento dos doentes?

Os gastos elevados com os planos de benefícios tornam a contenção de custos o tema principal no "próximo capítulo". As empresas de consultoria especializadas em benefícios surgiram para prestar assessoria a esse tema e a outros relacionados a benefícios. Essas empresas dispõem de conhecimento e das informações a respeito de várias seguradoras, das mudanças na legislação e de sua interpretação, bem como a aptidão para negociar com companhias farmacêuticas em uma iniciativa para oferecer esses benefícios ao empregado. À medida que o campo de benefícios se torna mais complexo, um número maior de organizações de Hospitalidade pode passar a depender de especialistas em benefícios.*

▮ Efeitos da legislação

Durante toda a nossa apresentação, temos nos referido à legislação em torno do planejamento de benefícios. Grande parte dessa legislação está emitindo sinais variados

---

*N.R.T.: No Brasil, a legislação incorpora ao salário o benefício concedido ao trabalhador, para que este não seja prejudicado. Dessa forma, muitas empresas evitam oferecer qualquer benefício.

tanto a empregadores como a empregados. O governo federal dos Estados Unidos (em particular a administração Reagan), historicamente, sempre solicitou ao povo norte--americano que assumisse uma posição de autossuficiência. Essa postura foi assumida em grande parte como resultado do sistema de Previdência Social debilitado estabelecido pela Lei de Previdência Social de 1935. Para grande parte dos participantes, esses benefícios de aposentadoria não são mais totalmente isentos do imposto de renda. Embora o governo apreciasse a existência de uma menor dependência da Previdência Social, ele reduziu simultaneamente os incentivos fiscais para que isso ocorresse.

Nos últimos tempos, muitas leis têm sido aprovadas com restrições e/ou políticas administrativas no campo dos benefícios. A **Lei de Rendimento Assegurado do Empregado na Aposentadoria**, de 1974, foi aprovada para proteger os empregados dos **planos de pensão** com dificuldades financeiras mantidos e operados pela empresa, inclusive organizações de Hospitalidade. Foram estabelecidos padrões nessa Lei que precisam ser obedecidos, para que a companhia possa se valer das deduções do imposto de renda relativas às contribuições feitas ao plano de pensão. A Secretaria da Receita Federal e o Departamento do Trabalho dos Estados Unidos podem fornecer-lhe as informações adicionais de que você precisa para assegurar que sua companhia de Hospitalidade cumpra os dispositivos dessa lei, cuja aprovação foi uma reação à não dependência dos planos de aposentadoria financiados pelo governo (Previdência Social).

Os empregados e empregadores devem contribuir para o fundo de Previdência Social, tornando-o um programa de benefícios obrigatório. Essa contribuição foi estabelecida pela Lei de Seguro Federal. Desde 1998, a porcentagem exigida do empregador é de 7,65%, que deve ser complementada por uma contribuição idêntica de 7,65% feita pelo empregado até o valor de US$ 76.200. Alterações frequentes nessa lei têm resultado no aumento das contribuições do empregador e do empregado.

Uma parte da legislação aprovada visa reduzir a disparidade de benefícios entre os executivos altamente remunerados e os empregados horistas. A Lei de Responsabilidade Fiscal e de Igualdade Tributária limita o valor dos benefícios de pensão que os executivos podem receber com vantagens fiscais.

Em 1986, foi aprovada a **Lei de Reconciliação Orçamentária Consolidada**, que exigiu que os empregadores atendessem a certas condições para oferecer benefícios médicos a aposentados, empregados que saem da empresa voluntária ou involuntariamente, pessoas divorciadas ou viúvas e filhos dos atuais empregados.

Com essa lei em vigor, os empregadores se defrontaram com a famosa Lei de Reforma Tributária, que impôs numerosas mudanças significativas nas leis tributárias, afetando alguns benefícios dos empregados. A partir de 1º de janeiro de 1989, foram adicionados dispositivos à seção 89 da lei que tentaram efetivar maior restrição aos benefícios dos executivos à custa do empregador. Benefícios iguais para todos os empregados constituem a principal finalidade das restrições adicionais.

A **Lei de Proteção aos Benefícios para Trabalhadores Idosos** foi prorrogada em outubro de 1990. Ela também é conhecida como a Lei Betts, por ter sido aprovada para revogar a decisão da Suprema Corte dos Estados Unidos no caso *Betts*. A Lei contém exigências específicas que alteram substancialmente a Lei de Discriminação no Emprego por Idade, a fim de assegurar igualdade de tratamento entre empregados com mais idade e os mais jovens na concessão de benefícios. Essas exigências são bem complexas. Os gerentes responsáveis por recursos humanos no setor de Hospitalidade devem procurar o assessoramento de um especialista em benefícios ou de um advogado para obter uma interpretação clara desta e das demais leis descritas neste capítulo.

A **Lei de Transferência e Responsabilidade pelo Seguro-saúde** passou a vigorar em agosto de 1996. Essa lei é uma emenda à Lei de Reconciliação Tributária consolidada, a fim de deixar claro que a cobertura máxima de 29 meses para obter tratamento de saúde se aplica não somente ao empregado com cobertura, mas a todos os beneficiários. Ela também amplia as exigências de informação de acordo com a Lei de Renda do Empregado na Aposentadoria, exigindo que os planos de saúde em grupo proporcionem uma descrição sumária de toda alteração ou mudança que reduza significativamente os serviços cobertos ou os benefícios para os participantes e beneficiários no máximo até 60 dias após a alteração ou mudança ter ocorrido. Além disso, a Lei de Transferência e Responsabilidade pelo Seguro-saúde proíbe exclusões de seguro-saúde com base em dispositivos relacionados à saúde e limita a imposição de condições preexistentes para exclusões; exige que os planos de saúde em grupo emitam "certificados de cobertura" para os empregados e dependentes quando estes não estiverem mais cobertos pelo plano ou após findar sua cobertura pela Lei de Reconciliação Orçamentária Consolidada e exige que os planos de saúde em grupo permitam períodos de associação especial para os empregados e dependentes que anteriormente dispensaram a cobertura sob o plano por causa da existência de uma outra cobertura.

Tudo isso significa para você, gerente responsável por recursos humanos, mais trabalho burocrático e maior complexidade para a compreensão de quais são suas responsabilidades legais relativas aos programas de benefícios.

■ PROGRAMAS DE BENEFÍCIOS FLEXÍVEIS

O conceito de programas de benefícios flexíveis alcançou maior popularidade durante os anos 1980 e 1990. Conforme a designação implica, esses programas identificam uma relação de benefícios, entre os quais os empregados em sua organização de Hospitalidade podem optar e têm a vantagem de permitir aos empregados a seleção dos benefícios de que mais necessitam e eliminar a despesa dos benefícios pagos pelo empregador que não são usados.

Novamente, nesse caso, é a demografia social em alteração que detém a maior responsabilidade. As famílias com rendimentos de ambos os cônjuges em programas de benefícios tradicionais normalmente acabam tendo cobertura em duplicidade para os mesmos planos de benefícios. Solteiros sem dependentes acabam subsidiando seus colegas com família. Empregados mais jovens têm necessidades

E no Brasil?

Como vimos neste capítulo, os benefícios são parte integrante da remuneração e devem variar de acordo com as necessidades de retenção de cada profissional.

Nas empresas multinacionais, os benefícios são centralizados e depois nivelados. Outros são customizados, com o diferencial de cada país e região, microrregião em que foram construídos. No Brasil, geralmente, os benefícios podem ser divididos em duas categorias: os compulsórios (segundo lei ou acordo coletivo com o sindicato da categoria) e os estipulados pela empresa de Hospitalidade.

É da responsabilidade da área de Recursos Humanos avaliar os benefícios, com base nas práticas do mercado, e estabelecer os que estão de acordo com a missão, os valores e a situação financeira da empresa.

O setor de Hospitalidade no Brasil, no entanto, se depara com um grande complicador: por lei, uma vez concedido, o benefício deverá sempre ser oferecido aos funcionários. Essa obrigação leva muitas empresas de Hospitalidade a não promover outros benefícios senão os obrigatórios. Com isso, o profissional e a empresa são prejudicados; e o Brasil também, pois a indústria da Hospitalidade é global, seu profissio-nal é valorizado globalmente e, dependendo da posição e nível hierárquico, o profissional brasileiro vê seu ganho real no exterior ser maior do que no Brasil.

A título de curiosidade, destacamos, a seguir, alguns exemplos de benefícios, que geralmente são ofertados ao cliente interno.
- Academia de ginástica.
- Bolsa de estudos.
- Creche.
- Vale-alimentação para compras em supermercados.
- Estágios em outros países.
- Celular
- Automóveis.
- Viagens.
- Empréstimos financeiros.
- Descontos em lojas e farmácias.
- Ajuda psicológica
- Cartão fidelidade ou cartão desconto quando o empreendimento tem outros hotéis no exterior.

A arte de selecionar, negociar e saber ofertar um bom programa de benefícios com clareza e opções que agradem a todos os colaboradores é um dos desafios constantes dos gestores de Recursos Humanos, pois, quando isso não ocorre, em vez de motivar a equipe, o benefício pode desmotivar e o efeito ser totalmente inverso.

Revisão e adaptação de Simone Sansiviero.

diferentes dos que se aproximam da aposentadoria. Pais solteiros têm necessidades que giram em torno de seus filhos. Os estilos de vida têm mudado e os *baby boomers* estão aproveitando o tempo de lazer, o tempo livre das obrigações e responsabilidades de seu trabalho. Embora alguns de nossos trabalhadores mais velhos desejem aposentar-se mais tarde, muitos estão optando por se aposentar mais cedo, a fim de ter tempo para aproveitar a vida. Não existe mais o trabalhador norte--americano médio. A diversidade de nossa força de trabalho continuará a aumentar com a diversidade das necessidades.

Os programas de benefícios flexíveis iniciaram-se na década de 1970. Eles foram introduzidos inicialmente pelo Educational Testing Services (Serviço de Testes Educacionais). Esses programas progressivos têm aumentado em número desde aquela época. A Secretaria da Receita Federal define um plano de benefícios flexíveis como "um plano escrito sob o qual todos os participantes poderiam optar entre dois ou mais benefícios ou dinheiro, propriedade e outros benefícios tributáveis". A Lei de Reforma Tributária eliminou em 1986 aqueles planos com opção de recebimento em dinheiro.

Um plano de benefícios flexíveis pode consistir em um núcleo de benefícios básicos proporcionados a todos os empregados e um conjunto ou uma lista de planos de benefícios alternativos entre os quais o empregado pode escolher. Muitos planos recentes não têm um núcleo, e os participantes podem escolher livremente entre os benefícios oferecidos. Uma parte importante da elaboração desses programas é a determinação cuidadosa dos benefícios a serem incluídos no plano. Portanto, deve-se considerar as características de sua força de trabalho, para que os benefícios que você selecionar atendam às necessidades de seus empregados. Obter a contribuição de seus empregados pode ser um método valioso ao se criar tal programa. O Quadro 11.6 é um exemplo do programa de benefícios flexíveis denominado Escolhas, instituído pela Gaylord Entertainment. Após a elaboração da lista de benefícios, deve-se determinar quanto ou que parte do plano será financiada pela organização de Hospitalidade e quanto pelos próprios empregados.

A operação do plano de benefícios flexíveis é simples; no entanto, a administração pode se tornar um pesadelo, exigindo comunicação adicional. Cada empregado possui uma cota de "valor dos benefícios", que pode ser baseada no nível salarial, em ser horista ou mensalista e/ou no tempo de serviço. O arranjo mais comum consiste em diferenciar os horistas dos mensalistas. Seus empregados podem então usar o "valor dos benefícios" para selecionar, entre o conjunto de benefícios, aqueles que você lhes oferecer. Em alguns planos, os empregados podem aceitar uma redução do salário e "adquirir" mais benefícios, caso julguem que precisam da cobertura. Algumas companhias de Hospitalidade exigem que um valor mínimo de plano de saúde, seguro de vida e/ou incapacidade seja comprado. Em outros planos, as escolhas não têm nenhuma restrição. Isso significa que é preciso tomar cuidado para que os empregados entendam os benefícios: o que é bom para eles e o que não é.

Quais são algumas das vantagens que as organizações de Hospitalidade descobriram por meio dos planos de benefícios flexíveis? Estudos recentes e a experiência indicam que a contenção de custos não chega a ocorrer. No entanto, em virtude de um plano de benefícios flexíveis atender às necessidades específicas de seus empregados, eles obtêm maior satisfação. Em uma análise feita em 1997, das 100 principais empresas classificadas como amigas da família, a maioria de 57 companhias oferecia opções de benefícios flexíveis.[14] Por causa dessas vantagens, os empregadores também constatam maior lealdade com a companhia, maior retenção e uma ferramenta atraente para o recrutamento. Normalmente, os empregados apreciam o plano por estes lhes transmitirem um sentido de controle sobre a vida.

Quadro 11.6 Programa de Benefícios Escolhas (Gaylord Entertainment)

A companhia mantém o programa abrangente (**Escolhas**) de benefícios para os empregados, elaborado para ajudar a protegê-lo e a seus dependentes contra as incertezas financeiras que possam advir de doença, acidente ou morte. Esses benefícios são proporcionados por meio de um programa de benefícios flexíveis e definidos na Seção 125 do Código da Receita Federal.

A finalidade do programa **Escolhas** consiste em reconhecer o fato de que pessoas diferentes têm necessidades diferentes. Portanto, em vez de adquirir o mesmo nível de benefícios para todos, a cada ano a companhia depositará um valor – denominado fundos de **Escolha** – em sua conta **Escolhas**. O valor é determinado pela elegibilidade dos dependentes. Você usará seus fundos **Escolhas** para comprar os benefícios que deseja.

Se você adquirir benefícios que perfaçam o valor total de seus fundos reservados, não existe impacto sobre seu salário. Se comprar benefícios que custam mais do que seus fundos reservados, você paga a diferença por meio de deduções salariais antes da incidência do imposto de renda. Se comprar benefícios que custem menos do que seus fundos reservados, você receberá então a diferença em dinheiro na forma de rendimento tributável.

Você deve determinar o valor de seu prêmio antes da incidência do imposto de renda no início de cada ano de vigência do plano (ou por ocasião da entrada no plano), pois o governo aplica certas regras em troca da vantagem fiscal. Após você fazer suas opções de benefícios para o ano de vigência do plano, só poderá alterá-las se houver uma mudança em seu status familiar (consulte a seção "Mudando a escolha dos benefícios", no livreto apropriado).

Fonte: Cortesia de Gaylord Entertainment Company.

Os planos de benefícios flexíveis também apresentam desvantagens. A principal delas é a despesa inicial para a conversão com base em um programa de benefícios tradicionais. A criação e a implantação de planos flexíveis exigem muito tempo e energia. A fase de transição precisa ser planejada cuidadosamente por meio de comunicação aberta entre empregador e empregado. Se seus empregados não compreendem inteiramente o novo programa, eles provavelmente perceberão que você está se apossando de algo ao qual eles têm direito. Lembre-se de que atualmente tem-se a expectativa de obter benefícios como parte do sistema de remuneração que você oferece.

Outros problemas com esses programas originam-se em função de os sindicatos geralmente não cooperarem e de as pequenas empresas não poderem arcar com a contabilização adicional exigida para registrar quem recebe quais benefícios, embora haja software a um custo razoável para ajudar a administrar esses programas. Embora a lei do imposto de renda até o momento tenha sido favorável a esses tipos de plano,* mudanças na legislação podem torná-los menos atraentes no futuro. Um problema potencial é que um empregado poderia escolher um conjunto de benefícios totalmente inapropriado, resultando em um sério prejuízo financeiro.

---

*N.R.T.: O leitor deve lembrar que esse tipo de plano refere-se ao trabalhador norte-americano. O grande benefício que as multinacionais trouxeram ao Brasil nas últimas décadas, e que empresas nacionais também já praticam, é a criação de um plano próprio de previdência privada no qual o empregado e o empregador contribuem em parceria, e quando da aposentaria, o empregado se beneficia. Nesse caso, é oferecido ao funcionário a opção de aderir ao plano, e este decide.

Apesar das desvantagens, a popularidade crescente dos planos de benefícios flexíveis deve continuar aumentando nos anos futuros. As companhias de Hospitalidade que têm adotado esses planos constatam uma grande aceitação por parte dos empregados. Embora representem maiores desafios administrativos e exijam iniciativas de comunicação mais frequentes, os planos de benefícios flexíveis também resultam em uma força de trabalho mais produtiva e feliz.

▌CONCLUSÃO

Os programas de benefícios são o segundo componente do sistema de remuneração que você elabora, implanta e administra em sua operação de Hospitalidade. Eles se tornaram um componente importante para a atração e retenção de empregados qualificados por parte dos gerentes de recursos humanos. À medida que o novo século avança, esse papel não deve ter sua importância diminuída na operação dos estabelecimentos de Hospitalidade.

Há mais de 20 anos, a participação nos lucros era o elemento mais importante em um programa de benefícios progressivos. Desde aquela época, esses programas de benefícios se ampliaram para incluir tratamento odontológico, cuidados preventivos com a saúde, férias pagas, transferência de direitos de pensão, lojas para os empregados no local de trabalho, assistência a idosos e academia de ginástica. As alterações no planejamento dos benefícios originam-se de mudanças demográficas na sociedade norte-americana e dos custos em elevação para cobertura das despesas de saúde, bem como dos efeitos da legislação e dos benefícios obrigatórios.

As metas dos programas de benefícios permaneceram coerentes, embora não sejam mais um componente complementar da remuneração. Elas permanecem para:

- criar um clima de relações humanas melhores;
- atrair e reter empregados;
- proporcionar um incentivo a fim de melhorar o desempenho por meio da satisfação no trabalho;
- criar um sentido de parceria entre o empregado e a organização de Hospitalidade;
- proteger os recursos financeiros dos empregados;
- oferecer segurança;
- reconhecer o serviço leal;
- melhorar o moral de todos.

Os programas de benefícios exigem revisão e alteração periódicas, para que sejam eficazes no cumprimento dessas metas. Eles requerem uma compreensão da legislação existente e um conhecimento das novas leis. Precisam ser direcionados aos empregados e ser bem comunicados.

Caso 11.1

Como gerente de recursos humanos de um hotel com mil apartamentos, localizado no Meio-Oeste dos Estados Unidos, você é responsável pela criação e administração dos incentivos. Você se encontra no processo de reavaliação dos benefícios de sua companhia de Hospitalidade. Os benefícios são onerosos para a empresa, mas também constituem uma excelente maneira de recrutar e reter empregados de qualidade.

É preciso tomar uma decisão. Essa é sua única escolha: você pode oferecer benefícios excepcionais para um número limitado de empregados ou oferecer benefícios médios para um grande número de empregados. (Uma maneira de poder oferecer benefícios excepcionais consiste em contratar mais empregados em período parcial porque o número de empregados em período integral elegível para receber os benefícios seria menor.) Que decisão você tomará? Justifique em um relatório de três páginas. Assegure-se de incluir pelo menos quatro vantagens e quatro desvantagens do plano que você não escolheu. Seja detalhado em suas explicações.

Fonte: Elaborado pela autora.

Caso 11.2

Atingir o topo não significa mais que os homens e as mulheres precisam sacrificar sua saúde, família e bem-estar. Neste novo milênio, o sucesso empresarial é definido nos próprios termos do empregado. Em um relatório de três páginas, elabore um plano de benefícios que enfatize temas de trabalho e família e, no entanto, ainda seja acessível para a organização de Hospitalidade descrita no Caso 11.1. Inclua seus planos no marketing interno, para "vender" esse plano a todos os seus empregados.

Fonte: Elaborado pela autora.

Caso 11.3

Você é o gerente-geral da organização de Hospitalidade descrita no Caso 11.1. Seu estabelecimento ainda não foi sindicalizado, muito embora a área geográfica seja toda sindicalizada. Você analisou recentemente os custos de seus benefícios. Dezoito anos atrás, quando a empresa foi inaugurada, o empregado médio ganhava cerca de US$ 6.500, e o custo médio dos benefícios era de aproximadamente US$ 1 mil por empregado. Atualmente, sua análise indica que o salário médio subiu para US$ 16 mil (cerca de duas vezes e meia). Os custos dos benefícios aumentaram para US$ 5 mil por empregado (cerca de cinco vezes). Prepare uma análise em três páginas desses números. Inclua respostas às seguintes perguntas: Qual é seu grau de preocupação a respeito desses números? O que poderia explicar o aumento? Existe algum benefício que você considera uma consequência desses aumentos?

Fonte: Elaborado pela autora.

▌Termos-chave

- benefícios
- contenção de custos
- cuidados com os idosos
- diferimento da renda
- horário flexível
- incapacidade em curto prazo
- incapacidade em longo prazo
- Lei de Licença Médica e Familiar
- Lei de Proteção dos Benefícios para Trabalhadores Idosos
- Lei de Reconciliação Orçamentária Consolidada
- Lei de Transferência e Responsabilidade pelo Seguro-saúde
- Organização de Provedores de Serviços Preferenciais (OPSP)
- Organizações de Manutenção da Saúde (OMSs)
- pacote de benefícios
- participação nos custos
- participação nos lucros
- planejamento de benefícios
- Plano 401 (k)
- plano de ajuda educacional
- planos de aposentadoria
- plano de benefícios definidos
- plano de contribuição definida
- planos de pensão
- Previdência Social
- Programa de Benefícios Flexíveis
- Remuneração Obrigatória do Trabalhador
- temas relacionados a trabalho e família

▌Leituras recomendadas

BOISE, L. "Family responsibilities and absenteeism: employees caring for parents *versus* employees caring for children". *Journal of Managerial Issues*, v.8, nº 2, p. 218-239, 1996.

BOND, J. T., GALINSKY, E. e SWANBERG, J. E. *The 1997 national study of the changing workforce*. Families and Work Institute, 1998.

DEGROOT, J. "Work and life: The end of the zero-sum game". *Harvard Business Review*, novembro/dezembro de 1998, p. 119. Disponível em: web.lexis-nexis.com/more/shrm/19213/4009918/5. Acesso em 19 agosto 2013.

HUNT, A. R. "Health care is issue of the decade: Politicians voter backlash this autumn if they ignore call for action". *The Wall Street Journal*, v. 231, nº 123, p. 19, 1998.

LONDON, S. I. *How to comply with federal employee laws*. International Personnel Management Association, 1998.

MICCO, L. "Health care watchdog unveils new report cards for HMOs". *HR News Online*. Disponível em: www.shrm.org/hrnews/articles/072898.htm. Acesso em 19 agosto 2013.

PERRY, P. M. "Easing the pain of health insurance costs". *Restaurants USA*, v. 16, nº 1, p. 32-36, 1996.

PURCELL, G. "A guide to cost-effective pharmacy benefits". *BCSolutions Magazine*. Disponível em: www.bcsolutionsmag.com/Archives/may98/Phamr.htm. Acesso em 19 agosto 2013.

ROACH, D. e MCLAUCHIN, A. "New family and medical leave is in effect". *Restaurants USA*, v. 13, nº 8, p. 8-9, 1993.

RUTHERFORD, E. A. "Employee benefits under mandatory leave laws: what is your policy?". *Benefits Law Journal*, v. 8, nº 3, p. 91, 1995.

SHELEY, Elizabeth. "Flexible work options: factors that make them work". *HR Magazine*, fevereiro de 1996. Disponível em: www.shrm.org/hrmagazine/articles/0296cover.html. Acesso em 19 agosto 2013.

SIMMONS, J. "Kid friendly: advocate for child-care reform out to make it everyone's cause". *The Rocky Mountain News*, 2 de fevereiro de 1998, p. 3D.

WYLD, D. C. "The Family and Medical Leave Act: what hospitality managers need to know". *The Cornell Quarterly*, v. 36, nº 4, p. 54-65, 1995

▌ Sites recomendados

1. Interface de benefícios: benefits.org/trivia/index-body.htm
2. Employee Benefits News: data.thirdcoast.net/ebn/sbsearch.cfm
3. HR Bene-Caster: hrsys.com
4. Benefits & Compensation Solutions Magazine: www.bcsolutionsmag.com
5. BenefitsLink™: www.benefitslink.com/index.shtml
6. Employee Benefits News: www.benefitsnews.com/guide.html
7. International Foundation of Employee Benefit Plans: www.ifebp.org
8. Informações sobre a Lei de Licença Médica e Familiar: www.dol.gov/dol/esa/fmla.htm
9. Families and Work Institute: www.familiesandworkinst.org

▌ Notas

1. C. Mason-Draffen. "Solutions/pratical answers to business problems/keeping good workers is all part of the benefits package", *Newsday*. 1998. Disponível em: web.lexis-nexis.com/more/shrm/19218/3895114/4. Acesso em 19 agosto 2013.
2. Autor desconhecido. "Benefits: The new way to raise pay?". *Investor's Business Daily*, 1998. Disponível em: web.lexis-nexis.com/more/shrm/19216/3798087/1. Acesso em 19 agosto 2013.
3. Ann Vincola. "New strategies for work/life initiatives". *Business Solutions Magazine.* Disponível em: www.bcsolutionsmag.com/Archives/special_sections/WORK_LIF.html. Acesso em 19 agosto 2013.
4. Families and Work Institute. "New study shows how today's jobs affect productivity and life at home". *The 1997 National Study of the Changing Workforce*, 15 de abril de 1998. Disponível em: www.familiesandworkinsti.org/pl.html. Acesso em 19 agosto 2013.
5. Autor desconhecido. "Moonlight and child care". *American Demographics*, v. 18, nº 8, p. 20, 1996.
6. M. Nothaft. "More companies begin providing on-site care as employee perk". *The Arizona Republic*. Disponível em: web.lexis-nexis.com/more/shrm/19215/3875955/5. Acesso em 19 agosto 2013.
7. Autor desconhecido. "Construction begins on 'Inn for Children'". *Hotel & Motel Management*, v. 211, nº 16, p. 58, 1996.
8. Glenn Burkins, "The checkoff". *The Wall Street Journal*, v. 227, nº 90, p. 1, 1995.
9. Barbara Kate Repa. "The family and medical leave act: is it lip service leave?". *Your rights in the workplace*, 1998. Disponível em: www.nolo.com/ChunkEMP/familyleave.html. Acesso em 19 agosto 2013.
10. K. Wright. "The cost of family leave: opinions differ on whether the federal law should be broadened in scope or whether it already burdens businesses too heavily". *Omaha World-Herald*, 22 de junho de 1999. Disponível em: web.lexis-nexis.com/more/shrm/19215/4736738/2. Acesso em 19 agosto 2013.
11. Norma R. Fritz. "Helping employees manage their finances". *Personnel*, v. 65, nº 2, 1988, p. 6-9.
12. L. Koss-Feder. "Solutions/flextime option helps keep the best workers in your employ". *Newsday*, 1º de fevereiro de 1999. Disponível em: web.lexis-nexis.com/more/shrm/19215/4241033/5. Acesso em 19 agosto 2013.

13. S. Armour. "Health-plan costs to soar this year". *USA Today*, 6 de janeiro de 1999. Disponível em: web.lexis-nexis.com/more/shrm/19215/4144819/3. Acesso em 19 agosto 2013.
14. The Institute of Management and Administration. "Eight ways to stop selling your cafeteria plan short". *Managing flexible benefits plans*, 1998. Disponível em: www.ioma.com/newsletters/mfbp/articles/0198.shtml. Acesso em 19 agosto 2013.

▌Questões

1. Faça uma breve discussão acerca do papel dos benefícios na elaboração de um sistema de remuneração global no setor de Hospitalidade.
2. Explique a diferença entre benefícios e incentivos.
3. Descreva como as mudanças na estrutura familiar e na importância dos temas relacionados ao trabalho e à família têm influenciado a seleção dos benefícios oferecidos no setor de Hospitalidade.
4. Descreva a Lei de Licença Médica e Familiar e seu impacto na empresa de Hospitalidade.
5. Descreva resumidamente as seguintes opções de benefícios: creche, cuidados com os idosos, ajuda educacional, cuidados a longo prazo e planejamento da aposentadoria.
6. Explique o uso do horário flexível em uma operação de Hospitalidade.
7. Identifique e descreva duas medidas de contenção de custos direcionadas especificamente ao custo em elevação dos cuidados com a saúde.
8. Descreva os benefícios exigidos por lei.
9. Explique a diferença entre planos de benefícios definidos e planos de contribuições definidos.
10. Como os gerentes de Hospitalidade podem comunicar melhor a seus empregados os programas de benefícios?
11. Quais são os efeitos mais significativos da legislação a respeito dos benefícios?
12. Selecione cinco opções de benefícios, dos quais você tem convicção de que deveriam fazer parte de um plano de benefícios (distinto do plano exigido legalmente). Defenda por que você endossa enfaticamente essas escolhas.
13. Você seria favorável a permitir que todos os empregados determinassem o próprio pacote de benefícios? Por quê? Por que não?
14. Quais são os valores e problemas ao se estabelecer um plano de benefícios?
15. Quais são os objetivos de um programa de benefícios no setor de Hospitalidade?

Relações positivas com os empregados: atendendo às necessidades de uma nova equipe de trabalho

Multiculturalismo no setor de Hospitalidade

As pessoas possuem algo em comum: todas elas são diferentes.
Robert Zend

Livrem-se da escravidão mental. Somente nós mesmos podemos libertar nossa mente.
Bob Marley

■ INTRODUÇÃO

Independentemente da parte dos Estados Unidos ou do mundo em que você nasceu, a diversidade cultural que o rodeia hoje em sua vida diária provavelmente é mais frequente do que no passado. O foco deste capítulo é a diversidade cultural encontrada atualmente nos Estados Unidos e como ela afeta o trabalho do gerente de Hospitalidade responsável pelos recursos humanos. Não discutimos técnicas de administração internacional importantes quando executivos norte-americanos viajam para trabalhar no exterior. Preferimos examinar a grande diversidade de culturas e suas influências no setor de Hospitalidade no país. Aprender como negociar contratos, motivar empregados, comunicar, treinar, maximizar margens de lucro e aprender a etiqueta interpessoal apropriada ao se relacionar com pessoal e clientes culturalmente diferentes pode ser fundamental para sua eficácia empresarial. Isso se aplica sempre que você estiver trabalhando no interior da estrutura de uma orientação cultural e tentar administrar pessoas que representam uma variedade ou diversidade de outras orientações culturais.

Nossa discussão será em torno do conceito de **administração multicultural** e das técnicas relacionadas. Esse é um tema relativamente novo da Administração de Recursos Humanos no setor de Hospitalidade, porém essencial para sua eficácia gerencial, tendo em vista a diversidade cultural cada vez maior do setor em relação aos dirigentes, empregados e clientes.

Ao finalizar este capítulo, você será capaz de:

1. Definir administração multicultural.
2. Compreender diversos conceitos relacionados à administração multicultural, tais como etnicidade, cultura e pluralismo étnico.
3. Explicar a importância da conscientização cultural para as práticas eficazes da Administração de Recursos Humanos no setor de Hospitalidade.
4. Determinar como as funções básicas de recursos humanos podem ser influenciadas pela diversidade cultural na operação de Hospitalidade.
5. Explicar como as diferenças culturais influenciam sua capacidade de atuar de modo eficiente com os empregados e clientes.
6. Definir o gerenciamento de conflitos e determinar seu efeito na administração da diversidade cultural.

■ CONCEITOS BÁSICOS DA ADMINISTRAÇÃO MULTICULTURAL

A cultura norte-americana é diversificada etnicamente. Pense em um instante a respeito de sua própria etnicidade. Qual é sua origem étnica? Asiática? Italiana? Cubana? Alemã? Polonesa? Mexicana? Francesa? Africana? Espanhola? Judaica? Russa? Suíça? Indígena? Se indígena, de que nação indígena norte-americana? Quando lhe perguntamos qual era sua origem étnica, você respondeu "norte-americana"? A não ser que você seja nativo, indígena norte-americano ou talvez um esquimó norte-americano, sua resposta "norte-americana" está incorreta. Você está surpreso? Curioso? Ofendido?

Definimos **grupo étnico** como um grupo de pessoas que têm origem, experiências e características culturais comuns. As características partilhadas pelos membros de um grupo étnico que os distinguem dos outros grupos fazem parte da cultura desse grupo. A **cultura** refere-se a costumes, crenças, práticas, tradições, valores, ideologias e estilos de vida de um grupo étnico específico.

Qual foi sua reação quando lhe afirmamos que, a menos que sua ascendência seja indígena ou esquimó, sua origem *não* era norte-americana? Você ficou surpreso, curioso ou ofendido? Sua reação lhe dará uma indicação de sua aceitação dos princípios da administração multicultural no tocante às diferenças étnicas. A maioria dos norte-americanos que se considera como tal não o é. A administração multicultural não significa que você não seja norte-americano, porém enfatiza realmente que além de ser norte-americana, nossa formação étnica contém outros componentes. Portanto, algumas pessoas têm uma dupla ou talvez uma tripla etnicidade. Algumas também são birraciais e bilíngues. Desse modo, a sociedade americana é pluralista do ponto de vista étnico.

Você provavelmente já ouviu referências a afro-americanos, sino-americanos (ou algumas vezes norte-americanos nascidos na China), cubano-americanos, ítalo-

-americanos, e a muitos outros. Os membros desses grupos étnicos, com seu grande senso de etnicidade, reconhecem (e querem reconhecida) sua dupla herança. Sua **etnicidade** é seu senso de pertencer a um grupo étnico específico, uma autoidentidade. O **pluralismo étnico** define um estado de coexistência de grupos étnicos, uma existência que é independente, porém igual. Por exemplo, é certo ser ao mesmo tempo cubano e norte-americano. Quando existe o pluralismo étnico no interior de uma organização, as pessoas não precisam afastar-se ou de sua origem cubana ou negá-la para ser norte-americanas, ou o contrário. Elas têm uma dupla identidade racial e são reconhecidas como tal. Bem, você poderia pensar, como uma pessoa pode ser *ao mesmo tempo* cubana e norte-americana? De que modo opera o pluralismo étnico? Dissemos anteriormente que membros de grupos étnicos partilham uma cultura comum. Para pessoas com duas ou mais descendências, isso significa uma integração de duas ou mais culturas formando sua composição étnica muitas vezes única. Quando o **pluralismo cultural** e étnico é aceito e compreendido, as pessoas podem levar a vida diária harmoniosamente. Quando existe luta e tensão, seja entre grupos étnicos no interior de determinada sociedade ou no estado psicológico dos indivíduos em relação a diversas crenças, práticas, valores ou ideologias, ocorre o conflito étnico.

Nosso foco de atenção na administração multicultural reside no conflito potencial que pode resultar quando diferenças culturais como etnicidade e raça surgem no ambiente de trabalho da Hospitalidade sem conhecimento, compreensão e respeito mútuos. Estamos particularmente preocupados com as tensões culturais que podem resultar entre gerentes e empregados que pertençam a diferentes grupos étnicos, e como essas tensões podem afetar negativamente a qualidade de trabalho e os princípios da Administração de Recursos Humanos. Estamos igualmente preocupados a respeito das tensões culturais que podem resultar entre empregados e clientes de grupos étnicos diferentes, e como essas tensões podem afetar negativamente o serviço. Essas preocupações dão origem à ideia de administração multicultural.

A administração multicultural é a aplicação dos princípios gerais da Administração de Recursos Humanos no contexto da diversidade cultural existente em sua operação de Hospitalidade. Essa maneira de encarar a Administração de Recursos Humanos opera segundo a premissa de que a orientação cultural, a formação e as experiências dos gerentes e dos empregados – inclusive suas respectivas identidades étnicas – constituem influências importantes que afetam o modo como ambos se comportam no local de trabalho. A administração multicultural também assume que os hábitos e as atitudes de trabalho são influenciados pela cultura. Portanto, a cultura é importante quando se gerenciam empregados de pluralidade étnica e cultural. Tem-se a expectativa de que os atuais gerentes de Hospitalidade administrem eficazmente a diversidade cultural. Isso constitui parte de sua rotina diária nas funções que desempenham em seu cargo e no próprio setor de Hospitalidade.

A administração multicultural *não* é uma função independente de recursos humanos. Ela é, de preferência, parte integrante de todas as políticas, práticas, princípios e procedimentos de recursos humanos que discutimos nos capítulos anteriores. Não é algo independente e distinto. Mais exatamente, ela permeia todas as atividades que você, como gerente de Hospitalidade, terá de realizar a cada dia, tais como motivar, treinar, disciplinar e avaliar a qualidade do desempenho no cargo e garantir a satisfação do cliente. Administrar a diversidade cultural constitui um elemento fundamental de seu sucesso como um gerente eficaz responsável por Recursos Humanos no ambiente de Hospitalidade de diversidade cultural e no mercado consumidor de pluralidade cultural a que o setor atende.

■ O IMPACTO DA DIVERSIDADE CULTURAL NA EQUIPE DE TRABALHO DA HOSPITALIDADE

Diversas realidades a respeito da sociedade norte-americana e do setor de Hospitalidade indicam que os princípios da administração multicultural irão tornar-se cada vez mais significativos no "próximo capítulo". Os estudos demográficos vêm analisando a população dos Estados Unidos, e desde os dados colhidos no Censo de 2000 já foi constatado que a face da atual força de trabalho seria muito diferente da força de trabalho de épocas anteriores. Essas mudanças continuam a ocorrer.

■ Dados demográficos

A maioria dos imigrantes que entraram nos Estados Unidos origina-se de regiões do mundo como o sudeste da Ásia, o Oriente Médio, as Ilhas do Pacífico, o Caribe e a África do Sul, onde as pessoas e a cultura são significativamente diferentes das gerações anteriores de imigrantes (Quadros 12.1 e 12.2). Muito embora a imigração legal tenha sido regulamentada, a imigração ilegal continua a aumentar. Muitos dos novos imigrantes estão entrando para a força de trabalho em posições que não exigem qualificação ou como empregados semiqualificados e nos setores prestadores de serviços como o da Hospitalidade.

Embora 47% da força de trabalho, no fim da década de 1980, fosse formada por homens brancos nativos, em 2000 esse porcentual caiu significativamente. Isso significa que o local de trabalho cada vez mais é formado por pessoas de muitos grupos étnicos e por mulheres. Os temas relativos à **diversidade de gênero** ocorrem em companhias que tradicionalmente contratavam homens para fazer parte de suas equipes profissionais e gerenciais. Nos últimos anos da década de 1950, esse era o grupo de trabalho ao qual pertenciam 95% dos homens que concluíam o mestrado, com 90% dos formados em Administração de Empresas.[1] No entanto, esse não é o grupo de trabalho do "próximo capítulo".

Quadro 12.1 País de origem das pessoas nascidas no exterior por status de cidadania

Continentes e México	Total de nascidos no exterior a partir do ano 2000 até 2010					
	Total de nascidos no estrangeiro		Cidadãos naturalizados		Pessoas sem cidadania norte-americana	
	Número	%	Número	%	Número	%
Total	13.085	100,0	1.908	14,6	11.177	85,4
Ásia	3.787	100,0	713	18,8	3.074	81,2
Europa	1.119	100,0	266	23,8	853	76,2
América do Sul	7.015	100,0	710	10,1	6.305	89,9
México	3.940	100,0	244	6,2	3.696	93,8
América Central e Caribe (exceto México)	3.075	100,0	466	15,2	2.609	84,8
Outras áreas	1.163	100,0	218	18,7	945	81,3

Fonte: U.S. Bureau of the Census, Current Population Survey, *Annual Social Economic Supplement*, 2010.

Quadro 12.2 Ano de entrada de estrangeiros nos Estados Unidos por status de cidadania

Data de entrada	Números em milhares					
	Total de nascidos no exterior		Cidadãos naturalizados		Pessoas sem cidadania norte-americana	
	Número	%	Número	%	Número	%
Todos os anos de entrada	37.606	100,0	16.025	100,0	21.581	100,0
Antes de 1970	3.305	8,0	2.750	83,2	555	16,8
1970 a 1979	3.913	10,0	2.918	74,6	995	25,4
1980 a 1989	7.114	21,0	4.341	61,0	2.773	39,8
1990 a 1999	10.189	27,0	4.108	40,3	6.081	59,7
2000 a 2010	13.085	34,0	1.908	14,6	11.177	85,4

Fonte: U.S. Bureau of the Census, Current Population Survey, *Annual Social and Economic Supplement*, 2010.

Além dos desafios da Administração de Recursos Humanos relacionados à diversidade étnica e de gênero, existem os desafios adicionais da **diversidade etária**. A idade mediana da população nos Estados Unidos tem aumentado constantemente. À medida que a população de *baby boomers* continua a envelhecer, a população de idosos também aumenta.

Grupos etários diferentes têm valores e estilos de vida diferentes, do mesmo modo que grupos étnicos diferentes têm valores, estilos de vida e costumes diferentes. Parte do desafio da administração multicultural é a habilidade de reconhecer essas diferenças e usá-las a seu favor como parte de suas estratégias de Administração de Recursos Humanos. Muitas vezes, ambas as gerações não se sentem à vontade quando os papéis são invertidos, e o gerente mais jovem supervisiona o empregado horista mais velho. Pode ser difícil para ambas as pessoas quando o gerente jovem tem de solicitar ao empregado mais velho para limpar mesas ou limpar o chão. A defasagem entre gerações realmente nada mais é do que uma diferença de valores e atitudes. O **gerente multicultural** que compreende isso e se sensibiliza com essas diferenças verá valor em todos os seus empregados, independentemente de etnicidade, gênero ou idade.

▌Nossos consumidores

No outro lado da moeda, existe a diversidade cultural crescente dos clientes de Hospitalidade.

Mais pessoas de uma variedade mais ampla de formação étnica, social e cultural estão viajando, frequentando restaurantes e participando de outras atividades de lazer atendidas pelo setor de Hospitalidade. Esses consumidores multiculturais exigirão alguns ajustes nos estilos e na qualidade dos serviços, do mesmo modo que a diversidade cultural dos empregados da Hospitalidade exigirá algumas alterações nos princípios tradicionais da Administração de Recursos Humanos para maximizar o desempenho no trabalho. Não podemos esquecer ou desprezar a importância das mudanças demográficas de nossos clientes. Em um estudo sobre gastos do consumidor, as despesas dos lares multiculturais superaram as despesas de lares de pessoas brancas em cinco categorias estudadas, inclusive entretenimento. O estudo previu que os gastos de um domicílio multicultural nas áreas de saúde e entretenimento cresceriam aproximadamente 3 a 3,5 vezes mais depressa do que em domicílios brancos.[2] Independentemente de onde trabalhamos, devemos assumir a responsabilidade de compreender o mercado de um ponto de vista cultural, inclusive o impacto da etnicidade, do gênero e da idade.

▌Recrutamento e retenção

O maior desafio que cada um de vocês enfrentará como gerentes no "próximo capítulo" no setor de Hospitalidade será a atração e retenção de uma força de trabalho qualificada. A Hospitalidade historicamente dependeu de homens e mulheres brancos na faixa de 16 a 24 anos de idade, para preencher suas posições em aberto. Esse grupo etário diminuiu entre os norte-americanos brancos. As áreas prestadoras de serviços estão se expandindo, tornando até mais acirrada a concorrência por uma oferta limitada de trabalhadores qualificados. Foi-se a época em que os candidatos com uma ética de trabalho e uma orientação cultural similar às suas procuravam uma vaga de garçom, barman, recepcionista, mensageiro, arrumadeira, supervisor de banquetes e recepções ou lavadores de pratos de seu restaurante.

Os atuais padrões da imigração e da força de trabalho apresentam alguns desafios muito diferentes para os gerentes responsáveis por Recursos Humanos no setor de Hospitalidade. Muitos gerentes podem vincular seus antepassados e suas origens culturais aos imigrantes da Ellis Island que vieram para os Estados Unidos procedentes de países da Europa Ocidental. Os locais geográficos, as heranças étnicas e as tradições culturais dos atuais imigrantes são muito diferentes, conforme vimos nos Quadros 12.1 e 12.2. As razões para entrar nos Estados Unidos frequentemente também são muito diferentes. Nos anos 1920, os imigrantes vinham voluntariamente para os Estados Unidos, deixando livremente sua terra nativa em busca de oportunidades e de um melhor modo de vida. A partir dos anos 1980, muitos imigrantes vieram para os Estados Unidos por causa de opressão política ou econômica de seus países de origem. Eles muitas vezes deixavam o próprio país pela insegurança. Esses imigrantes consideravam os Estados Unidos um porto seguro e em muitos casos encaravam sua permanência no país como temporária. Quando as pessoas consideram a imigração como temporária, estão menos dispostas a se adaptar aos costumes e à cultura do país que as acolhe. Essa situação não é exclusiva dos Estados Unidos. Diversos outros países também constatam que os padrões de imigração estão se alterando.

Para muitos imigrantes, o inglês é um segundo idioma ou uma língua que eles absolutamente não conseguem falar. Muitos se debatem com a ideia de assimilação, pois esperam retornar para casa quando houver melhores condições em seu país de origem. O desafio de lidar com os novos imigrantes, como gerente responsável pelos recursos humanos no setor de Hospitalidade, vai variar de acordo com o Estado e a região metropolitana onde você residir nos Estados Unidos. Veja o Quadro 12.3 para conhecer os dez principais Estados norte-americanos onde residem imigrantes.

Quadro 12.3 As dez principais áreas metropolitanas de residência para imigrantes com dados estatísticos

1. Los Angeles – Long Beach, CA
2. Nova York, NY
3. Miami, FL
4. Chicago, IL
5. Orange County, CA
6. San Francisco, CA
7. San Diego, CA
8. Oakland, CA
9. Houston, TX
10. San Jose, CA

Fonte: United States Immigration & Naturalization Service, 22 de junho de 1998, Washington, D.C.

Alguns norte-americanos sentem-se ameaçados pela nova onda de imigrantes, como seus antepassados, que acreditavam que seus empregos lhes seriam tomados. O racismo e preconceito étnico ainda prevalecem no local de trabalho neste século, embora de forma um tanto mais sutil do que no início do século XX. Como gerentes de Hospitalidade, parte de suas responsabilidades por Recursos Humanos será lidar com esses medos e essas injustiças. Ainda é preciso desenvolver equipes de trabalhadores que sejam capazes de operar de maneira competente e eficiente no desempenho das tarefas. Os dirigentes precisam assegurar que todos os empregados sejam tratados com equidade em relação a seus direitos trabalhistas. Em um sentido real, seu sucesso como gerente de Hospitalidade responsável pelos Recursos Humanos dependerá em grande parte do grau em que você poderá reagir aos desafios postos pela diversidade étnica e cultural entre seus empregados e consumidores.

■ Orientação sexual no local de trabalho

A **diversidade de estilos de vida** constitui outra área do pluralismo cultural que requer a conscientização e a sensibilidade do gerente responsável pelos recursos humanos. No atual local de trabalho, deparamos com muitos(as) empregados(as) homossexuais masculinos e femininos. A orientação sexual torna-se um aspecto cada vez mais importante da diversidade e do multiculturalismo, à medida que um maior número de empregados homossexuais revelam sua orientação sexual. Existem diversas organizações, como a The Human Rights Campaign (Campanha de Direitos Humanos) – a maior organização política nacional de gays e lésbicas nos Estados Unidos –, que lutam pelo mesmo status para homossexuais no local de trabalho. Esses empregados voltam-se para os seguintes temas relacionados ao local de trabalho:

- ♦ adoção de benefícios para o(a) parceiro(a);
- ♦ inclusão da expressão "orientação sexual" às políticas e aos códigos de conduta não discriminatórios;
- ♦ formação de grupos de trabalho constituídos por homossexuais masculinos e femininos sancionados pelo empregador.

Atualmente, não existe uma lei federal contra a discriminação baseada na orientação sexual. As leis estaduais norte-americanas variam amplamente e, como gerente responsável pelos recursos humanos, você precisará estar seguro a respeito das leis específicas que afetam o local de trabalho. Oito Estados – Colorado, Louisiana, Maryland, Novo México, Nova York, Ohio, Pensilvânia e Washington – têm decretos que proíbem a discriminação no emprego público por orientação sexual. Nove Estados – Califórnia, Connecticut, Havaí, Massachusetts, Minnesota, Nova Jersey, Rhode Island, Wisconsin e Vermont – e o Distrito de Columbia contam com uma legislação abrangente que proíbe a discriminação por orientação sexual que protege candidatos e empregados homossexuais.

Muitos empregadores e organizações têm implantado voluntariamente políticas e procedimentos não discriminatórios. Alguns até emitiram declarações a respeito da política não discriminatória da organização com base na orientação sexual.

■ A DINÂMICA DA DIVERSIDADE CULTURAL E A ADMINISTRAÇÃO DE RECURSOS HUMANOS

Em virtude de o setor de Hospitalidade ser intensivo em mão de obra e ter como centro de atuação a prestação de serviços, trata-se de empresas apoiadas por pessoas. O poder e o potencial do setor residem na extensão pela qual seus recursos humanos multiculturais são gerenciados eficazmente para maximizar a produtividade. Para concretizar esse potencial, você, como gerente de Hospitalidade responsável pelos Recursos Humanos, precisa compreender como a pluralidade cultural afeta o comportamento humano em geral e no local de trabalho em particular, bem como as influências exercidas sobre os incentivos ao trabalho, os hábitos de trabalho, o desempenho no cargo, as expectativas, a satisfação e a motivação. Você precisa compreender o enorme estresse que as diferenças culturais e étnicas podem impor aos esforços para se comunicar com empregados de cultura diversa e administrá-los quando essas diferenças não são tratadas de modo cuidadoso nas relações interpessoais. A diversidade está em permitir que as pessoas compreendam, valorizem e usem as diferenças que existem em toda pessoa na organização de Hospitalidade. Você também precisa desenvolver aptidões relacionadas a como aplicar princípios e estratégias de desenvolvimento de recursos humanos no contexto da diversidade étnica e cultural.

A não ser que você compreenda o comportamento, os valores, as crenças, as ideologias, os costumes e as tradições de seus empregados com diversidade cultural e seja capaz de usá-los em seu benefício, tendo em vista seu estilo gerencial, você estará em desvantagem marcante em oferecer a liderança exigida para obter o máximo sucesso no setor. É preciso aprender a gerenciar pessoas de diversas culturas para prestar serviços a um setor e a um mercado consumidor de pluralidade cultural. Seu preparo para essa tarefa inicia-se com o desenvolvimento de uma conscientização e de uma sensibilidade para as diferenças de valores, crenças e comportamentos no trabalho manifestados por seus empregados que possuem diversas orientações culturais.

Cada vez mais, o sucesso ou o fracasso de uma organização de Hospitalidade é determinado por sua habilidade em compreender a dinâmica do pluralismo cultural e valorizar plenamente o local de trabalho de diversidade cultural (Figura 12.1).

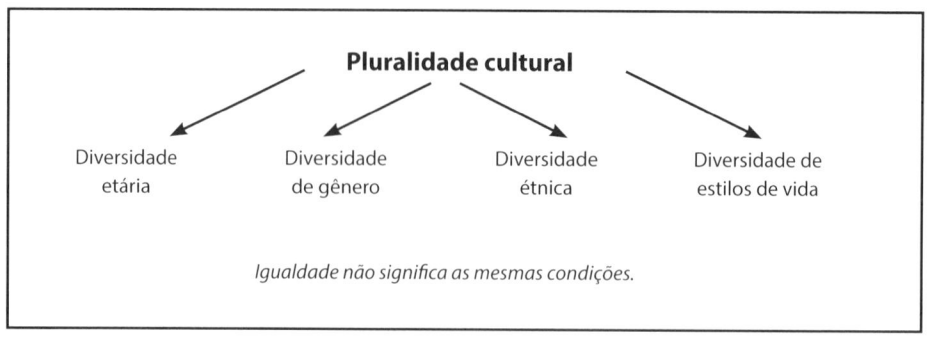

Figura 12.1 Dinâmica da pluralidade cultural. *Fonte:* Elaborada pela autora.

▮ As funções de Recursos Humanos

Essa discussão da diversidade cultural permitirá que você incorpore sua compreensão e sensibilidade para as diferenças étnicas, raciais e culturais a cada uma das funções de Recursos Humanos desempenhadas rotineiramente pelos gerentes de Hospitalidade. Um estudo adicional da diversidade de culturas existente em sua organização de Hospitalidade irá oferecer-lhe informações específicas que o auxiliarão a compreender como o multiculturalismo afeta o comportamento humano. A profundidade de seu conhecimento afetará sua capacidade ou incapacidade de gerenciar bem os empregados de diversas culturas em sua operação.

A cultura é um fenômeno multidimensional complexo. Ela se manifesta de várias maneiras, sendo algumas muito explícitas e outras mais sutis. Algumas expressões culturais surgem no local de trabalho, enquanto outras não. Veja a seguir exemplos de situações em que a cultura pode influenciar seu comportamento e dos empregados culturalmente diversificados.

- ◆ Problema de comunicação no recrutamento.
- ◆ Políticas e procedimentos, tais como:
  - entrevistas;
  - ações disciplinares;
  - regras de conduta;
  - maneiras de se trajar;
  - percepção do tempo;
  - procedimentos quanto aos serviços prestados.
- ◆ Motivação para o desenvolvimento profissional.
- ◆ Aconselhamento do empregado.
- ◆ Horário de trabalho.
- ◆ Papel das mulheres na operação.

As influências culturais que afetam seu papel como instrutor irão originar-se de diferenças em valores, crenças, ética do trabalho, relações interpessoais e padrões de aprendizagem conforme demonstrado pelos diversos grupos étnicos. Um gerente de Hospitalidade sensível, sob o ponto de vista cultural, sabe como reconhecer essas diferenças entre seus empregados e compreender como afetam o desempenho relacionado ao cargo e ao comportamento pessoal. Elas podem então ser usadas para sua vantagem nos processos de treinamento e desenvolvimento de Recursos Humanos. No tocante ao desenvolvimento do empregado, o gerente multicultural tem a habilidade de determinar os níveis de desempenho e avaliar as necessidades de treinamento sob uma perspectiva intercultural.

Os relacionamentos afetados pela diversidade cultural e as barreiras que as diferenças culturais possam gerar não estão limitados às interações entre os gerentes e os empregados. Nossos hóspedes, clientes e consumidores no setor de Hospitalidade também representam um conjunto distinto de diferenças étnicas, culturais, sociais, raciais e nacionais. Sempre que houver interações, seja no *interior* ou *entre* qualquer desses três grupos de pessoas, ocorrerão e ocorrem mal-entendidos e conflitos em vista de diferenças em valores, crenças, experiências e comportamentos culturais. A extensão em que você, como gerente responsável pelos Recursos Humanos, compreender essas diferenças e usá-las para criar seu estilo de liderança exercerá um efeito direto sobre o sucesso final de sua organização relativamente à eficácia das operações, à qualidade do atendimento e à margem de lucro.

É importante que no atual local de trabalho todos compreendam seu compromisso em administrar a diversidade cultural. "Diversidade" é uma iniciativa fundamental da empresa.

▮ Barreiras culturais pessoais

Nosso próprio sentido de identidade cultural pode tornar-se uma barreira pessoal e, nesse caso, pode afetar nossa eficácia. Você em alguma ocasião ouviu um gerente dizer "Nunca mais vou contratar um… (escolha o grupo étnico). Eles sempre se atrasam ou são preguiçosos ou desleixados ou sujos ou lentos ou não confiáveis!". Com muita frequência, uma experiência desagradável isolada com um membro de um grupo étnico nos conduz a generalizar essa percepção negativa e suas características relacionadas a *todos* os membros desse grupo étnico. Isso é **estereotipar**.

Algumas vezes, existem atitudes negativas em relação a membros de grupos étnicos, muito embora não tenhamos passado por uma experiência direta ou tido um contato pessoal com eles. Isso é **preconceito**. Como soaria ridículo se disséssemos "Nunca contratarei outro norte-americano de origem anglo-saxônica, porque eles são muito ambiciosos e empenhados no trabalho". Independentemente de sua herança étnica, temos certeza de que você conhece ao menos um norte-americano nato que nem sempre é ambicioso e esforçado. Você provavelmente até conhece afro-americanos e hispânicos que sejam ainda mais ambiciosos do que os norte-americanos natos e alguns destes que são preguiçosos, sujos, desleixados e lentos.

Ambição, ética no trabalho, uso do tempo, espaço, limpeza e métodos de condução de negócios são todos afetados por valores culturais e por formação étnica.

Quando são definidos de acordo com padrões de nossa própria orientação cultural pessoal, tendemos a encará-los como "bons", "apropriados", "certos" e "positivos". No entanto, quando são moldados pela cultura de outro grupo étnico, os mesmos valores e comportamentos podem se tornar "maus", "inapropriados" e "negativos".

E no Brasil?

Apesar de o Brasil ser conhecido como um país onde convivem indivíduos de todas as etnias e religiões pacificamente, há diversidades culturais em todos os locais e categorias de hotéis. Essa realidade brasileira, que possibilita experiência única de vivenciar diferenças multiculturais no próprio país é, em parte, um aspecto rico e atrativo da nossa diversidade e, de outra forma, um desafio para os gestores de Hospitalidade.

Como exemplo, podemos citar a experiência vivida por Rosana K. Okamoto (autora do quadro "E no Brasil?" da edição anterior deste livro), que estudou Administração Hoteleira na Suíça: "Ainda na época de faculdade, morei em uma vila na Suíça com aproximadamente 5 mil pessoas, de 60 nacionalidades. Com respeito mútuo, conseguimos tornar o convívio uma experiência desafiadora e enriquecedora". Posteriormente, Rosana trabalhou na Bahia e presenciou as diferenças entre baianos e paulistas, ainda que regidos por regras e políticas idênticas da empresa: "Se existem diferenças culturais em um país, que dirá quando compartilham do mesmo ambiente de trabalho paulistas, baianos, cariocas, mineiros, norte-americanos, suíços e austríacos."

Minha experiência foi o inverso. Trabalhei muitos anos no Brasil antes de vivenciar a realidade multicultural Suíça. Trabalhava em uma multinacional francesa. Quando transferida para Fortaleza, descobri muitas diferenças, que nem imaginava existir. A começar pela linguagem – sim é outro idioma –, o "baianês", o "cearês", há até dicionário. Nunca me esqueço de um cozinheiro, o Soares; eu não entendia o que ele falava.

Alguns anos depois, novamente no Ceará, em Porto das Dunas, na implantação de outro hotel que deveria ser o único daquele formato na rede. Devido à riqueza cultural da região, conseguimos testar naquele produto algumas inovações envolvendo os próprios colaboradores: por exemplo, o jogo de capoeira, as artesãs rendeiras e o artesanato com areia colorida, entre outras.

Mesmo para um diretor francês com visão europeia, as soluções encontradas foram elogiadas.

A grande diversidade de etnias no ambiente da empresa de Hospitalidade pode levá-la ao sucesso ou ao fracasso, dependendo da maneira como essa diversidade for tratada.

Diversidade cultural é um fato, e é preciso que as empresas, de maneira geral, mas especialmente as de Hospitalidade, elaborem políticas que possam respeitar as diferentes culturas, visando a um serviço de qualidade para o hóspede/cliente.

A máxima do acolhimento diz: uma casa não pode acolher bem um hóspede, se não acolhe bem quem nela habita. Assim também funciona com as organizações de Hospitalidade, ou seja, acolha bem seus colaboradores, e eles acolherão bem nossos hóspedes.

Revisão e adaptação de Simone Sansiviero.

Talvez você tenha visto a caricatura que descreve características similares em um homem e uma mulher. Enquanto o homem é ambicioso e disciplinador, a mulher que age do mesmo modo é agressiva e inflexível! Isso é preconceito de gênero, demonstrado preferencialmente pelos homens.

Um fator importante no gerenciamento da diversidade étnica e cultural reside em superar suas próprias concepções errôneas, seus preconceitos e suas tendências a respeito das diferenças culturais e étnicas. A **conscientização cultural** o auxilia nesse processo, deslocando-o de sua própria orientação cultural e ajudando-o a desenvolver uma sensibilidade para diferentes estilos de operação. Em vez de encarar as ações de um empregado étnico sob sua própria perspectiva cultural, a administração multicultural cria uma base de conhecimento culturalmente pluralista, a fim de vislumbrar os valores, as crenças e os comportamentos no contexto cultural em que foram previstos. Cada cultura difere da cultura dominante anglo-saxônica e, portanto, merece ser compreendida e apreciada por seu próprio sistema de valores. A diversidade não interfere nas operações eficazes do setor de Hospitalidade. Preferencialmente, ela as enriquece e lhes dá mais vida quando os gerentes de Hospitalidade conhecem o modo de empregar a diversidade cultural como um ativo para seu estilo gerencial empresarial e pessoal.

■ ADMINISTRAÇÃO DE CONFLITOS

Os principais grupos étnicos no atual setor de Hospitalidade são os afro-americanos, os norte-americanos descendentes de grupos asiáticos e os norte-americanos descendentes de grupos hispânicos. No entanto, é preciso muita cautela sempre que você tentar fazer generalizações a respeito de todos os grupos étnicos por causa das diferenças no interior do grupo. Por exemplo, entre os hispânicos existem subgrupos cujas origens são porto-riquenhas, cubanas, mexicanas, espanholas e sul-americanas. Dependendo da localização de sua operação de Hospitalidade, outros grupos étnicos também podem ser visíveis no local de trabalho. Um exame de alguns dos principais valores, atitudes, comportamentos e tradições desses grupos étnicos explica como essas diferenças podem afetar o comportamento e o desempenho das pessoas desses grupos étnicos à medida que interagem no setor de Hospitalidade. Tal estudo também indicará as áreas de conflito potencial com relação a crenças, valores, práticas e ideologias. Esse mesmo método pode ser usado para estudar as diferenças entre quaisquer dos grupos culturais que discutimos.

Existe o potencial de conflito sempre que você tiver pessoas interagindo em um ambiente de trabalho. Alguns sugerem que, quando as pessoas simplesmente interagem entre si, o conflito é inevitável por causa de diferenças de perspectiva, experiências e valores. Outros acreditam que o conflito estimula a criatividade e que um ambiente precisa de conflito para ser agradável. Seja qual for sua opinião sobre o conflito, uma coisa é certa: quando existe o conflito, ele precisa ser administrado adequadamente. Muitas vezes, seu sucesso como gerente será julgado por seu grau de sucesso em administrar o conflito e transformá-lo em um recurso positivo e em energia produtiva.

Ao gerenciar um ambiente de trabalho pleno de diversidade cultural, existe o potencial de o conflito ser o resultado de diferenças, concepções errôneas ou estereótipos culturais por parte da gerência e dos colegas a respeito do grupo étnico ou cultural, do idioma ou das barreiras culturais. Como resultado das diferenças que existem, cada lado interpreta erradamente ou dispensa o ponto de vista do outro ao deixar de compreender o arcabouço cultural no qual o outro opera. Quando essas diferenças, concepções errôneas e barreiras afetam a habilidade da organização de Hospitalidade para prestar serviços eficazes e eficientes, alguém precisa ter as aptidões e a habilidade para atuar como mediador, a fim de resolver o conflito. Em sua posição como gerente de Hospitalidade que lida com os recursos humanos da organização, a **administração de conflitos** torna-se sua responsabilidade.

Sua função como mediador consiste em representar com imparcialidade ambos os lados do conflito, para que as diferenças ou a tensão possa ser resolvida, atendendo aos melhores interesses de todas as partes envolvidas. Conforme já mencionamos, é impossível representar um grupo de modo imparcial sem que você tenha uma compreensão da orientação cultural desse grupo. Nesse papel de mediador, os princípios da administração multicultural tornam-se intimamente ligados às relações com os empregados.

Como gerente, você pode atuar com mais eficiência, ampliando sua compreensão das relações interpessoais e intergrupais. Aceitar a importância da compreensão cultural e do tratamento imparcial no local de trabalho é uma coisa, mas assegurá-la é outra. Vamos nos concentrar por um momento no exame dos princípios que escoram a administração do conflito entre empregados no contexto de seu relacionamento com a diversidade cultural.

▌ Resolução de conflitos

Os conflitos ocorrem nas organizações de Hospitalidade por diversas razões, além do fator de diversidade cultural. Historicamente, os conflitos têm ocorrido entre o pessoal da linha de frente e o de apoio, seja a recepção *versus* a área de limpeza dos apartamentos, seja os garçons *versus* os cozinheiros. O *chef* temperamental ainda permanece um estereótipo comum mesmo atualmente. A última coisa que um gerente de Hospitalidade espera em um dia ou em uma noite atarefada é uma confrontação aberta entre dois empregados da operação.

Temos ressaltado, ao longo do livro, a importância de canais abertos de comunicação. Em nenhuma situação isso é mais importante do que na prevenção do conflito no local de trabalho. A solução ideal consiste em fazer com que as pessoas se conheçam e se compreendam mutuamente antes que o conflito ocorra. Quanto mais as pessoas compreenderem outros grupos étnicos, estilos de comportamento e outras culturas, maior a probabilidade de alcançarem um consenso. A comunicação com os empregados faz parte de um plano justo de administração de recursos humanos e não é uma medida posterior.

Infelizmente, um método usual para a administração de conflitos consiste em desprezar a situação, numa atitude que demonstra que as partes envolvidas serão capazes de eliminar sozinhas as diferenças. Conflitos mal administrados ou desprezados somente trarão grandes transtornos e, em longo prazo, diminuirão o moral dos empregados, e o resultado final será a menor produtividade do trabalho. Em um período em que a redução da rotatividade irá tornar-se uma meta cada vez mais crítica, simplesmente não se pode permitir que as situações de conflito se estendam.

Outra resolução dos conflitos no local de trabalho consiste em mudar a estrutura das relações interpessoais, fazendo com que seus empregados trabalhem em diversas áreas da empresa. A lógica é que, mudando as condições ambientais que criaram inicialmente o conflito, você aliviará as tensões e o conflito será resolvido. Para aqueles com experiência de trabalho no setor de Hospitalidade, é possível observar a dificuldade de deslocar empregados de um departamento para outro. Os níveis de aptidão e as habilidades raramente são idênticos entre os cargos. E mesmo que transferir pessoas pudesse ser feito facilmente, você não estaria simplesmente preparando o cenário para outro conflito, somente com participantes diferentes? O conflito não foi resolvido: as relações interpessoais simplesmente foram deslocadas de um contexto ou localização para outro.

Para o gerente multicultural, existe outra opção disponível ao lidar com o conflito criado pela diversidade cultural no ambiente de trabalho. Você atua como um mediador com sensibilidade cultural, um mediador que está consciente dos pontos de conflito no modo rotineiro de atuação entre indivíduos de diferentes formações culturais. Você pode diminuir as tensões e ajudar os empregados a compreender os pontos de vista uns dos outros, facilitando desse modo a resolução do conflito. Sempre é mais fácil mudar o comportamento de uma pessoa do que tentar mudar a pessoa. A conscientização cultural e a sensibilidade dos grupos étnicos e de outros grupos culturais que trabalham em sua operação de Hospitalidade, combinadas com o conhecimento das causas das diferenças individuais, podem auxiliá-lo a fazer com que ambas as partes modifiquem seu comportamento negativo.

Muitas organizações de Hospitalidade proporcionam sobre a diversidade treinamento contínuo. Essas sessões de treinamento se concentram no desenvolvimento da conscientização cultural e ajudam os empregados a desenvolver as aptidões de que precisam para trabalhar com pessoas de formação distintas. É importante corrigir concepções errôneas, incompreensões, distorções e estereótipos a respeito dos membros de grupos étnicos e culturais mantidos por indivíduos que não pertencem aos grupos. Isso exige que você tenha uma base de conhecimentos a respeito da etnicidade e da cultura que o rodeiam no local de trabalho, antes de poder ajudar seus empregados multiculturais a compreender e a respeitar suas próprias culturas e aquelas das demais pessoas, bem como a trabalhar melhor entre si. O conhecimento da etnicidade, das diferenças de gênero e da orientação sexual também é fundamental para sua eficácia geral como gerente multicultural.

Até mesmo os ambientes de trabalho multiculturais mais livres de conflitos exigem um sistema de acomodação e de compromisso para manter a estabilidade organizacional e maximizar a produtividade. As necessidades de cada empregado somente podem ser atendidas se o gerente responsável pelos Recursos Humanos possuir a base de conhecimento, a compreensão e a sensibilidade apropriadas para eliminar as barreiras étnicas e culturais que possam existir.

▮ CONCLUSÃO

A existência contínua de um ambiente multicultural e de uma força de trabalho de pluralidade étnica no local de trabalho da Hospitalidade é uma realidade com que nos defrontamos no "próximo capítulo". Compreender a pluralidade cultural e étnica e aceitar a diversidade cultural deve ser visto não simplesmente como uma necessidade, mas como um potencial criativo e um recurso positivo para melhorar a qualidade e a produtividade do setor. Para tomar uma decisão apropriada como gerente, é preciso ter uma compreensão de como operam os sistemas de valores de culturas diferentes e como eles afetam as atitudes, os valores e os comportamentos relacionados ao trabalho. Essa compreensão aumenta a probabilidade de sua eficácia como um formador de recursos humanos.

Historicamente, o setor de serviços tem obtido uma proporção significativa de sua força de trabalho do grupo etário formado por jovens entre 16 e 24 anos. Levando em consideração a redução contínua desse grupo entre os norte-americanos de origem anglo-saxônica pertencentes à cultura tradicional, as operações de Hospitalidade serão obrigadas a buscar algumas outras fontes de suprimento de mão de obra para atender às necessidades de recursos humanos. Esse recurso cada vez mais se originará de grupos que são racial, cultural e socialmente diferentes da classe média tradicional da sociedade. Ele também incluirá mais mulheres e imigrantes recentes.

Os Estados Unidos têm uma diversidade cultural e étnica cada vez maior, o que também ocorre com a força de trabalho para os setores de prestação de serviços. A população de imigrantes será, e em grande parte é, capaz de auxiliar o setor de Hospitalidade a atender às suas necessidades de mão de obra, assim como outras fontes alternativas de mão de obra.

A diversidade crescente da força de trabalho da Hospitalidade impõe uma demanda especial aos gerentes responsáveis pelos Recursos Humanos para se comunicar, motivar, atrair e reter empregados com formação cultural diferente. Conscientização, conhecimento e sensibilidade cultural são necessários para atender a essas demandas. Para tornar-se um gerente multicultural, é preciso compreender a si próprio e os diversos grupos culturais que você deve administrar. Conhecer que fatores culturais (valores, crenças, experiências e formações) afetam sua vida diária pode ajudá-lo a compreender como a etnicidade e a cultura moldam a vida dos recursos humanos em sua operação. Um estudo dos grupos étnicos e de suas culturas é, na verdade, um estudo de pessoas e a compreensão de como seus valores afetam o modo como eles se inter-relacionam em vários contextos sociais e interpessoais, inclusive o local de trabalho.

A administração multicultural deve ser uma parte contínua e integral das operações do setor de Hospitalidade. Trata-se de um processo que ocorre simultaneamente, à medida que você cumpre suas responsabilidades rotineiras como gerente de Recursos Humanos no contexto da diversidade cultural e étnica que caracteriza os cenários, as finalidades, os empregados e os clientes do setor de Hospitalidade. A diversidade de culturas pode ser um ativo, não um empecilho, para sua organização de Hospitalidade. Sua habilidade para administrar essa diversidade é fundamental para seu próprio sucesso e para a eficácia de sua organização.

Caso 12.1

Você tem atuado nos últimos 12 meses como gerente da recepção em um hotel com 300 apartamentos. O hotel localiza-se nos arredores de uma grande área metropolitana. Uma vaga de governanta executiva foi anunciada e atraiu seu interesse. Nessa posição, você seria responsável por um quadro de pessoal formado por 50 empregados em tempo integral e 15 a 25 empregados em meio período.

Durante sua atuação como gerente da recepção, você observou que parece existir mais conflitos entre os empregados da governança, bem como entre o departamento de governança e outros departamentos. Você suspeita de que uma parte desse conflito se deve à ampla gama de diferenças culturais existentes no interior do departamento de governança. Você julga estar pronto para aceitar esse desafio.

Em que cidade seu hotel se localiza? Isso afetará os tipos específicos de diversidade cultural que você encontrará no hotel. Como são essas diferenças culturais? Seja específico. Por que você julga que os fatores culturais serão um maior desafio na função de governança do que na recepção? Com base nos tipos específicos de diversidade cultural e étnica que você identificou, em sua opinião, quais são algumas das causas dos conflitos existentes no interior do departamento de governança e com outros departamentos? Identifique duas soluções para resolver o conflito existente. Limite-se às diferenças culturais e étnicas que você identificou.

Fonte: Elaborado pela autora.

Caso 12.2

Pouco tempo depois de ser contratado como gerente de Recursos Humanos para uma pequena rede de atendimento rápido no Texas, você teve de enfrentar um problema. Kim é uma de seus gerentes de loja e é portadora de uma pequena deficiência auditiva. Ela levou o problema à sua atenção por julgar que sua companhia está subutilizando empregados qualificados portadores de deficiência.

Ajude Kim a elaborar um plano de três páginas para empregar mais pessoas qualificadas portadoras de deficiência para cargos em que poderiam atuar com sucesso. Identifique que tipo de cargos em sua companhia poderiam abrigar de modo bem-sucedido pessoas qualificadas portadoras de deficiência. Como você lidaria com necessidades de treinamento únicas? E quanto às atitudes e concepções errôneas potenciais que os outros empregados podem ter a respeito de trabalhar com pessoas deficientes? De que maneira você acredita que a contratação de pessoas qualificadas portadoras de deficiência afetará o índice de rotatividade?

Fonte: Elaborado pela autora.

Caso 12.3

Após Kim tê-lo contatado com sua solicitação (Caso 12.2), você começou a pensar sobre a sensibilidade cultural (ou a falta de) dos empregados que trabalham em sua empresa de atendimento rápido. Você decide preparar um relatório de três páginas para o presidente da companhia que delinearia e descreveria os principais elementos de um programa de treinamento de diversidade cultural bem-sucedido. Identifique o que você necessitará do presidente para iniciar tal programa. Discuta a implantação e as implicações de seu programa em curto e longo prazos. A meta desse programa seria proporcionar as mesmas oportunidades para todos os empregados e também permitir as diferenças individuais.

Fonte: Elaborado pela autora.

∎ Termos-chave

- administração de conflitos
- administração multicultural
- componente étnico
- conscientização cultural
- cultura
- diversidade de estilos de vida
- diversidade de gênero
- diversidade etária

- estereótipo
- etnicidade
- gerente multicultural
- grupo étnico
- pluralidade cultural
- pluralidade étnica
- preconceito

▌Leituras recomendadas

BOWEN, W., BOK, D. e BURKHART, G. "Report card on diversity: lessons for business from higher education". *Harvard Business Review* (janeiro/fevereiro de 1999), p. 140-147.

FAIRCLOTH, A. "Guess who's coming to Denny's: and Shoneys...". *Fortune*, 3 de agosto de 1998. Disponível em: web.lexis-nexis.com/more/shrm/19215/3561964/1. Acesso em 19 agosto 2013.

FLYNN, G. "Do you have the right approach to diversity?" *Personnel Journal*, v. 74, nº 10, p. 68-75, 1995.

_____. "The harsh reality of diversity programs". *Personnel Journal*, v. 77, nº 12, p. 26-35, 1998.

LAABS, J. "Individuals with disabilities augment Marriott's work force". *Personnel Journal*, v. 73, nº 9, p. 45-53, 1994.

MILLER, C. W. "Research shows businesses benefit from diversity". *Roanoke Times & World News*, 19 de julho de 1998, p.1.

POWERS, B. e ELLIS, A. *A manager's guide to sexual orientation in the workplace.* Routledge Publishers, 1995.

SIMONS, T. "Executive conflict management". *Cornell Hotel and Restaurant Administration Quarterly*, v. 4, p. 2-9, 1996.

SOLOMON, C. M. "Managing today's immigrants". *Personnel Journal*, v. 72, nº 2, 1993. p. 56-65.

THOMPSON, R. W. "Holocaust survivor urges HR professionals to remember the less fortunate". Disponível em: www.shrm.org/hrnews/articles/102798.htm. Acesso em 19 agosto 2013.

▌Sites recomendados

1. Planos de parceria interna: qrd.tcp.com/qrd/browse/dp.benefits.orgs.list
2. Organizações com "Orientação sexual" em suas políticas: qrd.tcp.com/qrd/browse/sexual.orientation.nondiscrimination.list
3. Materiais de treinamento sobre diversidade da CorVision: www.corvision.com/htmldox/corvpgl/dox/b&diver.htm
4. Workplace Diversity Initiative: www.hrc.org/issues/workplac/nd/ndlist.html
5. Disability Resources: disability.com/index.html
6. Diversity Reading List: www.berkshire-aap.com/d_read.html

▌Notas

1. S. G. Burtruille. "Corporate caretaking". *Training and Development Journal* (abril de 1990), p. 49-55.
2. Tom Maguire. "Ethnics outspend in areas". *American Demographics* (dezembro de 1998). Disponível em: www.demographics.com/publications/ad/98_ad/9812_ad/ad981205a.htm. Acesso em 19 agosto 2013.

▌Questões

1. Defina e diferencie os quatros conceitos fundamentais da administração multicultural.
2. Explique por que a pluralidade cultural está se tornando uma presença e uma força tão marcantes no setor de Hospitalidade.
3. Explique algumas razões por que a administração multicultural é essencial para o funcionamento eficaz do setor de Hospitalidade.
4. Explique como a cultura e a etnicidade influenciam as atitudes e os comportamentos dos gerentes e empregados no local de trabalho.
5. Descreva e discuta um cenário envolvendo conflito étnico no local de trabalho que você vivenciou, testemunhou ou sobre o qual ouviu. Explique como ele amplia a necessidade e os princípios da administração multicultural.

6. Explique o relacionamento entre desenvolvimento de Recursos Humanos e administração multicultural no setor de Hospitalidade.
7. Quais são os conflitos potenciais específicos criados pelo pluralismo cultural no setor de Hospitalidade?
8. Que aptidões e capacitações são necessárias para ser um gerente multicultural eficaz?

CAPÍTULO 13

Programas de assistência ao empregado

A compreensão dos outros seres humanos é proveitosa somente quando apoiada por sentimentos indulgentes na alegria e na tristeza.
Albert Einstein

Procure primeiro compreender e depois ser compreendido.
Stephen Covey

Houston, temos um problema.
James Lovell

■ INTRODUÇÃO

O Programa de Assistência ao Empregado (PAE) tornou-se rapidamente uma ferramenta administrativa valiosa no setor de Hospitalidade, na busca da retenção dos empregados de valor. Os programas de assistência ao empregado atuam paralelamente aos programas de ação corretiva e de aconselhamento que abordamos no Capítulo 9. Esses programas, em conjunto, auxiliam a reter o empregado "problemático", bem como todo empregado que precise lidar com muitos problemas pessoais fora do ambiente de trabalho. Conforme você verá, os problemas que os PAEs ajudam a resolver são muito diversificados.

Ao finalizar este capítulo, você será capaz de:
1. Definir um Programa de Assistência ao Empregado e seu papel na retenção do empregado.
2. Identificar problemas que você considera passíveis de serem tratados no âmbito de um PAE.
3. Descrever as diferenças entre PAEs internos e terceirizados.
4. Descrever a elaboração e a implantação de um PAE em uma organização de Hospitalidade.

5. Identificar os métodos de avaliação adotados para determinar a viabilidade de custos de um PAE.
6. Explicar o papel dos programas de apoio ao empregado no contexto do plano estratégico de Administração de Recursos Humanos para uma organização de Hospitalidade.
7. Entender os efeitos da aids no local de trabalho da Hospitalidade.

■ A FILOSOFIA DOS PROGRAMAS DE ASSISTÊNCIA AO EMPREGADO

Jeffery trabalha em sua organização de Hospitalidade há mais de dez anos, e você o considera um empregado responsável e confiável. Como almoxarife, as responsabilidades que ele adquiriu ao longo dos anos incluem o recebimento e o controle do estoque. Há pouco tempo, você tem ouvido os outros empregados reclamarem que os suprimentos não estão sendo mantidos como deveriam. Com frequência, os outros empregados lhe informam que não têm os suprimentos para executar o trabalho, o que está começando a se refletir no próprio desempenho dos cargos que ocupam. Ao verificar as folhas de controle de estoque, você constata que os suprimentos estão em nível satisfatório e que não existe indicação de ter ocorrido alguma vez falta de suprimentos. Você suspeita que Jeffery tem furtado alguns itens. O que você fará?

Se sua organização de Hospitalidade tem um programa de assistência ao empregado em vigor e você passou por treinamento para lidar com problemas dos empregados, sua forma de lidar com Jeffery provavelmente será por meio de **intervenção** em oposição ao método de confrontação muito frequente. E se Jeffery for dependente químico? E se a esposa de Jeffery o deixou com as três crianças? E se a mãe de Jeffery estiver com câncer ou ele tiver um amigo com aids, de quem está cuidando? Alguma dessas situações alivia o fato de Jeffery furtar itens de seu almoxarifado? Você seria mais condescendente com ele se a sua esposa o tivesse abandonado do que se ele fosse dependente químico ou estivesse cuidando de uma vítima de aids?

Nenhuma dessas situações, que servem apenas de exemplo do tipo de problemas pessoais que seus empregados podem trazer ao local de trabalho, constitui uma justificativa para furto. No entanto, Jeffery tem sido um empregado valioso; todas as suas avaliações de desempenho nos últimos dez anos refletem esse fato. Quando você intervém na situação, descobre que realmente Jeffery é dependente químico. Naquela tarde, ele inicia um tratamento com 28 dias de duração em um centro de atendimento a dependentes.

Esse exemplo é uma simplificação de como um PAE em sua organização pode ajudá-lo a reter seus empregados valiosos e ajudar outro ser humano a corrigir a trajetória de sua vida (Figura 13.1). As empresas nos Estados Unidos têm constatado que os Programas de Assistência aos Empregados não só são eficazes para recuperar empregados "perdidos" e produtividade perdida, mas também para proporcionar reforço positivo a empregados já produtivos, a fim de que façam um trabalho ainda melhor. Ajudar os empregados, independentemente da questão ou motivação pessoal, é benéfico aos interesses em longo prazo da organização de Hospitalidade *e* da sociedade.

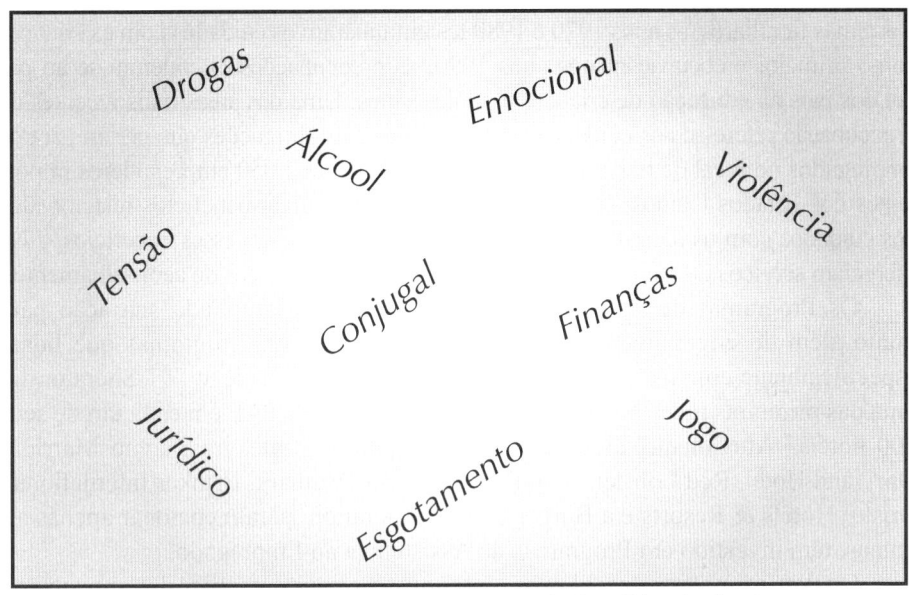

Figura 13.1 Os PAEs prestam assistência a diversos problemas pessoais. *Fonte:* Elaborada pela autora.

▌Uma perspectiva histórica

Nos anos 1920, os programas de aconselhamento ocupacional foram implantados nas empresas para ajudar os empregados a lidar com os problemas pessoais que estivessem provocando um desempenho insatisfatório no local de trabalho. Programas de **abuso de bebidas alcoólicas** já existiam na Dupont nos anos 1940. A criação dos Alcoólicos Anônimos (AA), a utilização de avaliações de desempenho para detectar alcoólatras em um estágio inicial e o reconhecimento pela American Medical Association – AMA (Associação Médica Americana) – do alcoolismo como doença no final da década de 1960 ajudaram a embasar a necessidade dos empregadores de ajudar o empregado alcoólatra a recuperar-se.

A crise de uso de drogas nos anos 1960 e 1970 agrupou os programas antidrogas e de tratamento do alcoolismo sob a designação de dependência "química". Durante o mesmo período, mudanças demográficas nos Estados Unidos apontaram para um enfraquecimento da estrutura familiar e mais lares monoparentais, resultando em problemas pessoais relacionados à família, às crianças, a aspectos legais e às finanças para muitos dos empregados nos Estados Unidos. Problemas mentais e emocionais eram considerados doenças, e não um estigma social. Basicamente, todos os problemas pessoais que possam afetar adversamente o desempenho no trabalho são passíveis de ser considerados no âmbito dos programas de assistência ao empregado. Se seus empregados não forem capazes de lidar bem com a vida pessoal, é improvável que sejam capazes de atuar de modo eficaz no local de trabalho da Hospitalidade.

À medida que se alteram os parâmetros demográficos, os programas cobertos pelos PAEs precisam evoluir, para atender às necessidades dos empregados. Em relação aos temas familiares, os anos 1970 e 1980 testemunharam os cuidados com as crianças como primeira preocupação; nos anos 1990, as preocupações estenderam-se ao papel dos pais na educação de crianças e adolescentes. Uma das áreas mais recentes de preocupação refere-se aos cuidados com os idosos e às obrigações que geram para os empregados no local de trabalho. Em uma pesquisa com 1.050 empregadores importantes dos Estados Unidos, constatou-se que 26% ofereciam benefícios relacionados aos cuidados com os idosos. Entre as empresas que ofereciam esses benefícios, 77% ofereciam serviços de referência e 19% proporcionavam serviços de aconselhamento.[1]

Os Programas de Assistência ao Empregado têm ampliado sua ação para muito além do envolvimento original do empregador em programas que lidam especificamente com o alcoolismo. No setor da Hospitalidade, o ITT Sheraton foi uma das primeiras redes hoteleiras a oferecer serviços de PAE em cada um de seus 400 hotéis.[2] Atualmente, diversas outras companhias hoteleiras, como Marriott, Opryland Hotel, Red Lobster, Walt Disney World, Aramark, Brinker International, Bristol Hotels & Resorts e a Burger King Corporation, para mencionar apenas algumas, têm investido em Programas de Assistência ao Empregado.

Qualquer um desses problemas pode causar, e causa, um pior desempenho no cargo no setor de Hospitalidade, bem como em todos os demais setores atualmente nos Estados Unidos. A expressão Programa de Assistência ao Empregado, adotada de início nos anos 1970, ampliou a área de abrangência dos problemas. No Quadro 13.1, estão listados alguns dos problemas que podem ser incluídos em um PAE.

A Lei de Proteção aos Norte-Americanos com Deficiência, de 1990, tem exercido um efeito direto na ampliação do atendimento prestado pelos PAEs. A Lei considera

Quadro 13.1 Problemas cobertos por um PAE	
• Abuso de álcool	• Compulsão por jogo
• Alcoolismo	• HIV/aids
• Dificuldades para o desenvolvimento da carreira	• Problemas jurídicos
• Crianças/adolescentes	• Época de transição na vida
• Depressão/esgotamento	• Letramento
• Violência doméstica	• Dificuldades conjugais
• Uso de drogas	• Saúde mental
• Cuidados com idosos	• Problemas financeiros pessoais
• Dificuldades emocionais	• Problemas psicológicos
• Inglês como segundo idioma	• Pais/mães solteiros
• Problemas familiares	• Problemas relacionados a estresse

Fonte: Elaborado pela autora.

que um indivíduo tem uma "deficiência" se ele tiver uma "dificuldade" física ou mental que limite substancialmente uma ou mais atividades importantes na vida, já teve um registro do problema ou é considerado como portador do problema. Em virtude de as pessoas portadoras do HIV terem problemas físicos que limitam substancialmente uma ou mais atividades importantes na vida, elas constituem uma classe importante sob essa lei. Em junho de 1998, a Corte Suprema dos Estados Unidos divulgou a primeira decisão relacionada à aids e considerou uma mulher do Estado do Maine, infectada com o vírus que causa a aids, *protegida* contra a discriminação pela Lei de Proteção aos Norte-americanos com Deficiência. Os empregadores não podem mais discriminar as pessoas portadoras do HIV em nenhuma prática de emprego, inclusive, mas não se limitando a recrutamento, procedimentos para solicitação de emprego, contratação, colocação, treinamento e desenvolvimento, promoções, disciplina e avaliações de desempenho. Os Programas de Assistência ao Empregado podem ajudar substancialmente no cumprimento dessa lei.

∎ O que é um Programa de Assistência ao Empregado?

Definimos um **Programa de Assistência ao Empregado (PAE)** no setor da Hospitalidade como um programa oferecido pelo empregador, utilizado como uma ferramenta gerencial para ajudar os empregados a lidar com os problemas antes que eles prejudiquem seriamente o desempenho no trabalho. Os Programas de Assistência ao Empregado não pretendem ser uma panaceia para as deficiências de desempenho nem propõem tornar todo empregado com problemas pessoais um membro que contribua integralmente para sua equipe de trabalho. No entanto, como são programas patrocinados pela empresa, são elaborados para trazer alívio a problemas com os quais os empregados se defrontam, prejudicando sua eficácia no local de trabalho da Hospitalidade.

Para o empregado que estiver disposto a admitir seus problemas e buscar ajuda, os PAEs oferecem um meio pelo qual ele pode encontrar uma solução e ainda continuar trabalhando. Para o empregado que está nos estágios iniciais de uma situação problemática potencial, os PAEs oferecem uma base de apoio em que ele pode encontrar aconselhamento, sem receio de, ao fazê-lo, perder o emprego. Para o empregador, os PAEs oferecem um modo de efetuar a ação corretiva e disciplinar que pode protegê-lo de um processo judicial se a situação resultar em uma demissão. Esses programas também se tornam um instrumento de retenção em um período em que perder um empregado com problemas pessoais pode gerar problemas operacionais.

Os custos estratosféricos dos tratamentos de saúde fazem dos PAEs um componente complementar do pacote de benefícios. Atribui-se uma grande ênfase aos aspectos preventivos do PAE. Ao criar uma atitude no ambiente de trabalho afirmando que "toda pessoa tem problemas pessoais e entendemos que esses problemas afetarão seu desempenho no trabalho, caso você não procure ajuda o mais rápido possível: eis aqui um programa elaborado para assisti-lo", é mais provável que seus empregados procurem ajuda antes de atingir um estágio crítico do problema.

■ POR QUE DEVO OFERECER UM PAE?

Os PAEs transmitem claramente uma mensagem de "eu me preocupo" às pessoas que trabalham em sua organização de Hospitalidade. Eles têm um aspecto humano e servem para exemplificar práticas saudáveis de Administração de Recursos Humanos. Além disso, eles incentivam seus empregados a melhorar o estilo de vida que adotam ao enfrentar bem cedo os problemas. Para os empregados cujos **problemas pessoais** já atingiram o estado crítico, o PAE proporciona uma oportunidade de recuperação, permitindo-lhes permanecer no emprego.

Talvez alguns de vocês estejam pensando: "Tudo isso parece bom, mas vamos ser realistas: quem tem tempo e dinheiro para investir em um programa "bonzinho" como um PAE? Além disso, a possibilidade de um empregado ter um problema pessoal tão sério a ponto de afetar sua produtividade é baixa. E, ainda, se um empregado tiver um problema, o problema é dele, não meu. Sou pago para administrar essa operação, e não para apoiar alguém!" Para equacionar esses pontos que você poderia mencionar, vamos examinar inicialmente a extensão dos problemas e examinar quanto o **empregado "problemático"** custa anualmente para as empresas norte-americanas.

■ O escopo do problema

O Departamento do Trabalho dos Estados Unidos estima que 71% dos usuários de drogas ilegais estão empregados. Isso representa mais de 10 milhões de pessoas empregadas que usam atualmente drogas ilícitas. Das pessoas que utilizaram o serviço telefônico de auxílio a dependentes de cocaína, 75% declararam consumir drogas no local de trabalho, 64% admitiram que o uso de drogas afetava adversamente seu desempenho no cargo, 44% admitiram vender drogas para outros empregados e 18% haviam roubado seus colegas para sustentar o vício.

Os estudos combinados feitos por algumas agências e institutos antidrogas que atuam no local de trabalho indicam os fatos a seguir:

- ◆ O consumo da maconha está aumentando.
- ◆ O uso abusivo de medicamentos controlados está aumentando.
- ◆ Índices de desemprego menores tornam mais difícil eliminar do local de trabalho todos os usuários de drogas.
- ◆ Os consumidores de drogas estão passando para pequenas empresas. (Existe uma possibilidade menor de uma pequena empresa ou de médio porte tomar medidas preventivas relacionadas a admissão/retenção de viciados em drogas.)
- ◆ A venda de drogas passou da rua para o local de trabalho.

- ♦ O consumo de álcool e drogas por mulheres está em elevação.
- ♦ Os empregados jovens sentem-se mais à vontade com o uso de drogas.[3]

O uso de drogas inclui as drogas legais e ilegais.

Veja no Quadro 13.2 uma lista de indicadores de dependência química no local de trabalho.

Quadro 13.2 Indicadores de dependência química no local de trabalho

Coloque um "X" ao lado dos comportamentos demonstrados pelo empregado ou informados a você por outros empregados. Mais de quatro itens marcados com "X" devem alertá-lo de que existe um problema.

DESEMPENHO NO CARGO

[ ] Ausências frequentes às segundas-feiras ou sextas-feiras.

[ ] Ausências prolongadas ou mais frequentes.

[ ] Diversas ocorrências de saída não autorizada do local de trabalho.

[ ] Atrasos excessivos de manhã ou ao meio-dia.

[ ] Número crescente de "interrupções" durante o dia de trabalho.

[ ] Dificuldade de concentração.

[ ] Dificuldade para se lembrar de instruções simples.

[ ] Aumento da falta de habilidade para aprender com os erros passados ou de relembrá-los.

[ ] Períodos alternados de desempenho bom e ruim no trabalho.

[ ] Falta de atenção marcante para o detalhe.

[ ] Tédio, cansaço ou comportamento inadequado flagrantes cada vez mais frequentes.

[ ] Declínio marcante de produtividade.

[ ] Datas de entrega de trabalho não cumpridas.

[ ] Número cada vez maior de desculpas pelo trabalho incompleto, faltante ou inaceitável.

[ ] Sinais crescentes de desorientação; episódios frequentes de perda da sequência do raciocínio.

[ ] Período de sono durante o trabalho.

[ ] Menor responsabilidade para realizar as tarefas.

SOCIAL

[ ] Menor interação com colegas e família.

[ ] Mudança de grupos de amigos.

[ ] Hipersensibilidade às críticas sentidas ou reais.

[ ] Afastamento dos antigos amigos.

[ ] Alterações drásticas da personalidade.

[ ] Conversas de colegas ou amigos com você sobre o comportamento ou as mudanças de atitude do empregado.

[ ] Mudança drástica no gosto musical.

[ ] Defesa do direito de beber ou de fumar maconha.

[ ] Irritabilidade ou falta de emoção.

[ ] Mudanças súbitas e extremas de humor sem razão aparente.

[ ] Reações emocionais inadequadas.

[ ] Abandono das metas anteriores.

[ ] Ocorrência constante de objetos pessoais perdidos, emprestados ou furtados.

APARÊNCIA PESSOAL E SAÚDE

[ ] Mudança nos hábitos de alimentação ou de sono.

[ ] Menor atenção à higiene pessoal.

[ ] Surgimento e erupções cutâneas em torno da boca ou do nariz.

[ ] Vestuário inadequado (mangas compridas ou casacos em dias quentes, roupas leves em tempo frio).

[ ] Ocorrência frequente de braços rígidos ou doloridos.

[ ] Suores injustificados e repentinos.

[ ] Aumento de tosse, coriza ou dores de garganta.

[ ] Sintomas contínuos de gripe ou de mal-estar gastrointestinal.

[ ] Marcas visíveis na pele, causadas por resíduos do carbono de seringas ou de substâncias químicas.

[ ] Venda de objetos pessoais sem rendimento apurado.

[ ] Uso frequente de óculos escuros em ambientes internos.

[ ] Manchas no polegar e no dedo indicador, que identificam o usuário de maconha.

[ ] Mudança de estilo de roupas.

FAMÍLIA

[ ] Está faltando dinheiro ou outros valores em sua casa?

[ ] A criança está menos responsável por suas obrigações?

[ ] Você flagra mentira do seu filho?

[ ] Há mais discussões em família?

[ ] Você desaprova os amigos que seu filho tem?

[ ] Seu filho não reage às conversas sobre drogas e álcool?

[ ] Existe um desafio aberto às regras da família?

[ ] Seu filho alguma vez fugiu de casa?

[ ] Têm ocorrido episódios de violência ou hostilidade em relação aos membros da família?

Fonte: Glenbeigh Hospital of Miami.

O uso abusivo do álcool é outro problema relacionado ao trabalho. A documentação existente no setor de Hospitalidade indica que o uso poderia ser maior para nossos empregados. Algumas razões incluem a disponibilidade constante de álcool, condições de trabalho que incluem exposição a temperaturas elevadas, diferentes horas de trabalho de nossos empregados e uma aceitação muito frequente do hábito de beber por parte da chefia.[4]

O mais chocante ainda é o fato de uma pesquisa governamental que investigou o abuso de determinadas substâncias no setor ter constatado que os empregados em estabelecimentos que servem refeições e bebidas apresentavam o maior índice de consumo de drogas ilícitas entre todas as ocupações pesquisadas nos Estados Unidos. Em uma pesquisa envolvendo empregados de período integral durante 1991 e 1993, 16,3% dos trabalhadores nesses estabelecimentos afirmaram usar habitualmente drogas ilícitas. Isso representava o maior porcentual entre todos os setores na pesquisa. Além disso, 15,4% dos empregados de período integral declararam que bebiam muito (cinco ou mais drinques em cinco ou mais ocasiões em um período de 30 dias).[5] O Departamento do Trabalho dos Estados Unidos estima que uma em cada dez pessoas nos Estados Unidos apresenta um problema relacionado ao consumo de álcool.

A National Mental Health Association NMHA (Associação Nacional de Saúde Mental) declara que mais de 51 milhões de norte-americanos apresentam um distúrbio mental, embora somente cerca de 16% busquem tratamento. Acredita-se que a maioria dos norte-americanos que se suicidam a cada ano apresenta um problema mental. O suicídio é a oitava principal causa de morte nos Estados Unidos.[6] A depressão clínica é detectada em 17,6 milhões de norte-americanos adultos a cada ano, sendo que somente um terço procura tratamento. Estima-se que a depressão custe US$ 43,7 bilhões anualmente para a economia norte-americana, incluindo uma perda de US$ 23,8 bilhões para as empresas por causa de faltas e baixa produtividade, de acordo com a Campanha Nacional de Esclarecimento Público sobre Depressão Clínica da NMHA. Em 1º de janeiro de 1998, entrou em vigor nos Estados Unidos a **Lei de Paridade da Saúde Mental**, **de 1996**. Essa lei exige que todos os empregadores com 50 ou mais empregados, que oferecem um plano de saúde em grupo, assegurem benefícios também para problemas mentais além dos problemas físicos.

O bem-estar mental tem se tornado uma importante meta do setor.

▌ Custos do empregado "problemático"

Por que isso é importante para você, o gerente responsável por Recursos Humanos? Os empregados que trabalham sob a influência de drogas ou de álcool têm um desempenho de aproximadamente dois terços de seu potencial. Empregados que abusam de drogas e do álcool têm uma probabilidade três vezes maior de sofrer acidentes no trabalho, usar o plano de saúde quatro vezes mais do que os demais empregados, faltar ao trabalho cinco vezes mais e diminuir a produtividade geral da força de trabalho.

Estima-se que a cada ano o abuso de álcool e o alcoolismo custem US$ 148 bilhões à economia norte-americana, e o uso de drogas e a dependência química, cerca de US$ 98 bilhões anualmente.[7] Acredita-se que somente o alcoolismo gere uma perda de 500 milhões de dias de trabalho anualmente. A National Mental Health Association estima em US$ 147,8 bilhões os custos econômicos anuais das doenças mentais. Uma consequência direta dos problemas relacionados às drogas e ao álcool está na violência no local de trabalho. Uma das quatro principais razões para o aumento da violência no local de trabalho são os problemas relacionados às drogas e ao álcool. A violência doméstica está aumentando e, com ela, o efeito resultante no local de trabalho. Estima-se que a violência doméstica custe entre US$ 3 bilhões e US$ 10 bilhões anualmente no que se refere à produtividade perdida por causa de faltas, rotatividade dos empregados e despesas com tratamento de saúde.[8]

Além dos problemas pessoais já identificados, existe a crise de aids nos Estados Unidos e seu efeito no setor de Hospitalidade. O impacto dessa doença continua a ser devastador e assim continuará até que seja descoberta uma cura. Os custos indiretos incluem produtividade perdida, enquanto as despesas médico-hospitalares estão aumentando em vista das necessidades de cuidados intensivos e morte precoce.

Comparecimento ao trabalho, produtividade, uso do plano de saúde, segurança, comportamento e qualidade do trabalho são todos afetados pelos problemas pessoais que nossos empregados levam para o local de trabalho da Hospitalidade. Esperamos que você agora chegue à conclusão de que um Programa de Assistência ao Empregado pode beneficiar a organização de Hospitalidade.

Esses programas podem auxiliar os empregados a solucionar uma ampla gama de problemas com que possam se defrontar na vida. Ter à disposição um programa de assistência ao empregado pode ajudar a evitar que esses problemas aumentem, conduzindo a uma equipe de trabalho mais feliz e mais saudável. Vamos agora examinar os tipos de PAEs mais comumente encontrados e apresentar formas de desenvolvê-los e implantá-los.

◼ PAEs INTERNOS *VERSUS* TERCEIRIZADOS

Os Programas de Assistência ao Empregado variam em sua abordagem entre as organizações de Hospitalidade. Apesar dessa diversidade, todos eles mantêm as mesmas metas de identificar empregados com problemas pessoais que possam estar afetando seu desempenho no trabalho, proporcionando um meio para que eles busquem aconselhamento e ajuda e mantenham a confiança do(s) empregado(s) no programa.

Mesmo a menor companhia de Hospitalidade pode implementar um PAE. O consórcio é o método mais difundido para as empresas que não têm condições de manter seu próprio programa e são muito pequenas para contratar outra empresa ou terceiros, a fim de implantarem internamente um PAE. Em um consórcio, diversas empresas ou operações pequenas de Hospitalidade se reúnem, estruturando-se como uma entidade privada sem fins lucrativos. Cada uma das companhias associadas pagaria uma taxa fixa baseada em sua utilização média do PAE por empregado.

▮ PAEs internos

Organizações de Hospitalidade que proporcionam **PAEs internos** têm de ser suficientemente grandes para sustentar um coordenador profissional do PAE e, se necessário, uma equipe de aconselhamento. O restante da equipe administrativa de Recursos Humanos também exigirá algum treinamento e instrução quanto ao uso do PAE nas práticas estabelecidas de Recursos Humanos, tais como os procedimentos de ações corretivas.

Uma das maiores desvantagens de operar um PAE interno é a potencial falta de confidenciabilidade. Para que o PAE seja bem-sucedido, deve-se garantir a confidencialidade do empregado que usa os serviços. As informações de qualquer parte do PAE, inclusive sessões de aconselhamento, não fazem parte da pasta pessoal do empregado. Se seu pessoal não acreditar que a confidenciabilidade será mantida, ele não usará plenamente os serviços que o programa lhe oferece.

A vantagem de operar um programa interno é o maior controle administrativo do programa em si. Sua companhia contratará a equipe de aconselhamento e eles se tornarão membros de sua organização de Hospitalidade.

▮ PAEs terceirizados

Conforme ocorre com todo serviço terceirizado, o provedor do PAE oferece serviços de avaliação e aconselhamento mediante o pagamento de uma taxa. No entanto, para ter benefício máximo, a localização externa do **PAE terceirizado** precisa ser acessível à sua equipe de trabalho.

Geralmente, o serviço também incluirá o aconselhamento telefônico direcionado a intervir em momentos de crise. A intervenção nessas ocasiões vale-se de uma linha de telefone especial e oferece ao empregado problemático total anonimato. Os conselheiros discutem o problema com o empregado e, caso julguem ser necessária uma terapia, este é encaminhado a um profissional externo. Os custos desses programas variam, dependendo do número de empregados que usam o programa e do tipo de serviços que a empresa terceirizada provê.

É preciso ter cautela ao selecionar um provedor, a fim de executar os serviços para seus empregados. É importante que ele compreenda o setor de Hospitalidade e suas pressões e tensões específicas. O horário de trabalho dos empregados muitas vezes pode durar 24 horas sem dias de folga. A empresa terceirizada selecionada

precisa estar disposta a atender às necessidades e aos horários de seus empregados. Os especialistas e os conselheiros profissionais em PAEs devem ter o registro
exigido por lei. Você não deve permitir que amadores aconselhem seus empregados de valor. Atualmente, a maior parte dos programas de apoio ao empregado é
terceirizada. Adote o mesmo cuidado e discernimento que você adotaria antes de
participar de qualquer acerto contratual com um provedor de serviços.

■ ELABORAÇÃO DO PAE

Um PAE eficaz proporciona um sistema de esclarecimento para todos os empregados na organização de Hospitalidade. Isso serve para explicar como o PAE opera e
enfatiza sua confidenciabilidade. Os supervisores aprendem como identificar deficiências de desempenho que podem ser causadas por problemas pessoais. Enfatiza-
-se o não diagnóstico e não julgamento do empregado. Em vez disso, os supervisores
são instruídos a oferecer ao empregado problemático o recurso apropriado.

■ Elaboração

A elaboração inicia-se por meio de uma avaliação das necessidades de sua organização e leva em consideração os elementos a seguir.

- ♦ Análise do perfil organizacional.
- ♦ Análise do atual programa de benefícios. (Afinal de contas, um PAE deveria ser um benefício novo.)
- ♦ Análise das políticas e dos procedimentos relacionados aos empregados.
- ♦ Determinação da extensão do programa inicial e do(s) tipo(s) de ajuda
  oferecidos.
- ♦ Determinação do mercado de teste. De modo ideal, você identificaria
  unidades de teste (em cada região/divisão), a fim de determinar a aceitação pelos empregados e resolver quaisquer problemas antes da implantação em toda a companhia.
- ♦ Determinação da necessidade de recursos. Uma equipe extra será necessária? Que papel as operações desempenharão? Qual é o custo aproximado?

Após sua organização de Hospitalidade ter determinado suas necessidades e
a extensão do PAE, é preciso iniciar um plano de ação, o qual:

- ♦ programa atividades;
- ♦ atribui responsabilidades;
- ♦ atualiza a administração;
- ♦ reforça o compromisso e o apoio dos dirigentes.

▮ Implantação

O núcleo do processo de implantação é o estabelecimento de uma política para o PAE e de como ele operará. Essa política precisa estar escrita, publicada e distribuída a todos os empregados. A comunicação é importante para a aceitação e o sucesso do programa. Os empregados precisam ver o PAE como um benefício e não como uma invasão de privacidade.

É preciso desenvolver procedimentos específicos com relação a:

- encaminhamento pelo supervisor;
- autoencaminhamento;
- confidenciabilidade.

A escolha deve ser feita com base nas necessidades e nos objetivos da companhia, a fim de determinar se sua organização selecionará um tipo de programa interno ou terceirizado. O treinamento dos supervisores e a orientação dos empregados é o segundo passo.

▰ DETERMINAÇÃO DA EFICÁCIA DE CUSTOS DO PAE

Os PAEs são relativamente acessíveis se comparados aos custos de outros benefícios. Isso se deve em grande parte à pequena proporção de empregados que usam o programa. Você deve verificar seus planos de seguro-saúde para ter certeza de que eles darão cobertura ao empregado ocasional que precisa de tratamento e hospitalização mais abrangentes.

A literatura contém muitas informações sobre a eficácia dos PAEs. A eficácia vai do menor absenteísmo, da melhor retenção à salvação de vidas. Que operador de Hospitalidade não ficaria satisfeito de saber que haverá um menor número de empregados comparecendo ao trabalho doentes, saindo da empresa ou se atrasando?

Os programas de assistência ao empregado também podem servir para reduzir o custo crescente do plano de saúde e da Remuneração Obrigatória do Empregado. Frequentemente, o resultado final é um melhor desempenho no trabalho. Em comparação aos custos elevados da demissão, as despesas com o PAE são mínimas.

Estas, a seguir, são algumas maneiras pelas quais você pode medir ou avaliar a eficácia de seu PAE.

- Utilização.
- Feedback direto.
- Custos comparativos/contenção de custos.
  - rotatividade/retenção;

- plano de saúde;
- absenteísmo;
- segurança;
- Remuneração Obrigatória do Empregado.

Os dados históricos são uma necessidade, a fim de se fazer uma análise comparativa significativa da economia de custos.

■ UTILIZAÇÃO DE UM PAE

Após seu PAE estar bem consolidado, ser comunicado de modo claro a seus empregados e o treinamento ser conduzido para todas as pessoas envolvidas, de que modo um empregado problemático pode valer-se do programa? Existem basicamente duas opções. Na primeira, representando 80% de todos os casos, os empregados contatam o programa diretamente. A parte restante dos casos são indicações dos supervisores que observam um declínio nos níveis de desempenho.

Os supervisores de linha são as melhores pessoas para notar uma mudança no desempenho ou no comportamento pessoal, porque eles observam os empregados diariamente. Quando ocorrer uma diminuição de desempenho ou uma alteração de comportamento, o supervisor questiona o empregado em uma tentativa para determinar a causa. Essa intervenção é um componente importante do PAE, pois opera muitas vezes para romper o padrão negativo em que os empregados problemáticos estão presos. Conforme notamos no capítulo anterior, o declínio do desempenho pode ser causado por fatores distintos dos problemas pessoais. Se a condição parece estar relacionada a problemas particulares, o empregado é encaminhado ao pessoal do PAE.

Após você ter tentado ajudar o empregado por meio da entrevista corretiva, é sua responsabilidade continuar monitorando o desempenho. O empregado pode optar por uma de duas situações: buscar ajuda e melhorar o desempenho ou recusar auxílio – nesse caso, são implantadas as práticas usuais de ação corretiva. Em cada estágio do processo de ação corretiva, é oferecida a participação no PAE, em uma nova tentativa para romper a repetição da negativa. A participação no PAE não é um substituto para manter padrões aceitáveis de desempenho no trabalho.

■ AIDS NO LOCAL DE TRABALHO

A epidemia de aids afeta a todos. Para o gerente de Hospitalidade, bem como para os gerentes em todos os tipos de empresas, o conhecimento e a compreensão da aids são importantes para seu sucesso. O que você dirá a uma camareira que se recusa a limpar um apartamento por ter receio de que a pessoa hospedada nele possa ter aids? O que você diz ao garçom que se recusa a atender uma mesa pela mesma razão? O que você diz ao hóspede que pergunta se algum de seus cozinheiros tem aids? E se um empregado ferir-se na cozinha e os demais empregados tiverem receio de contrair a doença? O que você diz a um empregado que o procura com medo de ter aids ou ser soropositivo? A aids é e será um dos problemas pessoais que poderão motivar seus empregados a procurar auxílio por meio de seu Programa de Assistência ao Empregado. A natureza confidencial do PAE fornece um cenário natural e uma ferramenta valiosa de aconselhamento para se lidar com a depressão que o empregado apresenta ao receber o resultado positivo de um teste de HIV, ao perder um amigo ou membro da família ou a receber o diagnóstico de aids. É por essa razão e por muitas percepções erradas a respeito da aids que incluímos uma seção sobre a doença.

▊ Os fatos

O **Vírus da Imunodeficiência Humana (HIV)*** foi descoberto em 1983. Trata-se do vírus que causa a aids. O HIV, quando ativo, destrói o sistema de defesa do organismo contra a doença e a infecção. É transmitido por contato sexual, injeção com sangue contaminado, agulhas usadas por diversas pessoas (comumente associadas à utilização de drogas) ou transmitido a crianças recém-nascidas no parto ou pela amamentação. O HIV pode destruir o sistema imunológico do organismo e incapacitá-lo a combater doenças. Esses são os únicos meios conhecidos pelos quais o HIV é contraído e transmitido.

O termo **aids** significa Acquired Immune Deficiency Syndrome (**Síndrome da Imunodeficiência Adquirida**). Antes de os pesquisadores descobrirem o HIV, eles se referiam ao conjunto de sintomas e doenças caracterizado por um colapso total do sistema imunológico como sendo a "aids". Essa definição foi alterada posteriormente, para incluir toda pessoa infectada pelo HIV ou que tivesse um enfraquecimento avançado do sistema imunológico. Quando uma pessoa ouve de um médico um diagnóstico de aids, significa que ela está infectada pelo HIV ou que possui uma entre um número de doenças ou de tipos de câncer. Após uma pessoa ouvir um diagnóstico de aids, ela é sempre considerada portadora da doença, mesmo se recuperar-se.

O HIV não pode ser disseminado por simples contato. Embora ainda exista um grande desconhecimento sobre o HIV, sabe-se como o vírus é e *não é* transmitido. Para que uma pessoa se torne infectada pelo HIV, é necessário que ele penetre na corrente sanguínea. Você sabia que, de acordo com autoridades federais da área de segurança alimentar, o HIV não é transmitido ao se preparar ou servir alimentos? A comida simplesmente não pode ser contaminada pelo HIV. O vírus não se transmite por meio de beijo, abraço, aperto de mão ou picada de inseto. De acordo com C. Everett Koop, ex-cirurgião-geral do Serviço de Saúde Pública dos Estados Unidos, não ocorreram casos de aids pelo uso de piscinas ou banheiras com água quente, de lençóis ou vasos sanitários ou telefones.

---

*N.R.T.: O vírus HIV e suas implicações na indústria da Hospitalidade, lamentavelmente, torna-se cada vez mais comum entre nós. Os casos existentes são tratados sem alarde nas empresas, e o funcionário continua trabalhando normalmente. Os programas de apoio e assistência aos portadores do HIV no Brasil são exemplos a serem seguidos.

Se isso é verdade, então de onde vem toda a histeria em torno da epidemia de aids? O fato de que, até hoje, não existe cura conhecida, é parte da razão. Outro aspecto assustador da aids é que o HIV fica latente na pessoa. Isso significa que o vírus pode ficar incubado no ser humano durante anos, antes de começar a atacar o sistema nervoso.

Essas pessoas podem ter o HIV durante anos antes de saber que estão infectadas, a não ser que façam um teste específico de sangue para determinar se os anticorpos do vírus estão presentes. Isso também significa que o alcance exato da epidemia de aids é, hoje, ainda desconhecido. Foi estimado, em 1998, que mais de 30 milhões de pessoas no mundo tinham o HIV, que cerca de 800 mil norte--americanos tinham o vírus e que 40 mil novos casos estavam ocorrendo a cada ano nos Estados Unidos. O índice de novos casos em escala mundial foi considerado fora de controle, pois em 27 países os índices de infecção por HIV mais do que dobravam. A aids matou tantas pessoas quanto a malária em 1997.[9] Dos 40 mil novos casos que ocorreram nos Estados Unidos, metade atingiu mulheres com idade inferior a 25 anos. Mulheres, jovens e minorias são os que apresentam maior probabilidade de contrair o HIV. Como gerente responsável por Recursos Humanos no setor de Hospitalidade, você deve ter em mente que a aids continuará a produzir um impacto nas empresas. As organizações de Hospitalidade têm perdido talentos, e os empregados sentiram a perda de colegas, amigos e membros da família. Precisamos permanecer conscientes a respeito do HIV/aids no local de trabalho da Hospitalidade.

■ O gerente de Hospitalidade e a Aids*

De que modo específico isso exerce um impacto em você, o gerente responsável por Recursos Humanos em uma operação de Hospitalidade? Somente por meio do esclarecimento você pode responder de modo inteligente e preciso aos tipos de pergunta que seus empregados poderiam fazer-lhe, perguntas similares àquelas que lhe formulamos no começo desta seção.

O esclarecimento, no entanto, não pára em você. Parte de sua responsabilidade será a de igualmente esclarecer as pessoas que trabalham para você e, em alguns casos, o processo de esclarecimento se estenderá ao público que entrar em seu estabelecimento com seus próprios receios e preocupações. O local de trabalho proporciona um excelente cenário para esse tipo de esclarecimento. A National Restaurant Association (Associação Nacional de Restaurantes) e a American Hotel and Motel Association (Associação Americana de Hotéis e Motéis) atenderam

---

*N.R.T.: Cabe ao gestor de Hospitalidade trabalhar com programas de esclarecimento, higiene e prevenção para evitar que assuntos ligados à existência de funcionários ou mesmo hóspedes portadores de HIV se transformem em situações de histeria e descontrole.

à necessidade de informação. Cada organização produziu material de divulgação para o gerente e os empregados.

Um dos pontos básicos que ambas as associações ressaltam é não existir nada específico sobre a aids no setor de Hospitalidade, que enfrenta essa crise com todos os demais setores. Programas de esclarecimento e procedimentos operacionais cobrem todas as doenças infecciosas. Os métodos atuais de saneamento e os procedimentos higiênicos de manuseio de alimentos que já se encontram em vigor no setor da Hospitalidade protegem contra todas as formas de doenças infecciosas, inclusive a aids.[10]

Outra área na qual a doença afeta todas as empresas é a de planejamento e elaboração dos benefícios. A cobertura médica torna-se a principal preocupação para as vítimas da aids. Embora, por lei, as vítimas não possam ser demitidas, elas ainda necessitam de cobertura médica quando a doença as torna fisicamente incapazes de trabalhar. A legislação, como a Lei de Reconciliação Orçamentária de 1986,* exige que as companhias com mais de 20 empregados, que ofereçam seguro em grupo, continuem a oferecer cobertura por até 18 meses após o empregado deixar a companhia.

A educação é nossa arma mais eficaz para a redução da histeria potencial que pode ser criada. A National Restaurant Association delineou os quatro passos a serem seguidos para um programa de combate à crise:

1. Reúna uma equipe para combater a crise antes que esta surja. A equipe é treinada para lidar com qualquer crise com a qual a operação se defronte, seja um incêndio, seja a aids.
2. Elabore uma política com relação à aids que explique o posicionamento da companhia para os empregados e os clientes.
3. Esclareça seus empregados.
4. Desenvolva uma estratégia de comunicação sobre a aids.

Existem muitos problemas relacionados ao HIV/aids com os quais você terá de lidar no local de trabalho. Eles variam do aumento dos custos do plano médico, passando pela angústia emocional, a possíveis processos de discriminação e até histeria dos clientes. Quanto mais você ler e aprender a respeito da doença, mais você estará preparado para lidar com essas situações.

---

*N.R.T.: No Brasil, a assistência a pessoa portadora do vírus HIV é totalmente custeada pelo governo.

E no Brasil?

Na hotelaria brasileira, de maneira geral, não existe um programa específico de assistência ao empregado que seja adotado. Os benefícios ofertados pelos hotéis são planos de saúde, há possibilidade de alimentação no local, e dentre as redes hoteleiras, muitas oferecem a oportunidade de aprender um novo idioma, visto que o atendimento a clientes estrangeiros é uma realidade que aumenta a cada dia.

Vale lembrar que o universo que envolve o termo "empresas de Hospitalidade" é muito extenso e abrange desde hotéis de redes internacionais até pequenos hotéis, empresas familiares, restaurantes de pequeno porte, bares e pousadas.

Diante dessa diversidade de organizações de porte e quantidade de funcionários, é claro que as ações e os benefícios serão diferentes. O que se vê são ações voluntárias e esporádicas, para atender às necessidades de cada empresa.

Apesar de existirem algumas iniciativas, há necessidade de melhoria e profissionalização dessas assistências nas diversas organizações de Hospitalidade, pois geram ganho financeiro, exposição positiva em mídia e grande contentamento aos profissionais, melhorando a qualidade do serviço prestado e, consequentemente, a satisfação do cliente.

Revisão e adaptação de Simone Sansiviero.

▮ CONCLUSÃO

Para os dirigentes, e em particular para os gerentes de Recursos Humanos, a lógica e os recursos financeiros que apoiam os PAEs são perfeitamente compreensíveis. Estimativas conservadoras indicam que, para o setor, o custo dos problemas pessoais relacionados aos empregados seja superior a US$ 50 bilhões por ano, além de uma perda de produtividade de 25% em todos os níveis. Uma grande corporação com um programa de assistência bem consolidado comprovou um retorno cinco vezes maior do que seu investimento, uma diminuição de 49% na utilização do plano de saúde e uma queda de 61% no número de acidentes de trabalho. No atual ambiente competitivo e preocupado com os custos, números como esses realmente se tornam muito significativos. Com o impacto ameaçador da aids ainda por atingir seu pleno potencial, os futuros profissionais de Recursos Humanos em nosso setor precisam estar prontos para assumir essas responsabilidades.

A meta de todo PAE consiste, sempre que possível, em fazer com que o empregado recobre a produtividade total. Um PAE eficaz identifica os problemas pessoais bem no estágio inicial e, em muitos casos, evita que ocorram preocupações mais sérias. Seus empregados são seu ativo mais valioso. Os Programas de Assistência ao Empregado transmitem essa mensagem.

Caso 13.1

Como gerente de um estabelecimento de médio porte localizado em uma área geográfica distante, você está em um período muito agitado, com diversos grupos pequenos de empresas.

Em determinada manhã, após um fim de semana particularmente atarefado, sua governanta executiva lhe traz um problema. As camareiras lhe disseram que se recusam a limpar diversos apartamentos que lhes foram designados, pois acreditam firmemente que os hóspedes que os ocupam poderiam ter aids. Sua governanta executiva não sabe como proceder. Conseguir empregados para trabalhar em seu hotel é muito difícil, e o departamento de Limpeza dispõe de muitas empregadas de bom

nível e confiáveis. A governanta executiva lhe informa que ela mesma arrumaria os quartos, mas não tem certeza absoluta de não estar se expondo a um risco.

Existem diversas opções das quais você, como gerente responsável por Recursos Humanos, poderia valer-se. Identifique cada uma delas e discuta então quais alternativas você escolheria. (**Dica:** Você está lidando com dois aspectos nesse caso. O primeiro é a preocupação imediata de ter os quartos arrumados. Todos os apartamentos estão reservados para hoje à noite. O segundo aspecto refere-se à falta de informação e às concepções erradas que seu pessoal tem a respeito da aids e de sua transmissão de pessoa para pessoa.)

Fonte: Elaborado pela autora.

Caso 13.2

Você é o gerente distrital de Recursos Humanos de uma cadeia regional de lanchonetes. Muitos gerentes operacionais indicaram um aumento gradual, em dado período, de faltas e de absenteísmo. A presidente da companhia solicitou que você investigasse a possibilidade de estabelecer um programa de assistência ao empregado, a fim de barrar essa tendência. Ela lhe pediu para preparar um relatório inicial de três páginas, que fornecerá as informações a seguir.

- As metas para o PAE.
- Uma lista itemizada das áreas de problemas pessoais cobertos pelo PAE.
- Recomendação de um PAE interno ou terceirizado.
- Uma defesa do papel do PAE no plano de Administração de Recursos Humanos para sua organização de Hospitalidade.
- Sua opinião pessoal sobre os PAEs.

Fonte: Elaborado pela autora.

▌Termos-chave

- abuso de drogas e álcool
- empregado "problemático"
- intervenção
- Lei de Paridade da Saúde Mental, de 1996
- PAE interno
- PAE terceirizado
- problemas pessoais

- Programa de Assistência ao Empregado (PAE)
- Síndrome da Imunodeficiência Adquirida (Acquired Immune Deficiency Syndrome – aids)
- Vírus da Imunodeficiência Humana (Human Immunodeficiency Virus – HIV)

▌Leituras recomendadas

Cruz Vermelha Americana. *Basic HIV/AIDS Program Facts Book* The American National Red Cross, 1998.

BAHLS, J. E. "Dealing with drugs keep it legal". *HR Magazine*,1998. Disponível em: www.shrm. org/hrmagazine/articles.0398drug.htm. Acesso em 19 agosto 2013.

BELLER, L. "Elder care's growing presence as an HR matter". *Benefits & Compensation Solution*, nº 17, p. 20-21, outubro de 1995.

BERRIDGE, J., HIGHLEY-MARCHINGTON, C., COOPER C. L. e J. C. HIGHLEY, J. C. *Employee assistance programmes and workplace counselling.* Nova York: John Wiley & Sons, 1997.

CANONI, J. D. *How the Supreme Court's HIV-infection and sexual harassment decisions affect employers.* Disponível em: www.nhdd.com/hot/wh50.htm. Acesso em 19 agosto 2013.

DULEN, J. "Fixed media". *Restaurants & Institutions*, 15 de fevereiro de 1997.

FLYNN, G. "Get the best from employees with learning disabilities". *Personnel Journal*, v. 75, nº 1, p. 76-84, 1996.

_____. "Why employees are so angry". *Personnel Journal*, v. 77, nº 9, p. 26-32, 1998.

GUHR, L. "Hidden costs involved with an on-the-job alcoholic". *Wichita Business Journal*, 10 de novembro de 1997.

PINCUS, L. B. e TRIVEDI, S. M. "A time for action: responding to aids". *Training & Development*, v. 48, nº 1, p. 45-51, 1994.

President's Drug Advisory Council (Conselho Consultivo do Presidente sobre Drogas). *Drugs don't work in your workplace.* Washington, DC: President's Drug Advisory Council. Gabinete Executivo do Presidente.

RAGER, R., LAMSON, L. e CASTNER, L. "Employee wellness programs for the hospitality industry: some promising new approaches for human resource development". *Hospitality Research Journal*, v. 14, nº 2, p. 643-645, 1990.

▌Sites recomendados

1. American Counseling Association (Associação Americana de Aconselhamento): www.counseling.org
2. Cruz Vermelha Americana – HIV/aids: www.redcross.org/hss/HIVAIDS/index.html
3. National aids Fund (Fundo Nacional de Combate à aids): www.aidsfund.org
4. The Body: The Complete HIV/AIDS Resource: http://www.thebody.com/whatis/military.html
5. Kit para lidar com o HIV/aids no local de trabalho: www.shrm.org/diversity/AIDS guide
6. Central Sexual Health: http://www.centralsexualhealth.org/
7. The National Mental Health Association (Associação Nacional de Saúde Mental): www.nmha.org

8. Employee Assistance Professionals Association (Associação Nacional dos Profissionais de Apoio ao Empregado): www.eap-association.com
9. Criação de um programa no local de trabalho: www.dol.gov/dol/asp/public/programs/drugs/howto.htm

▌ Notas

1. Kate Walter. "Elder care obligations". *HR Magazine*, 1996. Disponível em: www.shrm.org/hrmagazine/articles/0796eld.htm. Acesso em 19 agosto 2013.
2. Leslee Jacquette. "Delta will help employees solve problems". *Hotel & Motel Management* v. 207, nº 17, p. 34, 1992.
3. Jane Ester Bahls. "Drugs in the workplace". *HR Magazine*, 1998. Disponível em: www.shrm.org/hrmagazine/articles/0298cov.htm. Acesso em 19 agosto 2013.
4. Jim Peters. "How to set up an employee assistance program". *Restaurant Business*, v. 87, nº 15, p. 81-83, 90 e 99, 1988.
5. Lisa Jennings. "From the frying pan... into the bottle; Food-service workers run high risk of substance abuse". *The Commercial Appeal*, 11 de novembro de 1998. Dsiponível em: web.lexis-nexis.com/more/shrm/19213/3976298/4. Acesso em 19 agosto 2013.
6. National Mental Health Association (Associação Nacional de Saúde Mental), "MHIC: Mental illness and the family: Mental Health Statistics". *MHIC Factsheet*, 1997. Disponível em: www.nmha.org/infoctr/factsheets/15.cfm. Acesso em 19 agosto 2013.
7. National Institute on Drug Abuse (Instituto Nacional de Combate ao Consumo de Drogas) e The National Institute on Alcohol Abuse and Alcoholism (Instituto Nacional de Abuso do Álcool e Alcoolismo). "The economic costs of alcohol and drug abuse in the United States – 1992". *Executive Summary*, 1998.
8. Stephenie Overman. "Preventing domestic violence from spilling over into the workplace". *Restaurants USA*, v. 17, nº 7, p. 36, 1997.
9. HIVInSite. "How many people have HIV?" *Back to Basics*, 1998. Disponível em: hivinsite.ucsf.edu/topics/basics/2098.3e7f.html. Acesso em 19 agosto 2013.
10. Doreen Bell. "Aids prevention practices". *Lodging Hospitality* 44, nº 2, 1998, p. 92.

▌ Questões

1. O que é um Programa de Assistência ao Empregado?
2. Identifique diversos problemas pessoais que em sua opinião poderiam ser administrados por um Programa de Assistência ao Empregado.
3. Como um PAE se enquadra no processo de ação corretiva?
4. Descreva as diferenças entre um PAE interno e um terceirizado.
5. Descreva o processo de elaboração e implantação de um Programa de Assistência ao Empregado no segmento da indústria de Hospitalidade no qual você espera trabalhar.
6. O custo dos PAEs reflete-se em sua eficiência? Explique sua resposta.
7. Qual é o efeito do HIV/aids no local de trabalho? Quais são os melhores instrumentos contra o HIV/aids?
8. Você implantaria um PAE em seu local de trabalho? Por quê?

Relações empresa-
-empregado no setor
de Hospitalidade

Mulheres, filiem-se ao sindicato, e vamos pedir: salário igual para trabalho igual.
Susan B. Anthony, *The Revolution* (jornal de defesa do voto feminino),
18 de março de 1869.

Não é hora de pensar naquilo que não se tem;
pense naquilo que se pode fazer com o que está aí.
Ernest Hemingway

∎ INTRODUÇÃO

Sindicatos, negociadores, reivindicação, mediação, arbitragem, leis trabalhistas e negociação coletiva: de que modo todas essas organizações, pessoas e processos que denominamos **relações empresa-empregado** o afetam em seu papel de gerente responsável pelos Recursos Humanos? Com base em seu conhecimento atual das relações empresa-empregado, como você vê os sindicatos?* Você considera que eles existem somente para benefício do trabalhador e prejudicam a organização de Hospitalidade? Você julga que eles protegem empregados incompetentes e tornam quase impossível despedir alguém? Você acredita que os sindicatos são corruptos, que as negociações são injustas e inflexíveis e que os contratos com os sindicatos o impedem de realmente realizar seu trabalho como gerente e que as greves afetaram desnecessariamente muitas companhias? Os sindicatos existem apesar de não ter mais utilidade? Eles são dinossauros históricos que deveriam ser postos de lado?

    Muitos terão, em algum ponto da carreira, responsabilidades gerenciais em uma organização de Hospitalidade cujos empregados estão filiados a um sindicato.

---

*N.R.T.: Para informações sobre os sindicatos no Brasil, verifique o anexo *Os sindicatos e as leis trabalhistas no Brasil*, no fim do livro.

Seu sucesso virá em grande parte de como você puder ter uma boa compreensão do que são os sindicatos, das estratégias adotadas pelos negociadores sindicais, dos processos de mediação e arbitragem, de como os representantes sindicais podem entrar em um local de trabalho não sindicalizado e de quais são seus direitos e obrigações ao lidar com os representantes. Assim, compilamos para você as informações mais importantes para ajudá-lo a se tornar um gerente de Hospitalidade bem-sucedido.

Ao finalizar este capítulo, você será capaz de:

1. Descrever o que é um sindicato trabalhista.
2. Discutir quais são os principais fatos históricos que influenciaram os sindicatos.
3. Manter conhecidas as leis que regulam as relações trabalhistas e as atividades do sindicato.
4. Identificar as razões por que as pessoas se associam a sindicatos no setor de Hospitalidade.
5. Explicar a importância de relações sindicais construtivas conforme se relacionam ao impacto da Administração de Recursos Humanos.
6. Descrever como as entidades organizam os empregados, para que você possa evitar a sindicalização em uma organização de Hospitalidade não sindicalizada.
7. Identificar as demandas negociáveis que o sindicato ou os dirigentes poderiam exigir durante o processo de negociação coletiva.
8. Descrever o procedimento para as reivindicações.
9. Explicar os processos de arbitragem e mediação.

■ A MUDANÇA NOS SINDICATOS

Um **sindicato trabalhista** nada mais é do que um grupo de empregados que julgam poder obter dos dirigentes aquilo que desejam, de modo mais eficaz coletivamente do que de forma individual. Por meio da negociação em grupo, eles julgam ter mais poder e que os dirigentes têm maior probabilidade de os ouvir. Ao longo da história, sob forma de legislações federal e estadual, os empregados tiveram acesso a certos direitos que lhes permitiram negociar coletivamente, isto é, discutir como um grupo, em oposição a cada indivíduo discutir separadamente com seu supervisor.

Se você for favorável, contrário ou neutro ao sindicato, se acreditar que essas entidades já não têm mais utilidade ou que estão passando por uma nova revitalização, um fato que não pode ser negado são as numerosas mudanças pelas quais os sindicatos passaram nos últimos anos. A mão de obra organizada norte-americana no setor de Hospitalidade, bem como a dos demais países, especialmentente nos setores ligados a serviços, enfrentará muitos desafios no "próximo capítulo", à medida que tenta encontrar seu lugar em uma sociedade em transformação. Antes de examinarmos para onde a mão de obra organizada se encaminha, os fatores que apoiam as mudanças nas iniciativas dos sindicatos e o papel dessas entidades no local de trabalho, vamos fazer uma breve retrospectiva histórica dos sindicatos.

Para compreender o atual sindicato, você precisa entender os motivos para sua criação e a legislação que protege e regulamenta as suas atividades. Muitos dos eventos históricos servem como precedentes para os tipos de ações que você deve empreender ao assumir responsabilidade por Recursos Humanos. Conforme apresentamos no Capítulo 1, o clima é tal que nossos clientes e empregados possuem maior conhecimento sobre o setor de serviços. Assim como nossos clientes vão exigir um melhor serviço, nossos empregados vão exigir um ambiente de trabalho, remuneração e benefícios que sejam proporcionais ao melhor nível de atendimento. As preocupações do empregado sobre questões relacionadas ao trabalho e à família, as diferenças salariais entre homens e mulheres, bem como a segurança no trabalho, são temas que os atuais sindicatos enfrentam com muita seriedade. Como você verá, foram as condições de trabalho precárias, baixos salários e a inexistência de benefícios que estimularam a criação dos sindicatos trabalhistas. O desejo por melhores condições de trabalho pode ser observado já no início do movimento trabalhista.

▌ Primórdios do sindicato

As iniciativas para organizar os sindicatos nos Estados Unidos começaram com os diaristas, cansados de receber um tratamento ríspido, de trabalhar em péssimas condições e de não poder opinar nas decisões tomadas por seus mestres-artesões. Quando um jovem era aceito por um mestre-artesão, ele passava a morar com a família deste durante muitos anos em troca da aprendizagem de um ofício. Após um período específico, o aprendiz tornava-se um diarista e recebia um salário. Se um diarista fosse capaz de poupar dinheiro suficiente para abrir seu próprio negócio, então ele também poderia tornar-se um mestre-artesão. No entanto, se desejassem aprender determinado ofício, os aprendizes e os diaristas estavam totalmente à mercê de seus mestres.

Os primeiros sindicatos formados eram as **corporações de ofícios locais**, representando os sapateiros, os gráficos e os carpinteiros. A negociação, conforme a conhecemos atualmente, não existia, embora as corporações entrassem em greve. Suas principais reivindicações giravam em torno de salários, do número de horas de trabalho e de quantos aprendizes poderiam exercer determinado ofício.

Em 1886, a formação da **American Federation of Labor – AFL** (Federação Norte-Americana do Trabalho), sob a liderança de seu primeiro presidente, Samuel Gompers, lutou pelo dia de trabalho de oito horas. A AFL tinha uma estratégia diferenciada de organização; em vez de organizar-se com base em ocupações específicas, procurou formar **sindicatos de profissionais**, cujos membros eram pessoas que executavam tarefas similares, como os padeiros.

Quadro 14.1 Leis trabalhistas federais norte-americanas

Lei Clayton (aprovada em 1914)
Esclareceu a posição dos trabalhadores sob as leis antitruste.

Lei Davis-Bacon (aprovada em 1931)
Exigiu o pagamento de um salário-mínimo a ser especificado para os contratos de construção assinados pelo governo federal.

Lei Norris-LaGuardia (aprovada em 1932)
Proibiu os tribunais federais de exigir o cumprimento dos contratos, impondo a não sindicalização dos empregados. (De acordo com esses contratos, os empregados se comprometiam a não participar de um sindicato ou se comprometiam a deixá-lo se já fossem membros.)

Lei Wagner (aprovada em 1935)
Conhecida como **Lei Nacional de Relações Trabalhistas**, esse diploma legal aplicava-se a todas as companhias e empregados que participavam do comércio interestadual (com algumas exceções). Foram estabelecidos os direitos de organizar e de tomar parte em movimentos trabalhistas, de escolher representantes, de efetuar negociações coletivas e de promover greves.

Lei de Práticas Trabalhistas Justas (aprovada em 1938)
Estabeleceu o valor do salário mínimo e o número máximo de horas de trabalho para todos os empregados que participassem do comércio interestadual.

Lei Taft-Hartley (aprovada em 1947)
A primeira grande alteração da Lei Nacional de Relações Trabalhistas. Incluiu diversos dispositivos.

Lei Landrum-Griffin (aprovada em 1959)
Permitiu acréscimos importantes à Lei Taft-Hartley, incluindo a definição de outras práticas trabalhistas injustas.

Lei de Reforma do Serviço Público (aprovada em 1978)
Promulgada para proteger todos os empregados do serviço público federal.

Fonte: Elaborado pela autora.

O poder dos sindicatos tornou-se maior com a Lei Clayton (1914), a primeira entre muitas leis federais (Quadro 14.1) que concedeu aos empregados o direito legal de entrar em greve e permitiu-lhes obter um **mandado judicial** (uma decisão de um tribunal, permitindo a qualquer pessoa interromper seu trabalho, por exemplo, conceder-lhe o direito de greve). O período dos anos 1920 testemunhou campanhas intensivas por parte dos dirigentes para desestimular o crescimento dos sindicatos trabalhistas. Criaram-se programas recreativos (sociais) e de concessão de benefícios, e programas de bem-estar para os empregados foram considerados uma boa prática administrativa. Contratos ilegais, por meio dos quais os empregados se comprometiam a não se filiar a sindicatos, eram comuns. Nesses contratos, o empregado concordava, por ocasião da admissão, a não fazer parte de um sindicato.

A **Lei Norris-LaGuardia**, **de 1932**, limitou drasticamente as condições sob as quais um mandado judicial em uma disputa trabalhista poderia ser aprovado, especificando as cinco condições a seguir que deveriam prevalecer.

♦ Ameaça ou ocorrência de atos ilegais.
♦ Provável dano substancial à propriedade.
♦ Dano ou prejuízo precisam ser maiores se o mandado judicial for negado.
♦ Não existem soluções adequadas para os danos.
♦ A polícia local não é capaz ou não está disponível para oferecer proteção.
♦ A Lei Norris-LaGuardia também tornou ilegais os contratos que preveem a não sindicalização dos empregados.

▌Leis trabalhistas ainda em vigor

Existem três leis federais que afetarão o gerente, em relação às leis trabalhistas, no setor da Hospitalidade. A **Lei Nacional de Relações Trabalhistas**, **de 1935**, também é denominada **Lei Wagner**, uma lei favorável aos sindicatos estabelecida pelo **National Labor Relations Board – NLRB** (Conselho Nacional de Relações Trabalhistas). A lei define "práticas trabalhistas injustas" que determinam a conduta de empregados, sindicatos e seus agentes.

A explicação mais simples da Lei Wagner é que ela descreve as condições sob as quais pode ocorrer a negociação coletiva e garante aos empregados o direito de agirem juntos como um grupo, em vez de individualmente. Essa lei exerceu impacto significativo no aumento do número de empregados sindicalizados.

O National Labor Relations Board administra essa lei. Ele conduz eleições nos sindicatos, certifica os resultados e impede que dirigentes e empregados adotem práticas trabalhistas injustas. Uma **prática trabalhista injusta** constitui uma violação da lei por parte de um sindicato que promove a sindicalização ou um empregador que se opõe a ela. Interrogatório, ameaças, espionagem ou demissão de um empregado por exercer atividades sindicais seriam consideradas práticas trabalhistas injustas, do mesmo modo que toda prática que interfira no direito do empregado de se organizar ou discrimine o empregado que participe de atividades sindicais. O Quadro 14.2 apresenta alguns exemplos adicionais de práticas trabalhistas injustas que podem ser encontradas no setor da Hospitalidade.

Em 1941, existiam duas principais federações trabalhistas nacionais nos Estados Unidos: a AFL, que, conforme dissemos anteriormente, era formada por trabalhadores que tinham uma ocupação comum, e o **Congress of Industrial Organizations – CIO** (Congresso de Organizações Industriais), formado por um grupo de sindicatos industriais. Os **sindicatos setoriais** eram formados por um grupo de trabalhadores de todo um setor, independentemente de sua ocupação. Um bom exemplo é o **Hotel and Restaurant Workers and Bartenders International – HRWBI**

Quadro 14.2 Exemplos de práticas trabalhistas ilegais por parte do sindicato e dos dirigentes

Os dirigentes não podem:
- deixar de oferecer promoção ou aumento salarial a um empregado se ele não se filiar a um sindicato;
- discriminar de qualquer forma um empregado se ele se tornar membro de um sindicato;
- recusar-se a contratar uma pessoa por ela pertencer a um sindicato;
- não negociar de boa-fé as exigências do sindicato;
- assediar um empregado que apresentar uma queixa ao sindicato;
- deixar de dar aumentos salariais aos empregados que estão pensando em organizar um sindicato.

O sindicato não pode:
- fazer ameaças de retaliação contra um empregado que não entrar em greve;
- fazer com que um empregado discrimine outro;
- demonstrar atos de força e de violência ou fazer ameaças;
- coagir um empregado a escolher determinado representante;
- cobrar contribuições excessivas ou discriminatórias como condição para permitir a filiação ao sindicato.

Fonte: Elaborado pela autora.

(Sindicato de Trabalhadores em Hotéis e Restaurantes e de Barmen Internacionais), que é o principal sindicato da área de serviços de alimentação nos Estados Unidos. Os sindicatos setoriais* são verticais, pois abrangem todos os níveis de aptidões, do mais elevado ao inferior. Como você já estudou, as corporações eram formadas por pessoas que tinham um ofício comum, independentemente do setor específico. Um exemplo poderia ser o conjunto de todos os padeiros: não teria importância se eles trabalhassem em um restaurante ou em uma padaria local, ou para uma grande indústria de produtos de panificação.

A **Lei de Administração de Relações Trabalhistas** ou **Lei Taft-Hartley** foi aprovada em 1947 como emenda à Lei Wagner. Essa emenda foi considerada em grande parte favorável aos dirigentes, pois permitia a intervenção do governo nas relações trabalhistas.[1] A Lei Taft-Hartley também tornava ilegais os acordos de sindicalização obrigatória, embora permitisse a existência de sindicalização, exceto onde fosse proibido por leis estaduais. Isso resultou em algumas leis que concediam o direito ao trabalho, mantidas até hoje em muitos Estados norte-americanos. A expressão "empresa sindicalizada" denominava uma organização que estipulava a obrigatoriedade de uma pessoa fazer parte do sindicato antes de ser contratada. As empresas com empregados sindicalizados exigem que uma pessoa se filie ao sindicato durante um intervalo de tempo especificado após ser contratada, normalmente após um período de experiência de 30 ou 60 dias.

---

*N.R.T.: Denominados *industrial unions*, têm grande influência.

A segunda emenda à Lei Wagner foi a **Lei de Registro e Divulgação da Administração Trabalhista** de 1959, Lei 86-257 (mais conhecida como **Lei Landrum-Griffin**). Essa emenda é considerada a carta magna dos sindicatos, pois teve como meta proteger os direitos de seus membros. A lei definiu padrões éticos e códigos de conduta específicos que todas as organizações trabalhistas devem acatar. Ajudou a diminuir alguns dos abusos praticados pelos dirigentes sindicais e pelos gerentes contra os empregados. De modo essencial, retirou o poder dos sindicatos e o devolveu aos empregados, cujos interesses os sindicatos deveriam defender.

As três finalidades básicas da emenda Landrum-Griffin são:

- ♦ regulamentar as atividades internas dos sindicatos e reduzir a possibilidade de práticas desonestas e criminais contra os empregados;
- ♦ assegurar a democracia sindical, evitando conluios antiéticos entre a empresa e o sindicato;
- ♦ proteger os recursos do sindicato e evitar que sejam mal empregados pelos líderes sindicais.

O poder dos sindicatos aumentou rapidamente após a Segunda Guerra Mundial, sendo que houve um grande aumento da associação aos sindicatos. As exigências dos sindicatos por programas de bem-estar e de benefícios foram agressivas e as greves foram severas. A Lei Taft-Hartley era, em grande parte, uma reação pública ao poder e à influência crescente dos sindicatos. Mesmo com a aprovação da Lei Taft-Hartley, a associação aos sindicatos aumentou e, em 1995, as duas principais federações trabalhistas, AFL e CIO, fizeram uma fusão.[2]

▌Leis trabalhistas estaduais

As leis trabalhistas estaduais têm grande variação nos Estados Unidos, portanto, é sempre bom você verificar nas secretarias do Trabalho regionais se sua empresa se enquadra na lei ao lidar com temas de relações trabalhistas em sua organização de Hospitalidade. As leis de direito ao trabalho estaduais constituem apenas um exemplo.

As leis de direito ao trabalho não são muito bem vistas pelos sindicatos, pois impedem contratos que exigem dos trabalhadores a participação em sindicatos quando são admitidos. Em virtude de os sindicatos serem obrigados por lei a representar todos os empregados em uma organização que aderiu a eles, a lei do direito ao trabalho os impede de receber contribuições de todas as pessoas na unidade que se encontra em processo de negociação. Os sindicatos dependem das contribuições para arcar com as despesas operacionais. Se uma operação possui um grande número de pessoas não sindicalizadas, a eficácia do sindicato pode ficar prejudicada. Em uma sociedade democrática, a maioria das pessoas acredita ser errado exigir a sindicalização de empregados. Os funcionários não sindicalizados e sindicalizados beneficiam-se igualmente das negociações sindicais para obter aumentos salariais e outros pacotes de benefícios. Qual é sua opinião? Deve-se exigir dos empregados que se associem a um sindicato que os represente e pagar contribuições como uma exigência de emprego?

As leis trabalhistas, estaduais e federais estão sujeitas a alteração. Os gerentes contratados por uma grande organização de Hospitalidade constatarão que provavelmente haverá um consultor em relações trabalhistas ou um advogado trabalhando para sua companhia. Se você trabalhar para uma organização menor, esses especialistas ainda assim se encontram disponíveis mediante o pagamento de honorários para responder a suas perguntas. Normalmente é melhor consultar um profissional antes de você tomar uma medida da qual não está seguro.

■ SINDICATOS TRABALHISTAS NAS ÚLTIMAS DEZ DÉCADAS

Os anos 1960 testemunharam a sindicalização de funcionários públicos, profissionais liberais e de trabalhadores na agricultura após a emissão do Decreto 10.988, o qual mudou a face da associação ao sindicato. Os sindicatos setoriais e tradicionais têm testemunhado desde essa época um declínio do número de membros. Os anos 1960 também viram a **mão de obra organizada** manter uma presença forte na área de produção. Os empregadores começaram a ter maior aceitação da negociação coletiva, e os sindicatos puderam negociar ganhos econômicos substanciais para seus membros.

Os anos 1970, no entanto, foram um período de inflação maior, desemprego crescente e declínio em alguns setores industriais. Os empregados sindicalizados recebiam salários maiores, mas não conseguiam aumentar suficientemente a produtividade para compensar o aumento do salário. Isso resultou em uma solicitação pelos empregadores de concessões da parte dos sindicatos. O número de empregados sindicalizados no setor privado começou a apresentar um declínio constante, de 29,1% do mercado de trabalho privado em 1970 para 25,1% em 1976 e para 17,8% em 1983.[3] Em 1978, a AFL-CIO ajudou a propor uma legislação que alteraria a Lei Nacional de Relações Trabalhistas para tornar mais fácil a organização. O empresariado mobilizou-se contra essa legislação proposta, que não conseguiu ser aprovada. Essa foi uma derrota significativa para o movimento trabalhista. Nos anos 1990, foi realizada outra tentativa para reforçar as leis trabalhistas a favor dos sindicatos, em torno do tema de substituição dos grevistas durante as paralisações. Essas tentativas também não tiveram sucesso.

O setor da Hospitalidade teve, historicamente, apenas uma pequena porcentagem de seus empregados filiados a sindicatos, sendo que o início da década de

1970 foi o período em que ocorreu o maior número de associados. Em 1981, somente 14% dos empregados de Hospitalidade eram sindicalizados; o Hotel and Restaurant Workers and Bartenders International (HRWBI) é o 14º maior sindicato nos Estados Unidos.[4] O **Hotel Employees & Restaurant Employees International – HERE** (Sindicato Internacional dos Empregados em Hotéis e Restaurantes) é o maior sindicato do setor da Hospitalidade. Teve um declínio constante no número de associados, de um máximo de 507 mil em 1970 para cerca de 280 mil membros em 1989.[5] No site desse sindicato, pode-se ver que em 1999 representava mais de 300 mil trabalhadores nos Estados Unidos.[6]

▎Efeitos atuais sobre os sindicatos

Se os sindicatos crescerão ou entrarão em declínio no século XXI é uma questão muitíssimo debatida. Muitos julgam que os sindicatos já não possuem mais utilidade e estão desaparecendo. Outros especialistas em relações trabalhistas acreditam que o movimento sindical renascerá nos Estados Unidos, à medida que os sindicatos procurem atender às necessidades do novo trabalhador norte-americano. Torna-se claro ao se conhecerem essas duas posições diametralmente opostas que os líderes sindicais não estão apresentando uma frente unida.

Quais são os desafios que o trabalho organizado enfrentará na obtenção e retenção de membros em suas organizações locais e nacionais? Muitos desses desafios são os mesmos já apresentados em capítulos anteriores. Por exemplo, a composição da força de trabalho. Os primeiros empregados sindicalizados eram principalmente homens brancos norte-americanos, que trabalhavam em período integral como únicos provedores do lar. Mulheres, imigrantes e trabalhadores de meio período fazem parte da força de trabalho e apresentam necessidades diferentes das do homem branco no local de trabalho. Os sindicatos terão de atender às novas necessidades da nova equipe de trabalho, caso queiram atraí-la como membro contribuinte.

Normalmente, as mulheres e as minorias ocupam as posições de salário baixo e status reduzido. Os sindicatos estão promovendo a mobilidade vertical para minorias e mulheres. As preocupações desses novos grupos de trabalhadores diferem grandemente daquelas dos homens norte-americanos sindicalizados. Não resta dúvida de que a força de trabalho modificada exerce um efeito direto sobre os sindicatos e seus programas. Atualmente, os empregados insistem em ter um papel mais completo na estruturação de seus cargos, com ou sem a ajuda do sindicato. Em um período de falta de mão de obra, os empregadores não podem deixar de ouvir as exigências do empregado. Serão os empregadores, ou os sindicatos, que tornarão o emprego mais seguro?

Em virtude de os aumentos no salário-mínimo serem obrigatórios pelas leis estaduais e federais norte-americanas, também aumentam as possibilidades de os horistas pagarem as contribuições sindicais. A pessoa contratada também se torna uma decisão mais importante, pois você será forçado a pagar salários maiores. Adolescentes e empregados não qualificados são menos atraentes quando é preciso pagar-lhes um salário maior. Os adolescentes têm menor probabilidade de associar-se a sindicatos porque veem o trabalho no setor da Hospitalidade como temporário. Portanto, o aumento do salário mínimo poderia ter o efeito potencial de motivar um número maior de pessoas a filiar-se a um sindicato, caso os líderes sindicais lhes solicitassem. Isso poderia eliminar a necessidade de um dos itens básicos de negociação do trabalho organizado: maiores salários. Os atuais sindicatos estão tendo de se adaptar a um mercado de trabalho altamente competitivo. Outros fatores que afetam a habilidade do sindicato para negociar aumentos salariais são a tendência de pagamento por mérito, a maior utilização de empregados temporários e de tempo parcial, a importância crescente de condições de trabalho não padronizadas e a globalização. À medida que as companhias de Hospitalidade prestam mais serviços no exterior, elas têm de contratar mais empregados estrangeiros.

A transformação da economia dos Estados Unidos, de uma sociedade industrial para uma sociedade de serviços, significa que os sindicatos terão de atrair empregados da Hospitalidade muito mais neste século do que no anterior. A base se deslocou da produção para os serviços e, portanto, os sindicatos também precisam ajustar suas estratégias de recrutamento, à medida que milhões de novos empregos estão sendo criados no setor de serviços. Fique atento às tentativas dos sindicatos de organizarem os empregados prestadores de serviços quase isolados e desorganizados.

Os sindicatos trabalhistas deixarão de existir daqui a 20 anos? Eles se tornarão simplesmente organizações fraternais em oposição a unidades de negociação? Haverá um renascimento dos sindicatos com a liderança dos empregados prestadores de serviços na economia? Embora não seja possível responder a nenhuma dessas perguntas hoje, todas merecem atenção. Independentemente da direção que os sindicatos tomarem, em alguma ocasião futura eles exercerão um efeito em suas responsabilidades de Recursos Humanos.

■ POR QUE AS PESSOAS SE ASSOCIAM AOS SINDICATOS?

Talvez, ao se examinarem algumas das razões pelas quais os trabalhadores associam-se aos sindicatos, você possa preparar-se melhor para evitar que seus empregados sintam a necessidade de tornar-se membros dessas entidades. Você se recordará que os sindicatos surgiram por causa de más condições de trabalho, salários baixos e tratamento abusivo dos trabalhadores por parte dos dirigentes. A legislação federal evoluiu muito até assegurar a nosso pessoal que não lhes pagaremos salários baixos, que manteremos uma semana de trabalho com duração razoável e que lhes proporcionaremos um ambiente de trabalho seguro e agradável para que desempenhem suas obrigações do cargo. Todavia, para muitos de nossos empregados, os sindicatos podem trazer garantia de emprego, aumento de salário, oferta de benefícios adicionais, proteção contra decisões arbitrárias dos superiores, cargas de trabalho razoáveis e um processo para eliminar as práticas que julgam injustas.

Pense um momento sobre o que falamos a respeito de motivação e como, ao longo de cada capítulo, as funções de Recursos Humanos que você desempenha relacionam-se direta ou indiretamente aos esforços de retenção de sua organização de Hospitalidade. Os especialistas do setor enfatizam a proteção dos ativos humanos valiosos. Os sindicatos procuram proteger e promover os interesses de seus membros. Se você, ao cumprir suas responsabilidades relativas aos Recursos Humanos, não mantiver os interesses de seu pessoal em primeiro lugar, há grande possibilidade de sua organização de Hospitalidade ser facilmente sindicalizada. O Quadro 14.3 identifica algumas condições que poderiam incentivar o interesse dos empregados nos sindicatos.

Quadro 14.3 Condições que incentivam o interesse dos empregados nos sindicatos

- Salário inadequado.
- Falta de flexibilidade em sua capacidade de remuneração.
- Ambiente de trabalho desagradável.
- Benefícios inadequados.
- Insegurança no emprego.
- O empregado não se considera respeitado.
- Discriminação.
- Favoritismo.
- Disciplina incoerente.
- Os empregados não se consideram parte da organização de Hospitalidade.
- Os empregados sentem que os superiores estão se aproveitando deles.
- Os empregados não se orgulham de seu trabalho.
- Falta de reconhecimento dos esforços e do desempenho individuais.
- Má comunicação.

Fonte: Elaborado pela autora.

Em algumas organizações de Hospitalidade, fazer parte do sindicato é obrigatório, de acordo com a negociação sindical. Isso significa que um empregado novo precisa tornar-se membro da entidade e pagar contribuições se ele deseja conseguir o emprego. Os atuais empregados precisam fazer parte do sindicato e pagar contribuições se desejam manter seus empregos. As organizações sindicalizadas que não têm acordos sindicais que exigem filiação compulsória permitem aos funcionários não filiados ao sindicato que tenham direito aos benefícios das atividades de negociação salarial. Portanto, alguns empregados podem conseguir uma "carona".

■ ADMINISTRAÇÃO EFICAZ DO DISSÍDIO COLETIVO

Quais são os aspectos que você pode observar, a fim de evitar, como gerente de Recursos Humanos, a sindicalização de sua organização de Hospitalidade? Vamos examinar cada uma das funções de Recursos Humanos apresentadas neste livro.

- ♦ **Processo de contratação.** Sempre procure escolher a melhor pessoa. No setor da Hospitalidade, a personalidade muitas vezes pode ser a chave do sucesso.
- ♦ **Orientação/treinamento.** Assegure-se de que seu pessoal se sente à vontade e conhece o novo ambiente de trabalho e a companhia. Comunique às pessoas suas expectativas.
- ♦ **Avaliação de desempenho.** O sistema de avaliação precisa ser comunicado e compreendido claramente, além de ser justo.
- ♦ **Desenvolvimento.** Seus empregados precisam descobrir um modo de ascender hierarquicamente para ocupar outros cargos.
- ♦ **Aconselhamento positivo.** Os empregados problemáticos têm oportunidade de resolver problemas pessoais e modificar seu desempenho sem receio de punição.
- ♦ **Remuneração.** A remuneração atual e futura precisa ser considerada justa.
- ♦ **Comunicações abertas.** Você não pode gerenciar atrás de sua mesa; você precisa estar disponível para seu pessoal. Existem benefícios positivos nas comunicações diárias entre dirigentes e empregados, pois são o meio para a administração positiva das relações trabalhistas.
- ♦ **Coerência dos dirigentes.** Essa é a melhor política para manter as atividades sindicais afastadas de sua organização. Quando sua empresa entrar em um processo judicial, os sindicatos procurarão incoerências nos dirigentes.

O Quadro 14.4 identifica outras maneiras de evitar a sindicalização no setor de Hospitalidade. A maior parte das sugestões relaciona-se a práticas gerenciais justas e boas. Uma das principais razões pelas quais as pessoas se filiam aos sindicatos é a garantia de emprego. Se uma organização de Hospitalidade não oferece segurança a seus empregados pelas formas que acabamos de identificar, então a sindicalização pode estabelecer-se mais facilmente.

Além disso, muitos estabelecimentos mantêm uma regra de "não arregimentar". Isso significa que, além de não permitir que os sindicatos tentem filiar seus empregados, a regra precisa ser aplicada igualmente para todo o setor, ou será considerada como prática trabalhista gerencial injusta.

Quadro 14.4 Métodos para evitar a sindicalização

- Estabelecer uma relação de credibilidade entre os dirigentes e os empregados.
- Promover uma política de portas abertas.
- Incentivar os empregados a comunicar os problemas.
- Levar as reivindicações dos empregados a sério.
- Manter pontualmente os compromissos assumidos com os empregados.
- Compreender a necessidade de reconhecimento.
- Saber como apresentar um retorno positivo.
- Manter padrões elevados.
- Permitir programas de participação dos empregados.
- Oferecer um ambiente de trabalho positivo.
- Manter canais abertos de comunicação.
- Ouvir os empregados.

Fonte: Elaborado pela autora.

■ A CAMPANHA E A ELEIÇÃO NOS SINDICATOS

O sindicato pode contatar sua organização de Hospitalidade interna ou externamente. Internamente, um de seus empregados pode ser contatado para ajudar o sindicato a organizar seus empregados. O Quadro 14.5 indica alguns sinais potenciais de atividade sindical. Ou seus empregados podem estar em desacordo com os dirigentes e decidir, coletivamente (ou como um grupo seleto), convocar o sindicato para obter ajuda. Externamente, um representante sindical poderia adentrar sua operação, sentar-se no bar e conversar com o barman a respeito de como este se sente trabalhando para você, ou almoçar e conversar com o garçom. Pela natureza da Hospitalidade, é muito fácil um representante sindical infiltrar-se em sua organização.

Quadro 14.5 Sinais de atividade sindical

- Presença de pessoas desconhecidas.
- Uma pessoa fazendo uma lista com nomes dos empregados.
- Grupos de empregados que conversam seriamente até você se aproximar.
- Novos grupos informais com líderes emergentes.
- Discussão sobre negócios durante os intervalos ou o almoço.
- Aumento repentino do número de perguntas sobre política, procedimentos e benefícios da companhia.
- Pichações com dizeres contra a companhia nos banheiros e nas áreas de descanso da empresa.
- Algumas pequenas reuniões de empregados.
- Fofocas entre empregados descontentes.

Fonte: Elaborado pela autora.

Durante a campanha velada, os representantes sindicais tentarão conseguir reconhecimento para a entidade. Petições e fichas de filiação serão distribuídas a seus empregados. Como gerente, você não deveria prestar atenção à oferta de um representante sindical, especialmente de fichas de filiação do sindicato. Observá-

-las muitas vezes comprometerá sua companhia com as iniciativas de filiação do sindicato em questão.

Após você saber que um sindicato está tentando filiar seus empregados, procure ajuda! Contrate um advogado trabalhista para lidar com os sindicatos, caso sua organização de Hospitalidade ainda não tenha esse profissional no quadro de colaboradores. Essa área do direito é complicada, e você, como gerente, terá suas ações limitadas pela legislação trabalhista. Sua melhor abordagem consiste em ouvir e documentar diariamente tudo o que está se passando. Você precisa estar consciente de que o processo de sindicalização pode envolver muito conflito entre empregadores e sindicatos. Esse conflito poderia ser usado em tentativas para conquistar o apoio dos empregados para a entidade.

■ A eleição

Para que haja uma eleição, 30% de seus empregados precisam estar sindicalizados. Após o sindicato ter apresentado uma petição solicitando o início do processo eleitoral, o empregador e o sindicato usarão técnicas de campanha (similares às que você conhece, usadas durante períodos eleitorais) para convencer os empregados do ponto de vista de cada um. Os sindicatos farão discursos de campanha, para motivar os empregados a se filiar, e os empregados farão discursos de campanha, a fim de persuadir os colegas a não se filiar. Cerca de duas semanas após a entrega da petição, será realizada uma audiência. Uma audiência é muito parecida com um procedimento em um tribunal, com o testemunho de cada lado, dirigentes e representante do sindicato.

A eleição geralmente é realizada 30 dias após a audiência. Para vencer uma eleição sindical, você precisa de 50% dos votos mais um de todos os empregados votantes. É ilegal um empregador reconhecer um sindicato que não represente a maioria dos empregados. Após o sindicato obter a aprovação, sua empresa tem a obrigação legal de negociar com essa entidade representativa. Se o sindicato perder a eleição, então nenhum sindicato pode tentar filiar seus empregados durante o período de um ano.

■ O ACORDO COLETIVO RESULTANTE DO DISSÍDIO

Após o sindicato ter ganhado a eleição e ser reconhecido legalmente como a unidade de negociação para sua empresa, o acordo coletivo é negociado por representantes da entidade e dos dirigentes. O processo por meio do qual esse acordo é elaborado denomina-se **acordo coletivo**. Os itens que podem ser negociados são baseados em numerosas leis trabalhistas, mas geralmente incluem condições de trabalho, salário, práticas de Administração de Recursos Humanos (tais como contratação, promoção, licença para tratamento de saúde, benefícios e procedimentos disciplinares), procedimentos referentes a reivindicações e duração do acordo.

Embora o sindicato tente negociar sua posição, os dirigentes devem negociar de boa-fé, mas não têm de aceitar a posição do sindicato. Cada lado tem suas próprias exigências. O processo de negociação é baseado em concessões de ambos os lados.

É importante que os dirigentes participem do processo de negociação com uma lista de suas próprias exigências. Você pode pensar nos itens que, em uma empresa com empregados sindicalizados, apreciaria que o sindicato relevasse ou adotasse? Considere os itens a seguir:

♦ Menos horas de férias.
♦ Menos horas de licença médica.
♦ Menos feriados pagos.
♦ Restrição ao acúmulo de horas de licença médica e horas de férias para serem usadas durante o ano corrente.
♦ Intervalos mais curtos.
♦ Restrição a chamadas pessoais feitas pelo telefone da empresa.
♦ Lavagem dos uniformes feita pelos empregados.
♦ Aumento da duração do período de experiência.
♦ Trabalhadores temporários para eliminar as horas extras.

Esses são apenas alguns dos itens que você poderia exigir do sindicato. Lembre-se de que o processo de dissídio coletivo é de **negociação**. Ambas as partes não iniciam as negociações esperando receber uma lista completa de exigências. Alguns itens são até mesmo incluídos por ser "descartáveis", agregados estritamente com a finalidade de negociar.

Gostaríamos de lembrar que você sempre estará em melhor posição iniciando as negociações com sua própria lista de exigências. A alternativa consiste simplesmente em opor-se às exigências do sindicato, o que não lhe permite negociar de uma posição de força máxima. Você não deve considerar o processo de negociação como mera maneira de minimizar perdas!

∎ O contrato

Ao fim do dissídio coletivo, o contrato sindical é assinado pelos dirigentes e pelo sindicato. Durante a vigência do contrato, terão de ser feitas várias interpretações, à medida que ocorrerem incidentes entre empregados e dirigentes. Relações trabalhistas eficazes originam-se de uma disposição da parte dos empregados e dos dirigentes para tornar o contrato eficaz. Grandes organizações de Hospitalidade, como o Walt Disney World, possuem um quadro de empregados cuja função é de mediação entre empregados e dirigentes. Em outras companhias, os representantes ou administradores do sindicato são eleitos para auxiliar a resolução de problemas entre os empregados e seus supervisores. Embora seja função do administrador proteger os direitos dos empregados conforme especificado no contrato sindical, os administradores não têm autoridade ou responsabilidade gerencial.

É importante que, como gerente de Hospitalidade em uma empresa sindicalizada, você conheça o contrato sindical! O treinamento contínuo sobre o contrato é feito para todos os administradores. Os dirigentes não podem administrar eficazmente os empregados sindicalizados se estes são mais bem-informados sobre itens do contrato do que os dirigentes. Um advogado especializado em relações trabalhistas pode auxiliá-lo e a outros membros da equipe dirigente. Normalmente, você se valeria do advogado que negociou o contrato, porque este é redigido em linguagem jurídica.

A maior parte dos contratos sindicais especifica um **procedimento para reivindicações** utilizado para solucionar reclamações e conflitos entre empregados e dirigentes. Esse procedimento formalizado facilita o contato dos dirigentes com o sindicato em um fórum aberto, bem como facilita o processo de reclamação dos empregados sobre os dirigentes. Quando a reivindicação não pode ser resolvida por esse processo, ela é submetida a arbitragem.

■ ARBITRAGEM E MEDIAÇÃO

Embora sempre seja melhor para ambas as partes resolver os conflitos internamente, uma **arbitragem** pacífica feita por um terceiro ainda permanece uma alternativa melhor do que uma greve ou um locaute. O árbitro e o mediador são juízes neutros, selecionados por acordo mútuo entre o sindicato e os dirigentes da empresa. Um **árbitro** é o juiz final, sua decisão é definitiva e vinculante. Um **mediador** não detém nenhum poder senão o da persuasão.

No processo de **mediação**, o mediador reúne-se com ambas as partes e identifica os temas que estão impedindo o acordo. É sua função convencer cada lado a considerar a posição oposta em dado assunto. O mediador tenta, então, fazer com que as duas partes concordem em considerar algumas soluções alternativas para o problema que não haviam sido aventadas anteriormente. Por fim, ele tenta fazer com que ambas as partes concordem com uma solução que seja justa para todos os envolvidos. Caso seja encontrada uma solução aceita por ambos os lados, a reivindicação é resolvida, embora nada que o mediador faça ou diga deva ser acatado obrigatoriamente por qualquer uma das partes. Ambas precisam entrar em acordo mútuo. Se não houver uma solução de comum acordo, a mediação fracassa.

A arbitragem é feita somente após a mediação ter fracassado. Em virtude de a decisão do árbitro ter força de lei para ambas as partes, a escolha do árbitro é de fundamental importância. As fontes de árbitros incluem o **Federal Mediator Conciliation Service** (Serviço de Conciliação Federal), que mantém um painel de árbitros certificados, bem como a **American Arbitration Association** (Associação Americana de Arbitragem). Esses árbitros recebem honorários calculados diariamente, que podem ser bem elevados. O custo é dividido igualmente entre as partes. A arbitragem é um processo caro. Além do árbitro, ambos os lados desejarão ter um advogado para representá-los durante as sessões. Portanto, as controvérsias não são submetidas à arbitragem rotineira, a não ser que a questão seja de importância para o sindicato.

Ao término da arbitragem, uma parte terá ganho e a outra perdido. Por que, então, uma das partes desejaria submeter-se a arbitragem? Lembre-se, dissemos que ela é feita somente após a mediação ter fracassado. Desse modo, a arbitragem é feita apenas quando se chega a um impasse sobre uma reivindicação ou um contrato. Se este não for solucionado, então é provável que haja uma greve ou uma "operação-padrão". Se você puder, evite a arbitragem. Muito raramente os dirigentes ganham em casos que antepõem a grande corporação a um empregado. A arbitragem é muito onerosa.

E no Brasil?

No Brasil, a profissionalização do setor da Hospitalidade é relativamente nova e está se aprimorando aos poucos. Para contar um pouco da história de Recursos Humanos em São Paulo, é interessante saber que em 1979, quando do início das operações de hotéis "de luxo", as dificuldades para contratação de pessoal para cargos como *somelier*, *garde manger*, *maitre* e *steward*, desconhecidos neste mercado, obrigaram o pessoal de RH a buscar auxílio com profissionais do Rio de Janeiro, onde a hotelaria já estava em estágio mais avançado, surgindo, então, a ideia da criação da Comissão dos Administradores de Pessoal da Indústria Hoteleira (CAPIH).

Essa comissão existe até hoje e continua sendo uma grande referência e auxílio para os profissionais da hotelaria, atualmente não só de São Paulo como também de outros estados. Em seu site, a CAPIH se apresenta como "um grupo informal que existe no mercado hoteleiro há mais de 30 anos, unindo profissionais das áreas de Recursos Humanos, Administração de Pessoal e Relações Trabalhistas que atuam no setor. A única exigência para ingresso no grupo é que o profissional esteja vinculado a um Hotel ou rede hoteleira".

Relacionado à parte legal, o profissional brasileiro da área de Recursos Humanos deve estar atento aos seguintes programas:

CIPA – Comissão Interna de Prevenção de Acidentes;

SIPAT – Semana Interna de Prevenção de Acidentes de Trabalho;

PPRA – Programa de Prevenção de Riscos Ambientais;

PCMSO – Programa de Controle Médico da Saúde Ocupacional;

LTCAT – Laudo Técnico de Condições Ambientais Trabalhistas;

PPP – Perfil Profissiográfico Previdenciário; higiene no trabalho, entre outros programas aplicados pela lei ou por acordo coletivo.

No Brasil, o sindicato representa uma categoria profissional e reivindica melhores salários e condições de trabalho. Quando existe um problema não resolvido com o funcionário dentro da esfera da empresa, ele pode sair em busca do auxílio do sindicato ou de terceiros. Nesses casos, a empresa teve uma falha na comunicação e no relacionamento com o funcionário, mas existe a possibilidade de reverter a situação.

Algumas empresas já têm programas de reconciliação para evitar despesas

continua

E no Brasil?

| com processos e advogados e, principalmente, o desgaste nas relações com seus funcionários. O papel de Recur- | sos Humanos nesse momento é intenso e pode ser decisivo na retenção do empregado. |

Revisão e adaptação de Simone Sansiviero.

Fonte: Disponível em: <http://capih.com.br/02/quemsomos>. Acesso em 3 outubro 2013.

■ CONCLUSÃO

Nos últimos anos, muitas companhias assumiram uma postura de evitar os sindicatos. Os dirigentes procederam desse modo, incentivando práticas como autogerenciamento, envolvimento do empregado, coparticipação com os dirigentes, tomada de decisões participativa, círculos de qualidade, resolução de problemas em equipe, melhor comunicação com os empregados (inclusive mantê-los informados a respeito das mudanças organizacionais), bem como instituir alguns dos métodos de retenção que temos discutido ao longo deste livro. Esses métodos fazem com que dirigentes e empregados mantenham o diálogo em vez de criar um tipo de mentalidade "eles" contra "nós".

Embora historicamente os setores de prestação de serviço não sejam muito sindicalizados, existe a possibilidade de essa condição mudar no "próximo capítulo". Com as mudanças demográficas e transformações econômicas, os sindicatos considerarão como membros potenciais a força de trabalho no setor de serviços. Uma conscientização das atividades do sindicato no setor de Hospitalidade constitui uma responsabilidade a mais que você terá de assumir.

Caso 14.1

Você é o gerente responsável pelos Recursos Humanos em uma companhia localizada na Nova Inglaterra que organiza recepções em locais externos. Sua empresa possui atualmente quatro estabelecimentos e espera expandir para outras áreas. Você trabalha para a companhia há três anos e gosta bastante de sua função e responsabilidades.

O Conselho Nacional de Relações Trabalhistas acaba de notificá-lo de que o Sindicato ABC protocolou uma petição afirmando que deseja representar os garçons e barmen de sua empresa.

Sua companhia nunca teve empregados representados por um sindicato, e você prefere manter sua empresa não sindicalizada. Você foi solicitado pelos diretores para recomendar uma estratégia e também para elaborar a campanha da empresa contra a sindicalização. Que táticas podem ser usadas? Em sua opinião, qual o grau de eficácia que terão? Que ações você pode ou não empreender? Você não deve ser acusado de promover práticas trabalhistas injustas.

Fonte: Elaborado pela autora.

Caso 14.2

As iniciativas de sindicalização dos empregados identificadas no Caso 14.1 trouxeram resultados positivos para o sindicato. Um de seus empregados foi contatado pelo sindicato para ajudá-lo a sindicalizar os demais empregados. Petições e fichas de filiação foram entregues aos empregados, e você tomou o cuidado de não olhar esses materiais impressos. Por que essa foi uma estratégia importante de sua parte?

Foi protocolada uma petição assinada por 50% de seus empregados solicitando uma eleição. Houve uma audiência duas semanas mais tarde, durante a qual ouviu-se o testemunho do sindicato e dos dirigentes. A eleição ocorreu 30 dias após a audiência, contando com a aprovação de 85% dos empregados que votaram. O sindicato agora está aprovado e sua empresa possui a obrigação legal de negociar com essa entidade.

Você agora está pronto para negociar o dissídio coletivo. Como parte da equipe administrativa, será de sua responsabilidade preparar uma lista de itens e condições que sejam ou não aceitáveis. Prepare uma relação de itens que podem ser negociados por seu representante legal. Assegure-se de levar em conta as condições de trabalho, a remuneração e os pacotes de benefícios. Qual desses itens não é negociável?

Fonte: Elaborado pela autora.

Caso 14.3

Você observou a ocorrência dos seguintes eventos na operação de Hospitalidade que descreveu no Caso 14.1:

- Fofocas entre empregados.
- Discussão de negócios no horário de almoço.
- Um empregado fazendo listas com nomes de empregados.
- Pessoas desconhecidas nas instalações.
- Maior número de perguntas sobre as políticas da companhia.

Com base nesses eventos, você suspeita de que esteja sendo feita uma tentativa de sindicalização dos empregados. Atualmente, você opera uma organização não sindicalizada.

Como gerente responsável pelos recursos humanos, discuta em três ou quatro parágrafos sua opinião a respeito dessas atividades que visam à filiação sindical. Indique os benefícios da sindicalização em curto e longo prazos. Indique as ações que você pode empreender para barrar essas tentativas de sindicalização, caso essa seja a vontade dos dirigentes. Identifique oito condições que poderiam ter provocado essas iniciativas em sua operação de Hospitalidade. Seja específico.

Fonte: Elaborado pela autora.

Termos-chave

- American Arbitration Association
- American Federation of Labor (AFL)
- arbitragem
- árbitro
- Congress of Industrial Organizations (CIO)
- Corporações
- empresas sindicalizadas
- Federal Mediator Conciliation Service
- greve
- Hotel and Restaurant Workers and Bartenders International (HRWBI)
- Hotel Employees & Restaurant Employees International (HERE)
- Lei Clayton (1914)
- Lei de Administração de Relações Trabalhistas (1947) ou Lei Taft-Hartley
- Lei de Registro e Divulgação da Administração Trabalhista, de 1959, ou Lei Landrum-Griffin

- Lei Nacional de Relações Trabalhistas, de 1935, ou Lei Wagner
- Lei Norris-LaGuardia, de 1932
- mediação
- mediador
- National Labor Relations Board
- negociação
- PAE interno
- práticas trabalhistas injustas
- procedimento de reivindicações
- relações trabalhistas
- sindicatos
- sindicatos trabalhistas
- sindicatos setoriais
- trabalho organizado

Leituras recomendadas

ALLEN, R. L. "Panel warns industry about union recruiting tactics". *Nation's Restaurant News*, v. 32, nº 11, p. 100, 1998.

ANCEL, J. "Right to organize gains more attention from AFL-CIO". *Kansas City Business Journal*, 1999. Disponível em: www.amcity.com/kansascity/stories/1999/03/15/editorial3.html. Acesso em 19 agosto 2013.

CLAY, J. M. e STEPHENS, E. C. "Union organizers' access to hotel's private property". *Cornell Quarterly*, v. 36, nº 2, p. 20-28, 1995.

HEALTH, R. P. "The new working class". *American Demographics* (janeiro de 1998). Disponível em: www.demographics.com/Publications/AD/98_ad9801_ad/ad980131.htm. Acesso em 19 agosto 2013.

KIMMELDORF, H. "Bringing unions back in (or why we need a new old labor history)". *Labor History*, v. 32 (inverno), p. 91-129, 1991.

KRUPIN, J. P. "Confronting unionization: strategies to keep employees from organizing". *Restaurants*, v. 16, nº 32, p. 8-9.

LEWIS, D. E. "Labor ranks swelled by 101,000 last year: despite rise, proportion of union members in work force dropped in '98". *The Boston Globe*, 26 de janeiro de 1999, p. D1.

MURRMANN, S. K. e MURRMANN, K. F. "Union membership trends and organizing activities in the hotel and restaurant industries". *Hospitality Research Journal*, v. 14, nº 2, p. 491-496, 1990.

_____. "Employee attitudes toward a nonunion grievance procedure and their influence on unionization". *Hospitality Research Journal*, v. 16, nº 1, p. 41-49.

WEILER, P. C. *Governing the workplace: the future of Labor and Employment Law*. Cambridge: Harvard University Press, 1990.

▋ Sites recomendados

1. Unit here!: www.unitehere.org
2. Today's Unions-AFL-CIO: www.aflcio.org/home.htm
3. Food & Allied Service Trades: www.fastaflcio.org
4. International Union of Food, Agricultural, Hotel, Restaurant, Catering, Tobacco and Allied Workers' Associations – IUF: www.iuf.org
5. Internet Resources for Labor History: www.iupui.edu/it/imir/HIST/labor.htm
6. Guide to Labor Oriented Internet Resources: www.lib.berkeley.edu/IIRL/iirlnet.html
7. Organização Internacional do Trabalho: www.ilo.org
8. Institute of Collective Bargaining: ilr.cornell.edu/depts/ICB
9. National Labor Relations Board: www.nlrb.gov

▋ Notas

1. Escritório do Conselho Nacional de Relações Trabalhistas. "A guide to basic law and procedures under the National Labor Relations Act". Washington, DC: Imprensa Oficial do Governo dos Estados Unidos, 1978.
2. I. Bernstein. "The growth of the American unions". *American Economic Review*, v. 44, p. 303-304, 1954.
3. Leo Troy. "The rise and fall of American trade unions: the labor movement from FDR to RR". Seymour Lipset (org.). *Unions in transition: entering the second century.* São Francisco: Institute for Contemporary Studies, 1986, p. 82.
4. Carol Lynn Tiers. "Unions gear-up activity in fast food industry". *Restaurant Business*, 1º de novembro de 1988, p. 68.
5. Suzanne K. Murrmann e Kent F. Murrmann. "Union membership trends and organizing activities in the hotel and restaurant industries". *Hospitality Research Journal*, v. 14, nº 2, p. 491, 1991.
6. Hotel Employees & Restaurant Employees and Bartenders International Union – Unit Here!. Disponível em: www.unitehere.org. Acesso em 13 novembro 2013.

▋ Questões

1. O que é um sindicato? Você é a favor ou contra os sindicatos? É neutro? Indique as razões pelas quais você assumiu essa posição. Você tinha uma opinião diferente antes de ler este capítulo?
2. Você já trabalhou em uma empresa cujos empregados são sindicalizados? Em caso afirmativo, descreva as diferenças em relação a uma empresa não sindicalizada. Se não, descreva as diferenças que, com base neste capítulo, existiriam.
3. Descreva os três principais diplomas legais em âmbito federal que afetam atualmente as relações trabalhistas e o impacto que exercem no movimento sindical.
4. Quais são algumas das razões pelas quais as pessoas se filiam aos sindicatos? De que modo, na próxima década, a Administração de Recursos Humanos pode afetar a sindicalização em uma organização de Hospitalidade não sindicalizada?
5. Descreva alguns dos desafios que o trabalho organizado enfrentará nos próximos cinco anos.
6. Descreva os eventos que ocorrem em uma campanha e eleição sindicais.
7. Explique o processo de dissídio coletivo e o contrato sindical.
8. Discuta as diferenças entre mediação e arbitragem.
9. Descreva o efeito das resoluções alternativas de divergências no processo de arbitragem.

Preparando-se para os próximos anos

CAPÍTULO 15

Aplicações da informática na Administração de Recursos Humanos

Os computadores são inúteis; eles só conseguem responder.
Picasso

A mente humana, uma vez que atinge uma nova ideia,
não retorna a suas dimensões originais.
Oliver Wendell Holmes

Não tenho medo de computadores. Receio a falta deles.
Isaac Asimov

∎ INTRODUÇÃO

A informatização da Administração dos Recursos Humanos estendeu-se a áreas imaginadas apenas algumas décadas atrás. A diminuição do custo das redes de computadores e das Extranets das empresas, combinada ao fácil acesso da Internet e da World Wide Web (WWW), significa que, com apenas alguns toques de teclas ou cliques no mouse, sua companhia pode conectar-se instantaneamente a fontes de informação que costumava levar semanas ou meses para acessar. As atuais redes de computadores permitem não somente o acesso de sua empresa a esse grande volume de informações, mas também a essas mesmas informações e troquem contato com seus clientes. Atualmente, poucos departamentos de Recursos Humanos não dispõem de redes internas de computadores. Isso pode ser atribuído, em parte, ao rápido avanço da tecnologia de computação. O hardware, em particular, os microcomputadores, tornou-se bastante acessível e pode ser adquirido até mesmo pela menor operação de Hospitalidade.

A maioria das companhias de Hospitalidade dispõe não só de microcomputadores no departamento de Recursos Humanos, mas todos os departamentos estão interligados por uma rede interna denominada Intranet. As organizações de Hospitalidade de maior porte têm links diretos a diversos locais e muitas têm sites da companhia customizados. Além disso, existem inúmeros softwares disponíveis para cada aplicação de Recursos Humanos, a respeito das quais você leu nos capítulos precedentes. Esses programas podem gerar relatórios, executar vários tipos de análise de dados e simular uma variedade de cenários prováveis.

Para os gerentes de Hospitalidade responsáveis por Recursos Humanos no "próximo capítulo", o conhecimento sobre tecnologia e o uso de algumas ferramentas específicas de Recursos Humanos será uma exigência do cargo. Como você verá neste capítulo, esse conhecimento não somente simplifica seu trabalho, mas o auxiliará na eficácia organizacional e no processo de tomada de decisões do empreendimento de Hospitalidade. O alto escalão depende cada vez mais das informações fornecidas pelo departamento de Recursos Humanos.

Ao finalizar este capítulo, você será capaz de:
1. Explicar as aplicações e o uso do software no âmbito das funções de Recursos Humanos.
2. Compreender a integração dos Sistemas de Informação de Recursos Humanos (SIRHs) com os Sistemas de Informação (SIs).
3. Compreender a importância de conduzir uma avaliação das necessidades antes de adquirir o software.
4. Explicar como introduzir computadores de modo bem-sucedido em sua organização de Hospitalidade.
5. Descrever as diferenças entre softwares criados por empresas especializadas e seu próprio software.
6. Identificar as vantagens das aplicações do computador na Administração de Recursos Humanos na Hospitalidade.
7. Distinguir a diferença entre Intranet, Extranet e Internet.
8. Descrever os usos apropriados do e-mail no local de trabalho da Hospitalidade.
9. Abordar o que significa RH virtual.

■ COMPUTADORES E ADMINISTRAÇÃO DE RECURSOS HUMANOS

Em empresas voltadas para pessoas, como as de Hospitalidade, os computadores podem permitir que os gerentes se direcionem mais aos funcionários. Embora somente seu pessoal possa realizar o atendimento aos clientes, a **automação** possibilita mais tempo para se concentrar no centro de Hospitalidade: o hóspede/cliente! Lembre que, no primeiro capítulo, afirmamos que as aptidões e ferramentas de qualidade de Recursos Humanos lhe permitiriam manter o compromisso com produtos de alta qualidade e excelente atendimento. Os computadores devem ser considerados simplesmente como outra ferramenta de Administração de Recursos Humanos, como seu programa de desenvolvimento, seu processo de colocação ou o PAE, que, se usada adequadamente, pode ajudá-lo a maximizar a qualidade dos produtos e serviços que você oferece.

A finalidade última do computador para os gerentes de Hospitalidade consiste em melhorar a qualidade do atendimento. Essa finalidade é atingida liberando-o da burocracia demorada e dando-lhe mais tempo para interagir com os hóspedes. A velocidade com que as informações podem ser processadas e divulgadas acelera a tomada de decisões. Os avanços em editoração eletrônica servem para melhorar as comunicações em toda a organização de Hospitalidade. O e-mail e o maior acesso às informações da **World Wide Web (WWW)** fazem com que a área de Recursos Humanos opere com maior eficácia. A "Era da Informação" nos envolve e no século XXI constitui parte integrante de nosso cotidiano como gerentes responsáveis pelos Recursos Humanos no setor de Hospitalidade.

Com o uso de PCs multimídia, muitas organizações têm uma estrutura que capacita o empregado a lidar com muitas das tarefas administrativas rotineiras que antes eram executadas por Recursos Humanos. Essas aplicações usadas individualmente permitem que os empregados executem uma ampla gama de funções de Recursos Humanos, da simples mudança de endereço e obtenção de benefícios ao desenvolvimento por meio de um programa de treinamento on-line. Quando as companhias criam SIs que permitem aos empregados executar sozinhos mais funções de Recursos Humanos, os gerentes responsáveis por Recursos Humanos têm mais tempo para se concentrar nos componentes mais estratégicos de suas funções, tal como planejamento, orientação e aconselhamento, tornando-os no fim parceiros mais eficazes na tomada de decisões gerenciais.[1]

Os computadores, com sua enorme capacidade para armazenar, manter e fornecer informações em um formato utilizável, têm ajudado os departamentos de Recursos Humanos a se tornar o centro de informações para o setor de Hospitalidade. O que poderia ser mais importante para a tomada de decisões administrativas do que as informações a respeito do recurso mais importante da organização de Hospitalidade, as pessoas? Qual o departamento responsável pelas informações sobre as pessoas? O departamento, a divisão, o escritório, o gerente: qual a área e quem em sua organização de Hospitalidade assume a responsabilidade pelos Recursos Humanos?

O computador não é um substituto do conhecimento e da experiência gerenciais, porém, pode fornecer dados analíticos valiosos e informações de apoio às decisões que aumentam sua eficácia como responsável pelos Recursos Humanos.

▮ O que o computador pode fazer

Os computadores oferecem apoio ao gerente com responsabilidades de Recursos Humanos na execução de uma variedade de tarefas que consomem tempo. Por exemplo, grande parte do trabalho na área de Recursos Humanos é rotineira e pode ser automatizada, reduzindo-se o número de pessoas necessário para sua execução. Pense nas funções de Recursos Humanos que já apresentamos.

Selecione qualquer uma dessas funções e pense na quantidade de informações a ser coletada e no trabalho burocrático necessário para a plena realização dessa função.

Talvez, no caso de sua organização de Hospitalidade ser muito pequena, o tempo empregado em tarefas rotineiras não parecerá tão excessivo. No entanto, quanto maior a organização de Hospitalidade, maior a complexidade do agrupamento de dados e, mais importante, maior a possibilidade de erro.

Em grandes corporações, um dos maiores problemas é a manutenção de um arquivo de dados atualizados sobre todo o pessoal. Caso exista atraso no agrupamento das informações, ou mesmo no registro destas, é possível que uma decisão equivocada seja tomada. Por exemplo, cumprir o orçamento e controlar as despesas é vital para o sucesso financeiro de todo departamento na operação de Hospitalidade. Embora os gerentes seniores sejam os responsáveis pelos orçamentos departamentais, é o gerente responsável pelos Recursos Humanos que deve instruir cada gerente de departamento da operação para controlar esses orçamentos pelo computador.

Atualmente, a tecnologia existe para efetivamente livrar o escritório da papelada. Isso significa ausência de lembretes, blocos de rascunho, relação de números de telefone e agendas. As funções de Recursos Humanos – hoje, por exemplo, recrutamento, contratação, avaliações de desempenho, remuneração, administração dos benefícios e treinamento – podem ser realizadas sem papel. Embora a ausência de papel, no passado, tenha se mostrado intimidante, hoje, podemos constatar vários benefícios na execução das tarefas de Recursos Humanos:

- ♦ maior eficiência no armazenamento de dados;
- ♦ relação custo/benefício melhor;
- ♦ economia de tempo;
- ♦ dados mais precisos;
- ♦ manutenção da segurança dos dados;
- ♦ melhor comunicação no local de trabalho.[2]

Além de automatizar as tarefas burocráticas, o computador também pode ser usado na elaboração de relatórios padronizados. Pegue uma folha de papel e identifique os diversos relatórios que o gerente responsável pelos Recursos Humanos precisa elaborar. Pense em todas as funções de Recursos Humanos que discutimos e na legislação federal que regula cada uma delas. Muitos dos relatórios padronizados que você gerará devem obedecer às determinações federais.

Compare agora sua lista com as seguintes áreas que necessitam de relatórios padronizados, seja com fins de obediência à legislação federal, seja para a tomada de decisões administrativas:

- ♦ análise do comparecimento (licença-saúde, férias etc.);
- ♦ acompanhamento da imigração;
- ♦ histórico do treinamento (segurança e higiene do trabalho);
- ♦ tipos de treinamento (treinamento diversificado de cada recurso humano,

cargos que tem qualificação para ocupar, sob o ponto de vista do treinamento/conhecimento do cargo);
- análise de retenção e de rotatividade;
- observância de oportunidades iguais no emprego e obediência à Lei de Proteção aos Norte-Americanos com Deficiência;
- acompanhamento das solicitações de emprego;
- folha de pagamento;
- desenvolvimento da carreira/promoções;
- avaliação de aptidão;
- análise do número de empregados (recursos humanos existentes em cada departamento);
- utilização do programa de ajuda educacional;
- obediência à Lei de Reconciliação Orçamentária Consolidada;
- relatórios sobre acidentes;
- gastos com os candidatos a emprego (custo por contratação).

Você pensou em outros exemplos de relatórios gerados pelas funções de Recursos Humanos? Quais?

Os computadores podem ajudá-lo, em primeiro lugar, nas tarefas rotineiras; em segundo, na geração de relatórios padronizados. Essas duas aplicações dos computadores são feitas por sistemas rotineiros de processamento de dados, que o auxiliam nas operações diárias. Os computadores permitem que você racionalize essas tarefas rotineiras, porém, muito importantes. Pergunte a seus empregados como é importante o processamento da folha de pagamento! Ou verifique, com o advogado, as multas por não obediência às exigências de preparo de relatórios para o governo federal! (obrigatórios nos Estados Unidos).

Uma terceira aplicação geral do computador consiste em oferecer aos dirigentes as informações de que precisam para tomar decisões. Decisões administrativas melhores traduzem-se em melhor eficácia organizacional para o empreendimento de Hospitalidade. Como o computador é capaz de fornecer informações mais rapidamente e com maior precisão do que os procedimentos manuais, o retorno é muito mais frequente. O Quadro 15.1 apresenta uma lista das aplicações mais gerais do

---

Quadro 15.1 Uso de computadores na Administração de Recursos Humanos: aplicações gerais

• Funções rotineiras	• Trajetória de carreiras
• Orçamento	• Avaliação de aptidão
• Registro de dados	• Administração salarial
• Obediência às leis federais e estaduais	• Administração de benefícios
• Editoração eletrônica	• Planejamento em curto e longo prazos
	• Programação

Fonte: Elaborado pela autora.

computador ao se lidar com as responsabilidades de Recursos Humanos. Vamos agora examinar algumas das aplicações mais específicas de algumas das funções de Recursos Humanos apresentadas anteriormente.

■ A informatização das funções de Recursos Humanos

Imagine que sua organização de Hospitalidade não incorporou nenhuma das funções de Recursos Humanos ao sistema informatizado existente. Suponha que seu chefe lhe tenha solicitado a identificar áreas, no contexto de sua responsabilidade por Recursos Humanos, que precisam ser automatizadas. Quais as funções de Recursos Humanos que você julga que deveriam estar entre as primeiras a serem informatizadas?

Quem respondeu "folha de pagamento"? Não há dúvida de que os planos de remuneração, com sua crescente complexidade e regulamentação federal, podem ser mais bem implantados e administrados por meio de um sistema informatizado. É difícil definir a prioridade de informatização das funções de Recursos Humanos para determinada operação de Hospitalidade. São necessárias uma avaliação das necessidades e informações adicionais sobre o tamanho da operação. Para as operações de Hospitalidade que proporcionam uma variedade de serviços e opções para seus recursos humanos, a ordem pela qual as funções específicas de recursos humanos são apresentadas neste capítulo geralmente fazem maior sentido com fins de implantação.

■ Administração da remuneração

A administração da remuneração envolve não apenas a manutenção de registros da folha de pagamento e do crédito de salários, mas também a elaboração de níveis e faixas salariais e do valor dos salários. O efeito dos aumentos salariais e o impacto dos aumentos por mérito podem ser simulados por testes no computador sobre situações prováveis. Aumentos salariais podem exercer um impacto de longo alcance sobre o futuro da organização de Hospitalidade. Sem a informatização, é quase impossível determinar seus efeitos.

Além de lidar com necessidades, podem-se desenvolver SIRHs capazes de integrar avaliações de desempenho a ajustes salariais e/ou ao avanço da carreira. Os níveis de remuneração podem ser determinados com o auxílio de dados apropriados do processo de avaliação de cargos.

O uso combinado ou integrado de sistemas de Recursos Humanos muitas vezes é vantajoso para uma organização de Hospitalidade. Muito embora as funções de remuneração, benefícios, desenvolvimento da carreira e avaliação do cargo sejam muito diferentes, elas usam grande parte das mesmas informações. Em vez de cada função fazer a entrada dos mesmos dados repetidamente, os SIs são projetados para que os dados precisem ser digitados apenas uma vez, sendo assim, todas as áreas funcionais têm acesso quando os dados se tornam necessários. As implicações do SIRHs serão discutidas posteriormente neste capítulo.

A informatização torna-se ainda mais importante nos planos de remuneração envolvendo pagamento por desempenho. Antes que seu pessoal possa ser reconhecido pelo desempenho, é imprescindível haver informações precisas sobre os empregados. Erros na remuneração do desempenho decorrentes de informações inadequadas ou a falhas poderiam ser desastrosos para o moral e a motivação de seu pessoal.

▌ Administração dos benefícios

Grande parte da administração dos benefícios tem a ver com decisões de manutenção. O computador pode poupar muito tempo ao lidar com a "papelada" exigida pelas leis federais e o suporte necessário para oferecer benefícios flexíveis. Pense sobre a manutenção envolvida em uma operação de Hospitalidade que conta com um plano de benefícios flexíveis, o qual permite aos participantes selecionar um entre quatro planos de saúde, dois planos odontológicos e três planos de pensão diferentes, além de creche, seguro de vida, cuidados com idosos e auxílio-escola. Como sua empresa acompanhará o seguro-saúde e os lançamentos relativos ao plano de pensão, ao reembolso de mensalidades escolares e às contribuições para o pagamento das creches? Como sua empresa saberá que empregado selecionou determinado plano de saúde, plano odontológico ou plano de pensão? Como a empresa administrará o direito de cada empregado a cada benefício e a cada plano? Tudo isso parece um pouco confuso e avassalador? Sem a informatização, tudo isso seria não só um pesadelo para o administrador como teria o enorme potencial de ocorrência de imprecisões e erros!

Conforme ressaltamos no Capítulo 11, existem muitas vantagens para seus empregados quando uma organização de Hospitalidade oferece um plano de benefícios flexíveis. A maior desvantagem para o empregador tem sido a manutenção de registros que acompanhe a implantação e a administração desses tipos de planos de benefícios. A criação de um software de benefícios para manter esses registros praticamente tem eliminado a desvantagem anterior na oferta de um plano de benefícios flexíveis.

Há muitos anos está disponível um software que pode registrar as escolhas que seus empregados fazem, proceder às deduções apropriadas na folha de pagamento e fornecer-lhe um relatório dos custos.[3] Hoje muitas companhias frequentemente iniciam a automação das funções de Recursos Humanos com a opção pelos benefícios. Elas constataram que, automatizando o processo e eliminando as tarefas manuais associadas à opção pelos benefícios, a organização pode obter o retorno do investimento de modo mais rápido e mais mensurável.[4]

Mesmo para as organizações de Hospitalidade que optam por não oferecer benefícios flexíveis, os softwares estão disponíveis para ajudá-lo a atualizar seus arquivos de pessoal. Os planos de benefícios operam mais usualmente com base em informações fornecidas por seus empregados, quando inicialmente contratados. A vida das pessoas poucas vezes é isenta de mudanças; elas se casam ou se divorciam, têm filhos ou seus filhos crescem e saem de casa, mudam de endereço. Todas essas informações precisam ser alteradas nos arquivos relativos aos empregados, para que a companhia pague somente os benefícios que deveria de fato oferecer.

❙ Planejamento de Recursos Humanos

O planejamento eficaz de Recursos Humanos também exige um fornecimento quase infindo de informações. Programas que podem vincular análise de oferta e procura de empregados a custos e benefícios, programas que podem ajudar a previsão e outros que podem gerar informações para a tomada de decisões sobre alternativas de obtenção de planos estratégicos de Recursos Humanos são maneiras pelas quais o computador pode auxiliar nas atividades de planejamento.

O planejamento sucessório também pode valer-se da capacidade computacional para identificar trajetórias de avanço que focalizam empregados importantes e seus substitutos. Esses sistemas podem acompanhar melhor as pessoas no plano sucessório, a fim de assegurar continuidade nas posições que se tornam vagas. Sistemas capazes de coordenar dados de avaliação de aptidões com o planejamento sucessório são de grande valor para as organizações de Hospitalidade de maior porte. Geralmente, os planos de sucessão são elaborados apenas para as posições executivas de alto escalão. Campos mais amplos de **banco de dados** permitem que o planejamento sucessório seja estendido aos níveis hierárquicos inferiores. Com os computadores, é possível identificar candidatos internos qualificados para cargos em aberto: um grande ativo para uma organização de Hospitalidade.

À medida que um gerente responsável pelos Recursos Humanos em uma organização de Hospitalidade procura ser um parceiro estratégico mais atuante no processo de tomada de decisões, tornam-se críticos a atualização e o aperfeiçoamento de seus sistemas de computação. Em um estudo conduzido em 1997, 80% dos entrevistados indicaram que a área de Recursos Humanos era responsável pelo planejamento, orçamento e direção da implantação dos sistemas de Recursos Humanos, ao passo que 72% afirmaram que os aperfeiçoamentos da tecnologia haviam melhorado a capacidade de interagir e atender a cada uma das unidades de negócios.[5] Desde o fim da década de 1970, um número ainda maior de departamentos de Recursos Humanos reconheceu que sua função não consiste em apenas atender os empregados, mas oferecer de fato um serviço a toda a organização de Hospitalidade. Gerentes de apoio estão sendo transferidos para a área de contato, em vista das novas tecnologias disponíveis. A tecnologia tem capacitado os Recursos Humanos no setor da Hospitalidade a se tornar uma função altamente estratégica. A tecnologia está sendo considerada um modo de agregar valor, em vez de simplesmente diminuir custos.[6]

As aplicações do computador no planejamento da mão de obra nem chegaram à superfície. À medida que essa função se torna cada vez mais importante para a organização de Hospitalidade no "próximo capítulo", observe a maior sofisticação no uso de sistemas de computação para auxiliar as decisões de planejamento de Recursos Humanos.

▌Recrutamento e seleção

Suponha que exista uma vaga em sua organização de Hospitalidade. Você foi bem--sucedido em seus esforços de recrutamento e agora, à sua frente, está uma pilha de solicitações de emprego e currículos. Imagine que você pode utilizar seu micro-computador para digitar as qualificações de todos os candidatos juntamente com a descrição de cargo e a especificação do cargo para a posição em aberto. Em segui-da, solicita uma relação dos melhores candidatos e o sistema gera uma lista, com uma classificação, evidentemente!

Um sistema de recrutamento informatizado poderia processar com facilidade essa tarefa de seleção, com outros elementos do processo de recrutamento. Por exemplo, apenas com os dados já armazenados dos candidatos, seu sistema agrupou quais poderiam ser chamados, mediante um simples toque toda vez que ocorrer um cargo em aberto. Quanto mais os arquivos de seleção forem utilizados, mais dados você terá para analisar os resultados da seleção. Existe um perfil que melhor se enquadra em um cargo específico? Qual o índice de rotatividade dos candidatos selecionados pelo computador? Quais são os registros de desempenho dessas pessoas? Conhecer as respostas a perguntas como essas permitirá que você refine ainda mais o sistema de seleção.

O procedimento de seleção usado pelo computador também exige que você digite informações sobre a posição em aberto. Conforme já é sabido, as informações necessárias para tomar uma decisão de seleção válida encontram-se na descrição e na especificação do cargo. Caso esses dados sejam digitados no sistema do computador para todos os cargos, você tem a possibilidade de acessar, quase imediatamente, os detalhes referentes a um que esteja em aberto. Reduzem-se os papéis contendo as informações exigidas que algumas vezes podem atrasar o processo de recrutamento.

Esse processo de recrutamento automatizado também proporciona a possibilidade de acompanhar os candidatos durante o processo de recrutamento. O fluxograma de acompanhamento poderia ser gerado a qualquer momento e informar--lhe exatamente em que ponto os candidatos se encontram no processo. Eles já passaram pela segunda entrevista? Suas cartas de referência estão arquivadas? A verificação de referências foi realizada? Testes pré-admissionais são necessários e, em caso afirmativo, qual é seu status? Se o sistema de contratação automatizado estiver conectado a um sistema de processamento de textos, poderiam ser geradas cartas de aceitação e rejeição para os candidatos apropriados.

Após automatizar o processo de recrutamento, você terá maior capacidade de conhecer os custos associados à admissão de um novo empregado. Pode-se fazer uma análise para determinar a mídia de anúncios com melhor custo/benefício. Podem ser facilmente geradas estatísticas financeiras, como custo por contratação e custo por candidato. Todas essas informações se traduzem em um melhor gerenciamento do processo de recrutamento como um todo, da publicação do primeiro anúncio à seleção dos candidatos para as entrevistas e à oferta de emprego. A eficácia para realizar a seleção do candidato certo também aumenta. Provou-se que as entrevistas com auxílio do computador reduzem o ciclo de admissão; elas podem ser programadas para identificar características e experiências fundamentais na formação de uma pessoa. Por exemplo, se você estiver procurando um vendedor para seu departamento de eventos, vai querer que o computador identifique pessoas que tenham experiência em atendimento ao cliente e em ambiente de vendas, que possam auxiliar os clientes com os detalhes do planejamento de sua festa ou reunião. As empresas que adotaram as entrevistas com auxílio do computador constataram que os índices de rotatividade se reduziram, o custo por candidato qualificado diminuiu e que foram capazes de gerar um quadro de candidatos qualificados em menos tempo.[7] Todos esses fatores resultam em custos menores.

Atualmente, a tecnologia existe para o uso de sistemas informatizados em todas as aplicações que acabamos de apresentar. A confidenciabilidade pode ser protegida restringindo-se os níveis de acesso ao sistema.

▋ Treinamento dos gerentes

Existe uma variedade de usos para o SIRH no programa de treinamento dos gerentes. Se você tiver um banco de dados, o sistema pode comparar as necessidades específicas de treinamento de vários cargos com as necessidades de treinamento de seus empregados. A identificação das necessidades de treinamento pode ser um processo demorado quando feito manualmente. Existem papéis adicionais para controlar o avanço de seus empregados, à medida que eles participam dos vários programas de treinamento.

Não há dúvida de que os computadores podem executar tarefas rotineiras, antes realizadas com papel e caneta, de modo mais econômico, mais rápido e normalmente com maior precisão. Um programa de segurança é oferecido em muitas operações de Hospitalidade. A automatização proporcionará os registros exigidos pela lei federal norte-americana que regulamenta a segurança e higiene do trabalho, gerando a emissão dos documentos, e o sistema poderia ter um link com os relatórios de acidentes caso seja necessário tomar providências em áreas problemáticas. Por exemplo, seus relatórios de acidentes indicam um aumento no número de quedas por causa de chão molhado. Seu programa de treinamento em segurança poderia ser, então, imediatamente modificado para ressaltar os procedimentos e as políticas apropriados para a limpeza do chão. O resultado poderia ser uma redução no número de acidentes.

Os softwares de gerenciamento de programas de treinamento também podem ter um link para programas de desenvolvimento, sistemas de avaliação de desempenho e planejamento sucessório. As informações de cada uma dessas áreas poderiam ser combinadas, a fim de assegurar que as necessidades de treinamento de todos os empregados sejam atendidas, à medida que a organização de Hospitalidade se encaminha para as metas e os objetivos identificados no plano estratégico de Recursos Humanos. Os planos de desenvolvimento de carreira também podem ser integrados, para que o computador identifique pontos fracos no perfil de uma pessoa que poderiam ser corrigidos por meio de treinamento ou preparo adequado. Sob o ponto de vista da organização de Hospitalidade, o computador pode alertá-lo para os pontos fracos na atual força de trabalho da companhia ou mesmo identificar trajetórias de carreira potenciais para seus empregados. Em virtude de o computador operar com total objetividade, ele pode oferecer uma avaliação melhor dos talentos existentes em sua operação.

▮ Outras aplicações em Recursos Humanos

A automação das funções de Recursos Humanos gera algumas habilidades adicionais. O registro de dados e o componente de relatórios da Lei de Oportunidades Iguais de Emprego norte-americana exige observância cuidadosa. Com o banco de dados formado durante o processo de recrutamento e promoção, podem-se obter informações precisas sobre identidade étnica, raça, religião e sexo.

O registro de dados também é necessário para atender às exigências da Lei de Rendimento Assegurado do Empregado na Aposentadoria e da Lei de Reconciliação Orçamentária Consolidada. Foram estabelecidas pelo governo federal norte-americano programações muito específicas, sujeitas a aplicação de multas vultosas, caso não sejam atendidas.[8]

A informatização também permite a análise de dados. Alguns exemplos dessa utilização na Administração de Recursos Humanos incluem a rotatividade, o comparecimento ao trabalho e dados sobre licença médica. Além disso, está disponível um software que produz organogramas e estatísticas sobre segurança, auxilia no planejamento das negociações, vincula avaliações de desempenho a pagamentos por mérito, controla o desenvolvimento dos gerentes e conduz análises orçamentárias.

Essas aplicações tornaram-se parte integrante da Administração de Recursos Humanos no setor da Hospitalidade. Vamos voltar nossa atenção para a definição de um SIRH e de como poderemos implantá-lo, ou usar outros softwares, em nossa organização de Hospitalidade, para nos ajudar com nossas responsabilidades de Administração de Recursos Humanos.

■ SISTEMAS DE INFORMAÇÃO DE RECURSOS HUMANOS *VERSUS* SISTEMAS DE INFORMAÇÃO

Um computador nada mais é do que um dispositivo eletrônico capaz de operar mediante o controle de um programa ou de vários programas. Os dados a serem processados são colhidos e digitados no computador. A precisão do programa está diretamente relacionada à precisão do programador e dos dados. O computador não tem como determinar a precisão dos dados que fornece. Em outras palavras, ele não conhece a diferença entre dados "verdadeiros" e dados "falsos", nem é capaz de informar se o programa que está sendo utilizado é "correto" para a aplicação específica que o usuário tem em mente. Se você insere dados errados no computador, obterá dados falsos, o que prejudicará sua credibilidade, caso não sejam tomadas precauções na seleção dos softwares, na coleta e na digitação de dados.

Não existe um computador ou um sistema de software específico para as funções de Recursos Humanos no setor da Hospitalidade. Na realidade, uma das vantagens dos sistemas de computação (hardware) e de software é sua flexibilidade e adaptabilidade. Você pode selecionar o hardware e o software que atendam a suas finalidades específicas.

Os Sistemas de Informação Gerencial (SIGs) revolucionaram a administração de pessoal nos anos 1960. Essas ferramentas de gerenciamento em grande escala proporcionaram uma visão global do ambiente das operações de Hospitalidade.[9] Atualmente, eles são simplesmente denominados **Sistemas de Informação (SIs)**. Um SI refere-se a informações ou dados que são integrados com a finalidade de tomada de decisões. A lógica é que os dados integrados servirão para melhorar o processo de tomada de decisões. Um SI criado com o propósito de maximizar a tomada de decisões relativas a Recursos Humanos é conhecido como um **Sistema de Informação de Recursos Humanos (SIRH)**. Esses sistemas podem ser mantidos centralizados, a fim de produzir informações relacionadas a todos os Recursos Humanos em sua organização. Você já conhece algumas das maneiras pelas quais o SIRH pode aprimorar as decisões envolvendo Recursos Humanos.

Os SIRHs têm a capacidade de armazenar grandes quantidades de dados de uma variedade de fontes. O SIRH é projetado para fornecer dados limitados sobre empregados e cargos e transformá-los rapidamente em informações úteis e corretas. Esses sistemas precisam ser vistos como uma ferramenta administrativa que pode ser usada para tornar uma organização de Hospitalidade mais eficiente e produtiva. A maior parte dos SIRHs deve ser interativa. Isso significa que eles permitem aos gerentes ver os dados no monitor quando estão sendo processados e proceder a alterações imediatas, conforme são exigidas. Se os dados e o formato estiverem satisfatórios, o relatório pode ser impresso.

▌Integração do SIRH com o SI

A maior parte dos SIRHs é implantada usando a rede ou Extranet da organização de Hospitalidade. E se sua empresa for pequena e não dispor de uma rede ou Extranet? Muitas organizações de Hospitalidade usam equipamentos e tecnologias avançadas que se encontram atualmente disponíveis no mercado. Porém, vamos recordar como evoluiu o mundo dos computadores com aplicações para Recursos Humanos.

▌Um estudo de acontecimentos passados

Conforme ocorreu no desenvolvimento de algumas funções de Recursos Humanos, como o treinamento e o teste pré-admissional, os militares e o governo norte-americanos foram os primeiros a utilizar a tecnologia do computador às aplicações de Administração de Recursos Humanos.[10] Na realidade, foi o departamento financeiro o primeiro a informatizar os sistemas de folha de pagamento no início da década de 1950.[11] Esses sistemas operavam com computadores de grande porte, normalmente tão grandes que ocupavam salas inteiras.

Os sistemas eram tão complexos que os profissionais de informática, e não os gerentes de Recursos Humanos, os operavam. Normalmente, as solicitações dos departamentos de Recursos Humanos recebiam pouca prioridade.

Foi durante o fim da década de 1970 que a tecnologia de computação passou a ser adotada para lidar com os desafios enfrentados pelos gerentes de Recursos Humanos. A revolução do microcomputador aumentou a disponibilidade do hardware, reduzindo simultaneamente os custos. Os anos 1980 viram o surgimento do computador pessoal e uma enorme redução de custos. Isso provocou a avalanche dos softwares, que gradualmente tornaram-se mais fáceis de ser usados. Os computadores ficavam sobre as mesas e não havia mais necessidade de especialistas em informática para operá-los.

Atualmente, um grande número de sistemas de software inclui não apenas SIRHs completos como programas específicos. À medida que aumenta a cada ano o número de fabricantes de software, o gerente responsável por Recursos Humanos precisa estar preparado para compreender as aplicações propostas do software que ele está escolhendo.

▌O PROPÓSITO DE UMA ANÁLISE DE NECESSIDADES

O ambiente de trabalho específico de uma organização de Hospitalidade determina as necessidades do SIRH automatizado. Não existem dois SIs idênticos. Todo software criado para uma aplicação específica apresenta limitações.

E no Brasil?

O computador e os sistemas de informação são ferramentas importantíssimas para todos os profissionais e também para os de Recursos Humanos.

Atualmente, existem softwares e programas disponíveis no mercado para facilitar e aprimorar o trabalho do setor de Hospitalidade.

Rosana Kyomi Okamoto (responsável pelos quadros "E no Brasil?" da edição anterior deste livro) destaca que o setor de Recursos Humanos é vital para a empresa de Hospitalidade. Porém, em sua experiência nas várias aberturas de hotéis pelo Brasil, trabalhando na área de RH, verificou que um dos últimos softwares a serem adquiridos é o de Recursos Humanos: "Observei que se prioriza o software para o *check in* e o *check out*, com extensão ao financeiro".

A implantação do software de Recursos Humanos é dificultada pela grande quantidade de informações a serem inseridas quando a organização já está há muito tempo em atividade. No entanto, a dificuldade é compensada pela manutenção, organização desses dados e pela maximização das tarefas dos profissionais do setor.

Para Anunciada de Moraes, diretora de Recursos Humanos do Meliá Hotels International, uma das grandes contribuições da Internet na área é a possibilidade de disponibilizar a todos os funcionários da organização uma carteira de treinamentos que pode ser realizada conforme a disponibilidade e o interesse do colaborador, a custo baixo.

Revisão e adaptação de Simone Sansiviero.

Como você sabe qual software terá o desempenho otimizado em sua organização de Hospitalidade? Você deveria selecionar um SIRH completo ou pacotes individuais criados para aplicações específicas?

O software ou sistema que apresentará melhor resultado é aquele que se baseia nas necessidades de informações sobre Recursos Humanos de sua operação específica. Mencionamos anteriormente a importância de se estabelecerem metas e objetivos de Recursos Humanos. Suas necessidades de informação deveriam refletir esses objetivos. O software que você seleciona deve ser criado para atender às necessidades de informação da organização de Hospitalidade. Em outras palavras, os objetivos de Recursos Humanos determinam as aplicações de software de que você precisa. Não permita que o fornecedor do software o convença de que seus objetivos deveriam ser modificados para atender aos parâmetros do software oferecido.

▌Decisões sobre o sistema e o software

Após a identifcação de suas necessidades de informação, você precisa determinar se terá necessidade de um SIRH completo ou de um software com aplicações distintas. Essa decisão depende do tamanho e da capacidade de seu computador em sua operação. Caso a organização já disponha de um SIRH operando em uma rede ou em um microcomputador, você terá de fornecer informações sobre Recursos Humanos para complementar os dados já contidos no sistema.

Chegou a hora de tomar decisões sobre o software. Muito embora exista no mercado grande número de softwares para aplicação em Recursos Humanos, algumas vezes é preciso adquirir um, criado para sua empresa, a fim de atender às suas necessidades específicas de informação. Certifique-se de que você tem o software certo! A criação de um software não é uma tarefa que a maioria dos gerentes de Hospitalidade domina. Vale a pena investir dinheiro para contratar um especialista em software com conhecimento de programação para realizar o projeto e o desenvolvimento. Assegure-se de que todos os problemas do sistema estejam solucionados antes de o técnico concluir o trabalho e ir embora.

Selecionar um software de aplicação especial já disponível no mercado é provavelmente a alternativa mais rápida, mais econômica e mais fácil. Deve-se tomar muito cuidado no exame de todos os produtos disponíveis no mercado. O principal objetivo consiste no atendimento às exigências de sua organização de Hospitalidade. Caso você constate que as necessidades de sua operação são únicas e que os softwares disponíveis no mercado não são adequados, talvez seja preciso desenvolver (ou encomendar) um software customizado.

Quando selecionar o software, você pode avaliar se ele tem capacidade para gerar informações em formatos diferentes do relatório padronizado que o software está programado para gerar. Alguns softwares permitem que você gere relatórios direcionados ou especializados, conforme a necessidade, para atender a uma função específica de Recursos Humanos. Muitas vezes é útil ter a opção de emitir relatórios especializados com base em informações nos arquivos de dados. Outro aspecto poderia ser o formato em que os relatórios são apresentados. Eles são fáceis de ler e interpretar? São similares aos relatórios que os empregados já estão acostumados a ver? São apresentados em tabelas ou em texto corrido? Qual a facilidade de se inserirem e obterem dados? Qual é a capacidade de atualização? O que é funcional hoje poderá ser ultrapassado amanhã. Esses são apenas alguns exemplos de aspectos a serem considerados na escolha do software.

Após a escolha do software, e apenas após essa escolha, você pode adquirir o **hardware**. Alguns softwares somente operam em um equipamento específico e, portanto, deve-se tomar cuidado com o processo de escolha. Solicite a opinião de uma pessoa especializada de sua confiança ao fazer sua seleção.

Lembre-se sempre de que a escolha do hardware e do software precisa basear-se nas necessidades de informação de recursos humanos de sua operação de Hospitalidade. Defina as aplicações específicas de que sua operação necessita e escolha o hardware que responda a essas necessidades.

■ O COMPUTADOR E O GERENTE RESPONSÁVEL PELOS RECURSOS HUMANOS

Softwares com aplicações específicas para funções de Recursos Humanos existem no mercado há muito tempo, ao passo que o SIRH ou os sistemas integrados surgiram somente em meados e fins da década de 1980. Uma das vantagens de uma sociedade de rápido avanço tecnológico é que as aplicações informatizadas há muito tempo apresentam uma relação custo/benefício satisfatória até mesmo para pequenas operações de Hospitalidade.

Justificar o investimento em um sistema automatizado exige que você avalie as economias tangíveis e intangíveis geradas. A maior parte das empresas consegue um período de retorno reduzido para o investimento na aquisição de um computador obtendo economias no futuro.

A informatização tem evoluído muito no setor da Hospitalidade, desde que os pontos de venda (provavelmente o primeiro computador) foram introduzidos. Das grandes corporações de Hospitalidade a empreendedores, o computador pessoal tem sido um ingrediente importante do sucesso. Eis uma lista de alguns dos benefícios da informatização:

♦ Oferece à gerência maior controle de seus dados.

♦ Melhora a precisão das informações.

♦ Fornece informações adequadas.

♦ Gera economia pela redução do trabalho burocrático.

♦ Oferece novas possibilidades para a manutenção de registros e confecção de relatórios.

♦ Permite aplicações em Recursos Humanos em novas áreas que exigem análise detalhada.

♦ Pode processar numerosas variáveis simultaneamente.

♦ Oferece coerência na forma dos relatórios.

♦ Permite que a área de Recursos Humanos preste melhores serviços aos gerentes operacionais.

♦ Permite economia em relação a métodos manuais de obtenção, manutenção e divulgação de informações.

♦ Permite que os Recursos Humanos desempenhem um papel mais importante na tomada de decisões estratégicas sob o aspecto organizacional.

♦ Oferece melhor comunicação entre os recursos humanos e as divisões operacionais.

Os gerentes responsáveis pelos Recursos Humanos tornam-se mais estimulados, pois existe menos trabalho urgente e mais criatividade envolvidos em seus cargos. Se você ainda precisa de um argumento convincente para adotar a automação, pergunte a um gerente que tenha um sistema informatizado se ele voltaria a usar os métodos antigos. Antecipamos que a resposta será um grande "NÃO!".

■ TENDÊNCIAS DO SÉCULO XXI

Não faz tanto tempo que o setor de Hospitalidade era considerado uma área de baixa tecnologia. Quando a tecnologia surgiu na Hospitalidade, acreditava-se que ela deveria ser aplicada em outro setor. Éramos uma área prestadora de serviços, um negócio voltado para as pessoas e sempre precisaríamos de pessoas, e não de tecnologia. Parte dessa afirmativa ainda é válida, sempre precisaremos de pessoas no setor da Hospitalidade; mas também precisamos de tecnologia. Chegamos ao ponto de depender dela, e nossa dependência somente aumentará, e não diminuirá, no "próximo capítulo".

■ Internet, Intranet e Extranet

A Internet é uma série de computadores e modems interconectados por cabos, de modo a permitir a comunicação entre si. Os endereços na Internet, como www.delmar.com, são denominados domínios. Quando você digita um domínio, ele aparece na máquina denominada servidor.

O uso da Internet atingiu um pico no fim do século XX. Já em 1997, um estudo mostrou que aproximadamente dois de cada cinco operadores de serviços de alimentação usavam a Internet.[12] O grande número de informações disponíveis aumenta todos os dias. Do cálculo de custos de construção por apartamento a técnicas de custeio de receitas, a Internet tem tudo. Nossos clientes podem acessar todas as informações no site de nossa companhia, da disponibilidade de apartamentos ao cardápio em cada um de nossos restaurantes.

A Intranet é uma rede interna da companhia, que permite aos gerentes controlar a possibilidade de acesso aos dados. Por exemplo, o *chef* em uma empresa que realiza recepções no local do cliente poderia ver os arquivos de cardápios (e as alterações) para os eventos seguintes. Uma Intranet também permite aos gerentes de departamento o acesso a dados da folha de pagamento, possibilitando melhor controle dos custos de mão de obra. Você pode combinar a Intranet com um programa padronizado de processamento de textos e publicar uma versão eletrônica do manual do empregado. Tal procedimento facilita a atualização do manual e oferece aos gerentes a vantagem de ter certeza de que as informações recebidas pelos empregados estão atualizadas. Um número cada vez maior de empresas de Hospitalidade está instalando Intranets, porque a rede pode oferecer melhor acesso a informações para seus empregados.

A Extranet é uma rede que permite aos empregados assegurar acesso às informações e aos serviços externos à própria rede interna (Intranet) da companhia de Hospitalidade. Por exemplo, digamos que sua atendente do bar desejasse fazer uma alteração no plano médico, alterando o tipo de cobertura de individual para familiar. Habitualmente, ela teria de dirigir-se ao departamento de Recursos Humanos ou à área de benefícios e preencher formulários, que seriam então enviados à companhia seguradora. Pela Extranet, ela simplesmente se dirige a um terminal e entra em contato com a seguradora, faz a mudança de cobertura e é notificada eletronicamente quando a mudança entra em vigor. O mesmo tipo de procedimento pode ser usado para acessar os planos de aposentadoria da companhia. Tudo isso representa algumas vantagens óbvias para o gerente responsável pelos Recursos Humanos e o empregado. As Extranets podem automatizar e simplificar as funções de Recursos Humanos já exercidas, além de permitir acesso aos serviços que, de outro modo, não estariam disponíveis.

▌ Internet e e-mail: usos e abusos

Com o grande avanço da tecnologia, surge o potencial de utilização errada e abuso dessas valiosas ferramentas. Da utilização da Internet com fins particulares ao uso pessoal do e-mail, todos os locais de trabalho da Hospitalidade que têm computadores são potencialmente vulneráveis. O fim do século XX testemunhou o início de numerosos processos judiciais de grande repercussão envolvendo o e-mail. Acusações de discriminação, assédio sexual, rescisão ilegal e hostilização do ambiente de trabalho podem ser documentadas por registros e arquivos de e-mail. Em virtude de o conteúdo transmitido por correio eletrônico ser um material que pode ser descoberto, ele pode se transformar em uma prova numa ação judicial contra a companhia.

Um dos desafios para os dirigentes consiste em como controlar o uso sem comprometer a tecnologia. Um número cada vez maior de empresas está permitindo o acesso à Internet para seus empregados; o que é muito bom, pois possibilita-lhes fazer pesquisas e se comunicar fora do sistema de correio eletrônico interno. Quanto tempo durante o dia é gasto em sites da Internet com fins pessoais? Esse é um tema que precisa ser equacionado por meio de controle eletrônico e políticas rígidas ou é um assunto relacionado ao desempenho no cargo, quando o trabalho da pessoa permanece incompleto? Não existem respostas fáceis a essas perguntas.

No entanto, é importante desenvolver regras e procedimentos para o e-mail interno. Muitas vezes, os empregados transmitem coisas por e-mail que, de outro modo, não fariam. Algumas companhias usam métodos de tolerância zero na definição da política de e-mail. Outras proíbem certos tipos de e-mail, como cartas e piadas. O Quadro 15.2 é um exemplo de uma política relacionada a diversos sistemas de comunicação.

É evidente que as questões envolvendo o uso apropriado dessas tecnologias continuarão a surgir cada vez mais. É de seu interesse, como gerente responsável

> ## Quadro 15.2 Uso do telefone, do correio e de sistemas informatizados
>
> O telefone, o correio e o computador são alguns instrumentos de comunicação mais importantes que usamos na Premier Beverage. Não é permitido o uso pessoal dos sistemas de correio, correio eletrônico ou telefone. Da mesma forma, não é permitido o uso de postagem paga pela companhia para correspondência pessoal. Os empregados devem moderar-se ao usar os telefones da companhia para fazer chamadas pessoais e podem ter de reembolsar a empresa por quaisquer despesas resultantes de uso pessoal do telefone. É necessário contatar o supervisor para esclarecer dúvidas a respeito do uso do telefone e para conhecer a política departamental referente a chamadas realizadas durante os intervalos, o horário das refeições ou em outras ocasiões.
>
> Os empregados, para assegurar comunicações telefônicas eficazes, devem sempre fazer a saudação usual e falar de modo cortês e profissional. Confirme as informações recebidas da pessoa que telefonou e desligue somente após ela ter desligado.
>
> Para aqueles que possuem correio de voz, é necessário manter gravada uma saudação.
>
> A Premier Beverage reserva-se o direito de controlar, em qualquer ocasião e sem aviso prévio, as ligações realizadas, recebidas e efetuadas, por meio do sistema telefônico da empresa. Da mesma forma, as mensagens pelo correio de voz armazenadas no sistema telefônico são consideradas comunicações de negócios por pessoal autorizado da Premier Beverage.
>
> Todas as informações armazenadas no computador e no equipamento de processamento de dados da Premier Beverage são consideradas propriedade da companhia. O sistema de correio eletrônico destina-se somente ao uso comercial, e qualquer utilização pessoal ou não autorizada desse sistema levará a uma ação disciplinar que pode conduzir à demissão. As mensagens de correio eletrônico criadas, recebidas, enviadas ou armazenadas no sistema estão sujeitas a controle, exame e revisão por pessoal autorizado em qualquer ocasião, sem aviso prévio.

Fonte: Cortesia de Premier Beverage Company of Florida; SUNBELT Beverage Corporation.

pelos Recursos Humanos, manter-se bem informado sobre esses temas, para que possa adotar um método proativo.

❚ RH virtual

O **RH virtual** constitui uma visão do futuro e é um conceito que se baseia na realidade que permitiria ao departamento de Recursos Humanos tornar-se uma área totalmente sem papel, pois elimina praticamente todo papel manuseado pelo gerente responsável pelos Recursos Humanos. Praticamente toda tarefa e função são realizadas eletronicamente. Por exemplo, o empregado seria capaz de acessar rapidamente todas as suas informações pessoais, do saldo de número de dias de férias a que tem direito e possíveis alterações em um formulário específico à verificação de avisos de ação disciplinar ou de cartas de elogio.

A economia para a organização de Hospitalidade é a redução de custos e do tempo empregado com o manuseio e distribuição de papéis. Muito embora não haja formulários para serem preenchidos, esses sistemas sem papel são controláveis e seguros. O RH virtual apenas recentemente começou a incluir outras funções, além de eliminar as tarefas administrativas rotineiras. O futuro da integração do departamento de Recursos Humanos com a tecnologia baseada na web ocorrerá com toda certeza no "próximo capítulo".

■ CONCLUSÃO

As aplicações de Recursos Humanos por meio do computador vão muito além de seus primórdios na manutenção de registros. A automação continua a identificar soluções para os problemas diários existentes na Administração de Recursos Humanos. Há poucos anos, realizaram-se grandes avanços no uso do potencial do computador para a acumulação, a manipulação e a divulgação de dados relacionados à Administração de Recursos Humanos. Os computadores deixaram de ser meros arquivos eletrônicos. À medida que os gerentes de Recursos Humanos continuam a explorar as oportunidades na era tecnológica, as funções de Recursos Humanos adquirem uma nova respeitabilidade e um status de importância na hierarquia da organização de Hospitalidade. Um dos avanços mais significativos para essas organizações foi o desenvolvimento do computador pessoal.

O computador tornou-se uma ferramenta de finalidades múltiplas para a administração eficaz dos bons empregados. O gerente responsável pelos Recursos Humanos não precisa ser um programador, mas deverá ter conhecimento de como as funções exercidas pelo computador podem tornar a gerência mais eficaz. Os gerentes de Hospitalidade recém-formados têm uma enorme vantagem, pois a maioria teve contato com o computador em alguma ocasião durante os estudos. Eles usarão os recursos do computador com muito mais facilidade do que muitos gerentes que já atuam há muito tempo na área. À medida que a tecnologia de computação avança e o software torna-se mais fácil de utilizar, o receio do uso do computador felizmente desaparecerá, e todos os gerentes responsáveis pelos Recursos Humanos aproveitarão essa incrível ferramenta.

Não resta dúvida, após a leitura deste capítulo, de que a informatização das funções de recursos humanos constitui um ativo para todo gerente desse setor. No "próximo capítulo", provavelmente existirá um software disponível para toda função de Recursos Humanos apresentada aqui. Em virtude de a organização de Hospitalidade continuar a depender da área de Recursos Humanos para obter informações mais precisas, haverá maior necessidade de melhores SIs específicos.

À medida que as necessidades de informação da organização se alteram, os sistemas que organizam os dados se ampliarão e se adaptarão para atender às necessidades. No entanto, durante muitos anos, continuará a existir uma grande necessidade de treinamento adequado no uso dos computadores e dos softwares. O futuro dos SIRHs reside no treinamento de pessoas que têm conhecimento sobre recursos humanos, a fim de que também se tornem conhecedores de computação. Atualmente, existem menos pessoas que continuam a resistir à sociedade de informação do novo século.

Lembre-se de que você não trabalha para o computador; ele trabalha para você, a fim de facilitar a armazenagem, a manipulação e a obtenção de grandes quantidades de informações sobre muitas pessoas. Se você tornar-se dependente do computador, em vez de empregá-lo para liberá-lo do tempo gasto no escritório, você se afastará do atendimento a seus clientes. O computador, usado eficazmente, pode economizar tempo no cumprimento de suas responsabilidades de recursos humanos, oferecendo novas maneiras de organizar e executar suas responsabilidades, economizando ao mesmo tempo dinheiro para seu empregador. Se um gerente sistematizar as tarefas rotineiras de coleta de dados envolvidas na Administração de Recursos Humanos, o gerente que assume responsabilidade por recursos humanos adquire uma posição de destaque na organização de Hospitalidade. Esses SIs proporcionam aos gerentes de Hospitalidade um meio melhor de administrar os recursos humanos.

O alto escalão se apoia cada vez mais na área de Recursos Humanos para obter dados confiáveis que possam ajudar nas medidas destinadas a contenção de custos e à minimização dos riscos legais, a lidar com as políticas e a regulamentação do governo em constante alteração e a melhorar a retenção. Informações não confiáveis, desatualizadas e incoerentes podem ter um custo alto para o empreendimento de Hospitalidade do "próximo capítulo".* A tomada de decisões gerenciais, em que as alternativas examinadas se baseiam em dados suficientes e precisos, pode oferecer uma vantagem competitiva às organizações de Hospitalidade. As aplicações do computador evoluíram muito desde seu início, como controle da folha de pagamento!

Caso 15.1

Sempre que um gerente de Hospitalidade assume um novo cargo, existe um grande número de desafios e oportunidades, número esse que aumenta quando o cargo gerencial inclui responsabilidade por recursos humanos. As alterações tecnológicas podem ser enfrentadas como um desafio e uma oportunidade.

A posição gerencial que você ocupou recentemente pode proporcionar-lhe a oportunidade de partilhar seu conhecimento de aplicações do computador no setor da Hospitalidade com a equipe gerencial existente. O cargo pode ser o primeiro que você ocupará após sua formatura ou futuramente em sua carreira de Hospitalidade.

continua

---

*N.R.T.: Os sofwares de RH são uma importante ferramenta para o gestor de Recurso Humanos, pois livrando-se das funções burocráticas e demoradas, seu tempo pode ser mais bem utilizado para pensar em novas formas de motivar, treinar e trabalhar com as equipes.

Caso 15.1

Selecione o ambiente de Hospitalidade no qual você se imagina no futuro ou talvez o cargo gerencial de Hospitalidade que ocupa atualmente. Não importa se o cargo pertence ao setor de hotelaria, de serviços de alimentação ou de turismo. A condição comum é de que não existam aplicações de informática para as funções de Administração de Recursos Humanos. Você está convicto, com base em seu conhecimento na área, de que a operação de Hospitalidade poderia beneficiar-se com a implantação de um SIRH.

Embora essa seja uma oportunidade para você destacar-se e tornar-se um membro valioso da equipe gerencial, seu desafio consiste em convencer os outros membros da equipe de dirigentes que não possuem conhecimento a respeito do SIRH. Elabore um plano de três páginas para fazer uma apresentação oral à equipe de dirigentes. Discuta suas ideias para um SIRH. Esse plano deve incluir, no mínimo, uma definição do que é um SIRH, com quaisquer outras definições que, em sua opinião, a equipe gerencial precisa compreender, a fim de beneficiar-se com sua apresentação. Uma visão de conjunto das aplicações de software para as funções de Recursos Humanos, uma avaliação das necessidades e uma identificação de alguns dos benefícios das aplicações do computador em sua operação de Hospitalidade também devem ser incluídas. Que políticas terão de ser iniciadas ou desenvolvidas?

Lembre-se de que você precisará ser convincente em sua apresentação. Para serem competitivos, os computadores são uma necessidade e não apenas uma facilidade. Você terá de apresentar alguns dados específicos da operação de Hospitalidade para a qual está trabalhando e também justificar o custo do investimento.

Fonte: Elaborado pela autora.

▮ Termos-chave

- automação
- banco de dados
- Extranet
- hardware
- Internet
- Intranet
- rede

- RH virtual
- Sistema de Informação (SI)
- Sistema de Informação de Recursos Humanos (SIRH)
- software
- World Wide Web (WWW)

▮ Leituras recomendadas

BRUNS, R. "Know thy guest". *Lodging Magazine*, 1998. Disponível em: www.lodgingmagazine.com/9806/coverstory.htm. Acesso em 19 agosto 2013.

GREENGARD, S. "The next generation". *Personnel Journal*, v. 73, n° 3, p. 40-46, 1994.

_____. "New technology is HR's route to reengineering". *Personnel Journal*, v. 73, n° 7, p. 32a-32o, 1994.

_____. "Making dollars and sense out of employee self-service". *Personnel Journal*, v. 77, n° 7, p. 67-69, 1988.

HAMILTON, M. "Catching up with technology". *Lodging Magazine*, 1999. Disponível em: www. lodgingmagazine.com/9905/technology.htm. Acesso em 19 agosto 2013.

JONES, J. W. *Virtual HR: Human resources management in the information age*, 1998.

MEADE, J. "International intranets". *HR Magazine*, 1998. Disponível em: www.shrm.org/hrmagazine/articles/0598int.htm. Acesso em 19 agosto 2013.

MURPHY, J., FORREST, J. E., WOTRING, C. E. e BRYMER, R. "Hotel management and marketing on the Internet: an analysis of sites and features". *Cornell Quarterly*, v. 77, nº 3, p. 70-82, 1996.

O'CONNELL, S. "The virtual workplace moves at warp speed". *HR Magazine*, 1996. Disponível em: www.shrm.org/hrmagazine/articles/0396cov.htm. Acesso em 19 agosto 2013.

PERRY, P. P. "Honing your home page". *Restaurants USA*, v. 17, nº 8, p. 21-25, 1977.

SHAIR, D. "HR windows: take a seat with top management". *HR Magazine*, 1999. Disponível em: www.shrm.org/hrmagazine/articles/0599soft.htm. Acesso em 19 agosto 2013.

SHELEY, E. "High-tech recruiting methods". *HR Magazine*, 1995. Disponível em: www.shrm/org/hrmagazine/articles/09recruitment.html. Acesso em 19 agosto 2013.

STONE GONZALEZ, J. *The 21st century Intranet*. Prentice Hall Computer Books, 1998.

VAN HOOF, H. B., GALEN, R. C., COMBRINK, T. E. e VERBEETEN, M. J. "Technology needs and perceptions – an assessment of U.S. lodging industry". *Cornell Quarterly*, v. 36, nº 5, p. 64-69, 1995.

▌Sites recomendados

1. Internet Society (ISOC): www.isoc.org
2. CERT Coordination Center: www.cert.org
3. Intranet Research Center: www.cio.com/foruns/intranet
4. International Association for Human Resource Information Management: www.ihrim.org/welcome.html
5. The Internet2 Project: www.internet2.edu
6. Intranet Journal: www.intranetjournal.com
7. PR NEWSWIRE: http://www.prnewswire.com/news-releases/next-generation-internet-innovators-watch---unisource-oracle-facebook-vocera-expedia-218667531.html
8. Intranet Resources: www.strom.com/pubwork/intranet.html

▌Notas

1. Gillian Flyn. "HR hears the call of technology". *Personnel Journal*, v. 74, nº 5, p. 62-68, 1995.
2. Valerie Frazee, "Go paperless one sheet at a time". *Personnel Journal*, v. 75, nº 11, p. 68-76, 1996.
3. Alfred J. Walker. "New technologies in human resources planning". *Human Resources Planning*, v. 9, nº 4, p. 149-159, 1986.
4. Jim LeTart. "Time for strategy". *HR Magazine*, 1997. Disponível em: www.shrm.org/hrmagazine/articles/1297tech.htm. Acesso em 19 agosto 2013.
5. David Link. "The use of information technology in HR". *BC Solutions Magazine*, 1997. Disponível em: www.bcsolutionsmag.com/Archives/Nov1997/TECH1.html. Acesso em 19 agosto 2013.
6. Mark Hamstra. "Operators grapple with technology at work". *Nation's Restaurant News*, v. 32, nº 40, p. 78, 1998.
7. Linda Thornburg. "Computer-assisted interviewing shortens hiring cycle". *HR Magazine*, 1998. Disponível em: www.shrm.org/hrmagazine/articles/0298rec.htm. Acesso em 19 agosto 2013.
8. Lawrence R. Miller. "Law and information systems". *Journal of Systems Management*, v. 28, nº 1, p. 21-30, 1997.
9. John F. Griffin. "Management information systems – A challenge to personnel". *Personnel Journal*, v. 46, nº 6, p. 371-381, 1967.

10. Richard A. Kaumeyer Jr. *Planning and using skills inventory systems.* Nova York: Van Nostrand Reinhold Company, 1979. p. 10.

11. Edward Blair. "Bootstrapping your HRIS capabilities". *Personnel Administrator*, v. 33, nº 2, p. 68-72, 1988.

12. B. Grindy. "Restaurants are putting technology to work". *Restaurants USA*, v. 17, nº 8, p. 11-12, 1997.

▌Questões

1. Classifique quanto a prioridade de necessidade os principais usos de um computador em uma organização de Hospitalidade.

2. Explique como os Sistemas de Informação de Recursos Humanos (SIRHs) estão integrados com os Sistemas de Informação (SIs).

3. Qual é o papel do computador na tomada de decisões no setor da Hospitalidade?

4. Discuta a importância de realizar uma análise de necessidades antes da implantação de um sistema de computação.

5. Por que você desejaria desenvolver seu próprio software, em vez de adquirir um software de um fornecedor?

6. Identifique diversos benefícios originados na automação das funções de Recursos Humanos.

7. Comente a seguinte afirmativa: "Usar computadores para controlar as responsabilidades e funções de recursos humanos reduz a necessidade de contato pessoal direto entre a gerência e os empregados."

O Próximo Capítulo...

Os avanços mais significativos do século XXI não ocorrerão por causa da tecnologia, mas de um conceito em expansão do que significa ser humano.
John Naisbitt/Patricia Aburdence

Quem controla o passado controla o futuro; quem controla o presente controla o passado.
George Orwell

▌ INTRODUÇÃO

A Administração de Recursos Humanos não é mais conhecida como "pessoal"* no século XXI. A mudança é mais do que de mera nomenclatura. Ela representa uma mudança de atitude, de concepção; uma mudança no status.

As funções de pessoal eram consideradas principalmente em relação à manutenção e à administração dos registros. Os escritórios da área de pessoal ficavam mais afastados da operação de Hospitalidade, perto dos armários dos empregados e da sala de "descanso". A sala de Recursos Humanos não fica mais oculta. Com os empregados considerados um ativo valioso, o que exerce um impacto direto sobre a lucratividade, as companhias de Hospitalidade estão reconhecendo que recursos humanos administrados adequadamente podem proporcionar uma vantagem competitiva. Os profissionais de Recursos Humanos são vistos nas sessões de planejamento estratégico do alto escalão, e um número maior de diretores executivos e CEOs estão se valendo de posições de Recursos Humanos como a trajetória de ascensão.

Ao finalizar este capítulo, você será capaz de:
1. Discutir como a área de atuação de Recursos Humanos será importante para a eficácia organizacional.

---

*N.R.T.: No Brasil, ainda hoje, em hotéis de pequeno porte, bem como em empresas de Hospitalidade que não pertençam a grandes estruturas organizacionais, funções e gestão de Recursos Humanos são realizadas pelo departamento de pessoal que começa a se desenvolver para a área de Recursos Humanos.

2. Explicar o papel futuro do gerente de Recursos Humanos no setor da Hospitalidade.
3. Identificar os acontecimentos e as tendências mais prováveis na força de trabalho da Hospitalidade no "próximo capítulo".
4. Identificar três previsões referentes à administração de Recursos Humanos no setor da Hospitalidade em 2013 indicadas por especialistas da área.
5. Obter conselhos (esperamos que você os aproveite) de cada um dos especialistas da área ao fazer parte da força de trabalho da Hospitalidade.

■ A IMPORTÂNCIA CRESCENTE DA ADMINISTRAÇÃO DE RECURSOS HUMANOS

Transformação, globalização, maior concorrência por recursos humanos limitados, bem como avanços tecnológicos, são apenas alguns dos grandes desafios que os gerentes responsáveis pelos recursos humanos enfrentarão neste século. Quem pode imaginar que outros desafios os próximos cinco ou dez anos nos trarão? Os temas com os quais você terá de lidar são muito mais complexos do que os de seus predecessores. O impacto que seu papel exercerá na organização de Hospitalidade terá um alcance muito maior quanto a implicações. Em uma pesquisa divulgada em 1987, constatou-se que os CEOs esperam que a divisão de Recursos Humanos:

♦ compreenda e apoie as necessidades da empresa;
♦ desempenhe um papel importante no uso e desenvolvimento de talentos;
♦ formule medidas de contenção de custos;
♦ formule medidas de melhoria da produtividade;
♦ ajude a moldar e a comunicar os valores corporativos.[1]

Essas expectativas indicavam que a Administração de Recursos Humanos exerceria um impacto muito maior no plano estratégico da organização de Hospitalidade. Toda função de Recursos Humanos começou a girar em torno da declaração da missão, das metas organizacionais e dos objetivos operacionais. Os programas de Recursos Humanos não foram desenvolvidos nos primeiros anos da década de 1990 meramente para atender à divisão de Recursos Humanos; os gerentes responsáveis pelos recursos humanos começaram a proporcionar um apoio importante para os gerentes operacionais. Apoiaram-se enormemente as áreas de resolução de problemas e de tomada de decisões. Os gerentes de Recursos Humanos tornaram-se agentes de mudança, pois as aptidões das pessoas eram tão importantes quanto as aptidões financeiras para as operações de hospitalidade bem-sucedidas. As culturas corporativas se aperfeiçoaram à medida que os gerentes se tornaram conselheiros e orientadores e começaram a administrar seu pessoal em vez de as tarefas do cargo. A área de Recursos Humanos tornou-se o centro de informações para o ativo mais valioso da organização: os empregados.

Em 1991, a Fundação Educacional da National Restaurant Association (Associação Nacional de Restaurantes) conduziu aquilo que foi considerado um estudo "futurista" do gerente de serviços de alimentação para o século XXI. Entre outras constatações, o estudo identificou as cinco aptidões *mais prováveis* que os gerentes de serviços de alimentação necessitariam ter no futuro. Os gerentes:

♦ precisarão ser mais habilitados no uso do computador;
♦ supervisionarão um quadro de pessoal de maior diversidade cultural;
♦ descobrirão que o atendimento se tornará um aspecto diferencial mais competitivo;
♦ precisarão ter mais aptidões direcionadas ao ensino e ao treinamento;
♦ terão mais aptidões de administração de pessoas.[2]

Conforme já temos conhecimento, o painel de especialistas do setor que participou desse estudo foi bem preciso em suas previsões.

Mesmo no século XXI, uma organização de Hospitalidade ainda precisa de suas políticas e procedimentos de recursos humanos para garantir coerência e continuidade. Esse ainda será um papel importante para a Administração de Recursos Humanos no "próximo capítulo". Imagine se todo gerente e supervisor operacional pudesse determinar seu próprio salário, disciplinar de acordo com seu próprio julgamento, publicar anúncios de recrutamento sempre que julgasse ser necessário e contratar aleatoriamente. O aspecto que desejamos ressaltar é que a responsabilidade por recursos humanos continuará a se ampliar muito além de seus limites tradicionais. Os sistemas de planejamento de recursos humanos continuarão a fazer parte de um plano de negócios da organização de Hospitalidade.

Examinando a literatura sobre a área, você pode observar que ter gerentes de Recursos Humanos como assessores da diretoria não constitui uma ideia nova.

> Se for atuar de fato como um assessor do alto escalão, o executivo da área de pessoal terá de eliminar aos poucos o estereótipo de uma pessoa muito amigável e simpática, tentando manter todos felizes pela oferta de uma variedade de benefícios e serviços aos empregados. Eles ainda podem ser importantes, porém, atualmente, não são os mais importantes.[3]

Esquecendo por enquanto que Myers somente se referiu ao "homem da área de pessoal", torna-se claro que mesmo há 40 anos o papel insignificante do departamento de pessoal estava sendo questionado.

> O ponto de vista expresso aqui é que as pessoas, como um recurso organizacional, são, no mínimo, igualmente importantes como os demais, e que a ignorância, a negligência, o desperdício ou o

gerenciamento insatisfatório desse recurso geram as mesmas consequências que a ignorância, a negligência, o desperdício ou a má administração do dinheiro, dos materiais ou do mercado.[4]

Historicamente, parte do problema da Administração de Recursos Humanos é que sempre tem sido difícil fixar um valor monetário para o retorno do investimento de programas onerosos dos empregados. A área de Recursos Humanos tem sido considerada (e infelizmente muitas vezes é) uma área de despesas necessárias para satisfazer os advogados e contadores, proporcionando ao mesmo tempo um serviço geral aos empregados. O desafio do profissional de Recursos Humanos tem sido explicar por que seu departamento é necessário sob o ponto de vista estratégico para a declaração da missão e as metas organizacionais da companhia. Ocorre uma mudança no modo como as funções de pessoal são vistas quando os empregados são considerados um ativo em vez de um item de despesa. As funções de Recursos Humanos podem ser reconhecidas, então, por sua contribuição para a lucratividade. A Administração de Recursos Humanos pode ser considerada, então, um centro de lucro. As economias de custos não são apenas tangíveis. E as economias não tangíveis quando *não* ocorrem reivindicações da parte dos sindicatos? Quanto é economizado quando as penalidades previstas pela Lei de Rendimento Assegurado do Empregado na Aposentadoria, pela legislação de higiene e segurança ocupacional, pela Lei de Proteção aos Norte-Americanos com Deficiência, pela Lei de Licença Médica e Familiar e pelas Oportunidades Iguais de Emprego *não* têm de ser pagas? Qual o valor em moeda e no qual se refere a relações públicas pelo fato de a empresa *não* estar envolvida em um processo movido por um empregado descontente?

As críticas à função de pessoal nem sempre se relacionaram aos custos. Muitos julgaram que as responsabilidades com o pessoal eram insignificantes para a eficácia geral da organização. No início da década de 1970, foram feitas as seguintes críticas:

- ♦ "A função de pessoal não é voltada para os dirigentes.
- ♦ A função de pessoal não é adaptável a mudanças.
- ♦ O sistema de pessoal se preocupa com tarefas relativamente sem importância, como a manutenção de registros.
- ♦ As áreas administrativas operam em geral em níveis baixos de produtividade e são avaliadas por meio de padrões inadequados".[5]

A Administração de Recursos Humanos tem passado – e ainda passa – por transformações importantes, e no século XXI certamente avançou muito em relação à administração de pessoal praticada nos anos 1970. Hoje o departamento de Recursos Humanos faz parte de uma equipe que ajuda a criar um ambiente de trabalho inovador para todas as pessoas que trabalham na organização de Hospitalidade. Em muitas companhias, a área de Recursos Humanos assumiu a liderança para oferecer a ajuda de que suas organizações precisavam para se livrar dos modelos tradicionais. Os departamentos de Administração de Recursos Humanos o fizeram ao assumir a liderança por meio do exemplo. O Papa John's criou seu departamento de Recursos Humanos em 1993, oito anos após o início das atividades. No intervalo de dois anos, o departamento de Recursos Humanos foi capaz de padronizar a cultura, os benefícios, a retenção e as iniciativas de recrutamento da empresa, sendo que todos esses aspectos são considerados responsáveis por permitir à companhia usufruir de uma vantagem competitiva no mercado. A declaração da missão de "superar as necessidades e expectativas" dos clientes, com o compromisso de recompensar as contribuições e o desempenho, posicionou essa empresa acima das demais nos anos 1990.[6]

Se a Administração de Recursos Humanos não deve mais ser considerada como mera executora de funções mecânica e contábil, então o gerente que assume essas responsabilidades terá de adaptar novas estratégias para atender aos desafios do futuro.

◼ O PROFISSIONAL DE RECURSOS HUMANOS

Conforme ressaltamos no primeiro capítulo, todo gerente de Hospitalidade possui responsabilidade pelos recursos humanos. O profissional de Recursos Humanos tem desenvolvido as aptidões gerais ou especializadas para gerenciar as funções nessa área. A importância dessas aptidões não apenas se refletiu numa revisão da literatura, mas no aumento do número de cursos oferecidos relacionados às funções de Recursos Humanos nas faculdades e universidades. Independentemente dos avanços feitos na tecnologia de computação, a Administração de Recursos Humanos ainda requer as aptidões e o empenho de pessoas! Os departamentos e as divisões de Recursos Humanos nas organizações de Hospitalidade não só assumiram maior importância, mas também o profissional de Recursos Humanos tem um status muito mais elevado. As pessoas sempre precisarão ser recrutadas, treinadas, desenvolvidas, aconselhadas, disciplinadas e possivelmente demitidas. No entanto, a habilidade de compreender a Hospitalidade fora das funções de Recursos Humanos também continuará a ser importante para o profissional de Recursos Humanos no "próximo capítulo".

Em virtude de não haver uma solução à vista para a falta de mão de obra, continuará a ser importante a maximização da produtividade das pessoas que já trabalham em sua operação de Hospitalidade. O alto escalão se voltará ao profissional de Recursos Humanos para ajudá-lo a atingir essa meta. Em organizações corporativas maiores, os executivos de Recursos Humanos estão se reportando diretamente aos níveis mais elevados da estrutura da corporação. O respeito pelo profissional de Recursos Humanos continua a se elevar.

As oportunidades de progresso para o profissional de Recursos Humanos serão mais frequentes no "próximo capítulo" para as pessoas certas. Que aptidões essas pessoas têm? Mais orientadas à administração e às finanças do que os profissionais de Recursos Humanos no passado, elas saberão entender um balanço e aquilo que o afeta. Esses indivíduos compreendem a totalidade do ambiente empresarial do setor da Hospitalidade e de sua organização. Eles percebem a influência direta que a Administração de Recursos Humanos exerce sobre o lucro. À medida que os sistemas de informação de Recursos Humanos se tornam mais integrados ao ambiente de Hospitalidade, o profissional de Recursos Humanos terá de ter conhecimento de informática, inclusive acesso à Internet, à Extranet e à Intranet.

Em um estudo conduzido pela publicação *Workforce*, no fim da década de 1990 para determinar a trajetória da profissão de Recursos Humanos, foram obtidas as seguintes previsões para "O Papel Estratégico de RH" para o ano 2008:

- ♦ O foco estará no desempenho organizacional.
- ♦ O valor de Recursos Humanos consistirá em ter as pessoas certas disponíveis na época certa.
- ♦ O papel evoluirá de parceiro estratégico para líder estratégico na empresa.
- ♦ Os gerentes de linha se tornarão mais dependentes do profissional de Recursos Humanos.
- ♦ Liderar a mudança será a maior contribuição de Recursos Humanos para a corporação.[7]

O profissional de Recursos Humanos no "próximo capítulo" estará tão à vontade discutindo estratégia empresarial como explicando o pacote de benefícios ou participando de sessões de planejamento estratégico da área. A habilidade de atrair, desenvolver e reter uma força de trabalho altamente motivada ainda será importante para as responsabilidades do cargo. Um método estratégico e integrado voltado para o futuro dos temas de Recursos Humanos será de igual importância. Com essas aptidões e habilidades, o profissional de Recursos Humanos encontrará um potencial elevado para o crescimento e a mobilidade da carreira.

E no Brasil?

Pode-se dizer que o século XXI já nasceu sabendo valorizar a importância e as atribuições do setor de Recursos Humanos. Atualmente, o Departamento Pessoal das empresas de Hospitalidade brasileiras, bem como das norte-americanas, está sendo incorporado ao de Recursos Humanos, passando a ser uma área dentro dessa grande divisão. Hoje, há a contratação de profissionais para as áreas específicas de Recursos Humanos, como Benefícios, Recrutamento e Seleção, Comunicação Interna, Treinamento, Departamento Pessoal, Folha de Pagamento e Assistência Social, o que prova o crescimento e a evolução do setor na indústria da Hospitalidade.

A grande diferença entre o Brasil e os Estados Unidos no setor de Hospitalidade está na quantidade e qualidade da mão de obra. Enquanto nos Estados Unidos se prevê falta da mão de obra disponível para o setor, no Brasil

continua

E no Brasil?

há falta de qualificação e especialização, não de pessoal.

Por outro lado, as pessoas especializadas que aqui temos não são completamente preparadas para o mercado. Existe uma distorção entre o que o mercado necessita e a expectativa dos jovens recém-formados nas universidades. Os recém-formados desejam logo assumir posições gerenciais, e não é essa a realidade que o mercado oferece.

A cultura no Brasil é diferente de outros continentes. Arrisco-me a dizer que na hotelaria o fato de as pessoas decidirem muito jovens os cursos universitários que irão realizar, sem nenhuma experiência técnica anterior, pode ser um grande causador dessa diferença de expectativas. A realização de cursos técnicos é uma solução para resolver ou ao menos minimizar gargalos de mão de obra especializada no Brasil no setor hoteleiro. É também uma boa oportunidade para o jovem vivenciar, com antecedência, o ambiente que irá trabalhar e amadurecer a ideia de realizar ou não o curso universitário pretendido.

O Brasil como um todo cresceu, amadureceu e se fortaleceu na oferta dos serviços de Hospitalidade nas últimas duas décadas do século passado. A partir de então há a possibilidade de se destacar no contexto mundial, com a recepção de grandes eventos esportivos, como a Copa do Mundo e a Olimpíada.

Assim, as empresas que investirem em treinamento e desenvolvimento de seus colaboradores terão, com certeza, chance muito maior de expansão de negócios, com rapidez e solidez.

Os profissionais que investirem na área de Recursos Humanos voltados para o setor de Hospitalidade também terão grandes oportunidades de trabalho.

Particularmente, tenho a impressão de que nunca foi tão simples e fácil ser um autodidata, aperfeiçoar sua formação e buscar complementar suas necessidades.

Objetivando estreitar o relacionamento entre o meio acadêmico e o mercado de trabalho e minimizar os gargalos existentes no processo de ensino, vale destacar uma nova metodologia que surge no país para completar o processo de formação do gestor em Hospitalidade.

Em dezembro de 2012, o Senac deu início a um programa já existente em universidades no exterior em que alunos do curso de graduação assumem a gestão de um hotel em pleno funcionamento por determinado período.

Aqui essa atividade recebeu o nome *Desafio Senac: Alunos no Comando* e se define como "uma prática profissional dos cursos de Bacharelado e Tecnologia em Hotelaria do *Senac São Paulo*, que desenvolve competências de gestão e liderança por meio de um evento totalmente organizado pelos alunos".

Com o sucesso da atividade no ano anterior no *campus* Águas de São Pedro, ela voltou a ser repetida este ano no *campus* Campos de Jordão e com a participação de alunos de vários cursos da instituição. Atividades como essa, acredito eu, fazem toda a diferença da formação do profissional e merecem ser aperfeiçoadas e multiplicadas.

Texto de Simone Sansiviero.

Fonte: Disponível em: <http://www1.sp.senac.br/hotsites/gcr/sites/alunos_comando/->. Acesso em 17 outubro 2013.

■ DESAFIOS DO FUTURO

Quais as forças que vão afetar o profissional que assume a responsabilidade pelos recursos humanos no futuro? Já levamos em consideração muitas dessas forças quando apresentamos as diversas funções de Recursos Humanos. Muitas dessas forças nos desafiarão e muitas tornarão nosso trabalho mais interessante e gratificante. Vamos aproveitar essa oportunidade para resumir alguns dos desafios e das transformações que enfrentaremos nos próximos anos:

- ♦ Planejamento detalhado para atender às necessidades da força de trabalho futura em vista de falta de mão de obra.
- ♦ Busca contínua de métodos para utilizar mais eficazmente nossos recursos humanos.
- ♦ Integração do trabalho com iniciativas voltadas à qualidade de vida.
- ♦ Aceleração da demanda de recursos humanos mais bem treinados.
- ♦ Sofisticação cada vez maior da tecnologia, conduzindo a melhores sistemas de informação de recursos humanos.
- ♦ Empregados proporcionando mais opções de ajuste/programação do trabalho.
- ♦ O planejamento estratégico de recursos humanos buscará informações com os empregados.
- ♦ Melhor relacionamento operacional entre os sindicatos e os dirigentes.
- ♦ Maior influência e controle do governo norte-americano por meio de legislação.
- ♦ Maior disponibilidade de oferta dos serviços de apoio de recursos humanos (PAEs, cuidados com as crianças, trabalho e família, cuidados com os idosos etc.).
- ♦ Parcerias empresa-escola (programas de admissão de estudantes).
- ♦ Maior criatividade para atrair e reter os recursos humanos.
- ♦ Aumento da diversidade cultural da força de trabalho.
- ♦ Mudanças inovadoras nos planos de remuneração e benefícios.
- ♦ A comunicação se tornará instantânea por meio das Intranets da companhia.
- ♦ A tecnologia da Internet permitirá que mais companhias tenham a oportunidade de participar dos mercados globais.
- ♦ As trajetórias da carreira serão horizontais e verticais.
- ♦ Os custos com planos de saúde continuarão a aumentar.
- ♦ Os planos de remuneração se tornarão competitivos e voltados para o desempenho; maior relação com os resultados da empresa.
- ♦ Necessidade constante de treinamento.
- ♦ O preparo da força de trabalho será tão importante quanto o treinamento.

ANÁLISE DAS PREVISÕES PARA O SÉCULO XXI

Em 1989, os especialistas da área que atuaram como assessores para a primeira edição em língua inglesa deste livro foram solicitados a fazer três previsões sobre a Administração de Recursos Humanos no setor de Hospitalidade no início do século XXI. Ao se reverem essas previsões, pode-se constatar que os profissionais foram admiravelmente precisos.

Transcrevemos a seguir algumas das previsões bastante precisas feitas na época por um ou mais de nossos especialistas do setor.

- A falta de mão de obra será um problema crítico para nosso setor.
- Um programa de desenvolvimento de Recursos Humanos formal e agressivo se tornará importante para garantir o investimento financeiro em um empreendimento.
- Os empregados de meio período serão cada vez mais importantes. Precisamos levar em conta que nosso trabalho é secundário em relação a outras responsabilidades que possuem.
- A expressão "Nossos empregados são nosso ativo mais importante" se tornará mais do que apenas retórica.
- O setor da Hospitalidade ajustará as atuais horas excessivas de trabalho a fim de atrair competitivamente gerentes qualificados.
- Uma melhor qualidade de vida será um tema mais importante do que é hoje. Provavelmente veremos mais horários flexíveis, semanas de trabalho de quatro dias e horários permanentes ou semipermanentes.
- O foco será o treinamento e a retenção dos empregados.
- Os gerentes de Recursos Humanos serão parceiros mais envolvidos com operações e marketing do que hoje.
- O mercado de trabalho será um fator-chave para a estratégia de crescimento de uma companhia.
- As aptidões exigidas pelo gerente profissional no setor da Hospitalidade serão maiores.
- Haverá no mercado de trabalho um menor número de pessoas que apenas saibam ler, escrever e tenham conhecimento de aritmética.
- A negociação coletiva permanecerá no futuro. Os dirigentes sindicais serão altamente preparados e extremamente competentes a respeito dos assuntos que interessam aos sindicatos e às negociações de contratos de trabalho.

PREVISÕES

Ter acesso novamente a especialistas – os profissionais da área que foram consultados para este livro – permitiu-me solicitar-lhes suas próprias previsões. O que reproduzimos a seguir é a resposta que eles deram à seguinte solicitação: "Faça algumas previsões a respeito da Administração de Recursos Humanos".

Michael Hurst, *Proprietário, 15th Street Fisheries*:

1. O treinamento será considerado um custo fixo e não um custo variável. Do ponto de vista da prestação de serviços, bem como da segurança, os empregados precisam ter conhecimento dos atuais regulamentos e procedimentos e das novas tecnologias.
2. Haverá maior número de empregados em tempo parcial no local de trabalho. Eu me empenho para que 50% de meus atendentes trabalhem três dias por semana ou menos.
3. Maior flexibilidade de horário. Os horários serão estabelecidos tendo em mente os melhores interesses do empregado. Tradicionalmente, o conceito dos dirigentes tem sido de que o empregado atende aos interesses do local de trabalho. Nos próximos dez anos, os dirigentes precisam aprender a fazer com que a empresa atenda aos melhores interesses do empregado, e que assim o trabalho seja executado. Precisamos criar flexibilidade suficiente para nos ajustarmos às necessidades dos empregados. Precisamos garantir um número suficiente de empregados, de forma que eles tenham uma vida pessoal, além do emprego.

Ed Evans, *Vice-presidente Sênior de Recursos Humanos, Aramark Uniform and Career Apparel*:

1. Os benefícios serão transferíveis, tornando a retenção dos empregados não apenas uma questão de remuneração, mas um trabalho significativo e a oportunidade para progredir.
2. Haverá treinamento, que será administrado em um grau muito mais amplo por meio da tecnologia. As organizações de Hospitalidade selecionarão com base em critérios comportamentais e capacitarão os empregados tecnicamente após a admissão.
3. Com a concorrência pela mão de obra, os representantes da geração "X" se defrontarão com enormes desafios ao cuidarem das necessidades dos *baby boomers*, ao tentar atraí-los para a empresa como empregados em tempo integral ou parcial.
4. A defasagem entre os empregados qualificados e os não qualificados (treinados formalmente e treinados informalmente) aumentará, bem como aumentarão o uso de drogas e a ocorrência de iletramento no local de trabalho.

Jan Barr, *Diretor de Recursos Humanos, Chili's Grill & Bar, Brinker International*:

1. A falta de empregados disponíveis para o setor da Hospitalidade continuará a ser o maior desafio para os empregadores, tanto horistas como

gerentes. Para sobreviverem, as companhias precisam estar aptas a avaliar "o potencial de liderança" dos gerentes e buscar fontes alternativas de empregados horistas. Para prosperarem, as companhias devem atrair e desenvolver líderes, não gerentes, e tornar-se o empregador preferido dos empregados horistas.

2. Os profissionais de Recursos Humanos têm de ser uma parte vital das decisões estratégicas da empresa. Uma mudança constante será exigida das companhias bem-sucedidas e o papel de Recursos Humanos como "implantador de mudanças" será fundamental.

3. Nosso setor precisa encontrar alternativas para os temas relativos ao estilo de vida decorrente de uma empresa que opera sete dias por semana, 52 semanas por ano. Tempo parcial, horário flexível, mais feriados pagos, fins de semana rotativos, cuidados com as crianças e os idosos, benefícios flexíveis etc. devem ser aceitáveis, se desejarmos conservar nossos melhores empregados. Todavia, em termos globais, precisamos manter vivo em nosso setor o entusiasmo e a alegria. É isso que torna nosso setor especial para todos nós.

Bob Morrison, *Fundador e Presidente, Quetico Corporation*:

1. Atrair e reter empregados será a prioridade mais importante de todas as empresas de Hospitalidade.

2. Oferecer um ambiente de trabalho flexível e desafiador será fundamental para a habilidade de reter os melhores empregados.

3. Os clientes exigirão padrões cada vez mais elevados dos empregados que prestam serviços e trabalham em empresas de Hospitalidade, o que significa a contratação de pessoas com excelentes aptidões de inter-relacionamento pessoal e social.

Loret Carbone, *Vice-presidente Sênior de Recursos Humanos, Left At Albuquerque*:

1. Todos compreenderão que as pessoas são o ativo mais importante de uma empresa. As companhias serão mais competitivas na atração e retenção de trabalhadores talentosos. Procedimentos de recrutamento, remuneração, benefícios, cultura corporativa e estilos de liderança refletirão essa mudança.

2. As leis trabalhistas federais e estaduais serão mais complexas, e obedecer a elas consumirá muito mais tempo e esforço.

3. O gerente de Recursos Humanos com as melhores aptidões para o relacionamento interpessoal será o mais bem-sucedido.

Pam Farr, *Vice-presidente Sênior, Marriott Lodging for Marriott International Corporation*:

1. Haverá maior necessidade de apoiar-se em líderes preparados de Recursos Humanos para administrar o excesso de informações criadas pela era da informação.

2. Gerentes e executivos dependerão muito mais de orientadores/assessores pessoais para todos os aspectos da vida, inclusive saúde, preparo físico, espiritualidade, eficácia profissional e relacionamentos interpessoais para sobreviver em um mundo dinâmico.

3. Surgirão "empresas de fundo de quintal" na Internet, que revolucionarão o modo como os serviços de Recursos Humanos são oferecidos para empresas que sejam grandes e empreendedoras.

Jeanne Michalski, *Vice-presidente Assistente de Desenvolvimento do Funcionário, Burlington Northern Santa Fe Railway*:

1. Necessidade de concentrar-se na redução da rotatividade e assegurar a retenção dos bons empregados. Esse é um tópico que exigirá mais atenção e métodos inovadores nos anos futuros.

2. Outra área que diferenciará companhias bem-sucedidas de seus concorrentes com menos sucesso serão os serviços oferecidos aos clientes e hóspedes. Embora esse já seja um conceito importante no setor da Hospitalidade, penso que as empresas que demonstrarem maior excelência nessa área serão as mais bem-sucedidas.

Ronald H. Meliker, *Vice-presidente Corporativo de Recursos Humanos, Sunbelt Beverage Corporation*:

1. Mercado de trabalho competitivo, com empregados com menos aptidões, exigirá maior ênfase e custos mais elevados de treinamento.

2. Horários de trabalho mais variados e flexíveis para atender às necessidades de um menor número disponível de empregados qualificados.

3. Mais treinamento interno para progredir na organização.

Kathy Roadarmel, *Vice-presidente de Recursos Humanos, Opryland Hotels & Attractions*:

1. Os trabalhadores terão deslocado totalmente seu foco na "busca de um equilíbrio" em seu trabalho e na vida pessoal e se dedicarão mais à família. Eles exigirão mais tempo livre.

2. Os custos dos planos de saúde terão aumentado tão abruptamente a ponto de a maioria das grandes empresas oferecer assistência médica no local de trabalho como um benefício para os empregados e suas famílias, o que também servirá para reduzir os prêmios de seguro pagos pelos empregadores.

3. Os salários não serão tão importantes como os benefícios a partir do ano de 2010. A fim de se manterem competitivos, os gerentes de Recursos Humanos procurarão oferecer benefícios diferenciados para atrair empregados potenciais. A companhia que oferecer ajuda educacional, mensageiros para cuidar de assuntos pessoais, serviços de limpeza domiciliar, assistência médica no local de trabalho, academia de ginástica para a família no local de trabalho etc. terá maior sucesso no recrutamento e na retenção.

Regynald G. Washington, *Presidente e CEO, Washington Enterprises*:
1. À medida que a sociedade se torna mais conflitante, as práticas de Recursos Humanos serão elaboradas e administradas cuidadosamente, a fim de evitar conflitos potenciais.
2. O trabalho sindicalizado ressurgirá, o que resultará em maior atividade sindical em todo o país.
3. Uma liderança sindical nova e preparada direcionará muitos recursos financeiros e muita mão de obra para a tarefa de organização.

Andrew J. Juska, *Vice-presidente de Operações, Signature Companies*:
1. A tecnologia de informática e o uso de sistemas baseados na Internet para os departamentos de Recursos Humanos continuarão a se expandir. Continuará a aumentar, em ritmo acelerado, o número de empregados que acessam informações por meio da Intranet da companhia.
2. O RH Virtual se tornará comum para as funções e tarefas padronizadas de Recursos Humanos.
3. Os computadores e a World Wide Web vieram para ficar. O treinamento de empregados para usar esses sistemas eficientemente será um desafio importante.

■ PREVISÕES PARA O BRASIL

Celia Maria de Morais Dias, *Docente do Curso de Graduação em Turismo da Escola de Comunicações e Artes da Universidade de São Paulo:*
Previsões, para que servem? Acredito que apenas para especulações de momento. Quem vai checar, daqui a algum tempo, quem acertou ou errou? Por exemplo, quando se está esperando um bebê, todos arriscam um palpite, que terá 50% de probabilidade de estar certo e 50% de estar errado: homem ou mulher.

Bem, mas, de toda forma, deixo aqui não uma previsão, mas, ao menos, uma quase certeza: de que o futuro nos trará infinitas, rápidas, constantes e profundas mudanças e novidades tecnológicas, mas as pessoas continuarão a ser imprescindíveis nos relacionamentos interpessoais e nas relações empresa/cliente.

Anunciada de Moraes, *Diretora de Recursos Humanos, Meliá Hotels International:*

Acredito que estamos caminhando e necessitamos de uma verdadeira mudança nas relações trabalhistas, com o objetivo de ofertar uma melhor qualidade de vida aos profissionais de forma geral. Imagino uma integração maior entre empresa/hotel e universidades; por exemplo, estágios monitorados em parte pelas universidades. E, por fim, companhias internacionais irão cada vez mais criar universidades corporativas.

José Ozanir Castilhos da Rosa, *Gerente-geral, Bourbon Hotéis & Resorts:*
Qual a importância da área de Recursos Humanos para o futuro?

Em tempos de mudanças nas organizações quanto às necessidades das pessoas, a área de Recursos Humanos tem o papel fundamental de identificar o que os profissionais esperam da organização em que trabalham. O departamento de Recursos Humanos vem a cada dia procurando desenvolver métodos e programas que busquem atrair e reter as pessoas, satisfazendo suas necessidades individuais e coletivas. Ou seja, vem apostando e inovando em estratégias muito simples, como ouvir mais, dar mais atenção ao ser humano e respeitar sua opinião.

Todo ambiente organizacional e o mercado passam por mudanças e em velocidade muita rápida. Por isso, o RH deve se adaptar a essas mudanças de maneira mais estratégica, promovendo novas habilidades, atitudes e conhecimentos, a fim de atender às necessidades da empresa. O departamento de Recursos Humanos deve atuar como um consultor interno, desenvolvendo e preparando seus gestores para essas mudanças.

Quanto ao futuro do RH, posso afirmar que é o departamento da empresa que certamente passará por muitas transformações, e seus profissionais devem estar atentos e se preparar para isso.

Rosana Okamoto, *Gerente de Operação e Recursos Humanos, Vila Nova Marriott Executive Apartaments*:
1. Maior valorização do equilíbrio entre vida profissional e pessoal. Os profissionais que não apresentarem esse equilíbrio serão desqualificados, pois geram mais despesas e preocupações à empresa.
2. Retenção de bons empregados será a tarefa mais difícil para as empresas de Hospitalidade, o que permitirá a negociação de horas flexíveis e benefícios personalizados.
3. A diferença entre profissionais qualificados e não qualificados será mais evidente. O número de profissionais qualificados aumentará, o que tornará a competição ainda mais difícil.

▌Sugestão para os alunos que estão se formando e entrando para a força de trabalho da Hospitalidade

Celia Maria de Morais Dias, *Docente do Curso de Graduação em Turismo da Escola de Comunicações e Artes da Universidade de São Paulo:*

Aos alunos que estão estudando e logo comporão a força de trabalho na indústria da Hospitalidade, gosto de dizer que podem ter um lindo campo pela frente. É uma área que possibilita, mais do que certos empregos em outros setores, e até mesmo em alguns do próprio turismo – em que uma pessoa, o turista, aproveita as férias e outra, o funcionário da empresa, trabalha servindo –, o aproveitamento dos momentos de atividade profissional relacionado ao seu desenvolvimento no dia a dia. É um trabalho emocional, que pode durar toda a nossa vida, e em que se procura atender e entender o outro, o que, por outro lado, nos ajuda a definir nossa própria identidade e, assim, a nos conhecer melhor e a ser pessoas melhores.

O estudo e o trabalho na indústria da Hospitalidade requerem pessoas envolvidas, comprometidas com a compreensão de si e do outro, com a aceitação da diversidade, com o cuidado com a natureza, com a verdade, a ética e os valores humanos. Estes, muitas vezes, elementos em falta em nossa sociedade, mas sempre, e cada vez mais, dada sua escassez, valorizados nas relações pessoa a pessoa.

▌ OPINIÃO DOS ESPECIALISTAS DO SETOR

Os especialistas do setor foram solicitados a oferecer-lhe algumas informações adicionais. "Qual seria o conselho que você daria aos alunos que estão se formando e entrando para a força de trabalho da Hospitalidade?" Reproduzimos a seguir as sugestões que eles ofereceram.

Michael Hurst: *Continue a estudar, mesmo depois de formado.* Faça cursos em uma área relacionada a seu trabalho. Os melhores empregos serão ocupados futuramente por pessoas que acelerarem seu crescimento no trabalho. Além disso, você deve ficar conhecido fora do trabalho. Poderia ser na igreja, na escola ou pela participação na comunidade.

Ed Evans: *Goste do que você faz – divirta-se.* A melhor maneira de obter o máximo sucesso consiste em encontrar o lugar em que você deseja estar – a área certa, a(s) empresa(s) certa(s), o trabalho certo – SEJA VOCÊ MESMO.

A liderança não é o mesmo que administração. A administração refere-se a cuidar de tarefas no nível em que se encontram; a liderança refere-se à condução de pessoas a uma nova realidade. Ao contrário da administração, que é hierárquica, a liderança relaciona-se a pessoas que optam por SEGUIR.

Mantenha-se rodeado das melhores pessoas. Nada acontece nessa área sem pessoas – sua única vantagem competitiva é representada pelas pessoas certas, com as aptidões, ferramentas e orientações certas, e todos as querem.

Nunca pare de aprender. A única coisa que nunca deixará de mudar em sua vida é que tudo mudará. Tudo mudará em um ritmo mais rápido e exponencial. Quando você se formar, sua educação estará completa e espera-se que leve consigo o desejo **e** as aptidões para aprender.

Jan Barr: Nesse setor maluco e imprevisível que você escolheu, tenha cuidado para ter uma visão correta dos fatos. Considere seriamente seu sucesso, mas não se leve a sério demais. Trabalhe com muito afinco quando estiver no trabalho, mas encontre um equilíbrio na vida. Esse equilíbrio é o que lhe permite permanecer nesse setor por muito tempo e ainda assim gostar dele.

Bob Morrison: Sempre considere o gerenciamento e a motivação de seus empregados sua prioridade, pois são eles os que lidam mais frequentemente com seus clientes, e essa interação determinará, em última instância, o sucesso e/ou o fracasso de sua organização de Hospitalidade.

Loret Carbone: *Seja paciente.* Leva tempo para aprender tudo de que você precisará para atingir suas metas. Se você se sentir "imobilizado", identifique um mentor para inspirá-lo e guiá-lo. No entanto, lembre-se, isso não é uma corrida rápida: é uma maratona. E os vencedores serão as pessoas que se adaptam e ficam contentes com os pequenos sucessos ao longo do percurso.

Pam Farr: *Trabalhe com afinco, divirta-se e siga seu sonho.*

Jeanne Michalski: Aproveite toda oportunidade de aprender o máximo possível de seu ramo de atividade. Por exemplo, você pode pensar que está interessado em administração hoteleira ou serviços de alimentação, porém, não permita que isso o impeça de aprender o máximo possível a respeito de todas as operações. Muitas pessoas concentram seus esforços em obter promoções o mais rápido possível, o que muitas vezes gera um indivíduo que conhece bem um assunto, mas não possui a amplitude de experiência que em longo prazo conduzirá a uma posição no alto escalão.

Ron Meliker: Tenha a habilidade de adaptar-se rapidamente à mudança de orientação estratégica (que você ajudou a moldar) em sua organização, manter-se concentrado nas metas e nos objetivos de sua empresa e assegurar que as metas e os objetivos de Recursos Humanos estejam de acordo com os de sua organização.

Kathy Roadarmel: Quando você desenvolver benefícios e programas para atrair e reter empregados em uma área de emprego competitiva, lembre-se de que a meta consiste em oferecer um ambiente de trabalho diferenciado que estimule a criatividade, reconheça as pessoas como seres humanos e os incentive a ser apaixonados pelo trabalho.

Regynald G. Washington: É importante conhecer a diferença entre um líder e um gerente. Os gerentes executam as tarefas corretamente. Os verdadeiros líderes se concentram na orientação, não nas ordens. Na maioria dos casos, os líderes se concentram nas ordens e, muitas vezes, entram em conflito, no tocante à percepção do acordo de trabalho negociado. Dar ordens está associado a uma conotação arrogante e de falta de sensibilidade.

Andrew J. Juska: Assegure-se de gostar de seu trabalho. Estabeleça metas. Compreenda que as empresas onde você trabalha estão operando para ter lucro. Aprenda quanto tudo custa – de maçãs, peito de frango, lápis, papel, lâmpadas a esfregões. Aprenda como gerenciar seu tempo. Desenvolva interesses fora do local de trabalho. Treine e participe de uma maratona.

Rosana Okamoto: Aumente, a cada dia, sua capacidade de adaptação e compreensão das mudanças repentinas; a flexibilidade e a capacidade de moldar novas estratégias com rapidez garantirão maior segurança de crescimento.

■ CONCLUSÃO

A Administração de Recursos Humanos continua a assumir um papel maior na eficácia organizacional do empreendimento de Hospitalidade. Não podemos mais considerar com descaso a importância de nosso pessoal. No "próximo capítulo", precisamos agir de acordo com nosso conhecimento. Os empregados são nossos parceiros, não nossos inimigos.

Seu maior desafio ao encerrar o curso superior e assumir responsabilidade por Recursos Humanos será a falta de mão de obra. Cada uma das funções de Recursos Humanos apresentada neste livro desempenha papel fundamental na atração ou retenção de uma força de trabalho motivada. Continuaremos a buscar métodos inovadores para enfrentar os desafios que encontraremos na administração de nossos recursos humanos. Para alcançarmos o sucesso, serão necessárias soluções em vez de teorias. Esperamos, sinceramente, que este livro, com as informações e os conselhos de muitos anos de experiência no setor da Hospitalidade, possa lhe oferecer pelo menos algumas dessas soluções. Apesar dos desafios, vale a pena!

Se você pode sonhar, você pode fazer.
Walt Disney

■ Leituras recomendadas

KEMSKE, F. "HR 2008: A forecast based on our exclusive study". *Workforce*, v. 77, nº 1, p. 46-60, 1998.

LAABS, J. "Charting the top ten concerns of today and tomorrow". *Workforce*, v. 77, nº 1, p. 28-37, 1996.

MICCO, L. "Workforce 2020 requires diversity, increased flexibility", *HR News Online*, 1997. Disponível em: www.shrm.org/hrnews/articles/042097a.htm. Acesso em 19 agosto 2013.

National Restaurant Association. *Restaurant industry forecast operational trends.* Disponível em: www.restaurant.org/research/forecast/fc.99-07.htm. Acesso em 19 agosto 2013.

▌Notas

1. Joan Frazee e Janet Harrington-Kuller. "Money matters: selling HRIS to management". *Personnel Journal*, v. 66, nº 8, p. 98-107, 1987.
2. Autor desconhecido. "The foodservice manager in the year 2000". *Restaurant USA*, v. 12, nº 2, p. 36-37, 1992.
3. Charles A. Myers. "New frontiers for personnel management". *Personnel*, v. 41, nº 3, p. 31-38, 1964.
4. E. Wright Bakke. "The human resources function". *In*: Bakke, E., Wright, C. K. e Anrod, C. W. (org.). *Unions, management, and the public*. Nova York: Harcourt, Brace and World, Inc., p. 198, 1960.
5. Edward A. Tomeski e Harold Lazarus. "The computer and the personnel department". *Business Horizons,* v. 16, nº 3, p. 62, 1973.
6. Brenda Paik Sunoo. "Papa John's rolls out hot HR menu". *Personnel Journal*, 74, nº 9, p. 38-47, 1995.
7. Floyd Kemske. "10 predictions for the strategic role of HR". *Workforce*, v. 77, nº 1, p. 46-60, 1998.

Os sindicatos e as leis trabalhistas no Brasil

Celia Maria de Moraes Dias

Julio Cesar Butuhy

Os sindicatos brasileiros nasceram com as primeiras reivindicações de redução da jornada de trabalho, de melhores condições laborais e de aumento salarial. Como nos Estados Unidos, os primeiros sindicatos foram de categorias profissionais tradicionais, como os sapateiros, têxteis e operários, que, nas décadas de 1910 e 1920, fizeram diversas greves de grande repercussão nacional. Também no Brasil, a sindicalização de trabalhadores da área de Hospitalidade pode ser considerada relativamente baixa, se comparada ao número de trabalhadores empregados no setor. Apesar das muitas semelhanças entre os movimentos sindicais norte-americano e brasileiro, há também diferenças significativas entre ambos.

No Brasil, não existem sindicatos por empresa, mas por categoria. Quando muito, são realizados acordos coletivos com organizações de grande representação empregatícia, mantendo-se, entretanto, a prerrogativa de um representante sindical, ou mais, em cada empresa. A pressão e/ou obrigação de sindicalização dos profissionais não são tão "fortes" no Brasil como em determinadas categorias profissionais nos Estados Unidos, em que os não sindicalizados muitas vezes não podem nem sequer trabalhar em determinados locais. No Brasil, a legislação trabalhista foi criada por uma lei federal e vale para toda e qualquer categoria profissional. Já nos Estados Unidos, há leis federais e estaduais, pois os Estados têm direito de legislar sobre as relações trabalhistas. Desde o fim dos anos 1990 e início dos anos 2000, as representações sindicais brasileiras passam por momentos delicados. É preciso entender o novo trabalhador (principalmente a mulher, com sua maciça entrada no mercado de trabalho nas últimas duas décadas) e suas expectativas.

O sindicato enfrenta novo paradigma: como convencer o trabalhador de que a representação sindical será útil à reivindicação de maiores conquistas sociais e salariais? Como os sindicatos sobreviverão, em um mercado que exige mão de obra qualificada, ao aumento das cooperativas de trabalho, à crescente terceirização, ao aumento de empregos formais com carteira assinada desde o início do governo Fernando Henrique Cardoso e às tentativas governamentais de alteração e/ou flexibilização das leis sindicais e trabalhistas? As novas formas de contratação (e possíveis conflitos) que surgiram nos últimos anos, como o contrato de trabalho por prazo determinado, ampliação do prazo de compensação das horas extras, licença temporária não remunerada, negociações sobre flexibilização da jornada de trabalho e criação de comissões de conciliação prévia nas organizações, obrigarão os sindicatos, as empresas e os empregados a rediscutir seus papéis nas relações trabalhistas. Deve-se lembrar de que as relações trabalhistas e o sindicalismo não estão sofrendo mudanças bruscas apenas no Brasil ou nos Estados Unidos; trata-se de um processo mundial e irreversível.

As relações trabalhistas no Brasil são comumente divididas em três fases:

▌ 1ª fase: Independência (1822) a Abolição da Escravatura (1888)

1850 – Código Comercial regula a preposição e o aviso prévio.

1870 – Fundação da Liga Operária, Rio de Janeiro.

▌ 2ª fase: Proclamação da República (1889) a Revolução de 1930

1891 – Constituição dá autonomia aos Estados para legislarem sobre leis diversas, inclusive sobre as trabalhistas. Promulgada a lei que proíbe o trabalho de menores de 12 anos de idade.

1906 – Jornada diária variável entre 12 e 14 horas. I Congresso Operário (Rio de Janeiro) estabelece como objetivo a jornada de trabalho de oito horas diárias, a partir de 1º de maio de 1907.

1907 – 1ª Lei Sindical Nacional. Greve geral pela redução da jornada para oito horas diárias. Algumas categorias conquistam a jornada de dez ou oito horas.

1912 – Greve de quase 9 mil trabalhadores, principalmente sapateiros e têxteis (São Paulo). Os sapateiros conseguem redução de jornada diária para oito horas e meia.

1916 – Código Civil regula a relação de emprego como locação de serviço.

1917 – A Bahia aprova a redução da jornada de trabalho para oito horas diárias.

1919 – Primeira lei sobre acidentes do trabalho. Várias greves reivindicam redução da jornada, repouso semanal remunerado, fim do trabalho infantil e do trabalho noturno para as mulheres. O Sindicato da Construção Civil (São Paulo) "decreta" jornada de oito horas diárias a partir de maio, o que é efetivado.

1923 – Promulgadas a lei que institui a caixa de aposentadoria e pensão dos ferroviários e a Lei nº 265, que limita em oito horas a jornada diária.

1925 – Lei de Férias de 15 dias anuais.

1926 – Emenda à Constituição de 1891 passa a atribuição, ao Congresso Nacional, de legislar sobre trabalho, licenças, aposentadorias e reformas. O novo código de menores limita jornada dos operários menores de 18 anos a seis horas por dia, com repouso de uma hora.

▌3ª fase: Governo Vargas (1930) até os dias atuais

1932 – O Decreto nº 22.042 define que o horário do trabalho diurno de menores de 14 a 18 anos deve ser o mesmo do adulto. O Decreto nº 21.365 define que o horário normal e legal diurno das fábricas será de oito horas diárias ou 48 semanais.

1932 a 1938 – Leis regulam a jornada em diversas categorias: bancários (1933), transportes (1934), ferroviários (1935), funcionários públicos (1936) e jornalistas (1938).

1934 – A Constituição fixa a jornada legal em 48 horas semanais e oito horas diárias.

1938 – O Decreto-Lei nº 399, de 30 de abril, cria o salário mínimo.

1939 – Criação da Justiça do Trabalho.

1940 – Implantação do salário mínimo brasileiro.

1943 – Criação da Consolidação das Leis do Trabalho (CLT), que limita a hora extra a no máximo duas horas diárias com adicional de 20%. Lei de Férias (Artigo nº 129): "Todo empregado terá direito anualmente ao gozo de um período de férias, sem prejuízo da remuneração".

1945 – Decretada a Lei nº 9.070, pelo governo Dutra, proibindo as greves.

1946 – Lei reguladora do Direito de Greve, menos das categorias responsáveis por atividades essenciais. Criação do Tribunal Superior do Trabalho (TST) e dos Tribunais Regionais do Trabalho (TRT).

1949 – Lei nº 605 institui descanso semanal remunerado de 24 horas consecutivas, preferencialmente aos domingos.

1962 – Lei do 13º Salário. Bancários ganham jornada de seis horas diárias e 30 semanais.

1964 – Governo militar transfere para si o direito de fixar o índice de reajuste anual dos salários. Nova Lei do Direito de Greve apresenta disposições que praticamente impossibilitam as greves.

1966 – Lei do Fundo de Garantia pelo Tempo de Serviço (FGTS) (também em 1989 e 1990) e fim da estabilidade no emprego.

1967 – Constituição estabelece jornada de 40 horas para os servidores públicos federais.

1968 – Greves de metalúrgicos em Contagem (Minas Gerais) e Osasco (São Paulo) por reposição salarial.

1972 – Lei do Empregado Doméstico.

1973 – Lei nº 5.889 estende o direito de férias aos trabalhadores rurais (Lei do Trabalho Rural).

1976 – Lei do Plano de Alimentação do Trabalhador (PAT).

1983 – Fundação da Central Única dos Trabalhadores (CUT).

1985 – Lei do Vale-transporte. Após greves de grande adesão na cidade de São Paulo e no ABC paulista (Santo André, São Bernardo e São Caetano), região de grande concentração de operários, especialmente metalúrgicos, realizadas pelos sindicatos dos metalúrgicos e químicos, algumas empresas cedem e os trabalhadores conquistam redução para 40 e 44 horas semanais.

1986 – Criação da Central Geral dos Trabalhadores, hoje Confederação--Geral dos Trabalhadores (CGT).

1988 – Nova Constituição Federal fixa jornada de trabalho em 44 horas semanais, adicional de hora extra de 50% e o trabalho em turno de revezamento em seis horas.

1990 – Lei do Seguro-Desemprego, livre negociação na data-base, suspensão de reajuste pelo Índice de Preços ao Consumidor (IPC) da Fundação Instituto de Geografia e Estatística (IBGE): reajuste mensal por prefixação.

1991 – Fundação da Força Sindical (FS).

1994 – Medida Provisória da Participação nos Lucros e Resultados (PLR).

1995 – Implementação da "livre negociação".

1996 – Projeto de Lei nº 1.724 dispõe sobre o Contrato de Trabalho por Prazo Determinado, amplia o prazo de compensação das horas extras para um ano, limitando-as em 120 horas anuais. Primeiro acordo sobre flexibilização da jornada entre a Ford e os metalúrgicos do ABC.

1997 – Fundação da Social Democracia Sindical (SDS).

1998 – Aprovada a Lei nº 9.601 do Contrato por Tempo Determinado e Jornada Parcial, que altera o prazo para a compensação das horas extras para 120 dias. O governo amplia o prazo de compensação das horas extras para um ano.

2000 – O TST decide que é válido o acordo individual para compensação de horas, salvo norma coletiva em contrário. A Lei nº 9.958 cria as Comissões de Conciliação Prévia na empresa.

2003 e 2004 – Governo inicia conversações com diversas forças representativas da sociedade brasileira, como federações e confederações empresariais, centrais sindicais, Ordem dos Advogados do Brasil (OAB), Câmara e Senado Federal, entre outras, para reformar as leis que tratam do sindicalismo e das relações trabalhistas (CLT). Em 2004, é promulgada a Emenda Constitucional nº 45/2004, que amplia os poderes da Justiça do trabalho, entre outras determinações.

2008 – Lei do Trabalhador Doméstico.

2012 – O Tribunal Superior do Trabalho (TST) altera vários entendimentos com relação à lei trabalhista e estipula novas interpretações, com o intuito de diminuir os impasses entre trabalhadores e empregadores. O TST define alterações em 13 e cria 8 novas súmulas, com regras específicas para o intervalo intrajornada, o direito ao aviso prévio proporcional ao tempo de serviço e o trabalho em regime de plantão, entre outros.

2013 – A "Lei da Empregada Doméstica" é promulgada.

Índice remissivo